NEW COM.-PASS

ニューコンパスノート 政治・経済

もくじ

特集　大学入学共通テスト対策　　　　　政経①

■編著／阿久津朋大　飯塚和幸　大塚正

▶▶▶時事正誤チェック　各単元右ページ下に関連時事問題を登載しています。解答は，別冊のp.40にまとめて掲載しています。

記述式 VII　現代社会の諸課題（総合問題）に記述式問題を登載しています。

1 民主政治の原理と法の支配

A ポイント整理　当てはまることばを書いて覚えよう（＿＿欄には数値が入る）

国家とは

1 国家とその成り立ち

(1)**国家と権力**　国家が成り立つためには，領域・国民・①＿＿＿の3つの要素が必要である。国家は，秩序を維持するために，統治機構をつくり法を制定して，社会に対立や紛争が生じた時には強制力を行使して解決する。この強制力を国家②＿＿＿という。

(2)**自然権と社会契約説**　16～18世紀のヨーロッパでは，国王の権力（王権）は神によって与えられたとする③＿＿＿＿＿＿＿が唱えられた。これに対して，市民革命が進む中で，人間が生まれながらにもっている当然の権利＝④＿＿＿権を保障するために，契約して政府をつくりそれに統治を委ねようとする思想（⑤＿＿＿＿＿＿＿）が生まれ，民主政治の原点となった。

2 民主政治の原理

(1)**社会契約説**　社会契約説は，国家や社会が形成される以前の安定した秩序のない状態＝⑥＿＿＿状態から，個人間の契約によって国家が成立するとして王権神授説を否定し，市民革命を理論的に正当づけた。また，国家と権力の由来を⑦＿＿＿に求めた点で，⑧＿＿＿主権の原理につながっていった。

(2)**社会契約説の比較**　重要な人物は次の3人。

人物	⑨＿＿＿＿＿	⑫＿＿＿＿	⑯＿＿＿
著書	リバイアサン（1651年） ＊ピューリタン革命の直後	統治二論（市民政府二論）（1690年） ＊名誉革命の直後（革命を正当化）	社会契約論（1762年） ＊市民社会（民主主義社会）の原理を提示
自然状態	人間は利己的で，各人が自然権をもっているため「⑩＿＿＿＿＿＿・＿＿＿＿＿」状態になる。	人間は理性的で，生命・自由・財産などの自然権をもち平和に生活している状態。	あるがままの自然人が，生存とあわれみの本能を有する状態。
社会契約のあり方	その闘争状態を脱するため理性によって，各人は自然権を主権者に譲渡し，生命・平和を守らせる。このためには主権者に絶対的な権力を与えるべき。 統治者（絶対権力者） ・自然権の譲渡　・法の制定 ・服従　・安全を保障 個々の市民	貨幣の発明により財産に差が出たため対立が生じた。そこで各人は自然権を統治者に信託し，自由・生命・財産を守らせようとする。 統治者（立法権の執行権に対する優位） ・信託　・法による自然権（生命・自由・財産権）の保障 ・抵抗権 ・革命権 個々の市民	土地私有による貧富の差が対立を生んだため，各人が自然権を社会全体（すべての他者）に譲渡した。そのため政治は全員の⑰＿＿＿＿＿によって行われる。 国家（市民の結合体） ・人民は自然権を社会全体（自分以外のすべての人）に譲渡　・一般意思（志）に基づく社会的自由・権利 ・直接民主制 個々の市民
特徴と影響	いわば「個人の集合体」であるこの主権者を⑪＿＿＿＿＿＿＿とよんだ。主権の絶対性を認めたため，絶対王政や独裁政治を擁護する結果となった。	統治者（政府）が人々の自由・生命・財産を守れない時は抵抗したり（⑬＿＿＿＿），これを取り替えることができる（⑭＿＿＿＿）とした。 ⑮＿＿＿＿＿＿＿革命やフランス革命に影響。	一般意思（志）の行使は代表・分割できないため，政府は人民（主権者）の代理人にすぎず，⑱＿＿＿＿＿＿＿を理想とした。 ⑲＿＿＿＿＿革命に影響。

①＿＿＿＿＿＿＿＿＿＿＿＿

②＿＿＿＿＿＿＿＿＿＿＿＿

③＿＿＿＿＿＿＿＿＿＿＿＿

④＿＿＿＿＿＿＿＿＿＿＿＿

⑤＿＿＿＿＿＿＿＿＿＿＿＿

⑥＿＿＿＿＿＿＿＿＿＿＿＿

⑦＿＿＿＿＿＿＿＿＿＿＿＿

⑧＿＿＿＿＿＿＿＿＿＿＿＿

⑨＿＿＿＿＿＿＿＿＿＿＿＿

⑩＿＿＿＿＿＿＿＿＿＿＿＿

⑪＿＿＿＿＿＿＿＿＿＿＿＿

⑫＿＿＿＿＿＿＿＿＿＿＿＿

⑬＿＿＿＿＿＿＿＿＿＿＿＿

⑭＿＿＿＿＿＿＿＿＿＿＿＿

⑮＿＿＿＿＿＿＿＿＿＿＿＿

⑯＿＿＿＿＿＿＿＿＿＿＿＿

⑰＿＿＿＿＿＿＿＿＿＿＿＿

⑱＿＿＿＿＿＿＿＿＿＿＿＿

⑲＿＿＿＿＿＿＿＿＿＿＿＿

③ 法と法の支配

法と立憲主義	⑳__は道徳や慣習とならび人々の行動の基準となる社会規範。道徳や慣習と異なり，国家が制定する⑳__には，国家による強制力をともなう。国家の最高法規が㉑___であり，民主的な㉑___で権力を抑制し，国民の権利を守ろうという考え方を㉒___主義という。
公法と私法	国家のしくみや国民と国家の関係を規律する憲法や行政法などの㉓___に対して，国民相互の関係を規律するのが民法などの㉔___である。㉔___には「権利能力の平等」，「私的所有権絶対」，「私的自治（自由な契約などにより自律的に生活を営む）」の三大原則がある。
㉕_____	権力者による「人の支配」を否定し，権力者も正しい法には従わなければならないとする考え方（イギリスで発達）。ドイツで発達した議会制定法という形式を重視する「法治主義」よりも法の内容を重視するが，現在では，法の支配と法治主義はほぼ同義で用いられる。

⑳_____ ㉑_____

㉒_____

㉓_____

㉔_____

㉕_____

法の支配

13世紀 ブラクトンの言葉
"国王といえども神と法の下にある"
↓ 引用
17世紀 エドワード・コークが
判決で強調

法（コモン・ロー）*
国王など権力者 ┐支配

以後，民主政治の原理として確立

＊判例や慣習等に基づく
「普遍的に正しい法」

④ 人権思想の発展

(1)人権保障の歩み

マグナ・カルタ	1215 英	特権階級（領主・僧侶）が国王の王権を制限。	
権利請願	1628 英	王権の制限と人身の自由の保障を国王に認めさせた。	
権利章典	1689 英	自由と権利，議会による王権の制限を詳細に規定。	
㉖_____	1776 米	世界初の人権宣言といわれる。	特徴：天賦人権思想，社会契約，抵抗権（革命権）など
アメリカ独立宣言		フランス革命に影響を与えた。	
フランス㉗_____	1789 仏	近代市民社会の原理を確立。	

(2)**自由権から社会権へ**

市民革命によって保障された人権は，当初，国家権力からの自由を求める㉘_____だけだった。資本主義の進展に伴って，貧困，失業，低賃金，長時間労働などの社会問題が発生して，貧富の差が拡大する中で，労働者の地位向上や団結をめざす㉙___運動が広がった。そして，1917年には社会主義の実現と平等な社会をめざして㉚_____革命がおこり，1919年のドイツの㉛_____憲法は世界で初めて，人間らしい生活を保障する㉜_____の保障を明記した。

(3)人権保障の国際化（背景：ファシズムによる自由と人権の抑圧）

課題化	四つの自由（1941年，米国のF．ルーズベルト大統領）→言論と表現の自由，信仰の自由，欠乏からの自由，恐怖からの自由。	
国連等による具体化国際人権条約	㉝_____（1948年採択）：戦争の原因を㉞_____とし世界各国が保障すべき人権の基準を示した（→通称「人権バイブル」）。 日本は1979年に批准（一部留保）。「選択議定書」は未批准。	
	㉟_____（1966年採択）：㉝___に法的拘束力。A規約（社会権規約），B規約（自由権規約）および選択議定書。	
	国際労働機関（ILO）→労働者の地位向上めざし各国に各種の㊱_____条約提唱。	
	人種差別撤廃条約（1965年採択,69年発効），女性（女子）差別撤廃条約（1979年採択,81年発効），子ども（児童）の権利条約（1989年採択,90年発効），障害者権利条約（2006年採択,08年発効）	
	㊲_____（UNHRC，2006〜）による国連加盟国への人権状況改善の勧告。	
NGO	㊳_____・インターナショナル：政治犯（良心の囚人）の釈放をめざし公正な裁判，拷問や死刑の廃止を訴えている。	

㉖_____

㉗_____

㉘_____ ㉙_____

㉚_____

㉛_____

㉜_____

㉝_____

㉞_____

㉟_____

㊱_____

㊲_____

㊳_____

B 重点確認 民主政治の進展

17〜18世紀	〜20世紀前半	第二次世界大戦後	20世紀後半
❶____説生まれる ↑↓ ・❷____説を否定 ・権力の由来は国民＝人民の信託 ・国家は国民を守るために存在	市民革命 → ❸ ▢ の保障 / 労働運動の高揚 / 貧富の差拡大 → ❹ ▢ の保障		人権保障の国際的広がり ❺__が中心になり国際人権条約を採択 ・❻____宣言 ・国際人権規約 ❼____＝非政府組織の活動

❶_____

❷_____

❸_____ ❹_____

❺_____ ❻_____

❼_____

2 民主政治のしくみ

A ポイント整理 当てはまることばを書いて覚えよう（___欄には数値が入る）

1 国民主権と民主政治

(1)国民主権 ①___主権は，基本的人権の保障とともに民主政治の最も重要な原理である。①___主権の理念が，明確に文書で示されたのは，市民革命期に出された②_____権利章典（1776）やアメリカ独立宣言（1776），フランス人権宣言（1789）以降のことであった。

(2)直接民主制と間接民主制 国民主権を実効あるものとするための具体的な方法としては，人々が直接政治に参加する③___民主制と，代表者を通して政治を行う④___民主制の2つがある。このうち一般的なのは④___民主制であり，イギリスで発展してきた議会中心の⑤_____民主主義はその代表的なものである。

2 世界の主な政治体制

(1)議院内閣制（イギリスの例） 特色：議会の多数派が政府を構成

憲法	⑥___憲法であり，判例や慣習の集積である⑦_____・___（普通法）を核に成文法も含めて構成。
国王	立憲君主制だが，「国王は⑧___すれども⑨___せず」（実権なし）
議会	⑩___（庶民院）優位の原則(1911 議会法で確立)。⑩___は国民の直接選挙で選出(小選挙区制。任期5年。解散あり)。上院(貴族院)は貴族と聖職者の終身議員で構成。
内閣	下院の第1党の党首が内閣を組織(⑪_____制)。内閣は議会に対して連帯責任を負い，不信任されることもある。第2党は公式野党(国から活動費支給。党首に国費から給与も支給)として⑫_____を組織する。※2010～15年は連立内閣(保守党+自由民主党)
政党	有産階級を基盤とする⑬____と労働者階級を基盤とする⑭_____の二大政党制。第3党のSNPも一定勢力確保。
司法	従来，上院におかれた最高法院が最高裁の役割。2009年から連合王国最高裁判所がおかれ上院から司法権を分離。違憲審査権(違憲法令審査権)なし。

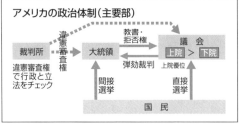

イギリスの政治体制（主要部）

国 王 君臨すれども統治せず

連合王国最高裁 2009.10～ 違憲審査権なし

議 会 上院 < 下院 下院優位

第1党 / 第2党

内 閣 争点明確化 影の内閣 シャドーキャビネット

世襲など 貴族・聖職者 / 選挙 国民

近年のイギリス首相

ブレア（労働党）1997～2007
ブラウン（労働党）2007～10
キャメロン（保守党）2010～16
メイ（保守党）2016～19
ジョンソン（保守党）2019～22
トラス（保守党）2022
スナク（保守党）2022～

（2023年7月現在）

(2)大統領制（アメリカの例） 特色：厳格な⑮___分立

憲法	成文憲法(1788発効※世界最古の成文憲法)
大統領	政府の長官で外交・軍事・法案拒否権など強大な権限を持つ。任期4年，3選禁止。18歳以上の国民の間接選挙（⑯_____を選ぶ）で選出。議会から独立し責任も負わず。議会解散権・法案提出権なし。議会に対しては，大統領⑰___を送付する。法案拒否権をもつ。
議会	州の権限が強い連邦制国家のため州代表的性格の強い⑱___が優越(高官任免権，条約締結同意権，大統領などへの弾劾裁判権)。⑱___は各州2名，下院は各州から人口比例で選出。
司法	裁判所に⑲_____権(判例を通じて確立)
政党	労働者・黒人の支持で社会福祉を推進し平等を重視する⑳_____と有産階級の支持で自由を重視する㉑____の二大政党制。

アメリカの政治体制（主要部）

裁判所 違憲審査権で行政と立法をチェック

違憲審査権

教書・拒否権

大統領 弾劾裁判

議 会 上院 > 下院 上院優位

間接選挙 / 直接選挙

国 民

近年のアメリカ大統領

ブッシュ（共和党）2001～09
オバマ（民主党）2009～17
トランプ（共和党）2017～21
バイデン（民主党）2021～

（2023年7月現在）

(3)半大統領制（フランスの例） 議院内閣制と大統領制の中間的な政治のしくみも存在する。代表的なのはフランスの政治形態で，半大統領制と呼ばれる。このしくみでは，議会の勢力と大統領の勢力が同じなら大統領は首相に

① _____
② _____
③ _____ ④ _____
⑤ _____ ⑥ _____
⑦ _____・_____
⑧ _____ ⑨ _____
⑩ _____
⑪ _____
⑫ _____
⑬ _____ ⑭ _____
⑮ _____
⑯ _____
⑰ _____ ⑱ _____
⑲ _____
⑳ _____ ㉑ _____

対して強い指導力を発揮でき，㉒＿＿＿＿制的な政治が
行われる。

　一方，議会の勢力が大統領の勢力と違う場合には，
大統領は議会の勢力を考慮して首相以下の内閣のメン
バーを決めなければならず，首相がリーダーシップを
発揮する㉓＿＿＿＿＿制的な政治が行われる。また，ド
イツやイタリアは大統領の権限が形式的であり実質的
に議院内閣制である（象徴大統領制）。

(4)社会主義国の政治制度　社会主義諸国では，㉔＿＿＿
＿制と呼ばれる権力集中制をとり，プロレタリアート
（労働者階級）独裁の考えに基づいて，無階級社会の実
現を理想としてきたが，現実には㉕＿＿＿＿による一党
独裁体制で秘密主義・人権抑圧などの傾向がある。こ
のような体制は，旧ソ連や東欧ではすでに崩壊した
が，中国など継続している国もある。

③ 権力分立制

(1)三権分立論　国家権力の濫用を防ぐため，権力を一つの
機関に集中させない権力分立の考え方は民主政治の基本
原理である。フランスの政治家㉖＿＿＿＿＿＿＿は，
『㉗＿＿＿＿＿』の中で，立法・行政・司法の三権を異なる
機関に分離して互いに抑制・均衡の関係に置くべしとした
（㉘＿＿＿＿＿）。

(2)各国の権力分立　各国の政治制度は権力分立を具体化しているが，その形態
は上記のように様々である。アメリカ型は三権分立を徹底したものといえる
が，イギリス・日本のような㉙＿＿＿＿＿制は，議会優位の形態といえる。

④ 民主政治の現状

(1)新興国の政治　㉚＿＿＿政権や，㉛＿＿＿＿＿＿とよばれる経済開発優先の独裁
体制が一般的であったアジア・アフリカ・ラテンアメリカなどの発展途上国
では，1980年代以降，経済発展にともなって民主化が進行した国もあるが，
内戦や民族対立など深刻な問題を抱え，民主化が進まない国も少なくない。

(2)民主化の現状　旧ソ連や東欧諸国などでは，しだいに一党支配体制から複
数政党制に移行し，2010年代には北アフリカの数か国で長期独裁政権が崩
壊するなど，民主化は確実に前進している。しかし，西欧諸国で移民や難
民を排斥する㉜＿＿＿政党が勢力を拡大したり，中国が香港への統制を強め
ようとするなど民主化に逆行する動きもみられる。

憲法

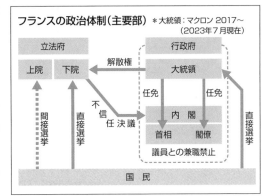

フランスの政治体制（主要部）　＊大統領：マクロン 2017～
（2023年7月現在）

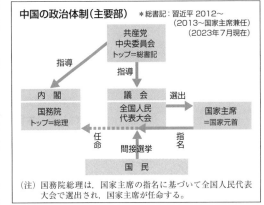

中国の政治体制（主要部）　＊総書記：習近平 2012～
（2013～国家主席兼任）
（2023年7月現在）

（注）国務院総理は，国家主席の指名に基づいて全国人民代表
大会で選出され，国家主席が任命する。

㉒＿＿＿＿＿＿＿＿＿

㉓＿＿＿＿＿＿＿＿＿

㉔＿＿＿＿＿　㉕＿＿＿＿＿

㉖＿＿＿＿＿＿＿＿＿

㉗＿＿＿＿＿＿＿＿＿

㉘＿＿＿＿＿＿＿＿＿

㉙＿＿＿＿＿＿＿＿＿

㉚＿＿＿＿＿＿＿＿＿

㉛＿＿＿＿＿＿＿＿＿

㉜＿＿＿＿＿＿＿＿＿

B　重点確認　各国の政治機構

❶＿＿＿＿＿＿＿＿＿
❷＿＿＿＿＿＿＿＿＿
❸＿＿＿＿＿＿＿＿＿
❹＿＿＿＿＿＿＿＿＿
❺＿＿＿＿＿＿＿＿＿
❻＿＿＿＿＿＿＿＿＿
❼＿＿＿＿＿＿＿＿＿

▶▶▶時事正誤チェック　中華人民共和国では，行政府の長である国務院総理が国家主席を指名している。〈19：追試〉　　【　　】

3 日本国憲法とその基本原理

1 大日本帝国憲法の時代

(1)憲法制定の背景 明治維新以降，近代国家への道を歩み始めた日本にとって，幕末に列強から押し付けられた①＿＿＿＿＿＿を改正して近代国家の体裁を整えることと，国会開設や憲法制定を求める民権論者の②＿＿＿＿＿＿運動の盛り上がりへどう対応していくかが大きな課題であった。

(2)制定過程 自由民権運動の高揚に対応して，明治政府が国会の開設と憲法制定を約束すると，民間の憲法草案＝③＿＿＿＿＿がさかんに作られ，ロックの革命権思想を盛り込んだ④＿＿＿＿＿の「東洋大日本国国憲按」など民主的な草案も発表された。しかし，政府は天皇の専制権力保持のため君主権の強い⑤＿＿＿＿＿＿（ドイツ）憲法をもとに憲法制定作業を行い，1889年に君主の制定する⑥＿＿＿憲法として⑦＿＿＿＿＿＿＿＿＿を発布した。

(3)大日本帝国憲法の特質 大日本帝国憲法は，実質は天皇の強大な権力を保障する絶対主義的な内容で，民主的憲法によって権力を制限するという⑧＿＿＿＿＿＿の内容を十分に満たすものではなかった。（外見的立憲主義）

大権中心主義 天皇には絶対的な権限 ＝⑨＿＿＿が与えられた	⑩＿＿＿＿＿ 天皇が立法・行政・司法の三権を掌握する。 非常大権 天皇は非常時に臣民の権利・義務を停止できる。 統帥大権 天皇は軍の統率権＝⑪＿＿＿＿をもち，この権限は政府・議会から独立。これを⑪＿＿の独立という。
弱い統治機構 立法・行政・司法の三権は天皇の協力機関	天皇は統治権の⑫＿＿＿＿（一手に掌握する者）であった。 議会は天皇の立法権の⑬＿＿＿（同意を与える）機関。 行政権は国務大臣の輔弼（たすけ・助言）により行使され，裁判は天皇の名によって行われた。
⑭＿＿＿の権利・自由 「人権」ではなく恩恵的に与えられた	国民の権利・自由は⑭＿＿の権利として⑮＿＿＿の範囲内で保障されたのみで，⑮＿＿でいつでも制限された。これを⑯＿＿＿＿＿＿という。

(4)大日本帝国憲法下の政治 このような外見的立憲主義の憲法の下でも，大正期には比較的立憲主義的な政治が行われ（大正⑰＿＿＿＿＿＿＿），1925年には成年男子の⑱＿＿＿＿＿＿が実現した。この時期に，吉野作造の⑲＿＿＿＿＿＿や美濃部達吉の⑳＿＿＿＿＿＿＿＿などが唱えられた。しかし，一方では，日本の侵略政策の進展とともに1925年の㉑＿＿＿＿＿＿＿などに代表される国民の権利・自由を制限する法律が次々と作られ自由な言論や行動が規制されていった。そして1931年の満州事変以後，統帥権の独立を盾に，しだいに軍部の独裁体制が確立し，侵略戦争の泥沼に入り込んでいった。

大日本帝国憲法下の政治機構

天皇（統治権の総攬者，神聖不可侵）

統帥権の独立

陸・海軍

帝国議会　衆議院　貴族院（勅任）

内閣（天皇の輔弼）　任命

裁判所　司法裁判所　行政裁判所　任命

国　民（権利には法律の留保）

2 日本国憲法の成立

(1)憲法改正作業のはじまり 1945年8月，日本政府は日本の無条件降伏と民主化を内容とする㉒＿＿＿＿＿＿＿を受け入れ，第二次世界大戦が終結した。民主化の一環として㉓＿＿＿＿＿（連合国軍総司令部）の最高司令官㉔＿＿＿＿＿＿＿＿＿は憲法改正を指示したが，幣原内閣は㉕＿＿＿＿＿＿＿＿＿委員会を

① _____
② _____
③ _____
④ _____
⑤ _____
⑥ _____
⑦ _____
⑧ _____ ⑨ _____
⑩ _____ ⑪ _____
⑫ _____ ⑬ _____
⑭ _____ ⑮ _____
⑯ _____
⑰ _____
⑱ _____
⑲ _____
⑳ _____
㉑ _____
㉒ _____
㉓ _____
㉔ _____
㉕ _____

設置して憲法改正作業に取り掛かり，民間でも憲法研究会をはじめとして憲法草案を作成する動きが活発化した。

(2)**日本国憲法の制定**　政府の㉕＿＿委員会の憲法改正作業が進む中，政府案＝㉖＿＿案が旧憲法と大差ないことがわかるとGHQは㉗＿＿＿＿＿＿．３原則に基づく草案をもとに憲法改正を行うよう指示した。政府はこれをもとに憲法改正草案要綱を発表し，帝国議会（衆議院は戦後初の男女普通選挙による議員で構成）による審議・修正（「国民主権」明記，「生存権」追加など）を経て1946年㉘＿月＿日に日本国憲法として公布され，翌年㉙＿月＿日から施行された。

③ 日本国憲法の基本原理

(1)**新旧憲法の比較と日本国憲法の三大原理**

	大日本帝国憲法		日本国憲法
主　権	天皇主権（条文には明記されず）	三大原理	㉚＿＿主権（前文・第１条に明記）
戦争と軍隊	天皇が陸海軍の統帥権をもつ（統帥大権）「統帥権の独立」は軍部の独裁につながった。		㉛＿＿主義（第９条）戦争放棄　戦力不保持　交戦権否認
国民の権利	臣民の権利として大幅に制限「法律の留保」で批判を封じた。		基本的人権は永久㉜＿＿＿の権利（第11・97条）

(2)**国民主権と象徴天皇制**　戦前に，「神聖不可侵」で統治権の総攬者とされた天皇は，日本国憲法で，国および国民統合の㉝＿＿＿となり，その地位は，「主権の存する㉞＿＿＿＿＿の総意に基く」（第１条）ことになった。そして，国政に関与せず，儀礼的な㉟＿＿＿＿＿のみ行うとされた（第４・６・７条）。なお，2019年には特例法により天皇が退位し，新天皇が５月１日に即位した。

(3)**最高法規性と改正**　日本国憲法は日本の㊱＿＿＿＿＿＿（第98条）であり，またその改正について慎重な手続きが求められる㊲＿＿憲法である。すなわち憲法の改正は，国会各院の総議員の㊳＿分の＿以上の賛成で発議され，国民投票で㊴＿＿＿＿の賛成が必要である。2010年には憲法改正の国民投票等の具体的な手続きについて定めた㊵＿＿＿＿＿＿＿が施行され，同法の改正で2018年から憲法改正の投票権年齢が18歳以上となった。ただし前文にあるように国民主権の原理に反する改正はできないのはもちろん，一般に三大原理は改正できないと考えられている。

㉖＿＿＿＿
㉗＿＿＿＿
㉘　　月　　日
㉙　　月　　日

マッカーサー３原則
①天皇は国の最上位にある。
②国権の発動たる戦争の廃止。
③日本国内の封建的諸制度の廃止。

㉚＿＿＿　㉛＿＿＿
㉜＿＿＿　㉝＿＿＿
㉞＿＿＿
㉟＿＿＿
㊱＿＿＿　㊲＿＿＿
㊳＿分の＿　㊴＿＿＿
㊵＿＿＿

憲法改正の国民投票

改正国民投票法（2014年６月施行）によって，憲法改正の是非を問う国民投票の投票権年齢が，2018年６月21日から，18歳以上となった。実際の憲法改正国民投票までの流れは次のとおり。
①国会議員による憲法改正原案の提案（衆議院100名以上，参議院50名以上の賛成），憲法審査会による提出
②衆参各議院においてそれぞれ憲法審査会で審議
③両院それぞれの本会議で総議員の３分の２以上の賛成で発議
④国民投票で憲法改正案に対する賛成の投票数が投票総数の２分の１を超えた場合は，国民が承認したこととなる（※憲法の改正部分が複数ある場合，改正案は内容的に関連する事項ごとに提案され，それぞれの改正案ごとに一人一票を投じる）。

B　重点確認　大日本帝国憲法から日本国憲法へ

大日本帝国憲法
❶＿＿主権
❷＿＿の独立
❸＿＿＿付き国民の権利・義務

敗戦
❹＿＿＿＿３原則を基にした憲法改正

日本国憲法
三大原理
❺＿＿主権＝❻＿＿天皇制
❼＿＿主義＝❽＿＿の放棄など
❾＿＿＿の尊重

外見的立憲主義　→　立憲主義　←　大多数の国民の支持

❶＿＿＿　❷＿＿＿
❸＿＿＿
❹＿＿＿
❺＿＿＿　❻＿＿＿
❼＿＿＿　❽＿＿＿
❾＿＿＿

4 基本的人権の本質と法の下の平等

1 基本的人権の本質

(1)**基本的人権の性質** 基本的人権は，日本国憲法で「①＿＿＿ことのできない②＿＿＿の権利」（第11条・97条）とされ，「現在及び将来の国民に与へられる」（第11条）と規定されている。

(2)**包括的人権** なかでも憲法第13条の③＿＿＿の尊重と④＿＿＿＿＿権の規定は，基本的人権の根幹に関わる原理であり，他のすべての人権の基礎となる包括的人権といわれる。

(3)**日本国憲法と基本的人権** 「個人が尊重」されることと「人はみな人間として平等である」という考え方は表裏一体である。このことから日本国憲法第⑤＿＿＿＿条に定める「法の下の平等」＝平等権の規定も基本的人権の基礎となるものである。憲法ではさらに自由権，参政権，社会権，請求権などを定めている。

人権の種類	内　　容
⑥＿＿権	すべての人が平等に扱われる権利。
⑦＿＿権	個人の活動に対して国家権力の干渉や介入を排除する権利。（＝国家⑧＿＿＿＿自由）
⑨＿＿権	人間らしい生活を国家に要求する権利。（＝国家⑩＿＿＿＿自由）
⑪＿＿権	国民が政治に参加する権利。（＝国家への自由または国家にかかわる自由）
⑫＿＿権	国家による権利侵害に対して救済を求めるなど国に積極的な役割を求める権利。

(4)**人権内容の発展** 近年憲法の規定を拡大解釈して，プライバシーの権利，知る権利など⑬＿＿＿＿＿人権が主張され保障されるようになっており，今後もさらに人権の内容が発展する可能性がある。

(5)**基本的人権の限界** 基本的人権は，原則として不可侵の権利だが，濫用は許されない。憲法は第13条で「⑭＿＿＿＿＿＿＿に反しない限り」と，その限界を認めている。⑭とは，一般に基本的人権の行使が他人の権利とぶつかった場合にその衝突を調整する原理であるが，その際個人の権利より全体の利益が優先するような制約にならない配慮が必要である。

2 法の下の平等＝平等権

(1)**旧憲法下における平等** 大日本帝国憲法には平等権の規定がなく，旧公家や旧大名・維新の功労者を特権階級とする⑮＿＿＿制度や男性戸主の権限を絶対とし家族に対する統制権を認める⑯＿＿制度（家父長制）などの差別的な諸制度が存在した。

(2)**日本国憲法で保障する平等権** 日本国憲法は第14条で「すべて国民は，法の下に平等であつて，⑰＿＿＿，信条，⑱＿＿＿，社会的身分又は門地により…差別されない。」として「⑲＿＿＿＿＿＿＿＿」を規定しており，旧憲法下での華族制度などの差別的制度を否定した。さらに第24条で家族生活における⑳＿＿＿の本質的平等，第26条で㉑＿＿＿を受ける権利の平等，第44条では国会議員および選挙人の資格の平等を規定している。

① _____　② _____

③ _____　④ _____

⑤ _____　⑥ _____

⑦ _____　⑧ _____

⑨ _____　⑩ _____

⑪ _____　⑫ _____

⑬ _____

⑭ _____

憲法と基本的人権

規定を拡大解釈して保障	内容はさらに拡大する可能性がある	将来の人権？
	新しい人権環境権・知る権利など	
憲法上の規定で保障	自由権・参政権・社会権・請求権	現在の人権
	平等権	
	個人の尊重・幸福追求権	

公共の福祉の考え方の例

「公共の福祉」とは，たとえば「表現の自由」と「プライバシーの権利」が衝突したような場合に，両方の人権の調整を図る時に用いられる概念であり，単に「社会全体の利益」を指すものではないと考えるのが通説。→【例】誰かの「プライバシー」を著しく侵害するような場合，「表現の自由」もある程度制限される。

民法の改正

成年年齢をこれまでの20歳から18歳に引き下げ，女性が結婚できる年齢をこれまでの16歳以上から18歳以上とする改正民法が2018年6月に成立した（2022年4月1日施行）。関連する法律も改正され，18歳になれば親の同意がなくてもローン契約やクレジットカードを作ることが可能になる一方，飲酒や喫煙，競馬などの公営ギャンブルは今までどおり20歳未満禁止とされた。

⑮ _____　⑯ _____

⑰ _____　⑱ _____

⑲ _____

⑳ _____　㉑ _____

憲法

③ 現代日本の差別問題

(1)主な差別問題
憲法があらゆる面から平等を保障するように規定しているにもかかわらず，現実の社会には今なお多くの差別や偏見が存在する。

女性に対する差別	旧民法下では，妻は法律上無能力者とされるなど概して女性の地位は低かった。
1985	㉒＿＿＿＿＿＿・＿＿条約を批准 ㉓＿＿＿改正（父系血統主義から父母両系血統主義へ）
1986	㉔＿＿＿＿＿＿＿＿施行（1997改正）
1991	育児休業法制定（1995年 ㉕＿＿・＿＿休業法に改正。男性も育児・介護休業OKに）
1994	高校の家庭科が男女必修に
1999	㉖＿＿＿＿＿＿・＿＿＿基本法制定

現在でも労働現場では，賃金・昇進機会・雇用者数・仕事内容などに格差がみられ，家庭での役割にも男女の違いがみられるが，諸政策によって確実にその地位は向上しつつある。

被差別部落に対する差別	被差別部落の起源については諸説あり，中世起源説が有力だが，差別は江戸時代に政策的に強化・固定された。明治になって1871年に（身分）㉗＿＿＿＿が出されたが，差別解消のための具体的政策は何らとられず，実態として差別は存続した。 1922年，全国㉘＿＿＿＿＿結成以来，差別撤廃の運動が展開されてきたが，戦後も意識面や職業選択，居住・移転，結婚などに差別が残っている。国は，1969年に制定された㉙＿＿＿＿＿＿＿・＿＿＿＿＿＿＿法をはじめとして差別解消のための諸政策を実施してきた。
アイヌ民族に対する差別	㉚＿＿＿＿＿＿＿・＿＿＿（1997）：アイヌ民族の文化的固有性を認めたがその先住性までは明記せず。 アイヌ新法（2019）：アイヌ民族をはじめて㉛＿＿＿＿＿＿と明記。
永住外国人と人権	最高裁は「（基本的人権は）日本国民を対象としているものを除き，在留外国人にも等しく及ぶ」（1978年マクリーン事件判決）としている。指紋押捺制度は1999年に全面廃止（2000年4月施行）され，住民投票の投票権を認める自治体も出ている。また，2016年には，民族差別を街頭であおる㉜＿＿＿＿＿＿＿・＿＿＿の解消をめざす㉜解消法が成立した。

(2)法の下の平等に関する主な訴訟 (2023年4月現在)

㉝＿＿＿＿＿重罰規定をめぐる訴訟	刑法の尊属殺人処罰規定は普通殺人より重く法の下の平等に反するとして最高裁で違憲判決。該当第200条は1995年に削除された。
㉞＿＿＿＿＿違憲判決	母親が外国人で日本人の父親と結婚していない場合，子の日本国籍取得が不利になる㉞＿＿の規定は違憲（2008年最高裁判決）。
民法の婚外子（非嫡出子）の相続規定訴訟	婚外子（非嫡出子）の遺産相続分を，嫡出子の半分と定めた民法の規定は，法の下の平等に反し㉟＿＿とされた（2013年最高裁判決）。
㊱＿＿＿＿＿＿不均衡訴訟	投票価値の著しい差は法の下の平等に反して選挙は無効であるとした訴訟。最高裁で過去2回の衆院選違憲判決（選挙は有効）。

㉒＿＿＿＿＿＿＿＿
㉓＿＿＿＿＿＿＿＿
㉔＿＿＿＿＿＿＿＿
㉕＿＿＿＿＿・＿＿＿
㉖＿＿＿＿＿＿＿＿
㉗＿＿＿＿＿　㉘＿＿＿＿
㉙＿＿＿＿＿＿＿＿
㉚＿＿＿＿＿＿＿＿
㉛＿＿＿＿＿＿＿＿
㉜＿＿＿＿＿＿＿＿
㉝＿＿＿＿＿　㉞＿＿＿＿
㉟＿＿＿＿＿　㊱＿＿＿＿

性的マイノリティと人権

LGBTQ（レズビアン（女性同性愛者），ゲイ（男性同性愛者），バイセクシュアル（両性愛者），トランスジェンダー（心と体の性別に違いがある人，性同一性障がいを含む），クエスチョニング（心の性や性的指向が未確定の人），すなわち，恋愛・性愛感情が向く性的指向や性自認（心の性）などの面での少数派（マイノリティ）に属する人々については，性同一性障害特例法（2004年施行）により，20歳以上（2022年4月1日より18歳以上）で未婚，未成年の子がいない，精神科医による診断など一定の要件を満たせば，家庭裁判所の審判をへて戸籍上の性別を変更でき，新しい性別での結婚も認められている。

B　重点確認　日本国憲法と基本的人権

大日本帝国憲法		日本国憲法
●❶＿．＿の権利・義務	権利の性質	●基本的人権は❻＿＿＿ことのできない❼＿＿の権利
●❷＿＿の範囲内で保障された＝（❷の留保）		●人権間の衝突調整のため❽＿＿による制約あり（権利に内在する制約とされる）
●自由権的基本権が主体	権利の内容	●個人の尊重・❾＿＿権（第13条），❿＿権（第14条）を基礎とし，広範な自由権・社会権・参政権・請求権を保障
●❸＿．＿権や社会権の規定はなし		

「社会の平等性」を比較！

差別的・特権的な諸制度の存在		差別的・特権的な諸制度を撤廃	
●特権身分を認める❹＿．＿制度 ●戸主が家族を支配する❺＿制度 ●女性・被差別部落・アイヌ民族・障がい者などへの厳しい差別・偏見	前進	●第24条で❿＿＿の本質的平等の規定 ●差別解消のための諸施策実施で前進 ●女性・被差別部落・アイヌ民族・障がい者・外国人などに対する差別が存在する。	憲法規定尊重・差別解消にむけ，「不断の努力」が必要

❶＿＿＿＿＿　❷＿＿＿＿＿
❸＿＿＿＿＿　❹＿＿＿＿＿
❺＿＿＿＿＿　❻＿＿＿＿＿
❼＿＿＿＿＿
❽＿＿＿＿＿
❾＿＿＿＿＿　❿＿＿＿＿

▶▶▶ 時事正誤チェック　日本国憲法は，国民は，憲法が保障する自由と権利を，「不断の努力によつて，これを保持しなければならない」と明文で定めている。〈15：追試〉　[　]

5 自由権

1 自由権（自由権的基本権）

(1)**自由権の意味** 自由権は，国家の不当な干渉・介入を排除して，個人の自由を保障するものである。① ___ からの自由ともよばれ，大別して② ___ の自由，③ ___（身体）の自由，④ _____ の自由に分類される。

① _____　② _____

③ _____　④ _____

2 精神の自由

精神の自由の内面性・外面性

内面	思想・良心の自由〈第19条〉	信教の自由〈第20条〉	学問の自由〈第23条〉
		信仰の自由	研究の自由
外面	表現の自由〈第21条〉	宗教的行為の自由・宗教結社の自由	発表の自由・教授の自由

(1)**意味** 精神の自由は，心の中の自由と，それを外に表現する自由とから成っている。日本国憲法は，第19条，20条，21条，23条で4つの精神的自由権を保障している。

(2)**思想・良心の自由（第19条）**

心の中で考えたり思ったりする自由。それが個人の内面にとどまる限り，絶対に保障される。戦前は⑤ _____（1925年）等の弾圧法により，徹底的に弾圧された。

主な裁判（最高裁判決）

【三菱樹脂訴訟】（1973）
面接時に学生運動の経歴を隠したとして本採用を拒否された事件について，憲法の自由権の保障規定は，私人相互の間には直接及ばないとし，企業側の雇用の自由を優先。のち和解成立。

⑤ _____

⑥ _____　⑦ _____

⑧ _____　⑨ _____

(3)**表現の自由（第21条）**

心の中にある考えを外に出す自由。具体的には⑥ ___，結社，言論，⑦ ___ の自由。「批判の自由」でもあり，この自由が保障されないと他の人権行使が不可能になることから，制約する場合には他の自由権より厳格な基準が必要とされる。他に⑧ ___ の禁止や⑨ ___ の秘密の保持が規定されている。

主な裁判（最高裁判決）

【チャタレイ事件】（1957）
表現の自由も⑩ _____ によって制限されるという判断が示されたが，通説では異論が多い。
【第三次家永訴訟】（1997）
⑪ _____ 制度が憲法で禁止される⑫ ___ にあたるかどうかが問われたが，制度自体は合憲とされた。

⑩ _____

⑪ _____

⑫ _____　⑬ _____

空知太神社訴訟違憲判決
（砂川政教分離違憲判決）

北海道砂川市が，特定の神社に無償で市有地を提供していたことに対して，最高裁は，日本国憲法の政教分離原則に反し，違憲であるという判決を下した（2010年1月）。

(4)**信教の自由（第20条）**

宗教を信じる・信じないの自由，宗教を否定する自由，信仰の告白や布教活動の自由ということ。また，戦前には国家神道の名のもとに信教の自由が厳しく制限されたことから，⑬ ___（国家）と宗教は結びついてはならないという⑭ _____ の原則が強調されている。

主な裁判（最高裁判決）

【⑮ _____ 訴訟】（1977）
地鎮祭は世俗的な行事で，神道を援助したり他の宗教を圧迫するようなものではないので合憲である。
【愛媛⑯ _____ 訴訟】（1997）
愛媛県による⑰ ___ 神社などに対する公金支出はその目的と効果からみて違憲である。
（精神の自由に関わる初の⑱ ___ 判決）

⑭ _____

⑮ _____

⑯ _____

⑰ _____　⑱ _____

⑲ _____

⑳ _____

(5)**学問の自由（第23条）**

学問・研究の自由，それを発表・教授する自由である。その制度的な保障のため「⑲ ___ の自治」が保障されている。学問の自由に対する戦前の弾圧例として⑳ _____ 説事件などがある。

主な裁判（最高裁判決）

【東大ポポロ事件】（1963）
大学生の学問的活動でない政治的社会的活動への警察官の立ち入りは大学の自治を侵すものではない。

3 人身（身体）の自由

(1)**意味** 人身の自由は，自分の意思に反して身体を拘束されないという権利である。旧憲法下ではこの権利が極端に制限されており，拷問や虐殺などが行

われたため，新憲法では諸外国に類例のない詳細な規定をおいている。

(2)根本になる規定

㉑＿＿＿＿拘束及び苦役からの自由　　　（第18条）	人間性を無視した拘束や強制労働は禁止される。（例）徴兵制（政府は苦役にあたるとして禁止）
㉒＿＿＿＿＿の保障　（第31条）due process of law	刑罰を科す場合に適正な法定手続が必要とされる。※犯罪行為の内容とそれに対する刑罰はあらかじめ法定されていなければならないという原則を㉓＿＿＿＿＿主義という。

(3)刑事手続きと人権　（憲法第33条〜第40条で特に詳細に規定されている）

被疑者の権利	被疑者の逮捕，住居・所持品の捜索・押収に関する㉔＿＿＿主義（第33条，第35条）㉕＿＿＿の絶対的禁止（第36条）
被告人の権利	㉖＿＿＿権の保障（第38条の①）強要された㉗＿＿＿の証拠能力の排除（第38条の②）公平で迅速な公開裁判を受ける権利（第37条の①）
受刑者の権利	残虐な㉘＿＿＿の禁止（第36条）
無罪となった時	刑事補償請求権（第40条）

4　経済活動の自由

(1)意味　経済活動の自由は，国民の経済的平等をできるだけ実現するために，あらかじめ一定の政策的制約（公共の福祉による制約）が予定されている。

(2)職業選択の自由（第22条の①）

㉙＿＿＿＿＿の自由は「㉚＿＿＿＿＿に反しない限り」保障される。	主な裁判（最高裁判決）【㉛＿＿＿距離制限違憲訴訟】薬局開設時の距離制限は実質的に職業選択の自由を制限することになり違憲である。

(3)財産権の保障（第29条）

	争点
「財産権は，これを侵してはならない」が，財産権の内容は「㉜＿＿＿＿＿」に合うよう法律で決定される。　私有財産は，正当な補償の下に，公共のために使用することができるとされ，一定の制限を受ける。	【財産権と強制収用】「成田空港問題」に代表される土地などの㉝＿＿＿＿＿は，正当な補償があれば人権を侵害したことにならないのか？

資本主義と財産権の保障

資本主義は，土地や工場などの生産手段を持つ者が自由に経済活動を行うという経済のしくみである。そのためには私有財産の自由が保障されていなければならない。したがって「財産権の保障」は，資本主義経済を成立させるための条件であるといえる。

(4)その他（行動の自由）

居住・移転の自由（第22条の①）
外国移住・㉞＿＿＿離脱の自由（第22条の②）

刑事手続きをめぐる近年の動き

2004　犯罪被害者等基本法成立
犯罪被害者の権利を明文化。被害者への支援を国や自治体の責務とした。

2008　被害者参加制度開始
犯罪被害者や遺族が直接刑事裁判に参加OKとなる。

2017　組織犯罪処罰法改正
犯罪を計画段階から処罰する「テロ等準備罪」を新設。〈批判〉内心の自由など基本的人権を侵害するおそれ。

2018　刑事訴訟法改正
他人の犯罪解明に協力する見返りに自分の刑事処分を軽くしてもらう司法取引を導入。〈対象〉経済犯罪や麻薬，銃器等の犯罪。〈懸念〉虚偽の供述による冤罪や黙秘権の侵害。

㉑＿＿＿＿＿＿
㉒＿＿＿＿＿＿
㉓＿＿＿＿＿＿
㉔＿＿＿＿＿　㉕＿＿＿＿＿
㉖＿＿＿＿＿　㉗＿＿＿＿＿
㉘＿＿＿＿＿＿
㉙＿＿＿＿＿＿
㉚＿＿＿＿＿＿
㉛＿＿＿＿＿＿
㉜＿＿＿＿＿＿
㉝＿＿＿＿＿＿
㉞＿＿＿＿＿＿

憲法

B　重点確認　　自由権の概要

自由権＝❶＿＿＿からの自由＝国家の干渉を排除 戦前は法律の留保による弾圧法の制定で大きな侵害があった			
【国家の干渉を最も厳しく排除】	【諸外国に例のない詳細な規定】	【経済的平等実現のため「公共の福祉」により制約されることを予定】
❷＿＿の自由	❺＿＿（身体）の自由	❼＿＿＿＿の自由
❸＿＿＿＿の自由	奴隷的拘束・❻＿＿からの自由	❽＿＿＿＿の自由
表現の自由（優越的地位）	法定手続きの保障	❾＿＿・＿＿の自由
❹＿＿の自由	不法逮捕などの禁止	国籍離脱の自由
学問の自由	拷問・残虐刑の禁止　など	財産権の保障

❶＿＿＿＿＿　❷＿＿＿＿＿
❸＿＿・＿＿
❹＿＿＿＿＿　❺＿＿＿＿＿
❻＿＿＿＿＿
❼＿＿＿＿＿
❽＿＿＿＿＿
❾＿＿・＿＿

6 社会権と人権を実現するための諸権利

A ポイント整理 当てはまることばを書いて覚えよう（____欄には数値が入る）

1 社会権

(1)社会権の意味　社会権とは，社会的経済的弱者が，人間らしい生活の実現のために国に積極的な役割を要求する権利（「①____ による自由」＝国家の介入を求める権利）であり，憲法では②____権（第25条），③____を受ける権利（第26条），④_____権（第27・28条）が保障されている。

① _____　② _____

③ _____

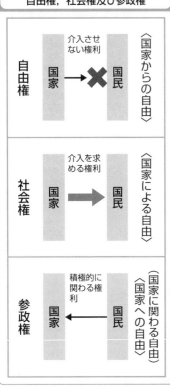

自由権，社会権及び参政権

自由権	介入させない権利　国家 → ✕ 国民	〈国家からの自由〉
社会権	介入を求める権利　国家 → 国民	〈国家による自由〉
参政権	積極的に関わる権利　国家 ← 国民	〈国家に関わる自由〉〈国家への自由〉

(2)生存権（第25条）	論点・主な判例（最高裁判決）
②権とは「すべて国民は，健康で⑤____的な最低限度の生活を営む権利」を持ち，国はそのために努力しなければならないという権利。これを受けて生活保護法などが定められている。	論点：生存権は「法的権利」か，単なる「努力目標」か
	判例：⑥____訴訟で最高裁は「⑦_____説」とよばれる考え方を示し，生存権＝努力目標とした（1967）。

最高裁の ⑦ 説に対して，学説上は抽象的権利説（生活保護法など生存権に関する法律があれば，国はその法律の範囲で法的義務を負うとする説）が有力である。また， ⑥ 訴訟をきっかけに多くの訴訟が提起されたことで「生存権」は注目され，国の社会保障や社会福祉の施策・水準を前進させた。

生存権をめぐる主な訴訟

⑥ 訴訟：結核で国立療養所に入所していた朝日茂さんが月額600円という日用品費の扶助額を生存権に反すると提訴。訴訟は本人死去で終了。最高裁が ⑦ 説を示した。

⑧____訴訟：障害福祉年金と児童扶養手当の併給を禁止した児童扶養手当法の規定を生存権に反するとした堀木文子さんの訴えを最高裁がしりぞけた（1982）。

⑨____訴訟：夫婦で老齢福祉年金を受給すると支給額を削減する国民年金法の規定を平等権に反するとした牧野夫妻の訴えを東京地裁が認めた（1968）。
　→判決後，国民年金法の夫婦受給制限規定は撤廃された。

⑩_____費預貯金訴訟：生活を切り詰めて ⑩ 費の一部を貯蓄していた加藤鉄男さんの「貯蓄を理由に ⑩ 費を減額されたことは生存権に反する」という訴えを，秋田地裁が認めた（1993）。（→最低限度以下の生活をした上での貯蓄は認められる。）

④ _____

⑤ _____　⑥ _____

⑦ _____

⑧ _____　⑨ _____

⑩ _____

⑪ _____　⑫ _____

⑬ _____

⑭ _____

⑮ _____　⑯ _____

(3)教育を受ける権利（第26条）	論点・主な判例（最高裁判決）
国民に「⑪____に応じて，ひとしく教育を受ける権利」を保障し，教育を受ける権利の最低限の保障として「⑫____教育は，これを無償とする」と定めている。これを受け⑬_____法が定められている。	論点：教育の内容を決める主体は，国（「国家の教育権説」）なのか，国民（「国民の教育権説」）なのか
	判例：最高裁は⑭_____訴訟において前者の立場をとった。

教育を受ける権利をめぐる主な訴訟

⑭ 訴訟：旧文部省による一斉学力テスト実施を「教育への不当介入」だとして妨害した教員らに公務執行妨害罪が成立した（1976最高裁）。

⑮____教科書検定違憲訴訟：執筆した日本史教科書を1960～80年代の教科書検定で不合格とされた家永教授が教科書検定制度自体の違憲性を訴えた。1～3次のすべての裁判で裁判所は検定制度を合憲としたが，一部で裁量を逸脱した違法な不合格処分があったという判断も示された（1997最高裁など）。

⑯_____訴訟：学習指導要領を逸脱したり教科書を使わない授業をして懲戒免職となった福岡県立高校教諭3名の処分を最高裁が妥当だと判断した（1990）。

憲
法

(4)労働者の権利

憲法第27条で⑰＿＿＿の権利，第28条で労働者の⑱＿＿＿権・⑲＿＿＿＿＿権および⑳＿＿＿権（団体行動権）が保障されている。労働現場において弱い立場にある労働者の生存権を守るための諸権利であり，㉑＿＿＿＿＿＿（1945），労働関係調整法，㉒＿＿＿＿＿（1947）の労働三法によって具体的に定められている。	論点・主な判例（最高裁判決） 論点：㉓＿＿＿＿に対する労働基本権の制限は許されるか。 判例：最高裁の判断は，「公務員の労働基本権制限は必要最小限にとどめなければならない。」（㉔＿＿＿＿＿＿事件判決1966）というものから，「公務員の労働基本権制限は合憲」（㉕＿＿＿＿＿＿事件判決1973）というものに変更されている。

公務員の労働基本権制限

		団結権	団体交渉権	争議権
日本	一般職（国・地方）	○	△	×
	警察官など	×	×	×
アメリカ		○*1	○	×
イギリス		○	○	○*2

△…団体交渉はできるが労働協約締結権がない
*1　軍人は× 　*2　警察・軍人を除く

(5)近年の訴訟　㉖＿＿＿＿＿＿＿・＿＿＿＿＿＿＿＿訴訟：妊娠を理由に職場での地位が降格となった女性への扱いを男女雇用機会均等法違反とした。（2014最高裁）

② 人権を実現するための諸権利

(1)参政権　国民が政治に㉗＿＿＿する権利

	論点・主な判例（最高裁判決）
・㉓＿＿の選定・罷免権（第15条） ＝選挙権（被選挙権を含む） ・最高裁裁判官に対する㉘＿＿＿＿＿権（第79条） ・地方自治特別法の㉙＿＿＿＿＿権（第95条） ・憲法改正の㉚＿＿＿＿＿権（第96条）	論点：戸別訪問の禁止は合憲か 判例：他の先進国で認められている選挙時の㉛＿＿＿＿＿＿が，日本で禁止されていることに関して，下級裁では違憲判断も示されたが，最高裁は一貫して合憲の立場をとっている（1981など）。

(2)請求権　国に積極的な役割を求める権利で社会権以外のものをいう。

㉜＿＿＿権（第16条）	国や自治体およびその機関に対して文書（署名）により希望を述べる権利。国籍や年齢の制限はなく，誰でも行使できる。
その他の請求権	権利や自由の侵害に対する救済を国に求める権利

・㉓＿＿の不法行為に対する㉝＿＿＿賠償請求権（第17条）
　判例：㉞＿＿＿＿＿水害訴訟判決（1990最高裁）
　　　　…従来，限定的にとらえられていた河川管理に対する国の責任を明確化した。
・損失補償請求権（第29条）…土地収用に対する損失補償など
・㉟＿＿＿を受ける権利（第32・37条）
　判例：隣人訴訟：隣人に預けた幼児の死に対する隣人の責任が問われた裁判。
　　　　　　　→国民からの非難の電話や手紙の圧力により訴訟自体が消滅した。
・㊱＿＿＿補償請求権（第40条）…刑事事件で無罪判決を受けた際など

③ 国民の義務

三大義務	㊲＿＿＿の義務（第30条）　　㊳＿＿＿の義務（第27条） 子どもに㊴＿＿＿＿＿＿を受けさせる義務（第26条）

⑰＿＿＿＿＿　⑱＿＿＿＿＿
⑲＿＿＿＿＿
⑳＿＿＿＿＿
㉑＿＿＿＿＿
㉒＿＿＿＿＿
㉓＿＿＿＿＿
㉔＿＿＿＿＿
㉕＿＿＿＿＿
㉖＿＿＿＿＿・＿＿＿＿＿
㉗＿＿＿＿＿
㉘＿＿＿＿＿
㉙＿＿＿＿＿
㉚＿＿＿＿＿
㉛＿＿＿＿＿
㉜＿＿＿＿＿　㉝＿＿＿＿＿
㉞＿＿＿＿＿　㉟＿＿＿＿＿
㊱＿＿＿＿＿　㊲＿＿＿＿＿
㊳＿＿＿＿＿　㊴＿＿＿＿＿

B　重点確認　社会権と参政権・請求権

社会権＝国家❶＿＿＿自由 →国家に積極的な介入を求める権利	参政権＝国家に関わる自由 →国家に積極的に関わる権利	請求権＝国家に対して請願したり❻＿＿＿を求める権利
❷＿＿＿権　（第25条） ❸＿＿＿を受ける権利（第26条） ❹＿＿＿基本権（第27・28条） …勤労権と労働三権	❺＿＿＿の選定・罷免権（第15条） ＝選挙権（被選挙権を含む） 最高裁判所判官の国民審査権（第79条） 憲法改正の国民投票権（第96条）など	❼＿＿＿権　（第16条） 国家賠償請求権（第17条） ❽＿＿＿を受ける権利（第32・37条） 刑事補償請求権（第40条）　　　　　　　　　　　　　　　など

❶＿＿＿＿＿　❷＿＿＿＿＿
❸＿＿＿＿＿　❹＿＿＿＿＿
❺＿＿＿＿＿　❻＿＿＿＿＿
❼＿＿＿＿＿　❽＿＿＿＿＿

▶▶▶時事　正誤チェック　教科書の検定制度は，最高裁判所において違憲だと判断されている。〈15：本試〉　　［　　］

7 新しい人権と人権の国際化

1 新しい人権

(1)新しい人権とは 憲法の規定にはないが，社会の変化により保護すべき人権であると意識されるようになった諸権利をさす。従来の憲法規定（憲法第13条の個人の尊重・① ＿＿＿＿＿権など）を拡大解釈して適用される。

(2)代表的な新しい人権

② ＿＿＿＿＿＿の権利 根拠：憲法第13条＝個人の尊重・幸福追求権

1	私生活をむやみに公開されない権利	三島由紀夫の小説「③ ＿＿＿＿＿」事件の判決（1964）で確立。柳美里の小説「④ ＿＿＿＿＿＿」事件で最高裁が出版差し止めと損害賠償を認めた（2002）。⇒最高裁でも権利として確立。しかし，表現の自由を制限する点に関し慎重な意見もある。
2	自己に関する情報の流れをコントロールする権利（自己情報コントロール権）	情報化社会の進展により公的機関・企業などに集積された個人情報が本人の知らないうちに悪用されるおそれが強まったことが背景。まず自治体レベルで⑤ ＿＿＿＿＿保護条例の制定が進み，1988年に国レベルでも ⑤ 保護法制定。しかし民間情報は保護の対象外だったため2003年に新法が成立し，民間の個人情報も保護の対象とされるようになった。

個人のプライバシーに関連して，⑥ ＿＿＿権（本人の許可なく姿を写真に撮られたり公表されたりしない権利）や⑦ ＿＿＿＿＿＿＿権（有名人の氏名や肖像に財産的価値を認め，それを本人が独占できる権利）なども重視されるようになってきている。また，インターネット上にある他人に知られたくない情報の削除・消去を求める「忘れられる権利」も主張されている。

⑧ ＿＿＿権利 根拠：憲法第21条＝表現の自由を受け手の側からとらえる

報道の自由や受刑者などが情報を受け取る権利も含め，国民が主権者として政治的意見を表明・判断するために，国家やマスコミの保持する情報に対してその⑨ ＿＿＿を求める権利のこと。国家や自治体・マスコミによる情報独占が背景。アメリカの「情報自由法」（1966）の影響を受けて，まず地方自治体で⑩ ＿＿＿＿＿条例の制定が進み，1999年には国レベルでも ⑩ 法が制定された。しかし， ⑩ 法に ⑧ 権利は明記されなかった。2013年に成立した特定秘密保護法は，国民の知る権利やプライバシーを侵害するものと批判された。

⑪ ＿＿＿権 根拠：憲法第13条＝個人の尊重・幸福追求権 第25条＝生存権

よい環境を享受し，健康で快適な生活を求める権利。1960年代の高度経済成長下の公害や環境破壊の多発を背景に主張されるようになった。
判例：⑫ ＿＿＿＿＿＿公害訴訟…住宅地に隣接する空港の騒音・振動等の航空公害に対して，住民が過去及び将来の損害賠償と夜間の飛行⑬ ＿＿＿＿＿を求めた民事訴訟。最高裁は，過去の損害賠償は認めたが， ⑪ 権にふれず，飛行 ⑬ 請求を棄却した（1981年）。

　「環境権」は環境基本法（1993）でも明記されず学説上の権利にとどまっている。しかし，⑭ ＿＿＿権は建築基準法で法的に認められた権利となっている他，景観利益を法的保護の対象と認めた判例もある（国立マンション訴訟最高裁判決2006）。また，1997年には開発前に環境に与える影響を評価する環境アセスメント法が制定された。

(3)新しい人権の展開 他に新しい人権として以下の権利が主張されている。

⑮ ＿＿＿＿＿＿権 根拠：憲法第21条＝表現の自由

マスメディアに接近して自らの意見表明を行う権利（特に無料反論権など）
判例：サンケイ新聞意見広告訴訟…最高裁は無料反論権を認めず（1987）。

---

① ＿＿＿＿＿＿＿＿＿＿＿
② ＿＿＿＿＿＿＿＿＿＿＿
③ ＿＿＿＿＿＿＿＿＿＿＿
④ ＿＿＿＿＿＿＿＿＿＿＿
⑤ ＿＿＿＿＿＿＿＿＿＿＿
⑥ ＿＿＿＿＿＿＿＿＿＿＿
⑦ ＿＿＿＿＿＿＿＿＿＿＿
⑧ ＿＿＿＿＿＿ ⑨ ＿＿＿＿
⑩ ＿＿＿＿＿＿＿＿＿＿＿
⑪ ＿＿＿＿＿＿＿＿＿＿＿
⑫ ＿＿＿＿＿＿＿＿＿＿＿
⑬ ＿＿＿＿＿＿＿＿＿＿＿
⑭ ＿＿＿＿＿＿＿＿＿＿＿
⑮ ＿＿＿＿＿＿＿＿＿＿＿

景観利益を認めた判例

国立マンション訴訟…東京都国立市で，高層マンション建築により景観利益が損なわれるとした周辺住民らが，マンションの一部撤去と，慰謝料等の支払いを求めた訴訟。2006年に最高裁は「景観利益は法的保護に値する」としながらも，「マンション建築は景観利益を違法に侵害する行為には当たらない」として住民側の訴えを退けた。

鞆の浦景観訴訟…広島県福山市の景観地「鞆の浦」への開発（埋め立て架橋）計画に反対する住民らによって提起された訴訟。2009年，広島地裁が景観利益を認め開発差し止め命令。2016年，広島高裁により「県側計画断念・住民側訴訟取り下げ」で訴訟終結。

⑯_____権　根拠：憲法前文「恐怖と欠乏から免かれ，平和のうちに生存する権利」

戦争など直接的暴力のない状態を平和（＝消極的平和）とするだけでなく，貧困などを構造的暴力とし，それがない状態（＝積極的平和）を全人類の権利ととらえる。学説上の権利にとどまっているが，国際法上尊重すべきだという意見もある。

⑰_____権　根拠：憲法第13条＝個人の尊重・幸福追求権

個人の生活や生存など重要な私的事項は個人が自由に決めるべきだとする権利。近年，生命倫理との関連で注目されている。たとえば医療現場では⑱_____・___＝_____（医師が患者に医療行為の内容や効果・危険性などについて十分説明し，その上で治療についての同意を得ること）が重視されるようになってきている。

判例：エホバの証人輸血拒否事件…信仰上の理由から輸血を拒否していた患者へ輸血したことに対する損害賠償請求を，自己決定権の観点から裁判所が認めた（最高裁2000年）。

自己決定権と生命倫理をめぐる論点

＜尊厳死と安楽死＞いずれも自己決定権の一つとして主張される。
　⑲_____…過剰な治療を拒否し，できるだけ自然な形で死を迎えること＝自然死
　　　1976年，米カリフォルニア州で自然死法制定（初めて法的に認められた）
　⑳_____…患者の求めに応じて医師が薬剤を注射したり薬物を処方することにより積極的に死に至らしめる行為（「積極的安楽死」ともいう）
　　　1994年，米オレゴン州で安楽死法成立（安楽死を世界で初めて法的に認めた）
　　　2001年，㉑_____で安楽死法が成立（世界初の国レベルでの安楽死法）
　※日本ではいずれも犯罪行為とみなされるが，容認する判断も示されている。

判例：東海大安楽死事件（横浜地裁1995年）…「（Ⅰ）不治の病で死期が近い（Ⅱ）耐え難い肉体的苦痛（Ⅲ）苦痛除去のため他に方法がない（Ⅳ）本人の強い嘱託または承諾がある」を安楽死を容認する条件とした。他の裁判では（Ⅰ）～（Ⅳ）に加え「（Ⅴ）医師の手によること（Ⅵ）方法が倫理的にも妥当」といった条件も必要であるとされた。

＜臓器移植＞日本で臓器移植を可能にした㉒_____法（1997）により，従来の心臓死だけでなく㉓___がはじめて人の死と認められた。同法では臓器移植するときのみ脳死を人の死とするとし，臓器移植できるのは㉔__歳以上で，「本人の意思表示を必要」としてきたが，2009年の改正で㉔__歳未満でも臓器提供可能となり，本人の意思表示がない場合でも，「家族の承諾で臓器摘出可能」となった。

② 人権の国際化と日本

(1)**国際化と人権**　国際化の進展により，日本における「人権の国際化」も課題。

課題	定住㉕_____の公務員の受験資格や参政権の取得 増加する㉕___労働者の人権問題（労働・居住・教育など）への対応

(2)**人権条約と日本**　国連を中心に採択された多くの人権条約（→P.3参照）により，世界各国の人権水準が向上してきた。日本でも条約の積極的受け入れが課題である。

日本が受け入れていない（留保または未批准）主な国際人権条約

㉖_____の一部留保（公務員の㉗_____権の保障など）

㉖__の「自由権規約」の選択議定書（第一・第二選択議定書とも）…未批准
※このうち第二選択議定書は「㉘___廃止条約」とよばれる

集団殺害罪の防止及び処罰に関する条約（㉙_____条約）…未批准

---

⑯_____
⑰_____
⑱_____＝_____
⑲_____　⑳_____
㉑_____　㉒_____
㉓_____　㉔_____
㉕_____
㉖_____
㉗_____
㉘_____
㉙_____

人格権

生命や身体，健康や精神，自由，氏名，名誉，肖像，信用，プライバシーなど，人の存在や人格と切り離すことができない利益に関する権利はまとめて人格権とよばれる。これらは私法上の権利として民法710条で認められており，人格権が侵害された場合は，民法上の不法行為として損害賠償責任が生じる。

主な人権条約と日本の批准状況

条約名	採択年	発効年	日本の批准状況	当事国数
ジェノサイド条約	1948	1951	×	154
難民条約	1951	1954	○ 1981	146
人種差別撤廃条約	1965	1969	○ 1995	182
国際人権規約A規約	1966	1976	○ 1979	171
国際人権規約B規約	1966	1976	○ 1979	173
同B規約選択議定書	1966	1976	×	117
女性(女子)差別撤廃条約	1979	1981	○ 1985	189
人質行為禁止条約	1979	1983	○ 1987	176
ハーグ条約	1980	1983	○ 2014	104
子ども(児童)の権利条約	1989	1990	○ 1994	196
死刑廃止条約	1989	1991	×	90
障害者権利条約	2006	2008	○ 2014	184+EU

（2023年1月現在）　（『国際条約集』2023による）

B　重点確認　人権保障の広がり，人権の国際化と課題

人権の質／将来　？

| 20世紀後半 ❸[____] |
| （❹[__]の規定を拡大解釈） |

| 20世紀前半 ❷[____]など |
| （国家に積極的役割を期待） |

| 19世紀まで ❶[____]中心 |
| （国家の介入を排除） |

人権の広がり

⇔

国連やNGOの活動により「人権の国際化」が進展

⇩

【課題】定住外国人や外国人労働者の人権問題への対応，国際人権条約の受け入れ

❶_____
❷_____
❸_____
❹_____

---

8 日本の平和主義

A ポイント整理 当てはまることばを書いて覚えよう（＿＿欄には数値が入る）

1 日本の平和主義とその意義

①＿＿＿＿＿＿＿＿＿

②＿＿＿＿＿＿＿＿＿

③＿＿＿＿＿＿＿＿＿

(1)憲法前文と平和主義 日本国憲法は，前文で「①＿＿＿の行為」によって再び「戦争の惨禍」を起こさない決意を示し，「②＿＿＿を愛する諸国民の公正と信義に信頼して，われらの安全と生存を保持しようと決意した」と規定している。これは政府による戦争放棄宣言にほかならない。

(2)憲法第9条と平和主義 前文の精神を受けて第9条では，第1項で「国権の発動たる戦争と，③＿＿＿による威嚇又は③＿＿の行使は，④＿＿＿＿＿＿を解決する手段としては，永久にこれを⑤＿＿＿する」，第2項で「陸海空軍その他の⑥＿＿＿は，これを保持しない」，「国の⑦＿＿＿＿は，これを認めない」と規定した。日本国憲法の平和主義とは，具体的に戦争の⑧＿＿＿・⑨＿＿＿の不保持・⑩＿＿＿＿＿の否認を指し，徹底した軍備廃止を宣言している点で世界史的な意義をもっている。なお，中米のコスタリカ共和国は1949年に，その隣国のパナマ共和国は1994年に，いずれも憲法で軍隊の不保持を規定した。

> **憲法第9条**
>
> **第9条** 日本国民は，正義と秩序を基調とする国際平和を誠実に希求し，国権の発動たる戦争と，武力による威嚇又は武力の行使は，国際紛争を解決する手段としては，永久にこれを放棄する。
> ②前項の目的を達するため，陸海空軍その他の戦力は，これを保持しない。国の交戦権は，これを認めない。

> **コスタリカ共和国憲法（抜粋）**
>
> **第12条** 恒久制度としての軍隊は廃止する。公共秩序の監視と維持のために必要な警察力は保持する。

2 自衛隊の成立

④＿＿＿＿＿＿＿＿＿

⑤＿＿＿＿＿＿＿＿＿

⑥＿＿＿＿＿＿＿＿＿

⑦＿＿＿＿＿＿＿＿＿

⑧＿＿＿＿＿＿＿＿＿

⑨＿＿＿＿＿＿＿＿＿

⑩＿＿＿＿＿＿＿＿＿

⑪＿＿＿＿＿＿＿＿＿

⑫＿＿＿＿＿＿＿＿＿

(1)冷戦の激化と日本の再軍備 一方，日本の平和主義は，占領政策，すなわち日本の非軍事化と民主化の一環という一面ももっていた。しかし，「日本の軍事的無力化」というアメリカの初期対日占領政策は，冷戦の激化により，「反共防壁化」という方針に転換し，1950年に⑪＿＿＿＿＿＿が勃発するとGHQ（実質はアメリカ）は日本の再軍備を指示した。

1950年	朝鮮戦争勃発後，GHQの指示で⑫＿＿＿＿＿＿を創設。
1951年	サンフランシスコ平和条約で日本の独立回復（「片面講和」の批判）。同時に⑬＿＿＿＿＿＿＿条約も調印（米軍駐留の継続）。
1952年	警察予備隊を⑭＿＿＿＿に改組。
1954年	⑮＿＿＿＿協定（日米相互防衛援助協定）調印。アメリカの相互安全保障法，Mutual Security Act に基づき，アメリカの援助と引き換えに，日本に自由世界防衛を義務づける協定。
	⑯＿＿＿＿発足

(2)自衛隊と憲法第9条の解釈

⑬＿＿＿＿＿＿＿＿＿

⑭＿＿＿＿＿＿＿＿＿

⑮＿＿＿＿＿＿＿＿＿

⑯＿＿＿＿＿＿＿＿＿

⑰＿＿＿＿＿＿＿＿＿

⑱＿＿＿＿＿＿＿＿＿

⑲＿＿＿＿＿＿＿＿＿

政府解釈	再軍備前	1946年 政府見解＝吉田内閣	第9条は⑰＿＿＿権は否定していないが，第2項で一切の軍備と国の交戦権を認めない結果，⑰＿＿戦争も交戦権も放棄した。<ポイント> あらゆる戦力，すべての戦争を放棄
	再軍備後	1972年 政府見解＝田中内閣	憲法が禁止する⑱＿＿＿とは自衛のための最小限度をこえるもので，それ以下の実力の保持は禁じられていない。
学説	A説		すべての戦争を放棄＋一切の戦力不保持⇒自衛隊は違憲
	B説		侵略戦争のみを放棄＋一切の戦力不保持⇒自衛隊は⑲＿＿
	C説		侵略戦争のみを放棄＋侵略戦力のみ不保持⇒最低限の自衛力は保持でき，自衛隊は合憲。この説には，戦力と自衛隊は区別できるのかとの批判がある。

憲

法

司法判断	㉓_____基地訴訟	札幌地裁 1973年	㉑_____は陸海空軍に該当し違憲であるという初の違憲判決が出された（福島判決）。
		札幌高裁 1976年	「訴えの利益なし」として一審判決を破棄する一方，自衛隊の合・違憲性については「はっきり違憲だと断言できない限り，高度な政治性を有する行政・立法府の行為については司法審査の対象にならない」として㉒_____論を主張，司法判断を避けた。
		最高裁 1982年	自衛隊の憲法判断を避けたまま，上告を棄却した。
	その他		他に自衛隊の合・違憲性について争われた裁判には，㉓___事件や㉔___基地訴訟などがあるが，基本的に自衛隊の合・違憲性に関する司法判断は避けられている（ただし合憲判決は一度も下されていない）。

㉒_____

(3)自衛隊の実力　自衛隊は数次にわたる㉕_____整備計画や防衛計画の大綱などによって増強が繰り返され，防衛費でみると世界有数の規模となっている（正規兵力は約25万人）。

3　日米安保体制

(1)日米安保条約とその改定　1951年に結ばれた㉖_____条約は，占領終了後も米軍の日本駐留と基地の使用を認めるものであった。さらに，㉗____年の新安保条約では，在日米軍基地が継続される一方，新たに日本の防衛力増強義務と日米両国の共同軍事行動が追加された。歯止めとして㉘_____制度が設けられたが，国内で安保反対運動が展開された（㉙_____）。しかし条約は改定され，自衛隊増強の根拠とされていった。

(2)在日米軍基地　安保条約によって在日米軍基地がおかれ，その費用のかなりの部分をいわゆる㉚_____予算として負担しているが，在日米軍は憲法第9条が禁止する戦力であるという見方がある。これに対して政府は「在日米軍は日本の戦力ではないので合憲」としている。1959年の砂川事件の一審判決では，米軍駐留を違憲とする判断が下されたが，最高裁は外国の軍隊は戦力ではないとし，米軍駐留を定めた安保条約の違憲性については㉛_____論によって憲法判断を避けた。基地をめぐり，在日米軍施設の約70％が集中する㉜___県を中心にその移転・縮小を求める動きが以前からある。

(3)日米安保体制の展開　1978年，日米防衛協力のための指針＝旧㉝_____の合意により安保体制の強化がはかられて，シーレーン防衛や日米共同作戦計画，㉞___法制の研究が始まり，日米共同軍事演習が推進されるようになった。

㉒_____
㉑_____
㉒_____
㉓_____
㉔_____
㉕_____
㉖_____
㉗_____
㉘_____
㉙_____
㉚_____
㉛_____
㉜_____
㉝_____
㉞_____

在日米軍施設・区域（基地）の分布

総面積約263㎢　　　　　　　その他 7%

| 沖縄県 70% | 関東地方 12% |

東北地方 11%

（2023.1.1現在。防衛省資料による）

B　重点確認　憲法の平和主義と現実

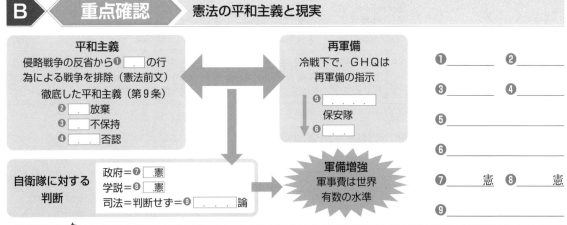

平和主義
侵略戦争の反省から❶___の行為による戦争を排除（憲法前文）
徹底した平和主義（第9条）
❷___放棄
❸___不保持
❹___否認

再軍備
冷戦下で，GHQは再軍備の指示
❺_____
保安隊
❻_____

自衛隊に対する判断
政府＝❼___憲
学説＝❽___憲
司法＝判断せず＝❾_____論

軍備増強
軍事費は世界有数の水準

❶_____　❷_____
❸_____　❹_____
❺_____
❻_____
❼___憲　❽___憲
❾_____

▶▶▶時事 正誤チェック「安全保障の基本的枠組みなど，国の根本を左右する決定は，国民に対し政治的な責任を負う機関が行うべき」との考え方は，裁判所が違憲法令審査権を積極的に行使する根拠として適切である。〈14：本試〉　[　　]

9 日本の防衛政策と諸問題

A ポイント整理 当てはまることばを書いて覚えよう (＿＿欄には数値が入る)

国防の基本方針

1 国連中心主義
2 国家安全保障のための基盤確立
3 国力国情に応じた防衛力の整備
4 日米安全保障体制を基調 (1957閣議決定：岸内閣)
→日米同盟を重視する「国家安全保障戦略」(2013閣議決定：第2次安倍内閣) に変更。

① _____

② _____ ・

③ _____

④ _____

⑤ _____

⑥ _____ ⑦ _____

⑧ _____

PKO参加5原則

1 当事者間の停戦合意
2 当事国の同意
3 中立・公正
4 武器使用は正当防衛の時のみ
5 上記1～3の3原則が崩れれば撤収か中断
(PKO協力法に明記)

⑨ _____

⑩ _____

⑪ _____ ⑫ _____

⑬ _____ ⑭ _____

⑮ _____

⑯ _____

⑰ _____

⑱ _____ ⑲ _____

⑳ _____ ㉑ _____

㉒ _____

1 軍事大国化の歯止め

(1)**日本の防衛政策** 日本の防衛力は①_____条約を根拠に整備されてきたが，再び軍事大国への道を歩まないために以下のような一定の政策上の原則 (＝歯止め) が重視されてきた。

(2)**防衛政策に関する主な原則**

文民統制＝②_____・_____の原則	軍部の独走を防ぐために，③___＝非軍人からなる政府や議会が軍隊を民主的に統制すること。
	文民でない人とは，旧日本軍で職業軍人だった人や自衛隊員などと考えられる。自衛隊の最高指揮権をもつ④_____，自衛隊を統括する防衛大臣，国防に関する重要事項を決める⑤_____会議のメンバーは文民でなければならない。また，同会議の自衛隊の派遣をともなう決定事項は⑥___の承認を必要とする。
専守防衛の原則	相手から攻撃を受けたとき初めて防衛力を行使し，それも自衛のための必要最小限にとどめる。⑦___攻撃は禁止。
集団的自衛権の行使の禁止＝個別的自衛の原則	歴代内閣は，「現憲法下で許される武力行使は，自国が攻撃された場合に反撃する⑧_____に限られ，同盟国等への攻撃を武力を使い阻止する⑨_____の行使は許されない」としてきたが，第2次安倍内閣は，2014年に憲法解釈を変更して⑩_____の行使を限定的に容認 (閣議決定) し，2015年には安全保障法制が成立した。
海外派兵の禁止	1954年の参議院決議で「自衛隊の創設に際し……海外出動は行わないことを……確認する」とした。(理由：自衛の範囲をこえるため)
	その後，国際貢献の名の下に国連⑪___活動などを中心に自衛隊の海外派遣が進められた。2007年の自衛隊法改正で海外活動が自衛隊の本来任務となり，安全保障法制 (2015) で武器使用が緩和された。16年には南スーダンPKO派遣部隊に，他国軍などを武力を行使して救援する「駆け付け警護」の任務が付与された。

1991年	ペルシア湾	⑫___戦争後の機雷除去。初めての海外出動。(公海上)
1992年	カンボジア	⑬___活動のため初めて海外領土に派遣。
2001年	インド洋	米同時多発テロ後，初めて戦時に海外派遣。(公海上)
2004年	イラク	イラク復興支援。戦時下の海外領土に初派遣。(2009年2月終了)
2009年	ソマリア沖	海賊対処法で無期限の海外派遣と一定の武力行使を認めた。

非核三原則	核兵器を「⑭___，つくらず，⑮_____」。(1971年国会決議)
	日本は，1976年の⑯_____条約＝NPT調印によって，非核兵器国として「核兵器を製造しない，取得しない」などの義務も負っている。しかし米軍による核持ち込み疑惑があり，日米両国政府間の密約も存在した。
防衛費GNP*比⑰___%枠 *1997年度以降GDP	防衛費を抑制する歯止めとして1976年に三木内閣が閣議決定 (⑱___内閣が撤廃し，1987年度から一定期間の防衛費総額を示して防衛費抑制をはかる⑲_____方式へ)
	1987～89年度は1％枠を超えたが，その後は一定の歯止めの役割 (2010年度のみ1％枠超)。2021年度以降は1％枠を超え，23年には防衛費増額のための防衛財源確保法が成立。27年度には防衛費がGDP比2％* 程度となる見込み。

*NATO諸国では，国防費GDP比2％が目標とされている。

2 冷戦後の防衛政策

(1)**背景** 1989年マルタ会談の⑳_____宣言から，91年の㉑___解体までの流れの中で，冷戦期の「ソ連脅威論」という日米安保体制の前提が失われた。また，91年の㉒_____に際して130億ドルの資金援助を行ったが，人的貢献をしなかったため評価は低く，日本の国際貢献のあり方が問われた。

憲法

⑵**冷戦後の日米安保と防衛政策**　冷戦後，日米安保体制の前提が，㉓＿＿＿＿や中国の脅威など「東アジアの不安定要因」に変更された（97年改定ガイドライン）。さらに2015年の新ガイドラインでは，日米協力体制が一層強化され，自衛隊の活動を広げて「地球規模での米軍支援」を盛り込んだ。

年	内閣	防衛政策に関する動き
1992	宮沢	国連平和維持活動協力法＝㉔＿＿＿＿＿＿法制定。 カンボジアの停戦監視，選挙監視などのため自衛隊を初めて海外領土に派遣。
1996	橋本	日米安保共同宣言で「安保再定義」。日米同盟の目的を「アジア太平洋地域の平和と安全」のためとし，翌年日米ガイドラインを改定。
1999	小渕	97年改定ガイドライン関連法（周辺事態法，自衛隊法改正など）成立。 ㉕＿＿＿＿＿法では，日本周辺の緊急事態に際し，㉖＿＿＿＿が米軍への後方支援活動（国内・公海上の輸送・給油・捜索など）ができると定められたが，これは，㉗＿＿＿＿＿＿＿の行使につながるのではないかと批判された。
2001		㉘＿＿＿＿＿＿特別措置法成立（07失効）。国際テロ防止のため自衛隊の合同軍への後方支援が可能に。⇒初めて戦時に自衛隊を海外派遣。
2003	小泉	有事関連三法（武力攻撃事態法など）成立。 ⇒㉙＿＿＿＿＿＿事態法では，日本への「武力攻撃事態」と「武力攻撃予測事態」の際の自衛隊の武力行使が認められた。また，国民および自治体・指定公共機関への協力要請と罰則が規定された。 イラク復興支援特別措置法成立。翌年自衛隊をイラクに派遣。2008年補給支援特別措置法成立で支援継続（2010失効）。
2004		有事関連七法（国民保護法など）成立。 ⇒㉚＿＿＿保護法は，有事に際しての住民の避難方法や国，自治体，国民，公共機関の役割を定める。国民の協力は自発的としたものの，民有地や家屋の使用，食品や医薬品の物資保管といった知事の強制権を認めており，㉛＿＿＿＿などの基本的人権の侵害への不安が指摘される。
2015	第2次安倍	日米㉜＿＿＿＿＿＿＿再改定（新ガイドライン）。日米がアジア太平洋地域を越えた地球規模で連携，自衛隊の米軍支援を大幅に拡大。㉝＿＿＿＿＿＿法制（国際平和支援法など）成立。「存立危機事態」等での集団的自衛権行使を可能にし，自衛隊の活動範囲を拡大，武器使用基準を緩和する内容。⇒「憲法違反」との批判が高まる。

⑶**日本の平和主義の方向**　上記のような日本の防衛政策の現状と憲法規定との乖離(かいり)から，㉞＿＿＿改正論がさかんに主張されてきている。しかし，一方では日本国憲法の理念を重視して，軍事力によらない国際紛争解決システム創造のために努力すべきだという意見もある。

㉓＿＿＿＿＿＿＿＿＿＿＿

㉔＿＿＿＿＿＿＿＿＿＿＿

㉕＿＿＿＿＿＿㉖＿＿＿＿＿

㉗＿＿＿＿＿＿＿＿＿＿＿

㉘＿＿＿＿＿＿㉙＿＿＿＿＿

㉚＿＿＿＿＿＿㉛＿＿＿＿＿

㉜＿＿＿＿＿＿＿＿＿＿＿

㉝＿＿＿＿＿＿㉞＿＿＿＿＿

防衛装備移転三原則

2014年閣議決定。**武器輸出三原則**から，武器移転（輸出）の適正管理を主とした原則に変更。輸出拡大へ方向転換した。

安全保障法制（2015成立）＝安全保障関連法

	法　律	内　容	
	国際平和支援法（新法）	他国軍の後方支援のために自衛隊をいつでも海外に派遣可能にする。	武器提供を除く
主な改正法	平和安全法制整備法（関連する10の改正法）		
	自衛隊法	在外邦人救出，米艦防護OK。	武器使用基準緩和
	PKO協力法	PKO以外の自衛隊の海外復興支援活動OK。	
	重要影響事態安全確保法	従来の「周辺事態」にかわる「**重要影響事態**」の際，米軍などへ弾薬提供・兵士輸送などの後方支援が世界中で可能に。	
	事態対処法制（事態対処法など）	「武力攻撃事態」に加え「**存立危機事態**」（新設）の際，「**新三要件***」を満たせば武力の行使が可能（⇒集団的自衛権行使の要件明記）	

＊**新三要件**…①日本または日本と緊密な他国への武力行使により日本を脅かす事態が生じ，②武力行使以外に手段がない場合，③必要最小限の実力行使なら，武力行使OK。

B　重点確認　日本の防衛政策の原則と現状

原　　　則		現　　　状	
文民統制＝❶＿＿＿＿＿	⟷	2004　国会決議なしで自衛隊が多国籍軍に参加	❶＿＿＿＿＿・＿
❷＿＿＿防衛 ❸＿＿＿＿＿＿権行使の禁止	⟷	❺＿＿＿＿法制 2015　自衛隊の海外での武力行使や，他国軍への後方支援を世界中で可能に→❷＿防衛の転換	❷＿＿＿＿＿ ❸＿＿＿＿＿
海外派兵の禁止 （自衛隊の海外派遣の禁止）	⟷	❻＿＿＿＿支援法　❸＿権の行使を可能に ❼＿＿＿＿＿＿整備法　PKO活動も含め，海外での軍事的な行動の範囲拡大 海賊対処法 2009　無期限派遣・武力行使OK	❹＿＿＿＿＿ ❺＿＿＿＿＿ ❻＿＿＿＿＿ ❼＿＿＿＿＿
❹＿＿＿三原則	⟷	米軍による核持ち込み疑惑，日米両国政府間の密約の存在	
防衛費GNP1％枠の堅持	⟷	中曽根内閣時に1％枠突破。以後❽＿＿＿＿方式に	❽＿＿＿＿＿

時事正誤チェック　PKO協力法の制定により，PKOへの自衛隊の参加が可能になった。〈15：追試〉　　【　】

用語チェック 1 民主政治の原理と法の支配〜 9 日本の防衛政策と諸問題

1　民主政治の原理と法の支配

- ☐ ❶国家を成立させる３つの要素（要件）のうち，領域，国民以外のもの。＿＿＿＿　❶ [　　　　　　　　　]
- ☐ ❷社会秩序を保つため，国家が持つ強制力を何というか。＿＿＿＿＿＿＿＿　❷ [　　　　　　　　　]
- ☐ ❸国家の最高法規として民主的な憲法をつくり，憲法を頂点として国家権力を統制
  し，国民の権利を保障しようという考え方。＿＿＿＿＿＿＿＿＿＿＿＿　❸ [　　　　　　　　　]
- ☐ ❹国王の権力は神から授けられた絶対的なものとして絶対王政を擁護した考え。＿　❹ [　　　　　　　　　]
- ☐ ❺国家権力の由来は国民の信託にあり，国家は国民を守るためにあることを定式化
  して，❹の考えを否定し，市民革命を理論的に正当づけた考え。＿＿＿＿　❺ [　　　　　　　　　]
- ☐ ❻人間は本来利己的で，自然状態は「万人の万人に対する闘争」となるので，各人　❻ [
  の自然権を絶対的な主権者に譲渡し生命・平和を守らせよと主張した人物と主著。　　[　　　　　　　　　]
- ☐ ❼統治者に各人の自由・生命・財産を守らせるために，各人の自然権を統治者に信　❼ [
  託すべきであり，それは取り戻すこともできると主張した人物と主著。＿＿＿　　[　　　　　　　　　]
- ☐ ❽❼の人物が主張した「統治者が人々の自由・生命・財産を守れない時は人民は抵
  抗し，信託した自然権を取り戻し統治者を取り替えることができる」という権利。　❽ [　　　　　　　　　]
- ☐ ❾社会契約において各人の自然権は社会全体に譲渡すべきであり，そのため政治は　❾ [
  一般意思（志）によって行われるとし，直接民主制を理想とした人物と主著。＿　　[　　　　　　　　　]
- ☐ ❿イギリス議会政治を参考に，国家権力を立法権・行政権・司法権の三権に分離し三　❿ [
  権の抑制と均衡により権力濫用を防ぎ国民の自由が確保できるとした人物と主著。　　[　　　　　　　　　]
- ☐ ⓫権力者も法（自然法）の下にあり，法の定めに従わなければならないとする考え。　⓫ [　　　　　　　　　]
- ☐ ⓬1215年にイギリスの特権階級（領主・僧侶）が国王の王権を制限した文書。＿＿　⓬ [　　　　　　　　　]
- ☐ ⓭天賦人権思想，社会契約，抵抗権・革命権などを特徴とし，アメリカの独立宣言
  や各州の憲法に影響を与えた「世界初の人権宣言」といわれる文書（1776年）。　⓭ [　　　　　　　　　]
- ☐ ⓮1789年にフランス革命の中で出され，自由・所有権および安全・圧制への抵抗を
  自然権ととらえ近代市民社会の原理を確立した文書。＿＿＿＿＿＿＿＿＿　⓮ [　　　　　　　　　]
- ☐ ⓯1919年，ドイツで制定された世界で初めて社会権の保障を明記した憲法。＿＿＿　⓯ [　　　　　　　　　]
- ☐ ⓰戦争の原因を「人権の抑圧」と捉え，世界各国が保障すべき人権の基準を示した
  宣言。1948年に国連総会で採択され，国際慣習法の重みを持つものとされる。＿　⓰ [　　　　　　　　　]
- ☐ ⓱⓰を具体化し法的拘束力をもたせた国際条約で，1966年に国連総会で採択。Ａ規
  約（社会権規約）・Ｂ規約（自由権規約）および各規約の選択議定書で構成。＿　⓱ [　　　　　　　　　]
- ☐ ⓲1965年に国連で採択された，あらゆる人種差別を撤廃する条約（1969年発効）。　⓲ [　　　　　　　　　]
- ☐ ⓳1979年に国連で採択された，女性に対するあらゆる差別を禁じ批准国に立法措置
  を義務化した条約（1981年発効）。日本でも批准にともない立法化が進んだ。＿　⓳ [　　　　　　　　　]
- ☐ ⓴18歳未満の子どもに対する差別を禁じ，生命や思想，表現の自由などの権利を保
  障することをめざし，1989年に国連で採択された条約（1990年発効）。＿＿＿　⓴ [　　　　　　　　　]
- ☐ ㉑人権問題に対処し，各国に人権状況の改善などを勧告する国連の機関。経済社会
  理事会の機能委員会の一つだった人権委員会が2006年に昇格した。＿＿＿＿　㉑ [　　　　　　　　　]

2　民主政治のしくみ

- ☐ ❶国家の主権が国民にあるとする民主政治の原理。＿＿＿＿＿＿＿＿＿＿　❶ [　　　　　　　　　]
- ☐ ❷民主政治の２つの形態のうち，代表者を通して政治を行うやり方。＿＿＿＿　❷ [　　　　　　　　　]
- ☐ ❸イギリスで普通法とも呼ばれ，不文憲法の核をなす判例の集積。＿＿＿＿＿　❸ [　　　　　　　　　]
- ☐ ❹議会の多数派が政府（内閣）を構成し，内閣は議会に対して連帯責任を負い，不
  信任されることもあるというイギリスで発達した政治制度。＿＿＿＿＿＿　❹ [　　　　　　　　　]
- ☐ ❺議会の活性化と政権交代の準備のため，イギリスの野党第一党が組織するもの。　❺ [　　　　　　　　　]
- ☐ ❻イギリスの二大政党のうち，主に有産階級を支持基盤とする政党。＿＿＿＿　❻ [　　　　　　　　　]
- ☐ ❼イギリスの二大政党のうち，主に労働者階級を支持基盤とする政党。＿＿＿　❼ [　　　　　　　　　]
- ☐ ❽❹よりも権力分立が厳格で，国民から選挙で選ばれた大統領が行政権を行使する

というアメリカに代表される政治制度。_____　❽ [　　　　　　　]

☐ ❾各州が大幅な自治権（州ごとに憲法・法律・議会・裁判所）を持つアメリカのよ
　　うな国家形態。_____　❾ [　　　　　　　]

☐ ❿アメリカの裁判所が持つ，憲法違反の法令や政治行為を審査できる権限。_____　❿ [　　　　　　　]

☐ ⓫アメリカの二大政党のうち，労働者・黒人を主支持母体とし平等を重視する政党。　⓫ [　　　　　　　]

☐ ⓬アメリカの二大政党のうち，有産階級を主支持母体とし自由を重視する政党。__　⓬ [　　　　　　　]

☐ ⓭フランスのような議院内閣制と大統領制の中間的な政治のしくみ。_____　⓭ [　　　　　　　]

☐ ⓮社会主義諸国でとられてきた，労働者階級を主体とする権力集中制。_____　⓮ [　　　　　　　]

☐ ⓯中国の最高権力機関。_____　⓯ [　　　　　　　]

☐ ⓰中国で1989年に，共産党の独裁に反対し民主化を求めた市民や学生らが弾圧され
　　た事件。_____　⓰ [　　　　　　　]

☐ ⓱発展途上国で多くみられた，経済開発を優先する独裁体制。_____　⓱ [　　　　　　　]

☐ ⓲信仰の原点に帰り，西欧型社会・政治様式の導入を批判する社会運動。_____　⓲ [　　　　　　　]

3　日本国憲法とその基本原理

☐ ❶明治政府が憲法制定を公約したことに対応し民間でつくられた憲法草案。_____　❶ [　　　　　　　]

☐ ❷❶の中でロックの革命権思想を盛り込んだ東洋大日本国国憲按を発表した人物。　❷ [　　　　　　　]

☐ ❸明治政府が憲法を作成するにあたり，もとにした君主権の強い憲法。_____　❸ [　　　　　　　]

☐ ❹大日本帝国憲法のような君主が制定する形式の憲法。_____　❹ [　　　　　　　]

☐ ❺外見的には近代的憲法の体裁を持つが，実質は君主権が強く憲法によって権力を
　　制限するという立憲主義の内容を満たさない大日本帝国憲法の特質を何というか。　❺ [　　　　　　　]

☐ ❻大日本帝国憲法では天皇に絶対的な権限（天皇大権）が与えられていた。このう
　　ち，統帥権（軍の統率権）は政府・議会から独立していたが，これを何というか。　❻ [　　　　　　　]

☐ ❼大日本帝国憲法では国民の権利・自由は臣民の権利として法律の範囲内で保障さ
　　れたのみで，法律でいつでも制限された。このことを何というか。_____　❼ [　　　　　　　]

☐ ❽1925年につくられた❼の制限立法の代表例といえる法律。_____　❽ [　　　　　　　]

☐ ❾大日本帝国憲法の下でも，第一次大戦後の世界的な民主主義の高揚を背景に，大正
　　期には比較的立憲主義的な政治が行われたが，こうした思潮や運動を何というか。　❾ [　　　　　　　]

☐ ❿1945年に日本政府が受け入れた日本の無条件降伏と民主化を内容とする宣言。__　❿ [　　　　　　　]

☐ ⓫GHQのマッカーサーによる憲法改正指示に対応し幣原内閣が設置した委員会。　⓫ [　　　　　　　]

☐ ⓬⓫の委員会の憲法改正案は委員会の責任者の名をとって何と呼ばれるか。_____　⓬ [　　　　　　　]

☐ ⓭戦後の憲法改正作業が進む中，民間でも憲法草案が作られた。このうち民間の学者
　　や知識人からなる憲法研究会が発表し，GHQ案作成の際にも参考にされた草案。__　⓭ [　　　　　　　]

☐ ⓮日本国憲法の，国の政治のあり方を最終的に決めるのは国民であるという原理。　⓮ [　　　　　　　]

☐ ⓯⓮は日本国憲法の三大原理の一つだが，その他の2つの原理は何か。_____　⓯ [　　　　　　　]
　　　　　　　　　　　　　　　　　　　　　　　　　　　　　　　　　　　　　　[　　　　　　　]

☐ ⓰日本国憲法で，天皇の地位は国および国民統合の何とされたか。_____　⓰ [　　　　　　　]

☐ ⓱日本国憲法で，国政に関与しない立場の天皇に認められる儀礼的な行為。_____　⓱ [　　　　　　　]

☐ ⓲日本国憲法のように，憲法の最高法規性と立憲主義を重視し，憲法改正にあたり
　　通常の法律よりも厳格な手続きが求められる憲法を何というか。_____　⓲ [　　　　　　　]

4　基本的人権の本質と法の下の平等

☐ ❶基本的人権は，日本国憲法では侵すことのできないどのような権利として保障されるか。　❶ [　　　　　　　]

☐ ❷憲法第13条の「個人の尊重」および「幸福追求権」の規定のように，他のすべて
　　の人権の基礎となる人権。_____　❷ [　　　　　　　]

☐ ❸すべて国民は「人種，信条，性別，社会的身分又は門地により……差別されな
　　い」とする憲法第14条に規定された権利。_____　❸ [　　　　　　　]

☐ ❹日本国憲法で基本的人権に何らかの制約をもうける場合に使われる概念。一般に
　　人権と人権がぶつかった場合に調整する役割を果たす。_____　❹ [　　　　　　　]

☐ ❺旧憲法下で存在した，旧公家や旧大名・維新の功労者を特権階級とする制度。__　❺ [　　　　　　　]

□ ❻旧憲法下の，男性戸主の権限を絶対とし家族に対する統制権を認めた制度。＿＿＿ ❻ [　　　　　]

□ ❼日本国憲法第24条では家族生活におけるどのような平等が規定されているか。＿ ❼ [　　　　　]

□ ❽1985年の女性（女子）差別撤廃条約の批准に際して，国籍法が改正されたが，それまでの父系血統主義からどのように変更されたか。＿＿＿＿＿＿＿＿ ❽ [　　　　　]

□ ❾1985年に制定され翌年施行された，女性の雇用における差別解消を目的とする法。 ❾ [　　　　　]

□ ❿1991年に制定された育児休業法は1995年に改正され何という法律になったか。＿ ❿ [　　　　　]

□ ⓫1994年から男女必修になった高校の教科。＿＿＿＿＿＿＿＿＿＿ ⓫ [　　　　　]

□ ⓬1999年に制定された，家庭生活も含めて男女平等社会の実現をめざす法。＿＿＿ ⓬ [　　　　　]

□ ⓭1922年に結成以来，部落差別解消の運動の中心となった団体。＿＿＿＿＿ ⓭ [　　　　　]

□ ⓮アイヌ民族の誇りが尊重される社会の実現とアイヌ文化の振興をはかるため，1997年に成立した法。アイヌ民族の先住性は明記されなかった。＿＿＿＿＿ ⓮ [　　　　　]

□ ⓯2018年成立の改正民法（2022年施行）で，成年年齢は何歳とされたか。＿＿＿ ⓯ [　　　　　]

□ ⓰一般の殺人よりも親殺しなどの尊属（直系親族）の殺害を重罰とする規定（刑法200条）。1973年の最高裁違憲判決を受けて1995年に削除された。＿＿＿＿ ⓰ [　　　　　]

5　自由権

□ ❶日本国憲法が保障する３つの自由権。＿＿＿＿＿＿＿＿＿＿＿ ❶ [　　　　　]
[　　　　　]
[　　　　　]

□ ❷精神の自由のうち，憲法第19条で保障される心の中の自由。＿＿＿＿＿ ❷ [　　　　　]

□ ❸憲法第19条に関わり，個人の思想を理由とする企業の採用拒否が問題となった訴訟。最高裁は人権保障は私人間には直接及ばないとし，企業の雇用の自由を優先。 ❸ [　　　　　]

□ ❹憲法第21条で保障される，心の中にある考えを外に表す自由。＿＿＿＿ ❹ [　　　　　]

□ ❺❹の自由として第21条に掲げられているのは集会・結社・言論のほかに何か。＿ ❺ [　　　　　]

□ ❻憲法で禁止される，公権力による表現物への事前審査や発表差し止めなどの行為。 ❻ [　　　　　]

□ ❼最高裁が1957年に「表現の自由も公共の福祉によって制限される」という判断を示した事件。この判決には学説上異論が多い。＿＿＿＿＿＿＿ ❼ [　　　　　]

□ ❽憲法第20条で保障される，信仰の有無の自由，宗教を否定する自由，信仰の告白や布教活動の自由を含む宗教上の自由。＿＿＿＿＿＿＿＿＿ ❽ [　　　　　]

□ ❾政治と宗教は結びついてはならないという原則。＿＿＿＿＿＿＿＿ ❾ [　　　　　]

□ ❿憲法第20条に関わって，最高裁が地方行政による地鎮祭への公費支出を，目的も効果も非宗教的なので合憲と判断（1977年）した訴訟。＿＿＿＿＿ ❿ [　　　　　]

□ ⓫憲法第20条に関わって，最高裁が愛媛県による靖国神社・県護国神社に対する公金支出をその目的と効果からみて違憲と判断（1997年）した訴訟。＿＿＿ ⓫ [　　　　　]

□ ⓬最高裁が，公有地の神社への無償使用を違憲と判断（2010年）した訴訟。＿＿＿ ⓬ [　　　　　]

□ ⓭学問の自由（第23条）を保障するために大学に保障されていること。＿＿＿ ⓭ [　　　　　]

□ ⓮憲法第23条に関わって，最高裁が大学生の政治的社会的活動への警察官の立ち入りは大学の自治を侵すものではないと判断（1963年）した事件。＿＿＿＿ ⓮ [　　　　　]

□ ⓯いかなる行為が犯罪で，それに対していかなる刑罰が科されるかは，あらかじめ法律で定められていなければならないという原則。＿＿＿＿＿＿ ⓯ [　　　　　]

□ ⓰刑罰を課す場合には法で定められた手続きに従わなければならないという原則。 ⓰ [　　　　　]

□ ⓱被疑者の逮捕，住居・所持品の捜索・押収にあたり，司法官憲が発行する文書を必要とするという原則。＿＿＿＿＿＿＿＿＿＿＿ ⓱ [　　　　　]

□ ⓲憲法が保障する経済活動の自由は，居住・移転・職業選択の自由の他に何か。＿ ⓲ [　　　　　]

□ ⓳経済活動の自由は，国民の経済的平等の実現を重視する観点から一定の制約が許される。憲法第22条と第29条で明記されている制約規定は何か。＿＿＿＿ ⓳ [　　　　　]

□ ⓴最高裁が薬事法にある薬局開設の距離制限規定を違憲と判断（1975年）した訴訟。 ⓴ [　　　　　]

6　社会権と人権を実現するための諸権利

□ ❶社会的経済的弱者が，人間らしい生活実現のため国に積極的な役割を求める権利。 ❶ [　　　　　]

☐ ❷憲法第25条で保障される「健康で文化的な最低限度の生活を営む」権利。_____　❷［　　　　］

☐ ❸憲法第25条の規定を，法的権利ではなく国の「努力目標」を示したものにすぎないと考える最高裁の見解。この見解に対しては，学説上の批判がある。_____　❸［　　　　］

☐ ❹憲法第25条の規定が法的権利かどうか初めて裁判で問うた訴訟。この訴訟をきっかけに多くの訴訟が提起され，国の社会保障の施策・水準を前進させた。_____　❹［　　　　］

☐ ❺国民が政治に参加する権利。_____　❺［　　　　］

☐ ❻自由や権利が侵されたときなどに，国や地方公共団体に対して救済を求める権利。　❻［　　　　］

☐ ❼国や自治体およびその機関に対して希望を述べる権利。_____　❼［　　　　］

☐ ❽国民の三大義務は，納税の義務と勤労の義務のほかに何か。_____　❽［　　　　］

7　新しい人権と人権の国際化

☐ ❶私生活をむやみに公開されない権利と自己に関する情報の流れをコントロールする権利の2つの意味を持つ新しい人権。_____　❶［　　　　］

☐ ❷本人の許可なく姿を写真に撮られたり公開されたりしない権利と，有名人の氏名や肖像に財産的価値を認め，それを本人が独占できる権利をそれぞれ何というか。__　［　　　　］

☐ ❸マスコミの報道の自由なども含め，国民が主権者として政治的意見を表明・判断するために，国家やマスコミの保持する情報に対してその公開を求める権利。__　❸［　　　　］

☐ ❹よい環境を享受し，健康で快適な生活を求める権利。_____　❹［　　　　］

☐ ❺❹の権利に関し，最高裁が，空港騒音などの過去の損害賠償は認めたが，夜間の飛行差し止め請求を棄却した訴訟。(1981年)_____　❺［　　　　］

☐ ❻マスメディアに接近して自己の意見表明を行う権利（特に無料反論権）。_____　❻［　　　　］

☐ ❼個人の生活やスタイルは個人が自由に決めることができるという権利。_____　❼［　　　　］

☐ ❽医療行為などに際して医師の十分な説明を前提に治療内容に同意すること。____　❽［　　　　］

☐ ❾特定の民族や人種への差別をあおる行為の解消をめざす法律（2016施行）。____　❾［　　　　］

8　日本の平和主義

☐ ❶日本国憲法の平和主義とは，具体的に戦争放棄・交戦権否認ともう一つは何か。　❶［　　　　］

☐ ❷日本の再軍備のきっかけとなった戦争。1950年に勃発した。_____　❷［　　　　］

☐ ❸1951年，日本の独立回復と同時に調印された日本とアメリカの二国間条約。____　❸［　　　　］

☐ ❹自衛隊の違憲性が問われ，第一審で違憲判決が下された訴訟。_____　❹［　　　　］

☐ ❺自衛隊の合・違憲判断など，高度な政治性をもつ行政・立法府の行為について「明白に違憲だといえない限り司法審査の対象にならない」という裁判所の考え。　❺［　　　　］

☐ ❻1960年に改定された日米安保条約の交換公文に設けられた歯止め。_____　❻［　　　　］

☐ ❼安保条約によって置かれている在日米軍基地が最も集中する都道府県。_____　❼［　　　　］

☐ ❽日米安保条約による米軍基地の駐留について，一審判決で違憲の判断が下されたが，最高裁が破棄し統治行為論によって最終的な憲法判断を避けた事件。_____　❽［　　　　］

9　日本の防衛政策と諸問題

☐ ❶軍隊の独走を防ぐために，文民すなわち非軍人からなる政府や議会が軍隊を民主的に統制すること。日本では，首相など国家安全保障会議のメンバーが対象。__　❶［　　　　］

☐ ❷相手からの攻撃に対してのみ防衛力を行使するという防衛上の原則。_____　❷［　　　　］

☐ ❸同盟国への攻撃を武力で阻止する権利。2014年に政府が限定容認した。_____　❸［　　　　］

☐ ❹「核兵器を持たず，つくらず，持ち込ませず」という原則。_____　❹［　　　　］

☐ ❺1991年，自衛隊が初めて海外へ出動するきっかけとなった戦争。_____　❺［　　　　］

☐ ❻1992年，PKO協力法制定後，初めて自衛隊がPKO活動のため派遣された国。__　❻［　　　　］

☐ ❼2001年，米同時多発テロ後に制定された，テロ対策に限り戦時に自衛隊の海外派遣を認めた法。この法律に基づいて初めて戦時に自衛隊が海外派遣された。____　❼［　　　　］

☐ ❽2014年に従来の武器輸出三原則を転換した武器輸出に関する新たな三原則。____　❽［　　　　］

☐ ❾2015年成立，集団的自衛権行使を可能にし，日本の防衛政策を大転換した法の総称。__　❾［　　　　］

☐ ❿1978年に日米政府が有事の際の協力のしかたについて取り決めた「日米防衛協力のための指針」（1997年，2015年に改定）をカタカナ6文字で何というか。_____　❿［　　　　］

1 [民主政治の原理と法の支配]　次の文章を読んで，以下の問いに答えよ。

　ヨーロッパでの伝統的な考え方である「(a)法の支配」は，統治が法に従って行われるだけでなく，統治者も法を勝手に変えることができないと考える思想である。つまり「法の支配」の意味は統治者が侵すことができない法や権利があるということを主張するものであった。

　13世紀にイギリスの封建貴族らが，王権を制限し，法の支配の原点とされるのが，　A　である。しかし，この場合の権利の内容は社会的な不平等を前提とした身分制的なものであった。その後，絶対王政がヨーロッパ各地に成立するに伴い，成立した絶対王政を擁護する理論が主張され，王は神から直接絶対的な支配権を与えられていると主張する　B　説などが唱えられた。これに対し，17世紀に　C　を起草したエドワード・コークが「法の支配」の伝統を擁護し，絶対主義の理論と対立した。このような法をめぐる王権と身分制的な権利を守ろうとする貴族，諸団体との間で激しい対立が生じ，この対立が後の英米の(b)市民革命や(c)フランス革命の導火線となった。

　この身分制と結びついた「法の支配」は絶対王政によって攻撃されただけでなく，他方で人間の生まれながらの権利を主張する人権論によっても批判された。人権論は，自然や理性に訴え，人間は生まれながらに自由であり，平等であり，様々な　D　権をもつと主張した。この　D　権を確保するために，社会契約を結んで，国家・政府を作り，その支配に服すると考えた。人権論がもっともスムーズに受け入れられたのは，新大陸アメリカにおいてであって，(d)バージニア権利章典や　E　宣言に結実していった。そして「法の支配」も人権論の擁護と不可分のものに変わっていった。

　法の支配の原理が確立したのは，近代国家が成立し，政治は国家の最高法規であり，根本法規である(e)憲法に基づいて行うという　F　主義（政治）が採用されてからのことである。

問1　文中の　A　〜　F　に最も適合する語句を答えよ。
A [　　　　　]　B [　　　　　]　C [　　　　　]
D [　　　　　]　E [　　　　　]　F [　　　　　]

問2　下線部(a)に関連して，次の文章中の空欄　ア　・　イ　に当てはまる言葉を下の記述A〜Cから選び，その組合せとして正しいものを，下の①〜⑥のうちから一つ選べ。〈20：本試〉　[　　　]

> 　イギリスでは中世のマグナ・カルタ（大憲章）において，すでに法の支配の萌芽がみられた。近世の絶対君主制の下でそれは危機に瀕したが，17世紀初頭にイギリスの裁判官エドワード・コーク（クック）は，13世紀の法律家ブラクトンの言葉をひいて　ア　と述べ，法の支配を主張した。
> 　絶対君主制への批判は，国王の権力を制限しようとする社会契約論や立憲主義思想へとつながっていく。こうした考え方は，17世紀から18世紀にかけて近代市民革命へと結実し，フランス人権宣言に　イ　と謳われた。

A 「あらゆる政治的結合の目的は，人の，時効によって消滅することのない自然的な諸権利の保全にある」
B 「経済生活の秩序は，すべての人に，人たるに値する生存を保障することをめざす正義の諸原則に適合するものでなければならない」
C 「王は何人の下にも立つことはない。しかし，神と法の下には立たなければならない」
① ア−A　イ−B　　② ア−A　イ−C　　③ ア−B　イ−A
④ ア−B　イ−C　　⑤ ア−C　イ−A　　⑥ ア−C　イ−B

問3　下線部(b)に関連して，次の①〜④の記述のうち最も**不適切なもの**を一つ選べ。〈学習院大〉　[　　　]
① 17世紀から18世紀にかけて行われた市民革命によって，絶対君主制が打破されて，近代民主主義へと政治の仕組みが大きく転換した。
② 近代市民革命の理念となった考え方は，社会契約説と呼ばれ，人間は，生まれながらに持っている権利を守るため，契約を結んで国家を作ると主張した。
③ 社会契約説の代表的な論者であるロックは，一般意思に基づく人民主権を唱え，直接民主制を主張した。
④ 社会契約説を生み出したのは，中世以来積み重ねられてきた法の支配の伝統であるといわれている。

問4　下線部(c)の結果，いわゆるフランス人権宣言が出された。1789年のフランス人権宣言で自然権と位置付けられた権利として最も適当なものを，次の①〜④のうちから一つ選べ。〈15：追試〉　[　　　]
① 団結権　　② 生存権　　③ 圧制に抵抗する権利　　④ 選挙で投票する権利

問5　下線部⒟のバージニア権利章典について，もっとも適切な文章を以下の①〜④の中から一つ選べ。〈明治大〉

[　　　　]

①　国王の政治権力は神から授けられたもので，神聖かつ絶対的であり，国民が国王に反抗することは許されないとする思想を反映したものである。

②　第16条において「権利の保障が確保されず，権力の分立が規定されていないすべての社会は，憲法をもつものではない」と述べ，権力分立制度について定めたことが有名である。

③　国王の専制支配に抗議し，貴族が団結して，国王に不当な逮捕・拘禁の制限，課税権の制限などを認めさせたものである。

④　人は生まれながらにして自由かつ平等の権利を有しており，たとえ国家であっても，個人のこのような権利を侵すことはできないという考え方が具体化されている。

問6　下線部⒠についての記述として正しいものを，次の①〜④のうちから一つ選べ。〈15：追試改〉[　　　　]

①　国民主権の下で国民により制定された憲法を，欽定憲法という。

②　イギリスは，多数の法律や慣例が憲法の役割を果たしているため，成文憲法をもつ国である。

③　ドイツのワイマール憲法は，世界で初めて社会権を規定した憲法である。

④　憲法はその国の最高法規であり，国民が憲法を守らなければならないという原則を立憲主義という。

2　**[民主政治のしくみ]**　次の文章を読んで，以下の問いに答えよ。

　近代国家の理論的基礎は，17世紀ヨーロッパで形づくられた。なかでも『　A　』（1651年）を著したホッブズは，社会契約説の祖とされる。彼は，⒜「主権」の語に明確な定義を与えたボダン（ボーダン）と並んで，宗教共同体からも既存の地縁・血縁的権力からも独立した存在である政治体として，国家を特徴づけた。こうした理論化の努力と，制定または慣習によって既知のものとなっている規約によってのみ権力行使が正当化されるという，イギリスにおける　B　の伝統と，人間が生まれながらにして持っている権利とされる　C　の考えが合流し，近代民主主義国家の輪郭が作られた。

　だが，たとえば直接民主制はすべての人の意見を直接政治に届けることができる反面，大規模な政治共同体においては時間とコストの面だけからも現実味がない。かといって，間接民主制を採用する場合に，いったいどのような代表のあり方，政治制度の構築が最良のものであるかは，簡単に決めることができない。このように，実際に民意を反映した政治体制を作ることは容易ではない。そこで，⒝国ごとにその歴史に応じて，制度の長所を組み合わせたさまざまな政治機構が作られているのである。

　イギリスでは，国王に対する議会の権限拡大のための闘争が「権利請願」（1628年）や『　D　』（1689年）といった民主化への布石を作り上げてきた伝統から，⒞議院内閣制が採用されている。これに対してアメリカ合衆国では，⒟大統領制が採用されている。歴史上国王や君主が存在したことのないこの国では，大統領は正に国家のシンボルとしての役割を担ってきた。

　⒠日本は，イギリスと同じく議院内閣制を採用する国家である。三権分立の原則のもとで，立法権・行政権・司法権は相互に独立すると同時に，互いに抑制しあうよう制度化されている。

　一方⒡フランスでは，アメリカ型大統領制とイギリス型議院内閣制の複合形が採用されている。大統領も議会も選挙によって選出されるが，大統領と議会の勢力が同じなら，大統領が強大な権限を持つ。また，議院内閣制と大統領制の折衷制をとるのが⒢ドイツであり，大統領は　E　にすぎず，議会によって選出される首相に強い権限が与えられている。

　社会主義諸国で採用されてきたのが権力集中制である。ここでは，権力分立制は否定され，権力は人民（労働者・農民）にあるとして，人民を代表する政党である共産党の一党支配制が行われてきた。例えば中国では，すべての権限が国家権力の最高機関で議会にあたる　F　に集中する一方，憲法上，中国共産党の指導により社会主義国家の建設を行うことが明記されているため，党が各種国家機関を指導している。

問1　文中の　A　〜　F　に最も適合する語句を答えよ。〈問1，4〜5　明治大改〉

A [　　　　　　]　　B [　　　　　　]　　C [　　　　　　]

D [　　　　　　]　　E [　　　　　　]　　F [　　　　　　]

問2 下線部⒜の主権についての記述として正しいものを，次の①～④のうちから一つ選べ。〈22：政経，倫理・政経共通テスト追試〉 [　　　　]

① ジャン・ボーダン（ボダン）は，著書『国家論』の中で絶対的永続的な権力として主権を論じ，絶対主義を擁護した。

② 主権は，領域，政府とあわせて，「国家の三要素」を構成するものと考えられている。

③ ジャン・ボーダン（ボダン）は，著書『国家論』の中で神から授けられる権力として主権を論じ，絶対主義を否定した。

④ 主権は，対内的には他国から干渉を受けない独立の権力，対外的には自国のいかなる勢力からも制約を受けない最高の権力であると考えられている。

問3 下線部⒝について，各国の政治体制を次の表中のA～Fのように分類したとき，それぞれの国の政治体制の記述として最も適当なものを，下の①～④のうちから一つ選べ。〈19：本試〉 [　　　　]

	議院内閣制	半大統領制	大統領制
連邦国家	A	B	C
単一国家	D	E	F

① アメリカはFに該当する。
② イギリスはCに該当する。
③ フランスはEに該当する。
④ ロシアはAに該当する。

(注) ここでいう「単一国家」とは，中央政府に統治権が集中する国家を指す。また，「連邦国家」とは，複数の国家（支分国）が結合して成立した国家を指す。「連邦国家」は，国家の一部を構成する支分国が，州などのかたちで広範な統治権をもつ点などにおいて，「単一国家」と異なる。

問4 下線部⒞に関連して，イギリスの政治機構の説明として正しい記述を次のなかから一つ選べ。 [　　　　]

① イギリスの議会は，上院・下院の二院制であり，どちらの議員も選挙で選ばれる。

② イギリスの上院は日本の衆議院に当たり，下院に対して優位に立つ。

③ イギリスの内閣は，下院の信任に基づいて組織され，下院に対し連帯して責任を負う。

④ イギリスは立憲君主制の国家であるため，国王を元首として，成文憲法に基づく統治が行われている。

⑤ イギリスの連合王国最高裁は，違憲法令審査権をもつ点で，日本の司法権力と同様に議会抑制機能を有している。

問5 下線部⒟に関連して，アメリカ合衆国の政治機構の説明として正しい記述を次のなかから一つ選べ。 [　　　　]

① アメリカ合衆国大統領は議会が可決した法案に拒否権を発動できるが，議会への法案提出権はもたない。

② アメリカ合衆国の州に対する連邦政府の権限は強く，中央集権的な体制をとっている。

③ アメリカ合衆国の下院議員は，各州から二名ずつ選出され，州の代表という意味をもっている。

④ アメリカ合衆国の大統領は，有権者の直接選挙によって選出されるため，議会からの独立性が強い。

⑤ アメリカ合衆国の連邦裁判所には，議会が制定した法律が合衆国憲法に反するか否かを審査する，違憲法令審査権は与えられていない。

問6 下線部⒠に関連して，日本の国会はイギリスの議会と同じく二院制を採用しているが，日本と同様に，二院制が採用され，両議院の議員が国民から直接選挙されている国として正しいものを，次の①～④のうちから一つ選べ。〈08：本試〉 [　　　　]

① アメリカ　　　　② 中国　　　　③ ドイツ　　　　④ フランス

問7 下線部⒡のフランスに関連して，正しい記述はどれか。適切なものを次の①～④の中から二つ選べ。〈学習院大〉 [　　　][　　　]

① フランスの国民議会には上下両院がある。

② 現在の第5共和制は1958年に開始された。

③ 近年は国民戦線という極左政党の勢力が拡大した。

④ 2017年5月に大統領に当選したマクロン氏は，過去に大臣経験がある。

問8 下線部⒢のドイツに関連して，正しい記述を，次の①～④のうちから二つ選べ。 [　　　][　　　]

① ドイツでは，大統領は下院の解散権を有する。

② ドイツでは，憲法（基本法）で民主主義を否定する政党の設立が禁止されている。

③ ドイツの政治形態は，「半大統領制」とよばれる。

④ ドイツの政治形態は，実質的に議院内閣制である。

3 [日本国憲法とその基本原理]　次の文章を読んで，以下の問いに答えよ。

　明治時代になって，欧米との交流がさかんになるにつれ，自由と民主主義を求める A 運動が高揚し，日本でも近代憲法を制定すべきだという要求が強まり，民間でも多数の憲法草案がつくられた。明治政府は， A 運動におされて，憲法制定と B 開設を約束し，1889年に大日本帝国憲法（明治憲法）が発布された。これは，だれが制定したかという形式面では，君主が制定した C 憲法に分類されるものである。また，内容面では，そもそも近代憲法は，国民の自由・権利を確保するために， D を制限することを目的としているが，この憲法にはそのための制度もいくつか採用されているものの，全体としては民主性に欠けるところが少なくなかった。たとえば，第4条では，天皇は国の元首で， E 権を総攬するとされ，また，国民の権利の保障も不十分なものであった。そのもとでも，第一次世界大戦後，いわゆる F が高揚し，普通選挙と政党政治の確立をめざす護憲運動が高まったが，満州事変の頃から， G が政治への発言を強め，日本は軍国主義国家となって戦争に突入していったのである。

　1945年，日本は H を受諾して，連合国に降伏した。 H は，日本に対して根本的な改革を求めるものであったので，連合国軍総司令部（GHQ）の最高司令官 I は，憲法の改正をうながした。こののち日本政府は，憲法改正作業にとりかかり，(a)新しい憲法が1946年11月3日に公布され，翌年5月3日に施行された。(b)新憲法である日本国憲法は，大日本帝国憲法とはまったく原理を異にするものである。その1つとして(c)国民主権が基本原理となり，日本国憲法第1条では，天皇は日本国と日本国民統合の J であるとされている。

　明治憲法の改正手続によって制定された日本国憲法にも，憲法改正手続が定められており，憲法第96条で，憲法改正は，各議院の K 議員の L 以上の賛成で，国会が発議し，国民投票で M の賛成を得なければならないと規定されている。日本国憲法の成立から60年あまり経た2007年， N 法が制定されるなど，憲法改正は現実の政治的課題となったが，三大基本原理を否定するような改正はできないと考えられている。

問1　空欄 A ～ N に入る適切な語句または数字を答えよ。

A [　　　　　　　]　B [　　　　　　　　]　C [　　　　　　　]
D [　　　　　　　]　E [　　　　　　　　]　F [　　　　　　　]
G [　　　　　　　]　H [　　　　　　　　]　I [　　　　　　　]
J [　　　　　　　]　K [　　　　　　　　]　L [　　　　　　　]
M [　　　　　　　]　N [　　　　　　　　]

問2　下線部(a)に関連して，日本国憲法の制定過程や基本原理に関する記述として正しいものを，次の①〜④のうちから一つ選べ。〈17：政経，倫理・政経本試〉　[　　　　　]

① 日本国憲法によって列挙された基本的人権は，法律の範囲内において保障されている。

② 日本国憲法は，君主である天皇が国民に授ける民定憲法という形で制定された。

③ 日本国憲法は，憲法問題調査委員会の起草した憲法改正案（松本案）を，帝国議会が修正して成立した。

④ 日本国憲法における天皇は，国政に関する権能を有しておらず，内閣の助言と承認に基づいて国事行為を行う。

問3　下線部(b)について，日本国憲法と大日本帝国憲法（明治憲法）との比較についての記述として**適当でない**ものを，次の①〜④のうちから一つ選べ。〈12：本試〉　[　　　　　]

① 明治憲法の下では貴族院議員は臣民による制限選挙で選ばれたが，日本国憲法の下では参議院議員は普通選挙で選ばれる。

② 明治憲法は軍隊の保持や天皇が宣戦する権限を認めていたが，日本国憲法は戦力の不保持や戦争の放棄などの平和主義を掲げている。

③ 日本国憲法の下では主権は国民にあるとの考えがとられているが，明治憲法の下では主権は天皇にあるとされた。

④ 日本国憲法は法律によっても侵すことのできない権利として基本的人権を保障しているが，明治憲法は法律の範囲内でのみ臣民の権利を認めた。

問4　下線部(c)に関する記述として最も適切なものを，次の①〜④のうちから一つ選べ。〈法政大〉　[　　　　　]

① 国民主権とは，国政の最終的な決定権ないし最高の権威が，国民に存するという概念である。

② 現行憲法は，前文で国民主権を宣言しているが，前文以降の個別の条文では，国民主権に触れていない。

③ 国民主権の対義語は君主主権であるから，国民主権と君主制は両立し得ない。

④ 国民主権と直接民主主義は不可分であるから，国民主権原理をとる国では，国政上の国民投票制度（レファレンダム）を設けなければならない。

4 **[基本的人権の本質と法の下の平等]** 次の文章を読んで，以下の問いに答えよ。

日本国憲法は，1946年に，形式的には明治憲法の定める改正手続によって成立した。しかし実質的には，国民主権，基本的人権の尊重，[A]を三大基本原理とする新しい憲法である。

人権保障については，明治憲法も国民の権利を「[B]ノ権利」として認めてはいた。しかし，その権利は，天皇が恩恵的に与えたもので，保障される権利の範囲もせまく，しかも⒜法律によって容易に制限できるものであった。これに対し日本国憲法は，基本的人権は人間が生まれながらにして持っている⒝権利であるという[C]思想に立脚し，第[D]条において，「国民は，すべての基本的人権の享有を妨げられない。この憲法が国民に保障する基本的人権は，[E]ことのできない[F]の権利として，現在及び[G]の国民に与へられる」と定めている。[C]思想を取り入れた近代の人権宣言が「人間は，生まれながらにして，自由であり，権利において平等である」と述べるように，自由と⒞平等は，基本的人権の核心を成すものである。日本国憲法も，第[H]条で「すべて国民は，[I]に平等」であるという原則をかかげ，自由権について，精神の自由，[J]の自由，経済活動の自由を保障している。

さらに日本国憲法は，第[K]条において，「すべて国民は，[L]として尊重される。生命，自由及び[M]に対する国民の権利については，公共の福祉に反しない限り，立法その他の国政の上で，最大の尊重を必要とする」と定めている。この規定にもあるように，すべての国民は，人格的に自律した個人として，最大限に尊重されねばならない。

問1 空欄[A]～[M]に入る適切な語句または数字を答えよ。〈東海大改〉

A [   ] B [   ] C [   ] D [   ]
E [   ] F [   ] G [   ] H [   ]
I [   ] J [   ] K [   ] L [   ]
M [   ]

問2 下線部⒜について，このことを何というか。 [   ]

問3 下線部⒝に関連して，次のA～Dは，権利の拡大および救済のための制度をめぐり，日本で取り組まれた出来事についての記述である。これらの出来事を古い順に並べたとき，3番目にくるものとして正しいものを，下の①～④のうちから一つ選べ。〈15：政経，倫理・政経本試〉 [   ]

A 障がいに基づく差別の禁止や障がい者の社会参加の促進を定める「障害者の権利に関する条約」が批准された。

B すべての児童に対して，「ひとしくその生活を保障され，愛護されなければならない」と定めた児童福祉法が制定された。

C アイヌの人々の文化の振興と伝統に関する知識の普及を目的とするアイヌ文化振興法が制定された。

D 特定の公害の被害者に対して，国による補償を定めた公害健康被害補償法が制定された。

① A ② B ③ C ④ D

問4 下線部⒞に関連して，次のA～Cのうち，最高裁判所が不合理な差別であるとして違憲や違法の判断を下したことがあるものとして正しいものを，下の①～⑦のうちから一つ選べ。〈12：追試〉 [   ]

A 結婚していない日本人父と外国人母との間に生まれた子について，認知のほかに父母の結婚を届出による日本国籍の取得の要件とする国籍法の規定

B 尊属殺人について普通殺人の場合よりも著しく重い刑を定める刑法の規定

C 女性であることのみを理由として，男性よりも低い年齢を定年とする企業の就業規則

① A ② B ③ C ④ AとB ⑤ BとC ⑥ AとC ⑦ AとBとC

5 **[平等権・自由権]** 次の文章を読んで，以下の問いに答えよ。

人権の歴史において，自由と平等の2つの観念は，身分制社会を打破し近代市民社会を形成するうえで指導的な役割を果たした。フランスの[A]は，このことを，「人は，自由かつ権利において平等なものとして出生し，かつ生存する。」と高らかに謳い上げ，この理念は，以後，各国の憲法のなかに受け継がれている。

日本国憲法においても，自由権は人権カタログの中心的位置を占め，その内容は，⒜精神の自由，⒝身体の自由，経済活動の自由，に大別される。

このうち精神の自由についてみると，まず「[B]および[C]の自由」のように，個人の内面的な精神活動に関わる自由については絶対的な保障が及ぶ。これに対して，「[D]の自由」のように，外部に表される精神活

動については，他人の権利との間で何らかの調整を要する場合がありうる。しかし，その場合においても，(c) D の自由は，人格の発展や民主政治の展開にとって必要不可欠なものと考えられるから，これを制限するには，厳格な要件が課されなければならない。この点でかつて問題となったのは，税関における輸入図書の検査や，デモ行進を事前許可制とした E 条例であるが，最高裁判所は，いずれについても合憲判断を下している。このほかに，信教の自由や F の自由が精神の自由として憲法で保障されている。

　一方，(d)平等権に関しては，戦前の特権的な階級制度である華族制度や封建的な G 制度に対する反省を踏まえて，日本国憲法は，「すべて国民は，法の下に平等」であり，「人種，信条， H ，社会的身分又は門地により」差別されないとの原則を打ち立てるとともに，特定の事項について若干の規定を設けた。

　しかし，差別や不平等の問題は，今日の社会においてもなお根強く存在する。職場や家庭における男女の固定的な役割分担に基づく差別，被差別部落やアイヌ民族に対する差別，在日韓国人・朝鮮人など(e)外国人に対する差別，障がい者に対する差別などがその例である。

　こうした差別や偏見をなくすには，その原因を１つずつ取り除いていくとともに，さまざまな属性をもつ人々が，人間らしく共存できる社会を作っていくことが必要であろう。〈青山学院大改〉

問1　空欄 A ～ H に入る適切な語句を答えよ。

A [　　　　　　　]　　B [　　　　　　　　　]　　C [　　　　　　　　　]

D [　　　　　　　]　　E [　　　　　　　　　]　　F [　　　　　　　　　]

G [　　　　　　　]　　H [　　　　　　　　　]

問2　下線部(a)に関連して，日本における精神的自由の保障に関する記述として正しいものを，次の①〜④のうちから一つ選べ。〈12：政経，倫理・政経本試〉　　　　[　　　　　　]

① 最高裁判所は，三菱樹脂事件で，学生運動の経歴を隠したことを理由とする本採用拒否は違法であると判断した。

② 最高裁判所は，愛媛玉ぐし料事件で，県が玉ぐし料などの名目で靖国神社に公金を支出したことは政教分離原則に反すると判断した。

③ 表現の自由の保障は，国民のプライバシーを尊重するという観点から，マスメディアの報道の自由の保障を含んでいない。

④ 学問の自由の保障は，学問研究の自由の保障のみを意味し，大学の自治の保障を含んでいない。

問3　下線部(b)に関連して，日本における身体の自由についての記述として**誤っているもの**を，次の①〜④のうちから一つ選べ。〈15：政経，倫理・政経追試〉　　　　[　　　　　　]

① 何人も，現行犯で逮捕される場合を除き，検察官が発する令状によらなければ逮捕されない。

② 何人も，自己に不利益な唯一の証拠が本人の自白である場合には，有罪とされることも刑罰を科せられることもない。

③ 何人も，法律の定める手続きによらなければ，生命や自由を奪われることも刑罰を科せられることもない。

④ 何人も，実行の時に犯罪でなかった行為について，その後に制定された法律によって処罰されない。

問4　下線部(c)の趣旨に**合致しないもの**を次の①〜⑤のうちから一つ選べ。〈青山学院大〉　　[　　　　　　]

① 精神的自由は，立憲民主政の政治過程にとって不可欠の権利であるから，精神的自由の規制に対しては，経済的自由の規制に関して適用される合理性の基準は妥当しない。

② 表現の自由は，重大な害悪の発生が明白に予想され，かつ，その危険が差し迫っている場合にのみ制限できる。

③ 規制を定める法令の文言が漠然としていて不明確な場合は，合理的な限定解釈によって不明確性を除去できない限り，当該法令を無効とすることができる。

④ 公務員は全体の奉仕者であるから，その政治活動に対して，公共の福祉の観点から一定の制約が及ぶことはやむを得ない。

⑤ 在監者に対しては，拘禁目的の達成のため，集会・結社の自由は制限されるが，新聞・図書の閲読の制限，信書の発受の制限については，裁判所の厳格な審査が必要となる。

問5　下線部(d)について，原則として，すべての人々を一律，画一的に取り扱うことを意味するとの考え方がある。また，そのような意味にとどまることなく，現実の状況に着眼した上で，積極的な機会の提供を通じて，社会的な格差を是正しようとする意味もあるとの考え方がある。後者の考え方に沿った事例として最も適当なものを，次の①〜④のうちから一つ選べ。〈15：政経，倫理・政経本試〉　　　　[　　　　　　]

① 法律において，男女同一賃金の原則を定めること。

② 大学入試の合否判定において，受験者の性別を考慮しないこと。

③ 民間企業の定年において，女性の定年を男性よりも低い年齢とする就業規則を定めた企業に対して，法律で罰を科すこと。

④ 女性教員が少ない大学の教員採用において，応募者の能力が同等の場合，女性を優先的に採用するという規定を定めること。

問6 下線部ⓔに関連する日本の現在の状況についての次の記述A～Cのうち，正しいものはどれか。当てはまる記述をすべて選び，その組合せとして最も適当なものを，下の①～⑦のうちから一つ選べ。〈20：本試〉

[　　　　　]

A 外国人も，中央省庁の行政文書に関して，情報公開法に基づいて開示を請求することができる。

B 最高裁判所は，永住資格を有する在日外国人には，地方参政権が憲法上保障されていると判断した。

C 地方公務員採用試験に関して，日本国籍を受験条件としない地方公共団体もある。

① A ② B ③ C ④ AとB

⑤ AとC ⑥ BとC ⑦ AとBとC

6 [社会権と新しい人権] 次の文章を読んで，以下の問いに答えよ。

近代市民革命後に制定された近代憲法をみると，その基本的原理の一つとして基本的人権の保障が掲げられている。その背景には，人間は生まれながらにして自由で平等な権利をもっており，たとえ国家や政府といえどもこの権利を侵すことはできないという　A　の思想があった。1776年のアメリカ独立宣言は，「すべての人は平等に造られ」，「生命，自由および　B　の追求」という天賦の権利を付与されているとする。個人の自由が抑圧されていた絶対王政の経験をふまえて，市民革命後に宣言された基本的人権においては，このように国家権力による不当な干渉や侵害を受けないという　C　権が中心であった。

しかし，資本主義の発達にともない貧富の差が拡大すると，労働者の権利を保障したり，失業や貧困の救済をするよう国家に求める　D　国家の考え方が強まっていき，　E　基本権，ⓐ生存権，　F　を受ける権利など　G　権と呼ばれる現代的な人権が登場してきた。その考え方は1919年に制定されたドイツの　H　憲法のなかに最初に明文化されている。

一方，大量生産や情報技術の発展・普及は，「ⓑ新しい人権」の問題を生じさせている。わが国でも，これまでに，ⓒ環境権，ⓓプライバシーの権利および知る権利などが，憲法を根拠として主張され，その中には法律として制定されたものもある。

また，二度の世界大戦を経験した今日の国際社会において，人権の問題は一つの国の問題にとどまらず，国境を越えて国際的に扱われるべき問題となっている。1948年に国連で採択された　I　は，「すべての人民とすべての国とが達成すべき共通の基準」として公布され，　C　権のみならず，　G　権をも含めた広範な人権が規定されている。1966年には，　I　をより具体化し，法的拘束力をもつ国際人権規約が採択された。国際人権規約は，「経済的，社会的及び文化的権利に関する国際規約」（社会権規約・A規約）と「市民的及び政治的権利に関する国際規約」（自由権規約・B規約）からなる。さらに自由権規約の権利を侵害された個人の訴えを扱う「市民的及び政治的権利に関する国際規約の選択議定書」もある。そのほかにも多くの人権に関するⓔ国際条約があり，日本を含め世界の国々がそれらの条約を批准し実施することにより，国際的な人権保障が進められている。また国境を越えて人権侵害をなくそうとする非政府組織（NGO）の活動も積極的に展開されている。

問1 文中の　A　～　I　に最も適合する語句を答えよ。〈問1，6～7 東洋大改〉

A [　　　　　] B [　　　　　] C [　　　　　]

D [　　　　　] E [　　　　　] F [　　　　　]

G [　　　　　] H [　　　　　] I [　　　　　]

問2 下線部ⓐに関連して，日本において生存権が争われた訴訟についての記述として，もっとも適切なものを以下の①～④の中から一つ選べ。〈明治大〉 [　　　　　]

① 最高裁判所は，朝日訴訟において，憲法の生存権規定は直接個々の国民に対して具体的権利を与えたものであると判断し，この判断は，その後の堀木訴訟でも維持された。

② 最高裁判所は，憲法上の生存権規定について具体的にどのような立法措置を採用するのかは，立法府の裁量

の余地が広いと判断している。

③ 堀木訴訟は，国立の療養所に入院して，医療扶助と日用品費の生活扶助を受けていた結核患者が，日用品費の生活保護基準が生存権の保障を定める憲法の規定に違反するとして争った事案である。

④ 朝日訴訟における原告の主張は認められず，我が国の社会保障制度を更に後退させるきっかけとなった。

問3 下線部ⓑに関する記述として最も適切なものを，次の①〜④のうちから一つ選べ。〈早稲田大〉[   ]

① 近年，環境権が裁判上も認められるに至っており，空港の夜間利用の差止め請求など，様々な権利を認める裁判例が徐々に増加している。

② 警察官は，刑事犯罪全般につき，犯罪捜査の必要があれば，裁判官の発する令状に基づき個人の電話などを傍受することが認められている。

③ 国民には「知る権利」があるにもかかわらず，特定秘密保護法により「特定秘密」とされた情報を漏らした公務員や民間人は処罰されうる。

④ 臓器移植法により，心臓・肺・脳のすべてが不可逆的に機能停止した場合に限り，臓器提供をすることができるようになった。

問4 下線部ⓒに関連して，環境権として主張される権利として**適切でないもの**を次の①〜⑤から**すべて**選べ。
〈学習院大〉[   ]

① 日照権　　② 平和的生存権　　③ 嫌煙権　　④ 黙秘権　　⑤ 静穏権

問5 下線部ⓓに関連して，近時，インターネット上に拡散された個人情報について，検索エンジンのサービス事業者に対し，その検索結果からの削除を請求する個人の権利を認めるべきかどうかが議論されており，この権利は，「（   ）権利」と呼ばれる。（   ）に当てはまる最も適切な語句（5字）を答えよ。〈学習院大〉

[   ]

問6 下線部ⓔに関連して，次の条文は1985年に日本が批准したある条約の条文である。この条文の内容を国内で実現させるために国会や裁判所においてとられた対応として正しいものを，後の①〜④のうちから一つ選べ。

[   ]

第9条第2項
　締約国は，子の国籍に関し，女子に対して男子と平等の権利を与える。
　(注)「女子」と「男子」は，「子」の親となる女性と男性を意味する。

① 在日外国人への差別をあおる暴力的な街宣活動が問題化したことから，民族や国籍を理由とする差別的言動を規制するため，法律を制定した。

② 最高裁判所は，日本人の父と外国人の母の間に生まれた婚外子は父の認知だけでは日本国籍を取得できないという法律を，合理的な理由のない差別であるとして子の日本国籍を認めた。

③ 法律を改正し，父が日本人の場合にのみ子に日本国籍を認める父系血統主義を，父または母のいずれかが日本人であれば子に日本国籍を認める父母両系血統主義に改めた。

④ 最高裁判所は，女性の再婚を6か月間禁止する法律の規定について，100日を超える部分については合理的な理由のない差別であると判断した。

[7] [平和主義と日本の防衛政策]　次の文章を読んで，以下の問いに答えよ。

　第二次世界大戦終結後，日本においては，軍が解体され非武装となると同時に，日本国憲法第9条に，戦争の放棄や　A　の不保持などが謳われた。しかし，その後，再武装の道をたどることになる。

　戦後の冷戦構造の中で，米国は，日本を西側陣営に引き入れ「　B　の防壁」とする政策をとった。日本がまだ占領下にあった　C　年に朝鮮戦争が勃発すると，日本に駐留する米軍が朝鮮半島に出動したため，連合軍総司令部は日本に防衛努力を求め，同年，米軍払い下げの銃器などで武装する　D　が創設された。

　　E　平和条約により日本は独立を回復した。同時期に締結された日米安全保障条約により，米軍の駐留が継続するとともに，日本は防衛力の増強を期待されることとなった。これを受けて，　D　は，1952年に戦車などの装備を持つ保安隊に改組された。1954年になると，日米相互防衛援助協定に基づいて　F　庁が設置され，保安隊や警備隊を糾合してⓐ自衛隊が発足した。

　発足当初から，自衛隊が憲法第9条2項により保持を禁止される「　A　」に当たるか否かについて議論が戦わされてきたが，政府は，一貫して自衛隊は憲法第9条2項のいう「　A　」には当たらないと解釈し，違憲ではないとの立場をとってきた。

冷戦時代には，日本は，日米安保体制の下，(b)安全保障面でも共産圏に対抗する西側陣営の一員としての役割を担うこととなった。日米安全保障条約に基づき自衛隊は増強された。このような状況にあって，日本の安全保障政策が憲法に違反するものとなることを防止するため，日本政府は，　G　的自衛権に基づく専守防衛に徹すること，海外派兵は行わないこと，　H　的自衛権を行使しないこと，非核三原則など，いくつかの原則を掲げた。

冷戦構造崩壊後，世界の勢力図が変化したことにより，自衛隊の役割も変化することとなり，海外に派遣されるようになった。

イラクのクウェート侵攻を発端として1991年に　I　戦争が起こると，日本は人的な国際貢献を求められるようになった。これに応えて，同年，自衛隊の掃海艇をペルシャ湾に派遣し，機雷の除去作業を行った。さらに，1992年には国連平和維持活動（PKO）協力法が制定され，自衛隊が海外でPKOに参加することが可能となった。

1999年には，周辺事態法が成立し，併せて自衛隊法など関連法令の改正が行われた。同法は，自衛隊が日本の領域外で米軍の軍事行動の　J　支援を行うことを可能にするものである。

2001年に米国で同時多発テロが発生すると，米軍などによるアフガニスタンへの報復攻撃が行われ，テロとの戦いが開始された。これにともない，日本では同年，　K　特別措置法が成立した。同法に基づき，自衛艦がインド洋に派遣され，多国籍軍船舶への水や燃料の供給を行った。自衛隊にとっては初めての戦時下での活動となった。

2003年3月にイラク戦争が始まった。同年4月にはイラクの　L　政権が崩壊し，戦争は一応の終結をみたが，イラク国内は政情が不安定な状態が続き，米軍などイラク駐留部隊への攻撃が散発的に続いた。このような状況を受けて日本では，2003年にイラク　M　特別措置法が成立した。同法に基づき，自衛隊はイラク南部の都市サマーワなどに派遣され，人道　M　活動などを行った。

アフリカに目を転じると，内戦が続く　N　において国民の疲弊などを原因として海賊が増加し，同国沖を通過する商船が被害を受けるようになった。このような事態を受けて，欧米などの国々は軍艦を　N　沖に派遣して，商船を保護するようになった。日本の船舶も被害を受けたことから，日本は，2009年に　O　法を制定し，商船を護衛するため自衛艦を　N　沖に派遣した。〈専修大改〉

問1　文中の　A　～　O　に最も適合する語句または数字を答えよ。

A [　　　　　]　　B [　　　　　]　　C [　　　　　]
D [　　　　　]　　E [　　　　　]　　F [　　　　　]
G [　　　　　]　　H [　　　　　]　　I [　　　　　]
J [　　　　　]　　K [　　　　　]　　L [　　　　　]
M [　　　　　]　　N [　　　　　]　　O [　　　　　]

問2　下線部(a)の自衛隊についての記述として正しいものを，次の①～④のうちから一つ選べ。〈14：本試〉

[　　　　　]

① 最高裁判所は，百里基地訴訟において，自衛隊は日本国憲法第9条で禁止される「戦力」に該当せず合憲であるとの判断を明らかにしている。

② 自衛隊のイラクへの派遣は，PKO協力法（国連平和維持活動協力法）に基づき行われた。

③ ガイドライン関連法によると，自衛隊は，いわゆる周辺事態の際にアメリカ軍の後方支援を行うこととされている。

④ 防衛庁が防衛省へと移行したことに伴い，自衛隊の最高指揮監督権が内閣総理大臣から防衛大臣に委譲された。

問3　下線部(b)に関連して，日本の安全保障に関する記述として最も適当なものを，次の①～④のうちから一つ選べ。〈23：政経，倫理・政経共通テスト〉

[　　　　　]

① 日本の重要影響事態法による自衛隊の海外派遣に際しては，日本の周辺地域においてのみ自衛隊の活動が認められる。

② 日本のPKO協力法による国連平和維持活動に際しては，自衛隊員の防護のためにのみ武器使用が認められる。

③ 日本は武器の輸出に関する規制として，防衛装備移転三原則を武器輸出三原則に改めた。

④ 日本は安全保障に関する重要事項を審議する機関として，内閣総理大臣を議長とする国家安全保障会議を設置した。

8　**[融合問題]**　次の文章を読んで，以下の問いに答えよ。

　日本国憲法は，第二次世界大戦でのアジアへの侵略を反省し，民主主義と人権保障，そして平和を志向して⒜制定された。ところが，制定当初からすでに，一部の政治家は日本国憲法に対して冷淡であり，そして，戦後ほぼ一貫して政権政党であった自民党は，憲法改正を党是に掲げた。憲法改正論議の中心は，憲法第9条にあった。「二度と戦争はしない」との誓いの下で，戦争の放棄，交戦権の否認，および　　A　　を定めた憲法第9条は，自衛隊の創設によって大きな矛盾を抱えることになった。憲法第9条と自衛隊の問題は憲法改正の論議の中心となり，⒝裁判でもしばしば争われた。

　もっとも，憲法改正が政治の実際において論じられたことは多くはない。とくに1960年から90年までの間は経済の時代であり，憲法改正論は背後に退いた。政府が，自衛隊の合憲性について，自衛隊は国家の　　B　　に基づく最小限度の実力であるという解釈をとり，憲法改正を提案しなかったという事情もある。しかし，1990年前後の東西冷戦構造の崩壊ののち，憲法改正論がふたたび活発化した。これは，自衛隊の海外派遣という新たな課題が登場したこととも関係している。また，日米安全保障条約に基づく防衛上の協力関係も強化されてきている。

　他方，戦後政治史において，日本国憲法は空洞化の途をたどったというわけではない。むしろ，日本国憲法は，戦後の日本の政治・経済の発展の土台をなしてきた。戦後政治は，日本国憲法の定める民主主義のしくみに基づいて行われ，経済と社会は日本国憲法の人権保障によって発展し，⒞過去にみられた人権侵害，女性や外国人差別はその改善が図られてきている。日本国憲法はまさに日本の政治や社会に「定着」しているといえよう。〈早稲田大改〉

問1　文中の　　A　　，　　B　　に最も適切な語句を答えよ。

A [　　　　　　　]　B [　　　　　　]

問2　下線部⒜に関して，日本国憲法の制定過程についての以下の①〜⑤の文のうち，**誤っているもの**を一つ選べ。

[　　　　　]

①　終戦後，明治憲法の改正のために，政府は松本委員会を設けて改正案を作成させたが，それは明治憲法と変わりのないものであったため，採用されなかった。

②　日本国憲法の原案は，当時の連合国軍最高司令官マッカーサーの指示の下で，連合国軍総司令部民政局において秘密裡に作成された。

③　日本政府は，提示されたマッカーサー草案の民主的な内容に賛同し，それを全面的に支持して，日本国憲法の草案を国民に発表した。

④　戦後はじめての女性選挙権を認めた選挙で第90帝国議会衆議院議員が選出され，その議会に，憲法草案は，明治憲法の改正案として提出された。

⑤　憲法草案は，衆議院と貴族院とで若干の修正を経たのち，ほぼ原案通りに可決され，1947年5月3日から施行された。

問3　下線部⒝に関して，自衛隊の合憲性が争われた裁判についての以下の①〜④の文のうち，正しいものを一つ選べ。

[　　　　　]

①　自衛隊が憲法違反であるとする判決は，最高裁判所をはじめすべての裁判所において，下されたことはない。

②　政府解釈に沿ったかたちで自衛隊が憲法に適合しているとする判決は，最高裁判所をはじめすべての裁判所において，下されたことはない。

③　最高裁判所は，自衛隊の合憲性について合憲・違憲の判断を示したことはないが，自衛隊の前身である警察予備隊の合憲性について，これを違憲と判示した。

④　最高裁判所は，日米安保条約の合憲性が争われた事件で，日米安保条約は高度の政治性を有しているため司法審査になじまないと判示した。

問4　下線部⒞に関して，戦前の刑事手続での人権侵害は日本国憲法の人権規定によって是正されてきている。以下の刑事手続に関する権利または原則のうち，**憲法上明文で保障された権利または原則ではないもの**を，以下の①〜⑥のうちから一つ選べ。

[　　　　　]

①　黙秘権　　　　　　②　逮捕・捜索における令状主義　　　③　拷問の禁止

④　迅速な公開裁判　　⑤　遡及処罰の禁止　　　　　　　　　　⑥　犯罪被害者の保護

実戦問題

10　国会の地位と権限

A　ポイント整理　当てはまることばを書いて覚えよう（＿＿欄には数値が入る）

1 国会の地位と組織

(1)国会中心主義　憲法は「国会は，国権の①＿＿＿＿＿＿であつて，国の唯一の②＿＿＿＿＿＿」（第41条）と規定して，国会中心の政治体制を定めている。

(2)国会以外の立法権　国会以外による立法権の規定には，内閣の③＿＿制定権（第73条），地方公共団体の④＿＿制定権（第94条），両議院の規則制定権（第58条），最高裁判所の規則制定権（第77条）がある。

(3)二院制　わが国の国会では衆議院と参議院の⑤＿＿＿＿＿が採用されている。

議　院	任　期	解　散	被選挙権	選挙区（議員定数）
⑥＿＿＿＿	4年	あり	25歳以上	⑧＿＿＿＿＿（289）※1 比例代表（176）※1
⑦＿＿＿＿	6年	なし（3年ごとに半数改選）	30歳以上	⑨＿＿＿＿＿（100）※2 選挙区（148）※2

※1　2016年5月の法改正で，衆議院議員定数は10減り（小選挙区6減，比例代表4減），475→465となった。
※2　2018年7月の法改正で，参議院議員定数は6増（比例代表4増，埼玉選挙区2増）の242→248となり，2019年と2022年の改選時に，それぞれ半数ずつ増員された。

(4)憲法審査会　2007年⑩＿＿＿＿＿＿＿＿＿の成立に伴い，憲法改正原案を審査する憲法審査会が両院に設置された。2011年5月，参議院で憲法審査会規程が制定され，10月には初の会合が開かれた。また，第2次安倍政権が憲法改正に意欲を示すなど，実質的論議も始まった。

2 国会の種類と権限

(1)国会の種類　召集によって会期に入ったときだけ審議・議決できる会期制を採用している。

種　類	召　集	会期	主な議事など
⑪＿＿国会（常会）	毎年1月	150日	予算案審議中心
⑫＿＿国会（臨時会）	内閣またはいずれかの院の4分の1以上の要求	不定	緊急議事
⑬＿＿国会（特別会）	衆議院の解散総選挙後⑮＿＿日以内	不定	首相の指名
参議院の⑭＿＿集会	衆議院の解散中に緊急の議事がある場合	不定	緊急議事

(2)国会の権限

立法に関して	⑯＿＿＿＿の議決，条約の承認，⑰＿＿＿＿＿＿の発議など
財政に関して	⑱＿＿＿の議決，決算の承認，租税法律主義など
司法に関して	⑲＿＿＿＿＿＿＿＿の設置，議員の資格争訟など
行政に関して	⑳＿＿＿調査権，㉑＿＿＿＿＿＿＿＿の指名，内閣不信任決議権
各院内の規律に関して	議院規則制定権，議員の懲罰など

(3)衆議院の優越　衆議院は任期が短く，解散もあり，国民の意思をより正確に反映していると考えられており，以下の点で参議院に優越している。

権限で優越	㉒＿＿＿先議権，㉓＿＿＿＿＿＿＿決議権		
議決で優越	法律案の議決	1　衆・参で異なった議決をした場合 2　衆議院の可決後，参議院が60日以内に議決しない場合	衆院で出席議員の3分の2以上の賛成で再可決
	予算の議決 条約の承認 内閣総理大臣の指名	1　衆・参で異なった議決をし，㉔＿＿＿＿＿＿＿でも不一致の場合 2　衆議院の可決後，参議院が㉕＿＿＿＿＿日以内（首相指名の場合は㉖＿＿＿＿日以内）に議決しない場合	衆議院の議決がそのまま国会の議決となる

※両院対等…憲法改正の発議，国政調査権，法律案の提出，決算の審査など

①＿＿＿＿＿
②＿＿＿＿＿
③＿＿＿＿＿
④＿＿＿＿＿
⑤＿＿＿＿＿
⑥＿＿＿＿＿
⑦＿＿＿＿＿
⑧＿＿＿＿＿
⑨＿＿＿＿＿
⑩＿＿＿＿＿
⑪＿＿＿＿＿　⑫
⑬＿＿＿＿＿　⑭
⑮＿＿＿＿＿
⑯＿＿＿＿＿
⑰＿＿＿＿＿
⑱＿＿＿＿＿
⑲＿＿＿＿＿
⑳＿＿＿＿＿
㉑＿＿＿＿＿
㉒＿＿＿＿＿
㉓＿＿＿＿＿
㉔＿＿＿＿＿
㉕＿＿＿＿＿
㉖＿＿＿＿＿

③ 国会の運営と議員の特権

(1)定足数と表決

議　案	定足数	表　決
通常議案	総議員の ㉗＿＿＿分の＿＿＿以上	出席議員の㉘＿＿＿
特別議案（秘密会・議員除名・資格争訟・衆議院再可決）		出席議員の ㉙＿＿＿分の＿＿＿以上
憲法改正の発議	総議員の㉙＿＿＿以上	総議員の㉙＿＿＿以上

㉗＿＿＿＿＿＿分の＿＿＿＿＿＿

㉘＿＿＿＿＿＿

㉙＿＿＿＿＿分の＿＿＿＿＿

㉚＿＿＿＿＿＿

(2)委員会制度
議題の複雑化・専門化などに対応するため，国会の審議は㉚＿＿＿＿＿制度が採用されている。議案は，委員会で可決後に㉛＿＿＿＿＿で審議・議決される。また予算や重要法案の際には㉜＿＿＿＿＿が開かれる。

㉛＿＿＿＿＿＿

㉜＿＿＿＿　㉝＿＿＿＿

(3)運営の原則
本会議は㉝＿＿＿が原則。また議院で一度採決された事項は，同一会期中に再び審議しない㉞＿＿＿＿＿＿＿＿の原則や，会期中継続されなかった議案は原則として廃案となる会期不継続の原則がとられている。

㉞＿＿＿＿＿＿

㉟＿＿＿＿　㊱＿＿＿＿

(4)国会議員の特権

歳費特権	一般国家公務員の最高額以上の歳費を支給。
㉟＿＿＿＿特権	会期中は逮捕されない（例外：現行犯，議院の許諾）。また，会期前逮捕の議員は議院要求により釈放可。
㊱＿＿特権	院内での発言・表決について院外で責任を問われない。

④ 国会の問題点と国会改革

(1)現実の問題点

立法機能の形式化	「㊲＿＿＿の格差」の問題や金権選挙，内閣提出法案が多く「㊳＿＿＿＿＿＿」が少ない。
審議の形式化	政党間の国会対策委員による国会運営（「㊴＿＿＿＿＿」）。議員に所属政党の㊵＿＿＿＿＿＿→政党中心の国会運営。
その他	⑳調査権の活性化，参議院の役割やあり方。

(2)国会改革
1999年の国会審議活性化法で以下の改革がなされた。

㊶＿＿＿＿＿＿制度の廃止	官僚が閣僚に代わって答弁する政府委員制度を原則廃止（技術的・専門的質問は政府参考人として官僚が答弁）。
㊷＿＿＿討論制（クエスチョンタイム）	衆参合同で国家基本政策委員会を設置し，与野党の党首が国家の基本政策を直接討論する。
㊸＿＿＿＿制の導入	中央省庁再編に合わせ従来の政務次官を廃止し，副大臣22人，大臣政務官26人（当時）を新設。

㊲＿＿＿＿＿＿

㊳＿＿＿＿＿＿

㊴＿＿＿＿＿＿

㊵＿＿＿＿＿＿

㊶＿＿＿＿＿＿

㊷＿＿＿＿　㊸＿＿＿＿

自民党圧勝
1989年の参院選で与党が大敗し，衆議院は与党，参議院は野党が過半数を占めるねじれ国会という状態が生じた。この状態はその後98, 2007, 10, 12年に生じたが，13年に自民党が参院選で圧勝し解消した。2023年8月現在，衆議院では与党が3分の2近くを占め，参議院でも過半数を超える議席を獲得している。

日本政治

B　重点確認　日本国憲法の政治機構　—三権分立制—

❶＿＿＿＿＿　❷＿＿＿＿＿

❸＿＿＿＿＿

❹＿＿＿＿＿

❺＿＿＿＿＿

❻＿＿＿＿＿

❼＿＿＿＿＿

時事正誤チェック❻　国会議員が予算を伴わない法律案を発議するには，衆議院では議員20人以上，参議院では議員10人以上の賛成を要する。〈22：政経，倫理・政経本試〉　[　　]

11 内閣の地位と権限

1 内閣の地位と組織

(1)**内閣の地位** 「① ＿＿＿＿＿は，内閣に属する」（憲法第65条）と規定され，内閣は ① を行使する最高機関とされている。

(2)**内閣の組織** 内閣は② ＿＿＿＿＿＿＿＿と③ ＿＿＿＿＿＿で構成されているが，双方ともに④ ＿＿＿でなければならないと規定されている。

| 内閣総理大臣（首相） | ⑤ ＿＿＿＿＿の中から⑥ ＿＿が指名し，⑦ ＿＿が任命する。 |
| 国務大臣 | ⑧ ＿＿＿＿＿＿＿が任免。過半数は⑨ ＿＿＿＿＿。 |

(3)**運営の原則** 内閣総理大臣は，内閣の⑩ ＿＿＿として内閣の意思決定機関である⑪ ＿＿＿を主宰する。⑪ は内閣の統一性を保つため，全員一致で決定される。

2 内閣と国会の関係

(1)**議院内閣制** 「内閣は，行政権の行使について，⑫ ＿＿＿に対し連帯して責任を負ふ」（憲法第66条）として，内閣が⑬ ＿＿＿の信任に基づいて成立するというイギリス型の⑭ ＿＿＿＿＿＿＿が採用されている。

(2)**衆議院の解散と内閣総辞職** このため，衆議院で⑮ ＿＿＿＿＿＿＿決議が可決または内閣信任決議が否決された場合，⑯ ＿＿＿＿日以内に衆議院が⑰ ＿＿＿されない限り，内閣は⑱ ＿＿＿＿＿しなければならない（憲法第69条）。現実には，不信任決議を伴わない7条解散が多い。

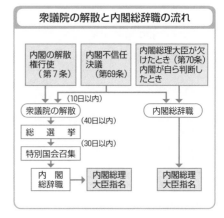

衆議院の解散と内閣総辞職の流れ

| 内閣の解散権行使（第7条） | 内閣不信任決議（第69条） | 内閣総理大臣が欠けたとき（第70条）内閣が自ら判断したとき |

（10日以内）
衆議院の解散 ／ 内閣総辞職
（40日以内）
総選挙
（30日以内）
特別国会召集
内閣総辞職 → 内閣総理大臣指名
内閣総理大臣指名

3 内閣と内閣総理大臣の権限

内閣	行政に関する権限	法律の執行と国務の総理，外交関係の処理，条約の締結，予算の作成，⑲ ＿＿＿の制定 など
	立法に対する権限	⑳ ＿＿＿＿＿＿の召集，衆議院の解散 など
	司法に対する権限	㉑ ＿＿＿＿＿＿＿＿の指名，その他の裁判官の任命 など
	その他の権限	天皇の国事行為に関する㉒ ＿＿＿と承認，恩赦の決定 など
総理大臣の権限		行政各部の指揮監督，国務大臣の任命・罷免，閣議の主宰，自衛隊に対する最高指揮監督 など

4 行政機関

(1)**中央省庁** 中央省庁等改革基本法に基づき，中央省庁の数は，2001年より1府22省庁から㉓ ＿＿＿府 ＿＿＿省庁へと再編された。

(2)**行政委員会** 一定の行政分野で，内閣からある程度独立して職権を行使する合議制の行政機関が㉔ ＿＿＿＿＿＿＿であり，準立法的・準司法的権限をもつ。

(3)**その他** 法律問題について内閣や各大臣に助言を与え

① ＿＿＿＿＿＿＿＿＿

② ＿＿＿＿＿＿＿＿＿

③ ＿＿＿＿＿＿＿＿＿

④ ＿＿＿＿＿＿＿＿＿

⑤ ＿＿＿＿＿＿＿＿＿

⑥ ＿＿＿＿＿ ⑦ ＿＿＿＿＿

⑧ ＿＿＿＿＿＿＿＿＿

⑨ ＿＿＿＿＿＿＿＿＿

⑩ ＿＿＿＿＿ ⑪ ＿＿＿＿＿

⑫ ＿＿＿＿＿ ⑬ ＿＿＿＿＿

⑭ ＿＿＿＿＿＿＿＿＿

⑮ ＿＿＿＿＿＿＿＿＿

⑯ ＿＿＿＿＿ ⑰ ＿＿＿＿＿

⑱ ＿＿＿＿＿ ⑲ ＿＿＿＿＿

⑳ ＿＿＿＿＿＿＿＿＿

㉑ ＿＿＿＿＿＿＿＿＿

㉒ ＿＿＿＿＿＿＿＿＿

㉓ ＿＿＿府 ＿＿＿省庁

㉔ ＿＿＿＿＿＿＿＿＿

※2012年2月に復興庁，2021年9月にデジタル庁，2023年4月にこども家庭庁が新設された。

行政機構図

復興庁 ─┐
デジタル庁 ─┤ 内閣 ─┬ 内閣官房
内閣府 ─┘ ├ 内閣法制局
├ 国家安全保障会議
└ 人事院

こども家庭庁／国家公安委員会／総務省／法務省／外務省／財務省／文部科学省／厚生労働省／農林水産省／経済産業省／国土交通省／環境省／防衛省

〈注〉国家公安委員会は，警察庁を管理しているため，庁とみなす。
復興庁は2021年3月末で廃止の予定が2031年3月まで延長された。

る内閣直属の機関として㉕_____が，また，内閣から独立した地位に
あって国の収支決算の監査を行う㉖_____などが設けられている。

㉕_____

㉖_____

5　行政権の拡大と民主化

(1)行政国家化と官僚制　19世紀の夜警国家は議会が優越する㉗___国家で
あったが，20世紀の福祉国家では組織を細かな職務分担と責任体制で合理的
に運営する㉘_____が発達し，行政権が優越する㉙___国家化が進んだ。

㉗_____　㉘_____

㉙_____　㉚_____

(2)議会機能の低下　国会への法案提出の多くが官僚によって作成された㉚___
___法案であり，議員が発案して制定する㉛_____が少ないことや，法
律で細目を行政の裁量に委任する㉜_____が増加している。

(3)弊害　補助金・許認可権・行政指導などで民間活動を業界ごと誘導する構
造は，高級官僚の㉝_____や汚職事件など政官財の癒着と腐敗を生んだ。

(4)行政の民主化

国会による統制	㉞___調査権の強化
法による統制	1993年㉟_____法（行政運営の公正の確保と透明性の向上） 1999年㊱_____．_法（関係業者からの接待・贈与の禁止） 2008年 国家公務員制度改革基本法（幹部人事・再就職の一元管理）
国民による統制	㊲_____制度による知る権利の保障 ㊳_____．（行政監察官）制度⇒川崎市が初，国では未実施

政・官・財ー鉄のトライアングル

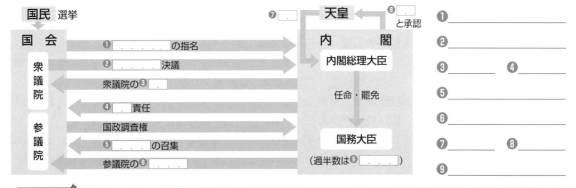

㉛_____

㉜_____

㉝_____　㉞_____

㉟_____

㊱_____

㊲_____

㊳_____

6　行政改革

(1)行政改革の動き　行政国家化に対する批判が高まる中で，1980年代，第二次
臨時行政調査会の答申を受けて，総務庁の設置や三公社の民営化が実施され
た。また，1府12省庁制の再編とともに，大幅な改革が行われた。

内閣機能の強化	首相の閣議発議権，㊴_____の設置，副大臣・政務官の設置
行政のスリム化	1府12省庁制，国の機関を㊵_____．に移行
行政の透明化	政策評価制度，行政の説明責任（アカウンタビリティ）

三公社民営化

1985年	電電公社→NTT 専売公社→JT
87年	国鉄→JR 7 社

(2)官から民へ　2000年代に入ってからも行政の民営化，スリム化が進んだ。
また官主導から政治主導や官邸主導の傾向が強まった。

特殊法人改革	㊶_____の統廃合，道路公団の民営化(2005年)
㊷___民営化	郵政三事業民営化→日本郵政公社→日本郵便株式会社
行政改革推進法 (2006年)	政府関係機関の再編，特別会計改革，独立行政法人改革，公務員制度改革
民主党政権	行政刷新会議による事業仕分け→「政治主導」の推進
㊸_____設置	幹部官僚の人事を内閣主導で決定(2014年)→「官邸主導」の強まり

㊴_____

㊵_____

㊶_____　㊷_____

㊸_____

B　重点確認　議院内閣制のしくみ

国民　選挙

❼□　天皇　❽□と承認

国会　❶_____の指名　内閣

衆議院　❷_____決議　内閣総理大臣

衆議院の❸□

❹_．責任

参議院　国政調査権

任命・罷免

❺____の召集

参議院の❻_．．

国務大臣（過半数は❾___）

❶_____

❷_____

❸_____　❹_____

❺_____

❻_____

❼_____　❽_____

❾_____

12 裁判所の地位と権限

1 裁判所の地位

(1)司法権の独立 日本国憲法は「すべて司法権は，① ＿＿＿＿＿＿及び……下級裁判所に属する」（第76条）と定め，司法権が他の国家権力から干渉を受けずに独立を保つために裁判所だけに司法権を与え，また，明治憲法で認められていた② ＿＿＿＿＿＿の設置を禁じている。

(2)裁判官の独立 日本国憲法は「裁判官は，その③ ＿＿に従ひ独立してその職権を行ひ，この④ ＿＿及び法律にのみ拘束される」（第76条）と規定し，裁判官の職権行使の独立性を保障している。

(3)裁判官の身分保障 裁判官の独立を保障するため，裁判官は罷免される場合が限定されるなど⑤ ＿＿＿＿＿＿がなされている。また「相当額の報酬」や，報酬は「在任中減額されない」など経済的な保障もされている。

裁判官が罷免される場合	⑥ ＿＿の故障のため職務が行えないと決定されたとき（78条）
	国会が設置する⑦ ＿＿＿＿＿＿で罷免の判決をうけたとき（78条）
	最高裁判所裁判官が⑧ ＿＿＿＿＿で罷免されたとき（79条）

(4)司法権の独立をめぐる事件

⑨ ＿＿事件 （1891）	ロシア皇太子襲撃事件に関し大審院長⑩ ＿＿＿＿＿＿が政府の干渉を退ける。行政の干渉から司法権の独立を守った事件。
浦和事件 （1948）	参院が事件の量刑が軽すぎると批判。最高裁が司法権の独立を主張。
平賀書簡事件（1969）	長沼ナイキ基地訴訟に関し，司法内部での裁判官独立の侵害。

2 裁判制度

(1)裁判所の種類 最高裁判所と4種類の下級裁判所が設けられている。

⑪ ＿＿＿＿＿＿	最終の判断をする⑫ ＿＿裁判所。長官と14人の判事で構成。長官は⑬ ＿＿が指名し⑭ ＿＿が任命，裁判官は内閣が任命。裁判所の規則制定権や下級裁判所裁判官の指名権をもつ。裁判官に対しては⑮ ＿＿＿＿＿が行われる。		
下級裁判所	⑯ ＿＿裁判所	通常の二審裁判所	裁判官は最高裁判所が指名した者の名簿により⑳ ＿＿が任命。
	⑰ ＿＿裁判所	通常の一審裁判所	
	⑱ ＿＿裁判所	家庭や少年事件の一審裁判所	
	⑲ ＿＿裁判所	軽微な事件の一審裁判所	

(2)審級制度 誤審を避けるために，上級裁判所に控訴・上告し，原則として3回裁判が受けられる㉑ ＿＿＿＿＿がとられている。また，判決が確定した後でも新たな証拠等が出てきた場合は㉒ ＿＿＿が行われる場合がある。

(3)裁判の種類 裁判に関わる裁判官，検察官，弁護士を法曹三者とよぶ。

㉓ ＿＿＿裁判	罪を犯した疑いのある者を検察官が起訴して審理を行う裁判
㉔ ＿＿＿裁判	私人間の紛争を法律的・強制的に解決するための裁判
㉕ ＿＿＿裁判	行政上の措置に不服な場合，国民が訴えて行われる裁判

(4)裁判の公開 憲法第82条は，裁判の対審と判決を㉖ ＿＿＿法廷で行うと規定している。対審では非公開もあるが，判決は絶対に公開する。また政治犯罪，出版犯罪，国民の権利が問題となる場合は対審も常に公開する。

(5)検察制度 刑事事件で裁判所に起訴を行うのが㉗ ＿＿＿＿＿＿であり，起訴の権限は検察が独占している。㉗ ＿の不起訴処分に不服な時は，㉘ ＿＿＿＿＿＿＿＿に申し立てができ，検察官の不起訴処分の適否を審査する。これまで審査会の議決は法的拘束力はなかったが，法改正により法的拘束力をもつようになった（起訴議決制度，2009年）。

---

① ＿＿＿＿＿＿＿＿＿

② ＿＿＿＿＿＿＿＿＿

③ ＿＿＿＿＿＿ ④ ＿＿＿＿＿

明治憲法下の特別裁判所

行政裁判所，皇室裁判所，軍法会議

⑤ ＿＿＿＿＿＿＿＿＿

⑥ ＿＿＿＿＿＿＿＿＿

⑦ ＿＿＿＿＿＿＿＿＿

⑧ ＿＿＿＿＿＿＿＿＿

⑨ ＿＿＿＿＿＿＿＿＿

⑩ ＿＿＿＿＿＿＿＿＿

⑪ ＿＿＿＿＿＿＿＿＿

⑫ ＿＿＿＿＿ ⑬ ＿＿＿＿

⑭ ＿＿＿＿＿＿＿＿＿

⑮ ＿＿＿＿＿＿＿＿＿

⑯ ＿＿＿＿＿ ⑰ ＿＿＿＿

⑱ ＿＿＿＿＿ ⑲ ＿＿＿＿

⑳ ＿＿＿＿＿ ㉑ ＿＿＿＿

㉒ ＿＿＿＿＿ ㉓ ＿＿＿＿

㉔ ＿＿＿＿＿ ㉕ ＿＿＿＿

㉖ ＿＿＿＿＿＿＿＿＿

㉗ ＿＿＿＿＿＿＿＿＿

㉘ ＿＿＿＿＿＿＿＿＿

知的財産高等裁判所

特許や著作権などの知的財産についての訴訟を扱う「知的財産高等裁判所」が東京高等裁判所に設置された（2005年）。

3 違憲法令審査権

(1)憲法の番人　一切の法律・命令・規則又は処分が㉙＿＿＿に適合するかどうかを決定する権限が㉚＿＿＿＿＿＿＿権である。下級裁判所もこの権限を行使するが，最終的に判断する最高裁判所は㉛＿＿＿＿＿＿＿といわれている。

(2)具体的（付随的）審査制　特別の憲法裁判所を設けて違憲審査を行うドイツ型でなく，㉜＿＿＿＿＿型の違憲審査制を採用し，具体的事件の裁判に付随して審査権を行使する，事件とは無関係に法令の審査はしない㉝＿＿＿＿（付随的）審査制がとられている。

(3)司法消極主義　最高裁は，高度に政治的な問題は司法審査の対象外とする㉞＿＿＿＿＿論などで憲法判断を避ける傾向が強く，司法の㉟＿＿＿＿＿であるとの批判がある。

(4)違憲判決の事例

違憲判決の事例	違憲とされた法律や措置	憲法の根拠条文(内容)
㊱＿＿＿＿＿重罰規定	刑法200条	14条（㊲＿＿＿＿の平等）
薬事法距離制限	薬事法6条	22条（㊳＿＿＿＿＿の自由）
㊴＿＿＿＿議員定数	公職選挙法別表1など	14・44条（議員・選挙人の資格）
共有林分割制限	森林法186条	29条（㊵＿＿＿＿の保障）
郵便法免責規定	郵便法68・73条	17条（国の賠償責任）
愛媛玉ぐし料訴訟	公費による玉ぐし料支出	20・89条（政教分離など）
在外邦人の選挙権制限	公職選挙法附則8項	15・43・44条（選挙権・選挙人の資格など）
婚外子の国籍法規定	国籍法3条1項	14条（（㊲）の平等）
空知太神社訴訟	市有地の神社への無償提供	20・89条（政教分離など）
婚外子相続差別訴訟	民法900条4号の但書	14条（（㊲）の平等）
再婚禁止期間違憲訴訟	民法の再婚禁止期間「100日超」	14条（（㊲）の平等）
孔子廟政教分離訴訟	公有地を孔子廟に無償提供	20・89条（政教分離など）
在外邦人の国民審査権制限	国民審査法	15・79条（公務員の選定・罷免権など）

4 司法制度改革

内容	裁判の迅速化	裁判迅速化法（2003年），㊶＿＿＿＿＿＿手続の導入（2005年），裁判外紛争解決手続（ADR）法施行（2007年）
	法曹人口の育成と拡大	司法試験改革（合格者の大幅増など），㊷＿＿＿＿＿＿（ロースクール）の開設（2004年）。弁護士志望者の就職難等で見直しが本格化
	国民の裁判への参加	㊸＿＿＿＿＿制度（地方裁判所で行われる重大事件の刑事裁判で，一般市民が職業裁判官とともに有罪・無罪の判断と刑の重さを決める）。2009年5月より実施
	総合法律支援	日本司法支援センター「㊹＿＿＿＿＿＿」の設立（2006年）
	犯罪被害者支援	2004年犯罪被害者基本法成立 犯罪被害者の㊺＿＿＿＿＿＿参加制度が始まる（2008年） 殺人罪などの公訴時効の廃止（2010年）
	刑事司法改革	2016年，刑事司法改革関連法成立 取り調べの録音・録画（㊻＿＿＿＿）の義務化，司法取引の導入など

㉙＿＿＿＿＿＿＿＿＿

㉚＿＿＿＿＿＿＿＿＿

㉛＿＿＿＿＿＿＿＿＿

㉜＿＿＿＿＿　㉝＿＿＿＿

㉞＿＿＿＿＿＿＿＿＿

㉟＿＿＿＿＿＿＿＿＿

㊱＿＿＿＿＿＿＿＿＿

㊲＿＿＿＿＿＿＿＿＿

㊳＿＿＿＿＿＿＿＿＿

㊴＿＿＿＿＿　㊵＿＿＿＿

㊶＿＿＿＿＿＿＿＿＿

㊷＿＿＿＿＿＿＿＿＿

㊸＿＿＿＿＿＿＿＿＿

㊹＿＿＿＿＿＿＿＿＿

㊺＿＿＿＿＿＿＿＿＿

㊻＿＿＿＿＿＿＿＿＿

陪審制と参審制

刑事裁判への市民参加には米・英型の「陪審制（無作為に選ばれた市民が有罪・無罪を決める）」と独・仏型の「参審制（裁判官と市民が事実認定と量刑を決める）」がある。

〈注〉司法取引：他人の犯罪関与の情報を捜査機関に明かす見返りとして，刑事処分の軽減を行うことができる制度。（2018年6月施行）

B　重点確認　日本の裁判制度

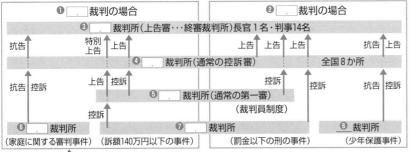

❶＿＿＿　❷＿＿＿

❸＿＿＿　❹＿＿＿

❺＿＿＿　❻＿＿＿

❼＿＿＿

〈注〉2000年の少年法の改正により，成人と同じ刑事裁判を受けるべきと判断された場合は検察官に戻すこと（逆送）が原則となった。

▶▶▶時事正誤チェック　特定の刑事事件において，犯罪被害者やその遺族が刑事裁判に参加して意見を述べることが認められている。〈17：本試〉　［　　］

13 地方自治のしくみ

① ＿＿＿＿＿＿＿＿＿＿
② ＿＿＿＿＿＿＿＿＿＿
③ ＿＿＿＿＿＿＿＿＿＿
④ ＿＿＿＿＿＿＿＿＿＿
⑤ ＿＿＿＿＿＿＿＿＿＿
⑥＿＿＿＿＿＿ ⑦＿＿＿＿＿＿
⑧＿＿＿＿＿＿ ⑨＿＿＿＿＿＿
⑩ ＿＿＿＿＿＿＿＿＿＿
⑪＿＿＿＿＿＿ ⑫＿＿＿＿＿＿
⑬ ＿＿＿＿＿＿＿＿＿＿
⑭ ＿＿＿＿＿＿＿＿＿＿
⑮ ＿＿＿＿＿＿＿＿＿＿
⑯ ＿＿＿＿＿＿＿＿＿＿
⑰＿＿＿＿＿＿ ⑱＿＿＿＿＿＿
⑲＿＿＿＿＿＿ ⑳＿＿＿＿＿＿
㉑ ＿＿＿＿＿＿＿＿＿＿
㉒ ＿＿＿＿＿＿＿＿＿＿
㉓ ＿＿＿＿＿＿＿＿＿＿
㉔＿＿＿＿＿＿ ㉕＿＿＿＿＿＿
㉖＿＿＿＿分の＿＿＿＿
㉗＿＿＿＿分の＿＿＿＿
㉘ ＿＿＿＿＿＿＿＿＿＿
㉙ ＿＿＿＿＿＿＿＿＿＿
㉚ ＿＿＿＿＿＿＿＿＿＿

※有権者総数が40万人以上の場合，40万×$\frac{1}{3}$＋（有権者総数−40万）×$\frac{1}{6}$（人）以上となる。有権者総数が80万人以上の場合，40万×$\frac{1}{3}$＋40万×$\frac{1}{6}$＋（有権者総数−80万）×$\frac{1}{8}$（人）以上となる。

1 地方自治の本旨

(1)意義 イギリスの政治学者ブライスは，「地方自治は①＿＿＿＿＿・＿＿である」と述べ，地方自治には，住民が自治の実践を通して，その精神を学ぶことによって民主政治を発展させる役割があると指摘している。

(2)地方自治の本旨 明治憲法では，知事が②＿＿制であるなど強い中央集権体制であったため地方自治が不十分であった。一方日本国憲法では第92条で，「地方公共団体の組織及び運営に関する事項は，③＿＿＿＿＿・＿＿に基いて，法律でこれを定める」とした。③とは，地方の政治が国から独立した組織で自主的に行われるという④＿＿＿＿＿＿と，地方の政治は住民の意思に基づいて行われるという⑤＿＿＿＿＿＿の二つを意味している。

2 地方自治の制度

(1)地方公共団体（地方自治体）の種類

⑥＿＿地方公共団体	都道府県と市町村
⑦＿＿地方公共団体	東京23区，自治体の組合・広域連合，財産区など

(2)地方公共団体の機関 議決機関は⑧＿＿，執行機関は⑨＿＿（長）であり，それぞれ住民の直接選挙で選ばれ，住民代表としての地位をもつ⑩＿＿＿＿＿＿。⑨は議会議決に拒否権をもつ，などアメリカ型の⑪＿＿＿＿＿制に近いが，議会が首長の不信任決議権をもち，一方で首長が議会解散権をもつなど，イギリス型の⑫＿＿＿＿＿制の要素もみられる。

議会	一院制。⑭＿＿制定権，予算議決権，長の不信任決議権
首長（長）	都道府県知事・市町村長。規則制定権，⑭＿＿執行権，議会議決に対する拒否権（議会が出席議員の3分の2以上で再議決した場合は確定），議会の解散権
⑬＿＿＿＿＿＿	教育委員会，人事委員会，公安委員会，選挙管理委員会，労働委員会など

(3)地方公共団体の事務 1999年⑮＿＿＿＿＿＿一括法の成立により，国から地方の長などに事務を委託する⑯＿＿＿＿＿＿事務が廃止され，地方独自の仕事である⑰＿＿事務と，法令によって国から委任される⑱＿＿＿＿＿＿事務に分類されるようになった。

(4)住民の権利 住民には，地方公共団体が提供するサービスを受ける権利と，その負担を分担する義務がある。議員や長に対する選挙権や被選挙権（議員と市町村長は⑲＿＿歳，知事は⑳＿＿歳以上）もある。また直接民主主義による住民参加を実現するため㉑＿＿＿＿＿＿などが認められている。

●直接請求権

分　類	請求の種類	必要署名数	請求先	処理手段
㉒＿＿＿・＿＿（住民発案）	条例の制定・改廃	有権者の㉖＿＿分の＿＿以上	㉘＿＿（長）	議会にかけ結果を公表
監査請求	監査		監査委員	監査結果を公表・報告
解散請求	議会の㉔＿＿	有権者の㉗＿＿分の＿＿以上*	㉙＿＿＿＿＿・＿＿	㉚＿＿＿＿＿＿にかけ，過半数の同意で成立
㉓＿＿＿＿＿＿（住民解職）	議員・長の㉕＿＿			
	主要公務員の㉕＿＿（副知事など）		首長	議会で3分の2以上の出席で4分の3以上の賛成で成立

(5)住民投票　直接民主的制度にはこの他に，地域の重要問題について住民が投票して決定する㉛＿＿＿＿＿＿＿（住民投票）制度があり，憲法でも，一つの地方公共団体のみに適用される㉜＿＿＿法に対する住民投票を認めている。近年では，地方公共団体で住民投票条例を制定して，自主実施する例が増えているが，その結果に法的拘束力はない。

㉛＿＿＿＿＿＿＿＿

㉜＿＿＿＿＿＿＿＿

㉝＿＿＿＿＿　㉞＿＿＿＿＿

③ 地方財政

(1)3割自治　地方財政は収入面で㉝＿＿＿財源が少なく，国からの㉞＿＿＿財源に大きく頼っている。この状態は改善されつつあるが，かつては㉟＿＿＿＿＿＿とよばれ，地方自治の現実の象徴的言葉として使われてきた。

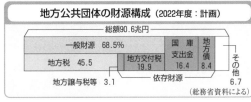

地方公共団体の財源構成 （2022年度：計画）

総額90.6兆円

一般財源 68.5%　国庫支出金 16.4　地方債 8.4　その他 6.7

地方税 45.5　地方交付税 19.9

地方譲与税等 3.1　依存財源

（総務省資料による）

収入面から	種　類	説　明	支出面から
自主財源	㊱＿＿＿税	地方自治体が課税・徴収する税	㊵＿＿＿＿＿（使途を自由に決められる財源）
依存財源（国や都道府県からの交付または意思決定による財源）	㊲＿＿＿＿＿税	自治体間の財政力の格差是正のため国が配分し交付	
	地方譲与税	形式上国が徴収し地方に譲与	
	㊳＿＿＿＿＿	国が使途を指定して交付，㊴＿＿＿＿といわれる	㊶＿＿＿＿＿（使途が国などから決められている財源）
	地方債	地方の長期借入金，国の許可制を廃止し，原則事前協議制に移行（2006年）	

〈注〉　財政難を背景に法定外税を新設し，独自課税をする自治体が増えている。2008年には,格差是正を推進するため「ふるさと納税」制度が創設された。また，自治体の財政破綻を食い止めるため，地方財政健全化法も成立した（2007年）。

④ 地方分権の推進

(1)地方分権改革	地方分権一括法施行（2000年） → ㊷＿＿＿＿＿＿事務廃止 三位一体改革（2004〜06年度）「小泉内閣の構造改革」 　→地方への税源移譲，㊸＿＿＿＿＿削減，㊹＿＿＿＿＿＿＿の見直し ㊺＿＿＿＿＿＿特別区域法（2002年） 　→地域を限定し構造改革特区を設け，規制を緩和
(2)㊻＿＿＿＿合併	平成の大合併（1999〜2010年）→市町村数は3,200から1,800へ 道州制の検討

(3)住民運動　公害・環境問題の発生以来，多様な㊼＿＿＿＿＿＿＿がおこり住民自身による政策決定への要求や参加がなされるようになった。また，近年では地域政党の活動も活発化している。住民一人ひとりが主体的に政治に参加していく㊽＿＿＿＿＿民主主義の姿勢が，地方自治や真の民主主義育成にとって求められている。

㉟＿＿＿＿＿＿＿＿

㊱＿＿＿＿＿＿＿＿

㊲＿＿＿＿＿＿＿＿

㊳＿＿＿＿＿＿＿＿

㊴＿＿＿＿＿＿＿＿

㊵＿＿＿＿＿＿＿＿

㊶＿＿＿＿＿＿＿＿

㊷＿＿＿＿＿＿＿＿

㊸＿＿＿＿＿＿＿＿

㊹＿＿＿＿＿＿＿＿

㊺＿＿＿＿＿＿＿＿

㊻＿＿＿＿＿＿＿＿

㊼＿＿＿＿＿＿＿＿

㊽＿＿＿＿＿＿＿＿

B　重点確認　地方自治のしくみ

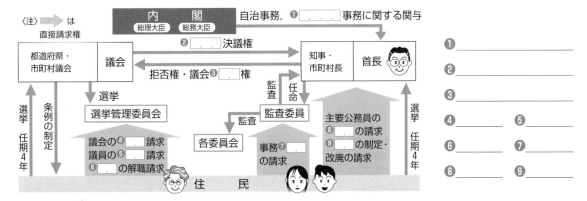

〈注〉➡は直接請求権

内　閣（総理大臣・総務大臣）　自治事務，❶＿＿＿＿事務に関する関与

都道府県・市町村議会　議会　❷＿＿＿決議権　知事・市町村長　首長

拒否権・議会❸＿＿権

選挙　選挙管理委員会

監査　任命　監査委員

監査　各委員会　事務❼＿＿の請求　主要公務員の❽＿＿の請求　❾＿＿の制定・改廃の請求

議会の❹＿＿請求　議員の❺＿＿請求　❻＿＿の解職請求

選挙　任期4年　条例の制定　選挙　任期4年

住　民

❶＿＿＿＿＿＿＿

❷＿＿＿＿＿＿＿

❸＿＿＿＿＿＿＿

❹＿＿＿＿＿❺＿＿＿＿＿

❻＿＿＿＿＿❼＿＿＿＿＿

❽＿＿＿＿＿❾＿＿＿＿＿

日本政治

14 政党政治と圧力団体

1 政党政治の形態

(1)政党政治 社会の諸利益を集約し，政策として実現するため①＿＿＿獲得をめざす政治団体が②＿＿＿である。複数の政党が競争し，政党を中心に行われる政治のあり方を＿②＿政治といい，政権を担当する政党を③＿＿＿，担当しない政党を④＿＿＿という。

(2)政党の変遷 19世紀の制限選挙の時代は，教養と財産をもつ⑤＿＿＿＿が政党を結成し（＿⑤＿政党），活動も議会内に限られていた。しかし，20世紀に普通選挙が実現し大衆民主主義の時代になると，政党も大衆の支持を得るため全国的な組織をもつ⑥＿＿＿政党（大衆政党）へと発展した。

(3)政党政治の形態と特徴

形　態	特徴(長所・短所など)	主　な　国
⑦＿＿＿＿＿＿制	政権が安定する。⑧＿＿＿政権になりやすい。政権安定。少数意見は吸収しにくい。	⑨＿＿＿＿＿（労働党・保守党） ⑩＿＿＿＿＿（共和党・民主党）
⑪＿＿＿制 （小党分立制）	多様な意見を反映できる。 ⑫＿＿＿政権になりやすい。	フランス・ドイツ・日本など
⑬＿＿＿制	強力な政治。社会主義国で採用。	中国・北朝鮮・キューバ

2 日本の政党政治

(1)戦前の政党政治

自由民権運動期	⑭＿＿＿＿（1881年）と立憲改進党（1882年）の結成 …政党政治の始まり
大正デモクラシー期	⑮＿＿＿内閣が成立（1918）…最初の本格的政党内閣 「⑯＿＿＿の常道」（1924〜31年）…衆議院の多数党が政権担当
軍部の台頭	五・一五事件（1932年）…政党内閣制の否定 ⑰＿＿＿＿＿＿の成立（1940年）…政党の解散

(2)戦後の政党政治

戦後の民主化と政党の再編	1945年	日本共産党※1再建。社会党，自由党，進歩党結成
	1947	社会党連立政権（片山哲首相）
⑱＿＿＿年体制の成立 →＿⑳＿から首相選出…⑳＿＿一党優位体制	1955	⑲＿＿＿＿の統一。保守合同→⑳＿＿＿＿＿＿結成 **→55年体制成立**（1と2分の1政党制）。保守と革新の対立
	1965〜	多党化の時代…民社党，公明党などの中道政党
	1970代	与野党伯仲時代
	1980代	自民党と新自由クラブの連立（83〜86年）
政界再編と連立政権の時代	1993	㉑＿＿＿内閣成立…**非自民政権の誕生**→55年体制崩壊
	1994	自・社・さきがけ連立政権（社会党村山内閣）
	1996	自民党首相復活（橋本内閣）。社会党→社民党。民主党結成 →基本的に自民党中軸の連立政権（99年から公明党参加）
二大政党と政権交代	2005	「郵政民営化」総選挙→自民党圧勝
	2007	参院選で自民党大敗→㉒＿＿＿＿国会
	2009	㉓＿＿＿＿連立政権誕生（鳩山内閣）…マニフェスト選挙
自公連立政権 →一強政治 　一強多弱	2012	衆院選で民主党惨敗→安倍内閣誕生（自公連立政権） 衆院で自民党・公明党で3分の2以上の議席
	2013	参院選で自民圧勝→㉒＿＿＿国会解消
	2020	安倍首相辞任→菅内閣→岸田内閣（2021年〜）

※1 日本共産党の結党は1922年7月。1945年10月は日本共産党が合法化された年月。

① ＿＿＿＿　② ＿＿＿＿
③ ＿＿＿＿　④ ＿＿＿＿
⑤ ＿＿＿＿＿＿＿
⑥ ＿＿＿＿＿＿＿
⑦ ＿＿＿＿＿＿＿
⑧ ＿＿＿＿＿＿＿
⑨ ＿＿＿＿＿＿＿
⑩ ＿＿＿＿＿＿＿
⑪ ＿＿＿＿　⑫ ＿＿＿＿
⑬ ＿＿＿＿＿＿＿
⑭ ＿＿＿＿＿＿＿
⑮ ＿＿＿＿　⑯ ＿＿＿＿
⑰ ＿＿＿＿＿＿＿
⑱ ＿＿＿＿＿＿＿
⑲ ＿＿＿＿＿＿＿
⑳ ＿＿＿＿＿＿＿
㉑ ＿＿＿＿＿＿＿
㉒ ＿＿＿＿＿＿＿
㉓ ＿＿＿＿＿＿＿

マニフェスト

政党や候補者が，選挙の時に具体的数値目標を示し，財源，実施手順，時期を明示する公約。2009年の衆院選で民主党がマニフェストを掲げて圧勝したが，政権交代をした民主党政権はマニフェスト違反と批判され，かえって足かせとなった。

(3)日本の政党の問題点　日本の政党は組織や財政基盤が貧弱で，個人後援会や圧力団体に集票や政治資金などを依存してきた。これが㉔＿＿＿（有力政治家を中心とした人や資金によるつながり）による政治や㉕＿＿＿＿＿（特定分野の政策決定に影響力をもつ議員）を増長させ，利権をめぐる㉖＿＿＿政治や腐敗政治を生む温床となり，ロッキード事件（1976年），リクルート事件（88年），東京佐川急便事件（92年）などの汚職事件も起きた。政党や政治に対する不信の高まりから㉗＿＿＿＿＿層（政党支持なし層）が急増し，近年この層の投票行動（「風」）が選挙を左右するようになった。

(4)政治改革

㉘＿＿＿＿＿＿＿＿法改正 （1994年）	政治家個人への企業・団体献金が禁止された→政党や政党の政治資金団体への献金は禁止されておらず不十分との批判
㉙＿＿＿＿＿＿法 （1994年）	国民一人当たり250円を国庫から政党に交付（国会議員5人以上か国会議員がいてかつ直近の国政選挙で得票率2％以上）
㉚＿＿＿＿＿＿＿＿＿法 （2000年）	政治家らが公務員に口利きし，その見返りに報酬を受けることを禁止

③ 圧力団体（利益集団）

(1)圧力団体とは　特定の利益実現のため，政府や政党に働きかけ（㉛＿＿＿＿＿）を行う集団を㉜＿＿＿＿＿＿＿といい，政権獲得を目的としていない点で㉝＿＿＿とは異なる。社会の声を政治に反映させ代議制を補完する意味があるが，㉕との癒着など政治腐敗をもたらす危険性もある。

主な圧力団体	
財界	日本経済団体連合会（日本㉞＿＿＿＿） 経済同友会 日本商工会議所（日商）
その他	日本労働組合総連合会（㉟＿＿＿） 全国労働組合総連合（全労連） 全国農業協同組合中央会（全中） 日本医師会　日本遺族会 主婦連合会（主婦連）

(2)日本の圧力団体　戦後活発になり，経営者団体・労働組合・農業団体・医師会・宗教団体などが活動している。なお，アメリカの㊱＿＿＿＿＿＿＿＿は連邦議会に登録され活動が公認されている。

(3)市民運動・住民運動　1960年代から活発化し，公害，環境保護，消費者保護など政策決定にも大きな影響を与えている。98年には市民団体など非営利組織（㊲＿＿＿＿）に法人格を与えて活動を促進することをめざす㊴＿＿法（特定非営利活動推進法）が成立した。

㊲＿＿＿運動	市民が自ら生活に根ざした要求を掲げて自主的に組織を作り運動する。
㊳＿＿＿運動	特定地域の具体的な問題を争点にそこに住む人々の要求の実現を図る。

㉔＿＿＿＿＿＿＿＿＿＿＿＿
㉕＿＿＿＿＿＿＿＿＿＿＿＿
㉖＿＿＿＿＿＿＿＿＿＿＿＿
㉗＿＿＿＿＿＿＿＿＿＿＿＿
㉘＿＿＿＿＿＿＿＿＿＿＿＿
㉙＿＿＿＿＿＿＿＿＿＿＿＿
㉚＿＿＿＿＿＿＿＿＿＿＿＿
㉛＿＿＿＿＿＿＿＿＿＿＿＿
㉜＿＿＿＿＿＿＿＿＿＿＿＿
㉝＿＿＿＿＿＿＿＿＿＿＿＿
㉞＿＿＿＿＿＿＿＿＿＿＿＿
㉟＿＿＿＿＿＿＿＿＿＿＿＿
㊱＿＿＿＿＿＿＿＿＿＿＿＿
㊲＿＿＿＿＿＿＿＿＿＿＿＿
㊳＿＿＿＿＿＿＿＿＿＿＿＿
㊴＿＿＿＿＿＿＿＿＿＿＿＿

日本政治

B　重点確認　政治過程図

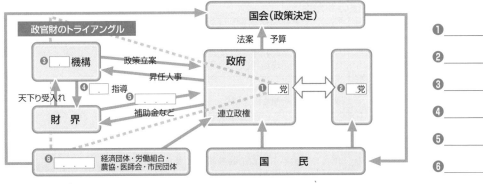

❶＿＿＿＿＿＿＿党
❷＿＿＿＿＿＿＿党
❸＿＿＿＿＿＿＿
❹＿＿＿＿＿＿＿
❺＿＿＿＿＿＿＿
❻＿＿＿＿＿＿＿

▶▶▶ 時事
正誤チェック　1955年の自民党結党以降，2009年の鳩山由紀夫内閣の成立まで政権交代は起きなかった。〈13：追試〉　［　　］

15 選挙制度と世論

A ポイント整理 当てはまることばを書いて覚えよう（＿＿欄には数値が入る）

1 選挙のしくみ

(1)選挙の意義と原則 国民の代表者を決定し、国民の意思を政治に反映させる制度が選挙であり、①＿＿＿＿＿民主主義に不可欠な制度である。わが国では、民主的な選挙の原則として、②＿＿＿選挙（財産や性別によって差別されない）、③＿＿＿選挙（投票の価値に差を設けない）、④＿＿＿選挙（投票の秘密が守られる）、⑤＿＿＿選挙（有権者が候補者に直接投票する）の4つをかかげている。

(2)選挙区制 主な選挙区制度を大別すると以下の通りである。

制　度	選出方法	特色（長所と短所）
⑥＿＿＿＿＿＿制	1選挙区 ⑦＿＿名	多数党に有利で政局が安定。選挙費用の節約。 ⑧＿＿＿が多く少数党に不利。 ゲリマンダーの危険性。
⑨＿＿＿＿＿＿制	1選挙区 2名以上	⑧＿＿＿が少なく少数党も議席獲得が可能。 ⑩＿＿＿＿＿制（多党制）になり政局が不安定の恐れ。
⑪＿＿＿＿＿＿制	各党の得票数に 応じて議席配分	⑧＿＿＿が少なく民意をより正確に反映。 ⑩＿＿＿＿＿になり政局が不安定の恐れ。

2 日本の選挙制度

(1)選挙権の拡大 1890年に国会が開設された時は、直接国税15円以上を納める⑫＿＿＿歳以上の男子による⑬＿＿＿選挙であったが、普選運動の結果、1925年には25歳以上の男子による⑭＿＿＿＿＿＿制が実現した。婦人参政権は戦後の1945年に実現し、20歳以上の男女による普通選挙制となった。2015年6月には、選挙権年齢が⑮＿＿＿歳以上に引き下げられ、70年ぶりの変更となった。

(2)日本の選挙区制 衆議院では長い間、1選挙区定員を原則3〜5名とする⑯＿＿＿＿＿＿＿制がとられていたが、1994年の公職選挙法の改正によって⑰＿＿＿＿＿＿＿＿．＿＿＿＿＿＿制が導入された。

衆議院（⑰＿制）		参議院	
小選挙区	全国289選挙区（2016改正で295から6削減）	選挙区[1]	都道府県単位で、148名選出[2]
比例代表 （2016改正で180から4削減）	全国11ブロックから176名 ⑱＿＿＿名簿式（政党に投票） ⑲＿＿＿＿方式で議席配分 ⑳＿＿＿＿＿＿＿制（小選挙区と比例代表の両方に立候補できる）	比例代表 （非拘束名簿式比例代表制）	全国1ブロックで100名選出、現行の㉑＿＿＿＿＿名簿を基本としつつ、一部に順位に応じて優先的に当選者が決まる特定枠[2]を導入（政党と個人に投票） ⑲＿＿＿＿方式で議席配分

※1　2016年の選挙から、徳島と高知及び島根と鳥取が合区された。
※2　いずれも2018年の法改正で決定（参議院議員定数についてはP.34参照）。

(3)選挙制度の問題点

㉒＿＿＿の価値の格差[3]	選挙区間の議員定数と有権者数の不均衡問題。最高裁は衆議院の議員定数配分規定について2度の㉓＿＿＿判決。2014年の衆院選と2013年の参院選などの格差を「違憲状態」と指摘。	選挙の平等原則に違反。
選挙運動の制限	㉔＿＿＿＿＿＿法で、㉕＿＿＿＿＿＿や事前運動の禁止・文書図画の規制などを規定。	国民主権や表現の自由に反するとの批判。
㉖＿＿＿選挙	選挙にお金がかかる。事実上の買収や供応といった腐敗行為があとをたたない。	公正な選挙に違反。
㉗＿＿＿＿の低下	国民の政治不信や政治的無関心（ポリティカル・アパシー）の増大。	国民主権の形骸化。

※3　アダムズ方式：衆院選挙の際の各都道府県配分の議席を人口に比例して配分する方法。2022年小選挙区を「10増10減」とする改正公職選挙法が成立し次回の衆院選から適用される。

ゲリマンダー

特定の党（候補者）に有利なように選挙区を設定する。

①＿＿＿＿＿＿＿＿＿

②＿＿＿＿＿　③＿＿＿＿＿

④＿＿＿＿＿　⑤＿＿＿＿＿

⑥＿＿＿＿＿＿＿＿＿

⑦＿＿＿＿＿　⑧＿＿＿＿＿

⑨＿＿＿＿＿　⑩＿＿＿＿＿

⑪＿＿＿＿＿＿＿＿＿

⑫＿＿＿＿＿　⑬＿＿＿＿＿

⑭＿＿＿＿＿　⑮＿＿＿＿＿

⑯＿＿＿＿＿＿＿＿＿

⑰＿＿＿＿＿＿＿＿＿

⑱＿＿＿＿＿　⑲＿＿＿＿＿

⑳＿＿＿＿＿＿＿＿＿

㉑＿＿＿＿＿＿＿＿＿

㉒＿＿＿＿＿　㉓＿＿＿＿＿

㉔＿＿＿＿＿　㉕＿＿＿＿＿

㉖＿＿＿＿＿　㉗＿＿＿＿＿

⑷選挙制度改革

1994年	㉘＿＿＿＿＿の強化…主要な選挙運動員が選挙違反で有罪になった場合，当選を無効とする。 政治資金規正法の改正，政党助成法の成立（→P.43）
1997	投票時間の延長…午後㉙＿＿＿時まで。不在者投票要件の緩和→期日前投票制度
1998	㉚＿＿＿＿＿＿制度の導入（比例のみに制限）→2006年，違憲判決をうけ選挙区へ拡大
2002	地方選挙で㉛＿＿＿＿＿＿導入→トラブルがあり広がらず
2003	国政選挙での㉜＿＿＿＿＿＿＿配布解禁→2007年，首長選でも配布解禁
2013	参院選から㉝＿＿＿＿＿＿＿選挙運動解禁

㉘＿＿＿＿＿　㉙＿＿＿＿＿

㉚＿＿＿＿＿　㉛＿＿＿＿＿

㉜＿＿＿＿＿

㉝＿＿＿＿＿

3 世論と現代政治

⑴**世論と民主政治**　公共の問題に関し社会で影響力をもつ意見を㉞＿＿＿という。㉟＿＿＿社会（マス・デモクラシー）といわれる現代社会において，㉞＿＿の動向が政権に大きな影響を与えている。

⑵**世論形成とマスコミ**　新聞やテレビなどの㊱＿＿＿＿＿＿＿＿は世論の形成に大きな影響力をもち，三権に次ぐ「㊲＿＿＿の権力」とも呼ばれる。健全な世論形成のためには，㊱＿の公正な報道と表現の自由の保障や国民の㊳＿＿＿＿＿・＿＿＿＿＿＿（情報を取捨選択する能力）の養成が大切である。こんにち，インターネットとそれにともなうソーシャルメディアの普及が，世論形成に大きな影響を与えている。

マスメディアの役割	マスメディアの問題点
報道としての情報伝達 世論形成のオピニオン・リーダー	政治権力の干渉や統制→㊴＿＿＿＿＿＿の危険性 ㊵＿＿＿＿＿＿＿効果 （選挙予測報道が投票結果に影響を及ぼすなど）
広告・宣伝，娯楽の提供，文化の大衆化	㊶＿＿＿＿＿・＿＿＿＿＿（商業主義） ㊷＿＿＿＿＿・＿＿＿＿＿＿（扇情主義） ㊸＿＿＿＿＿の侵害，文化の低俗化

⑶**政治的無関心（ポリティカル・アパシー）**　アメリカの社会学者㊹＿＿＿＿＿＿＿によると，かつての政治的無関心は，無知からくる伝統型無関心であったが，現在では政治的知識をもっているにもかかわらず政治的無力感や政治不信から無関心になる㊺＿＿＿＿＿無関心が広がっているとしている。

無政治的態度	政治以外の価値に重点をおき，政治には価値を見い出さない
脱政治的態度	政治の価値に幻滅し，政治から引き下がる
反政治的態度	宗教的・思想的信条による政治に対する嫌悪感をもつ

　近年は支持政党をもたない㊻＿＿＿＿＿層が増大している。政治への不信は，民主政治が㊼＿＿＿＿＿＿＿に陥る危険性をもつ。また，政治的無関心は，ナチスなどの㊽＿＿＿＿＿＿＿体制下にみられたように，マスメディアの統制と情報操作を許し，民主政治の存立を危うくする危険性がある。

ソーシャルメディア

インターネットを利用して情報の受発信を可能にするメディアの総称。一般の人がSNSやブログなどを通じて広く発信することが可能になった。一方，虚偽のある情報（フェイクニュース）の拡散などの問題も指摘されている。

㉞＿＿＿＿＿　㉟＿＿＿＿＿

㊱＿＿＿＿＿

㊲＿＿＿＿＿

㊳＿＿＿＿＿・＿＿＿＿＿

㊴＿＿＿＿＿

㊵＿＿＿＿＿

㊶＿＿＿＿＿

㊷＿＿＿＿＿

㊸＿＿＿＿＿

㊹＿＿＿＿＿

㊺＿＿＿＿＿　㊻＿＿＿＿＿

㊼＿＿＿＿＿

㊽＿＿＿＿＿

B　重点確認　世論と政治

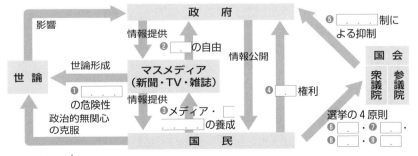

❶＿＿＿＿＿　❷＿＿＿＿＿

❸＿＿＿＿＿

❹＿＿＿＿＿

❺＿＿＿＿＿

❻＿＿＿＿＿　❼＿＿＿＿＿

❽＿＿＿＿＿　❾＿＿＿＿＿

▶▶▶時事
正誤チェック　小選挙区制は，大選挙区制と比べた場合，各党の得票率と議席占有率との間に差が生じにくい選挙制度とされる。〈17：本試〉　[　　]

用語チェック 10国会の地位と権限～15選挙制度と世論

10 国会の地位と権限

☐ ❶国会が三権の中でも国政の中心であることを，憲法はどんな機関と定めているか。　❶ [　　　　　　　]

☐ ❷国会だけが法律を制定できる機関であることを憲法は何と定めているか。_____　❷ [　　　　　　　]

☐ ❸定数465人，任期4年で解散がある議院。小選挙区と比例代表の並立制で選出。__　❸ [　　　　　　　]

☐ ❹定数が248人，任期6年で解散がなく，3年ごとに半数が改選される議院。_____　❹ [　　　　　　　]

☐ ❺憲法改正原案を審査するため，2007年に両院に設置された組織。_____　❺ [　　　　　　　]

☐ ❻毎年1回，1月に召集され会期が150日の国会。予算案審議が中心。_____　❻ [　　　　　　　]

☐ ❼内閣またはいずれかの議院の総議員の4分の1以上の要求で開催される国会。__　❼ [　　　　　　　]

☐ ❽衆議院の解散総選挙後30日以内に召集される国会。_____　❽ [　　　　　　　]

☐ ❾衆議院の解散中の緊急時に開かれる参議院のみの会議。_____　❾ [　　　　　　　]

☐ ❿衆参両院対等の権限として，証人喚問などを通して国政全般を調査する権限。__　❿ [　　　　　　　]

☐ ⓫衆議院が法律案や予算の議決，条約の承認，首相の指名で参議院よりも優越して
　　いることを何というか。_____　⓫ [　　　　　　　]

☐ ⓬衆議院のみに認められている権限は，予算先議権ともう一つは何か。_____　⓬ [　　　　　　　]

☐ ⓭衆参両院の議決が異なった時，意見調整のために開かれる会議。_____　⓭ [　　　　　　　]

☐ ⓮審議の慎重さと能率化を図るため，本会議の前に実質的審議を行う制度。_____　⓮ [　　　　　　　]

☐ ⓯委員会で採決された議案を最終的に審議する会議。議事は公開が原則。_____　⓯ [　　　　　　　]

☐ ⓰予算や重要法案について，利害関係者や学識経験者などに意見を聞く会。_____　⓰ [　　　　　　　]

☐ ⓱国会の会期中は，現行犯などを除いて国会議員は逮捕されないという権利。____　⓱ [　　　　　　　]

☐ ⓲院内での発言・表決について院外で責任を問われないという国会議員の権利。__　⓲ [　　　　　　　]

☐ ⓳議員の提案による立法。予算を伴う場合は衆院50人，参院20人の賛成が必要。__　⓳ [　　　　　　　]

☐ ⓴法案などの採決の際，各政党所属議員が党の決定（党議）に従って投票行動をとること。　⓴ [　　　　　　　]

☐ ㉑国会で官僚が閣僚に代わって答弁する制度。1999年に廃止された。_____　㉑ [　　　　　　　]

☐ ㉒国会で与野党の党首が国家の基本政策を直接討論する制度。_____　㉒ [　　　　　　　]

☐ ㉓政党間の国会対策委員による国会運営。_____　㉓ [　　　　　　　]

11 内閣の地位と権限

☐ ❶憲法第65条で内閣に属するとされる権限は何か。_____　❶ [　　　　　　　]

☐ ❷内閣の首長で行政の最高責任者。国会が指名し天皇が任命する。_____　❷ [　　　　　　　]

☐ ❸内閣を構成する大臣。首相が任命。過半数は国会議員でなければならない。____　❸ [　　　　　　　]

☐ ❹内閣総理大臣及び国務大臣の就任条件となっている職業軍人でない者をさす用語。　❹ [　　　　　　　]

☐ ❺内閣総理大臣が主宰する内閣の会議。内閣の統一性保持のため全員一致で決定。　❺ [　　　　　　　]

☐ ❻内閣が行政権の行使について，国会に対して連帯責任を負う政治制度。_____　❻ [　　　　　　　]

☐ ❼内閣不信任決議が可決された場合，10日以内に衆議院が解散されない限り，内閣
　　はどうしなければならないか。_____　❼ [　　　　　　　]

☐ ❽法律の委任に基づいて内閣が制定する命令。_____　❽ [　　　　　　　]

☐ ❾天皇の国事行為に対して内閣が有する権能。_____　❾ [　　　　　　　]

☐ ❿2001年の中央省庁再編により，中央省庁の数はいくつになったか（当時）。____　❿ [　　　　　　　]

☐ ⓫特定の行政分野で，内閣から独立して職権を行使する合議制の行政機関。_____　⓫ [　　　　　　　]

☐ ⓬組織を，階層構造を持った細かな職務分担と責任体制で管理・運営する制度。__　⓬ [　　　　　　　]

☐ ⓭三権のなかでも，行政権が特に強大になった国家。_____　⓭ [　　　　　　　]

☐ ⓮法律の委任に基づいて立法府以外の機関が法規を制定すること。_____　⓮ [　　　　　　　]

☐ ⓯公務員が在職中の関係を生かして民間企業や特殊法人に再就職すること。_____　⓯ [　　　　　　　]

☐ ⓰行政指導を規制し，行政運営の公正の確保と透明性の向上を目的とする法。____　⓰ [　　　　　　　]

☐ ⓱行政に関する市民や国民の苦情を受け，調査・是正させることを目的とする制度。　⓱ [　　　　　　　]

☐ ⓲行政の肥大化を抑制し，行政の機能の効率化をめざそうとする改革。_____　⓲ [　　　　　　　]

☐ ⓳国の研究機関や博物館などを，省庁から分離して法人格を与えて，自主的な運営

ができるようにしたもの。＿＿＿＿＿＿＿＿＿＿＿＿＿＿＿＿　⑲ [　　　　　　　　]

□ ⑳国に代わって公的な事業を行うために特別な法律によって設立された法人。＿＿＿　⑳ [　　　　　　　　]

□ ㉑官から民への象徴的なものとして国営事業が民営化されたもの。＿＿＿＿＿＿＿　㉑ [　　　　　　　　]

12　裁判所の地位と権限

□ ❶司法権の行使について，他の国家機関からいかなる干渉もうけないこと。＿＿＿＿　❶ [　　　　　　　　]

□ ❷明治憲法下で認められていた行政裁判所や軍法会議，皇室裁判所のこと。＿＿＿＿　❷ [　　　　　　　　]

□ ❸職務上の義務違反や非行等不適格な裁判官を罷免するための裁判所。国会に設置。　❸ [　　　　　　　　]

□ ❹最高裁判所の裁判官を国民が直接投票で審査すること。＿＿＿＿＿＿＿＿＿＿　❹ [　　　　　　　　]

□ ❺明治時代，ロシア皇太子襲撃事件の量刑をめぐり，司法の独立を守った事件。＿　❺ [　　　　　　　　]

□ ❻最終の判断をする終審裁判所。長官と14人の裁判官。裁判所の規則制定権をもつ。　❻ [　　　　　　　　]

□ ❼最高裁判所以外の裁判所の総称。＿＿＿＿＿＿＿＿＿＿＿＿＿＿＿＿＿＿＿　❼ [　　　　　　　　]

□ ❽少年事件や家事事件の第一審裁判所。＿＿＿＿＿＿＿＿＿＿＿＿＿＿＿＿＿　❽ [　　　　　　　　]

□ ❾誤審を避けるために，原則として３回裁判が受けられる制度。＿＿＿＿＿＿＿　❾ [　　　　　　　　]

□ ❿判決が確定した後でも重大な証拠等が出て，裁判のやり直しをすること。＿＿＿　❿ [　　　　　　　　]

□ ⓫刑法が規定している犯罪を犯した疑いのある人を裁く裁判。＿＿＿＿＿＿＿＿　⓫ [　　　　　　　　]

□ ⓬個人と個人の間など，私人間の争いを裁く裁判。＿＿＿＿＿＿＿＿＿＿＿＿　⓬ [　　　　　　　　]

□ ⓭国や地方公共団体の行政上の措置に不服な場合，国民が訴えて争う裁判。＿＿＿　⓭ [　　　　　　　　]

□ ⓮検察の不起訴処分の適否を審査するために設けられている機関。＿＿＿＿＿＿　⓮ [　　　　　　　　]

□ ⓯法律・命令・規則・処分などが憲法に適合するか否かを審査する裁判所の権限。　⓯ [　　　　　　　　]

□ ⓰最高裁は，法律の合憲・違憲の最終判断を下すことから何と呼ばれるか。＿＿＿　⓰ [　　　　　　　　]

□ ⓱高度に政治的な問題は司法審査の範囲外とする考え。＿＿＿＿＿＿＿＿＿＿＿　⓱ [　　　　　　　　]

□ ⓲法の下の平等に違反するとして，戦後初の違憲判決が出された刑法200条の規定。　⓲ [　　　　　　　　]

□ ⓳薬局の開設に当たり距離制限は憲法違反であるとした判決の憲法上の根拠。＿＿　⓳ [　　　　　　　　]

□ ⓴一票の格差をめぐり違憲判決が1976年，85年に出された訴訟。＿＿＿＿＿＿　⓴ [　　　　　　　　]

□ ㉑愛媛県が玉ぐし料を公費支出したのは違憲とされた訴訟で，争点となった宗教施設。　㉑ [　　　　　　　　]

□ ㉒法曹人口の養成と拡大をめざし，2004年から開設された大学院。＿＿＿＿＿＿　㉒ [　　　　　　　　]

□ ㉓刑事事件で市民が職業裁判官と共に判決を下す制度。2009年から導入。＿＿＿　㉓ [　　　　　　　　]

□ ㉔法律サービスを気軽に利用できるように2006年に設置された法人。＿＿＿＿＿　㉔ [　　　　　　　　]

□ ㉕情報化や知的財産への対応のため，東京高裁に設置された裁判所。＿＿＿＿＿　㉕ [　　　　　　　　]

13　地方自治のしくみ

□ ❶政治学者ブライスは，地方自治は民主政治を学ぶどのような場だと述べたか。＿　❶ [　　　　　　　　]

□ ❷憲法では「地方公共団体の組織及び運営」は何に基づくとしているか。＿＿＿＿　❷ [　　　　　　　　]

□ ❸地方政治が国から独立した組織で自主的に行われること。＿＿＿＿＿＿＿＿＿　❸ [　　　　　　　　]

□ ❹地方政治が住民の意思に基づいて行われること。＿＿＿＿＿＿＿＿＿＿＿＿　❹ [　　　　　　　　]

□ ❺都道府県と市町村以外の東京23区，自治体の組合・財産区を何というか。＿＿＿　❺ [　　　　　　　　]

□ ❻法律の範囲内で，地方議会が自主的に制定する法。＿＿＿＿＿＿＿＿＿＿＿　❻ [　　　　　　　　]

□ ❼地方公共団体の首長の議会に対する権限は，議会の議決に対する拒否権と何か。　❼ [　　　　　　　　]

□ ❽地方独自の仕事で，地方自治体が自主的に行う事務。＿＿＿＿＿＿＿＿＿＿　❽ [　　　　　　　　]

□ ❾地方独自の仕事で，国などから法令によって委託される事務。＿＿＿＿＿＿＿　❾ [　　　　　　　　]

□ ❿地方住民が，政治に直接参加することを保障する権利の総称。＿＿＿＿＿＿＿　❿ [　　　　　　　　]

□ ⓫条例の制定・改廃を請求すること。必要署名数は有権者の50分の１。＿＿＿＿　⓫ [　　　　　　　　]

□ ⓬首長・議員・主要公務員の解職請求。必要署名数は有権者の３分の１。＿＿＿＿　⓬ [　　　　　　　　]

□ ⓭地方財政や事務について，住民がその内容や処理を明らかにするよう求めること。　⓭ [　　　　　　　　]

□ ⓮地域の重要問題について住民が投票して決定する制度。＿＿＿＿＿＿＿＿＿＿　⓮ [　　　　　　　　]

□ ⓯財源や事務配分の面で地方自治が国に依存していることを表す象徴的な言葉。＿　⓯ [　　　　　　　　]

□ ⓰地方税などのように，地方が自主的に徴収できる財源。＿＿＿＿＿＿＿＿＿＿　⓰ [　　　　　　　　]

□ ⓱自治体間の財政力の格差を是正するため交付される財源。＿＿＿＿＿＿＿＿＿　⓱ [　　　　　　　　]

□ ⓲国が使途を指定して交付されるお金。補助金といわれる。＿＿＿＿＿＿＿＿＿　⓲ [　　　　　　　　]

用語チェック

☐ ⑲地方分権推進のため，1999年に地方自治法改正など関係法を一括整備した法律。　⑲ [　　　　　　　　]

☐ ⑳地方分権一括法によって廃止された，国からの委任による事務。　⑳ [　　　　　　　　]

☐ ㉑地方への税源移譲，補助金の削減，地方交付税の見直しの3つをセットにした改革。　㉑ [　　　　　　　　]

☐ ㉒地域を限定し，規制を緩和するために設けられた特区。＿＿＿＿＿＿＿＿　㉒ [　　　　　　　　]

14　政党政治と圧力団体

☐ ❶政権を担当する政党と担当しない側の政党。＿＿＿＿＿＿＿＿＿＿　❶ [　　　　　　　　]

☐ ❷制限選挙時代の一部の教養と財産を持つ人たちによって成り立っている政党。＿　❷ [　　　　　　　　]

☐ ❸普通選挙の実現以降発達した，大衆を組織化する政党。＿＿＿＿＿＿　❸ [　　　　　　　　]

☐ ❹イギリスやアメリカの政党制。政局が安定するが少数意見は吸収されにくい。＿　❹ [　　　　　　　　]

☐ ❺フランスやドイツ，日本にみられる政党制。連立政権になりやすい。＿＿＿＿　❺ [　　　　　　　　]

☐ ❻1955年の「保守合同」以来，自由民主党と社会党の二大政党が対抗しあった体
　　制。実際は「1と2分の1政党制」であった。　❻ [　　　　　　　　]

☐ ❼2つ以上の政党で構成された政権。1993年の細川政権以来支配的である。＿＿＿　❼ [　　　　　　　　]

☐ ❽政党や首長・議員などの候補者が，有権者に対して当選後に実行する政策を明
　　示，公約したもの。　❽ [　　　　　　　　]

☐ ❾政党の中での有力政治家を中心とした人や資金のつながりによるグループ。＿＿　❾ [　　　　　　　　]

☐ ❿特定分野の政策決定に影響力を持つ議員。＿＿＿＿＿＿＿＿＿＿　❿ [　　　　　　　　]

☐ ⓫1976年アメリカの航空機メーカーによる大規模汚職事件。前首相が逮捕された。　⓫ [　　　　　　　　]

☐ ⓬政治家個人への企業や団体献金を禁止する法律。政党へは禁止されていない。＿　⓬ [　　　　　　　　]

☐ ⓭国民一人250円を国から政党の活動費用として交付する法律。＿＿＿＿＿＿　⓭ [　　　　　　　　]

☐ ⓮政治家が公務員に口利きをし，その見返りに報酬を受けることを禁止した法律。　⓮ [　　　　　　　　]

☐ ⓯その団体の利益のために，議会や行政に政治的な圧力をかけるグループ。＿＿＿　⓯ [　　　　　　　　]

☐ ⓰日本の経営者団体の最大組織。＿＿＿＿＿＿＿＿＿＿＿＿＿＿　⓰ [　　　　　　　　]

☐ ⓱アメリカで特定組織の利益代表として議会工作をする人。連邦議会に登録。＿＿　⓱ [　　　　　　　　]

☐ ⓲市民が，生活に根ざした要求や平和・環境などについて展開する自主的な運動。　⓲ [　　　　　　　　]

☐ ⓳営利を目的としないで市民運動を行う団体。1998年には法人格を与える法律制定。　⓳ [　　　　　　　　]

15　選挙制度と世論

☐ ❶民主的選挙の原則としてわが国がかかげている4つの原則。＿＿＿＿＿＿＿　❶ [　　　　　　　　]

☐ ❷年齢や性別・財産等で選挙権を差別する選挙。＿＿＿＿＿＿＿＿＿　❷ [　　　　　　　　]

☐ ❸1選挙区1名を選ぶ選挙制度。多数党に有利で政局が安定。死票が多い。＿＿＿　❸ [　　　　　　　　]

☐ ❹自分の政党に有利なように選挙区を区画すること。小選挙区制でおきやすい。＿　❹ [　　　　　　　　]

☐ ❺1選挙区から複数の議員を選出する選挙制度。連立政権になりやすい。＿＿＿＿　❺ [　　　　　　　　]

☐ ❻各党の得票数に応じて議席を配分する選挙制度。＿＿＿＿＿＿＿＿＿　❻ [　　　　　　　　]

☐ ❼衆議院の選挙区制度。＿＿＿＿＿＿＿＿＿＿＿＿＿＿＿＿　❼ [　　　　　　　　]

☐ ❽衆議院で採用されている，比例代表と小選挙区の両方に立候補できる制度。＿＿　❽ [　　　　　　　　]

☐ ❾参議院で採用されている，比例代表で政党と個人に投票する制度。＿＿＿＿＿　❾ [　　　　　　　　]

☐ ❿国会議員や地方公共団体の長や議員の選挙について規定している法律。＿＿＿＿　❿ [　　　　　　　　]

☐ ⓫選挙区によって有権者数と議員定数の比率，つまり一票の価値に格差があること。　⓫ [　　　　　　　　]

☐ ⓬選挙の際，各家庭を訪問して投票を依頼すること。公職選挙法で禁止。＿＿＿＿　⓬ [　　　　　　　　]

☐ ⓭主要な選挙運動員が選挙違反で有罪になった場合，当選者を無効とする制度。＿　⓭ [　　　　　　　　]

☐ ⓮国政選挙において，海外在住の日本人にも投票を認める制度。＿＿＿＿＿＿　⓮ [　　　　　　　　]

☐ ⓯公共の問題に関し世間の大多数の人が持っている意見。＿＿＿＿＿＿＿＿　⓯ [　　　　　　　　]

☐ ⓰マスメディアが世論形成に大きな影響力を持ち，三権に次ぐ権力であること。＿　⓰ [　　　　　　　　]

☐ ⓱マスメディアから流される情報を取捨選択する能力。＿＿＿＿＿＿＿＿＿　⓱ [　　　　　　　　]

☐ ⓲営利企業であるマスメディアが商業主義にはしること。＿＿＿＿＿＿＿＿　⓲ [　　　　　　　　]

☐ ⓳インターネットを利用して情報発信や情報交換を可能にするメディアの総称。＿＿　⓳ [　　　　　　　　]

☐ ⓴一般大衆が主権者として政治に参加することに興味・関心をもたないこと。＿＿＿　⓴ [　　　　　　　　]

☐ ㉑支持する政党がない人たちの層。＿＿＿＿＿＿＿＿＿＿＿＿＿＿＿　㉑ [　　　　　　　　]

実戦問題 10国会の地位と権限〜15選挙制度と世論

1 [国会の地位と権限]　次の文章を読んで，以下の問いに答えよ。

　国会は，国権の　A　機関であり，また，国の唯一の　B　機関である。国会は，(a)立法権の他，様々な権限を有している。国会は，衆議院，参議院の両議院からなり，(b)議員の任期や選挙方法に違いがある。両議院の審議は，衆議院と参議院に分かれて行われる。

　国会には，毎年１回召集される　C　，内閣や議員の要求に応じて開かれる　D　，総選挙後に内閣総理大臣の指名を行う　E　があり，衆議院が解散中に，内閣の求めに応じて参議院の　F　が開催されることもある。国会の実質的な議論は，各種の　G　を中心に行われ，　G　の表決の後，本会議に上程されて最終的に議決される。重要な案件については，利害関係者や学識経験者などの意見を聞く　H　が開かれることもある。基本的に両議院の決定が一致しない場合には，　I　で成案を得るために協議がなされる。

　両議院は，基本的に対等の関係にあるが，その議決が異なった場合に備えて，(c)衆議院の優越が認められている。その根拠としては，衆議院の方が　J　もあり，国民の意向を敏感に反映できる点があげられている。55年体制下では両院が異なる議決をすることはほとんどなかったが，近年，衆議院は与党，参議院は野党が過半数を占める　K　国会が生じると国会審議はしばしば停滞することとなった。参議院の存在意義やその権限の範囲について様々な意見があり，参議院の独自性が模索されている。また近年，国会における審議，機能の活性化をめざし，(d)国会改革が行われたが，我が国では財政危機など重要な問題を多く抱えており，国会の役割をさらに増していくことが課題となっている。

　両議院は，ともに全国民を代表する選挙された国会議員で組織されており，国会議員には，任務に専念でき，自由な討論ができるよう一定の(e)特権や身分保障が与えられているが，近年，一般国民と異なる議員年金のあり方などについて強い批判がなされた。〈法政大改〉

問１　文中の　A　〜　K　に当てはまる語句を答えよ。

A [　　　　　　　　　] 　B [　　　　　　　　　] 　C [　　　　　　　　　]

D [　　　　　　　　　] 　E [　　　　　　　　　] 　F [　　　　　　　　　]

G [　　　　　　　　　] 　H [　　　　　　　　　] 　I [　　　　　　　　　]

J [　　　　　　　　　] 　K [　　　　　　　　　]

問２　下線部(a)に関する記述として，**誤っているもの**を，次の①〜⑤のうちから一つ選べ。　　[　　　　]

① 国会内に弾劾裁判所を設け，罷免の訴追を受けた裁判官を裁判する。

② 内閣の締結した条約について，事前または事後にその承認について審議する。

③ 国の予算は内閣が作成し国会の議決によって成立する。決算についても，内閣が国会に提出して審査を求める。

④ 法律案の提出権は，国会議員に限られる。

⑤ 国政調査権の権限の行使に当たっての強制手段を定めているのが議院証言法である。

問３　下線部(b)に関する記述として，**誤っているもの**を，次の①〜⑤のうちから一つ選べ。　　[　　　　]

① 衆議院の任期は４年である。

② 衆議院，参議院の被選挙権は，ともに20歳以上である。

③ 衆議院は，小選挙区選出と比例代表区選出の議員から構成される。

④ 参議院の任期は６年であり，３年ごとの選挙により半数が改選される。

⑤ 参議院の比例代表区の議席は，政党の得票数に比例して配分される。

問４　下線部(c)に関する記述として，**誤っているもの**を，次の①〜⑤のうちから一つ選べ。　　[　　　　]

① 衆議院で可決した法律案を参議院が否決した場合，衆議院が過半数で再可決すれば法律となる。

② 衆議院で可決した予算案を，参議院で30日以内に議決しない場合，衆議院の議決がそのまま国会の議決になる。

③ 衆議院が可決した法律案を受け取った参議院が60日以内に議決しないときには，衆議院が３分の２以上の多数で再可決すれば法律となる。

④ 衆議院は予算の先議権をもつ。

⑤ 内閣総理大臣の指名は，衆議院の議決後10日以内に参議院が議決しない場合，衆議院の議決が国会の議決になる。

問５　下線部(d)に関する記述として，**誤っているもの**を，次の①〜⑤のうちから一つ選べ。　　[　　　　]

① 与党と野党の党首が国政の課題について直接に討論を行う党首討論の制度が導入された。

② 官僚が閣僚に代わって答弁する政府委員制度を原則廃止した。

③ 官僚は，技術的・専門的質問については政府参考人として答弁できることとした。

④ 副大臣，政務官を新設し，国会の本会議・委員会で答弁や討論を担当することとした。

⑤ 国会に特別委員会を設置して，特別な案件を随時審議できるようにした。

問6　下線部ⓔに関する記述として，**誤っているもの**を，次の①〜⑤のうちから一つ選べ。　　　　［　　　　　］

① 議員の除名決議は，議院の３分の２以上の賛成が必要である。

② 院内での発言・表決について院外で責任を問われない。

③ 会期前に逮捕されても，所属する議院の要求があれば会期中は釈放される。

④ 当選後に被選挙権を失った場合にも，次の選挙まではその身分は保証される。

⑤ 運動員，本人の選挙犯罪により，当選無効となった場合はその身分を失う。

② **[内閣の地位と権限]**　次の文章を読んで，以下の問いに答えよ。

　日本国憲法では，ⓐ議院内閣制が採用され，行政権はⓑ内閣に属する（憲法第65条）とし，内閣は，行政権の行使について，国会に対して　A　して責任を負う（第66条３項）とされている。そして，ⓒ内閣の指揮監督の下に，府・省・庁や，合議制の行政委員会といった国の行政機関がおかれ，国の一般行政事務を処理しており，実際の行政活動は膨大な数の公務員から構成された行政機構によって行われている。

　現代国家では，行政活動が広範にわたって社会生活のあらゆる局面に影響を及ぼしており，行政機構の果たす役割が著しく拡大した　B　国家化が進行しており，行政官が政治の実権を事実上握り，国会の行政監視・統制が十分に及ばないという「官僚政治」が生じているとも指摘される。国会や内閣・大臣さえも，法律案などの政策決定の大半は行政機構に委ねている。立法においても，行政主導の政府提出法案が大半であり，しかも，具体的な内容については，内閣が制定する　C　や各省大臣が制定する省令等に委ねる　D　が増加している。行政機構は，法律等の実施にあたっても広い裁量権をもっており，許認可権の行使を通じて，あるいは補助金等を背景に助言・勧告など直接の法的な強制ではないとしても　E　というかたちで強力な統制を社会に及ぼしている。そのため，ⓓ行政機構と業界等が深く結びつき，さらに両者の間に立って利益調整を行う　F　議員も生まれて，政官財の癒着や腐敗を引きおこした。

　そこで，行政機構を民主的なコントロールのもとにおくことが試みられている。行政運営の公正・透明性を確保することを目的として，許認可等の手続のあり方や命令等に関する意見公募手続を定める　G　や，行政文書の開示を請求する権利を認め，政府に説明責任を負わせる　H　などが制定された。ⓔ中立の立場から行政活動を監視・調査し，国民の権利・利益を守るとともに，政府や議会に改善等を勧告する制度の導入も課題にあがっている。

　また，1998年に成立した中央省庁等改革基本法は，「政治主導」や「縦割り行政の打破」のかけ声の下に，内閣機能を強化し，　I　が政治的なリーダーシップを発揮できるようその権限の強化を図るとともに，従来１府22省庁だった編成を１府　J　省庁体制に再編する抜本的改革を行い，さらに，国が直接実施する必要がないもののうち，民間では実施されないおそれのあるものを効率的・効果的に行うために　K　を創設した。

　その後も，官民の役割分担の見直し，規制緩和，地方分権，日本道路公団や日本郵政公社の民営化などの　L　の整理合理化，行政組織の減量・効率化，公務員制度の改革など，行政改革がすすめられている。

問1　文中の　A　〜　L　に当てはまる語句または数字を答えよ。〈問1，5，6　同志社大改〉

A ［　　　　　　　　　　　］　　B ［　　　　　　　　　　　］　　C ［　　　　　　　　　　　］

D ［　　　　　　　　　　　］　　E ［　　　　　　　　　　　］　　F ［　　　　　　　　　　　］

G ［　　　　　　　　　　　］　　H ［　　　　　　　　　　　］　　I ［　　　　　　　　　　　］

J ［　　　　　　　　　　　］　　K ［　　　　　　　　　　　］　　L ［　　　　　　　　　　　］

問2　下線部ⓐに関連して，**適切でない記述**を次の①〜⑤のうちから一つ選べ。〈青山学院大〉　　［　　　　　］

① 内閣は，その首長である内閣総理大臣と国務大臣とで組織される。

② 内閣総理大臣は，国会議員の中から国会の議決で指名される。

③ 国務大臣の過半数は国会議員でなければならない。

④ 内閣総理大臣は国務大臣を任命し，かつ任意に罷免できる。しかし，一度内閣が成立したら総理大臣が欠けても内閣が総辞職する必要はない。

⑤ 衆議院で内閣不信任決議がなされた後，10日以内に衆議院が解散されないときは，内閣は総辞職しなければならない。

問3　下線部⒝に関連して，日本国憲法の規定で明記された内閣の権限とは**言えないもの**を，次の①〜⑦のうちから二つ選べ。〈中央大〉　　　　　　　　　　　　　[　　　　] [　　　　]

①　憲法改正の発議　　②　外交関係の処理　　③　条約の締結　　④　予算案の作成

⑤　政令の制定　　　　⑥　最高裁判所長官以外の裁判官の任命　　　⑦　裁判官の罷免

問4　下線部⒞に関して，現在，行政委員会として国に**設置されていないもの**を，次の①〜⑤のうちから一つ選べ。〈08：本試〉　　　　　　　　　　　　　　　　　　　　　　　　[　　　　]

①　教育委員会　　②　公正取引委員会　　③　公安委員会　　④　公害等調整委員会　　⑤　人事院

問5　下線部⒟に関連して，官僚が退職後にそれまでの職務に関連する団体や企業等に再就職することを何とよぶか。　　　　　　　　　　　　　　　　　　　　　　　　　　　　　　[　　　　　　　　　]

問6　下線部⒠に関連して，北欧で創設され各国に普及したこの制度の名称を答えよ。　[　　　　　　　　]

③　**[裁判所の地位と権限]**　次の文章を読んで，以下の問いに答えよ。

　社会生活から生まれる紛争に法を適用して解決し，法の支配を実現するのが司法の役割であり，国家においてこの権限は裁判所に付与されている。司法権が適正に行使されるため，日本国憲法第76条は，司法権は⒜<u>最高裁判所</u>および　A　裁判所に属すること，⒝<u>特別裁判所</u>は設置できないこと，　B　機関は終審として裁判を行うことができないこと，裁判官はその　C　に従って独立して職権を行い憲法と　D　のみに拘束されること（裁判官の独立）を定め，⒞<u>司法権の独立</u>を保障している。

　裁判は，　E　裁判と　F　裁判とに大きく分けられ，さらに，行政裁判は　F　裁判の一種とされる。　E　裁判においては，検察官が裁判所に対して起訴するかどうかを決定する権限を独占するが，検察官が不起訴処分を下した場合にその適否について審査する　G　がある。

　日本国憲法は，罪刑法定主義の原則に立ち，詳細な人権保障の規定を定めている。裁判においても国民の権利保障をより実現するために，原則として3回裁判が受けられる　H　が採用されている。また，刑事裁判においては，裁判が確定した後にも一定の誤りがある場合には再度裁判をやり直すための　I　制度が置かれている。それでもなお誤った裁判などによる冤罪事件が後を絶たない。

　裁判所は違憲法令審査権をもつ。特に最高裁判所は，立法行為や行政行為の合憲・違憲に関して最終的な判断を下す　J　裁判所であり，違憲判断を下すことにより，立法・行政機関を抑制する機能をもつ。しかし，最高裁判所はこれまでのところ違憲法令審査権の行使に消極的である。⒟<u>高度に政治的な行為については違憲審査をすべきではない</u>という見解もあるが，⒠<u>違憲法令審査権の行使があまりに抑制されると「憲法の　K　」としての役割も失われてしまう。</u>

　日本の裁判には時間がかかりすぎるとの問題やその他の批判から，国民に身近な裁判制度とするために司法制度改革が進められ，法曹人口の増加，裁判の迅速化，⒡<u>裁判員制度</u>の導入などの司法制度改革が進められた。また，科学技術革新や社会経済の高度化・国際化に伴い専門的知見を要する訴訟が増加してきた。そのため従来の裁判とは別に，専門的事件を扱う　L　裁判所が2005年に東京高等裁判所の支部として創設された。〈成城大・東洋大改〉

問1　文中の　A　〜　L　に当てはまる語句を答えよ。

A [　　　　　　　　]　　B [　　　　　　　　]　　C [　　　　　　　　]

D [　　　　　　　　]　　E [　　　　　　　　]　　F [　　　　　　　　]

G [　　　　　　　　]　　H [　　　　　　　　]　　I [　　　　　　　　]

J [　　　　　　　　]　　K [　　　　　　　　]　　L [　　　　　　　　]

問2　下線部⒜に関して，最高裁判所についての記述として**正しくないもの**を二つ選べ。〈学習院大〉

①　最高裁判所は，終審の裁判所である。　　　　　　　　　　　　　[　　　　] [　　　　]

②　最高裁判所の裁判官は，任命後初めて行われる衆議院総選挙の際，国民審査を受けなければならない。

③　最高裁判所の裁判官は，すべて内閣が任命する。

④　最高裁判所は，高等裁判所の裁判官の任命権を有している。

⑤　最高裁判所の裁判官の定数は15人である。

問3　下線部⒝に関して，近現代の日本について特別裁判所に当たる裁判所として正しいものを，次の①〜④のうちから一つ選べ。〈19：本試〉　　　　　　　　　　　　　　　　　　　　　　　[　　　　]

①　家庭裁判所　　②　皇室裁判所　　③　知的財産高等裁判所　　④　地方裁判所

問4 下線部(c)に関連する記述として**不適切なもの**を，次の①〜④のうちから一つ選べ。　　[　　　　]

① 裁判官の懲戒処分を行政機関が行うことはできない。

② 下級裁判所の裁判官は国会や内閣からの干渉は受けないが，司法の組織としての一体性を保つため，判決を下す際，上級裁判所や上司に当たる裁判官の指示を受けなければならない。

③ 大津事件では，当時の大審院長であった児島惟謙が日本政府の圧力に抗し，司法権の独立を確立したと評価されているが，事件を担当する裁判官の職権の独立を侵したとの批判もある。

④ 最高裁判所は，国会がもつべき立法権の例外として，訴訟手続や裁判所の内部規律などに関し，規則を定める権限をもつ。

問5 下線部(d)のような考え方を何というか。　　　　　　　　　　[　　　　　　　　]

問6 下線部(e)について，裁判所は違憲法令審査権を積極的に行使し，必要な場合には違憲判断をためらうべきではないとする見解の根拠となる考え方として最も適当なものを，次の①〜④から一つ選べ。〈14：本試，20：本試類〉　　　　　　　　　　[　　　　　　　]

① 人権保障は，とりわけ社会の少数派にとって重要であるから，多数派の考えに反しても確保されるべきである。

② 法律制定の背景となる社会問題は，複雑なものであり，国政調査権をもつ国会は，こうした問題を考慮するのにふさわしい立場にあるといえる。

③ 憲法は民主主義を原則としており，法律は，国民の代表者である国会によって制定された民主主義的なものであるといえる。

④ 安全保障の基本的枠組みなど，国の根本を左右するような事項についての決定は，国民に対して政治的な責任を負う機関が行うべきである。

問7 下線部(f)に関連する記述として**不適切なもの**を二つ選べ。〈21：第1回改〉　　[　　　　]　[　　　　]

① 裁判員は有権者のなかから年度ごと抽選で選ばれる。

② 裁判員は裁判官と協同して有罪か無罪の決定および量刑の評議を行う。

③ 裁判員制度の対象となるのはすべての刑事裁判である。

④ 裁判員は第一審のみに関与し，控訴審は裁判官のみで行われる。

⑤ 裁判員には，任務終了後も守秘義務が課せられる。

⑥ 裁判員制度が導入・実施されたのは2009年のことである。

---

4 **[地方自治のしくみ]**　次の文章を読んで，以下の問いに答えよ。

　地方自治は「(a)民主主義の学校」といわれる。日本国憲法は民主政治の基盤として地方自治を保障し，地方自治体は自治権を行使してさまざまな仕事を行っている。今日，新しい理念のもと，国の統治権を地方に分散させて地方分権を実現することが，課題となっている。地方分権について，1995年に，国と地方自治体の責務を明らかにし，それぞれの分担すべき役割を明確にする法律として　A　が制定された。

　従来，地方自治体の事務については，　B　事務に対して批判があった。そこで，1999年，(b)地方自治法など475の関連法の改正を行った　C　が成立し，　B　事務は廃止された。そして，新しい事務区分として，都市計画のような地方自治体の本来の事務である　D　事務と国政選挙や旅券交付のような事務である　E　事務の区分が設けられた。

　地方分権の推進のためには地方自治体が自主財源によって，事務を行うことが望ましい。だが，現実には自主財源である地方税だけで地方財政をまかなうことは困難であり，地方自治体間の財政上の不均衡を是正するために国税の一部を配分する　F　や，国が道路整備などの使途を指定して経費を一部負担する　G　という国からの資金に依存している実態から　H　自治と言われてきた。こうした状況を改善するため，財政面から地方分権を推し進める「(c)三位一体の改革」が行われた。また自治体の財政基盤強化を主たる目的とした市町村合併も推進された（(d)平成の大合併）。

　地方自治の本旨は，団体自治と　I　の二つの側面からなっているが，地方自治体では，住民自身の意思と参加で行う　I　が重要である。地域住民の政治への参加は，地方自治法が定める選挙や(e)直接請求権のほか，さらに，特定の争点をめぐって(f)住民投票を実施して，住民が直接自らの意見を地方自治に反映させることもできる。

問1 文中の　A　〜　I　に当てはまる語句を答えよ。〈立命館大ほか改〉

　　A [　　　　　　　]　　B [　　　　　　　]　　C [　　　　　　　]

　　D [　　　　　　　]　　E [　　　　　　　]　　F [　　　　　　　]

G [　　　　　] H [　　　　　] I [　　　　　]

問2　下線部ⓐを著書『近代民主政治』のなかで述べた人物は誰か。　　　　　　　[　　　　　]

問3　下線部ⓑについて，各地方自治体の首長と議会が相互に対立して，地方自治体としての意思決定ができない場合，地方自治法はこれを解決するために，いくつかの制度を用意している。これらの制度の説明として正しいものを，次の①〜④のうちから一つ選べ。〈05：本試〉　　　　　　　　　　　　　　　[　　　　　]

① 地方議会は，首長の提出した予算案を否決することによって，首長を罷免することができる。

② 地方議会は，首長の行為が法律に違反しているという裁判所の判決を得ることによって，首長を罷免することができる。

③ 地方議会によって不信任の議決がなされた場合，首長は地方議会を解散して，住民の意思を問うことができる。

④ 地方議会によって重要な議案が否決された場合，首長は住民投票を実施して，住民の意思を問うことができる。

問4　下線部ⓒで進められた改革として，**適切でないもの**を次の①〜④から一つ選べ。〈青山学院大〉[　　　　　]

① 国庫支出金の削減　　② 税源の移譲　　③ 地方交付税の見直し　　④ 地方債発行の自由化

問5　下線部ⓓに関する記述として最も適当なものを，次の①〜④から一つ選べ。〈法政大改〉　[　　　　　]

① 人口1万人未満の市町村は，法律で合併が義務づけられた。

② 合併後政令指定都市に指定された市では，市長の任期が4年から6年に延び市政が安定した。

③ 大幅な市町村合併が進み，市町村の数は2009年4月までに2,000以下となった。

④ 従来の市町村合併に比べ，住民の意思は尊重されなかった。

問6　下線部ⓔに関して，日本の地方自治法が定める直接請求制度についての記述として最も適当なものを，次の①〜④のうちから一つ選べ。〈07：本試〉　　　　　　　　　　　　　[　　　　　]

① 議会の解散の請求は，選挙管理委員会に対して行われ，住民投票において過半数の同意があると，議会は解散する。

② 事務の監査の請求は，監査委員に対して行われ，議会に付議されて，議員の過半数の同意があると，監査委員による監査が行われる。

③ 条例の制定・改廃の請求は，首長に対して行われ，住民投票において過半数の同意があると，当該条例が制定・改廃される。

④ 首長の解職の請求は，選挙管理委員会に対して行われ，議会に付議されて，議員の過半数の同意があると，首長はその職を失う。

問7　下線部ⓕに関連して，日本における住民投票についての記述として**適当でないもの**を，次の①〜④のうちから一つ選べ。〈09：本試ほか改〉　　　　　　　　　　　　　　　　　[　　　　　]

① 一地方自治体にのみ適用される特別法は，その自治体の住民投票で過半数の同意を得なければ，国会はこれを制定することができない。

② 地方自治体が条例を制定して実施した住民投票の結果は，首長や議会を，法的に拘束するものではない。

③ 1996年，全国で初めて行われた新潟県巻町における原子力発電所の設置に対する住民投票では，建設反対の票が建設賛成の票を上回った。

④ 1996年，沖縄県で行われた米軍基地縮小などについての住民投票では，基地縮小反対の票が基地縮小賛成の票を上回った。

⑤ [政党政治と圧力団体]　次の文章を読んで，以下の問いに答えよ。

　日本の政党政治の特徴は，1950年代後半から2009年8月の衆議院総選挙で民主党が圧勝するまで自由民主党（自民党）がほぼ一貫して政権の座にあり，政権交代がほとんど起きなかったことである。50年代半ばに，既存の政党の統合により自民党と日本社会党（社会党）という大政党が成立し，ⓐ両党が保守・革新のイデオロギーを背景として厳しく対立する政治の体制が生まれ，　A　体制とよばれた。そこで　B　政党制への期待も生まれたが，実際には自民党が国民の支持を受けて政権を維持し続けた。こうした政党システムは，　C　体制とよばれている。自民党は農家や企業経営者の支持だけでなく，高度経済成長に伴う税収の拡大を背景に広範な業界団体や利益集団の支持を集めたから，　D　政党の代表例といえる。

　自民党の内部では，官庁とⓑ利益集団との間に立って利益調整を行う　E　が生まれ，官庁ごとの政策決定に影響力を行使するとともに，党内では有力な派閥が資金力を背景として総裁の座や議席数をめぐって互いに競った。こうした派閥政治を維持するために多額の政治資金が必要であったため，お金の力で政治が動かされる「金権

政治」の弊害が生まれた。

1960年代に入ると，従来の政党に飽き足りない国民の支持を背景として，民社党や公明党など，保守と革新の中間的立場をとる，いわゆる　F　政党が誕生して多党化が進んだが，自民党による政権は継続した。

1993年，政治改革問題で自民党が分裂し，総選挙を経て「非自民」の政権として　G　内閣が成立した。これによって，日本の政治は単独政権から　H　政権の時代に突入したといわれている。もっとも，新しい選挙制度の下で政党の姿はめまぐるしく変わり，政党の離合集散が続いている。

そうした中で，国民の政党離れが進み，　I　層が拡大し続けており，これが選挙や政治のあり方にさまざまな影響を与えている。イギリスなど欧米諸国の選挙で定着している(c)マニフェストが，2003年に日本にも導入され，国や地方の選挙で次第に定着しつつあったが，民主党政権はマニフェスト違反と批判され，かえって足かせとなった。いずれにしても政治に対する国民の意識の向上が課題である。

問1　文中の　A　～　I　に当てはまる語句を答えよ。〈問1，2　中央大改〉

A [　　　　　]　　B [　　　　　]　　C [　　　　　]

D [　　　　　]　　E [　　　　　]　　F [　　　　　]

G [　　　　　]　　H [　　　　　]　　I [　　　　　]

問2　下線部(a)の体制に関する説明として最も適切なものを次の①～⑤のうちから一つ選べ。　[　　　]

① この二党は，憲法改正問題や安全保障政策をめぐって鋭く対立したが，経済政策や福祉政策については，ほとんど差異はなかった。

② 自民党は，50年代後半には衆議院で憲法改正の発議に必要な議席数を確保していたが，60年代以降は確保できなくなった。

③ この体制の下では，二党間の協議の慣行によって，与党による強行採決や野党による審議拒否を避けることが多かった。

④ この体制の下では，国会の議事は国会対策委員会関係者を中心に密室で決められることが多く，こうした運営は「国対政治」とよばれて批判された。

⑤ この体制の下では，政党間の対立は厳しかったが，所属議員は党議による拘束を受けることなく，自らの意見で議院での投票を行うことができた。

問3　下線部(b)に関する説明として適切でないものを次の①～⑤のうちから二つ選べ。〈17：本試改〉

[　　　] [　　　]

① 政府や議会に働きかけて政策決定に影響を与え特定の利益を実現しようとする集団のことを，利益集団という。

② 政治的な主張の近い人々が集まって政権の獲得を目的として活動する集団を，利益集団という。

③ 利益集団は，農業政策や医療分野など政策分野別に存在することが多い。

④ 日本では，利益集団は特定の議員と結びついて利益を実現しようとすることが多い。

⑤ 日本においては，利益集団の代理人であるロビイストは国会に登録され活動している。

問4　下線部(c)に関して，誤りを含むものを，次の①～④のうちから一つ選べ。〈早稲田大改〉　[　　　]

① 従来の「公約」に比べ，数値や期限などが盛り込まれ内容が具体的である。

② 政党のマニフェストは，党内で見解を統一する手段となることもある。

③ 2013年の参議院選挙からネット選挙が解禁され，候補者名や政党名を記したホームページを開設し，マニフェストを掲載できるようになった。

④ 知事選挙や市町村長選挙などの地方選挙では，マニフェストは禁止されている。

6　[選挙制度]　次の文章を読んで，以下の問いに答えよ。

選挙をする権利は，憲法が国民に保障している参政権の一つであり，日本の選挙では，代表者を公正に選ぶための　A　選挙，平等選挙，直接選挙，自由選挙，秘密選挙などの原則が確立している。選挙権の拡大については，　B　年から　C　歳以上の男子　A　選挙制が，1945年からは　D　歳以上の男女　A　選挙制が実現した。また，2016年の参議院選挙から選挙年齢が　E　歳以上に引き下げられた。衆議院の選挙制度については，1994年の　F　法の改正によって(a)小選挙区と比例代表からそれぞれ代表者を選出する方法である　G　が導入された。参議院議員の選挙は，全国を単位とする　H　名簿式比例代表制と，都道府県を単位とする選挙区に分かれている。なお，(b)選挙制度をめぐっては，投票率低下に象徴される政治的　I　，選挙に莫大な費用を要すること，選挙区ごとの「　J　」問題，選挙運動に対する厳しい制約などの問題もあり，様々な改善策が試みられてきた。これら

の問題は，公正な選挙を実現する上で重要な課題である。〈明治大改〉

問1 文中の　A　～　J　に当てはまる語句または数字を答えよ。

A [　　　　　　　]　　B [　　　　　　　]　　C [　　　　　　　]　　D [　　　　　　　]

E [　　　　　　　]　　F [　　　　　　　]　　G [　　　　　　　]　　H [　　　　　　　]

I [　　　　　　　]　　J [　　　　　　　]

問2 下線部ⓐに関連して，比例代表選出の場合，政党ごとの獲得議席数はドント方式で配分される。仮に定数10の場合，4党が以下の得票数であったとすると，それぞれの政党の獲得議席数の組み合わせとして，正しいものを選びなさい。〈明治大〉　　　　　　　　　　　　　　　　　　　　　　　　　　[　　　　　　　]

| M党　9,000票 | W党　6,000票 | K党　3,000票 | R党　2,400票 |

①　M党：4，W党：3，K党：2，R党：1　　　　②　M党：5，W党：3，K党：1，R党：1

③　M党：6，W党：2，K党：1，R党：1　　　　④　M党：7，W党：2，K党：1，R党：0

問3 下線部ⓑに関連して，日本の現在の制度の記述として**誤っているもの**を，次の①～④のうちから一つ選べ。〈19：本試〉　　　　　　　　　　　　　　　　　　　　　　　　　　　　　[　　　　　　　]

①　衆議院議員選挙では，複数の小選挙区に立候補する重複立候補が認められている。

②　投票日に投票できないなどの事情がある有権者のために，期日前投票制度が導入されている。

③　国が政党に対して，政党交付金による助成を行う仕組みがある。

④　政治家個人に対する企業団体献金は，禁じられている。

7　**[世論と政治参加]**　次の文章を読んで，以下の問いに答えよ。

　現代の民主政治では，　A　が政治に大きな影響を与えている。　A　の形成において重要な役割を果たしているのがマスメディアであり，その影響力は三権に次ぐ「　B　」ともよばれている。今日の大衆社会の特徴については，アメリカの社会学者　C　は，著書『孤独な群衆』で，現代型の政治的無関心が広がっているとしたが，マスメディアの中でも特にテレビによる娯楽の提供もその一因と考えられてきた。政治的無関心は，一方で，為政者が意図的に情報をコントロールしたり，極端な場合には，ⓐ国民を一定の方向に誘導する宣伝を行う危険性をもつ。その一例として1921年ナチスの党首となった　D　が，ラジオ等の媒体を巧みに使った宣伝活動を展開したことがあげられる。

　近年の情報革命によって，大量の情報が行きかう時代において，国民はメディアの情報を鵜呑みにするのでなく主体的，批判的に読み解く能力である　E　を身に付ける必要がある。また，ⓑ投票以外の政治参加の方法もある。いずれにしても国民が政治に対する無力感や無関心を捨て，主権者としての自覚をもって政治に参加することが大切である。

問1 文中の　A　～　E　に当てはまる語句を書け。

A [　　　　　　　]　　B [　　　　　　　]　　C [　　　　　　　]

D [　　　　　　　]　　E [　　　　　　　]

問2 下線部ⓐに関して，マスメディアについて指摘されている問題点や弊害を次の中から二つ選び，記号で答えよ。〈立命館大〉　　　　　　　　　　　　　　　　　　　　　　　[　　　　　　][　　　　　　]

①　トレードオフ　　　　②　センセーショナリズム　　　③　セーフティネット

④　アナウンスメント効果　　⑤　新ガイドライン　　　　⑥　ファシズム

問3 下線部ⓑに関するものとしてNPO（民間非営利組織）の活動がある。日本における特定非営利活動促進法（NPO法）についての記述として最も適当なものを，次の①～④から一つ選べ。〈16：本試改〉　[　　　　　　　]

①　特定非営利活動促進法によって，ボランティア活動を行う団体は認定NPO法人となることが義務化されている。

②　非営利活動の中立性を維持するため，行政はNPO法人と協働して事業を行うことが禁止されている。

③　特定非営利活動促進法によって，認定NPO法人は税の優遇措置の対象とされている。

④　構成員の利益配分を目的として，慈善活動を促進しているNPO法人がある。

16 資本主義経済の成立と発展

A ポイント整理　当てはまることばを書いて覚えよう（＿＿欄には数値が入る）

1 経済活動

(1)経済（エコノミー）　人間は生きていくために毎日様々なものを消費している。このうち，食料・衣料・住宅・電化製品など有形のものを①＿＿といい，金融・教育・医療など無形のものを②＿＿＿＿＿＿という。このような＿①＿や＿②＿を生産・分配・消費する活動が経済である。

(2)経済活動の目的　私たちは財やサービスを③＿＿＿を通して購入している。商品となりうる資源は有限であり（資源の④＿＿＿＿），限られた資源の中で効用を最大化させ，資源の⑤＿＿＿＿＿＿を図るのが重要な経済活動の目的である。

2 資本主義社会の成立と特徴

(1)商業資本主義　大航海時代以降の商業革命は資本の蓄積を促し，問屋制家内工業や⑥＿＿＿＿＿＿＿＿．＿＝マニュファクチュアの発達につながった。イギリスでは土地囲い込み＝⑦＿＿＿＿＿＿＿＿．＿＿＿＿が進行した。

(2)産業資本主義　⑧＿＿＿＿＿＿が進むと多種多様な機械が発明され，工場制機械工業が発達。資本家と労働者の二大階級を生み出すなど経済制度の根本的な変化がおきた。

(3)経済思想　商業資本主義・絶対主義の時代は保護貿易政策をとる⑨＿＿＿＿＿＿がとられたが，産業資本主義では自由な市場に信頼をおき，国家の統制や保護は排除する⑩＿＿＿＿＿＿主義が一般的となった。

経済思想	内　容	主な思想家と主著
重商主義	生産と貿易を通じて富を獲得。国内産業を保護し，輸出の振興に努める保護貿易政策。	⑪＿＿＿＿・＿＿＿『外国貿易における英の財宝』
自由放任主義（レッセ・フェール）	私有財産制と社会的分業による利潤の追求は「⑫＿＿＿＿＿＿」によって最も有効に社会全体の富を増大させる。	⑬＿＿＿＿＿＝＿＿＿＿『国富論』

(4)資本主義経済の特徴

生産手段の⑭＿＿制	生産手段を所有している資本家が，労働者を雇って企業を経営している。
⑮＿＿＿＿の商品化	あらゆる財やサービスが商品として生産され，⑮＿＿＿までも商品として，市場で売買されている。
⑯＿＿＿追求の自由	企業の⑯＿＿＿獲得を目的とする自由な経済活動が，社会全体の経済発展を促進する。

(5)資本主義の発展　19世紀後半からの技術革新の進展によって，重化学工業が発達し，資本主義経済を飛躍的に発展させた。

経済思想	内　容	主な思想家と主著
技術革新，創造的破壊⑰＿＿＿＿＿・＿＿	技術革新（＿⑰＿）が経済発展の原動力である。	⑱＿＿＿＿＿＿・＿＿＿『経済発展の理論』

(6)独占資本主義　19世紀末，自由競争の結果，弱小企業が没落して資本の⑲＿＿や集積が進み，少数の大企業が市場を支配する⑳＿＿＿＿＿＿主義が成立した。また，海外の植民地市場を求めて帝国主義戦争を招くことになった。

3 資本主義の修正

(1)世界恐慌　1929年に始まった㉑＿＿＿＿＿＿は，かつてない深刻なものであった。アメリカではF.ルーズベルト大統領のもとで㉒＿＿＿＿＿＿・＿＿＿政策

---

①＿＿＿＿＿＿＿＿＿＿

②＿＿＿＿＿＿＿＿＿＿

③＿＿＿＿＿＿　④＿＿＿＿

⑤＿＿＿＿＿＿＿＿＿＿

機会費用とトレードオフ

欲求の満足度を経済学では効用と呼ぶが，限られた資源の中で，あることを選んだら別のことを諦めなければならない状況をトレードオフといい，その状況下で選択の基準となるのが機会費用である。

⑥＿＿＿＿＿＿＿＿＿＿

⑦＿＿＿＿＿＿＿＿＿＿

⑧＿＿＿＿＿＿＿＿＿＿

⑨＿＿＿＿＿＿＿＿＿＿

⑩＿＿＿＿＿＿＿＿＿＿

⑪＿＿＿＿＿＿・＿＿＿

⑫＿＿＿＿＿＿＿＿＿＿

⑬＿＿＿＿＿＝＿＿＿＿

⑭＿＿＿＿＿＿　⑮＿＿＿＿

⑯＿＿＿＿＿＿＿＿＿＿

⑰＿＿＿＿＿＿＿＿＿＿

⑱＿＿＿＿＿＿＿＿＿＿

⑲＿＿＿＿＿＿＿＿＿＿

⑳＿＿＿＿＿＿＿＿＿＿

㉑＿＿＿＿＿＿＿＿＿＿

㉒＿＿＿＿＿＿＿＿＿＿

が実施され，以後，政府が経済へ積極的に介入する端緒となった。

(2)**修正資本主義**　従来の自由放任主義の考え方がゆらぎ，政府が積極的に経
　済に介入して㉓＿＿＿＿＿＿を作り出し，景気をコントロールするという㉔＿
　＿＿＿＿＿主義の考え方がとられるようになった。

経済思想	内　　容	主な思想家と主著
修正資本主義	政府が積極的に有効需要（貨幣支出に裏付けられた需要）を創り出し，不況や失業をとりのぞく。	㉕＿＿＿＿＿　『雇用・利子および貨幣の一般理論』

4 社会主義経済

(1)**社会主義国家の成立**　貧富の格差など資本主義の矛盾を克服し，平等な社
　会の実現をめざす思想が社会主義である。㉖＿＿＿＿＿＿の指導により1917年に
　㉗＿＿＿＿＿＿＿＿が起き，世界最初の社会主義国家が誕生した。

経済思想	内　　容	主な思想家と主著
（科学的）社会主義	資本主義を歴史的発展段階と位置づけ，その分析を通じて社会主義への移行を理論づけた。	㉘＿＿＿＿＿，エンゲルス　『資本論』

(2)**社会主義経済の特徴**　生産手段の㉙＿＿＿制は廃止され共同所有になる。
　また，国家の計画のもとで生産量が決定される㉚＿＿＿＿＿＿＿が特徴である。

(3)**社会主義の崩壊**　1985年からのゴルバチョフによる㉛＿＿＿＿＿＿＿＿・＿＿＿
　（改革）の実施は，かえって社会主義の混乱をもたらし，20世紀末にはソ
　連をはじめ東欧の社会主義国のほとんどが市場経済に移行した。中国でも
　社会主義体制に市場経済を導入する㉜＿＿＿＿＿＿＿＿・＿＿＿＿が，ベトナムで
　もドイモイ（刷新）政策で市場経済化が進められた。

5 現代資本主義

(1)**混合経済**　現代の資本主義は，政府の果たす役割が増大し，市場経済への
　介入を強めているので，㉝＿＿＿＿＿＿＿ともよばれている。

(2)**小さな政府への復帰**　1970年代以降，ケインズ政策を批判し，市場原理を
　信頼し小さな政府をめざす㉞＿＿＿＿＿＿＿＿の政策が主張され，1980年代イギ
　リスの㉟＿＿＿＿＿＿＿＿政権，アメリカの㊱＿＿＿＿＿＿＿政権で採用された。小泉
　元首相が行った構造改革や安倍元首相のアベノミクスもその流れであるが，
　所得格差の拡大などが問題となり，政府の役割の重要性も再認識されている。

経済思想	内　　容	主な思想家と主著
㊲＿＿＿＿＿＿＿	貨幣供給量の管理を除いて政府の介入は避け市場原理を信頼する。シカゴ学派。「小さな政府」をめざす新自由主義。	㊳＿＿＿＿＿＿＿・＿　『資本主義と自由』『選択の自由』

㉓＿＿＿＿＿＿＿＿＿＿

㉔＿＿＿＿＿＿＿＿＿＿

㉕＿＿＿＿＿＿＿＿＿＿

㉖＿＿＿＿＿＿＿＿＿＿

㉗＿＿＿＿＿＿＿＿＿＿

㉘＿＿＿＿＿　㉙＿＿＿＿＿

㉚＿＿＿＿＿＿＿＿＿＿

㉛＿＿＿＿＿＿＿＿＿＿

㉜＿＿＿＿＿＿＿＿＿＿

㉝＿＿＿＿＿＿＿＿＿＿

㉞＿＿＿＿＿＿＿＿＿＿

㉟＿＿＿＿＿＿＿＿＿＿

㊱＿＿＿＿＿＿＿＿＿＿

㊲＿＿＿＿＿＿＿＿＿＿

㊳＿＿＿＿＿＿＿＿＿＿

現代経済

ニューケインジアン・その他

マネタリズムに対して，市場に欠陥や機能不全を見出す。スティグリッツ…「情報の非対称性」（→p.61）
また，ピケティ（仏）は資本主義は基本的に富の格差を拡大させてきたことを明らかにした。

B　重点確認　資本主義経済の発展

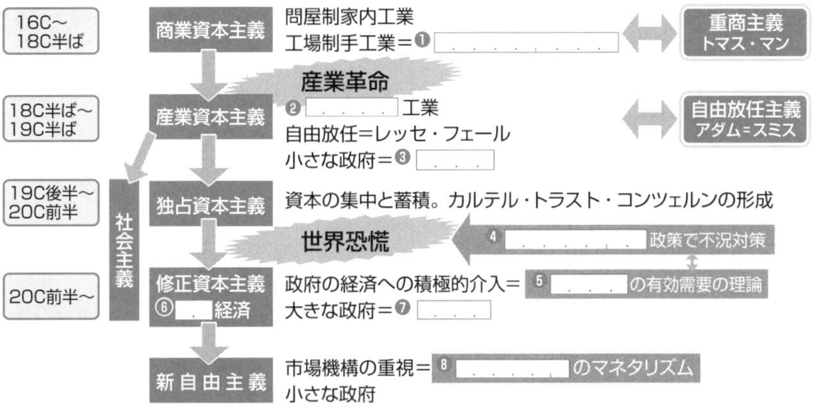

16C～18C半ば	商業資本主義	問屋制家内工業　工場制手工業＝❶＿＿＿＿＿＿＿	⇄	重商主義　トマス・マン
18C半ば～19C半ば	産業資本主義	産業革命　❷＿＿＿＿＿工業　自由放任＝レッセ・フェール　小さな政府＝❸＿＿＿＿	⇄	自由放任主義　アダム＝スミス
19C後半～20C前半	独占資本主義	資本の集中と蓄積。カルテル・トラスト・コンツェルンの形成		
20C前半～	修正資本主義　❻＿＿＿経済	世界恐慌　❹＿＿＿＿＿＿＿政策で不況対策　政府の経済への積極的介入＝❺＿＿＿＿＿の有効需要の理論　大きな政府＝❼＿＿＿＿		
	新自由主義	市場機構の重視＝❽＿＿＿＿＿＿＿のマネタリズム　小さな政府		

（左側に縦書き：社会主義）

❶＿＿＿＿＿＿＿＿＿＿

❷＿＿＿＿＿＿＿＿＿＿

❸＿＿＿＿＿＿＿＿＿＿

❹＿＿＿＿＿＿＿＿＿＿

❺＿＿＿＿＿＿＿＿＿＿

❻＿＿＿＿＿＿＿＿＿＿

❼＿＿＿＿＿＿＿＿＿＿

❽＿＿＿＿＿＿＿＿＿＿

▶▶▶時事正誤チェック　アダム＝スミスは，国防や司法などに活動を限定している国家を「夜警国家」と呼び，自由主義国家を批判した。〈15：追試〉　［　］

17 現代の企業

1 経済主体と経済活動

(1)経済主体 生産や消費などの経済活動を行う主体を①＿＿＿＿＿といい，消費活動を行う②＿＿，生産活動の中心となる③＿＿，財政活動を行う④＿＿の三つがある。貨幣を仲立ちとして，この三つの経済主体間で財やサービスが取引される流れを⑤＿＿＿＿＿という。

(2)経済主体の活動

家計	企業に生産要素（労働力・資本・土地）を供給し，⑥＿＿所得（賃金）や⑦＿＿所得（利子・配当・地代）を得て，消費支出や⑧＿＿を行う。	所得から租税や社会保険料を差し引いたものを⑨＿＿＿所得といい，これに占める消費の割合を⑩＿＿＿＿＿という。生活費に占める食費の割合を⑪＿＿＿＿＿＿＿といい，これが高いと生活水準は低い。
企業	家計から生産要素の提供を受け，財やサービスを提供する。利潤獲得を目的に生産活動を行い，得た利潤で設備投資を増大させ生産を拡大する「⑫＿＿＿＿＿＿」を実現しようとする。	**資本の循環** 資本 → 固定資本（土地・機械）／流動資本 → 原材料／労働力 → 生産手段 → 生産物（商品） → 資本の回収／利潤
政府	企業や家計から⑬＿＿＝税金などで資金を調達し，国民経済全体の調整役を行っている。	

進む民営化

公企業であった日本郵政公社は 2007年10月に民営化された。国有林野も2013年に企業的運営が廃止され，国営企業はなくなった。また，政府系金融機関（公庫など）も再編が進められた。

2 現代の企業

(1)企業の種類

公企業	国や地方公共団体が出資・経営する。	国営企業（現在は該当なし），独立行政法人，地方公営企業など
公私合同企業	民間と政府・地方公共団体が共同出資する。	日本銀行，NHK，⑭＿＿＿＿＿＿＿＿（三セク）方式をとる会社（民間活力の導入で増加）
私企業	民間が出資・経営。利潤追求が主目的。	個人企業と⑮＿＿＿企業からなる。 ⑮＿＿企業は会社企業と組合企業に区別

(2)会社企業の種類 2006年の⑯＿＿＿＿＿の施行で有限会社は存続可能だが新設は不可となった。また，合同会社が新設され，株式会社設立時に必要な最低資本金制度（1,000万円）は廃止された。

種類	出資者	特徴
⑰＿＿会社	有限責任の⑱＿＿	株式譲渡が自由の公開会社と譲渡制限がある譲渡制限会社
⑲＿＿会社	有限責任社員	定款で経営ルールを自由に設定
⑳＿＿会社	有限責任社員と無限責任社員	会社自体が小規模
㉑＿＿会社	無限責任社員	親族などによる小規模経営

〈注〉㉒＿＿＿責任…会社の債務に出資額を範囲に責任を負う。
〈注〉㉓＿＿＿責任…出資額のみならず，全財産をあげて弁済の義務を負う。

(3)株式会社の成立と発達 17世紀オランダの㉔＿＿＿＿＿＿＿＿＿＿を起源とする株式会社の成立によって，小額の㉕＿＿＿の発行によって資金を大量に調達することが容易になり，大企業に適した会社形態として急速に発達した。

① _____

② _____ ③ _____

④ _____

⑤ _____

⑥ _____ ⑦ _____

⑧ _____ ⑨ _____

⑩ _____

⑪ _____

⑫ _____

⑬ _____

⑭ _____

⑮ _____

⑯ _____

⑰ _____ ⑱ _____

⑲ _____ ⑳ _____

㉑ _____ ㉒ _____

㉓ _____

㉔ _____

㉕ _____

⑷株式会社の特徴

資金調達	㉕＿＿の発行（2001年から無額面株式→2009年株券の電子化）
設立の要件	有限責任社員1人以上，資本金1円以上，基本規則（定款）
株主の権利	㉖＿＿の受け取り，株式譲渡は自由（㉗＿＿市場等で売買可能） →株価上昇に伴う差益（㉘＿＿＿＿＿＿・＿＿＿）
最高議決機関	㉙＿＿＿＿＿（㉚＿＿＿単元株1票の議決権）
執行機関	㉛＿＿＿＿会※1（株主総会で選出）→日常の経営業務の執行
監査機関	㉜＿＿＿＿※2→会社の経営実態を監査
㉝＿＿＿と＿＿＿の分離	会社の経営の実権が所有者＝株主ではなく，経営責任者に移行。 経営者資本主義という言葉もある。

※1　外国では取締役と執行担当を切り離しCEO（最高経営責任者）と称することが多い。
※2　委員会設置会社は，監査役を置かず社外取締役を中心として委員会を設置。

㉖＿＿＿＿＿　㉗＿＿＿＿＿
㉘＿＿＿＿＿
㉙＿＿＿＿＿
㉚＿＿＿＿＿　㉛＿＿＿＿＿
㉜＿＿＿＿＿
㉝＿＿＿＿と＿＿＿＿
㉞＿＿＿＿＿

⑸**現代の大企業**　現代の大企業は，複数の国に子会社などをもち国際的規模で活動する㉞＿＿＿＿＿＿＿や，異業種の㉟＿＿＿＿＿（合併・買収）により巨大化した複合企業（㊱＿＿＿＿＿＿＿・＿＿＿）などの形態が一般的である。日本では，銀行や商社を中核に株式の持ち合いなどにより企業集団を形成していたが，経済のグローバル化で金融機関や事業法人の持ち株比率は低下し㊲＿＿＿＿＿投資家の比率が増加している。

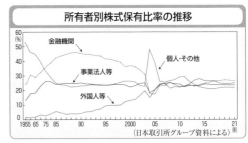

所有者別株式保有比率の推移
（日本取引所グループ資料による）

3 今日の企業活動をめぐる特色と諸問題

⑴**事業再構築**　産業構造の転換が進んでいる現在，成長部門への再投資や不採算部門の整理など㊳＿＿＿＿＿＿＿＿・＿＿＿＿＿＿＿（事業内容の再構築）が進められた。これによって，従来の日本的経営（㊴＿＿＿雇用・年功序列型賃金）が崩れてきている。

⑵**経営責任の明確化**　従来の日本企業では，経営の責任の所在があいまいであったが，直接金融（株式・社債）へのシフトが契機となって，株主や社会に対する企業責任を問う㊵＿＿＿＿＿＿＿＿・＿・＿＿＿＿＿・＿＿＿（企業統治）や，会社経営者の責任を株主が追及する㊶＿＿＿＿＿＿訴訟も行われるようになってきた。また，経営者の企業倫理の確立のためにも企業自身による経営内容の公開（㊷＿＿＿＿＿＿＿＿＿＿＿）の拡充も求められている。

⑶**企業の社会的責任（CSR）**　企業は営利活動だけでなく，芸術や文化活動を支援する㊸＿＿＿＿＿や，教育・福祉・環境などのために寄付や奉仕活動（㊹＿＿＿＿＿＿＿・＿＿＿＿）を行っている。また相次ぐ企業不祥事などを契機に，企業も法律や規範を守るという㊺＿＿＿＿＿＿＿・＿＿＿（法令遵守）も重要になっている。

㉟＿＿＿＿＿
㊱＿＿＿＿＿
㊲＿＿＿＿＿
㊳＿＿＿＿＿
㊴＿＿＿＿＿
㊵＿＿＿＿＿・＿＿＿＿＿
㊶＿＿＿＿＿
㊷＿＿＿＿＿
㊸＿＿＿＿＿
㊹＿＿＿＿＿
㊺＿＿＿＿＿

B　重点確認　経済循環図

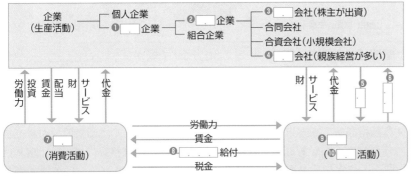

❶＿＿＿＿＿　❷＿＿＿＿＿
❸＿＿＿＿＿　❹＿＿＿＿＿
❺＿＿＿＿＿　❻＿＿＿＿＿
❼＿＿＿＿＿　❽＿＿＿＿＿
❾＿＿＿＿＿　❿＿＿＿＿

▶▶▶時事
正誤チェック ⓒ　企業の経営者による株主の監視を，コーポレート・ガバナンスという。〈17：本試〉　［　　］

18 現代の市場

A ポイント整理 当てはまることばを書いて覚えよう（＿＿欄には数値が入る）

1 市場の役割と価格の決定

➡ P.64 特別講座

(1)市場経済 買い手（需要者）と売り手（供給者）との間で，財やサービスが取引される場を①＿＿という。資本主義経済では商品・労働力・資本など様々な市場が成立しているが，このような経済を②＿＿経済という。

(2)需要と供給 生産者も消費者も小規模で③＿＿競争が成立する市場では，価格が上がれば需要量は④＿＿するので，需要曲線は右下がり（D）になり，逆に供給量は⑤＿＿するので，供給曲線は右上がり（S）となる。Ⅰ図で価格がP₁の時は，超過供給（Q₁－Q₂）が発生するので価格は低下し，需要量と供給量の均衡する価格Pに近づく。この需給が一致する価格を⑥＿＿価格という。また，Ⅱ図のように，技術革新などでコストが下がると供給曲線はS'曲線へ，所得水準が増加すると需要曲線はD'曲線へと変化する。

①＿＿＿＿＿＿　②＿＿＿＿＿＿

③＿＿＿＿＿＿　④＿＿＿＿＿＿

弾力性（大）	需要（供給）曲線の傾きが緩やか →価格のわずかな変化で需要量（供給量）が大きく動く。
弾力性（小）	需要（供給）曲線の傾きが急 →価格が変化しても需要量（供給量）がそれほど動かない。

(3)価格の弾力性 価格の変化に対する需給の反応は商品によって異なる。価格が1％上昇（低下）したとき，需要（供給）が何％増加（減少）するかを，需要（供給）の⑦＿＿＿＿＿という。

(4)市場メカニズム 自由競争市場では，価格変動によって需給が調整され，資源の最適配分が図られる。これを価格（市場）の⑧＿＿＿＿機能といい，アダム＝スミスは「⑨＿＿＿＿＿」とよんだ。

⑤＿＿＿＿＿＿　⑥＿＿＿＿＿＿

⑦＿＿＿＿＿＿＿＿＿＿

2 独占と寡占

(1)寡占市場 市場が少数の大企業によって，圧倒的な⑩＿＿＿＿＿（マーケット・シェア）により支配されている状態を⑪＿＿，1社によって支配されていることを⑫＿＿という（⑪も含めて広い意味で⑫とよぶ場合もある）。規模が大きい企業ほど利潤が増大する⑬＿＿＿＿＿（スケールメリット）がはたらく現代の市場では，⑪市場が一般的である。

(2)独占の形態

⑧＿＿＿＿＿＿＿＿＿

⑨＿＿＿＿＿＿＿＿＿

⑩＿＿＿＿＿＿＿＿＿

⑪＿＿＿＿＿＿　⑫＿＿＿＿＿

⑬＿＿＿＿＿＿＿＿＿

⑭＿＿＿＿＿＿	⑮＿＿＿＿＿＿	⑯＿＿＿＿＿・＿
同一産業内の各企業が独立したまま，価格・生産量・販売地域などで協定を結ぶ。	同一産業部門における企業が，一つの企業体として合併する。	持株会社や銀行が中心となり，様々な分野の企業を支配する。日本の戦前の⑰＿＿がこれにあたる。
協定（価格，販路，生産量）	合併	

⑭＿＿＿＿＿＿＿＿＿

⑮＿＿＿＿＿＿＿＿＿

⑯＿＿＿＿＿＿＿＿＿

⑰＿＿＿＿＿＿＿＿＿

⑱＿＿＿＿＿＿＿＿＿

(3)管理価格の成立 寡占市場では，有力な大企業が⑱＿＿＿＿＿・＿＿＿＿（価格先導者）となって価格を決め，他の企業がこれに追随する⑲＿＿価格が形成されやすい。このような場合には，価格競争は弱められ価格の⑳＿＿＿＿性が現れる。

⑲＿＿＿＿＿＿＿＿＿

⑳＿＿＿＿＿＿＿＿＿

㉑＿＿＿＿＿＿　㉒＿＿＿＿＿

㉓＿＿＿＿＿＿＿＿＿

(4)非価格競争 寡占市場でも技術革新が著しい産業では価格競争が繰り広げられる場合もあるが（競争的寡占），一般には価格以外の手段，例えば㉑＿＿や宣伝，品質やデザインを他社と違える製品㉒＿＿＿などの㉓＿＿

＿＿＿＿＿＿が激化している。経済学者の㉔＿＿＿＿＿＿＿＿は豊かな社会の問題
として，広告や宣伝によって欲望水準が決まってくることを㉕＿＿＿＿＿＿と
よんだ。

(5)独占禁止法　寡占・独占市場の弊害を是正するため，各国は独占禁止政策を
実施し，日本でも1947年に㉖＿＿＿＿＿＿法が制定された。その運用には行政委
員会である㉗＿＿＿＿＿＿＿＿＿＿があたっている。

●独占禁止法（「㉘＿＿＿＿＿の禁止及び㉙＿＿＿＿＿の確保に関する法律」）の特徴

内容	私的独占の禁止，カルテルの禁止 （㉚＿＿＿＿カルテル・㉛＿＿＿カルテルも1999年廃止） ㉜＿＿＿＿＿＿（不当廉売）の禁止，企業の集中・合併の制限など
㉝＿＿＿＿＿制度	中小企業等の相互扶助のための組合行為，メーカーが価格を設定できる㉞＿＿＿＿＿＿＿制度（書籍・新聞・CDなどの著作物）など
主な改正	1997年改正→㉟＿＿＿＿＿の解禁　1999・2000年改正→不況・合理化カルテルや自然独占事業の適用除外制度の廃止，再販売価格維持制度の縮小　2005年改正→課徴金の引き上げ　2009年改正→課徴金制度の見直し，罰則強化，企業結合制度の見直し　2013年改正→公正取引委員会の審判制度廃止　2019年改正→課徴金制度の見直し

③ 市場の失敗

(1)市場の失敗　市場による調整は決して万能でなく，その働きには限界があ
る。このことを㊱＿＿＿＿＿＿＿＿という。このような問題に対しては，政府の
経済政策の役割が重要になってくる。

(2)市場の失敗の具体例

競争的市場が成立しない	独占・㊲＿＿＿	企業が価格支配力をもち，価格の自動調整機能が機能しなくなる。
	自然独占	電力やガスなど公共性が強い産業では，安定供給のため独占が認められていた。価格は㊳＿＿＿＿＿として一定の規制が加えられる。2016年4月から電力小売全面自由化
	㊴＿＿＿の非対称性	商品について売り手と買い手の間に大きな情報格差が生じている状態
市場外の第三者に影響を及ぼす	㊵＿＿＿＿＿	ある経済活動が市場を通さず，他の経済主体に有利な影響をもたらす。
	㊶＿＿＿＿＿＿	ある経済活動が市場の外に悪影響をもたらす。㊷＿＿＿が典型的
市場では供給しにくい	㊸＿＿＿＿	費用を払わない人も排除できず（非排除性），多くの人が同時に利用できる（非競合性）→市場が成立せず，公費負担で供給
その他		㊹＿＿変動がさけられない。所得の不平等の発生など

㉔＿＿＿＿＿＿＿＿＿＿＿＿

㉕＿＿＿＿＿＿＿＿＿＿＿＿

㉖＿＿＿＿＿＿＿＿＿＿＿＿

㉗＿＿＿＿＿＿＿＿＿＿＿＿

㉘＿＿＿＿＿＿＿＿＿＿＿＿

㉙＿＿＿＿＿＿＿＿＿＿＿＿

㉚＿＿＿＿＿＿　㉛＿＿＿＿＿＿

㉜＿＿＿＿＿＿＿＿＿＿＿＿

㉝＿＿＿＿＿＿＿＿＿＿＿＿

㉞＿＿＿＿＿＿＿＿＿＿＿＿

㉟＿＿＿＿＿＿＿＿＿＿＿＿

㊱＿＿＿＿＿＿＿＿＿＿＿＿

㊲＿＿＿＿＿＿＿＿＿＿＿＿

㊳＿＿＿＿＿＿＿＿＿＿＿＿

㊴＿＿＿＿＿＿＿＿＿＿＿＿

㊵＿＿＿＿＿＿＿＿＿＿＿＿

㊶＿＿＿＿＿＿＿＿＿＿＿＿

㊷＿＿＿＿＿＿　㊸＿＿＿＿＿＿

㊹＿＿＿＿＿＿＿＿＿＿＿＿

ジニ係数

世帯ごとの所得格差を示す指標で格差が小さいほどゼロに近く，大きいほど1に近づく。

B　重点確認　市場メカニズム

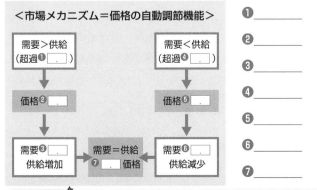

＜市場メカニズム＝価格の自動調節機能＞

需要＞供給（超過❶＿＿＿） → 価格❷＿＿＿ → 需要❸＿＿＿ 供給増加

需要＜供給（超過❹＿＿＿） → 価格❺＿＿＿ → 需要❻＿＿＿ 供給減少

需要＝供給 ❼＿＿＿価格

❶＿＿＿＿＿＿
❷＿＿＿＿＿＿
❸＿＿＿＿＿＿
❹＿＿＿＿＿＿
❺＿＿＿＿＿＿
❻＿＿＿＿＿＿
❼＿＿＿＿＿＿

ローレンツ曲線

所得の低い人から高い人の順に並べ，横軸には人数の累積比率，縦軸にはその所得の累積比率をとり，所得分布をグラフ化したもの。所得が完全に分配された場合，45度の直線となり，不平等が大きくなるほど，45度線から乖離する。例えば右図のアは，下位40％までの人々が全体の所得の20％を占めていることを示している。

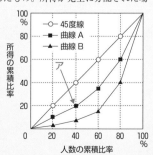

時事正誤チェック　上のローレンツ曲線の図で，曲線Aで示される不平等の度合いは，曲線Bで示される不平等の度合いよりも大きい。〈18：本試〉　[　]

19 国民所得と経済成長

A ポイント整理 ▶ 当てはまることばを書いて覚えよう（＿＿欄には数値が入る）

1 国民所得と国富

(1)フローとストック

① _____

② _____

③ _____

④ _____

⑤ _____

①____	一定期間内（通常は1年間）の経済活動の流れの量 →国内総生産（GDP），国民所得（NI）
②_____	ある時点における資産の蓄積 →③__（＝国のストック）＝実物資産（建物・設備・社会資本・土地・在庫など）＋対外純資産 （※国内金融資産は一国内で相殺されるので含まない）

(2)国民所得に関する諸指標

国民経済のものさし

④_____（GDP） 〈属地主義的〉	国籍を問わず，国内で生み出された付加価値の合計	GDP ＝国内の総生産額－⑤___生産物の額 ＝⑥___生産物の価額＝粗付加価値の合計
⑦_____（GNP） 〈属人主義的〉	国内外で国民が生み出した付加価値の合計	GNP ＝GDP＋海外からの純所得 （海外からの所得－海外への所得） 2000年から内閣府はGNI（⑧_____）に名称変更（GNP＝GNI）
⑨_____（NNP）	純付加価値の合計	NNP ＝GNP－⑩_____費（固定資本減耗分）
国民所得（NI）		NI＝NNP－⑪___税＋⑫____

〈注〉付加価値とは，生産の過程で新たに生み出された価値であり，売上額からすべての経費を差し引いたもの。また，GDP・GNP・NNPは広い意味での国民所得とよぶことがある。

(3)三面等価の原則
国民所得は同じ額を生産・分配・支出の三つの面からとらえることができ，これらの額は同じになる。これを⑬_____の原則という。

⑥ _____

⑦ _____

⑧ _____

⑨ _____

⑩ _____

⑪ _____   ⑫ _____

⑬ _____

⑭ _____   ⑮ _____

⑭___国民所得	第1次・第2次・第3次産業別の国民所得
⑮___国民所得	雇用者報酬（賃金）・財産所得（利子など）・企業所得（利潤など）
⑯___国民所得	消費支出・国内総資本形成（投資）・経常海外余剰

〈注〉経常海外余剰＝貿易や投資に伴う外国からの所得－外国への支払い

(4)GDP指標の限界
GDPに関連する諸指標は，国民の生活や福祉水準を正確にあらわしてはいない。GDPは市場で取引されたものを計算するので，公害対策費や犯罪対策費が増加すればGDPは⑰___する。逆に市場で売買されない余暇や家事労働，さらに，所得の配分状況は考慮されない。

(5)国民福祉指標
国民の生活や福祉の水準を示すものとして，⑱_____（国民福祉指標，NNW）や環境問題との関連で⑲_____．___の考え方が提唱された。しかし，市場を経由しない各要因の評価がむずかしく有効な指標となりえていない。近年，貨幣価値に換算しない指標として⑳_____．__（HDI）や㉑_____．__（GNH）などが提唱されている。

⑯ _____   ⑰ _____

⑱ _____

⑲ _____

⑳ _____

㉑ _____

㉒ _____   ㉓ _____

国民福祉指標（NNW）	主婦の㉒___労働や㉓___時間などをプラス項目，公害や自然環境の悪化などをマイナス項目としてGDPに加減。
グリーンGDP	国内純生産（NDP）から環境悪化分を差し引く。
人間開発指数（HDI）	国連開発計画（UNDP）が導入した指数。平均余命，教育水準，1人あたりGNIなどにより算出。
国民総幸福量（GNH）	ブータン国王が提唱。国民のアンケートを基に生活の満足度などを数値化。心の豊かさを重視。しかし，市場経済移行で国民の不満が高まる。

2 経済成長

➡P.65 特別講座

(1)経済成長　一国の経済が年々拡大していくことを㉔______といい，通常は㉕___国内総生産（GDP）の増加を意味する。名目GDPの対前年度増加率を㉖________.__率，物価変動分を除いたものを㉗________.__率であらわし，経済成長率は通常㉘________.__率で示される。

(2)経済成長の条件　経済成長の主たる原動力は㉙______である。他にも労働力人口の増加や資本ストックの増加なども経済成長をもたらす要因となる。

3 景気変動

(1)景気変動　経済の全般的な活動水準あるいは活動状況を㉚___といい，それが周期的に上昇と下降を繰り返す現象を㉛_______（景気循環）という。景気変動には，㉜___→後退（急激な後退は㉝___とよばれる）→㉞___→回復の4つの局面がある。好況期は一般的に設備投資や雇用が増え㉟________._____（物価の上昇）が進行し，不況期には逆の現象がおこる。

(2)景気変動の諸形態

形　態	名　称	周　期	要　因
長期波動	コンドラチェフの波	約50年	㊱_____
中期波動	㊲______の波	約10年	設備投資
短期波動	キチンの波	約40か月	㊳___投資
建築循環	㊴______の波	約15～25年	住宅投資

景気変動の4局面

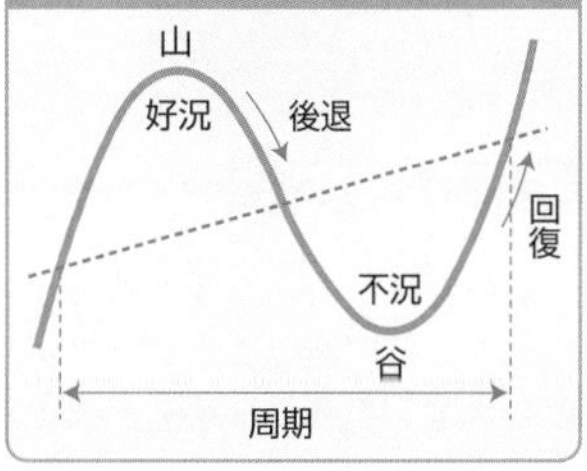

山
好況
後退
回復
不況
谷
周期

4 物価と国民生活

(1)物価　㊵___とは，財・サービス価格の平均的水準のことであり，小売段階での消費財やサービスの価格動向は㊶________指数，卸売段階での企業間で取引される生産財価格動向は㊷_______指数であらわされる。

(2)戦後日本の物価動向

終戦直後	日銀引き受けの復興金融債発行による㊸___インフレ →物価が短期間で急上昇するハイパー・インフレ（4年間で100倍）
高度成長期	㊶の上昇（年率3～6%上昇のクリーピング・インフレ），㊷の安定
石油危機直後	原油価格の高騰で㊷も上昇 →㊹_____（㊷が37%上昇…1974年2月）
1970年代	不況と物価上昇の同時進行→㊺______._____
バブル景気	株価と地価の高騰→資産価格のインフレーション
バブル崩壊以降	デフレと不況の悪循環→㊻______.___
アベノミクス	㊻の解消のため㊼______._____（2%）採用

㉔______　㉕______
㉖______
㉗______
㉘______
㉙______
㉚______　㉛______
㉜______　㉝______
㉞______
㉟______
㊱______
㊲______　㊳______
㊴______　㊵______
㊶______
㊷______　㊸______
㊹______
㊺______
㊻______
㊼______

B 重点確認　インフレとデフレ

❶［　　　　］（物価の持続的上昇）
- 影響：資産価値の上昇，貨幣価値の下落
→実質所得の低下，所得分配の不平等拡大
- 原因：賃金や原材料の上昇→❷［　　・　　］・インフレ
景気過熱・需要拡大→❸［　　・　　］・インフレ

❹［　　　　］（物価の持続的下落）
- 影響：実質購買力の向上，負債額の増加
不況による業績悪化→家計への悪影響
❺［　　　　］→デフレと不況の悪循環

❻［　　　　］　インフレと景気停滞の同時進行

❶______
❷______・______
❸______・______
❹______
❺______
❻______

▶▶▶時事 正誤チェック　国民総所得（GNI）は，国民純生産（NNP）から，固定資本減耗を差し引いたものである。〈15：本試〉［　］

特別講座

特別講座　需要・供給曲線

← P.60

例題　次の文を読んで，問(1)～(4)に答えよ。〈青山学院大改〉

下の図は，多くの売り手と多くの買い手がいる市場における需給関係をあらわしたものである。

直線L1，L2の交点が市場の均衡点である。図のケースの均衡点での取引量は [(1)]，価格は [(2)]である。

いま何かの事情で政府が市場価格に法律による規制を加えたとする。規制によって価格を単位あたり30に設定したとすると，この価格における需要は [(3)]，供給は [(4)]であり，需要が供給を上回る [(5)]が生じる。

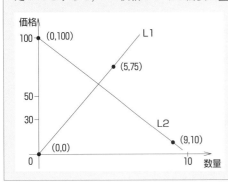

通常 [(5)]が生じると価格が [(6)]し，市場メカニズムによって需給バランスが保たれる。だが，規制がある場合は，このメカニズムが働かないため市場の健全な機能が失われる。上の規制の下での取引量は [(7)]であり，規制がない場合より縮小し，社会全体の利益が損なわれる。この意味で，物価や金利などに政府が介入し，法律で上限や下限を定めることは好ましくないといえる。

問1．[(1)]，[(2)]に入る数字を答えよ。

問2．[(3)]，[(4)]に入る数字を答えよ。

問3．[(5)]，[(6)]にふさわしい語を書け。

問4．[(7)]に入る数字を答えよ。

考え方と解答

需要と供給のグラフから計算させる問題はたびたび出題される。

まずこの問題では，グラフが「直線」として出題されていることに注意しよう（直線は曲線の一部）。よって，一次関数として考えることができる。

問1　与えられている座標をもとに直線L1と直線L2を表す式を導き出し，2つの直線の交点（連立方程式の解）を求めればそれが答えとなる。

直線L1を$y=ax+b$として，$(x, y) = (0, 0)$，$(5, 75)$という2つの座標を代入すると，$b=0$，$a=15$

よって，直線L1は　　　　　　$y=15x$……①

同様にL2を表す式を$y=ax+b$として，$(x, y) = (0, 100)$，$(9, 10)$を代入すると$a=-10$，$b=100$

よって直線L2は　　　　　　$y=-10x+100$……②

①，②の連立方程式を解くと$x=4$，$y=60$　**答 (1)4，(2)60**

> ① 座標は，一次関数
> $$y=ax+b$$を使って求める
> ② グラフの**交点**は，**連立方程式の解**

問2　「価格を単位あたり30に設定」ということは，グラフ上では，$y=30$とすること。「この価格における需要」は$y=30$と需要曲線$y=-10x+100$との交点から求められる。

$y=30$と$y=-10x+100$の連立方程式を解くと$x=7$。

また「この価格における供給」は$y=30$と直線$y=15x$との交点である。この連立方程式を解くと$x=2$　**答 (3)7，(4)2**

問3　需要＞供給 …… 超過需要 → 価格上昇　（買い手が多ければ価格は上がる）

供給＞需要 …… 超過供給 → 価格下落　（売り手が多ければ価格は下がる）　**答 (5)超過需要 (6)上昇**

問4　「価格を単位あたり30に設定」した場合，問2で求めたように需要は7単位あるが，供給が2単位しかないので，5単位が超過需要であり，取引量は2単位となる。　**答 (7)2**

類題　次の問いに答えよ。〈早稲田大改〉

問1　売り手と買い手が多数存在し，取り扱われている財が同一か同質で，その取引に自由に参入・退出でき，売り手や買い手が市場の情報を全て把握している状態を完全競争という。ある財Xの量と価格がそれぞれXとPで表され，その需要曲線が$X=-2P+120$で，供給曲線が$X=2P$で与えられているものとする。右の図を参考にして，完全競争市場の均衡を表すXとPの値を求めよ。

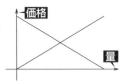

問2　売り手の数が1つしかない場合，その状態を独占という。ある財Yの量と価格がそれぞれYとPで表され，その需要曲線が$Y=-2P+120$で，供給曲線が$Y=2P$で与えられているものとする。右上の図を参考にして，独占市場の取引を表すYとPの値を，それぞれ以下の選択肢(ア)～(コ)から一つ選べ。

(ア)0　(イ)30　(ウ)40　(エ)60　(オ)70　(カ)80　(キ)90　(ク)100　(ケ)110　(コ)120

（特別講座）**経済成長とGDP**　◀P.63

◀P.63

例題　経済成長とは，主にGDPが増加することをさす。このことに関連して次の問に答えよ。〈同志社大改〉

問1　去年の名目GDPが200兆円であったとする。今年の名目GDPは209兆円となり，物価水準は10％上昇した。去年を基準とした場合の今年の実質GDPを求めよ。また実質経済成長率は何％か。

問2　仮に2年連続で実質経済成長率が10％だとすると，2年間で実質的に何％成長したといえるか。

（特別講座）

考え方(と)解答

問1　最初に実質GDPを求める。

$$実質GDP＝\frac{名目GDP}{GDPデフレーター}×100$$

なので，まずGDPデフレーターを求める必要がある。

「去年を基準として」とあるので，去年のGDPデフレーターは100。
「物価水準は10％上昇した」ので，今年のGDPデフレーターは110。
これを上の式にあてはめると，
去年の実質GDPは200兆円，今年の実質GDPは190兆円となる。
次に実質経済成長率を求めるには，以下の式に上の数字を代入して

$$今年の実質経済成長率$$
$$＝\frac{今年の実質GDP－去年の実質GDP}{去年の実質GDP}×100$$
$$＝\frac{190兆円　200兆円}{200兆円}×100＝－5（％）$$

となる。

問2　経済成長率が10％ということはGDPが1.1倍になるということなので，

基準の年の実質GDPを100とすると，
翌年の実質GDPは100×1.1＝110であり，
2年続けて経済成長率が10％なら2年目の実質GDPは110の1.1倍すなわち110×1.1＝121となる。
したがって，2年間で実質GDPは21％成長した。
なお，「2年連続で実質経済成長率が10％」上昇するということは2年連続して実質GDPが1.1倍になる，
つまり1.1²＝1.21と考えてもよい。　**答　問1**　実質GDP：190（兆円）　実質経済成長率：－5（％）　**問2**　21（％）

	去年		今年
名目GDP	200兆円	→	209兆円
GDPデフレーター	100		110
実質GDP	200兆円	→	190兆円

GDPデフレーター

基準の年を**100**としたときの物価指数。
物価上昇率が8％なら，**108**となる。

deflator←deflateの元の意味は，「膨れたものをすぼませる，収縮させる」。
Cf. deflation inflation

	実質経済成長率	計算	数値
基準年		100	100
1年目	10％	100×1.1	110
2年目	10％	110×1.1	121

類題

問1　ある年の名目GDPが110兆円，前年の名目GDPが125兆円であったとする。物価上昇率が前年比マイナス5％であるとしたとき，実質経済成長率は何％になるか。もっとも近い数値を次の①〜⑤の中から一つ選べ。〈明治大〉

①　－7.4％　　②　－8.4％　　③　－11.4％　　④　－12.6％　　⑤　－16.4％

問2　日本は1950年代から60年代にかけて，実質経済成長率が高く，10％を超える年も珍しくなかった。さて，毎年10％で成長する経済は10年経つと元の約何倍になるか。以下の①〜⑧の中からもっとも近いものを一つ選べ。〈学習院大改〉

①　1　　②　1.1　　③　1.6　　④　2　　⑤　2.6　　⑥　4.8　　⑦　10　　⑧　10,000,000,000

問3　経済成長率に関するつぎの説明①〜④のうち，正しいものをすべて選べ。正しいものがない場合は⑤と答えよ（成長率はいずれも実質成長率）。〈法政大〉

①　1960年代から70年代初めにかけての高度成長期に，日本は平均して10％程度の成長率を記録した。

②　失われた10年といわれる1990年代の日本の経済成長率は平均してマイナスであった。

③　近年の中国は20％近い高成長を記録している。

④　1年目のGDPが100兆円だった経済が2年目に110兆円になった場合，2年目の経済成長率は1.1％である。

問4　ある年の実質GDPが525兆円，その年の経済成長率が5％だったとする。前の年の実質GDPは何兆円か。もっとも適当なものを次の①〜⑤の中から選べ。〈法政大〉

①　100兆円　　②　475兆円　　③　500兆円　　④　550兆円　　⑤　2,500兆円

20 金融のしくみとはたらき

A ポイント整理 当てはまることばを書いて覚えよう（＿＿欄には数値が入る）

1 通貨制度

(1)貨幣と通貨 経済取引の仲立ちをするものを①＿＿という。貨幣にはそのような②＿＿手段としての機能のほかに，ものの価値を図る③＿＿尺度，支払，価値貯蔵の手段がある。貨幣の中で実際に流通しているものを④＿＿といい，中央銀行券（紙幣）や補助貨幣（硬貨）からなる⑤＿＿＿＿と普通預金や当座預金のような⑥＿＿＿＿がある。市中に流通する通貨量を⑦＿＿＿＿＿＿．＿＿（旧マネーサプライ）とよぶが，これは金融政策を実施する上で最も重要な指標である。近年，フィンテックとよばれる金融技術が急速に進展し，スマホなどによる決済が広範囲に普及した。また，インターネット上でやりとりできる⑧＿＿＿＿（仮想通貨）も登場した。

(2)通貨制度 ⑨＿＿＿制度の下では，銀行券は金と交換可能な⑩＿＿銀行券であり，通貨量は中央銀行が保有する金の量に左右された。世界恐慌後，この制度は維持できなくなり，通貨（不換銀行券）を金保有量とは無関係に自由に発行できる⑪＿＿＿＿制度に移行した。

2 金融市場と金融機関

(1)金融と金融市場 資金の需要者と供給者との間で資金の融通を行うことを⑫＿＿という。資金の融通が行われる場所を⑬＿＿＿＿という。

金融の種類	⑭＿＿金融	株式や社債の発行で，直接に資金供給者から資金をまかなう
	⑮＿＿金融	金融機関を介して，資金供給者から資金をまかなう
	自己金融	資金需要者自らが資金を供給（内部留保など）→「内部金融」

〔注〕企業が自己金融や株式発行によって調達した資本を自己資本，社債発行や金融機関からの借り入れによって調達した資本を他人資本という。

(2)金融機関(銀行)の役割 預金を受け入れる金融機関を⑯＿＿という。銀行には次の3つの機能がある。

資金仲介機能	資金の余っている経済主体から資金を預かり（⑰＿＿業務），資金の不足している経済主体に貸し出す（⑱＿＿業務）
決済機能	送金や自動支払など銀行の⑲＿＿業務から生ずる機能
⑳＿＿＿＿機能	貸し付け操作を繰り返すことによって最初に預金された何倍もの預金通貨を創り出す。預金の合計＝当初の預金÷預金準備率

3 日本銀行の役割と金融政策

(1)中央銀行 日本の中央銀行は㉑＿＿＿＿で，次の3つの機能をもっている。

唯一の㉒＿＿銀行	日本銀行券の独占的発行
㉓＿＿の銀行	市中金融機関との当座預金取引（個人や企業は取引できない）
㉔＿＿の銀行	国庫金の管理，国債事務，外国為替事務

(2)金融政策 中央銀行は物価や景気の安定のために金融政策を行う。現在日本銀行の最も重要な金融政策手段は，公開市場操作である。

日本銀行は，不況脱出のため1999年に㉕＿＿＿＿＿政策，2001年に㉖＿＿＿＿＿政策を導入。景気回復に伴い2006年に両政策とも解除したが，2010年，再び事実上の「ゼロ金利」政策を復活，2013年には2％の㉗＿＿＿＿＿．＿＿＿＿を設けるなど従来とは次元の違う「量的・質的金融緩和」を導入した。また，2016年1月にはマイナス金利の導入が決定された。

左欄（解答欄）

① ② ③ ④ ⑤ ⑥ ⑦ ⑧ ⑨ ⑩ ⑪ ⑫ ⑬ ⑭ ⑮ ⑯ ⑰ ⑱ ⑲ ⑳

信用創造
例：当初預金100億円，預金準備率10％

銀行	預金	預金準備	貸付
A銀行	100	10	90
B銀行	90	9	81
C銀行	81	8.1	72.9
⋮	⋮	⋮	⋮
合計	1,000	100	900

預金の合計
＝当初の預金÷預金準備率
＝100÷0.1＝1,000（億円）

㉑ ㉒ ㉓ ㉔ ㉕ ㉖ ㉗

伝統的金融政策	内　容	景気過熱時	不況期
㉘＿＿＿＿＿操作	市中金融機関との間で国債や手形など有価証券の売買によって通貨量を調整し，無担保コールレート（翌日物）を誘導する。	㉙＿＿オペレーション	㉚＿＿オペレーション
金利操作	市中銀行に資金を貸し出す際の金利を調節する。かつての公定歩合が該当	金利の引き㉛＿＿	金利の引き㉜＿＿
㉝＿＿＿＿＿操作	市中銀行が中央銀行に預けなければならない預金の割合＝預金（支払い）準備率を調整	準備率の引き㉞＿＿	準備率の引き㉟＿＿

〈注〉金利の完全自由化で，公定歩合は今では「短期金融市場金利の上限」という意味しかもっておらず，名称も「基準割引率および基準貸付利率」に改められた。預金準備率も1991年から変更されていない。金融政策の最高意思決定機関は政策委員会であり，日銀法の改正で独立性が強化された。

㉘＿＿＿＿＿＿＿＿

㉙＿＿＿＿＿＿　㉚＿＿＿＿＿＿

㉛＿＿＿＿＿＿　㉜＿＿＿＿＿＿

㉝＿＿＿＿＿＿＿＿

㉞＿＿＿＿＿＿　㉟＿＿＿＿＿＿

④ 最近の金融問題

(1)金融の自由化・国際化　1970年代後半から金融の自由化と国際化が進み始めた。日本の金融機関は㊱＿＿＿＿＿＿＿＿・＿＿とよばれる横並びの保護と規制の下にあったが，90年代経済のグローバル化の中で，日本も日本版㊲＿＿＿＿＿＿＿・＿＿とよばれる金融の自由化構想を打ち出し，金融システムの改革を行った。

㊳＿＿＿の自由化	1994年の普通預金金利の自由化ですべての金利が自由化
㊴＿＿＿管理の自由化	1998年外為法の大幅改正で外貨交換業務が自由化
金融業務の自由化	銀行・信託・証券・保険会社の子会社方式での相互参入（垣根撤廃），1998年金融㊵＿＿＿会社解禁
その他	証券取引手数料自由化，㊶＿＿＿＿＿＿＿・（金融派生商品）自由化

金融の自由化による競争原理の導入により，大手銀行同士の提携や合併が相次ぎ（メガバンクの誕生），日本の金融機関の再編が一気に進んだ。

(2)金融危機　バブル経済の崩壊により銀行は多額の回収困難な㊷＿＿＿＿＿＿を抱え，破綻する金融機関も出てきた。また，銀行の自己資本比率が低下し，㊸＿＿＿＿＿（国際決済銀行）規制を維持するために貸出を抑制する㊹＿＿＿＿＿＿を行ったため，資金繰りに困った企業が倒産するという現象が起こった。

(3)金融再生　金融不安を取り除くため，政府は，金融システムの安定化にむけて改革を行った。

1998年	金融再生法，金融早期健全化法→預金の保護，金融機関への公的資金導入金融監督庁設置→2000年，㊺＿＿＿＿＿に改組→金融機関の監督強化
2005年	㊻＿＿＿＿＿＿全面解禁

(4)金融の国際化・証券化　金融の自由化は，様々な金融商品を生み出した。複雑な金融技術を組み合わせた証券化商品に投資して多額の利益獲得を目的とした㊼＿＿＿＿＿＿＿＿・＿＿などが，世界の金融市場に大きな影響をもっている。一方，金融の国際化・証券化は「㊽＿＿＿＿＿＿＿＿・＿＿＿」とよばれ，2007年のサブプライムローン問題，2008年のリーマンショックを契機とした金融危機を引き起こした。

日本版金融ビッグバンの三原理

金融

フリー（自由）　フェア（公正）　グローバル（国際化）

㊱＿＿＿＿＿＿＿＿

㊲＿＿＿＿＿＿＿＿

㊳＿＿＿＿＿＿　㊴＿＿＿＿＿＿

㊵＿＿＿＿＿＿＿＿

㊶＿＿＿＿＿＿＿＿

㊷＿＿＿＿＿＿＿＿

㊸＿＿＿＿＿＿＿＿

㊹＿＿＿＿＿＿＿＿

㊺＿＿＿＿＿＿＿＿

㊻＿＿＿＿＿＿＿＿

㊼＿＿＿＿＿＿＿＿

㊽＿＿＿＿＿＿＿＿

現代経済

B 重点確認　金融循環図

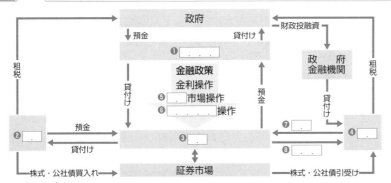

❶＿＿＿＿＿＿＿＿

❷＿＿＿＿＿　❸＿＿＿＿＿

❹＿＿＿＿＿　❺＿＿＿＿＿

❻＿＿＿＿＿＿＿＿

❼＿＿＿＿＿　❽＿＿＿＿＿

21 財政のしくみとはたらき

A ポイント整理 当てはまることばを書いて覚えよう（＿＿欄には数値が入る）

1 日本の財政制度

(1)**財政とは** 国や地方公共団体が行う経済活動が① ＿＿＿であり，その活動の主体によって国家財政と地方財政に分けられる。財政の場合，収入を② ＿＿＿，支出を③ ＿＿＿とよぶ。国の場合本予算は，④ ＿＿＿の議決を経て成立する基本的予算で，通常一会計年度（日本は4/1～翌年3/31）ごとに予算化されている。また，必要に応じて暫定予算や補正予算が編成される。

本予算 (当初予算)	⑤ ＿＿＿会計	一般行政にともなう会計
	⑥ ＿＿＿会計	特定の事業を行う会計
	⑦ ＿＿＿＿＿＿＿予算	政府が出資する特殊法人の予算
⑧ ＿＿＿予算		予算成立までの一定期間に組む予算。義務的経費に限定
⑨ ＿＿＿予算		予算の過不足や内容変更が生じた場合，年度途中で当初予算を修正

〈注〉特別会計も大幅な統廃合が進められている。

(2)**財政投融資計画** 予算と並行して策定され，国会の議決を受ける。かつては「⑩ ＿＿＿の予算」ともよばれ，⑪ ＿＿＿＿＿＿・年金などを原資として政府関係機関への投資や融資を通じて公共サービスを実現してきた。公共事業の見直しや⑫ ＿＿＿＿＿＿の統廃合にともない，規模が縮小され，2001年からは資金調達も財投機関債などの発行によって市場から自主的に調達するしくみとなった。

2 日本の租税制度

(1)**租税の種類** 財政収入の中心は租税であり，国民に対する課税は国会の議決による法律に基づかなければならない（⑬ ＿＿＿＿＿＿＿＿）。国に納める租税を国税，地方自治体に納めるものを地方税といい，それぞれ納税者と担税者の別によって直接税と間接税に分けられる。

種類	内容	国税	地方税
⑭ ＿＿＿税	納税者と担税者（実質的負担者）が同一	⑯ ＿＿＿税，法人税，相続税など	住民税，事業税，固定資産税など
⑮ ＿＿＿税	納税者と担税者（実質的負担者）が異なる	⑰ ＿＿＿税，酒税など	地方消費税，地方たばこ税など

(2)**課税の公平** 課税の公平原則として，同じ負担能力ならば同負担とする⑱ ＿＿＿＿＿公平と，能力の高いものは高負担とする⑲ ＿＿＿＿＿公平の二つがある。多くの国が直接税では所得が高くなるにつれて税率を高くする⑳ ＿＿＿＿＿を採用しているが，これは⑲ ＿＿公平原則に基づいたものである。一方，間接税は一律に課税されるので，生活必需品の税率が高ければ低所得者には税負担が重くなるという㉑ ＿＿＿性がある。

(3)**日本の税制** 日本の税制は1949年の㉒ ＿＿＿＿＿＿勧告以来，直接税中心であり，直接税と間接税の比率（㉓ ＿＿＿＿＿＿）は直接税の比率が大きかった。また，㉔ ＿＿＿＿＿＿やトーゴーサンといわれるように所得の捕捉率の不公平に対する不満も強かった。これらの問題の解消や少子高齢社会への財政資金の安定的確保を目的として1989年に㉕ ＿＿＿税が導入された（税率は当初3％，1997年から5％）。2012年，消費税増税法が成立。消費税率は2014

① ＿＿＿＿＿ ② ＿＿＿＿＿

③ ＿＿＿＿＿ ④ ＿＿＿＿＿

⑤ ＿＿＿＿＿ ⑥ ＿＿＿＿＿

⑦ ＿＿＿＿＿

⑧ ＿＿＿＿＿ ⑨ ＿＿＿＿＿

⑩ ＿＿＿＿＿

⑪ ＿＿＿＿＿

⑫ ＿＿＿＿＿

⑬ ＿＿＿＿＿

⑭ ＿＿＿＿＿ ⑮ ＿＿＿＿＿

⑯ ＿＿＿＿＿ ⑰ ＿＿＿＿＿

⑱ ＿＿＿＿＿ ⑲ ＿＿＿＿＿

⑳ ＿＿＿＿＿ ㉑ ＿＿＿＿＿

㉒ ＿＿＿＿＿

㉓ ＿＿＿＿＿

㉔ ＿＿＿＿＿

㉕ ＿＿＿＿＿

環境税（地球温暖化対策税）

温暖化対策のために石油やLNG，石炭に対し，2012年10月から新たに課税が始まった目的税。税収は主に再生可能なエネルギーの普及にあてられる。→「炭素税」

軽減税率

特定の品目の消費税率を標準税率より低くすることで，酒類，外食を除く飲食料品，新聞の購読料は8％の軽減税率とした。

年４月から８％，19年10月から標準税率10％へ２段階で引き上げられた。

3 財政の役割と財政政策

(1)財政の役割

㉖＿＿＿＿機能	市場では供給できない公共財・公共サービスの提供
㉗＿＿＿＿＿機能	所得格差の是正のため，累進課税制度で高所得者から多く税金を徴収し，その税収を社会保障給付によって低所得者に移転する。
㉘＿＿＿＿機能	累進課税制度や社会保障制度が組み込まれることで景気を自動的に安定させる機能（㉙＿＿＿＿・＿＿＿＿）をもつ。

(2)財政政策　政府は，景気の状況に応じ財政支出や税収を増減させるといった裁量的な財政政策（㉚＿＿＿＿・＿＿＿＿）を行い，景気の調整を行っている。また，複数の政策目標を達成するため，財政政策に金融政策や為替政策を組み合わせた㉛＿＿＿＿・＿＿＿＿を行っている。

	税政策	財政支出政策
好況期	㉜＿＿	支出㉞＿＿
不況期	㉝＿＿	支出㉟＿＿

4 日本の財政問題と財政改革

(1)国債　国家の財政収入の不足を補うのが㊱＿＿である。国債には建設など公共事業のために発行する㊲＿＿＿＿と，一般会計の不足分を補うため発行する㊳＿＿＿＿（特例国債）がある。財政法では次の原則を定めている。

建設国債の原則	公共事業など建設的なものは国会の議決で可（建設国債） 赤字国債は毎年特例法を制定することで発行（特例国債）
市中消化の原則	国債の㊴＿＿＿＿引き受けの禁止

(2)国債の発行　1965年の不況をきっかけに建設国債が，石油危機後の1975年度から赤字国債の発行が定着した。赤字国債の発行がゼロになった時期※もあったが，バブル崩壊後の不況で再び発行されている。（※1990～93年度。なお初めての発行は1965年度）

(3)財政危機　この結果国債の発行残高が累積し，㊵＿＿＿＿＿（歳入に占める国債の割合）や歳出に占める㊶＿＿＿（国債の償還費）の割合が高くなり，財政危機とよばれる状況にある。国債の残高の増大は後世代負担を増大させ，また国債費の増加は財政の㊷＿＿化を引き起こしている。

(4)財政改革　財政危機に対して，橋本内閣は1997年㊸＿＿＿＿＿＿法を制定し，財政赤字をGDPの３％以下とする目標を設定したが，不況の深刻化により失敗。小泉内閣では，「聖域なき㊹＿＿＿＿」をかかげ，歳出の削減などに取り組んだ。政府は2020年度には㊺＿＿＿＿＿・＿＿＿＿＿（基礎的財政収支）の黒字をめざすとしていたが，世界的な金融危機により目標は先送りされた。また，コロナ対策により歳出は大幅に増加し，公債発行残高は膨張した。国の借金はGDP比で先進国最悪の水準である。

㉖＿＿＿＿＿＿
㉗＿＿＿＿＿＿
㉘＿＿＿＿＿＿
㉙＿＿＿・＿＿＿
㉚＿＿＿・＿＿＿
㉛＿＿＿・＿＿＿
㉜＿＿＿　㉝＿＿＿
㉞＿＿＿　㉟＿＿＿

公債残高（普通国債）の推移

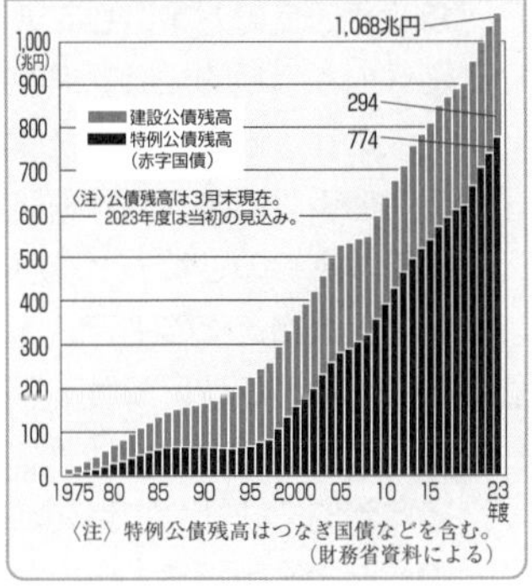
1,068兆円
294
774
建設公債残高
特例公債残高（赤字国債）
〈注〉公債残高は3月末現在。2023年度は当初の見込み。
1,000（兆円）
900
800
700
600
500
400
300
200
100
0
1975 80 85 90 95 2000 05 10 15 23年度

〈注〉特例公債残高はつなぎ国債などを含む。（財務省資料による）

㊱＿＿＿　㊲＿＿＿
㊳＿＿＿＿＿＿
㊴＿＿＿＿＿＿
㊵＿＿＿＿＿＿
㊶＿＿＿　㊷＿＿＿
㊸＿＿＿＿＿＿
㊹＿＿＿＿＿＿
㊺＿＿＿・＿＿＿

B 重点確認　財政のしくみ

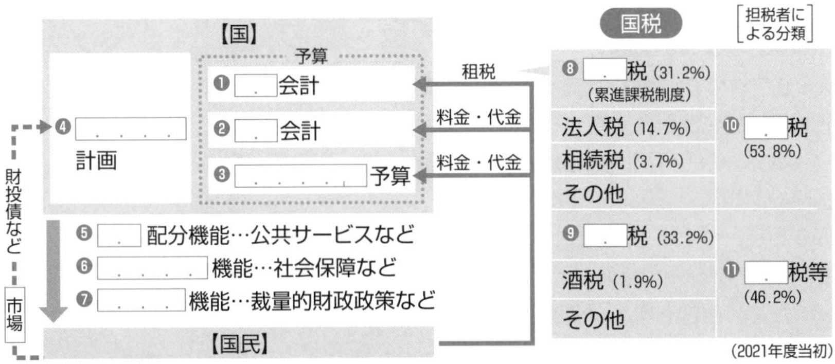
【国】
予算
❶　会計
❷　会計
❸　予算
❹　計画
財投債など
市場
租税
料金・代金
料金・代金
❺　配分機能…公共サービスなど
❻　機能…社会保障など
❼　機能…裁量的財政政策など
【国民】
国税
担税者による分類
❽　税（31.2%）（累進課税制度）
法人税（14.7%）
相続税（3.7%）
その他
❿　税（53.8%）
❾　税（33.2%）
酒税（1.9%）
その他
⓫　税等（46.2%）
（2021年度当初）

❶＿＿＿　❷＿＿＿
❸＿＿＿＿＿＿
❹＿＿＿＿＿＿
❺＿＿＿＿＿＿
❻＿＿＿＿＿＿
❼＿＿＿＿＿＿
❽＿＿＿　❾＿＿＿
❿＿＿＿　⓫＿＿＿

時事正誤チェック　国債収入の方が国債費よりも多ければ，基礎的財政収支（プライマリー・バランス）は黒字になる。〈13：本試〉［　］

用語チェック 16資本主義経済の成立と発展〜21財政のしくみとはたらき

16 資本主義経済の成立と発展

- ☐ ❶経済活動で生産・分配・消費されるもので，有形なものと無形もののよび方。 ❶ [　　　　]
- ☐ ❷限られた資源の中で，あることを選んだら別のことを諦めなければならない状況。 ❷ [　　　　]
- ☐ ❸❷の関係の中で，選択しなかった取引によって得られたはずの利益。＿＿＿ ❸ [　　　　]
- ☐ ❹18世紀後半イギリスで始まった，技術革新による産業・経済・社会上の大変革。 ❹ [　　　　]
- ☐ ❺産業資本主義期において，国家は個人の経済活動に干渉しないとする経済思想。 ❺ [　　　　]
- ☐ ❻「経済学の始祖」ともいわれ，自由競争は「見えざる手」によって社会全体の富 ❻ [　　　　]
  を増大させると主張したイギリスの経済学者とその主著。＿＿＿＿＿＿＿＿ [　　　　]
- ☐ ❼生産手段を私有し，利潤獲得を目的とする自由な経済活動を行う経済体制。＿＿ ❼ [　　　　]
- ☐ ❽労働力も貨幣（賃金に相当）で売買される資本主義経済の特徴。＿＿＿＿ ❽ [　　　　]
- ☐ ❾19世紀末以降顕著になった，少数の大企業が市場を支配する資本主義の形態。＿ ❾ [　　　　]
- ☐ ❿技術革新（イノベーション）が経済発展の原動力と言った経済学者。＿＿＿ ❿ [　　　　]
- ☐ ⓫世界恐慌の対策としてアメリカ大統領F.ルーズベルトが実施した政策。＿＿＿ ⓫ [　　　　]
- ☐ ⓬政府が積極的に有効需要を創出し，不況や失業を克服すべきだと主張したイギリ ⓬ [　　　　]
  スの経済学者。主著『雇用・利子および貨幣の一般理論』。＿＿＿＿＿＿＿ [　　　　]
- ☐ ⓭生産手段の共有や計画経済を特徴とする経済体制。＿＿＿＿＿＿＿＿ ⓭ [　　　　]
- ☐ ⓮資本主義のしくみと矛盾を科学的に分析し，社会主義への移行の必然性を理論付 ⓮ [　　　　]
  けた人物とその主著。＿＿＿＿＿＿＿＿＿＿＿＿＿＿＿＿＿＿＿＿ [　　　　]
- ☐ ⓯1917年のロシア革命を指導した人物。主著『帝国主義論』。＿＿＿＿＿ ⓯ [　　　　]
- ☐ ⓰1985年以降のゴルバチョフ政権ですすめられた旧ソ連の改革。＿＿＿＿ ⓰ [　　　　]
- ☐ ⓱政治的には社会主義を維持しつつ，経済的には市場経済という中国の経済方式。 ⓱ [　　　　]
- ☐ ⓲政府の役割が増大し，民間部門と公共部門が並存する現代の資本主義経済。＿＿ ⓲ [　　　　]
- ☐ ⓳活動を限定して，経済や財政への関与を最小限にしようとする政府のあり方。 ⓳ [　　　　]
  1980年代の英のサッチャー政権や米のレーガン政権がこれに当たる。＿＿＿ [　　　　]
- ☐ ⓴貨幣量の管理を除いて，政府の介入を避け市場原理を信頼するべきだとするマネ ⓴ [　　　　]
  タリストの代表的経済学者。主著『資本主義と自由』『選択の自由』。＿＿＿ [　　　　]

17 現代の企業

- ☐ ❶経済活動を行う構成単位としての家計・企業・政府を何というか。＿＿＿ ❶ [　　　　]
- ☐ ❷家計の生活費に占める食費の割合。これが高いと生活水準が低いとされる。＿＿ ❷ [　　　　]
- ☐ ❸企業が利潤拡大のために，生産規模を大きくして生産を繰り返すこと。＿＿＿ ❸ [　　　　]
- ☐ ❹国や地方公共団体が出資・経営する企業。＿＿＿＿＿＿＿＿＿＿＿＿ ❹ [　　　　]
- ☐ ❺鉄道や都市開発など，本来国や地方自治体が行うべき事業について，民間資本と ❺ [　　　　]
  共同出資で株式会社を設立・運営する方式。＿＿＿＿＿＿＿＿＿＿＿ [　　　　]
- ☐ ❻１名以上の無限責任社員（債務に全責任を負う）からなる会社企業。＿＿＿ ❻ [　　　　]
- ☐ ❼無限・有限責任社員（出資額の範囲内で債務に責任）各１人以上からなる会社企業。 ❼ [　　　　]
- ☐ ❽会社法の改正で新設された会社。定款で経営ルールを自由に設定。＿＿＿ ❽ [　　　　]
- ☐ ❾現代の企業の代表的な会社形態。17世紀のオランダの東インド会社が起源。＿＿ ❾ [　　　　]
- ☐ ❿株式会社の最高議決機関。１単元株１票の原則。＿＿＿＿＿＿＿＿＿ ❿ [　　　　]
- ☐ ⓫株式は譲渡自由であり，譲渡益を求めて売買されている。株式が売買される市場。 ⓫ [　　　　]
- ☐ ⓬株式会社の経常業務の執行機関と経営実態を監査する機関。＿＿＿＿＿ ⓬ [　　　　]
- ☐ ⓭会社経営の実権が所有者（＝株主）から専門的な経営者へと移行すること。＿＿ ⓭ [　　　　]
- ☐ ⓮複数の国に子会社をもち国際的な規模で活動する企業。＿＿＿＿＿＿＿ ⓮ [　　　　]
- ☐ ⓯異業種の企業を合併・買収することによって巨大化した複合企業。＿＿＿ ⓯ [　　　　]
- ☐ ⓰企業が，成長部門への再投資や不採算部門の整理など事業内容を再構築すること。 ⓰ [　　　　]
- ☐ ⓱企業が持続的に成長していくため，経営をチェックするしくみのこと。＿＿＿ ⓱ [　　　　]
- ☐ ⓲株主が会社に代わって取締役等の経営責任を追及する訴訟。＿＿＿＿＿ ⓲ [　　　　]

□ ⑲経営内容の情報公開。＿＿＿＿＿＿＿＿＿＿＿＿＿＿＿＿＿＿＿＿＿ ⑲ [　　　　　　　]
□ ⑳企業が文化・芸術活動に対し後援・資金支援を行うこと。＿＿＿＿＿＿ ⑳ [　　　　　　　]

18　現代の市場

□ ❶買い手と売り手との間で，財やサービスが取引される場。＿＿＿＿＿＿ ❶ [　　　　　　　]
□ ❷価格の変化に対する商品の需給の反応の度合いのこと。＿＿＿＿＿＿＿ ❷ [　　　　　　　]
□ ❸自由競争市場において，需要と供給を一致させ，資源の最適配分を実現する価格。 ❸ [　　　　　　　]
□ ❹自由競争市場における価格変動によって需給が自動的に調整されるしくみ。＿＿ ❹ [　　　　　　　]
□ ❺市場が少数の大企業によって支配されていること。広義の独占。＿＿＿ ❺ [　　　　　　　]
□ ❻同一産業内の企業が，価格や生産量・販売地域などで協定を結ぶこと。＿ ❻ [　　　　　　　]
□ ❼同一産業部門の企業同士が合併し，市場の支配力を高めようとすること。＿ ❼ [　　　　　　　]
□ ❽中心企業が株式支配により異種産業の企業を傘下におさめた独占形態。＿ ❽ [　　　　　　　]
□ ❾寡占市場において，有力な企業がプライスリーダーとなって価格を決め，他の企業がこれに追随することによって成立する価格。＿＿＿＿＿＿＿＿＿ ❾ [　　　　　　　]
□ ❿寡占市場における管理価格のように，価格が一般的に下がりにくいこと。＿ ❿ [　　　　　　　]
□ ⓫広告や宣伝，品質やデザインなど企業が価格以外での面で行う競争。＿＿ ⓫ [　　　　　　　]
□ ⓬品質やデザイン・ブランドなどによって他社の製品との差異を強調すること。＿ ⓬ [　　　　　　　]
□ ⓭私的独占の禁止，カルテルなどの不公正な取引を禁止する法律。＿＿＿ ⓭ [　　　　　　　]
□ ⓮独占禁止法を実施・運用する行政委員会。独禁法の番人といわれる。＿＿ ⓮ [　　　　　　　]
□ ⓯出版物などのように，メーカーが販売価格を設定して販売店に守らせる制度。＿ ⓯ [　　　　　　　]
□ ⓰1997年の独禁法改正で原則として解禁された株式取得を目的とする会社。＿＿ ⓰ [　　　　　　　]
□ ⓱市場による調整は万能ではなく，市場機構では解決できない問題があること。＿ ⓱ [　　　　　　　]
□ ⓲公害が典型的であるが，経済活動が市場の外の第三者に悪影響を及ぼすこと。＿ ⓲ [　　　　　　　]
□ ⓳大多数の人間が共同で利用し，料金がとりにくい財。政府によって供給される。 ⓳ [　　　　　　　]

19　国民所得と経済成長

□ ❶一定期間に行われた経済活動の流れの量を示す指標。＿＿＿＿＿＿＿＿ ❶ [　　　　　　　]
□ ❷一国の国内で１年間の生産総額から中間生産物を差し引いた価額。＿＿＿ ❷ [　　　　　　　]
□ ❸国内総生産に海外からの純所得を加えたもの。国民総所得（GNI）と同額。＿ ❸ [　　　　　　　]
□ ❹国民総生産から固定資本減耗分（減価償却費）を差し引いた価額。＿＿＿ ❹ [　　　　　　　]
□ ❺国民純生産から間接税を差し引き，補助金を加えた価額。＿＿＿＿＿＿ ❺ [　　　　　　　]
□ ❻国民所得を生産・分配・支出の三つの面からみた価額は同じになること。＿ ❻ [　　　　　　　]
□ ❼国民総生産に主婦の家事労働や余暇時間等をプラス項目，公害や環境悪化などの費用をマイナス項目として加減して，福祉水準を示そうとした指標。＿＿＿ ❼ [　　　　　　　]
□ ❽国内純生産（NDP）から環境悪化分を差し引いた経済指標。＿＿＿＿＿ ❽ [　　　　　　　]
□ ❾ある一定時点に存在する資産の蓄積。＿＿＿＿＿＿＿＿＿＿＿＿＿＿ ❾ [　　　　　　　]
□ ❿実物資産と対外純資産の総額。土地は含むが国内金融資産は含まない。＿＿ ❿ [　　　　　　　]
□ ⓫一国の経済規模，具体的にはGDPが拡大していくこと。＿＿＿＿＿＿ ⓫ [　　　　　　　]
□ ⓬名目GDPを物価指数（GDPデフレーター）で除して算出したGDP。＿＿＿ ⓬ [　　　　　　　]
□ ⓭景気が好況・後退・不況・回復の４局面を繰り返すこと。急激な後退が恐慌。＿ ⓭ [　　　　　　　]
□ ⓮技術革新を原因とする約50年の長期波動。＿＿＿＿＿＿＿＿＿＿＿＿ ⓮ [　　　　　　　]
□ ⓯設備投資を原因とする約10年の中期波動。＿＿＿＿＿＿＿＿＿＿＿＿ ⓯ [　　　　　　　]
□ ⓰在庫投資を原因とする約40か月の短期波動。＿＿＿＿＿＿＿＿＿＿＿ ⓰ [　　　　　　　]
□ ⓱住宅投資を原因とする約15〜25年の景気循環。＿＿＿＿＿＿＿＿＿＿ ⓱ [　　　　　　　]
□ ⓲物価が長期間上昇する現象。または貨幣価値の下落。＿＿＿＿＿＿＿＿ ⓲ [　　　　　　　]
□ ⓳物価が長期間下落する現象。＿＿＿＿＿＿＿＿＿＿＿＿＿＿＿＿＿＿ ⓳ [　　　　　　　]
□ ⓴インフレと景気停滞の同時進行。＿＿＿＿＿＿＿＿＿＿＿＿＿＿＿＿ ⓴ [　　　　　　　]
□ ㉑バブル崩壊以後の，日本経済におけるデフレと不況の悪循環を何というか。＿＿ ㉑ [　　　　　　　]

20　金融のしくみとはたらき

□ ❶中央銀行券と補助貨幣からなる通貨。＿＿＿＿＿＿＿＿＿＿＿＿＿＿ ❶ [　　　　　　　]

用語チェック

□ ❷当座預金や普通預金などの要求払い預金。小切手などの支払い手段として機能。　❷ [　　　　　]
□ ❸日銀が金融政策の指標として重要視して管理している通貨流通量。　❸ [　　　　　]
□ ❹中央銀行が金と交換可能な兌換銀行券を発行する制度。通貨は金の量に左右。＿　❹ [　　　　　]
□ ❺金と交換できない不換銀行券を発行し，金の量とは無関係に通貨を管理する制度。　❺ [　　　　　]
□ ❻株式や社債の発行によって，直接に資金供給者から資金をまかなうこと。　❻ [　　　　　]
□ ❼金融機関を介して，資金供給者から資金をまかなうこと。　❼ [　　　　　]
□ ❽企業が自己金融や株式発行によって調達した資本。　❽ [　　　　　]
□ ❾企業が社債発行や銀行借り入れによって調達した資本。　❾ [　　　　　]
□ ❿銀行が，貸付操作を繰り返すことで最初の預金の何倍もの預金を創造すること。　❿ [　　　　　]
□ ⓫日本の中央銀行である日本銀行の最高意思決定機関。独立性が強化された。　　⓫ [　　　　　]
□ ⓬日本銀行の三大機能は，発券銀行，銀行の銀行ともう一つは何か。　⓬ [　　　　　]
□ ⓭日銀が現在操作目標としている無担保コールレートは，短期金利か長期金利か。　⓭ [　　　　　]
□ ⓮日銀が，金融市場で有価証券を直接売買することによって通貨量を調整する政策。　⓮ [　　　　　]
□ ⓯市中銀行の日銀への強制預金割合を上下させて通貨量を調整する政策。　⓯ [　　　　　]
□ ⓰日銀が2001年から2006年3月まで行った大量に資金供給を行う金融緩和政策。＿　⓰ [　　　　　]
□ ⓱金融の自由化とは，金利の自由化・為替管理の自由化ともう一つは何か。　⓱ [　　　　　]
□ ⓲フリー（自由）・フェア（公正）・グローバル（国際化）を原則とした金融制度改革。　⓲ [　　　　　]
□ ⓳バブル経済の破綻によって生じた回収不可能ないし回収困難な債権。　⓳ [　　　　　]
□ ⓴国際業務を行う銀行の自己資本比率に関する国際統一基準。自己資本比率8％。　⓴ [　　　　　]
□ ㉑銀行がBIS規制や不良債権処理の影響で，融資に消極的になること。　㉑ [　　　　　]
□ ㉒2000年7月に金融監督庁が統合し発足した金融行政全般に携わる内閣府の外局。　㉒ [　　　　　]
□ ㉓預金保護の上限を元本1,000万円とその利子を限度額として払い戻す制度。　㉓ [　　　　　]

21　財政のしくみとはたらき

□ ❶国や地方公共団体が行う経済活動。　❶ [　　　　　]
□ ❷国の一般行政にともなう会計。収入を歳入，支出を歳出という。　❷ [　　　　　]
□ ❸課税は国会の議決による法律に基づかなければならないとする考え方。　❸ [　　　　　]
□ ❹国の特定の事業や特定の資金を運用・管理するための会計。　❹ [　　　　　]
□ ❺予算成立までの一定期間に編成する予算。義務的経費に限定。　❺ [　　　　　]
□ ❻予算の過不足や内容変更が生じた場合，年度途中で当初予算を修正する予算。＿　❻ [　　　　　]
□ ❼一般会計の5割を超える額だったことから「第二の予算」といわれる。2001年から，資金は原則として金融市場で自主的に調達することになった。　❼ [　　　　　]
□ ❽納税者と担税者（実質負担者）が同一の税。所得税や住民税，法人税など。　　❽ [　　　　　]
□ ❾納税者と担税者が異なる税。消費税や酒税，たばこ税など。　❾ [　　　　　]
□ ❿直接税において，所得が高くなるにつれ税率を高くする制度。　❿ [　　　　　]
□ ⓫日本の税制を直接税中心の体系にした戦後の税制改革。　⓫ [　　　　　]
□ ⓬直接税と間接税の比率。日本は直接税の比率が大きい。　⓬ [　　　　　]
□ ⓭給与・事業・農業所得者の間で所得捕捉率が不平等であることを象徴する言葉。　⓭ [　　　　　]
□ ⓮財やサービスの消費に課税される税。生活必需品の税率が高ければ逆進性をもつ。　⓮ [　　　　　]
□ ⓯財政の三つの機能は，資源配分機能，景気の調整機能と何か。　⓯ [　　　　　]
□ ⓰累進課税や社会保障制度などが，景気を自動的に調整するように働くしくみ。＿　⓰ [　　　　　]
□ ⓱景気の状況に応じて，税収や財政支出を増減させる裁量的財政政策。　⓱ [　　　　　]
□ ⓲財政政策に金融政策や為替政策を組み合わせること。　⓲ [　　　　　]
□ ⓳公共事業などにあてる国債。国会の議決で可。　⓳ [　　　　　]
□ ⓴一般会計の不足分をあてる国債。毎年特例法を制定することで発行。　⓴ [　　　　　]
□ ㉑国債の日本銀行引き受けの禁止の原則。　㉑ [　　　　　]
□ ㉒歳入に占める国債の割合。　㉒ [　　　　　]
□ ㉓国債費などの義務的経費の増加が，財政の弾力的運用を困難にしていること。＿　㉓ [　　　　　]
□ ㉔歳出のうち国債費以外の支出を税収でまかなえるかを示す数値。「基礎的財政収支」。　㉔ [　　　　　]

用語チェック

実戦問題　16資本主義経済の成立と発展〜21財政のしくみとはたらき

1　[資本主義経済の成立と発展]　次の文章を読んで，以下の問いに答えよ。

　資本主義経済は，18世紀後半にイギリスで起こった　A　によって成立したと考えられる。資本主義経済の特徴としては，私有財産制のもとで，工場や機械設備などの　B　も私有され，この　B　を私有した資本家が，　C　を得るために市場経済において活発な自由競争を行うことがあげられる。こうした資本主義のしくみを体系的に分析して経済学の祖とよばれているのが，(a)アダム=スミスであり，彼は社会を構成する企業や個人が自らの利己心にもとづいて経済活動を行えば，市場での自由競争によって経済が調整され，結果的に社会の富が増えていくと説き，(1)国家の市場への介入を最小限にすべきであるという　D　主義（レッセ・フェール）の経済思想を唱えた。こうした考え方は，資本主義の初期に展開された，(2)国の富は輸出入の差額によって得られるとする考え方に対する批判でもあった。

　企業間の競争は(3)技術革新（イノベーション）を促し，資本主義経済を飛躍的に発展させた。大量生産の設備に必要な資金の自己調達手段としての　E　制度の発達は，企業の大規模化を促進した。それとともに企業間の競争の結果，資本の集積や　F　が進み，少数の大企業が市場を支配する　G　主義が成立した。一方，資本主義の急速な発展の反面として，激しい景気変動として恐慌が発生し多くの失業者と貧困問題が生み出されるようになった。さらに(4)過剰生産に伴う不況から海外市場の獲得競争が激化し，列強各国は軍事力を背景に植民地の獲得競争に乗り出した。

　資本主義経済の矛盾を分析し社会主義革命の必然性を説いたのが(b)マルクスである。マルクスの思想によって社会主義運動が盛り上がり，1917年の　H　後のソ連で社会主義経済体制が確立された。社会主義経済は東欧，中国，ベトナムなどに拡大したが，しかし計画経済はうまく機能せず，ソ連も1991年には解体し資本主義経済に移行した。

　1929年の株価暴落を契機とした　I　は大量の失業者を生み出した。アメリカのF.ルーズベルト大統領は　J　政策によって景気回復を試みた。イギリスの経済学者(c)ケインズは，深刻な不況が起こるのは　K　が不足しているからだと分析し，景気回復のために政府が経済に積極的に介入すべきであると主張した。

　こうした考え方は第二次世界大戦後の世界各国で採用され，政府は景気の安定だけでなく社会保障や社会福祉においても大きな役割を担うようになった。このように政府が一つの経済主体として市場に介入する経済は　L　主義とよばれ，今日の資本主義経済は民間部門と政府部門との混合経済となっている。しかし，このような「大きな政府」の考え方も1973年の石油危機以降次第に批判されるようになった。(d)フリードマンに代表されるマネタリストとよばれる経済学者は，政府や中央銀行は貨幣供給量の調整によって物価の安定を図ることのみの経済政策に限定すべきであると主張し，政府の介入を避け市場を信頼すべきであり，そのためには(5)民営化や規制緩和が必要であるとした。

問1　文中の空欄　A　〜　L　に当てはまる語句を答えよ。

A [　　　　　]　B [　　　　　]　C [　　　　　]
D [　　　　　]　E [　　　　　]　F [　　　　　]
G [　　　　　]　H [　　　　　]　I [　　　　　]
J [　　　　　]　K [　　　　　]　L [　　　　　]

問2　文中の(a),(b),(c),(d)の経済学者の著書を次の①〜⑧の中からそれぞれ一つ選べ。

(a) [　　　　　]　(b) [　　　　　]　(c) [　　　　　]　(d) [　　　　　]

①　資本論　　②　国富論　　③　人口論　　④　経済表　　⑤　経済発展の理論

⑥　雇用，利子および貨幣の一般理論　　⑦　選択の自由　　⑧　豊かな社会

問3　下線部(1)に関連して，彼が国家の担うべき義務に位置づけた必要最小限の活動として**誤っているもの**を次の①〜④から一つ選べ。　　　　　　　　　　[　　　　]

①　国防（治安維持）　　②　司法　　③　公共事業と公共施設の配置　　④　社会保障と社会福祉

問4　下線部(2),(4)のような考え方を何というか。次の①〜⑥の中からそれぞれ一つ選べ。

(2) [　　　　]　(4) [　　　　]

①　重農主義　　②　重商主義　　③　重工主義　　④　絶対主義　　⑤　自由主義　　⑥　帝国主義

問5　下線部(3)について，技術革新（イノベーション）が資本主義経済発展の原動力であると説いたオーストリア出身の経済学者は誰か。　　　　　　　　　　[　　　　]

問6 下線部(5)に関連する以下の①〜④の記述の中から**誤っているもの**を一つ選べ。　　　　　[　　　　　]

① イギリスのサッチャー政権やアメリカのレーガン政権が，この政策を採用した。

② レーガノミクスは，歳出削減と大幅増税により財政再建をめざしたものだった。

③ 日本では，中曽根政権のもとで日本国有鉄道，日本電信電話公社，日本専売公社の三公社が民営化された。

④ 経済の自由化と政府機能の縮小をめざす考え方は，新自由主義とよばれる。

2　**[現代の企業]**　次の文章を読んで，以下の問いに答えよ。

　現代の資本主義経済のもとで，一般的な企業形態は株式会社である。技術革新は大量生産を可能にし，(a)大量生産の利益によって企業は規模を拡大するようになり，広く社会から資金を調達できる株式会社制度が発達するようになった。

　資本主義経済初期の株式会社では，出資者である株主が企業の経営者であった。しかし，20世紀に入り株式所有が分散化すると，株主にかわって経営者が企業の実権を握るようになり，いわゆる　A　と経営の分離という現象が進行した。

　株主は会社のあげた利益の一部を　B　として受け取る。また，上場している企業の株式は　C　で売買することもできる。株価が購入した時よりも上がっていれば，その差額の利益が　D　となる。株価が下がっているとその分が損となり，会社が倒産すれば株式の価値はゼロとなるが，(b)株主は出資額の範囲内で損失を負担すればよいことになっている。また，株主は原則として株式の保有数に応じて議決権をもっていて，　E　で取締役の選任や決算などの承認を行っている。日本では銀行や関連企業などの法人株主が多かったこともあり，　E　が形骸化され，経営責任の所在があいまいであった。そのため，経営者が適切な経営を行うよう監視する　F　に対する認識が高まった。これに伴い社外の取締役や監査役の拡充，企業情報の開示が強く求められるようになった。後者を　G　という。

　企業規模を拡大するには，(c)他の企業を合併・買収する方法もある。1980年代に入って，日本でも企業買収が増えたが，国際競争力の強化が叫ばれるようになり，1997年の　H　の改正で，財閥解体以来禁止されていた　I　が原則自由となった。これ以外にも(d)株式会社をとりまく環境の変化はいくつか見られており，(e)2005年にはそれまでの会社関連の法規を整理統合した「会社法」の名で制定（2006年施行）された。

　また近年，日本では，(f)企業の相次ぐ不祥事が大きな社会問題として取り上げられており，企業に対し，利益を追求するだけでなく，その(g)社会的責任を果たすことが求められている。

問1　文中の空欄　A　〜　I　に当てはまる語句を答えよ。

A [　　　　　]　　B [　　　　　]　　C [　　　　　]
D [　　　　　]　　E [　　　　　]　　F [　　　　　]
G [　　　　　]　　H [　　　　　]　　I [　　　　　]

問2　下線部(a)に関連して，生産規模が大きくなるにつれて財1単位あたりの費用が小さくなり，利益を生じることを何というか。　　　　　[　　　　　]

問3　下線部(b)は何とよばれているか答えよ。　　　　　[　　　　　]

問4　下線部(c)に関して，収益性の高い企業を積極的に合併・買収することによって巨大化させていく手法として最も適切なものを次の中から一つ選べ。〈明治大改〉　　　　　[　　　　　]

① ＭＢＯ　② Ｍ＆Ａ　③ ＣＳＲ　④ ＥＲＰ　⑤ カルテル　⑥ コンツェルン

問5　下線部(d)に関連して，株式会社が発行する株式に関する環境の変化の記述として**誤っているもの**を，次の①〜④から一つ選べ。〈神奈川大改〉　　　　　[　　　　　]

① 投資家はインターネットを通じて株式を購入することができる。

② 株券の電子化（ペーパーレス化）が実施されている。

③ 株式会社は自社の発行した株式を購入することはできない。

④ 額面株式廃止で無額面株式に統一され，企業が売買単位を自由に決定可能となった。

問6　下線部(e)に関連して，会社法の制定により旧関連諸法から変わった内容について，以下の記述のうちから**適切でないもの**を一つ選べ。〈青山学院大〉　　　　　[　　　　　]

① 有限会社を新たに設立することができるようになった。

② 合同会社を新たに設立することができるようになった。

③ 取締役の人数の規制が撤廃され，１人でも可能になった。

④ 資本金１円から会社設立が可能になった。

問7 下線部(f)に関連して，企業には法令や企業倫理を遵守することが強く求められたが，このことを何というか。 [　　　　　]

問8 下線部(g)に関する説明として，**誤っている記述**を次の①～④から一つ選べ。 [　　　　　]

① 企業統治のあり方の議論が活発になり，監査役を廃止し，委員会設置会社となる企業が現れた。

② 企業の中にはフィランソロピーとよばれる慈善的寄付行為やメセナとよばれる芸術への支援活動を行うものも出ている。

③ 多発する企業の不祥事による賠償を，消費者が株主の代表に請求する株主代表訴訟が多く起こされた。

④ 企業の中には，国際標準化機構による14000シリーズ（環境保全）の認証の取得をめざすものもある。

---

3 **[現代の市場]** 次の文章を読んで，以下の問いに答えよ。

　図１はある製品の価格と取引量の関係を表したものである。図中において，当初におけるこの製品の需要曲線をD，供給曲線をSで示している。均衡価格はこのふたつの曲線の交差で定まり，図１では価格Pとなる。というのは，Pよりも高い価格P_2のもとでは　ア　となり，価格が　イ　し，Pよりも安い価格P_1のもとでは逆のことが起こるためである。

　価格以外の条件の変化は需要・供給曲線をシフト（移動）させる。例えば，供給曲線は変化しないという条件のもとでこの製品の人気が上昇した場合，需要曲線は図１中の　ウ　に移動し，製品の人気上昇に伴う取引量の変化分は　エ　となる。また，需要曲線の傾きは価格の変動によって財の需要量がどれほど変化したかを示す。これを需要の価格弾力性といい，例えば，生活必需品は価格が高くても安くても需要量はそれほど変わらないので，　オ　になり，　カ　。一方，ぜいたく品の場合は，価格の変化に対して需要量は大きく変化するので，　キ　になり，　ク　。図２の場合，D_3，D_4のどちらかが生活必需品，もう一方がぜいたく品とすると，生活必需品を示す曲線は　ケ　である。さて，需要曲線と供給曲線の交点で価格が決定するためには(a)<u>完全競争市場</u>が前提となる。この国では，次第に(b)<u>少数の売り手だけが存在する寡占市場</u>になっていった。この寡占市場は(c)<u>市場の失敗の具体例</u>と考えられる。

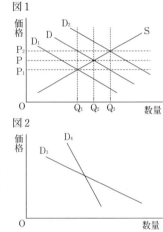

図１

図２

問1 文中の空欄　ア　，　イ　の組合せとして最も適当なものを次の①～④のうちから一つ選べ。 [　　　　　]

	①	②	③	④
ア	超過需要	超過需要	超過供給	超過供給
イ	上昇	低下	上昇	低下

問2 文中の空欄　ウ　，　エ　の組合せとして最も適当なものを次の①～⑥のうちから一つ選べ。〈19：本試〉 [　　　　　]

	①	②	③	④	⑤	⑥
ウ	D_1	D_1	D_1	D_2	D_2	D_2
エ	Q_2-Q_1	Q_3-Q_1	Q_3-Q_2	Q_2-Q_1	Q_3-Q_1	Q_3-Q_2

問3 文中の空欄　オ　と　キ　にあてはまる語句を次の①，②から，　カ　と　ク　にあてはまる語句を次の③，④から，　ケ　にあてはまる記号を次の⑤，⑥からそれぞれ選びなさい。〈18：政経プレテスト改〉

オ [　　] カ [　　] キ [　　] ク [　　] ケ [　　]

① 需要曲線の傾きはゆるやか　　② 需要曲線の傾きは急　　③ 価格弾力性が小さい

④ 価格弾力性が大きい　　⑤ D_3　　⑥ D_4

問4 下線部(a)に関連して，完全競争市場の特徴を表す記述として最も適当なものを，次の①～④のうちから一つ選べ。〈08：本試〉 [　　　　　]

① 価格協定や生産調整が行われる。　　② 品質やデザインにより製品の差別化が行われる。

③ 売り手も買い手も多数存在している。　　④ 商品の価格の下方硬直性が存在する。

問5 下線部(b)に関連して，売り手が少数の寡占市場についての説明として最も適当なものを，次の①～④のうちから一つ選べ。〈20：本試〉 [　　　　　]

① 寡占市場では，市場による価格調整がうまく働くので，消費者が買いたいものが割安の価格になる。

② 生産技術の開発や生産の合理化によって生産費用が低下しても，価格が下方に変化しにくくなることを，逆資産効果という。

③ 鉄道のように，初期投資に巨額の費用がかかる大型設備を用いる産業では，少数の企業による市場の支配が生じにくい。

④ 寡占市場で価格先導者が一定の利潤を確保できるような価格を設定し，他の企業もそれに追随するような価格を，管理価格という。

問6 下線部ⓒに関連して，外部不経済の例として最も適当なものを，次の①〜④のうちから一つ選べ。〈19：本試〉　　[　　　　]

① 猛暑が続き，飲料メーカーの売上げが上昇した。

② ある企業の財務情報の不正が発覚し，その企業の株価が下落した。

③ 新しい駅の建設によって駅周辺の環境整備が進み，不動産価格が上昇し，不動産所有者の資産の価値が増加した。

④ 大規模娯楽施設の建設によって交通量が増え，近隣住民は住宅の防音対策をしなければならなくなった。

---

4 **［国民所得と経済成長］**　次の文章を読んで，以下の問いに答えよ。

一国の経済規模をはかる指標には国富とⓐGDP（国内総生産）の概念がある。国富はこれまでの経済活動によってどれだけの富が蓄積されているかを示す　A　による見方であり，具体的には住宅，建物，工場などの有形資産に　B　を加えたものである。GDPは　C　の面から一国の経済規模をとらえたものであり，一定期間内に国内で生産された　D　価値の総計を意味する。　D　価値とは，財・サービスの総生産額から，使用した原材料などの　E　の価額を差し引いたものである。今日では多くの先進国で，国内の経済活動を表す適切な指標としてⓑGNP（国民総生産）にかわりGDPが用いられている。現在用いられている国民所得統計において，国民総生産を所得面からとらえた指標はGNI（国民総所得）とよばれている。GNIから固定資本減耗分と　F　を差し引き，　G　を加えると国民所得（NI）が得られる。国民所得は，生産・分配・支出の三つの面からとらえることができ，これら三面の額が等しいことを国民所得の　H　の原則という。1年間の経済規模の拡大を経済成長とよび，ⓒ経済成長率はGDPの前年に対する増加率で示されるが，GDPは名目価格で計算されるため，　I　変動分を差し引いた　J　経済成長率を用いることが多い。しかしながら，GDPやGNPは国民の豊かさを示す指標としては限界がある。なかでも，経済活動の結果として発生する大気汚染などの環境破壊は考慮されない。環境悪化分をGDPから差し引いた　K　GDPや，余暇や家事労働などを数量化した，略して　L　とよばれる国民純福祉が国民の福祉水準を示す指標として提唱されているが，数量化に困難がともなうことから定着に至っていない。

問1　文中の空欄　A　〜　L　に当てはまる語句を答えよ。

A [　　　　　]　B [　　　　　]　C [　　　　　]

D [　　　　　]　E [　　　　　]　F [　　　　　]

G [　　　　　]　H [　　　　　]　I [　　　　　]

J [　　　　　]　K [　　　　　]　L [　　　　　]

問2　下線部ⓐに関して，次の①〜⑥のうちから国内総生産（GDP）に算入されるものを二つ選べ。〈早稲田大〉

① 株式の売却益　　　② 主婦の家庭内労働　　　③ 相続財産　　　[　　　][　　　]

④ 農家の自家消費　　⑤ ボランティア活動　　　⑥ 不動産の仲介手数料

問3　下線部ⓑに関して，GNPとGDPの違いを説明したものとして，最も適切なものを次の①〜④から一つ選べ。

〈問3，4明治大改〉　　[　　　　]

① GDPから輸入を差し引いたものがGNPである。

② GDPに海外からの純所得を加えたものがGNPである。

③ GDPに海外からの経常移転を加えたものがGNPである。

④ GDPに社会資本を加えたものがGNPである。

問4　下線部ⓒに関して，2019年のGDPをY_0，2020年のGDPをY_1としたとき，2020年の成長率の計算として，最も適切なものを次の①〜④から一つ選べ。　　[　　　　]

① $\dfrac{Y_1}{Y_0} \times 100 \, (\%)$　　② $\dfrac{Y_1 - Y_0}{Y_0} \times 100 \, (\%)$　　③ $\dfrac{Y_1 + Y_0}{Y_0} \times 100 \, (\%)$　　④ $\dfrac{Y_1 - Y_0}{Y_1} \times 100 \, (\%)$

5　[金融のしくみとはたらき]　次の文章を読んで，以下の問いに答えよ。

　貨幣には商品取引の仲立ちをする　A　としての機能，価値尺度としての機能，支払，価値貯蔵手段としての機能がある。1930年代まで多くの国で採用されていた　B　制度のもとでは中央銀行が発行する銀行券は金との交換が義務付けられていた。今日の中央銀行が発行する銀行券は，(a)金と交換できない　C　銀行券であるが，政府の信用を基礎として通貨の価値が保障されている。このことにより(b)社会全体で流通する通貨量を調整する金融政策が重要となってきた。

　金融政策の担い手は中央銀行である。中央銀行は銀行券を発行できる唯一の「　D　銀行」であり，国庫金の管理を行う「　E　の銀行」でもある。また，市中銀行に対して預金の受け入れや貸し付けを行う「　F　の銀行」としての役割を担っている。こうした立場から中央銀行は金融政策を行い，景気や物価の安定を図っている。

　わが国の中央銀行である日本銀行の現在の代表的な金融政策は　G　操作である。これは，日本銀行が金融市場で有価証券を売買することにより民間の通貨量を調整する方法である。かつての金融政策の中心は　H　操作であったが，1994年の金利の自由化後は，政策金利としての意味はなくなった。もう一つの代表的な政策手段は(c)預金準備率操作であるが，1991年以降行われていない。近年の深刻な不況期には，(d)政策金利を実質的に0％に誘導するゼロ金利政策や，(e)金融政策の誘導目標を利子率から通貨量におく量的緩和政策が行われた。

　日本では戦後，(f)競争制限的な規制によって金融機関が保護されてきた。しかし，1970年代から金融の自由化や国際化が進み，1990年代後半から金融機関の国際競争力を強化するため，(g)フリー・フェア・グローバルをかかげた日本版　I　が実施された。これにより，金融機関の合併や提携などの再編が進んだ。

問1　文中の空欄　A　〜　I　に当てはまる語句を答えよ。〈明治大ほか改〉

A [　　　] B [　　　] C [　　　]
D [　　　] E [　　　] F [　　　]
G [　　　] H [　　　] I [　　　]

問2　下線部(a)に関連して，このような通貨制度を何とよぶか。　[　　　]

問3　下線部(b)に関する説明として適切でないものを，次の①〜⑤から一つ選べ。〈関西大改〉　[　　　]

①　家計や企業などが保有する通貨量をマネーサプライとよんでいたが，2008年に指標が見直され，マネーストックへと変更された。

②　マネーストック統計においては，現金通貨や預金通貨からなるM1，M1に準通貨やCD（譲渡性預金）を加えたM3などの指標がある。

③　預金通貨はいつでも引き出し可能な要求払い預金をさし，普通預金や小切手による支払い手段に利用される当座預金などがある。

④　マネーストックの内訳をみると，2021年においては，現金通貨の割合が約30％，預金通貨が約30％，準通貨が約40％である。

⑤　現金通貨は日本銀行券と硬貨（補助貨幣）があるが，硬貨は財務省によって発行されている。

問4　下線部(c)に関連して，預金準備率を1％，最初の預金（本源的預金）を1億円とするとき，理論上，信用創造によって銀行全体として貸出額はいくら増加するか。〈明治大〉　[　　　]

問5　下線部(d)に関連して，この政策金利として誘導されたものは，次のうち①〜④のうちのどれか。[　　　]

①　長期プライムレート　②　短期プライムレート　③　無担保コールレート　④　為替レート

問6　下線部(e)に関連して，2001年に開始された「量的緩和政策」はどのようなものであったかについて，最も適切な記述を次の①〜④から一つ選べ。〈早稲田大改〉　[　　　]

①　短期国債を大量に売却したことが「量的緩和政策」であったといわれている。

②　長期国債を大量に売却したことが「量的緩和政策」であったといわれている。

③　大規模な外国為替市場への介入を行ったことが「量的緩和政策」であったといわれている。

④　日銀当座預金残高を主な目標にして潤沢な資金供給を行ったことが「量的緩和政策」であったといわれている。

問7　下線部(f)に関連して，このような金融行政のありかたは，一般に何方式とよばれるか。[　　　]

問8　下線部(g)に関連する改革として適当でないものを①〜⑥から二つ選べ。　[　　　][　　　]

①　株式売買手数料の完全自由化　②　銀行および保険会社窓口での投資信託販売の解禁
③　郵便貯金および簡易保険の民営化　④　内外資本取引の自由化　⑤　金融持株会社の解禁
⑥　証券会社の免許制の実施

実戦問題

6 [財政のしくみとはたらき] 次の文章を読んで，以下の問いに答えよ。

　政府は(a)財政政策を通して国民の福祉のために活動している。財政政策の手段は，(b)租税の徴収，国債発行による借金，政府支出などであるが，政府はそれらを利用して，資源配分の調整，所得の再分配，景気の安定化などを行っている。資源配分の調整とは，民間によっては提供されにくい　Ａ　や公共サービスを政府が供給することである。所得の再分配とは，　Ｂ　制度などにより高所得者から低所得者へ所得を再分配することによって，　Ｃ　ミニマムを保障することである。さらに，政府も景気の安定化をめざす。これは，たとえば，不況のときには　Ｄ　や公共支出の増加といった　Ｅ　によって実現される。また財政には，　Ｂ　制度や社会保障制度などにより(c)景気を自動的に安定させる機能が組み込まれている。

　こんにち(d)日本の財政が直面している大きな課題は国債の累積問題である。1947年に制定された財政法では，　Ｆ　国債の発行は認められているが，　Ｇ　国債（特例国債）の発行は認められていない。しかし，1965年度の　Ｈ　予算で初めて発行され，1973年の第一次　Ｉ　後の1975年度の　Ｈ　予算では，不況のために大幅な税収不足を補うために発行された。なお，財政法において発行が禁じられている　Ｇ　国債は，発行年度ごとの　Ｊ　法の制定を通じて発行されている。1975年度以降，　Ｇ　国債はバブル経済時の1990年度から1993年度を除き毎年発行され続けている。一方，　Ｆ　国債も1966年度以来毎年発行されている。

　財政赤字の累積は，国債の利払いや償還のための　Ｋ　が増大するため，財政の弾力的運用が困難となり，財政本来の役割を損ねる財政の　Ｌ　も起こる。また(e)国債の大量発行は，金利の上昇（国債価格の下落）をまねき，このため民間投資が抑制され，経済を不況化させる。さらに当然のことであるが，将来世代に負担を先送りする。政府は当面の課題として(f)国債発行収入を除いた歳入と国債費を除いた歳出の差である基礎的財政収支の均衡・黒字化をめざしている。〈早稲田大・中央大ほか改〉

問1　文中の空欄　Ａ　～　Ｌ　に当てはまる語句を答えよ。
Ａ [　　　　　　　　] 　Ｂ [　　　　　　　　] 　Ｃ [　　　　　　　　]
Ｄ [　　　　　　　　] 　Ｅ [　　　　　　　　] 　Ｆ [　　　　　　　　]
Ｇ [　　　　　　　　] 　Ｈ [　　　　　　　　] 　Ｉ [　　　　　　　　]
Ｊ [　　　　　　　　] 　Ｋ [　　　　　　　　] 　Ｌ [　　　　　　　　]

問2　下線部(a)に関連して，日本の予算に関する記述として正しいものを，次の①～④のうちから一つ選べ。
〈15：本試〉　　　　　　　　　　　　　　　　　　　　　　　　　　　[　　　　]
① 特別会計の予算は，特定の事業を行う場合や特定の資金を管理・運用する場合に，一般会計の予算とは区別して作成される。
② 国の予算の一つである政府関係機関予算については，国会に提出して，その承認を受ける必要はないとされている。
③ 財政投融資の見直しが行われ，現在では郵便貯金や年金の積立金は一括して国に預託され，運用されるようになっている。
④ 補正予算とは，当初予算案の国会審議の最中に，その当初予算案に追加や変更がなされた予算のことである。

問3　下線部(b)に関して，次の各々に当てはまる税を，以下の①～⑤のうちから一つずつ選べ。〈東洋大改〉
ア　国税で間接税であるもの [　　　　] 　　　　イ　地方税で直接税であるもの [　　　　]
　① 住民税　　② 法人税　　③ 酒税　　④ 相続税　　⑤ 贈与税

問4　下線部(c)，(e)，(f)をそれぞれカタカナで何というか。次の①～⑥からそれぞれ一つ選べ。
　　　　　　　　　　　　　　　　　　(c) [　　　　] 　(e) [　　　　] 　(f) [　　　　]
　① プライマリー・バランス　　② ビルトイン・スタビライザー　　③ クラウディング・アウト
　④ コングロマリット　　　　　⑤ プライスリーダー　　　　　　⑥ サブプライムローン

問5　下線部(d)に関連して，次のA～Dは，日本の財政をめぐる出来事についての記述である。これらの出来事を古い順に並べたとき，3番目にくるものとして正しいものを，下の①～④のうちから一つ選べ。〈15：本試〉
A　税率3パーセントの消費税が導入された。　　　　　　　　　　　　[　　　　]
B　国と地方との関係が見直され，地方分権一括法が施行された。
C　直接税中心の税体系を提唱したシャウプ勧告が行われた。
D　第二次世界大戦後初めて，赤字国債（特例国債）が発行された。
　① A　　② B　　③ C　　④ D

7　[融合問題]　次の文章を読んで，以下の問いに答えよ。

　市場経済を特色とする資本主義経済では，景気の変動が発生する。景気変動は，好況→　A　→不況→　B　の4局面を一定の周期を保ち繰り返されるので(a)景気循環ともよばれる。また，景気が急激に悪化して金融市場がその機能を停止するほどの深刻な状況を　C　とよぶ場合もある。

　一般的に，景気が良いときには物価が持続的に上昇する(b)インフレーションが生じやすい。また管理通貨制度は，不況を打開し経済成長を優先するため，しばしば経済活動に必要な貨幣量を上回って過剰な貨幣供給が行われる可能性があり，インフレーションの体質を内包するものであるといわれている。実際，(c)1960年代の日本の高度経済成長期にはゆるやかなインフレーションが継続し，世界的には，1970年代は急激なインフレーションの時代として特徴づけられる。その一方では，1973年の第1次石油危機後，不況局面でも物価が下落せず，不況と物価上昇が同時進行する　D　という現象が生まれた。

　さて日本経済は，バブルが崩壊した1990年代以降は一転して，デフレーションの長期化に悩まされてきた。(d)消費者物価指数は2000年以降，対前年比マイナスか，またはほとんど横ばいで推移してきた。デフレーションの長期化は，物価下落→売り上げの減少→所得減少→需要減少→物価下落に陥る　E　という悪循環がみられるようになった。デフレ脱却のための金融政策として物価上昇率の数値目標をかかげる　F　も明確にされるようになった。

問1　文中の空欄　A　〜　F　に当てはまる語句を答えよ。
　　　　　A [　　　　　　]　B [　　　　　　]　C [　　　　　　]
　　　　　D [　　　　　　]　E [　　　　　　]　F [　　　　　　]

問2　下線部(a)に関連して，景気循環に関する記述として正しいものを次の①〜④から一つ選べ。〈20：本試〉
　　　　　　　　　　　　　　　　　　　　　　　　　　　　　　　　　　　　[　　　　　]

①　クズネッツの波は，技術革新を主な要因として起こるとされる景気循環である。
②　コンドラチェフの波は，在庫投資の変動を主な要因として起こるとされる景気循環である。
③　キチンの波は，建設投資の変動を主な要因として起こるとされる景気循環である。
④　ジュグラーの波は，設備投資の変動を主な要因として起こるとされる景気循環である。

問3　下線部(b)のインフレーションに関する説明として最も不適切なものを，次の①〜④から一つ選べ。
　　　　　　　　　　　　　　　　　　　　　　　　　　　　　　　　　　　　[　　　　　]

①　超過需要によって引き起こされる持続的な物価の上昇をディマンド・プル・インフレーションとよぶ。
②　賃金や原材料費などの生産コストの上昇が原因で生じる物価の上昇をコスト・プッシュ・インフレーションとよぶ。
③　財政赤字をまかなうために発行される政府公債を中央銀行が引き受けることで，通貨価値が上昇することによって生じる物価上昇は財政インフレとよばれる。
④　バブル景気の時期には株価や地価が高騰し，資産価格のインフレーションが起きた。

問4　下線部(c)に関連して，この時期の日本の物価変動の特徴を述べたものとして最も適当なものを，次の①〜④から一つ選べ。〈国学院大〉　　　　　　　　　　　　　　　[　　　　　]
①　企業物価（旧卸売物価）と消費者物価とはほぼ同じ上昇率を示した。
②　企業物価（旧卸売物価）と消費者物価はともに上昇したが，後者の上昇率が前者のそれを上回っていた。
③　企業物価（旧卸売物価）と消費者物価はともに上昇したが，前者の上昇率が後者のそれを上回っていた。
④　この時期のゆるやかなインフレーションは，ギャロッピング・インフレ（しのびよるインフレ）とよばれた。

問5　下線部(d)の消費者物価指数に関する説明のうち，最も適切なものを次の①〜④から一つ選べ。〈法政大改〉
　　　　　　　　　　　　　　　　　　　　　　　　　　　　　　　　　　　　[　　　　　]

①　消費者物価指数は，わが国の企業が作っている消費財の物価を測る指数である。
②　消費者物価指数とは消費者が購入する小売段階での財・サービスの価格をもとに作成された指数である。
③　季節的に大きく変動する生鮮食料品の価格は，消費者物価指数には反映されない。
④　消費者物価指数は，日本銀行が定期的に作成・発表している。

22 戦後の日本経済

A ポイント整理　当てはまることばを書いて覚えよう（＿＿欄には数値が入る）

1 戦後復興（終戦〜1950年代前半）

(1)傾斜生産方式　政府は戦争で疲弊した生産基盤を立て直すため，石炭・鉄鋼・電力などの基幹産業に資金・資材・労働力を集中させる①＿＿＿＿＿.＿＿を採用した。資金は②＿＿＿＿＿.＿が復金債を発行して調達したものの，それが復金インフレを招いて経済が混迷した。

(2)経済安定9原則とドッジ・ライン　アメリカはガリオア・③＿＿＿＿で復興援助を行う一方，1948年，連合国軍総司令部（GHQ）が④＿＿＿＿＿＿.＿＿を指令しインフレの収束と経済安定化を図った。49年の⑤＿＿＿＿＿・＿＿＿により，⑥＿＿＿＿予算・1ドル＝360円の⑦＿＿＿＿＿＿.＿＿＿・復興金融金庫の廃止・⑧＿＿＿＿＿.＿に基づき直接税中心の税制へ切り替えるなどの施策を行った。

(3)経済の民主化　GHQの指令の下，経済民主化の改革が行われた。

⑨＿＿＿＿	三井・三菱など戦前の日本経済を支配してきた財閥を解体した。財閥家族の経営する持株会社の解散，過度経済力集中排除法による支配企業の分割など。1947年，⑩＿＿＿＿法の制定により財閥の復活が禁じられた。
⑪＿＿＿＿	戦前の封建的な寄生地主制を解体し，地主の所有する土地を政府が買い上げて小作農に売り渡し，多数の自作農を創設した。
労働の民主化	労働三法（労働基準法・⑫＿＿＿＿法・労働関係調整法）を制定し，⑫＿の育成と労働条件の改善を図った。

(4)安定恐慌と特需　⑤＿によりインフレは収束したものの，一転して⑬＿＿＿＿＿に陥った。しかし1950年に⑭＿＿＿＿＿が勃発すると，米軍による武器・資材の調達＝⑮＿＿＿が発生し，生産と景気は回復した。

2 高度経済成長（1955年頃〜1973年頃）

(1)高度経済成長　1955年から1973年までの間，実質経済成長率が年平均10%前後で成長を続け，⑯＿＿＿＿＿＿＿.＿＿とよばれた。

(2)高度経済成長期の大型景気

⑰＿＿＿景気(1955-57)	高度経済成長の開始時期。「もはや戦後ではない」(1956年経済白書)。
⑱＿＿＿景気(1958-61)	池田首相「⑲＿＿＿＿＿＿.＿計画」(1960年)。積極的な公共投資を行って民間設備投資を誘導した。「投資が投資を呼ぶ」(1960年経済白書)。
⑳＿＿＿＿＿.＿景気 (1962-64)	1964年の東京⑳＿にかけての好景気。GATT11条国（1963年）・㉑＿＿＿8条国（1964年）へ移行。OECD（㉒＿＿＿＿＿＿.＿＿＿＿）加盟（1964年）。
㉓＿＿＿＿＿＿景気 (1965-70)	輸出・財政主導型の好景気(57か月)。㉔＿＿＿＿＿＿.＿＿開始(1967年)。GNPが西ドイツを抜き世界第2位(1968年)。

(3)大衆消費社会の到来　高度経済成長期は重化学工業の進展とともに耐久消費財を中心に消費が飛躍的に増大し，㉕＿＿＿＿＿＿社会へと移行した。

1960年代前半に普及	㉖＿＿＿＿＿＿	白黒テレビ・電気洗濯機・電気冷蔵庫
1960年代後半に普及	㉗＿＿＿	カラーテレビ・クーラー・カー（自動車）

(4)高度経済成長を支えた要因　高度経済成長を支えた要因は，規模の利益・集積の利益をめざす民間企業の活発な㉘＿＿＿＿＿＿，国民の高い貯蓄性向，豊富で質のよい労働力の存在，欧米からの技術導入，IMF-GATT体制下での自由貿易の進展，原油や資源が安く輸入できたことなどが挙げられる。

(5)国際収支の天井　高度経済成長期前半は「好景気→原材料輸入増加→経常収支赤字→景気引き締め」というジレンマ（㉙＿＿＿＿＿＿.＿＿＿）に直面し

①＿＿＿＿＿＿＿＿＿＿＿＿＿＿

②＿＿＿＿＿＿＿＿＿＿＿＿＿＿

③＿＿＿＿＿＿＿＿＿＿＿＿＿＿

④＿＿＿＿＿＿＿＿＿＿＿＿＿＿

⑤＿＿＿＿＿＿＿・＿＿＿＿＿＿

⑥＿＿＿＿＿＿＿＿＿＿＿＿＿＿

⑦＿＿＿＿＿＿＿＿＿＿＿＿＿＿

⑧＿＿＿＿＿＿＿＿＿＿＿＿＿＿

⑨＿＿＿＿＿＿　⑩＿＿＿＿＿＿

⑪＿＿＿＿＿＿＿＿＿＿＿＿＿＿

⑫＿＿＿＿＿＿＿＿＿＿＿＿＿＿

⑬＿＿＿＿＿＿　⑭＿＿＿＿＿＿

⑮＿＿＿＿＿＿＿＿＿＿＿＿＿＿

⑯＿＿＿＿＿＿＿＿＿＿＿＿＿＿

⑰＿＿＿＿＿＿　⑱＿＿＿＿＿＿

⑲＿＿＿＿＿＿＿＿＿＿＿＿＿＿

⑳＿＿＿＿＿＿＿＿＿＿＿＿＿＿

㉑＿＿＿＿＿＿＿＿＿＿＿＿＿＿

㉒＿＿＿＿＿＿＿＿＿＿＿＿＿＿

㉓＿＿＿＿＿＿＿＿＿＿＿＿＿＿

㉔＿＿＿＿＿＿＿＿＿＿＿＿＿＿

㉕＿＿＿＿＿＿＿＿＿＿＿＿＿＿

㉖＿＿＿＿＿＿＿＿＿＿＿＿＿＿

㉗＿＿＿＿＿＿＿＿＿＿＿＿＿＿

㉘＿＿＿＿＿＿＿＿＿＿＿＿＿＿

㉙＿＿＿＿＿＿＿＿＿＿＿＿＿＿

ていたが，1960年代後半からは輸出主導型に転換して経常収支は恒常的に黒字となり，高度経済成長を加速させた。

3 低成長からバブル経済へ（1973～1990年）

(1)石油危機と低成長　1973年，第四次中東戦争の勃発でOPEC（㉚______）が原油価格を４倍に引き上げ，第一次㉛______が発生した。高度経済成長は終焉（しゅうえん）し，㉜______と不況が同時進行する状況は㉝______とよばれた。以後70年代は年平均成長率が約４％の㉞____となり，企業は正社員を減らすなどの㉟______で不況を克服した。

(2)産業構造の転換　産業の比重が第１次産業（農林水産業）→第２次産業（製造業）→第３次産業（サービス業）へと高まることを㊱______といい，その法則の提唱者の名を取って㊲_____＝_____の法則とよぶ。高度経済成長期は重化学工業化が進んだが，安定成長期は第３次産業の比重が高まり㊳________が進んだ。また，情報通信産業の進展や製造業でのME（マイクロ・エレクトロニクス）化の進展は，㊴________とよばれる。

産業構造の変化

高度経済成長期	低成長期
重厚長大 少品種大量生産 第２次産業中心 （重化学工業） 資本集約型 資源多消費	軽薄短小 多品種少量生産 第３次産業中心 （サービス化・ソフト化） 知識集約型 省資源・エネルギー

(3)日米貿易摩擦　1960年代後半，繊維分野から始まった日本の恒常的な対米貿易黒字は，㊵______問題として政治問題化し，80年代の自動車・半導体摩擦で深刻化した。その原因は日本の不公正な取引慣行にあるとしたアメリカは，88年にスーパー301条を成立させ，また89～90年に㊶________，93年より㊷________を開いて日本に貿易不均衡の是正を迫った。

(4)円高不況・バブル経済　1985年，Ｇ５の㊸_______でドル安誘導が行われると，日本は㊹___不況に見舞われ，輸出が伸び悩んだ企業が海外に生産拠点を移し始め，㊺________が進んだ。87年にＧ７のルーブル合意で為替の安定が図られた頃から景気が好転し，低金利による余剰資金が土地・株の投機に向けられ，資産が高騰，㊻____景気（＝平成景気）を迎えた。

4 平成不況以降（1990年代～現在）

(1)平成不況　1990年代に入り日銀が金融引き締めに転じると，地価・株価が大きく下落，バブルが崩壊し，平成不況に見舞われた。金融機関は多額の㊼______を抱え，企業倒産が相次ぎ失業率も上昇し，90年代の10年間は「㊽______10年」とよばれた。

(2)構造改革・世界金融危機　2001年に成立した小泉内閣は「聖域なき㊾______」をうたって，郵政民営化をはじめとする自由化・規制緩和・民営化を推し進めた。また地方分権を促す㊿________や，地方の実験的な事業を後押しするため各地に㊾___特区を設けた。改革で一時的に成長率は上昇したものの，国民の所得格差が広がり地方の衰退が進んだ。08年にはアメリカのサブプライムローン問題に端を発する世界金融危機（リーマン・ショック）が発生，日本にも大きな影響を与えた。

㉚______
㉛______
㉜______
㉝______
㉞______　㉟______
㊱______
㊲______＝______
㊳______
㊴______
㊵______
㊶______
㊷______
㊸______
㊹______
㊺______
㊻______　㊼______
㊽______
㊾______
㊿______

日本経済

B 重点確認　戦後日本経済の歩み

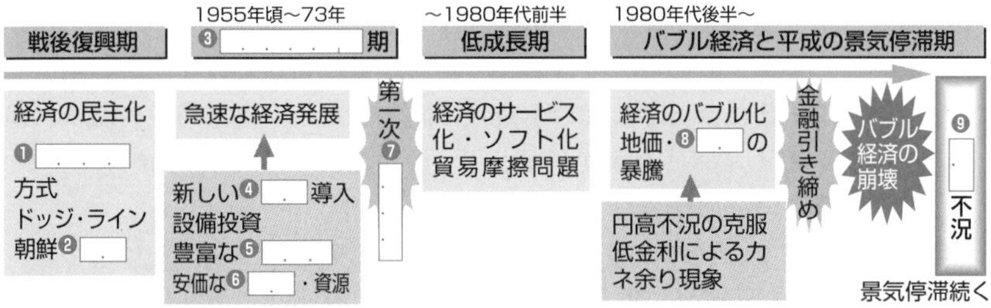

1955年頃～73年
～1980年代前半
1980年代後半～
戦後復興期
❸　期
低成長期
バブル経済と平成の景気停滞期
経済の民主化
❶　方式
ドッジ・ライン
朝鮮❷
急速な経済発展
新しい❹　導入
設備投資
豊富な❺
安価な❻　・資源
第一次❼
経済のサービス化・ソフト化
貿易摩擦問題
経済のバブル化
地価・❽　の暴騰
円高不況の克服
低金利によるカネ余り現象
金融引き締め
バブル経済の崩壊
❾　不況
景気停滞続く

❶______　❷______
❸______
❹______　❺______
❻______　❼______
❽______　❾______

▶▶▶時事正誤チェック　1985年のプラザ合意をきっかけにして円高が急速に進み，輸出依存の日本経済は一時的に不況に陥った。〈13：追試〉　[　　]

23 中小企業／農業問題

A ポイント整理 当てはまることばを書いて覚えよう（＿＿欄には数値が入る）

1 中小企業の現状と課題

(1)中小企業の定義 中小企業の範囲は① ＿＿＿＿＿＿＿ 法で定義されている（左表）。

中小企業の範囲

業　種	従業員規模	資本金規模
製造業・建設業など	② ＿＿人以下	③ ＿＿億円以下
卸売業	100人以下	1億円以下
サービス業	④ ＿＿人以下	⑤ ＿＿万円以下
小売業	50人以下	5,000万円以下

〈注〉いずれか一方に該当すれば中小企業

中小企業の地位

	0% 20 40 60 80 100
事業所数* (2016年)	99.7% 0.3→
製造業の従業者数 (2016年)	65.3 / 34.7
製造業の売上高 (2015年)	37.8 / 62.2
卸売業の売上高 (2015年)	46.9 / 53.1
小売業の売上高 (2015年)	46.7 / 53.3

　　□ 中小企業　□ 大企業

*非1次産業計。製造業は従業員300人以下，卸売業は100人以下，小売業は50人以下を中小企業とする。
（中小企業庁資料）

(2)中小企業の地位 日本の中小企業は，事業所数が全体の⑥ ＿＿＿％，従業者数で約69％，売上高で約44％を占め，日本経済の中で大きな位置を占めている。

(3)二重構造 日本の中小企業は，大企業と比較して⑦ ＿＿＿＿＿＿・生産性・賃金・収益性などの面で大きな格差が存在している。これを⑧ ＿＿＿＿＿＿ とよぶ。その背景には，家族経営中心の零細企業が多数を占めること，大企業の⑨ ＿＿＿＿ として厳しい条件での生産を強いられていること，労働組合の組織率が低く労働者が不利な立場におかれていることなどがある。

(4)下請け・系列 製造業では多くの中小企業が，大企業（親会社）から継続的に部品や原材料の発注を受ける⑨ ＿＿関係にある。また両者が株式保有などを通じて深い取引関係にあるものを⑩ ＿＿＿ という。どちらも中小企業にとっては安定して仕事が受けられる一方，大企業にとっては景気変動時の調整手段にもなっている。

(5)苦境に立つ中小企業 1980年代後半より円高で輸出が伸び悩み，またNIES諸国や中国などアジア諸国の工業化が進展して安い輸入品が大量に流入したため，下請け企業や，地域の特性を生かして日用品などを生産している⑪ ＿＿＿＿＿＿ は苦境に立たされた。

(6)中小企業の新たな展開 中小企業の中には，大企業にはない独自の技術を開発して世界市場を開拓する企業や，IT産業やサービス分野で新しい発想で未開拓分野を切り開いていく⑫ ＿＿＿＿＿＿＿・＿＿＿＿＿＿＿，既存産業のすきまに着目した⑬ ＿＿＿＿＿産業，企業・大学・自治体などが連携し，イノベーションを進める⑭ ＿＿＿＿＿＿＿＿・＿＿＿などが注目を集めている。

(7)起業 2000年代以降，社会のIT化や雇用の不安定化に伴い，自ら⑮ ＿＿＿する人が増えている。会社法・商法改正で⑮ ＿のハードルが下がったことも背景にある。

2 農業・食料問題

(1)農業の現状 日本経済に占める農業の比重は，高度経済成長期以来大きく低下し，GDPに占める農業生産額の割合は約⑯ ＿＿％である（2021年）。

(2)戦後の農政 終戦直後に行われた⑰ ＿＿＿＿＿＿ は多数の自作農を生み出した。しかし，地主制の復活を阻止するための⑱ ＿＿＿法（1952年）は農地の所有や売買を厳しく制限していたため，農家の経営規模は零細なままで，工業との生産性や所得の格差が歴然としていた。

(3)農業基本法 農業と工業の格差の解消を目的に，1961年に⑲ ＿＿＿＿＿＿法が制定され，経営規模の拡大，機械化，自立経営農家の育成などが目指された。以後70年代にかけて農業の生産性は向上したが，農家戸数の減少に歯止めがかからず，⑳ ＿＿＿農家が減少し，農業収入を農外収入が上回る㉑ ＿＿＿＿＿＿農家の比率が増加した。

(4)食糧管理制度 コメの流通は，戦時立法である㉒ ＿＿＿＿＿＿制度に基づき，戦後も政府が全量管理し㉓ ＿＿＿＿＿米価と㉔ ＿＿＿＿＿米価の㉕ ＿＿＿＿＿＿＿制をとっ

① ＿＿＿＿＿＿＿＿＿＿

② ＿＿＿＿＿＿　③ ＿＿＿＿＿

④ ＿＿＿＿＿＿　⑤ ＿＿＿＿＿

⑥ ＿＿＿＿＿＿

⑦ ＿＿＿＿＿＿

⑧ ＿＿＿＿＿＿　⑨ ＿＿＿＿＿

⑩ ＿＿＿＿＿＿　⑪ ＿＿＿＿＿

⑫ ＿＿＿＿＿＿　・＿＿＿＿＿

⑬ ＿＿＿＿＿＿

⑭ ＿＿＿＿＿＿

⑮ ＿＿＿＿＿＿　⑯ ＿＿＿＿＿

⑰ ＿＿＿＿＿＿　⑱ ＿＿＿＿＿

⑲ ＿＿＿＿＿＿　⑳ ＿＿＿＿＿

㉑ ＿＿＿＿＿＿

㉒ ＿＿＿＿＿＿　㉓ ＿＿＿＿＿

㉔ ＿＿＿＿＿＿　㉕ ＿＿＿＿＿

てきた。コメ農家が守られる一方で過剰供給になり，政府に巨額の赤字が発生したため，1970年代から㉖＿＿＿政策によりコメの作付面積を制限した（2018年度に廃止）。また㉗＿＿＿＿＿米が認められ，政府外の直接流通が可能になった。

(5)**農産物の市場開放**　1980年代後半，日本は貿易摩擦問題を背景にアメリカから農産物の市場開放を迫られたため，91年，㉘＿＿＿と㉙＿＿＿＿＿の輸入自由化に踏み切った。コメについてもGATTの㉚＿＿＿＿＿＿・＿＿＿＿＿において部分開放が決定し，6年間の最低輸入義務＝㉛＿＿＿＿＿・＿＿＿＿が課せられたが，99年からは全面的に㉜＿＿＿化された。

(6)**新食糧法**　1994年に成立した㉝＿＿＿＿法により，㉗米を主体としたコメ流通へと転換，食糧管理制度は廃止され，2004年の法改正によりコメの販売が大幅に自由化された。

(7)**新農業基本法・改正農地法**　1999年，㉞＿＿＿＿・＿・＿＿＿＿＿法（新農業基本法）が成立し，食料の安定供給の確保をめざす㉟＿＿＿＿＿・＿・国土や自然環境の保全・農業の持続的発展・農村の振興を掲げた農政が行われている。また2000年に⑱法が改正され，農業に株式会社形態の農業生産法人の参入が認められた。

(8)**農家の分類と農業従事者の減少**　全就業者に占める農業従事者は約3％で，販売農家の半数以上が㊱＿＿＿＿農家である。高齢化や後継者不足による離農で農業従事者が減少し，㊲＿＿＿＿＿＿が増加している。

【販売農家の分類】	65歳未満で年間60日以上農業に従事する者	農業収入と農業外収入のバランス
㊳＿＿＿農家	いる	農業収入＞農業外収入
㊴＿＿＿＿農家		農業収入＜農業外収入
㊱＿＿農家	いない	

(9)**食料自給率**　戦後の日本は，食生活の多様化と貿易の自由化で農産物の輸入が増加し，㊵＿＿＿＿＿＿が低下している。現在日本の㊵＿＿＿は，カロリーベースで約㊶＿＿％（2021年度）。

(10)**食の安全性**　輸入穀物の残留農薬が健康被害をもたらすおそれがある㊷＿＿＿＿＿＿・＿＿＿の問題や，トウモロコシや大豆などの㊸＿＿＿＿＿＿・＿＿作物の表示義務など，食の安全性を守る施策がある。また，食品の生産・流通・加工の経路を追跡する㊹＿＿＿＿＿・＿＿＿も注目されている。

(11)**六次産業化**　生産者が農産品を生産する（第一次産業）だけでなく，加工（第二次産業），流通・販売（第三次産業）までをも手がけることで高付加価値を生み出していく取り組みを㊺＿＿＿＿＿＿という。

㉖＿＿＿＿＿＿＿
㉗＿＿＿＿＿＿＿
㉘＿＿＿＿　㉙＿＿＿＿
㉚＿＿＿・＿＿＿
㉛＿＿＿・＿＿＿
㉜＿＿＿　㉝＿＿＿
㉞＿＿＿・＿・＿＿＿
㉟＿＿＿＿＿＿＿
㊱＿＿＿＿＿＿＿
㊲＿＿＿＿＿＿＿
㊳＿＿＿＿　㊴＿＿＿＿
㊵＿＿＿＿＿＿＿
㊶＿＿＿＿＿＿＿

販売農家戸数と構成の推移
（農林水産省資料）

㊷＿＿＿＿＿＿＿
㊸＿＿＿＿＿＿＿
㊹＿＿＿＿＿＿＿
㊺＿＿＿＿＿＿＿

日本経済

B　重点確認　中小企業問題／農業政策の変遷

＜中小企業問題＞
大企業
各種の格差＝❶＿＿＿
中小企業　大企業の
❷＿＿＿・系列

＜農業政策の変遷＞
❸＿＿＿法 → 食料・農業・農村基本法
自立経営農家の育成　❺＿＿＿＿・環境保全など
❹＿＿＿制度 → 食糧法（❻＿＿＿）
コメの二重価格制　食管会計赤字　コメの販売自由化

❶＿＿＿＿＿＿
❷＿＿＿＿＿＿
❸＿＿＿＿＿＿
❹＿＿＿＿＿＿
❺＿＿＿＿＿＿
❻＿＿＿＿＿＿

▶▶▶ 時事正誤チェック　新食糧法（主要食糧の需給及び価格の安定に関する法律）は，食の安全確保のために流通規制を強化することなどを目的として制定された。〈14：追試〉　[　　]

24 公害と環境保全／消費者問題

A ポイント整理 当てはまることばを書いて覚えよう（＿＿欄には数値が入る）

1 日本の公害問題と環境保全

(1)公害とは 公害とは，人間の活動がもたらす健康被害や生活環境被害で，①＿＿＿＿＿法第２条において，大気汚染・水質汚濁・土壌汚染・騒音・振動・地盤沈下・悪臭の「典型七公害」が定義されている。

(2)高度経済成長期の公害拡大 日本の公害の原点は，明治時代の②＿＿＿＿＿＿事件に遡るが，戦後，高度経済成長期に急速な重化学工業化が進んで③＿＿公害が拡大。都市人口が急増し④＿＿公害・生活型公害も広がった。

四大公害裁判			
公害名	新潟水俣病	⑥＿＿＿＿＿＿	⑦＿＿＿＿＿＿	水俣病（熊本県）
発生地域	新潟県 ⑧＿＿＿川流域	三重県 四日市市	富山県 神通川流域	熊本県 水俣湾周辺
原　因	⑨＿＿＿＿	亜硫酸ガス	カドミウム	⑨＿＿＿
被告企業	昭和電工	コンビナート６社	三井金属鉱業	チッソ

(3)四大公害裁判 1960年代後半には⑤＿＿＿＿＿＿＿が相次いで提訴され，いずれも原告の被害住民側が勝訴して企業の公害責任を認めている。

(4)国の公害対策 1967年に⑩＿＿＿＿＿＿＿＿法が制定され，70年に公害を規制する各種法律が成立し「公害国会」とよばれた。71年には環境庁（現在の⑪＿＿＿＿）が設置され公害行政が一本化した。また73年には公害被害者に対する救済措置を定めた⑫＿＿＿＿＿＿＿＿＿法が制定された。

(5)無過失責任制 過失の有無に関係なく公害を発生させた者が被害の賠償責任を負う⑬＿＿＿＿＿＿＿制が，1972年に⑭＿＿＿＿＿＿＿法や水質汚濁防止法で取り入れられた。

(6)汚染者負担の原則（PPP） 汚染物質を発生させた者が公害防止の費用や被害救済の費用（＝⑮＿＿＿＿＿費用）を負担するという原則を⑯＿＿＿＿＿＿＿＿＿（PPP）といい，公害防止事業費事業者負担法などで適用されている。

(7)濃度規制から総量規制へ 公害物質の排出量の規制は，一律に定めた排出濃度を各企業に守らせる⑰＿＿＿規制から，地域全体の総排出量を定めて超えないようにする⑱＿＿＿規制へと移行している。

(8)環境影響評価 新たに大規模な開発を行う際，環境に与える影響を事前に調査・評価することを義務づけた⑲＿＿＿＿＿＿＿＿法（環境アセスメント法）が1997年に成立した。

(9)公害から環境問題へ 1993年，従来の公害対策基本法を発展的に解消して①＿＿法を制定し，地球環境の維持と持続可能な社会の形成という観点から，数次にわたり環境基本計画を策定している。

(10)循環型社会をめざして 限られた資源を有効活用しつつ地球環境を保全していく⑳＿＿＿＿社会をめざし，2000年に㉑＿＿＿＿＿＿＿＿＿＿＿＿＿＿法が制定された。資源の再利用をはかるための㉒＿＿＿運動（リデュース＝発生抑制，㉓＿＿＿＿＿＿＝再使用，㉔＿＿＿＿＿＿＿＝再生利用）や，廃棄物を出さない㉕＿＿＿＿＿＿・＿＿＿＿＿＿＿社会の実現に向けた施策が行われている。

2 消費者問題

(1)消費者問題 消費者が商品購入時に不利益を受ける問題。消費者は十分な商品情報を持たず（＝情報の㉖＿＿＿＿性），広告宣伝に刺激され消費し（＝㉗＿＿＿効果），周囲の人の消費行動から影響を受け消費する（＝㉘＿＿＿

① ＿＿＿＿＿＿＿＿＿＿

② ＿＿＿＿＿＿＿＿＿＿

③ ＿＿＿＿＿＿ ④ ＿＿＿＿＿＿

⑤ ＿＿＿＿＿＿＿＿＿＿

⑥ ＿＿＿＿＿＿＿＿＿＿

⑦ ＿＿＿＿＿＿＿＿＿＿

⑧ ＿＿＿＿＿ ⑨ ＿＿＿＿＿

⑩ ＿＿＿＿＿＿＿＿＿＿

⑪ ＿＿＿＿＿＿＿＿＿＿

⑫ ＿＿＿＿＿＿＿＿＿＿

⑬ ＿＿＿＿＿＿＿＿＿＿

⑭ ＿＿＿＿＿＿＿＿＿＿

⑮ ＿＿＿＿＿＿＿＿＿＿

⑯ ＿＿＿＿＿＿＿＿＿＿

⑰ ＿＿＿＿＿ ⑱ ＿＿＿＿＿

⑲ ＿＿＿＿＿＿＿＿＿＿

⑳ ＿＿＿＿＿＿＿＿＿＿

㉑ ＿＿＿＿＿＿＿＿＿＿

㉒ ＿＿＿＿＿ ㉓ ＿＿＿＿＿

㉔ ＿＿＿＿＿＿＿＿＿＿

㉕ ＿＿＿＿＿・＿＿＿＿＿

㉖ ＿＿＿＿＿ ㉗ ＿＿＿＿＿

㉘ ＿＿＿＿＿＿＿＿＿＿

＿＿＿＿・＿＿＿＿＿効果）傾向があり，㉙＿＿＿＿主権の確立が課題である。

(2)消費者の四つの権利　アメリカの㉚＿＿＿＿＿＿大統領は1962年に「消費者の㉛＿＿＿＿＿＿＿＿」（安全を求める権利・知らされる権利・㉜＿＿＿＿できる権利・意見を聞いてもらう権利）を提唱し，以後コンシューマリズム（＝消費者第一主義）が進展することとなった。

(3)日本の消費者運動　森永ヒ素ミルク事件，サリドマイド事件など深刻な消費者問題の発生に対し，1960〜70年代に消費者運動が活発化した。

(4)消費者保護行政

㉝＿＿＿＿＿＿法（2004年）	1968年制定の㉞＿＿＿＿＿＿＿・＿法から2004年に改定。消費者の利益の擁護をはかり，国・自治体・事業者の責務と消費者の役割を定める。
㉟＿＿＿＿＿＿・＿＿＿（1970年）	消費者への情報提供・苦情相談などを実施する国の機関（独立行政法人）。地方自治体には㊱＿＿＿＿＿＿＿＿が置かれた。
㊲＿＿＿＿＿＿法（PL法）（1994年）	欠陥商品によって消費者が被害を受けた場合，メーカーの過失の有無にかかわらずメーカーが損害賠償責任を負う制度。
㊳＿＿＿＿＿	製品に欠陥が見つかった場合，法令の規定または製造者・販売者の判断で，無償回収・修理・返金などをおこなうこと。
㊴＿＿＿＿＿＿・＿＿＿＿	訪問販売・割賦販売・マルチ商法などで消費者が代金を支払った後でも，一定期間内なら無条件で解約できる制度。㊵＿＿＿＿＿＿の原則に一定の修正を加えている。㊶＿＿＿＿＿＿＿法・割賦販売法などに規定がある。
㊷＿＿＿＿＿＿法（2000年）	悪質な契約の取り消しや消費者に一方的に不利な条項を無効にできる権利を消費者に与え，保護するための法律。
㊸＿＿＿＿＿＿・＿法（2003年）	食品の安全性を確保し消費者を保護するための包括的な施策を定めた法律。内閣府に食品安全委員会を設置することを定めた。
㊹＿＿＿＿＿＿・＿＿制度（2006年）	契約トラブル等で多数の被害者を出している業者に対し，消費者団体が被害者に代わって訴訟を起こすことができる制度。
㊺＿＿＿＿＿法（2006年）	消費者金融会社の㊻＿＿＿＿＿＿＿・＿金利による貸し付けで消費者が㊼＿＿＿＿＿を負って自己破産するケースに対処する法律。
㊽＿＿＿＿庁（2009年）	各省庁にまたがる消費者行政を一元化し，様々な消費者問題に対応する専門の行政機関として発足。内閣府の外局。

(5)近年の消費者問題　薬害エイズ事件・薬害肝炎問題などウイルスに汚染された血液製剤の輸血による健康被害や，食品の産地・消費期限の偽装表示問題，インターネット通販で購入の覚えのない商品の請求が届く詐欺事件やワンクリック詐欺など多岐にわたっている。

㉙＿＿＿＿＿
㉚＿＿＿＿＿
㉛＿＿＿＿＿
㉜＿＿＿＿＿
㉝＿＿＿＿＿
㉞＿＿＿＿＿
㉟＿＿＿＿＿
㊱＿＿＿＿＿
㊲＿＿＿＿＿
㊳＿＿＿・＿＿
㊴＿＿＿＿＿
㊵＿＿＿＿＿
㊶＿＿＿＿＿
㊷＿＿＿＿＿
㊸＿＿＿＿＿
㊹＿＿＿＿＿
㊺＿＿＿＿＿
㊻＿＿＿＿＿
㊼＿＿＿＿＿㊽＿＿＿＿＿
㊾＿＿＿＿＿
㊿＿＿＿＿＿

悪質商法の例
・㊾＿＿＿＿＿＿・＿＿＿…路上で調査などを口実に接近し売買契約を結ばせる。
・㊿＿＿＿＿＿＿…商品の購買を増やすとマージンが入る商法。
・アポイントメント商法…電話などで「海外旅行に当選しました」などといって呼び出し，商品の購入を勧誘して契約させる商法。
・ネガティブ・オプション…注文していない商品を自宅に送りつけ，購入しないという意思表示をしないと購入すると見なして代金を請求する商法。

B　重点確認　日本の公害問題／消費者主権

〈日本の公害問題〉

公害対策・被害者救済（1960年代末〜70年代）→環境問題全般を視野に入れた環境政策へ（1990〜）

公害国会（1970年）
公害対策基本法（1967年）➡❹＿＿＿＿＿＿＿（1993年）
環境庁設置（1971年）┈➡環境省に格上げ（2001年）
❶＿＿＿・＿＿補償法（1973年）➡環境❺＿＿＿＿＿法（環境影響評価を義務づけ）
四大公害裁判

汚染者の賠償・補償責任
❷＿＿＿負担の原則＝PPP　❸＿＿＿責任の原則

〈消費者主権〉

消費者
ケネディが示した
消費者の❻＿＿＿・＿＿＿
↓
❼＿＿＿・＿＿＿で解約
❽＿＿＿法で損害賠償請求
↓
業者・メーカー
（消費者行政）

❶＿＿＿＿＿
❷＿＿＿＿＿❸＿＿＿＿＿
❹＿＿＿＿＿
❺＿＿＿＿＿
❻＿＿＿＿＿
❼＿＿＿・＿＿
❽＿＿＿＿＿

▶▶時事正誤チェック　公害防止のために国の法律による規制が行われており，公害防止条例を制定した地方自治体は，存在しない。〈14：本試〉　[　]

25 労働運動の歩みと労働基本権

1 労働問題の発生

労働者は生計を立てるために，企業は自らの事業を進めるために，お互いが①＿＿＿＿＿＿の原則の下，②＿＿＿＿＿＿を交わして雇用関係を結ぶ。しかし実際は雇う側（＝使用者）が優位に立ちやすく，利潤追求のあまり低賃金・長時間労働・児童労働など労働者を不利な条件で雇用することが原因で，③＿＿＿＿＿が発生する。

2 労働運動の歩み

(1)**世界の労働運動** 産業革命を経て④＿＿＿＿＿＿経済が成立すると，労働者は過酷な労働条件を余儀なくされた。19世紀初頭のイギリスでは，機械化で職を奪われた熟練労働者達が⑤＿＿＿＿＿＿＿運動（＝機械打ち壊し運動）を起こし，以後⑥＿＿＿＿＿＿を結成して資本家と対抗するようになった。19世紀後半からは労働者の国際的な組織化が行われ，1919年，労働条件の改善をめざす国際機関として⑦＿＿＿＿＿＿＿＿＿＿（ILO）が設立された。

(2)**戦前の日本の労働運動** 1897年設立の⑧＿＿＿＿＿＿＿＿＿のもとで日本でも労働組合が結成され始めたが，⑨＿＿＿＿＿＿法（1900年）・⑩＿＿＿＿＿＿法（1925年）によって厳しく弾圧された。一方で労働者保護法制である⑪＿＿法（1911年）が制定されたが不十分なものだった。戦時中は国家総動員法（1938年）に沿って⑫＿＿＿＿＿＿＿＿＿＿＿＿が発足（1940年）し，労働組合を解散し労使一体となって戦時体制へ移行した。

(3)**戦後の日本の労働運動** 第二次世界大戦後，民主化政策の下で労働組合法が制定され，新しい労働組合が次々に誕生した。戦前と異なり⑬＿＿＿＿＿組合が中心となった。1950年代には総評，同盟など全国的な中央組織（＝⑭＿＿＿＿＿＿＿＿＿＿＿＿＿）が組織された。これらは1989年，日本労働組合総連合会（＝⑮＿＿＿），全国労働組合総連合（＝⑯＿＿＿＿＿），全国労働組合連絡協議会（＝⑰＿＿＿＿＿）等に再編された。

3 労働基本権・労働三法

(1)**労働基本権・労働三法とは** 日本国憲法第27条で国民の⑱＿＿＿権を，第28条で労働三権【⑲＿＿＿権・団体交渉権・⑳＿＿＿＿＿＿権（＝争議権）】を定め，これらを総称して㉑＿＿＿＿＿＿権という。これを具現化するために労働三法（労働基準法・㉒＿＿＿＿＿＿＿法・㉓＿＿＿＿＿＿＿＿＿法）が定められた。

(2)**公務員の労働基本権の制限** 公務員は一律に⑳＿＿権が制限されている。そのため，国家公務員は㉔＿＿＿＿＿，地方公務員は㉕＿＿＿＿＿＿＿が労働条件について勧告を行う。

4 労働基準法

(1)**労働基準法とは** 労働時間や休日など労働条件の㉖＿＿＿基準を定めた法律。労働基準法に違反する②＿＿は無効である。賃金の最低基準は㉗＿＿＿＿＿法（1959年）で定められ，また安全な職場環境の形成のため㉘＿＿＿＿＿＿＿＿＿法（1972年）が制定されている。

(2)**労働基準法の主な内容**

	主な条項	具体的内容
4条	㉙＿＿＿＿＿＿＿の原則	女性であることを理由に，男性と賃金に差を付けてはならない。

① ＿＿＿＿＿＿＿＿＿

② ＿＿＿＿＿＿＿＿＿

③ ＿＿＿＿＿＿＿＿＿

④ ＿＿＿＿＿＿＿＿＿

⑤ ＿＿＿＿＿＿＿＿＿

⑥ ＿＿＿＿＿＿＿＿＿

⑦ ＿＿＿＿＿＿＿＿＿

⑧ ＿＿＿＿＿＿＿＿＿

⑨ ＿＿＿＿＿＿＿＿＿

⑩ ＿＿＿＿＿ ⑪ ＿＿＿＿＿

⑫ ＿＿＿＿＿＿＿＿＿

⑬ ＿＿＿＿＿＿＿＿＿

⑭ ＿＿＿＿＿＿＿＿＿

⑮ ＿＿＿＿＿ ⑯ ＿＿＿＿＿

⑰ ＿＿＿＿＿＿＿＿＿

⑱ ＿＿＿＿＿ ⑲ ＿＿＿＿＿

⑳ ＿＿＿＿＿＿＿＿＿

㉑ ＿＿＿＿＿＿＿＿＿

㉒ ＿＿＿＿＿＿＿＿＿

㉓ ＿＿＿＿＿＿＿＿＿

㉔ ＿＿＿＿＿＿＿＿＿

㉕ ＿＿＿＿＿＿＿＿＿

㉖ ＿＿＿＿＿ ㉗ ＿＿＿＿＿

㉘ ＿＿＿＿＿＿＿＿＿

㉙ ＿＿＿＿＿＿＿＿＿

20条	解雇の予告	最低㉚＿＿日前に予告。予告しないときは㉛＿＿日分以上の平均賃金の支払い義務あり。
24条	賃金の支払い	通貨で全額を，直接，毎月1回以上，一定の期日に払う。（賃金支払いの5原則）
32条	労働時間	法定労働時間は，1日㉜＿＿時間，1週㉝＿＿時間以内。
37条	時間外，休日および深夜の割増賃金	1か月に60時間を超える㉞＿＿＿＿＿を行う場合の割増賃金率の引き上げ（従来の25％から50％に）。その割増賃金の引き上げ分を，労使協定により有給付与とすることも可能（代替休暇制度）。
39条	㉟＿＿＿＿＿休暇	6か月以上継続勤務し全労働日数の8割以上の出勤者に，㊱＿＿日以上の休日（最高20日）を与え，うち5日は使用者が義務的に取得させる。
56条	最低年齢	満㊲＿＿歳未満の児童を労働者として雇用することを原則禁止。
61条	㊳＿＿＿の禁止	満18歳未満の労働者の深夜労働（午後10時～午前5時）禁止。
65条	産前産後	申請により産前は6週間，産後は㊴＿＿週間の休業を与える。
67条	育児時間	生後満㊵＿＿歳未満の生児を育てる女性は育児時間を請求できる。

(3)**労働条件の監督機関**　厚生労働省に㊶＿＿＿＿＿＿＿，都道府県に労働局，都道府県管内に㊷＿＿＿＿＿＿．＿＿が置かれている。

⑤ 労働組合法

(1)**労働組合法とは**　労働者による＿⑥＿の結成，労使間の団体交渉，㊸＿＿＿＿＿の締結等に関して定めている。

(2)**内容**　使用者が団結権を侵害したり労働組合運動を妨害する㊹＿＿＿＿＿＿．＿を禁止している。また，労働組合の正当な団体交渉や争議行為については刑事・民事上の㊺＿＿＿が規定されている。

⑥ 労働関係調整法

(1)**労働関係調整法とは**　労使間の交渉が決裂して自主的に解決できない場合，㊻＿＿＿＿＿＿会が斡旋・調停・仲裁により調整を図ることを定めている。

(2)**緊急調整**　内閣総理大臣は，公益事業で国民経済に重大な影響があると認めた場合，その争議行為を50日間禁止することができる。これを㊾＿＿＿＿＿＿という。

(3)**労働審判制度**　2006年施行の㊿＿＿＿＿＿＿法に基づき，残業代未払いなど，事業主と労働者の個別トラブルを労働審判委員会が迅速に審理・解決する制度。

斡旋	斡旋員が労使の自主的解決を促す。
㊼＿＿	使用者・労働者・公益を代表する調停委員からなる調停委員会が調停案を提示して受諾を促す。
㊽＿＿	公益を代表する委員からなる仲裁委員会が仲裁裁定を下す。仲裁裁定は労使を法的に拘束する。

㉚＿＿＿＿＿　㉛＿＿＿＿＿
㉜＿＿＿＿＿　㉝＿＿＿＿＿
㉞＿＿＿＿＿
㉟＿＿＿＿＿
㊱＿＿＿＿＿　㊲＿＿＿＿＿
㊳＿＿＿＿＿
㊴＿＿＿＿＿　㊵＿＿＿＿＿
㊶＿＿＿＿＿
㊷＿＿＿＿＿
㊸＿＿＿＿＿
㊹＿＿＿＿＿
㊺＿＿＿＿＿
㊻＿＿＿＿＿
㊼＿＿＿＿＿　㊽＿＿＿＿＿
㊾＿＿＿＿＿
㊿＿＿＿＿＿

日本経済

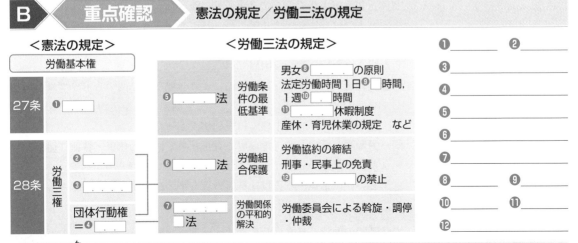

B　重点確認　憲法の規定／労働三法の規定

＜憲法の規定＞

労働基本権

| 27条 | ❶＿＿＿＿＿ |

28条	労働三権	❷＿＿＿＿＿
		❸＿＿＿＿＿
		団体行動権＝❹＿＿＿＿＿

＜労働三法の規定＞

❺＿＿＿法	労働条件の最低基準	男女❽＿＿＿＿＿の原則 法定労働時間1日❾＿時間，1週❿＿時間 ⓫＿＿＿＿＿休暇制度 産休・育児休業の規定　など
❻＿＿＿法	労働組合保護	労働協約の締結 刑事・民事上の免責 ⓬＿＿＿＿＿の禁止
❼＿＿＿法	労働関係の平和的解決	労働委員会による斡旋・調停・仲裁

❶＿＿＿＿＿　❷＿＿＿＿＿
❸＿＿＿＿＿
❹＿＿＿＿＿
❺＿＿＿＿＿
❻＿＿＿＿＿
❼＿＿＿＿＿
❽＿＿＿＿＿　❾＿＿＿＿＿
❿＿＿＿＿　⓫＿＿＿＿＿
⓬＿＿＿＿＿

▶▶▶時事正誤チェック　労働基準法は，使用者に対して，女性に深夜労働を命じてはならないとしている。〈14：本試〉　［　］

26 現代の労働問題

A ポイント整理　当てはまることばを書いて覚えよう（＿＿欄には数値が入る）

1 崩れつつある日本的労使関係

(1)日本的労使関係　日本的な雇用慣行として，定年まで同一企業に勤める
①＿＿＿＿＿制，勤続年数によって賃金が上がる②＿＿＿＿＿＿・＿＿制，企業
単位で組織される③＿＿＿＿＿＿の三つがあり，企業への帰属意識と忠誠心
を強固にし，高度経済成長の原動力となった。

(2)雇用慣行の変化　1990年代初頭のバブル崩壊や経済のグローバル化に伴い
こうした慣行が崩れ，職務遂行能力や業績を重視した④＿＿給・⑤＿＿制
など⑥＿＿主義を採用する企業が増え，また中途採用・転職が増加し労働
力の流動化も進んでいる。

①＿＿＿＿＿＿＿＿＿＿

②＿＿＿＿＿＿＿＿＿＿

③＿＿＿＿＿＿＿＿＿＿

④＿＿＿＿＿　⑤＿＿＿＿

⑥＿＿＿＿＿＿＿＿＿＿

⑦＿＿＿＿＿　⑧＿＿＿＿

就業区分

15歳以上人口のうち，月末1週間に1時間以上，収入の伴う仕事を		《区　分》		
した	→	従業者	}就業者	}⑧＿＿＿人口
しなかった	仕事を休んでいた →	休業者		
	仕事を探していた →	⑦＿＿＿＿＿者		
	家事や通学等していた →			非労働力人口

2 雇用の不安定化

(1)完全失業率　⑧＿＿人口に占める⑦＿＿
者の割合を⑦＿＿率といい，リーマ
ン・ショック後の2009年に5.1％ま
で上昇したものの22年には2.6％ま
で下降した。

(2)非正規雇用者の増加　多くの企業は円高不況・平成不況の際に大規模な
⑨＿＿＿＿＿＿・＿＿＿＿＿＿で人員を削減した。以後，景気の上下に伴って労
働力が調整しやすく，⑩＿＿＿＿＿者に比べ賃金の低い，アルバイト・⑪＿
＿＿＿＿＿・＿＿・派遣社員・⑫＿＿社員など⑬＿＿＿＿＿＿者への依存を強め
ており，雇用者全体の約3分の1を占めている。

(3)パートタイム・有期雇用労働法　短時間雇用で女性の比率の高い⑪＿＿の
労働条件を保護するため，1993年に⑭＿＿＿＿＿＿・＿＿＿法が制定され，
2018年の改正で有期雇用労働者も含まれるようになった。

(4)派遣労働者　人材派遣会社の雇用下にあり，その会社が派遣契約を結んだ企
業へ派遣されて働く⑮＿＿＿＿＿＿が，2000年代に急増した。派遣期間が極端
に短い⑯＿＿＿＿派遣や，経営悪化で安易に解雇する⑰＿＿＿＿＿が社会問題と
なり，⑱＿＿＿＿＿＿法で⑯＿派遣を原則禁止するなど法改正を重ねている。

(5)フリーター，ニート，働く貧困層　15～34歳の若者のうち，アルバイトな
ど非正規雇用で生計を立てる人を⑲＿＿＿＿＿＿とよび，就学・就職せず職
業訓練も受けていない人を⑳＿＿＿＿＿とよぶ。若者の離職率が上昇し，就業
意欲がない若者の増加が顕著だ。また，非正規雇用が進み極めて低い収入
しか得られない「働く貧困層」（㉑＿＿＿＿＿＿・＿＿）が急増している。

(6)労働契約法　パートや派遣の増加により労働契約に関するトラブルが増加
しているため，2007年，㉒＿＿＿＿＿法を制定し労働契約がルール化され
た。後の改正で「雇い止め」に規制がかかった。

(7)同一労働同一賃金　非正規雇用でも正社員と同一の仕事・職種に従事して
いれば同一水準の賃金が支給されるべき，という考え方を㉓＿＿＿＿＿＿・＿
＿＿といい，正規・非正規社員間の賃金格差縮小が目指されている。

3 労働形態の多様化

(1)労働時間の現状　日本は欧米に比べ時間外労働や㉔＿＿＿＿＿＿・＿が多く，

⑨＿＿＿＿＿＿＿＿＿＿

⑩＿＿＿＿＿＿＿＿＿＿

⑪＿＿＿＿＿＿＿＿＿＿

⑫＿＿＿＿＿＿＿＿＿＿

⑬＿＿＿＿＿＿＿＿＿＿

⑭＿＿＿＿＿＿＿＿＿＿

⑮＿＿＿＿＿＿＿＿＿＿

⑯＿＿＿＿＿　⑰＿＿＿＿

⑱＿＿＿＿＿＿＿＿＿＿

⑲＿＿＿＿＿＿＿＿＿＿

⑳＿＿＿＿＿＿＿＿＿＿

㉑＿＿＿＿＿＿＿＿＿＿

㉒＿＿＿＿＿＿＿＿＿＿

㉓＿＿＿＿＿＿＿＿＿＿

㉔＿＿＿＿＿＿＿＿＿＿

㉕＿＿＿＿＿の消化率が低く，㉖＿＿＿＿＿制の実施が遅れていると
いわれる。長時間労働が原因の㉗＿＿＿や，メンタル障がいなど新たな形
の㉘＿＿＿＿が発生している。

㉙＿＿＿・＿＿＿制	一定の時間帯の中で出社・退社時間を自由に決められる制度。法定労働時間（週40時間）の枠内で一日の労働時間を弾力的に決められる㉚＿＿＿＿＿制の一種。
㉛＿＿＿＿制	出社するしないにかかわらず労使協定で定めた時間働いたこととみなす労働形態。ホワイトカラー全般に適用されている。
㉜＿＿＿＿・＿＿＿	一人あたりの労働時間を短縮し多くの人に仕事を分配すること。
㉝＿＿＿・＿＿＿＿＿・制度	高度な専門知識を有し一定額の年収を超える労働者について，労働時間の規制から除外する制度。2018年の働き方改革にて導入。

4 労働と社会参加

(1)**公共職業安定所**　職業安定法に基づき，無料で求人・求職の情報提供や職業指導，雇用保険の失業給付などをおこなう。愛称は㉞＿＿＿＿＿＿。

(2)**女性の労働問題**　雇用者全体に占める女性の割合は約46％で，そのうち⑪＿＿など⑬＿者が約52％を占め（男性は約20％），待遇や賃金の男女格差が問題となっている（2022年）。

(3)**男女雇用機会均等法**　1985年，昇進や待遇などで女性が男性と同等に扱われることを定めた㉟＿＿＿＿＿＿＿法が制定された。97年の改正では女性への㊱＿＿＿＿＿防止配慮義務を事業主に課した。2006年の改正では，直接的ではなくとも女性の不利益になる一定の取り扱いを㊲＿＿＿＿＿として禁止し，また男性も対象に加えた㊱防止措置義務が盛り込まれた。

(4)**育児・介護休業法**　㊳＿＿＿・＿＿＿＿法では，㊴＿＿労働者は子が満1歳になるまで休業を申請でき，保育所に入れない場合は最長㊵＿＿歳になるまで休業を延長することができる。また，要介護状態にある家族の介護のためには通算93日までの休業を申し出ることができるとしている。

(5)**障害者雇用促進法**　障がい者の職業の安定を目指し，事業主に一定割合の障がい者の雇用を義務づけた法律を㊶＿＿＿＿＿＿＿法という。

(6)**高年齢者の雇用促進**　年金支給年齢の65歳への引き上げに伴って，㊷＿＿＿＿＿・＿＿＿法は，企業に対し㊸＿＿の引き上げ・継続雇用制度の導入・㊸制の廃止のいずれかの措置を義務づけ，継続雇用を希望する労働者は引き続き雇用されるようになった。

(7)**外国人労働者**　従来外国人労働者の㊹＿＿＿＿＿への就労を禁止してきたが，在留許可を得ずに働く㊺＿＿＿＿＿が後を絶たなかった。2019年，国内の労働者不足を背景に在留資格が見直され，解禁された。

(8)**仕事と生活の調和**　女性の社会進出や少子高齢化，働くことへの価値観の変化を背景に，性別・年齢を問わず誰もが仕事と生活の調和をはかれるようなしくみを作るという考え方を㊻＿＿＿・＿＿＿・＿＿＿という。

右段解答欄：
㉕＿＿＿＿
㉖＿＿＿＿
㉗＿＿＿＿　㉘＿＿＿＿
㉙＿＿＿＿
㉚＿＿＿＿
㉛＿＿＿＿
㉜＿＿＿＿
㉝＿＿＿＿
㉞＿＿＿＿

㉟＿＿＿＿
㊱＿＿＿＿
㊲＿＿＿＿
㊳＿＿＿＿・＿＿＿
㊴＿＿＿＿　㊵＿＿＿＿
㊶＿＿＿＿
㊷＿＿＿＿
㊸＿＿＿＿　㊹＿＿＿＿
㊺＿＿＿＿
㊻＿＿＿＿・＿＿＿・＿＿＿

M字型雇用　年齢階層別女性労働力人口比率

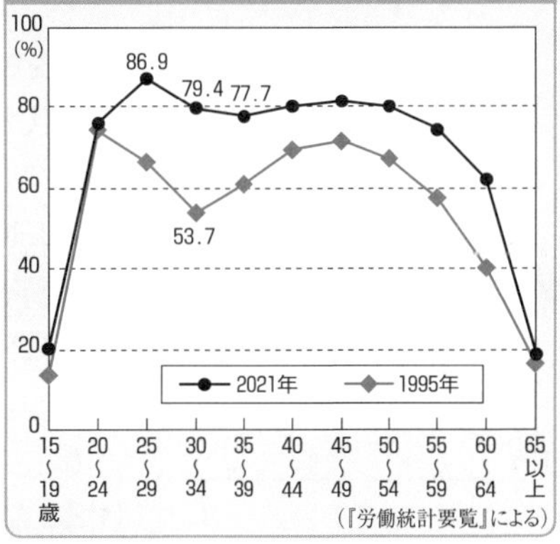

86.9　79.4　77.7　53.7

凡例：2021年　1995年

（『労働統計要覧』による）

（縦書き）日本経済

B　重点確認　日本の労働市場とその変化

日本的経営方式
❶＿＿＿＿制
❷＿＿＿＿型賃金
❸＿＿＿＿労働組合

1990年代　平成不況で失業者の増加
リストラ・合理化進展
若者の意識変化

雇用形態・雇用情勢の変化
出向・転籍・中途採用・転職の増加
女性労働者の増加
❹＿＿＿＿タイマー・❺＿＿＿＿者の増加，能力給・❻＿＿＿制の導入

❶＿＿＿＿　❷＿＿＿＿
❸＿＿＿＿　❹＿＿＿＿
❺＿＿＿＿　❻＿＿＿＿

時事正誤チェック　定職に就かないフリーターや，就職も進学もせず職業訓練も受けないニートと呼ばれる若者への政策的対応の必要性が高まった。〈14：追試〉　[　　]

27 社会保障の歩み

A ポイント整理 当てはまることばを書いて覚えよう（＿欄には数値が入る）

1 社会保障の理念

(1)**社会保障の理念** 社会保障は，憲法第25条に定められた①＿＿＿をすべての国民に保障することを理念として，国や地方自治体が，国民としての最低限度の生活＝②＿＿＿＿＿・＿＿＿＿＿を基準として所得保障や医療保障，福祉サービスを行うものである。

2 社会保障制度の発展

(1)**資本主義初期** 資本主義の初期には，貧困・失業・疾病は③＿＿の責任とされた。1601年イギリスで制定され，公的扶助制度のルーツといわれるエリザベス④＿＿法も，その対象は労働能力のない貧窮者に限られていた。

(2)**19世紀後半** 19世紀の後半，労働運動や社会主義運動が激しくなり，ドイツの⑤＿＿＿＿＿は1883年に⑥＿＿＿＿法を制定し，災害保険・老廃保険をあわせて世界最初の保険制度を創設した。これは，社会主義運動弾圧の代償として行われたので，「⑦＿＿＿＿＿の政策」とよばれた。イギリスでも1911年に国民保険法で健康保険と失業保険が設けられた。

(3)**1930年代** 1929年の⑧＿＿＿＿は大量の失業者を発生させ，また社会主義国家として成立したソ連の社会福祉政策もきっかけとなり，国家の責任で失業・貧困を解決することをうながした。アメリカでは35年⑨＿＿＿＿＿＿政策の一環として公的扶助と社会保険を含む⑩＿＿＿＿＿法が制定され，初めて社会保障という言葉が使われた。

(4)**20世紀後半** 第二次世界大戦後，①＿を具体的に保障するものとして社会保障制度が本格的に整備・拡充された。イギリスでは1942年の⑪＿＿＿＿＿報告をもとに，48年労働党内閣によって「⑫＿＿＿＿＿・＿＿＿＿＿」といわれる社会保障制度が整備された。国際的には，ILOが44年に⑬＿＿＿＿＿・＿＿＿宣言で社会保障の国際的な原則を示し，48年には国連で採択された⑭＿＿＿＿＿宣言で社会権の享受が確認された。また，52年にはILO⑮＿＿号条約によって社会保障の最低基準を示した。

3 各国の社会保障制度

(1)**北欧型と大陸型** 社会保障制度の体系は，各国の歴史的・社会的なさまざまな条件を反映して，国によって独特の性格をもっているが，大きく「北欧型」と「大陸型」の2類型に分けられる。

⑯＿＿＿型	⑰＿＿＿型
全国民を対象に無差別・平等の保障 ⑱＿＿による一般財源中心，公的扶助中心 階層・貧富の差に関係なく均一の給付 ＝均一方式	職種や階層ごとの制度 ⑲＿＿＿＿＿負担中心，社会保険中心 保険料と給付を所得に比例させる方式 ＝⑳＿＿＿＿＿方式
㉑＿＿＿＿＿＿，イギリス　など	㉒＿＿＿＿，フランス　など

(2)**その他** アメリカは伝統的に個人主義と地方分権を原則とし，民間保険を中心に発達した。戦後，公的な年金制度や，高齢者や低所得者を対象とした公的医療保険制度が整備されてきた。また，日本は事業主・被保険者・

各国の社会保障の財源構成

	公費負担	被保険者拠出 事業主拠出	その他
フランス'09	31.9%	43.6%	21.0%（その他3.5%）
ドイツ'09	35.2	34.0	28.9（1.9）
日本'20	31.9　18.9	20.9	28.3
イギリス'09	48.9	32.1	11.8（7.2）
スウェーデン'09	51.9	36.4	9.6（2.1）

（国立社会保障・人口問題研究所資料などによる）

①＿＿＿＿＿＿＿＿＿＿

②＿＿＿＿・＿＿＿＿

③＿＿＿＿　④＿＿＿＿

⑤＿＿＿＿＿＿

⑥＿＿＿＿＿＿

⑦＿＿＿＿＿＿

⑧＿＿＿＿＿＿

⑨＿＿＿＿＿＿

⑩＿＿＿＿＿＿

⑪＿＿＿＿＿＿

⑫＿＿＿＿＿＿

⑬＿＿＿＿＿＿

⑭＿＿＿＿＿＿

⑮＿＿＿＿＿＿

⑯＿＿＿＿　⑰＿＿＿＿

⑱＿＿＿＿　⑲＿＿＿＿

⑳＿＿＿＿＿＿

㉑＿＿＿＿＿＿

㉒＿＿＿＿＿＿

国や自治体の財政負担がほぼ同じで㉓＿＿＿＿＿型といわれている。

4 日本の社会保障の歩み

(1)戦前　戦前は，貧困は個人の責任であるとする考え方が強く，日本で最初の公的扶助制度，㉔＿＿＿規則（1874年）や救護法（1929年）も，慈恵的で不十分なものであった。1922年には㉕＿＿＿＿＿法（最初の社会保険制度）も制定されたが，労働者全員を対象とするものではなかった。

(2)戦後～高度経済成長期　日本国憲法第25条で①＿＿の保障が国の責務であることが明示され，これを基本理念として社会保障制度が整備されていった。1950年には㉖＿＿＿＿＿＿＿（新法※旧法は46年）が制定され，61年までに医療や年金について国民㉗＿＿＿＿＿・＿＿＿が実現した。その後も児童手当制度の創設など社会保障制度は拡充が図られた。政府は73年を「㉘＿＿＿＿＿」として，健康保険法の改正や70歳以上の老人医療費の㉙＿＿化などを実現した。

(3)石油危機～今日　石油危機は福祉国家の理想を大きく後退させた。低成長期に入ると厳しい財政の中で，社会保障の整備は遅れ気味となっている。さらに㉚＿＿＿＿＿社会の進展で日本の社会保障制度は大きな転換期を迎えている。

㉓＿＿＿＿＿　㉔＿＿＿＿＿

㉕＿＿＿＿＿＿＿

㉖＿＿＿＿＿＿＿

㉗＿＿＿＿＿・＿＿＿

㉘＿＿＿＿＿＿＿

㉙＿＿＿＿＿　㉚＿＿＿＿＿

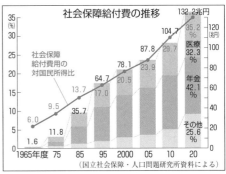

社会保障給付費の推移
132.2兆円
医療 32.3 %
年金 42.1 %
その他 25.6 %
社会保障給付費用の対国民所得比
（国立社会保障・人口問題研究所資料による）

5 日本の社会保障の体系

㉛＿＿＿＿＿	医療保険・年金保険・雇用保険・労働者災害補償保険・介護保険の５種。	日本の社会保障の中核的制度。費用は原則㉜＿＿＿でまかなう。事業主と本人・自治体が負担。
㉝＿＿＿＿＿	生活保護法による生活困窮者への生活保護。	（生活・教育・住宅・医療・出産・生業・葬祭・介護）の８つの扶助。費用は全額㉞＿＿＿。資産調査の上で，不足分についてのみ支給される。
㉟＿＿＿＿＿	児童・母子家庭・障がい者など社会的弱者に対する生活援護。	費用は原則全額公費。社会福祉法（基本事項を規定）と㊱＿＿＿六法が制定されている。
㊲＿＿＿＿＿	疾病の予防や環境衛生。	費用は全額公費。㊳＿＿＿＿＿＿法によって各自治体に設置された㊴＿＿＿＿＿が活動の中心。

㉛＿＿＿＿＿
㉜＿＿＿＿＿
㉝＿＿＿＿＿
㉞＿＿＿＿＿
㉟＿＿＿＿＿
㊱＿＿＿＿＿
㊲＿＿＿＿＿
㊳＿＿＿＿＿
㊴＿＿＿＿＿

B　重点確認　社会保障の歩み

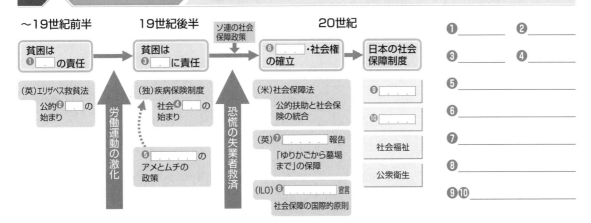

❶＿＿＿＿＿　❷＿＿＿＿＿

❸＿＿＿＿＿　❹＿＿＿＿＿

❺＿＿＿＿＿

❻＿＿＿＿＿

❼＿＿＿＿＿

❽＿＿＿＿＿

❾❿＿＿＿＿＿

▶▶▶時事 正誤チェック ✓ 老人保健制度は，老人医療費の増大に対処するために，後期高齢者医療制度に代わって導入された。〈14：追試〉 [　　]

28 社会保障・福祉の現状と課題

A ポイント整理 当てはまることばを書いて覚えよう（＿＿欄には数値が入る）

1 日本の社会保障制度の問題点

(1)**少子高齢化** 全人口に占める65歳以上人口の割合（＝高齢化率）が7％超の社会を①＿＿＿＿＿＿，14％超で②＿＿＿＿＿，21％超で③＿＿＿＿＿＿とよぶ。現在の日本は29.0％（2022年）であり，急速な高齢化が進行している。一方，一人の女性が一生のうちに出産する子どもの数（＝④＿＿＿＿＿＿.＿率）は1.30（2021年）と低く，⑤＿＿＿が進行している。2005年以降日本の人口は自然減に転じ，⑥＿＿＿＿＿社会へ突入した。

(2)**日本の社会保障制度の問題点** 少子高齢化が進む中で，社会保障の財源確保が最大の課題である。年金についてみると，財源を被保険者の保険料を積み立てる⑦＿＿方式と，毎年の年金を現役で働く人の保険料でまかなう⑧＿＿方式があり，現在日本は⑧＿方式がベースになっている。しかし，少子高齢化が進展する中で現役層の負担が拡大しており，⑨＿＿間の不公平が大きな問題となってきている。

2 社会保険制度の改革

(1)**医療保険改革** 日本の医療保険は，民間労働者の⑩＿＿＿＿＿＿（協会けんぽ管掌健康保険〈注〉と組合管掌健康保険）と農業・自営業者の⑪＿＿＿＿＿＿＿，公務員の共済保険などと制度が分立し，その格差も問題とされていた。健康保険・共済保険については，1984年から本人自己負担が導入され，2003年4月からは⑫＿＿割負担になり国民健康保険と同じになった。

(2)**老人保健制度** 老人医療費の増大に対処するため，1983年⑬＿＿＿＿＿＿制度が創設され，70歳以上の老人医療費が有料となった。その後その負担も増大し，対象年齢も⑭＿＿歳以上に引き上げられた。2008年からは老人保健制度に代わり，原則75歳以上の高齢者全員を対象とする⑮＿＿＿＿＿＿＿.＿＿制度が実施されている。

(3)**年金制度改革** 1961年に発足した⑯＿＿＿＿＿＿は自営業者などを対象としていたが，民間企業の会社員が加入する⑰＿＿＿＿＿，公務員が加入する共済年金と保険料や給付額が異なり，年金間の格差が問題になっていた。86年の⑱＿＿＿＿＿＿制度の導入により公的年金が一元化され，⑲＿＿＿＿＿＿＿.＿（自営業者など），⑰＿の報酬比例部分，共済年金が上乗せされた（二階建て年金）。高齢化に伴う年金財源の圧迫を背景に，年金保険料の引き上げや給付水準の引き下げ，厚生年金の支給開始年齢の引き上げが行われた。また国民年金の保険料の未納が増え，制度の形骸化（けいがいか）も危惧（きぐ）されている。共済年金は2015年に厚生年金に統合された。

年金制度の体系（2021年3月末）

iDeCo（イデコ）
(194万人) iDeCo
国民年金基金
確定拠出年金（企業型）（750万人）　確定給付企業年金（933万人）　厚生年金基金（12万人）　退職等年金給付（代行部分）
厚生年金保険（会社員：4,047万人）（旧共済年金）（公務員等466万人）
(34万人)
国民年金（基礎年金）
（自営業者等）　（会社員）　（公務員等）　第2号被保険者の被扶養配偶者
〈注〉人数は加入員数。（厚生労働省資料による）

⑯	基礎年金部分に相当し，原則満⑳＿＿歳以上㉑＿＿歳未満の人が加入する義務がある。1991年より㉒＿＿の加入も義務づけられた。
⑲	自営業者などが国民年金に上乗せして任意加入する年金。
㉓＿＿＿＿＿＿年金（日本版401k）	企業や個人が拠出する掛金を一定にし，その運用益に応じて給付額が決まる私的年金。個人型（iDeCo）・企業型（企業型DC）がある。
年金の支給開始年齢	国民年金は㉔＿＿歳から。厚生年金は以前㉕＿＿歳からだったが，2013年の改正により段階的に㉖＿＿歳まで引き上げられた。

〈注〉健康保険事業は全国健康保険協会（協会けんぽ）に，公的年金の運営は日本年金機構に引き継がれた。

①＿＿＿＿＿＿
②＿＿＿＿＿＿
③＿＿＿＿＿＿
④＿＿＿＿＿＿
⑤＿＿＿＿＿　⑥＿＿＿＿
⑦＿＿＿＿＿　⑧＿＿＿＿
⑨＿＿＿＿＿　⑩＿＿＿＿
⑪＿＿＿＿＿＿
⑫＿＿＿＿＿＿
⑬＿＿＿＿＿　⑭＿＿＿＿
⑮＿＿＿＿＿＿
⑯＿＿＿＿＿　⑰＿＿＿＿
⑱＿＿＿＿＿＿
⑲＿＿＿＿＿＿
⑳＿＿＿＿＿＿
㉑＿＿＿＿＿＿
㉒＿＿＿＿＿＿
㉓＿＿＿＿＿＿
㉔＿＿＿＿＿＿
㉕＿＿＿＿＿＿
㉖＿＿＿＿＿＿

(4)介護保険制度　2000年施行の㉗＿＿＿＿＿＿により，高齢者に公的介護サービスを提供する制度。運営主体は㉘＿＿＿＿（特別区）。要介護・要支援認定を受けた人へ在宅・施設介護サービスを提供する。財源は㉙＿＿歳以上の被保険者が納める保険料と公費で折半し，自己負担割合は最高で㉚＿＿割。

在宅サービス	㉛＿＿＿＿＿＿.＿＿の訪問介護，㉜＿＿＿＿＿.＿＿(＝通所介護)，ショートステイ，㉝＿＿＿＿＿(＝日帰りの機能訓練サービス)など
施設サービス	㉞＿＿＿＿＿＿.＿＿＿＿(＝常時介護が必要な高齢者が入居する施設)，老人保健施設など
地域密着型サービス	高齢者が身近な地域で生活し続けられるように，事業所のある市町村の要介護者に提供されるサービス。㉟＿＿＿症対応型サービスなど。

3 社会福祉・公的扶助・公衆衛生の課題

(1)障がい者・高齢者福祉の充実　障がいの有無に関係なく尊重しあい共生する社会を目指し，1993年に㊱＿＿＿＿＿＿＿法が施行された。すべての人が普通（ノーマル）の生活を送る㊲＿＿＿＿＿＿.＿＿＿＿＿＿の理念，精神的物理的障害（バリア）をなくす㊳＿＿＿＿＿＿.＿の理念に基づいた社会を実現するためには，福祉サービスの充実，㊴＿＿＿＿(民間非営利組織)や㊵＿＿＿＿＿.＿による活動の活発化がより一層重要である。

(2)深刻化する貧困　日本の㊶＿＿＿＿＿率（＝国の生活水準を下回る貧困状態にある人の割合）は15.7％と先進国の中でも非常に高く（2018年），特に㊷＿＿＿の貧困率はひとり親世帯の44.5％に上る（2021年）。また日本の㊸＿＿＿＿受給者数は増加傾向にあり，203万人に上る（2023年3月）。国民全員が最低限度の生活基準（＝㊹＿＿＿＿＿.＿＿＿＿）を保障されることが急務であり，近年では生活に必要な基本所得（＝㊺＿＿＿＿＿＿.＿＿＿＿＿）を公的に保障すべきだとの議論も起きている。

(3)感染症の流行と対応　インフルエンザ，SARS，㊻＿＿＿＿出血熱など世界で致死率の高い㊼＿＿＿症の流行が繰り返され，国内でも対応が強化されてきたが，2020年に発生した新型コロナウイルス感染症の世界的大流行は多くの感染者・死者を出した。

㉗＿＿＿＿＿＿＿＿＿＿＿
㉘＿＿＿＿＿＿　㉙＿＿＿＿＿＿
㉚＿＿＿＿＿＿＿＿＿＿＿
㉛＿＿＿＿＿＿＿＿＿＿＿
㉜＿＿＿＿＿＿＿＿＿＿＿
㉝＿＿＿＿＿＿＿＿＿＿＿
㉞＿＿＿＿＿＿＿＿＿＿＿
㉟＿＿＿＿＿＿＿＿＿＿＿
㊱＿＿＿＿＿＿＿＿＿＿＿
㊲＿＿＿＿＿＿＿＿＿＿＿
㊳＿＿＿＿＿＿＿＿＿＿＿
㊴＿＿＿＿＿＿＿＿＿＿＿
㊵＿＿＿＿＿＿＿＿＿＿＿
㊶＿＿＿＿＿＿＿＿＿＿＿
㊷＿＿＿＿＿＿　㊸＿＿＿＿＿＿
㊹＿＿＿＿＿＿・＿＿＿＿＿
㊺＿＿＿＿＿＿・＿＿＿＿＿
㊻＿＿＿＿＿＿　㊼＿＿＿＿＿＿

日本経済

B　重点確認　日本の社会保障制度と課題

社会保障制度		課題・対策など
社会保険	医療保険　❶＿＿保険　❷＿＿＿＿＿保険　共済保険など	制度が分立し，制度間の格差がある。老人医療費の急増で❸＿＿＿＿制度創設。医療費有料化医療費の自己負担が増加傾向にある。
	年金保険　❹＿＿＿　国民年金など	制度の分立と制度間格差是正のため，年金制度の一元化を目指して❺＿＿＿＿制度創設（1985）。年金財政の悪化のため，支給開始年齢引き上げ（❻＿＿歳支給）。保険料引き上げ，給付水準引き下げ。❼＿＿方式への移行による世代間の不公平感。共済年金を❹に統一（2015）。
	介護保険	家族介護の限界で，❽＿＿＿＿制度を導入。
公的扶助		生活保護基準が❾＿＿＿＿＿・＿＿＿＿＿を保障する水準か。最低限度の生活の確保が必要。
社会福祉		高齢者福祉のために❿＿＿＿＿＿＿＿（1989）策定。障がい者福祉のためにノーマライゼーション理念に基づく施策や⓫＿＿＿＿＿＿＿社会をめざした活動が必要。

❶＿＿＿＿＿＿　❷＿＿＿＿＿＿
❸＿＿＿＿＿＿＿＿＿＿＿
❹＿＿＿＿＿＿＿＿＿＿＿
❺＿＿＿＿＿＿＿＿＿＿＿
❻＿＿＿＿＿＿　❼＿＿＿＿＿＿
❽＿＿＿＿＿＿＿＿＿＿＿
❾＿＿＿＿＿＿・＿＿＿＿＿
❿＿＿＿＿＿＿＿＿＿＿
⓫＿＿＿＿＿＿＿＿＿＿＿

時事正誤チェック　急速に進展する少子高齢化の問題に対応するために，年金の支給水準の引き上げが行われてきた。〈14：本試〉　[　]

94

用語チェック 22戦後の日本経済〜28社会保障・福祉の現状と課題

22 戦後の日本経済

☐ ❶戦後，GHQの指令で行われた三大民主化政策（改革）を答えよ。＿＿＿＿＿　❶ [　]
　[　]
　[　]
☐ ❷財閥復活の阻止，独占や不公正な取引制限を目的に，1947年に制定された法律。　❷ [　]
☐ ❸経済復興のため，基幹産業に優先的に資源・資材を集中させた生産方式。＿＿＿＿　❸ [　]
☐ ❹経済再建のため，資金の供給機関として応急的に設けられた政府金融機関。＿＿　❹ [　]
☐ ❺戦後のインフレ収束のため実施された厳しい引き締め政策。超均衡予算，単一為替レート，賃金・物価統制などがその内容。このためインフレは終息した。＿＿　❺ [　]
☐ ❻1949年に出され，日本の税制の基となった，アメリカの税制調査団の勧告。＿＿　❻ [　]
☐ ❼朝鮮戦争が勃発して発生した，アメリカ軍による物資や資材の調達需要。＿＿＿　❼ [　]
☐ ❽1955年から1970年前半にかけて，年平均10%の高い経済成長をみせたこと。＿＿　❽ [　]
☐ ❾10年間でGNPを2倍にすることを目標に1960年に池田内閣が発表した計画。＿＿　❾ [　]
☐ ❿経済発展に伴い，産業の中心が第1次→第2次→第3次産業と移っていく現象。　❿ [　]
☐ ⓫1971年に1ドル360円の固定為替レートが廃止されたが，この契機となった事件を何というか。＿＿＿＿＿＿＿　⓫ [　]
☐ ⓬1973年，OPEC諸国が原油価格を4倍に引き上げ，世界経済に大きな影響を及ぼした事件。＿＿＿＿＿＿＿　⓬ [　]
☐ ⓭石油危機後，不況下で物価が上昇する現象が見られたが，これを何というか。＿　⓭ [　]
☐ ⓮1985年のプラザ合意のあと，輸出に不利な為替レートで日本が陥った不況。＿＿　⓮ [　]
☐ ⓯不況に対してとった金融緩和政策で，余剰資金が土地や株の投機に使われて，異常に高騰した現象。＿＿＿＿＿＿＿　⓯ [　]
☐ ⓰バブル経済が崩壊した後の不況。＿＿＿＿＿＿＿　⓰ [　]
☐ ⓱バブル期の融資が焦げ付いて，回収の見込みがなくなった債権。＿＿＿＿＿　⓱ [　]

23 中小企業／農業問題

☐ ❶中小企業に関する国の政策の基本的指針を示した法律。＿＿＿＿＿　❶ [　]
☐ ❷中小企業の賃金や生産性・収益性などが大企業と比べて大きな格差があること。　❷ [　]
☐ ❸中小企業が親会社から製品の部品や生産工程の一部を請け負うこと。＿＿＿＿　❸ [　]
☐ ❹親会社と中小企業が株式保有や技術提携などで深い取引関係を結ぶもの。＿＿　❹ [　]
☐ ❺その地域の特性を生かした日用品などを生産している産業。＿＿＿＿＿　❺ [　]
☐ ❻IT産業やサービス分野などで新しい発想で未開拓分野を切り開いていく企業。＿　❻ [　]
☐ ❼農地の所有や売買を制限している法律。＿＿＿＿＿　❼ [　]
☐ ❽1961年，農業を工業並みの産業として育成するために制定された法律。＿＿＿　❽ [　]
☐ ❾政府がコメ・麦などの主要な食糧の生産・流通・販売を管理してきた制度。＿＿　❾ [　]
☐ ❿コメの過剰生産に対処するため，1970年代からコメの作付面積を減らしたこと。　❿ [　]
☐ ⓫ウルグアイ・ラウンドで日本が課せられた，コメの最低輸入義務。＿＿＿＿　⓫ [　]
☐ ⓬食糧管理制度を廃止し自主流通米をコメ流通の主体へと転換した法律。＿＿＿　⓬ [　]
☐ ⓭農業基本法に代わって食料安保・農業環境保全などを掲げて制定された法律。＿　⓭ [　]
☐ ⓮食料の安定的供給を図ることが国の安全保障の上で重要であるとする考え。＿＿　⓮ [　]
☐ ⓯販売農家の半数以上を占め，65歳未満で年間60日以上農業に従事する者がいない農家。　⓯ [　]
☐ ⓰食料の国内消費量に占める国内生産量の割合。日本はカロリーベースで約37%。　⓰ [　]

24 公害と環境保全／消費者問題

☐ ❶現在の日本の環境行政の基本となる法律で，「典型7公害」が定義されている。　❶ [　]
☐ ❷高度成長期の重化学工業化が進んだことが原因で拡大した公害。＿＿＿＿　❷ [　]
☐ ❸都市人口が急増したことで引き起こされた公害。＿＿＿＿＿　❸ [　]
☐ ❹四大公害裁判のうち，富山県神通川流域で発生した公害の名称。＿＿＿＿　❹ [　]

□ ❺1973年に制定され公害被害者の救済措置を定めた法律。＿＿＿＿＿＿＿ ❺ [　　　　　]
□ ❻汚染物質を発生させた者が公害防止の費用や被害救済の費用を負担する原則。＿ ❻ [　　　　　]
□ ❼汚染物質を濃度だけでなく一定地域ごとに総排出量で規制する方式。＿＿＿＿ ❼ [　　　　　]
□ ❽開発が環境に与える影響を事前に調査・評価し環境破壊を未然に防ごうとする制度。 ❽ [　　　　　]
□ ❾何をどれだけ買うかは消費者側に決定権があるという考え方。＿＿＿＿＿＿ ❾ [　　　　　]
□ ❿1962年に「消費者の四つの権利」を提唱したアメリカの大統領。＿＿＿＿＿ ❿ [　　　　　]
□ ⓫消費者保護行政の中心となる法律。＿＿＿＿＿＿＿＿＿＿＿＿＿＿＿＿＿ ⓫ [　　　　　]
□ ⓬消費者への情報提供・苦情相談などを行う国の機関。＿＿＿＿＿＿＿＿＿ ⓬ [　　　　　]
□ ⓭欠陥商品で消費者が被害を受けたとき，過失の有無にかかわらず製造者が賠償責
　　任を負うことを定めた法律。＿＿＿＿＿＿＿＿＿＿＿＿＿＿＿＿＿＿＿＿ ⓭ [　　　　　]
□ ⓮訪問販売などで購入契約を交わした後でも一定期間内なら契約を解除できる制度。 ⓮ [　　　　　]
□ ⓯悪質な契約の取り消しや，消費者に一方的に不利な契約条項を無効にできる法律。 ⓯ [　　　　　]
□ ⓰2009年に発足した，消費者問題に対応する専門の行政機関。＿＿＿＿＿＿ ⓰ [　　　　　]

25　労働運動の歩みと労働基本権

□ ❶19世紀初頭のイギリスで起こった熟練労働者達による運動。＿＿＿＿＿＿ ❶ [　　　　　]
□ ❷1919年，労働者の労働条件を改善するため設立された国際機関。＿＿＿＿ ❷ [　　　　　]
□ ❸憲法第28条で定めている労働三権。＿＿＿＿＿＿＿＿＿＿＿＿＿＿＿＿＿ ❸ [　　　　　]
　　　　　　　　　　　　　　　　　　　　　　　　　　　　　　　　　　　 [　　　　　]
　　　　　　　　　　　　　　　　　　　　　　　　　　　　　　　　　　　 [　　　　　]
□ ❹労働三法のうち，労働時間や休日の最低基準を定めたもの。＿＿＿＿＿＿ ❹ [　　　　　]
□ ❺労働三法のうち，労働者の団結，団体交渉などの権利を定めた法律。＿＿＿ ❺ [　　　　　]
□ ❻労働三法のうち，労働争議の予防や争議の公正な調整・解決を目的とした法律。 ❻ [　　　　　]
□ ❼賃金の最低基準を定めている法律。＿＿＿＿＿＿＿＿＿＿＿＿＿＿＿＿＿ ❼ [　　　　　]
□ ❽労働三権のうち，公務員に一律に禁止されている権利は何か。＿＿＿＿＿ ❽ [　　　　　]
□ ❾国家公務員の給与・勤務条件について勧告を行う行政委員会。＿＿＿＿＿ ❾ [　　　　　]
□ ❿6か月以上連続，全労働日数の8割以上勤務した者に最低10日与えられる休暇。 ❿ [　　　　　]
□ ⓫労働組合が賃金や労働時間などについて経営者と合意した協定書。＿＿＿ ⓫ [　　　　　]
□ ⓬経営者が正常な労働組合の活動を妨害する行為。＿＿＿＿＿＿＿＿＿＿＿ ⓬ [　　　　　]
□ ⓭労働条件を監督するため各都道府県管内に置かれた機関。＿＿＿＿＿＿＿ ⓭ [　　　　　]
□ ⓮労働争議の際，労働関係調整法に基づいて調整を行う機関。＿＿＿＿＿＿ ⓮ [　　　　　]
□ ⓯内閣総理大臣の判断で公益事業の争議行為を50日間禁止すること。＿＿＿ ⓯ [　　　　　]
□ ⓰事業主と労働者の個別トラブルを迅速に審理・解決する制度。＿＿＿＿＿ ⓰ [　　　　　]

26　現代の労働問題

□ ❶定年まで同一企業に勤める日本の労使慣行。＿＿＿＿＿＿＿＿＿＿＿＿＿ ❶ [　　　　　]
□ ❷勤続年数によって賃金が上がる日本の労使慣行。＿＿＿＿＿＿＿＿＿＿＿ ❷ [　　　　　]
□ ❸企業単位に正社員を中心として組織される労働組合。＿＿＿＿＿＿＿＿＿ ❸ [　　　　　]
□ ❹職務遂行能力や業績を重視して賃金や昇進を決める考え方。＿＿＿＿＿＿ ❹ [　　　　　]
□ ❺労働力人口に占める完全失業者の割合。＿＿＿＿＿＿＿＿＿＿＿＿＿＿＿ ❺ [　　　　　]
□ ❻雇用者全体の約3分の1を占め，正社員と比べ賃金が低く身分が不安定になりや
　　すい雇用者の総称。＿＿＿＿＿＿＿＿＿＿＿＿＿＿＿＿＿＿＿＿＿＿＿＿ ❻ [　　　　　]
□ ❼❻のうち人材派遣会社から他の企業へ派遣される雇用者。＿＿＿＿＿＿＿ ❼ [　　　　　]
□ ❽「教育を受けているわけでなく，就業せず，職業訓練を受けているわけでもない」人々。 ❽ [　　　　　]
□ ❾時間外手当なしで残業すること。＿＿＿＿＿＿＿＿＿＿＿＿＿＿＿＿＿＿ ❾ [　　　　　]
□ ❿出社するしないにかかわらず労使協定で決めた時間働いたとみなす労働形態。＿ ❿ [　　　　　]
□ ⓫一人あたりの労働時間を減らすことでより多くの人に仕事を分配すること。＿＿ ⓫ [　　　　　]
□ ⓬就職や昇進における男女差別をなくすために1985年に制定された法律。＿ ⓬ [　　　　　]
□ ⓭⓬の1997年の法改正で導入された，事業者に防止を義務づけた行為。＿＿＿ ⓭ [　　　　　]
□ ⓮育児や介護のために休業を取得できるようにするための法律。＿＿＿＿＿ ⓮ [　　　　　]

用語チェック

☐ ⓯外国人が在留資格を満たさず日本国内で就労していること。＿＿＿＿＿＿＿　⓯ [　　　　　　　　]

☐ ⓰仕事と生活の調和を図るという考え方。＿＿＿＿＿＿＿＿＿＿＿＿＿＿　⓰ [　　　　　　　　]

27 社会保障の歩み

☐ ❶社会保障の理念の基になる，憲法第25条に定められている権利。＿＿＿＿　❶ [　　　　　　　　]

☐ ❷最低限度の国民の生活水準。＿＿＿＿＿＿＿＿＿＿＿＿＿＿＿＿＿＿＿　❷ [　　　　　　　　]

☐ ❸19世紀のドイツで，疾病保険法を制定し世界初の社会保険制度を創設した宰相。　❸ [　　　　　　　　]

☐ ❹1929年にアメリカで始まり，経済が極度に悪化し大量の失業者を発生させた出来事。　❹ [　　　　　　　　]

☐ ❺1930年代のアメリカで実施された，不況克服のための経済社会政策。＿＿　❺ [　　　　　　　　]

☐ ❻❺の一環として制定された，社会保険と公的扶助を含むアメリカの法律。初めて
　　Social Securityという言葉が使われた。＿＿＿＿＿＿＿＿＿＿＿＿＿　❻ [　　　　　　　　]

☐ ❼1944年ILO総会で，社会保障の国際的な原則を示して採択された宣言。＿＿＿　❼ [　　　　　　　　]

☐ ❽大陸型の社会保障制度の財源は何が中心か。＿＿＿＿＿＿＿＿＿＿＿＿　❽ [　　　　　　　　]

☐ ❾北欧型の社会保障制度では，財源の中心は何か。＿＿＿＿＿＿＿＿＿＿　❾ [　　　　　　　　]

☐ ❿1874年から実施された日本最初の公的扶助制度。＿＿＿＿＿＿＿＿＿＿　❿ [　　　　　　　　]

☐ ⓫生活困窮者の最低生活を保障するため1950年に制定された法律。＿＿＿＿　⓫ [　　　　　　　　]

☐ ⓬1960年代までに，医療や年金について国民が皆どれかの制度に加入することが実
　　現したこと。＿＿＿＿＿＿＿＿＿＿＿＿＿＿＿＿＿＿＿＿＿＿＿＿＿　⓬ [　　　　　　　　]

☐ ⓭日本の社会保障制度の4本柱は，社会福祉，公衆衛生，社会保険と何か。＿＿＿　⓭ [　　　　　　　　]

☐ ⓮働いている期間に保険料を払い，老後に給付金を受け取るしくみの保険。＿＿＿　⓮ [　　　　　　　　]

☐ ⓯社会保険のうち，認定を受けた人に介護のサービスを行うもの。＿＿＿＿　⓯ [　　　　　　　　]

☐ ⓰日本の社会福祉政策を定めている6つの法律の総称。＿＿＿＿＿＿＿＿　⓰ [　　　　　　　　]

28 社会保障・福祉の現状と課題

☐ ❶全人口に占める65歳以上人口の割合が7％以上の社会を高齢化社会というが，
　　14％以上の社会は何というか。日本は1994年に14％を超えた。＿＿＿＿　❶ [　　　　　　　　]

☐ ❷一人の女性が一生のうちに出産する子どもの数を示す統計指標。＿＿＿＿　❷ [　　　　　　　　]

☐ ❸少子化と高齢化が同時進行すること。＿＿＿＿＿＿＿＿＿＿＿＿＿＿＿　❸ [　　　　　　　　]

☐ ❹年金保険制度で，給付の財源を被保険者が積み立てた保険料でまかなう方式。＿　❹ [　　　　　　　　]

☐ ❺年金保険制度で，給付の財源を現役の労働者の保険料を中心にまかなう方式。現
　　在の日本の年金制度はこの方式をベースに運用されている。＿＿＿＿＿＿　❺ [　　　　　　　　]

☐ ❻自営業者や農業者が加入する医療保険制度。＿＿＿＿＿＿＿＿＿＿＿＿　❻ [　　　　　　　　]

☐ ❼2004年度からの健康保険，国民健康保険の自己負担率。＿＿＿＿＿＿＿　❼ [　　　　　　　　]

☐ ❽2008年より実施されている，原則75歳以上の高齢者全員が対象の医療保険制度。　❽ [　　　　　　　　]

☐ ❾公的年金制度で，民間労働者・公務員が加入するもの。＿＿＿＿＿＿＿　❾ [　　　　　　　　]

☐ ❿農家など自営業者が加入する公的年金として1961年に発足し，1986年に原則日本国
　　内に居住する20歳以上60歳未満の人が加入する基礎年金制度へと再編されたもの。　❿ [　　　　　　　　]

☐ ⓫❿について，1991年の改正で新たに加入が義務づけられたのはどんな人々か。＿　⓫ [　　　　　　　　]

☐ ⓬公的年金の支給開始は段階的に引き上げられているが，最終的に何歳からか。＿　⓬ [　　　　　　　　]

☐ ⓭年金加入者が一定の保険料を負担し，その運用実績で年金の額が決まる企業年金。　⓭ [　　　　　　　　]

☐ ⓮介護保険の利用者負担は最高で何割か。＿＿＿＿＿＿＿＿＿＿＿＿＿＿　⓮ [　　　　　　　　]

☐ ⓯障がい者や高齢者が，ほかの人と同様に普通の生活ができる社会をめざす考え方。　⓯ [　　　　　　　　]

☐ ⓰障がい者や高齢者が生活していく上で，不便な障害になるものを無くしていこう
　　という考え方。＿＿＿＿＿＿＿＿＿＿＿＿＿＿＿＿＿＿＿＿＿＿＿＿＿　⓰ [　　　　　　　　]

用語チェック

実戦問題 22戦後の日本経済〜28社会保障・福祉の現状と課題

1 ［戦後の日本経済］　次の文章を読んで，以下の問いに答えよ。

　戦後復興期の日本では，(a)連合国軍総司令部（GHQ）による日本経済の民主化が行われ，1948年には　A　が指令されるなどして，インフレからの脱却が進んだ。1950年に勃発した　B　は，アメリカ軍による多大な特需をもたらし，日本経済は復興の手がかりをつかむことができた。こうして，日本は1950年代半ば頃から(b)高度経済成長期に入った。そして，1955年から第四次中東戦争に端を発する　C　の起こった1973年までの間，平均10％前後という，高い経済成長を続けた。

　1970年代以降は安定成長に入ったが，(c)資本集約型から　D　型産業への脱皮をはかり，エレクトロニクスなどの先端産業が発達して輸出が急増し，　E　問題を引き起こした。ドル高の是正を決めた1985年の　F　を機に(d)円高が急速に進み，輸出依存の日本経済は大きな打撃を被ったが，1980年代末には(e)バブル景気と呼ばれる好景気が到来した。しかし，1990年代には，(f)地価・株価の暴落を機に平成不況に入り，企業の倒産などが相次いだ。

問1　文中の空欄　A　〜　F　に当てはまる語を答えよ。
　　A［　　　　］　B［　　　　］　C［　　　　］
　　D［　　　　］　E［　　　　］　F［　　　　］

問2　下線部(a)に関して，GHQが指令した経済民主化政策を3つ答えよ。
　　［　　　］［　　　］［　　　］

問3　下線部(b)に関して，次の問いに答えよ。
(1)　1960年に池田内閣が示した，10年間で国民所得を2倍にする計画を何というか。　［　　　］
(2)　この時期における日本の経済や社会についての記述として最も適当なものを，次の①・④のうちから一つ選べ。〈08：本試〉　［　　　］
　①　一人当たりGNP（国民総生産）が，資本主義国第二位となった。
　②　社会保障制度の整備が進み，国民皆保険・国民皆年金の体制が整えられた。
　③　労働力不足が進む中で，大企業と中小企業との間の賃金格差が解消された。
　④　企業物価（卸売物価）は上昇したが，消費者物価は下落傾向にあった。

問4　下線部(c)に関して，産業構造が第1次産業から第2次産業，第3次産業へと比重を移していくことを何の法則と呼ぶか。また，1970年代以降最も比重が高まったのは第何次産業か。
　　　　　　　　［　　　　　］の法則　　第［　　　］次産業

問5　下線部(d)に関して，円高不況の際に起きた現象として正しいものを，次の①〜④のうちから一つ選べ。
　①　輸入品価格が高騰した。　　②　海外からの投資が増加した。　［　　　］
　③　日本企業の海外進出が増加した。　④　日本からの海外旅行客が減少した。

問6　下線部(e)に関連して，この時期の「バブル経済」の特徴を記述したものとして最も適当なものを，次の①〜④のうちから一つ選べ。〈龍谷大〉　［　　　］
　①　ブラックマンデー以降の円高不況に対する日本銀行の金融引き締め政策によって，大量のドルが流入した。
　②　土地や株式などの資産価格が経済のファンダメンタルズを超えて投機的に上昇する，資産インフレーションがもたらされた。
　③　原油と穀物への需要増への期待と，投機マネーの流入によって原材料価格が上昇し，「第三次石油危機」と言われた。
　④　資産価格の上昇率とGDP成長率がともに空前の値を示す一方，企業物価指数は下落を続けた。

問7　下線部(f)に関連して，バブル崩壊後の日本経済に関する記述として最も適当なものを，次の①〜④のうちから一つ選べ。〈06：現社本試〉　［　　　］
　①　経常収支が赤字になるのを防ぐために，日本銀行が通貨供給量（マネーサプライ）を収縮させたので，日本経済はデフレスパイラルに陥った。
　②　卸売物価はかなり安定していたが，総需要が拡大して消費者物価が上昇し，日本経済はインフレーションが進行した。
　③　不況にもかかわらず物価が上昇したので，日本経済はスタグフレーションとよばれる状態になった。
　④　消費の低迷に加え，銀行による貸出し抑制などがあって，日本経済は次第にデフレーションの色彩を強めた。

2 **[中小企業・農業・消費者問題]**　次の〔Ⅰ〕〜〔Ⅲ〕の文章を読んで，以下の問いに答えよ。

〔Ⅰ〕　日本経済の中で(a)中小企業の果たす役割は大きいが，その多くは必ずしも安定した経営をおこなっているわけではない。特に製造業では，多くの中小企業が大企業の　A　として部品の製造などをおこない，大企業の生産方針に左右されがちである。(b)大企業と中小企業との間には，資本・生産性など様々な格差が存在するが，中小企業の中には革新的な技術やアイディアを生かして未開拓分野に進出する　B　も出現している。

〔Ⅱ〕　日本の農業政策は，1961年に制定された　C　が自立経営農家の育成を目標としたように，工業に比べ生産性に劣る農業をいかに保護しつつ振興するかに重点が置かれてきた。1970年代には米の生産が過剰になり，　D　政策をおこなった。1980年代以降は，自主流通米の流通や(c)米の市場開放問題などで，食糧管理制度の転換を余儀なくされ，1995年には　E　が施行された。

〔Ⅲ〕　市場経済においては，消費者が生産のあり方を最終的に決定する力を持っているという　F　の考え方がある。その指標になったのは，1962年，アメリカの　G　大統領が特別教書でとなえた(d)「消費者の四つの権利」である。日本でも1968年に　H　が，最近では製造物責任法（PL法）が制定された。また，一定の取引について(e)クーリング・オフも規定され，悪徳商法の被害者を保護するしくみが整えられつつある。なお，　H　は2004年に消費者基本法と改称された。

問1　文中の空欄　A　〜　H　に当てはまる語を答えよ。

A [　　　　　　　　]　　B [　　　　　　　　]　　C [　　　　　　　　]
D [　　　　　　　　]　　E [　　　　　　　　]　　F [　　　　　　　　]
G [　　　　　　　　]　　H [　　　　　　　　]

問2　下線部(a)に関連して，中小企業基本法で定める製造業の中小企業の規模として正しいものを，次の①〜④のうちから一つ選べ。

① 資本金5,000万円以下，または従業員数100人以下　　② 資本金5,000万円以下，または従業員数50人以下

③ 資本金3億円以下，または従業員数300人以下　　④ 資本金1億円以下，または従業員数100人以下

問3　下線部(b)に関連して，このことを何というか。　　　　　　　　　　　　[　　　　　　　　]

問4　下線部(c)に関連して，日本の米の部分開放が決定された交渉を何というか。　[　　　　　　　　]

問5　下線部(d)の権利のうち一つは「知らされる権利」であり，次のA〜Cは，その他の三つの権利の内容を説明したものである。下のア〜ウは，これら三つの権利を保護，または侵害する例である。A〜Cとア〜ウとの組合せとして最も適当なものを，下の①〜⑥のうちから一つ選べ。〈13：政経，倫理・政経本試〉　　[　　　　　　　　]

A　生命や健康にとって危険な製品の販売から保護される，という「安全を求める権利」

B　政府の政策立案において，消費者の利益が十分に考慮され，行政手続においては，公正で迅速な行政上の対応が保障される，という「意見を聞いてもらう権利」

C　できる限り多様な製品やサービスを，競争価格で入手できるよう保障される，という「選択できる権利」

ア　欠陥車に関する自動車のリコール制度　　　イ　食品健康影響評価に関するパブリック・コメント

ウ　同一産業内の企業によるカルテル

① A－ア　　B－イ　　C－ウ　　② A－ア　　B－ウ　　C－イ

③ A－イ　　B－ア　　C－ウ　　④ A－イ　　B－ウ　　C－ア

⑤ A－ウ　　B－ア　　C－イ　　⑥ A－ウ　　B－イ　　C－ア

問6　下線部(e)に関し，現在のクーリング・オフ制度の内容として正しいものを，次の①〜④のうちから一つ選べ。〈日本大〉　　　　　　　　　　　　　　　　　　　　　　　　　　　　　[　　　　　　　　]

① 訪問販売にだけ適用される。　　② 一定期間内なら無条件で契約を解除できる。

③ クーリング・オフが可能な期間は，どの取引も20日間以内である。　　④ 現金取引には適用がない。

3 **[労働運動の歩みと労働基本権]**　次の文章を読んで，以下の問いに答えよ。

　資本主義の成立期には，労働者は劣悪な環境や労働条件を余儀なくされ，また機械化の進展で職を奪われることとなり，(a)暴動が多く発生した。こうした状況から，労働者は次第に　A　を結成して資本家と対抗するようになり，20世紀に入ってからは(b)労働条件の改善を目指して国際機関が設立された。日本でも1900年の　B　や1925年の　C　によって労働運動は厳しく弾圧されたが，戦後は民主化政策の下に　A　が多く誕生した。日本国憲法にも(c)勤労権と労働三権が明記され，それらの具体化のために労働基準法・(d)労働組合法・(e)労働関係調整

<u>法</u>が制定された。

問1　文中の空欄　A　〜　C　に当てはまる語を答えよ。

A [　　　　　　　　　] 　B [　　　　　　　　　] 　C [　　　　　　　　　]

問2　下線部@に関連して，19世紀初頭イギリスで発生した，熟練労働者らによる暴動を何というか。

[　　　　　　　　　]

問3　下線部ⓑのいう国際機関は何か。正式名称で答えよ。 [　　　　　　　　　]

問4　下線部ⓒに関する記述として最も適当なものを，次の①〜④のうちから一つ選べ。 [　　　　]

① 　勤労権・労働三権に請願権を加えて，社会権と総称される。

② 　労働三権は，使用者に対して不利な立場に置かれやすい労働者を，使用者と同等の立場に立たせることを目的としている。

③ 　国家公務員の団結権が一律に制約を受けるため，人事院勧告制度が作られた。

④ 　勤労する権利はあっても，義務があるとまではいえない。

問5　下線部ⓓに関連して，

(1)　この法律が禁じている，使用者が労働者の労働組合活動を妨害することを何というか。

[　　　　　　　　　]

(2)　また，その具体例として**当てはまらないもの**を，次の①〜④のうちから一つ選べ。 [　　　　]

① 　労働組合に入らないことを条件に社員を採用した。

② 　労働組合の運営費の一部を援助した。

③ 　労働組合の申し入れに応じて，団体交渉をおこなった。

④ 　労働組合活動を活発におこなっていることを理由に，その社員を解雇した。

問6　下線部ⓔに関連して，

(1)　この法律は労働争議の調整を目的にしているが，次の①〜③にあげる争議行為の説明として正しいものを，ア〜ウから選べ。 ① [　　　] ② [　　　] ③ [　　　]

① 　ストライキ　　② 　サボタージュ　　③ 　ロックアウト

《説明》ア 　使用者が工場などを閉鎖して労働者の就業を拒否する。

イ 　労働者が団結して作業を停止する。　　ウ 　労働者が団結して意識的に作業能率を低下させる。

(2)　労働委員会による労働争議の調整を説明した次の文の，空欄　①　〜　③　に当てはまる言葉を答えよ。

① [　　　　　　　] 　② [　　　　　　　] 　③ [　　　　　　　]

まず，労使双方の話し合いを促すための助言・仲介をする　①　をおこなう。決裂した場合，労働者・使用者・公益代表の三者からなる　②　委員会が　②　案を作成して労使双方に受諾勧告をする。それでも決裂した場合，公益委員3名からなる　③　委員会が　③　裁定を出し，労使双方ともこれに拘束される。

4 　**[現代の労働問題]**　次の文章を読んで，以下の問いに答えよ。

1990年代には不況が長引いて，ⓐ<u>完全失業率</u>が上昇するなど，雇用を取り巻く環境が大きく変わった。第一に，人件費を圧縮するためにパートタイマーや　A　労働者を用いる企業が増え，また，他企業からの中途採用や定年前の早期勧奨退職も増えて，一社に定年まで勤める　B　制が崩れ始めた。第二に，労働条件の変化である。これまでのⓑ<u>年功序列型賃金制</u>を改め，能力を重視する　C　制や能力給をとる企業や，勤務形態についてもⓒ<u>出勤・退社時間を働く人が自由に決められる制度</u>や研究職などで　D　制を採用する企業が増えている。第三に，ⓓ<u>働く女性が増加している</u>ことを受け，1995年には育児・介護休業法が制定されたり，ⓔ<u>1997年に男女雇用機会均等法が改正される</u>など，様々な法整備が行われてきている。

問1　文中の空欄　A　〜　D　に当てはまる語を答えよ。

A [　　　　　　　　　] 　B [　　　　　　　　　] 　C [　　　　　　　　　]

D [　　　　　　　　　]

実戦問題

問2 下線部ⓐに関連して，完全失業率の定義を説明したものとして正しいものを，次の①～④のうちから一つ選べ。　　　　　　　　　　　　　　　　　　　　　　　　　　　　[　　　　]

① 生産年齢人口に占める完全失業者の割合　　② 労働力人口に占める完全失業者の割合

③ 全人口に占める完全失業者の割合　　　　　④ 就業者に占める完全失業者の割合

問3 下線部ⓑに関連して，年功序列型賃金制・終身雇用制に関する記述として**適当でないもの**を，次の①～④のうちから一つ選べ。　　　　　　　　　　　　　　　　　　　　　　[　　　　]

① 年功序列型賃金制は，会社への帰属意識を高め，長期勤続をうながす面がある。

② 年功序列型賃金制は，個々の業績に応じて賃金が決定されるため，経営効率を高める機能を持つ。

③ 終身雇用は，労働者にとっては生活基盤が安定し，生涯設計が立てやすい面がある。

④ 終身雇用の下で身につけた技能は，専らその会社内でのみ身につけたものであるから，転職の際に低く評価される場合がある。

問4 下線部ⓒの制度を何というか。

[　　　　　　　　　]

問5 下線部ⓓに関連して，右の**グラフ**中の四つの折れ線は，性別・年齢階級別労働力率について，それぞれ1979年の女性，1999年の女性，2019年の女性，2019年の男性のデータを示したものである。グラフ中のA～Dのうち，2019年の女性の年齢階級別労働力率を表す折れ線として最も適当なものを選べ。〈22：現社本試〉　　　　　　　　　[　　　　]

問6 下線部ⓔに関する説明として最も適切なものを，次の①～⑤のうちから一つ選べ。〈関東学院大〉

[　　　　]

グラフ　性別・年齢階級別労働力率

（総務省「労働力調査（基本集計）」により作成）

① 労働者の募集・採用，配置・昇進について男女に平等な機会を与えるよう，事業主に努力義務が課せられた。

② 労働者の教育訓練・福利厚生について男女の差別的扱いをすることが禁止された。

③ 労働者の定年・退職・解雇について男女の差別的取り扱いをすることが禁止された。

④ 女子の時間外労働の上限や深夜業を規制する女子保護規定が撤廃された。

⑤ 禁止規定違反の事業主が是正勧告に従わない場合，主務大臣は企業名を公表できることになった。

---

5 [**社会保障の歩み**]　次の文章を読んで，以下の問いに答えよ。

　社会保障制度の始まりは，17世紀イギリスの恩恵的な貧民救済制度である[　A　]といえる。その後ドイツでは19世紀後半に，宰相[　B　]のもとで，労働運動と社会主義思想の広がりに対応するため，「[　C　]」の政策の一環として社会保険制度が制定された。1919年にはワイマール憲法が画期的な[　D　]を保障する規定を設けた。他方，アメリカでは1929年の世界恐慌の中で，[　E　]大統領によって[　F　]政策が実施された。それは貧困と失業の救済を目的の一つにしていたが，その一環として1935年に[　G　]が制定された。イギリスでは，1942年にベバリッジ報告が提出され，「[　H　]から墓場まで」といわれる全国民を対象とした社会保障体系がつくられた。

　日本では第二次世界大戦後，「ⓐすべての国民は健康で文化的な[　I　]の生活を営む権利を有する」という日本国憲法第[　J　]条の精神に基づき，社会保険・ⓑ公的扶助・[　K　]・ⓒ公衆衛生の4つの分野に大別される，総合的な社会保障制度が整備された。そのなかで，ⓓ社会保険は，疾病・老齢・失業・労働災害などによる生活困難を救済するため，現金や医療サービスを給付するもので，医療保険・年金保険・労災保険・[　L　]・ⓔ介護保険によって構成されている。

問1 文中の空欄[　A　]～[　L　]に当てはまる語を答えよ。

A [　　　　] B [　　　　] C [　　　　] D [　　　　]
E [　　　　] F [　　　　] G [　　　　] H [　　　　]
I [　　　　] J [　　　　] K [　　　　] L [　　　　]

問2 下線部ⓐに関連して，日本国憲法が保障しているこの権利を何というか。　　[　　　　]

問3　下線部ⓑは，生活困窮者に一定水準の生活を国の責任で保障するものであるが，その根幹となる法律は何か。

[　　　　　　　　　　]

問4　下線部ⓒに関連して，地域の公衆衛生活動の中心として設置されている公的機関は何か。

[　　　　　　　　　　]

問5　下線部ⓓに関する記述として正しいものを，次の①～④のうちから一つ選べ。〈立正大改〉　[　　　　]

①　業務上の災害を保障するための労災保険については，被保険者と事業主の二者が保険を営む費用を負担している。

②　医療保険と年金保険については，国民健康保険法と国民年金法の制定をへて，1980年代に入り国民皆保険・皆年金が実現した。

③　各種の社会保険制度のあいだにある保険料，納付額，年金支給開始年齢の格差や給付水準の維持をめぐって，負担と給付の適正化に向けた改革が課題と目されている。

④　現在日本の年金保険は，在職中に積み立てた保険料で退職後の年金をまかなう賦課方式が全面的に採用されている。

問6　下線部ⓔに関連して，日本の公的介護保険制度やそれに基づく介護サービスについての説明として最も適当なものを，次の①～④のうちから一つ選べ。〈08：本試改〉　[　　　　]

①　都道府県がその運営主体である。

②　20歳以上の国民に加入が義務付けられている。

③　介護サービスの利用は，要介護認定を前提とするしくみになっている。

④　介護サービスの利用に際して，費用の1割を負担することになっている。

問7　日本の社会保障に関する記述として最も適当なものを，次の①～④のうちから一つ選べ。　[　　　　]

①　日本では生産年齢人口の割合が減少傾向にあり，勤労世代の社会保障負担が重くなってきている。

②　社会保障制度には，不況期には社会保障支出の減少と税収の増加によって，好況期にはその逆によって景気を安定させる働きがある。

③　医療保険は，不況期には運営の安定化を図るために，保険料率を引き上げるのが通例である。

④　公的年金は，好況時は一般的に賃金・物価ともに上昇するため，給付水準が引き下げられる。

6　[社会保障・福祉の現状と課題]　次の文章を読んで，以下の問いに答えよ。

　社会保障制度は，財源を主に租税に求める　A　型と，保険料に求める　B　型に大別できる。日本は両者の混合型といえる。日本では1960年代前半までに国民皆保険・国民皆年金が達成されたものの，職域によって負担と給付に格差があるのが現状である。この是正のため，年金については1986年に　C　制度が導入され，原則日本国内に居住する20歳以上60歳未満の人が加入する国民年金と，保険料に応じた比例部分からなる体系に整備された。

　ⓐ少子高齢化が進む中で，わが国の年金保険の財源をどう確保するかが最大の問題になっている。当初は　D　方式で出発したが，現在日本はⓑ賦課方式がベースになっている。また，厚生年金の受給開始年齢を段階的に　E　歳から　F　歳へ引き上げたり，　G　とよばれる確定拠出型年金を導入して年金の一部民営化をはかるなど，年金改革も行われている。増大するⓒ老人医療費についても，1983年の老人保健法の施行以来，対策が進められている。

　高齢社会の中で，どのように福祉を充実させるかも大きな課題である。1989年からは高齢者の福祉サービスの充実のため　H　が実施され，以後も新しい計画に受け継がれている。また，高齢者や障がい者が社会の中で健常者と同じように生活していく　I　という考え方にもとづき，ⓓ生活上の障害物をとりのぞいていくことも，これからの社会の建設にとってなくてはならない考え方である。

問1　文中の空欄　A　～　I　に当てはまる語を答えよ。

A [　　　　　　　] B [　　　　　　　] C [　　　　　　　] D [　　　　　　　]
E [　　　　　　　] F [　　　　　　　] G [　　　　　　　] H [　　　　　　　]
I [　　　　　　　]

問2　下線部ⓐに関連して，日本における少子高齢化に関する記述として最も適当なものを，下の①～④のうちから一つ選べ。〈龍谷大改〉　　　　　　　　　　　　　　　　　[　　　　]

①　一人の女性が一生に平均何人の子どもを出産するかを示す数字を合計特殊出生率と言うが，日本では2020年に，1.57人であった。

②　日本の年金制度は，高齢化が進行して年金受給者が増大することに備えて，賦課方式を廃止した。

③　65歳以上の人口が総人口に占める割合は14％を超えると高齢社会と言い，日本はすでに21％を超えている。

④　日本の少子化対策のひとつである仕事と子育てが両立できる環境は，ハートビル法で整備されつつある。

問3　下線部ⓑの特徴を説明した文として正しいものを，次の①～④のうちから一つ選べ。　[　　　　]

①　給付額が一定している。

②　積み立てた保険料に利息が付いて，老後に支給される。

③　老齢人口の増大により，若年層の負担が増し，世代間の不公平が生じる。

④　インフレなどによる目減りが生じやすく，実質的に支給が減額になることがある。

問4　下線部ⓒに関する説明として**適当でないもの**を，次の①～④のうちから一つ選べ。　[　　　　]

①　老人保健法の施行以来，老人の医療費の自己負担分は拡大傾向にある。

②　2019年度の国民医療費全体に占める後期高齢者医療給付分の割合は約35％で，増加傾向にある。

③　1973年，老人医療費の無料化が行われた。

④　少子化が進んでいるため，老人医療費の増加分は，こどもの医療費の減少により大きく相殺される。

問5　下線部ⓓのことを何とよぶか。　　　　　　　　　　　　　　　　　　　　　　[　　　　]

7　**[融合問題]**　次の文章を読んで，以下の問いに答えよ。

　石油危機後の1970年代は，ⓐ高度経済成長が終わり，様々な面で日本社会が変化した時代であった。まず産業面では，これまでの重化学工業中心から，経済のサービス化・ソフト化が進んだ。また，高度経済成長期に多発した公害問題に積極的に取り組み，重要なⓑ公害法制が次々に施行された。社会保障制度が大きく整備されたのもこの時代である。会社員のⓒ労働時間の長さが特に取りざたされることも多くなった。それまでの経済成長一辺倒のあり方を見直して，真の豊かさについて日本人が見つめ直し始めたのだとも言えるだろう。

問1　下線部ⓐの時期の日本経済においてみられた変化や出来事に関する記述として**適当でないもの**を，次の①～④のうちから一つ選べ。〈12：本試〉　　　　　　　　　　[　　　　]

①　為替相場が円安になり輸出が増加した。

②　第3次産業の就業人口の割合が高まった。

③　財政投融資を通じた産業基盤の整備が進められた。

④　国際収支の悪化を理由とした輸入の数量制限ができなくなった。

問2　下線部ⓑに関連して，1993年，従来の公害対策基本法・自然環境保全法を発展的に解消し，環境政策の基本法として公布された「環境基本法」についての記述として最も適当なものを，次の①～④のうちから一つ選べ。〈08：本試〉　　　　　　　　　　　　　　　　　　　　　　[　　　　]

①　この法律は，憲法に定められた環境権を根拠として制定された。

②　この法律は，国や地方自治体，事業者だけでなく，国民に対しても環境を保全するための責務を課している。

③　この法律は，他の先進諸国に比べても早い時期に制定され，その適用によって，水俣病などの公害による被害は最小限にとどめられた。

④　この法律は，公害を発生させた事業者を罰する規定を設けている。

問3　下線部ⓒに関連して，現在の日本における労働者の就労にかかわる法律の内容についての記述として**誤っているもの**を，次の①～④のうちから一つ選べ。〈10：本試〉　　　　[　　　　]

①　労働者は，失業した場合，一定の要件の下で保険給付として金銭を受け取ることができる。

②　労働者は，選挙権などの公民権を行使する場合，それに必要な時間を使用者に申し出て仕事から離れることができる。

③　労働者の1日の労働時間の上限を8時間と定める規定が存在する。

④　労働者の1週間あたりの最低の休日数を2日と定める規定が存在する。

8 **[融合問題]** 次の文章を読んで，以下の問いに答えよ。

　日本では，高度経済成長期に経済成長が優先され，公害が全国的に広がった。また，⒜大量消費社会の実現は，消費生活を便利で豊かにする一方で，様々な消費者問題を引き起こしている。そこで，このような問題を是正するために，政府には，立法的・行政的介入が期待される。たとえば，日本では，政府が環境基準を定めたり，企業などに公害対策を行う動機づけとなる制度を導入することで⒝公害防止が図られている。また，消費者問題でも，政府の同様の介入によって，⒞消費者保護が図られている。不況が長引いた際の雇用対策や，社会的弱者に対する社会保障政策については，政府による景気対策と国民の生存権保障という観点からも，やはり積極的な介入が求められる。また，経済の進展にともなう都市への一極集中の是正と，疲弊する⒟地方の活性化もまた，人口減少時代においては急務といえる。〈12：追試改〉

問1　下線部⒜によって，ごみ問題が深刻になっており，日本では，３Ｒの取組み（リデュース，リユース，リサイクル）が注目されている。これについての記述として最も適当なものを，次の①～④のうちから一つ選べ。　　　[　　　　　]

　①　循環型社会の形成を目的として，循環型社会形成推進基本法が制定されているが，同法にリデュースおよびリユースの考え方は導入されていない。
　②　資源の再利用を図るために，テレビや冷蔵庫などの家電製品のリサイクルが注目されているが，これらの再資源化のための法律は制定されていない。
　③　水洗式トイレに設置された大・小レバーの使い分けは，水資源を再利用することができる点で，リユースの事例ということができる。
　④　家庭用洗剤やシャンプーなどの詰替製品の使用は，家庭から出るごみを削減することができる点で，リデュースの事例ということができる。

問2　下線部⒝に関連する記述として**誤っているもの**を，次の①～④のうちから一つ選べ。　　[　　　　　]
　①　汚染者負担の原則（PPP）は，汚染者が汚染防止に必要な費用を負担すべきという考え方を含む。
　②　環境アセスメントは，汚染源の濃度規制や総量規制によって事後的に公害対策を図るという手法である。
　③　日本では，いわゆる公害国会において，一連の公害対策関係法が成立し，この国会の翌年，環境庁（現在の環境省）が設置された。
　④　日本では，高度経済成長期以降，都市化の進展によって，家庭排水による水質汚濁や自動車の排ガスによる大気汚染など，都市公害が発生した。

問3　下線部⒞に関連して，日本の状況についての記述として**誤っているもの**を，次の①～④のうちから一つ選べ。　　[　　　　　]

　①　国レベルでは国民生活センターが，都道府県レベルでは消費生活センターなどが設置され，消費者からの苦情や相談に応じている。
　②　消費者保護基本法を改正して成立した消費者基本法は，消費者を，自立した権利の主体として位置づけている。
　③　欠陥商品について，過失があるときに限って製造業者が消費者に対し損害賠償責任を負うことを定めた製造物責任法（PL法）が制定されている。
　④　訪問販売や割賦販売について，一定期間内であれば違約金や取消料を払うことなく契約を解消できるクーリング・オフ制度が定められている。

問4　下線部⒟に関連して，次のA～Cは地域に存在するさまざまな資源を活用して地域経済の発展や農村の再生をめざす多様な活動の名称であり，下のア～ウはその具体例である。次のA～Cと下のア～ウとの組合せとして最も適当なものを，下の①～⑥のうちから一つ選べ。　　　　　　　　　　　　　　　　　　　　　　[　　　　　]
　A　グリーン・ツーリズム　　　B　スローフード　　　C　六次産業化
　ア　都市住民が一定期間，農村に滞在し，農作業などに従事して，農村生活を体験する。
　イ　農業者が，農産物の生産にとどまらず，その加工さらには販売を行って，農業と製造業とサービス業とを融合した地域ビジネスを展開する。
　ウ　地域の伝統的な食文化を見直し，良質な食材を提供する生産者を支えて，食生活を改善し，持続可能な食文化を育てる。
　①　A－ア　　B－イ　　C－ウ　　　　②　A－ア　　B－ウ　　C－イ　　　　③　A－イ　　B－ア　　C－ウ
　④　A－イ　　B－ウ　　C－ア　　　　⑤　A－ウ　　B－ア　　C－イ　　　　⑥　A－ウ　　B－イ　　C－ア

実戦問題

29 国際政治と国際法

A ポイント整理 当てはまることばを書いて覚えよう（＿＿欄には数値が入る）

1 主権国家と国際政治

(1)国家の条件　国家が成立するための３つの要素は，①＿＿＿，②＿＿＿，③＿＿＿である。　③　は，「国内を統治する最高権力」かつ「対外的に独立した権力」のことであり，現代の国家は他国の干渉を排除し，③　を完全に行使できる④＿＿＿＿＿＿である。

主権の及ぶ範囲

領空（大気圏内）

領土　12海里以内　排他的経済水域
　　　領海　　　　200海里以内

(2)国家の領域と経済水域　主権を排他的に行使できる範囲＝領域は，⑤＿＿＿，⑥＿＿＿（12海里以内），⑦＿＿＿（⑤　と　⑥　の上空）である。また，1994年に発効した⑧＿＿＿＿＿＿＿・＿＿では，海岸線から⑨＿＿＿＿海里＝約370kmまでの領海を除く部分を⑩＿＿＿＿＿＿＿＿＿・＿＿とし，漁業や地下資源などその国の経済的利益を認めた。

(3)国際政治とその特質　国際社会は，主権国家を基本単位として構成される社会であり，そこには各国政府に優越する統治権力が存在しないため，各国家がそれぞれ自国の利益すなわち⑪＿＿＿（ナショナル・インタレスト）を追求しようとする。このため，国際政治では，常に主権国家間における対立・協調が繰り広げられ，⑫＿＿＿＿＿＿（Power Politics）に陥る危険性がある。

2 国際政治の成立と変容

(1)国際政治のはじまり　主権国家を単位とする国際政治の構造は，宗教戦争でもあった三十年戦争（1618〜48年）終結時の⑬＿＿＿＿＿＿＿＿・＿＿＿条約（48年）によって，帝国内の構成国（領邦国家）に主権が認められたことにより確立した。

三十年戦争と主権国家体制の成立

神聖ローマ帝国
旧勢力　敗北

戦争

帝国内の領邦国家
新勢力　勝利

ウェストファリア条約で領邦国家の主権を確認

(2)国民国家とナショナリズム　やがて市民革命を経て，近代的な国家は主権国家であるだけでなく，国民としての一体性という建前のもとに形成された⑭＿＿＿＿＿＿（Nation-State）として発展した。しかし一方で，過度の一体感は，偏狭な⑮＿＿＿＿＿＿＿＿＿・＿＿を生み出す結果となり，それが２度の世界大戦を招いた。

(3)国際政治の行動主体　現代では主権国家の他に，国連や⑯＿＿＿＿＿＝非政府組織，⑰＿＿＿＿＿企業なども国際政治における重要な行動主体となってきており，国民国家の機能は相対的に低下している。

(4)国際政治を動かす要因　国際政治は，ナショナリズムや軍事力などの政治的要因，国家間の資源獲得競争や発展途上国による⑱＿＿＿ナショナリズムの動きなどの経済的要因，そして⑲＿＿＿や宗教，イデオロギーの違い，さらには人種的偏見や慣習などの文化的社会的要因によって変動する。

①②＿＿＿＿＿＿＿＿＿＿＿

③＿＿＿＿＿＿＿＿＿＿＿

④＿＿＿＿＿＿＿＿＿＿＿

⑤＿＿＿＿＿＿＿＿＿＿＿

⑥＿＿＿＿＿＿＿＿＿＿＿

⑦＿＿＿＿＿＿＿＿＿＿＿

⑧＿＿＿＿＿＿＿＿＿＿＿

⑨＿＿＿＿＿＿＿＿＿＿＿

⑩＿＿＿＿＿＿＿＿＿＿＿

⑪＿＿＿＿＿＿＿＿＿＿＿

⑫＿＿＿＿＿＿＿＿＿＿＿

⑬＿＿＿＿＿＿＿＿＿＿＿

⑭＿＿＿＿＿＿＿＿＿＿＿

⑮＿＿＿＿＿＿＿＿＿＿＿

⑯＿＿＿＿＿＿＿＿＿＿＿

⑰＿＿＿＿＿＿＿＿＿＿＿

⑱＿＿＿＿＿＿＿＿＿＿＿

⑲＿＿＿＿＿＿＿＿＿＿＿

③ 国際法の成立

(1)国際社会と法　国際社会では，各国政府に優越する統治権力が存在しないため，一国内に適用される⑳＿＿＿＿のように全成員を拘束するような強力な成文法を作ることはできない。

(2)成立　しかし，17世紀に，三十年戦争の惨禍を目の当たりにしたオランダの㉑＿＿＿＿＿＿＿・＿が，戦争を防止し，その悲惨さを緩和するためには㉒＿＿＿＿にもとづいて国家の行動を規制し，紛争の解決をはかるためのルールである㉓＿＿＿＿が必要であることを説いた。これによって，彼は㉔＿＿＿＿＿＿＿とよばれている。

国際法の父グロティウス

主著は『戦争と平和の法』。戦争の時にも守るべきルールがあるとするもの。

④ 国際法の発展

(1)国際法の成立と分類　グロティウス以降，国際法の基礎が確立した。

形式	㉕＿＿＿＿＿＿	国家間の慣習のうち，法として意識されるまでに規範性が高まったもの。基本的に不文法で，全国家を拘束する。
	㉖＿＿＿	国家間（二国・多国）または，国際機関などを中心として文書によって法として確認されたもの。締結し㉗＿＿＿した国しか拘束しない。
内容	㉘＿＿＿＿＿＿	戦争時に適用される規律。武力紛争時において戦闘行為を規制し，人権保障をめざす法を，特に㉙＿＿＿＿＿＿とよぶ。
	㉚＿＿＿＿＿＿	通常の状態において国家間の関係を規律するもの。

歴史的に見ると，初期には不文法である㉛＿＿＿＿＿＿＿が国際法の中心だったが，次第に成文法である㉜＿＿＿が中心となってきている。

(2)国際法の特質

立法機関	国際社会には，統一的な㉝＿＿＿機関が存在しないため，世界中のすべての国家を拘束するような成文法の制定は不可能。
制　裁	国際法の違反国へ強制力を行使できるような，統一的な㉞＿＿＿機関も存在しない。
国際裁判	国際紛争の解決をはかるため，国連に㉟＿＿＿＿＿＿・＿＿（ICJ）が設置されているが，裁判が行われるためには紛争当事国双方の㊱＿＿＿が必要。所在地：ハーグ（オランダ）

(3)国際刑事裁判所（ICC）　戦争指導者による大量虐殺＝㊲＿＿＿＿＿＿・＿の罪など，人道に反する㊳＿＿＿の重大な犯罪を裁くため，国連安保理決議に基づいて，2003年にオランダのハーグに開設された。日本は07年に加盟したが，アメリカ・ロシア・中国・インドなどは未加盟である（2023年4月現在）。

B　重点確認　国際政治の成立と発展

17世紀〜

三十年戦争
⇒ ❶＿＿＿＿・＿＿＿＿＿条約

国際政治
国際法 ⎤の成立

20世紀〜

国際政治の変化
⇒ ❷＿＿＿＿以外の行動主体も重要に

国際法の発展
⇒ ❸＿＿＿＿＿から ❹＿＿中心へ

《国内政治と国際政治の比較》

	国内政治	国際政治
構　成	国　民（人）	❺＿＿・＿（国）
統治権力	❻＿＿	統一権力はない

右欄の記入欄：
⑳ ㉑ ㉒ ㉓ ㉔ ㉕ ㉖ ㉗ ㉘ ㉙ ㉚ ㉛ ㉜ ㉝ ㉞ ㉟ ㊱ ㊲ ㊳
❶ ❷ ❸ ❹ ❺ ❻

国際政治

30 国際連合の役割

➡ 裏表紙裏

A ポイント整理 当てはまることばを書いて覚えよう（＿＿欄には数値が入る）

1 国際連盟の成立と限界

(1)**集団安全保障**　第一次世界大戦前の三国同盟と三国協商の対立に代表される20世紀初頭までの①＿＿＿＿＿方式による平和維持の考え方に代わって，第一次世界大戦後にはその惨禍の反省から，「多くの国が加盟する国際平和機構をつくり，ある加盟国への攻撃には加盟国全体で制裁を加える」という②＿＿＿＿＿＿．＿※の考え方が登場してきた（※②＿の考え方は，③＿＿＿＿（『永久平和のために』1795年）などが提唱していた）。

(2)**国際連盟**　アメリカの大統領④＿＿＿＿＿＿＿の提唱により，②＿方式をとる世界初の国際平和機構として，第一次世界大戦後の1920年に⑤＿＿＿＿＿＿（本部：ジュネーブ）が発足したが，以下の欠陥があったため⑥＿＿＿＿＿＿．＿の勃発を防げず国際平和機構としての機能を十分に果たせなかった。

〈欠陥〉　Ⅰ：⑦＿＿＿＿＿＿（＊上院の反対のため）・⑧＿＿など大国の不参加
Ⅱ：⑨＿＿＿＿＿＿の表決方式　　Ⅲ：⑩＿＿＿＿＿＿のみの制裁手段

2 国際連合

(1)**国連の成立**　第二次世界大戦中から，米・英・ソ連・中国などを中心に新たな国際機関設立の準備が進められ，1945年6月のサンフランシスコ会議で⑪＿＿＿＿＿＿．＿を採択。同年10月にアメリカ・イギリス・ソ連・⑫＿＿＿＿＿＿・⑬＿＿の5大国を含む連合国の過半数の批准を得て⑭＿＿＿＿＿＿が成立した（原加盟国は51か国。2023年5月現在193か国が加盟。なお⑬＿の代表権は1971年に中華民国から中華人民共和国へ，ソ連の代表権は1991年にロシア連邦へ移った）。

(2)**国連の目的**　国際連合の第一義的な目的は，国際的な⑮＿＿＿と＿＿＿の維持である。その他，諸国家間の友好関係の構築や経済的・社会的・文化的な不平等を解消するための国際協力の達成をめざしている。

(3)**国連の特色**　国際連合は国際連盟の反省から，表決における⑨＿方式を廃止して⑯＿＿＿＿＿方式を採用し，大国の協力がなければ世界平和の実現は難しいという立場から⑰＿＿＿＿＿＿の原則を採用した。また，経済制裁だけでなく⑱＿＿の行使も可能とした。

	国際連盟(欠陥)	国際連合(改善点)
Ⅰ 加盟国	米ソの不参加	初めから5大国が参加
Ⅱ 表決(総会)	全会一致方式	⑯＿方式（重要事項は2/3）
Ⅲ 制裁手段	経済制裁のみ	経済制裁に加え，⑱＿行使可能

(4)**国連の組織**

②	
①	
③	
④	
⑤	
⑥	
⑦　　　　⑧	
⑨　　　　⑩	
⑪	
⑫　　　　⑬	
⑭	
⑮　　　と	
⑯　　　　⑰	
⑱	
⑲	
⑳	
㉑	
㉒	
㉓	
㉔	
㉕	
㉖	

勢力均衡から集団安全保障へ

三国同盟　　三国協商
ドイツ・イタリア　　イギリス・ロシア
オーストリア　×　　フランス
↓第一次世界大戦後
国際平和機構
A → B ← C
D　E　F
A〜Fは加盟国　→攻撃　⇢制裁

㉔＿＿＿＿＿＿．＿
1994年：パラオ独立で活動停止

＊本部：⑲＿＿＿＿＿＿・＿

㉓＿＿＿＿＿＿
＊事務総長：⑳＿＿＿＿＿（ポルトガル）

㉕＿＿＿＿＿
国際間紛争の司法的解決
＊ハーグ(オランダ)

㉑＿＿＿
1国1票制

軍縮委員会　人権理事会

㉒＿＿＿＿＿＿．＿
国際平和と安全の維持
15理事国，5大国に拒否権

㉖＿＿＿＿＿
非政治分野での国際協力(54理事国)

専門機関　ILO, IMF, WHOなど

関連機関　IAEA, ICC, WTOなど

総会設立の補助機関　UNDP, UNHCR, UNCTADなど

3 国連による平和と安全の維持

(1)安全保障理事会の役割と構成

役割	Ⅰ　国際平和と安全の維持のために主要な責任を負う。	
	Ⅱ　任務遂行のため全加盟国に代わって行動し，その決定は全加盟国を拘束する。	
構成	㉗＿＿＿＿＿＿	5大国（アメリカ，イギリス，ロシア，フランス，中国）
	㉘＿＿＿＿＿＿	10か国，任期2年。毎年半数改選。
表決	手続事項※	15理事国中，㉙＿＿理事国の同意投票で決定。
	実質事項	**5常任理事国すべてを含む**㉙＿理事国の同意投票で決定。 ＊5大国は実質事項の決定における「㉚＿＿＿」をもつ。

※手続事項…ある議題について理事会で議論すべきか否かを決めることなど。

(2)平和のための結集決議
冷戦期は米ソの激しい対立により拒否権が頻繁に発動され，安全保障理事会の機能が停止した。1950年，㉛＿＿＿戦争勃発の際，安全保障理事会がソ連のボイコットで機能しなかったため，総会は㉜＿＿＿＿＿・＿＿＿＿＿を採択（1950.11）し，「安全保障理事会が機能しないとき，㉝＿＿＿が3分の2以上の多数決によって加盟国に軍事行動を含む集団的措置を勧告できる」とした。また「㉝が閉会中の場合は，安全保障理事会の9理事国または加盟国の過半数の請求により，24時間以内に㉞＿＿＿＿＿・＿を招集できる」とし，東西冷戦期には，しばしば招集された。

(3)国連による紛争処理とPKO
国連による紛争処理は㉟＿＿＿的手段による解決を基本とする（国連憲章第6章）が，それが困難な場合には加盟国から派遣された部隊による平和維持活動＝㊱＿＿＿＿が展開される。㊱は，国連憲章に明確な規定がなく，憲章の第6章（平和的解決）と第7章（強制措置）の中間的な活動であるため，「㊲＿＿＿＿＿＿」とも呼ばれる。冷戦終結後の民族紛争の激化にともない㊱の活動内容も多様化したが，ソマリア㊱（1992〜1995）など平和執行型の㊱が失敗すると，武力行使を最小限にとどめ，㊳＿＿＿＿＿＿など本来の活動を核とする㊱へ回帰している。

(4)PKOの変遷（Ⅰ→Ⅱ→Ⅲ→Ⅳ）

| Ⅰ | 伝統型：㊳＿＿・兵力引離し | Ⅲ | 平和執行型：武力行使による平和強制 |
| Ⅱ | 複合型：Ⅰ＋平和構築活動 | Ⅳ | 統合型：Ⅱの発展＋NGO等との連携 |

(5)強制措置
国連憲章第6章の㉟＿的手段による解決が不調に終わった場合，憲章第7章の強制措置（非軍事的措置または武力行使など㊴＿＿＿的措置）が発動できる。しかし，国連憲章に基づく正式な㊵＿＿＿＿＿は，これまで一度も組織されたことがなく，安全保障理事会の決議を受けた多国籍軍による軍事行動がとられてきた（例：1990年，対イラク）。一方で，イラク戦争（2003年）の際の米英軍など安保理決議に基づかない大国の軍事行動もみられた。

4 国連の課題

| 財政問題 | 予算規模自体が小さいこと・㊶＿＿＿＿＿の未払いによる財政難 |
| 安保理改革 | 理事国数や地域構成の見直しなど |

㉗＿＿＿＿＿＿＿＿

㉘＿＿＿＿＿＿＿＿

㉙＿＿＿＿＿＿＿＿

㉚＿＿＿＿＿＿＿＿

㉛＿＿＿＿＿＿＿＿

㉜＿＿＿＿＿＿＿＿

㉝＿＿＿＿＿＿＿＿

㉞＿＿＿＿＿＿＿＿

㉟＿＿＿＿＿＿＿＿

㊱＿＿＿＿＿＿＿＿

㊲＿＿＿＿＿＿＿＿

㊳＿＿＿＿＿＿＿＿

㊴＿＿＿＿＿＿＿＿

㊵＿＿＿＿＿＿＿＿

㊶＿＿＿＿＿＿＿＿

国際政治

人間の安全保障

恐怖からの自由（戦争や暴力がない状態）だけでなく欠乏からの自由（貧困や飢餓などがない状態）の実現が真の安全保障につながるという考え方。1994年にUNDP（国連開発計画）が提唱。

B　重点確認　国際平和と安全の維持

20世紀初頭まで
❶＿＿＿方式
世界大戦防げず

第一次世界大戦

第一次世界大戦後
❷＿＿＿＿方式
機関 ❸＿＿＿
欠点
・表決は❹＿＿＿制
・❺＿制裁のみ
・大国不参加
世界大戦防げず

機関 ❻＿＿＿
・5大国中心主義
・表決は❼＿＿＿制
・❽＿＿制裁あり

第二次世界大戦

❶＿＿＿＿＿＿＿＿

❷＿＿＿＿＿＿＿＿

❸＿＿＿＿＿　❹＿＿＿＿＿

❺＿＿＿＿＿　❻＿＿＿＿＿

❼＿＿＿＿＿　❽＿＿＿＿＿

時事正誤チェック A国がC国を侵略したと安保理が決議した場合，A国と同盟関係にあるB国が，A国の武力行使に参加することは，集団安全保障体制の枠組みの中で，国連加盟国がとる行動として適当である。〈15：追試改〉　[　]

31 戦後国際政治の動向

A ポイント整理 当てはまることばを書いて覚えよう（＿＿欄には数値が入る）

1 冷戦体制の確立（1946〜55）

(1)**冷戦体制** 「冷戦」とは，アメリカを中心とする
自由主義・① ___ 主義諸国とソ連を中心とする
② ___ 主義・社会主義諸国との間の，武力衝突
に至らない緊張・対立関係のことをいう。しか

し，欧米以外では，1950年に勃発した③ ___ 戦争のように，実際の軍事力が
行使される「熱戦」が，東西大国の代理戦争という形でしばしば起こった。

	その他の代理戦争
ベトナム戦争（1965〜75） カンボジア内戦（1979〜89）	

西側	1946	英元首相チャーチルの「④ _____」演説 ⇒社会主義諸国の「閉鎖的秘密主義」を批判した言葉
	1947	米大統領トルーマンによる⑤ _____・_____ ⇒⑥ ___（＝社会）主義勢力が急速に台頭していたギリシャとト ルコへの軍事的・経済的援助表明＝「（ ⑥ 主義封じ込め政策）」
	1947	米国務長官マーシャルによる⑦ _____・_____ ⇒⑧ _____による西欧諸国の復興と自立のための経済援助 ＝共産主義拡大阻止のための西欧への軍事的援助
東側	1947	⑨ _____＝国際共産党情報局を結成 ⇒西側の「共産主義封じ込め政策」に対抗し，各国の共産党の提 携と情報交換のため
	1948 〜 1949	⑩ _____封鎖　⇒第二次大戦後，ベルリンは米英仏ソの共同管理 下におかれていたが，⑪ ___ が突然，西ベルリンまでの交通路を 遮断し，翌年まで封鎖が続けられた。 その後，1961年には「⑫ _____」がつくられた。
西側	1949	⑬ _____＝北大西洋条約機構成立　⇒西側の軍事同盟
東側	1949 1955	⑭ _____＝経済相互援助会議成立（東側の経済協力機構） ⑮ _____＝ワルシャワ条約機構成立（ ⑬ に対抗する軍事同盟）

軍事同盟である ⑬ と ⑮ が成立したことにより冷戦体制が成立した。

2 緊張緩和と多極化（1950年代後半〜70年代）

(1)**平和共存** 冷戦体制の成立は，同時に東西両陣営が政治的・軍事的・経済的
に均衡したことを意味した。このため，1955年に米英仏ソ首脳による⑯ ___
___・_____ が開かれるなど，東西間に⑰ ___ 共存の気運が生まれ，緊
張緩和＝⑱ _____ の動きが広まった。以後，冷戦体制は，緊張と緊張緩和
が繰り返されて継続した。

(2)**緊張緩和の背景** 緊張緩和が進んだ背景としては，軍事バランスの成立とと
もに，東西両陣営の中に全面⑲ __ 戦争の脅威に対する共通認識が生まれたこ
と，東西いずれにも属さない新興勢力＝⑳ ___ 世界が台頭し，緊張緩和の働き
きかけをしたことなどがあげられる。

(3)**第三世界の動き** 戦後独立を達成した
㉑ _____・_____ 諸国（AA諸国）
は，反植民地・反帝国主義の立場から，
東西いずれの陣営にも属さない㉒ ___
__ 主義を唱え，平和共存を訴えた。

非同盟主義の広がり	
1955	アジア・アフリカ＝A・A会議
1961	第1回㉓ _____ 首脳会議

① _____　② _____

③ _____

④ _____

⑤ _____・_____

⑥ _____

⑦ _____・_____

⑧ _____

⑨ _____

⑩ _____

⑪ _____

スターリン批判
1953年にソ連のNo.1となった フルシチョフは，1956年にそ れまでの支配者スターリンの 批判を行い，西側との平和共 存路線を提唱した。

⑫ _____

⑬ _____

⑭ _____

⑮ _____

⑯ _____

⑰ _____

⑱ _____

⑲ _____

⑳ _____

㉑ _____・_____

㉒ _____

㉓ _____

(4)二極化から多極化へ　1962年の㉔＿＿＿＿＿＿＿＿では，一瞬，核戦争の緊張が高まったが，これをきっかけに緊張緩和の動きは前進し，東西両陣営内で米ソの指導権が低下する状況も生まれた。加えて，次々と独立した第三世界諸国の台頭により，世界は㉕＿＿＿化した。

西側	㉖＿＿＿＿＿	1966	NATOを脱退(のち復帰)，独自に核兵器開発。
	ドイツ・日本	60年代〜	経済力上昇⇒米経済の相対的地位低下
	西　欧	1967	㉗＿＿＿＝ヨーロッパ共同体，発足
東側	中　国	50年代〜 70年代	中ソ対立の激化。 米中接近(1979　国交正常化)
	東　欧	50年代〜	自立化への動き(1956　ハンガリー事件他)
東　西　対　話		70年代 1975〜	米ソ間の核管理進む(SALT Ⅰ・Ⅱなど) ㉘＿＿＿＿＿＿＿・＿＿＿＿＿＿(CSCE)

〈注〉CSCEは1995年に常設化され欧州安全保障協力機構(OSCE)となった。

3　冷戦の終結と冷戦後の世界(1970年代後半〜現代)

(1)新冷戦　1979年の米中国交正常化により孤立感を深めたソ連が㉙＿＿＿＿＿＿・＿＿＿に侵攻すると，アメリカの㉚＿＿＿＿＿＿政権は「強いアメリカ」政策により核軍拡などを進め，再び東西緊張が強まった(1980年代)。このため，1980年代前半を㉛＿＿＿＿＿の時代とよぶ。

(2)冷戦の終結　しかし，膨大な軍事費が双方の，とりわけソ連の国民生活を圧迫して，東欧諸国でも民主化要求が強まった。ソ連では1985年に国内の民主化と西側との協調を掲げる㉜＿＿＿＿＿＿＿・＿＿政権が誕生し，再び米ソの対話が進められた。そして，1989年の㉝＿＿＿＿＿会談では，アメリカの㉞＿＿＿＿＿＿大統領とソ連の㉜＿＿＿＿最高会議議長が㉟＿＿＿＿＿＿＿を宣言した。以後，冷戦の象徴だったベルリンの壁が撤去(1989)され，東西ドイツが再統一，ソ連が消滅してCIS＝独立国家共同体が成立するなど世界では冷戦体制からの脱却の動きが加速した。

冷戦終結とその後の世界の動き

1989	マルタ会談で冷戦終結宣言
1990	東西㊱＿＿＿＿統一
1991	㊲＿＿＿崩壊。ロシアが後を継承
1991	韓国と北朝鮮が国連に同時加盟

(3)冷戦後の世界　冷戦終結後の世界では，各地でナショナリズムが噴出し，地域紛争や㊳＿＿＿紛争が多発している。また，唯一の超大国となったアメリカの単独行動主義＝㊴＿＿＿＿＿＿＿・＿＿＿＿が目立つようになった(イスラーム過激派勢力によるアメリカ同時多発テロ事件(2001)後，アメリカは安保理決議のないままアフガニスタン(2001)，㊵＿＿＿＿(2003)，シリア(2017)への軍事行動をおこした)。一方，急速に経済発展を遂げた中国やロシアが国際社会への影響力を高めようとしている。

ホットライン

　㉔の後，ワシントンのホワイトハウスとモスクワのクレムリンを直接つなぐ非常通信回線＝ホットラインが設置され，突発的な緊急事態の際の直接対話が約束された。

㉔＿＿＿＿＿＿＿＿＿＿

㉕＿＿＿＿＿＿＿＿＿＿

㉖＿＿＿＿＿＿＿＿＿＿

㉗＿＿＿＿＿＿＿＿＿＿

㉘＿＿＿＿＿＿＿＿＿＿

㉙＿＿＿＿＿＿＿＿＿＿

㉚＿＿＿＿＿＿＿＿＿＿

㉛＿＿＿＿＿＿＿＿＿＿

㉜＿＿＿＿＿＿＿＿＿＿

㉝＿＿＿＿＿＿＿＿＿＿

㉞＿＿＿＿＿＿＿＿＿＿

㉟＿＿＿＿＿＿＿＿＿＿

㊱＿＿＿＿＿＿　㊲＿＿＿＿＿

㊳＿＿＿＿＿＿＿＿＿＿

㊴＿＿＿＿＿＿＿＿＿＿

㊵＿＿＿＿＿＿＿＿＿＿

国際政治

B　重点確認　戦後の国際政治の流れ

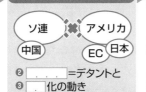

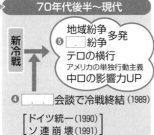

❶＿＿＿＿＿＿＿＿＿＿

❷＿＿＿＿＿＿＿＿＿＿

❸＿＿＿＿＿＿＿＿＿＿

❹＿＿＿＿＿＿＿＿＿＿

❺＿＿＿＿＿＿＿＿＿＿

▶▶▶時事　正誤チェック　ソ連がアフガニスタンに侵攻したことによって，1980年代前半に米ソ関係の緊張が一時的に高まった。〈15：政経，倫理・政経本試〉　[　]

32 核・軍縮問題

A ポイント整理 当てはまることばを書いて覚えよう（＿＿欄には数値が入る）

1 核兵器の拡散と核軍拡競争

(1)**核兵器の拡散** 1945年のアメリカによる広島・長崎への①＿＿＿投下により，核兵器の時代が幕を開けた。以後，②＿＿＿・イギリス・フランス・中国が次々と核実験に成功して「核保有国」となった。それは，また，当時の冷戦という状況下における核の③＿＿＿競争の始まりをも意味した。

(2)**核軍拡競争** 東西冷戦体制が継続する中，1990年代前半までに5つの核保有国で約12万7,550発の核弾頭が生産された。一方，性能面でも開発競争が進められ，より爆発力の大きな④＿＿＿や戦術核と呼ばれる小型の核兵器，多弾頭ミサイル（MIRV）や大陸間弾道ミサイル（ICBM），潜水艦発射ミサイル（SLBM）など様々な兵器・運搬手段に巨額の資金が投じられた。

2 核戦争抑止の動き

(1)**軍備管理** 東西両陣営の実力が均衡し，⑤＿＿＿＿＿＿＝緊張緩和の動きが広まると，核保有国を中心に核軍拡競争を制限し戦争抑止の環境を作っていこうという⑥＿＿＿＿＿＿の動きが生じた。

多国間協定	⑦＿＿＿＿＿＿・＿＿＿条約 =PTBT （1963調印） (Partial Test Ban Treaty)	キューバ危機の後，米英ソの署名により発効。宇宙空間・大気圏内・⑧＿＿＿での核実験を禁止するもの。1998年までに150か国参加。
	＊しかし，⑨＿＿＿核実験を禁止しておらず技術的に難しい⑨＿核実験の段階に入っている核先進国の米英ソに有利とされた。核後発国の仏中は不参加。	
	⑩＿＿＿＿＿＿条約 =NPT（Treaty on the Non-Proliferation of Nuclear Weapons）(1968調印) 「核不拡散条約」ともいう。	1970年発効。1976年日本批准。2023年1月時点で締約国192か国（核兵器国5か国＋非核兵器国187か国）。主な非締約国は⑪＿＿＿，⑫＿＿＿＿＿，イスラエル，南スーダン。北朝鮮は2003年に脱退。2006, 2009, 2013, 2016, 2017年に核実験強行。
	＊米ロ英仏中5か国のみを「核兵器国」と定め，それ以外の「非核兵器国」への核兵器の拡散を防止。核兵器国は核軍縮の義務，非核兵器国は核武装しない義務を負う。現核兵器国に有利という批判あり。その後NPT再検討会議で，1995年に条約の無期限延長決定，2015年は中東の非核化めぐり決裂。	
米ソ2国間交渉	⑬＿＿＿＿＿＿＿交渉 SALT I （1972調印） SALT II （1979調印，未批准）	米ソの核の均衡をめざす交渉。SALT Iでは，ICBMやSLBMなど核運搬手段（ミサイル）の数量制限を実現。しかし，⑭＿＿＿＿自体を制限するには至らず。SALT IIでは，核運搬手段の総数に米ソ同数の上限を設定。

これらの協定や交渉は，核兵器や運搬手段の均衡をめざすもので，数量を減らすものではなかったが，交渉したこと自体が評価される。また，このような動きの中で，1978年に第1回の国連⑮＿＿＿＿＿＿＿＿が開かれ，世界規模での軍縮が模索された（以後，1978年，82年，88年に開催）。

(2)**反核運動** 米ソなどの核軍拡競争に対し，市民や科学者などによって反核・核軍縮を訴える運動が進められた。これらの運動では，しだいに民間の⑯＿＿＿＿＿が重要な役割を果たすようになり，国連軍縮特別総会でも⑯＿＿が積極的にアピールした。また，市民グループの運動に端を発した，核兵器による威嚇・使用の違法化をめざす動きは，各国の支持もあり，⑰＿＿＿＿＿＿＿＿・＿＿（ICJ）の「核兵器の使用・威嚇は，武力紛争に関する⑱＿＿＿＿（特に国際人道法）に違反する」という勧告的意見を引き出した（1996年）。

① ＿＿＿＿＿＿ ② ＿＿＿＿＿＿

③ ＿＿＿＿＿＿ ④ ＿＿＿＿＿＿

核弾頭の生産数
（1990年代前半まで）

アメリカ	約7万発
ソ連	約5.5万発

＊両国で全体の98%

⑤ ＿＿＿＿＿＿＿＿＿

⑥ ＿＿＿＿＿＿＿＿＿

⑦ ＿＿＿＿＿＿＿＿＿

⑧ ＿＿＿＿＿＿ ⑨ ＿＿＿＿＿

⑩ ＿＿＿＿＿＿＿＿＿

⑪ ＿＿＿＿＿＿＿＿＿

⑫ ＿＿＿＿＿＿＿＿＿

⑬ ＿＿＿＿＿＿＿＿＿

⑭ ＿＿＿＿＿＿＿＿＿

⑮ ＿＿＿＿＿＿＿＿＿

⑯ ＿＿＿＿＿＿＿＿＿

⑰ ＿＿＿＿＿＿＿＿＿

⑱ ＿＿＿＿＿＿＿＿＿

米ロ戦略核弾頭数の推移

（『世界国勢図会』各年版による）

1950年代	1954年	⑲_____がアメリカの水爆実験で被爆（ビキニ事件）
		＊以後⑳_____を求める運動が世界に広がる。
	1955年	㉑_____・_____宣言
	1957年	㉒_____会議…科学者の国際会議，以後毎年開く
1980年代	1980年代前半の新冷戦期，米ソによる㉓____（中距離核ミサイル）の欧州配備をきっかけに，ヨーロッパを中心に反核運動高揚

③ 軍備管理から軍備縮小へ

(1)核軍縮の動き　反核運動の高揚とそれに続く冷戦終結の流れは，それまでの軍備管理から㉔_____（軍縮）への方向転換を促した。

1987	米ソ間で㉓ __全廃条約調印　＊初の核軍縮条約で冷戦終結の布石となったが2019年失効。	
1991	米ソ間で㉕_____Ⅰ=戦略兵器削減条約Ⅰ調印	戦略核兵器（射程5,500km以上）削減
1993	米ロ間で㉕__Ⅱ=戦略兵器削減条約Ⅱ調印	
1996	国連で㉖_____=包括的核実験禁止条約採択。2023年11月時点で発効要件満たせず未発効（米中イスラエルなど未批准。ロシアは2023年批准撤回。印パ北朝鮮は未署名）。	
2010	米ロ間で㉗_____・（㉕Ⅰの後継条約）調印　配備済みの核弾頭と運搬手段を削減，核戦略の情報共有	＊2023 ロシアが条約履行一方的停止 →米ロ間の戦略核の情報提供停止

(2)非核地帯の広がり　一方，

一定の地域内の国々が核兵器の実験，製造，取得などを禁止し，域外の核保有国も核兵器の使用や威嚇をしないことを約束した㉘_____も広がっている。これは，地域的な核拡散防止措置であり，㉘を全世界に拡大することによって，最終的な全面核廃絶をめざしている。

（2023年7月）　　核保有国と非核地帯　〈注〉数字は調印または宣言年
中央アジア非核兵器地帯条約（セメイ条約）2006（2009発効）
モンゴル一国非核の地位 1992（1998国連決議で承認）
㉛_____非核地帯／条約（バンコク条約）1995（1997発効）
㉜_____非核地帯条約（ペリンダバ条約）1996（2009発効）
㉚_____非核地帯条約（ラロトンガ条約）1985（1986発効）
㉙_____核兵器禁止条約（トラテロルコ条約）1967（1968発効）
■核保有国　▨NPTを批准していない核保有国　■非核地帯
南極条約 1959（1961発効）
（外務省資料による）

(3)軍縮の課題と成果

| ㉝_____措置（CBM） | 軍事情報公開などで偶発的な紛争を防止する措置 |
| 武器取引の制限 | 世界の武器取引…武器輸出大国⇒第三世界（虐殺・テロ招く） |

・2022年の武器輸出入額の上位5か国（ドル換算，ストックホルム国際平和研究所資料による）
〈輸出〉米・仏・露・中・伊〈輸入〉カタール・印・ウクライナ・サウジアラビア・クウェート・㉞_____条約（ATT）2014発効…虐殺やテロにつながる武器貿易を制限。

通常兵器の禁止	化学兵器禁止条約（1997発効）…毒ガスなどの化学兵器を禁止	
	㉟_____禁止条約（1999発効）	NGOが主導した市民運動の成果
	クラスター爆弾禁止条約（2010発効）	
核兵器の法的禁止	国連核兵器禁止条約…2021年発効（不参加国は核保有国と日本・韓国など）	

（2023年7月現在）

⑲_____
⑳_____
㉑_____
㉒_____
㉓_____㉔_____
㉕_____
㉖_____
㉗_____
㉘_____
㉙_____
㉚_____
㉛_____
㉜_____
㉝_____
㉞_____
㉟_____

国際政治

B　重点確認　軍縮問題の動き

各国最初の核実験実施年

米 1945	核拡散 核❶__競争	東西冷戦
ソ 1949		
英 1952		

1945　アメリカ原爆実験および投下
1949　ソ連原爆実験
← 反核運動
1955　❹_____宣言
1957　❺_____会議

仏 1960	軍備❷__の動き	緊張緩和
中 1964		
印 1974		

1963　PTBT調印
1968　NPT調印
1972　SALT調印
← 冷戦終結
1989　❻__会談
1991　START調印

| パ 1998 | 軍備❸__の動き | 冷戦後 |
| 北朝鮮 2006 | | |

非核地帯の広がり
核軍縮の動き・通常兵器の削減
2010　新START調印

❶_____
❷_____
❸_____
❹_____・_____
❺_____
❻_____

▶▶▶時事　正誤チェック ✓　全欧安全保障協力会議（CSCE）において採択されたヘルシンキ宣言では，軍事演習の事前通告などの信頼醸成措置について言及された。〈15：現社追試〉　[　　]

33 現代の世界と紛争

A ポイント整理 当てはまることばを書いて覚えよう（＿＿欄には数値が入る）

1 東西冷戦下の紛争

(1)冷戦と紛争 冷戦期には①＿＿＿＿＿＿とソ連が対立し，世界の多くの国はどちらかの陣営に加わった。地域の紛争の多くは，東西大国の②＿＿＿戦争として戦われた。

③＿＿＿戦争 1950〜53年	第二次世界大戦後，朝鮮は南北に分断。中ソは北，④＿＿＿＿＿＿は南を支援して戦争になる。53年に北緯⑤＿＿＿度線をはさみ休戦協定が成立。
⑥＿＿＿＿＿＿戦争 1965〜75年	インドシナ半島から⑦＿＿＿＿＿軍が撤退，ベトナムは南北に分断。北を中ソが，南を⑧＿＿＿＿＿が支援。米軍が撤退後，75年に⑨＿＿＿＿＿・＿＿＿＿＿が成立。
⑩＿＿＿＿＿＿＿内戦 1979〜89年	中国の影響が強いカンボジアでは，親ベトナム勢力（⑪＿＿＿が後押し）と反ベトナム勢力（米中の後押し）の間で内戦となり，数百万の死者を出す。89年にベトナムが撤退し終結。93年王国成立。

(2)第二次世界大戦後〜現在も続く紛争

パレスチナ紛争	第二次世界大戦後，パレスチナに⑫＿＿＿＿＿人がイスラエルを建国。周辺の⑬＿＿＿＿＿人国家と対立し4度の⑭＿＿＿戦争。現在も反目。
中国・台湾問題	第二次世界大戦後，中国では⑮＿＿＿＿＿と国民党が対立し内戦勃発。国民党は台湾で中華民国を建国。（「2つの中国」）現在も反目。

2 現代の紛争・戦争とその影響

(1)新しい戦争 冷戦が終結した時，世界の多くの人々は全面核戦争の脅威が去り，平和に向かうと期待した。しかし，冷戦後の方が，地域紛争や宗教・文化・言語などをめぐる⑯＿＿＿紛争が頻発している。また，唯一の超大国となったアメリカの単独行動主義に反発するイスラム過激派組織のテロ活動が，国家とテロ組織との間の武力闘争に発展している。これら冷戦後の民族間および国家とテロ組織間の紛争は⑰＿＿＿＿＿＿＿＿と呼ばれる。

(2)民族紛争多発の原因 冷戦後の民族紛争多発は，19世紀末〜20世紀初頭の帝国主義列強による⑱＿＿＿＿＿分割やそれによって機械的に線引きされた⑲＿＿をめぐる対立，その地域の伝統的な宗教対立・民族対立などが背景となっている。それらの矛盾は，東西冷戦体制の下では米ソなどの力で押さえ込まれていたが，冷戦終結後には，西欧諸国を含む世界各地で⑳＿＿＿＿＿＿＿＿・＿＿＿（民族主義）という形で噴出し，多くの民族紛争を引き起こした。

(3)冷戦後の主な紛争

旧ユーゴスラビア紛争	旧ユーゴスラビアは，多様な民族・言語・宗教を持つ6つの共和国が1つの社会主義国家を形成し，㉑＿＿＿＿＿＿国家と呼ばれていた。冷戦終結後，一部の共和国が独立の動きを見せると㉒＿＿＿＿＿＿共和国を中心とする連邦軍がこれを食い止めようとして，度重なる紛争に発展した。特にボスニアでは，指導者層が民族間の憎悪をあおった結果㉓＿＿＿＿＿＿＝エスニック・クレンジングと呼ばれる集団殺戮が行われ，多くの死者と難民・国内避難民を生み出した。以後もコソボなどが独立し，旧ユーゴは解体した。
ルワンダ内戦	1994年に始まったルワンダのツチ族とフツ族の間の武力紛争は，激しい内戦に発展し，大量殺戮を引き起こした。ルワンダ内戦は，植民地支配の宗主国だった㉔＿＿＿＿＿＿が少数派のツチ族を優遇してきたことが根底にあり，積年の民族対立意識がここでも民族浄化につながって，約4か月の間に約80万人が虐殺され，約250万人の難民を生み出した。
ダルフール紛争	2003年に始まったスーダン西部のアラブ系武装勢力（政府が支援）とアフリカ系反政府勢力の対立。民族浄化も発生し死者数は30万人以上，難民・国内避難民は200万人以上（国連推計）。国連は「世界最大の人道危機」と呼んだが，2013年にスーダン政府と反政府勢力の一部が停戦協定に調印。

①＿＿＿＿＿＿＿＿＿＿

②＿＿＿＿＿＿＿＿＿＿

代理戦争の構図

〈朝鮮戦争〉

アメリカが応援 → 韓国 × 北朝鮮 ← 中国・ソ連が応援

〈ベトナム戦争〉

アメリカが応援 → 南ベトナム × 北ベトナム ← 中国・ソ連が応援

③＿＿＿＿　④＿＿＿＿

⑤＿＿＿＿　⑥＿＿＿＿

⑦＿＿＿＿＿＿＿＿＿＿

⑧＿＿＿＿＿＿＿＿＿＿

⑨＿＿＿＿＿＿＿＿＿＿

⑩＿＿＿＿＿＿＿＿＿＿

⑪＿＿＿＿　⑫＿＿＿＿

⑬＿＿＿＿　⑭＿＿＿＿

⑮＿＿＿＿＿＿＿＿＿＿

⑯＿＿＿＿＿＿＿＿＿＿

⑰＿＿＿＿＿＿＿＿＿＿

⑱＿＿＿＿＿＿＿＿＿＿

⑲＿＿＿＿＿＿＿＿＿＿

⑳＿＿＿＿＿＿＿＿＿＿

㉑＿＿＿＿＿＿＿＿＿＿

㉒＿＿＿＿＿＿＿＿＿＿

㉓＿＿＿＿＿＿＿＿＿＿

㉔＿＿＿＿＿＿＿＿＿＿

湾岸戦争(1991年) ・イラク戦争 　　(2003年～)	イラクの㉕＿＿＿＿＿政権とアメリカ・多国籍軍との戦争。㉕政権は崩壊した(2003年)が，イラク国内での反米テロ攻撃や政権抗争などで泥沼化。06年，正式政府成立，㉕元大統領死刑執行。10年8月，米オバマ大統領が戦争終結を宣言。しかし，現在も政情は不安定。
シリア内戦 　(2011～)	2011年にチュニジアやエジプトなどで長期独裁政権が崩壊した「アラブの春」の影響で，シリアでもアサド独裁政権に対する反政府勢力の武装蜂起が起き，内戦に発展。内戦で多くの人が難民化したが，2020年3月に，アサド政権を支援するロシアと，反政府勢力を支援するトルコの間で停戦合意が成立した。
ウクライナ戦争 　(2014～)	ウクライナで親ロシア政権崩壊→ロシアがクリミア半島を編入(2014)→ロシアがウクライナに軍事侵攻(2022)→ロシア・ウクライナ間の軍事衝突。

㉕＿＿＿＿＿＿＿＿＿＿

㉖＿＿＿＿＿　　㉗＿＿＿＿＿

㉘＿＿＿＿＿＿＿＿＿＿

＊「イスラーム国」を名乗り，シリア，イラクの一部地域を支配して過激なテロ活動を展開してきたISIL（イスラーム国）の活動は縮小している。

3 紛争解決への努力

(1)**紛争の影響**　紛争地域では戦闘によって毎年多くの死傷者が出るだけでなく，栄養失調，エボラ出血熱やエイズなどの感染症の蔓延といった事態が進行している。また，18歳未満の㉖＿＿＿＿（子ども兵士）の増加，大規模な環境破壊といった問題も深刻化している。

(2)**難民問題**　紛争は大量の㉗＿＿＿（「経済難民」は含まない）や国内避難民（「難民」の定義に含まれない）を生み出してきた。冷戦終結後も，紛争等の影響で大量の㉗＿・国内避難民が生み出されている。難民は難民条約（「㉘＿＿＿＿＿＿・＿＿＿＿条約」と「難民議定書」で構成）によって保護され，㉙＿＿＿＿＿＿・＿＿＿＿事務所（UNHCR）や国際NGOが保護・救済活動を続けている。近年，EU諸国では難民の大量流入をめぐり政情が不安定化している（「欧州難民危機」）。

主な民族紛争・地域紛争

㉙＿＿＿＿＿＿＿＿＿＿

㉚＿＿＿＿＿　　㉛＿＿＿＿＿

㉜＿＿＿＿＿　　㉝＿＿＿＿＿

㉞＿＿＿＿＿＿＿＿＿＿

㉟＿＿＿＿＿＿＿＿＿＿

(3)**紛争解決への努力**

国　連	㉚＿＿＿＿（＝国連平和維持活動）などを通して平和構築に一定の役割
NGO	英オックスファムなど㉛＿＿＿＿＝非政府組織の平和構築・難民支援活動

4 戦後日本の外交と課題

外交の3原則 (1980年代まで)	(i)㉜＿＿＿中心主義　(ii)自由主義諸国との協調 (iii)㉝＿＿＿＿＿の一員としての立場の堅持	※実質的にアメリカ重視の外交
直面する 外交課題	領土をめぐる問題：㉞＿＿＿＿＿＿＿問題…ロシアが不法占拠　竹島問題…韓国が不法占拠 　尖閣諸島…中国が領有権を主張　＊日本政府の見解：いずれも「日本固有の領土」	
	対北朝鮮問題：国交回復問題や拉致問題への対応 　核開発問題への対応→日朝米中韓ロによる㉟＿＿＿＿＿＿＿など	
	歴史認識問題：中韓政府との歴史認識の違い→関係悪化の懸念	

難民情勢

2022年末時点で，紛争や迫害により移動を強いられた人の数は，世界全体で約1億840万人。そのうち，国内避難民は約6,250万人，難民は約3,530万人，庇護希望者は約540万人で，その数は増え続けている。（2023年6月UNHCR本部発表）

B　重点確認　紛争の構図

冷戦期の紛争	→	冷戦後の紛争	
東西両陣営（❶＿＿＿＿と ❷＿＿＿）の対立	背景	植民地政策の負の遺産 冷戦終結による❺＿＿＿＿＿＿＿（民族主義）の噴出	
東西大国の❸＿＿＿戦争	特徴	民族・宗教対立が表面化し武力対立へ 他民族の根絶やしをめざす❻＿＿＿＿＿の発生	
国連の❹＿＿＿（平和維持 活動）など	解決への 対応	国連の❹＿＿＿（平和維持活動） 平和構築活動などで非政府組織＝❼＿＿＿＿の活躍	

❶＿＿＿＿＿　　❷＿＿＿＿＿

❸＿＿＿＿＿　　❹＿＿＿＿＿

❺＿＿＿＿＿＿＿＿＿＿

❻＿＿＿＿＿＿＿＿＿＿

❼＿＿＿＿＿＿＿＿＿＿

▶▶▶時事　正誤チェック　第三国定住は，難民を最初の受入国から別の国に送り，そこで定住を認めるしくみである。〈20：政経，倫理・政経本試〉　[　]

用語チェック 29国際政治と国際法～33現代の世界と紛争

29 国際政治と国際法

☐ ❶国家が成立するための3要素（要件）のうち国民以外のもの。＿＿＿＿＿＿＿　❶ [　　　　　　]

☐ ❷現代国家のように，他国の干渉を排除し，主権を完全に行使できる国家。＿＿＿＿＿　❷ [　　　　　　]

☐ ❸1994年に発効し，海岸線から200海里（約370km）まで（除領海）を排他的経済水域として，漁業や地下資源などその国の経済的利益を認めた条約。＿＿＿＿＿　❸ [　　　　　　]

☐ ❹国際社会を，対外的に独立した主権国家群が並立する主権国家体制ととらえ，主権国家体制のもとで国際政治がはじまることになった条約（1648年締結）。＿＿＿＿　❹ [　　　　　　]

☐ ❺国家の構成員が，国民としての一体感をもつような国家。＿＿＿＿＿＿＿＿＿＿　❺ [　　　　　　]

☐ ❻現代の世界において，主権国家や国連，多国籍企業の他に国際政治における重要な行動主体となっている組織。＿＿＿＿＿＿＿＿＿＿＿＿＿＿＿＿＿＿＿＿＿　❻ [　　　　　　]

☐ ❼17世紀に，戦争を防止するためには自然法にもとづいて国家の行動を規制し，紛争の解決を図るための国際法が必要であることを説いた人物。国際法の父。＿＿＿　❼ [　　　　　　]

☐ ❽国家間の慣習で，法として意識されるまでに規範性が高まったもの。＿＿＿＿＿＿　❽ [　　　　　　]

☐ ❾二国間または国際機関などを中心として多国間で，文書によって法として確認されたもの。それを締結し批准した国のみが拘束される。＿＿＿＿＿＿＿＿＿＿　❾ [　　　　　　]

☐ ❿戦争時において適用される戦時国際法のうち，武力紛争時において戦闘行為を規制し，人権保障をめざす法。＿＿＿＿＿＿＿＿＿＿＿＿＿＿＿＿＿＿＿＿＿＿　❿ [　　　　　　]

☐ ⓫国際紛争の解決を図るため，国連におかれている常設の国際司法機関。国際紛争の司法的解決には，紛争当事国双方の同意が必要。＿＿＿＿＿＿＿＿＿＿＿＿　⓫ [　　　　　　]

☐ ⓬戦争指導者による集団殺害の罪など国際人道法に反する個人の重大な犯罪を裁くため，国連安保理決議に基づき2003年にオランダのハーグに開設された裁判所。＿　⓬ [　　　　　　]

30 国際連合の役割

☐ ❶対立する国家グループ同士が，互いに軍事同盟の拡大などを図り軍事上のバランスをとって平和を保とうとする考え方。＿＿＿＿＿＿＿＿＿＿＿＿＿＿＿＿　❶ [　　　　　　]

☐ ❷多くの国が加盟する国際平和機構をつくり，ある加盟国への攻撃には加盟国全体で制裁を加えることで平和を維持しようという考え方。＿＿＿＿＿＿＿＿＿　❷ [　　　　　　]

☐ ❸18世紀末に，著書『永久平和のために』で❷の考えを主張したドイツの思想家。　❸ [　　　　　　]

☐ ❹米大統領ウィルソンの提唱により，❷の考え方による世界初の国際平和機構として，第一次世界大戦後の1920年に発足した機関。＿＿＿＿＿＿＿＿＿＿＿＿　❹ [　　　　　　]

☐ ❺❹の国際機関の総会や理事会の表決の方式を答えよ。＿＿＿＿＿＿＿＿＿＿＿　❺ [　　　　　　]

☐ ❻❹の国際機関の制裁の方式を答えよ。＿＿＿＿＿＿＿＿＿＿＿＿＿＿＿＿＿　❻ [　　　　　　]

☐ ❼1945年に調印された，国際連合の組織と基本原則に関する条約。＿＿＿＿＿　❼ [　　　　　　]

☐ ❽全加盟国で構成される国際連合の最高機関。1国1票制ですべての問題を討議。　❽ [　　　　　　]

☐ ❾❽の機関の表決方式を答えよ。＿＿＿＿＿＿＿＿＿＿＿＿＿＿＿＿＿＿＿　❾ [　　　　　　]

☐ ❿経済・社会・文化などの非政治分野における国際問題を扱う国連の主要機関。＿　❿ [　　　　　　]

☐ ⓫労働条件の改善など労働者の地位向上をめざす国連の専門機関。1919年設立。＿　⓫ [　　　　　　]

☐ ⓬国際平和と安全の維持を任務とする国連の主要機関。＿＿＿＿＿＿＿＿＿＿　⓬ [　　　　　　]

☐ ⓭安全保障理事会の常任理事国5か国を略称で答えよ。＿＿＿＿＿＿＿＿＿＿　⓭ [　　　　　　]

☐ ⓮安全保障理事会の非常任理事国は何か国か。＿＿＿＿＿＿＿＿＿＿＿＿＿＿　⓮ [　　　　　　]

☐ ⓯安全保障理事会の決定には，5常任理事国の賛成が必要であることを何というか。　⓯ [　　　　　　]

☐ ⓰⓯から，安全保障理事会の決定に，常任理事国はどんな権限を持つといえるか。　⓰ [　　　　　　]

☐ ⓱安全保障理事会が5大国の拒否権発動で機能しない時，総会が代わって加盟国に軍事行動を含む集団的措置を勧告できるとした1950年の国連の決議。＿＿＿＿　⓱ [　　　　　　]

☐ ⓲安全保障理事会が5大国の拒否権発動で機能しない時など，安全保障理事会の9理事国または加盟国の過半数の請求により，24時間以内に臨時に招集できる総会。　⓲ [　　　　　　]

☐ ⓳平和的手段による紛争解決が困難な場合，当事国の同意があれば展開される平和

維持のための活動。_____ ⑲ [　　　　　　]
- ☐ ⑳⑲は，国連憲章に規定がないことからどのような活動と呼ばれるか。_____ ⑳ [　　　　　　]
- ☐ ㉑国連憲章第7章に基づく軍事的制裁の発動のために組織できる国連の軍隊。これ
  までのところ正式に組織されたことは一度もない。_____ ㉑ [　　　　　　]
- ☐ ㉒安保理の決議に基づき派遣されるが国連の指揮下にない多国籍の軍隊。_____ ㉒ [　　　　　　]
- ☐ ㉓2011年に国連に加盟したアフリカの国。この結果加盟国数が193となった。_____ ㉓ [　　　　　　]
- ☐ ㉔国連の他の機関に対する事務的な仕事を担当する国連の主要機関。_____ ㉔ [　　　　　　]
- ☐ ㉕㉔の事務総長を2017年から務めている人物とその出身国名。_____ ㉕ [　　　　　　]
- ☐ ㉖国連の予算は各加盟国が負担するが，このお金のことを何というか。_____ ㉖ [　　　　　　]

31　戦後国際政治の動向

- ☐ ❶1940年代半ばごろから深刻化したアメリカを中心とする資本主義諸国とソ連を中
  心とする社会主義諸国との間の，実際に武力衝突に至らない対立緊張関係のこと。 ❶ [　　　　　　]
- ☐ ❷❶のような状況時に，東アジアで実際の軍事力が行使された「熱戦」の例。____ ❷ [　　　　　　]
- ☐ ❸❶のような状況時に，東南アジアで実際の軍事力が行使された「熱戦」の例。__ ❸ [　　　　　　]
- ☐ ❹1946年に，英元首相チャーチルが行った，社会主義（共産主義）諸国の「閉鎖的
  秘密主義」を批判した演説。_____ ❹ [　　　　　　]
- ☐ ❺1947年に行われた，米大統領トルーマンによるギリシャとトルコへの軍事的・経
  済的援助。アメリカの共産主義封じ込め政策の一環。_____ ❺ [　　　　　　]
- ☐ ❻1947年に発表された，アメリカによる西欧諸国の復興と自立のための経済援助。 ❻ [　　　　　　]
- ☐ ❼1947年，ソ連が西側の「封じ込め政策」に対抗し，各国の共産党の提携と情報交
  換のため設置した機関。_____ ❼ [　　　　　　]
- ☐ ❽1949年に成立した西側の軍事同盟。_____ ❽ [　　　　　　]
- ☐ ❾1949年に成立した東側の経済協力機構。_____ ❾ [　　　　　　]
- ☐ ❿❽に対抗し，1955年に成立した東側の軍事同盟。_____ ❿ [　　　　　　]
- ☐ ⓫1955年に，米英仏ソ首脳によって開かれた会談。_____ ⓫ [　　　　　　]
- ☐ ⓬反植民地・反帝国主義を唱え，東西いずれの陣営にも属さずに中立を保って平和
  共存を訴える立場。_____ ⓬ [　　　　　　]
- ☐ ⓭1955年インドネシアのバンドンで開かれた第三世界諸国を中心とする会議。反植
  民地主義や民族自決主義などを内容とする平和10原則が採択された。_____ ⓭ [　　　　　　]
- ☐ ⓮1961年に第1回目がベオグラードで開かれ，以後も続く非同盟主義諸国の会議。 ⓮ [　　　　　　]
- ☐ ⓯1962年，ソ連のミサイル基地建設計画をきっかけに，一瞬，米ソの核戦争の緊張
  が高まった事件。_____ ⓯ [　　　　　　]
- ☐ ⓰⓯の危機の後に設置された，ワシントンのホワイトハウスとモスクワのクレムリ
  ンを直接つなぐ非常通信回線。突発的事態の際の直接対話を約束。_____ ⓰ [　　　　　　]
- ☐ ⓱米ソ二極化に対し，日欧の自立化や中ソ対立などにより東西両陣営内で米ソの指
  導権が低下したことや，第三世界が台頭したことにより生じた状況。_____ ⓱ [　　　　　　]
- ☐ ⓲⓱の状況などにより米ソの対立緊張関係が緩んだことを何というか。_____ ⓲ [　　　　　　]
- ☐ ⓳1979年，その国の政権がアメリカ寄りになるのを恐れたソ連が侵攻した国。____ ⓳ [　　　　　　]
- ☐ ⓴⓳のソ連侵攻に対抗し「強いアメリカ」政策で核軍拡などを進めた米大統領。__ ⓴ [　　　　　　]
- ☐ ㉑⓳と⓴などの結果，再び軍拡競争など東西緊張が強まった1980年代前半の状態を表す言葉。 ㉑ [　　　　　　]
- ☐ ㉒1985年，ソ連で国内の民主化と西側との協調を掲げ政権を獲得した人物。_____ ㉒ [　　　　　　]
- ☐ ㉓1989年，㉒の人物とアメリカのブッシュ大統領が冷戦終結を宣言した会談。____ ㉓ [　　　　　　]
- ☐ ㉔ソ連が崩壊し，韓国と北朝鮮が国連に同時加盟を果たした年。_____ ㉔ [　　　　　　]
- ☐ ㉕現在のヨーロッパの地域的安全保障機構。世界最大の地域的安全保障組織で，1975
  年発足の全欧安全保障協力会議（CSCE）が，冷戦後の1995年に発展したもの。 ㉕ [　　　　　　]

32　核・軍縮問題

- ☐ ❶アメリカ・ロシア・イギリス・ドイツ・フランス・中国のうち非核保有国。____ ❶ [　　　　　　]
- ☐ ❷核兵器を保有することが他国からの核戦争を防ぐことにつながるという主張。__ ❷ [　　　　　　]

用語チェック

- ☐ ❸東西両陣営のデタント＝緊張緩和の動きとともに核保有国を中心に広がった，核軍拡競争を制限し戦争抑止の環境をつくっていこうという動き。＿＿＿＿＿＿ ❸ [　　　　　　]
- ☐ ❹キューバ危機ののち，1963年に米英ソの署名により発効した核実験を禁止する条約。地下核実験を禁止しておらず米ソのみに有利とされた。＿＿＿＿＿＿ ❹ [　　　　　　]
- ☐ ❺米ロ英仏中の5か国のみを核兵器の保有が可能な「核兵器国」と定め，「核兵器国」以外への核兵器の拡散を防止する条約。1968年調印，1995年に無期限延長。 ❺ [　　　　　　]
- ☐ ❻アメリカ，インド，パキスタン，イスラエルのうち❺の加盟国はどれか。＿＿＿＿ ❻ [　　　　　　]
- ☐ ❼米ソの戦略核兵器の均衡をめざして，ICBMやSLBMなど核運搬手段（ミサイル）の数量制限を実現した戦略兵器制限条約の略称をアルファベットで。＿＿＿＿ ❼ [　　　　　　]
- ☐ ❽中距離核ミサイルの全廃により，初の核運搬手段の廃棄を実現した米ソ2国間の条約。1987年調印（88年発効）。2019年8月に失効し核軍縮の流れが後退。＿＿＿＿ ❽ [　　　　　　]
- ☐ ❾軍備そのものを縮小したり廃棄していこうという動き。＿＿＿＿＿＿ ❾ [　　　　　　]
- ☐ ❿1978年に国連で開かれた世界規模での軍縮をテーマとする会議。＿＿＿＿＿＿ ❿ [　　　　　　]
- ☐ ⓫1957年に，ラッセルとアインシュタインの提唱で開かれた，世界の科学者が核兵器の廃絶をめざす会議。以後毎年開催され，1995年ノーベル平和賞受賞。＿＿＿＿ ⓫ [　　　　　　]
- ☐ ⓬1954年に，ビキニ環礁におけるアメリカの水爆実験で被爆した日本の漁船名。＿ ⓬ [　　　　　　]
- ☐ ⓭米ソ（ロ）の戦略核兵器（射程5,500km以上）の削減をめざし，冷戦後の1990年代に調印された戦略兵器削減条約の略称をアルファベットで。＿＿＿＿＿＿ ⓭ [　　　　　　]
- ☐ ⓮⓭のうちSTARTⅠ（1994年発効）が2009年に失効したため，その後継条約として2010年に米ロ間で調印された条約（2011年発効）。＿＿＿＿＿＿ ⓮ [　　　　　　]
- ☐ ⓯1996年に国連総会で採択された，全ての核実験を禁止する多国間協定。2023年7月時点で発効要件を満たせず未発効。＿＿＿＿＿＿ ⓯ [　　　　　　]
- ☐ ⓰域内の国々が核兵器の実験，製造，取得などを禁止し，域外の核保有国も核兵器の使用や威嚇をしないことを約束した地域的な広がり。＿＿＿＿＿＿ ⓰ [　　　　　　]
- ☐ ⓱核兵器全廃など軍縮のために国家間の信頼をつくりだすこと。具体例としては，軍事情報の公開やホットラインの設置など。＿＿＿＿＿＿ ⓱ [　　　　　　]
- ☐ ⓲米オバマ大統領が，2009年に核廃絶の演説を行ったチェコの都市と，2016年に訪問した日本の被爆都市。＿＿＿＿＿＿ ⓲ [　　　　　　] / [　　　　　　]

33　現代の世界と紛争

- ☐ ❶冷戦時に見られた，大国が後ろ盾となり大国の援助で行われた戦争のこと。＿＿ ❶ [　　　　　　]
- ☐ ❷冷戦終結後に頻発している，宗教・文化・言語など民族的対立を背景とする紛争。 ❷ [　　　　　　]
- ☐ ❸紛争や政治的迫害により本国にいられなくなり，他国に保護を求める人々。＿＿ ❸ [　　　　　　]
- ☐ ❹内戦などを理由に国内の安全な場所に避難する人々。＿＿＿＿＿＿ ❹ [　　　　　　]
- ☐ ❺難民の送還を禁止することなどで難民を保護し，彼らの人権を守ることを目的とする条約。1951年採択の条約と1967年採択の議定書をあわせて通常何と呼ぶか。 ❺ [　　　　　　]
- ☐ ❻難民の国際的保護と救援活動などを主な任務とする国連の専門機関。1991〜2000年まで緒方貞子さんが高等弁務官を務めた。＿＿＿＿＿＿ ❻ [　　　　　　]
- ☐ ❼第二次世界大戦後，ユダヤ人がパレスチナに建国した国家。＿＿＿＿＿＿ ❼ [　　　　　　]
- ☐ ❽イスラエルとアラブ諸国との間の4回にわたる戦争。＿＿＿＿＿＿ ❽ [　　　　　　]
- ☐ ❾冷戦後，連邦国家であったユーゴスラビアから独立しようとする動きに介入し，深刻な紛争をたびたび引き起こした連邦内の共和国。＿＿＿＿＿＿ ❾ [　　　　　　]
- ☐ ❿アルバニア系住民が多数を占め，2008年に❾から分離・独立を宣言した国。＿＿ ❿ [　　　　　　]
- ☐ ⓫人種差別や民族対立につながる自民族中心主義のことを何というか。＿＿＿＿＿ ⓫ [　　　　　　]
- ☐ ⓬国連開発計画（UNDP）が1994年に提唱した，飢餓や環境汚染，人権侵害などから人間を守ることを重視する新しい安全保障の考え方を何というか。＿＿＿＿ ⓬ [　　　　　　]
- ☐ ⓭日本が国連加盟後の1957年に発表した外交の3原則は，自由主義国との協調，国連中心主義ともうひとつは何か。＿＿＿＿＿＿ ⓭ [　　　　　　]
- ☐ ⓮朝鮮半島の非核化を目的に，関係諸国が2003年から断続的に行っている協議。＿ ⓮ [　　　　　　]

実戦問題　29国際政治と国際法〜33現代の世界と紛争

① [国際政治と国際法]　次の文章を読んで，以下の問いに答えよ。

　国際社会は独立的[　A　]国家が形成されてきた16〜17世紀のヨーロッパにおいてまずは成立し，三十年戦争の講和のために開かれた[　B　]会議によって大枠が定まった。その後，資本主義の成立によって多くの国で単一の国内市場が形成されていくにつれ，国際社会の範囲は拡大し，19世紀には世界全体は大きな国際社会を形成するに至った。

　国際社会を秩序あるものにするためには，良好な国際関係の維持が必要であり，国際関係は政治的・経済的・文化的要因が複雑に絡み合って保たれ，いずれかに対立があれば，紛争の可能性を生むこととなる。国際社会成立以降も，各国家は宗教的差異・政治的優越の獲得・経済的利害などの対立をめぐって紛争を繰り返した。資本主義経済が高度に発達した独占資本主義の時代に入ると，[　C　]再分割をめぐって[　D　]と三国協商の間で第一次世界大戦が，その後(a)枢軸国と連合国の間で第二次世界大戦が引き起こされた。これらは経済的利害の衝突によるものである。また，東西冷戦は経済的利害の衝突だけではなく文化的利害の衝突も絡んだものといえる。そして国際社会ではこのような国家間の紛争を抑制し，国際関係を規律付けるために，国際法の発展・国際平和組織の設立といった経緯がみられた。

　近代国際法は16〜18世紀に発達したが，中でも「国際法の父」とよばれる[　E　]の『[　F　]』や『海洋自由論』はその後の国際法の基礎理念となっていった。19世紀に入ると，国際社会を構成する国家も増加し，国際法の妥当範囲が世界的規模に拡大した。これにより(b)条約の締結が飛躍的に増大したことは大きな成果であった。しかしながら(c)国際法にはいくらかの弱点もあり，国家間関係の合理的調整を図るために，国際的平和組織も同時に形成されてきた。

　しかし，そのような弱点の存在にも関わらず，戦争の悲惨さが認識される中で，国家間の紛争を武力ではなく司法的に解決する道も模索されてきた。今日，司法機関として国際連合の主要機関の一つである(d)国際司法裁判所が設置され，国家間の紛争の司法的解決に対処している。

　近年，国家間の関係が基本であった国際関係の枠組みに変化がみられてきた。(e)国際連合や世界貿易機関（WTO）のような国際組織や国際機構などは，これまで国家を構成単位に存在してきたが，(f)非政府組織（NGO）などの国を越えた活動が，大きな影響を与えるようになっている。〈問1，2，4　中央大改〉

問1　空欄[　A　]〜[　F　]に入る適切な語句を答えよ。

A [　　　　　　　　]　　B [　　　　　　　　]　　C [　　　　　　　　]

D [　　　　　　　　]　　E [　　　　　　　　]　　F [　　　　　　　　]

問2　文中の下線部(a)に該当する国として適当なものを次の①〜⑧のうちから三つ選べ。

① アメリカ　　② ドイツ　　③ フランス　　④ 日本　　[　　　][　　　][　　　]

⑤ 中国　　　　⑥ ソ連　　　⑦ イタリア　　⑧ イギリス

問3　下線部(b)について，国際法上の拘束力をもつ国家間の合意を条約と呼ぶとき，そのような条約の例として正しいものを，次の①〜④のうちから一つ選べ。〈19：政経，倫理・政経本試〉　　　　[　　　]

① ラッセル・アインシュタイン宣言

② 市民的及び政治的権利に関する国際規約の第2選択議定書

③ 新国際経済秩序（NIEO）樹立宣言

④ 核兵器による威嚇又はその使用の合法性に関する勧告的意見

問4　文中の下線部(c)に関する記述として，**適当でないもの**を次の①〜④のうちから一つ選べ。　[　　　]

① 世界的に統一された立法機関が存在しない。

② 条約はあくまで国家間の合意であるため，合意していない国には条約遵守の努力義務が課されるのみであり，実効性に欠ける。

③ 国際慣習法は成文化されていないため，適用に当たっては内容の細かい点について論争が起こることがある。

④ 国際法違反国に対して有効な制裁を加えることが出来る単独の制裁機関がない。

問5　下線部(d)の国際司法裁判所の説明として最も適当なものを，次の①〜④のうちから一つ選べ。〈19：政経，倫理・政経追試〉　　　　　　　　　　　　　　　　　　　　　[　　　]

① 国際司法裁判所は、国連安全保障理事会の下に設置され、国連の主要機関を構成している。

② 国際司法裁判所の裁判官は、国連総会と安全保障理事会それぞれによる選挙を通して選ばれる。

③ 国際司法裁判所は、常設仲裁裁判所を直接の前身とする。

④ 国際司法裁判所の管轄権は、強制的である。

問6 下線部(e)に関連して、次の国際機関に関する記述ア〜ウのうち、正しいものはどれか。あてはまる記述をすべて選び、その組合せとして最も適当なものを、次の①〜⑦のうちから一つ選べ。〈22：本試〉　[　　　　]

ア　WHOは、世界の人々の保健水準の向上や国際的な保健事業の推進に関する活動を行っている。

イ　UNICEFは、発展途上国を中心に子どもの教育や権利保障に関する活動を行っている。

ウ　UNHCRは、迫害や紛争などによって生じる難民の保護に関する活動を行っている。

①　ア　　　②　イ　　　③　ウ　　　④　アとイ　　　⑤　アとウ　　　⑥　イとウ　　　⑦　アとイとウ

問7 下線部(f)に関して、国際連合が協議資格を付与した団体を次の①〜⑤からすべて選べ。〈法政大〉

[　　　　　　　　　　　　]

①　アムネスティ・インターナショナル　　　②　グリーンピース　　　③　経済相互援助会議

④　世界貿易機関　　　⑤　国境なき医師団

---

2 **[国連と安全保障]**　次の文章を読んで、以下の問いに答えよ。

「(a)安全保障」という概念は、時代とともに変化してきている。

元来、安全保障とは、軍備によって各国の安全を確保し国際紛争を抑止するというのがその主な内容であった。17世紀以降のヨーロッパでは、国際平和を確保するため、国家間の力関係を均衡させる　A　が追求された。第一次世界大戦後には、複数の国家が侵略に対し共同で制裁を加えるという集団安全保障を確立する動きが強まり、(b)国際連盟が創設された。しかし、国際連盟にはアメリカが参加せず、また軍事的な制裁機能が不備であったことも一因となり、　B　の勃発を防止できず、戦後、(c)国連（国際連合）が発足した。

一方、「軍備による安全」以外に、「人間開発を通した安全」を重視する動きもみられる。1994年には、(d)国連開発計画が『人間開発報告書』の中で、飢餓、人権の侵害、貧困などから人間の生活を守るという「　C　」の概念を提起している。

また、経済のグローバル化や自由化が進み、世界中で貿易取引が活発化する中で、たとえば日本では、コメを除く主要な穀物やエネルギー資源の多くを輸入に依存している。そのため、世界的な食料不足やエネルギー資源の価格高騰など一次産品の供給に問題が生じた場合に備えるという、「　D　」および「エネルギー安全保障」の視点が経済政策の策定にあたって重要であるとする見解もある。

このように、安全保障の概念は歴史的に変化し多様化してきている。私たちは、これらの歴史的な過程を踏まえて多面的な安全保障を理解していく必要があろう。

問1　空欄　A　〜　D　に入る適切な語句を答えよ。

A [　　　　　　　　　]　B [　　　　　　　　　]　C [　　　　　　　　　]

D [　　　　　　　　　]

問2　下線部(a)に関連して、次の図は、安全保障をめぐる国際関係を示したものである。A〜F国はすべて国際連合加盟国である。また、A国はB国と、C国はD国と、それぞれ同盟関係にある一方、E国とF国はどの国とも同盟を結んでいない。ここでA国がC国に対して武力攻撃を行い、国連で侵略と認定された場合、国連憲章に違反する対応に当たるものを、下の①〜④のうちから一つ選べ。〈19：政経、倫理・政経追試〉　　[　　　　]

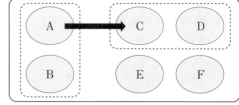

①　C国は、安全保障理事会が必要な措置をとるまでの間、A国に対して武力を行使した。

②　D国は、安全保障理事会が必要な措置をとるまでの間、B国に対して武力を行使した。

③　E国は、安全保障理事会決議に基づく非軍事的措置として、A国との外交関係を断絶した。

④　F国は、安全保障理事会決議に基づく軍事的措置として、多国籍軍を編成してA国を攻撃した。

問3　下線部(b)の説明として**誤っているもの**を、次の①〜④のうちから一つ選べ。〈早稲田大〉　[　　　　]

①　国際連盟の構想は、1918年にアメリカ合衆国大統領ウィルソンが発表した平和原則14か条にもとづいてお

り，1919年のベルサイユ講和会議で審議されて国際連盟規約が締結された。

② 国際連盟の設立を提唱したアメリカ合衆国は，孤立主義政策を採る上院の反対で加盟しなかった。

③ 総会はすべての加盟国によって組織され，手続事項は過半数で，その他の実質事項は3分の2の多数決で決定された。

④ 連盟の執行機関に当たる理事会は常任理事国と非常任理事国から構成され，議決は原則として全会一致制であった。

問4 下線部ⓒに関連して，国際機関の仕組みに関する記述として最も適当なものを，次の①〜④のうちから一つ選べ。〈23：政経，倫理・政経共通テスト〉　　　　　　　　　　　　　　　[　　　　　]

① 規約人権委員会（人権規約委員会）は，市民的及び政治的権利に関する国際規約（B規約）上の人権を侵害する国が同規約の選択議定書を批准していなくとも同規約の締約国であれば，被害者からの通報を検討することができる。

② 人権理事会では，人権に対する重大かつ組織的な侵害を犯した場合に，総会決議によって理事国としての資格が停止されることがある。

③ 労働条件の改善を目標の一つとするILO（国際労働機関）は，労働者の声が反映されるよう，政府代表と労働者代表との二者構成で運営されている。

④ 国際社会の平和と安全の維持に主要な責任を有する国連安全保障理事会では，国連分担金の比率上位5か国が常任理事国となるため，常任理事国に決議の採決における特権的な地位が認められている。

問5 下線部ⓒに関連して，国連安全保障理事会における表決についての次の事例A〜Cのうち，決議が成立するものとして正しいものはどれか。当てはまる事例をすべて選び，その組合せとして最も適当なものを，下の①〜⑦のうちから一つ選べ。〈19：本試〉　　　　　　　　　　　　　　　　[　　　　　]

A 実質事項である国連平和維持活動の実施についての決議案に，イギリスが反対し，ほかのすべての理事会構成国が賛成した。

B 手続事項である安全保障理事会の会合の議題についての決議案に，フランスを含む5か国が反対し，ほかのすべての理事会構成国が賛成した。

C 実質事項である国際紛争の平和的解決についての決議案に，すべての常任理事国を含む9か国が賛成した。

① A　　② B　　③ C　　④ AとB　　⑤ AとC　　⑥ BとC　　⑦ AとBとC

問6 下線部ⓓの略称をアルファベットで答えよ。　　　　　　　　　　　　[　　　　　]

---

③ **[戦後国際政治の動向]** 次の文章を読んで，以下の問いに答えよ。

第二次世界大戦後の国際社会は，アメリカを中心とした西側資本主義体制の国々と，ソ連を中心とした東側社会主義体制の国々とが，二つのブロックに分かれて対立することになった。こうして世界は東西冷戦の時代を迎えた。このような状況について，1946年，イギリスの首相　A　は，バルト海のシュテッティンからアドリア海の　B　まで，「鉄のカーテン」が下ろされている，という有名な演説を行った。

1949年，アメリカは西欧諸国とともに，西側陣営の軍事的な同盟として，ⓐNATO（北大西洋条約機構）を結成した。同年，アジアではⓑ中華民国とは別に中華人民共和国が誕生し，またⓒ1950年には　C　戦争が勃発した。1955年になると，東側陣営はNATOに対抗する軍事同盟として　D　を発足させた。冷戦下では，両陣営で核開発が進み，　E　年に発生したキューバ危機に際しては，アメリカ本土に近いキューバ国内にソ連の核が配備されそうになり，米ソの直接的衝突の危機を迎えた。結局，この危機は回避されたが，核戦争が現実の脅威となったのを機に，ⓓ米ソ間にホットラインが引かれ東西両陣営の政治的コミュニケーションは改善した。その後，冷戦はデタント（緊張緩和）の時期に入り，米ソ間では軍縮交渉も開始された。1960年代から戦闘が続き泥沼化していた　F　について，ⓔ1973年に和平協定が調印され1975年にようやく戦争が終結した。

ところが，1979年のソ連による　G　侵攻などを契機に1980年代前半再び緊張が高まり，「新冷戦」といわれた。1985年に，ソ連にゴルバチョフ政権が誕生すると，ロシア語で改革を意味する　H　や，情報公開を意味する　I　といわれる政策が推進され，ようやく冷戦構造の解消に向けた動きが始まった。

1989年秋，ベルリンの壁が崩壊し，12月に行われた米ソ両首脳によるⓕマルタ会談の場で，冷戦の終結が宣言された。1990年には，東西ドイツが統一された。1991年にソ連邦は解体して　J　に移行し，国連の安全保障理事会における常任理事国の地位は，ロシアが受け継ぐことになった。同年，　D　は解散した。

冷戦終結後のNATOは，欧州の地域紛争や民族紛争に対応できる機構へと徐々に変容を遂げてきた。1994年に

は，NATOと旧　D　諸国の間で平和のためのパートナーシップ（PFP）も結ばれた。その後NATOには1999年12月にポーランド，チェコ，ハンガリーの３か国，2004年３月に東中欧の７か国（バルト三国，スロベニア，スロバキア，ブルガリア，ルーマニア）など加盟国が増え，2020年には30か国となった。〈立命館大改〉

問１　空欄　A　～　J　に入る最も適切な国名，地名，語句または数字を答えよ。

A [　　　　　　　　　　　　]　　B [　　　　　　　　　　　　]　　C [　　　　　　　　　　　　]

D [　　　　　　　　　　　　]　　E [　　　　　　　　　　　　]　　F [　　　　　　　　　　　　]

G [　　　　　　　　　　　　]　　H [　　　　　　　　　　　　]　　I [　　　　　　　　　　　　]

J [　　　　　　　　　　　　]

問２　下線部ⓐに関連して，NATO（北大西洋条約機構）の冷戦後の変容に関する記述として**誤っているもの**を，次の①～④のうちから一つ選べ。〈19：本試〉　　　　　　　　　　　　　　　　　　　　　[　　　　　　]

①　フランスが，NATOの軍事機構に復帰した。

②　域内防衛だけでなく，域外でもNATOの作戦が実施されるようになった。

③　旧社会主義国である中東欧諸国の一部が，NATOに加盟した。

④　オーストラリアなどの太平洋諸国が，新たにNATOに加盟した。

問３　下線部ⓑの２か国のうち，現在，国連が代表権を認めているのはどちらの政府か。　　[　　　　　　]

問４　下線部ⓒの年に起きた出来事を次の①～④のうちから一つ選べ。　　　　　　　　　[　　　　　　]

①　ストックホルムで原爆反対のアピールが採択された。

②　欧州復興のためのマーシャル・プランが発表された。

③　ソ連でスターリンが死去した。　　　④　サンフランシスコで対日平和条約が調印された。

問５　下線部ⓓ，ⓔ，ⓕの時期のアメリカ大統領はそれぞれ誰か答えよ。

（d）[　　　　　　　　　　　]　　（e）[　　　　　　　　　　　]　　（f）[　　　　　　　　　　　]

④　**[核・軍縮問題]**　次の文章を読んで，以下の問いに答えよ。

　1945年８月６日に　A　，９日に　B　に原子爆弾が投下され，人類はその破壊力を目にしたが，すぐには核廃絶へ歩み始めることはなかった。核兵器を保有することが，相手国に対し攻撃的行動を思いとどまらせることができるという考え方（「（　１　）」）が支配的となったからである。この傾向は，米ソ両国を中心に（　２　）を引き起こし，ⓐ軍事的緊張が高まっていった。やがて，　C　，　D　，中国も核実験に成功し，核兵器保有国となった。

　しかし，こうした動向を見直し国家間の緊張を緩和する試みがなされるようになった。アメリカ，ソ連，　C　は，1963年に核軍備に関する初めての条約である（　X　）を締結し，1968年にはⓑ核不拡散条約（NPT）を締結した。米ソは，1970年代に入ると（　Y　）に調印した。また，相手のミサイルを空中で迎撃するミサイルの配備を制限する（　Z　）を締結した。このように，軍備増強の上限を決めることによって国際平和を安定化させる試みを（　３　）という。さらに，核軍拡に対しては，科学者や市民による反対運動も進められた。

　東西冷戦の終結により，全面核戦争の可能性は低下することとなった。そのため，ⓒ核兵器やその他の兵器について，その削減や保有等の禁止を規定する条約が締結されていった。また，特定地域における核兵器の生産や保有等を禁止し，核保有国が域内への核攻撃をしないことを誓約する非核兵器地帯条約が設けられるようになった。例えば，1968年に発効した　E　条約は，中南米地域における核兵器の実験等を禁止している。

　今世紀に入っても，テロ組織による核兵器の保有のおそれや単独行動主義を採る米ブッシュ政権の誕生などに見られるように，不安定要素はなお残されている。核兵器の拡散を防ぎ，世界的な平和を達成するためには，非核保有国に対する制限を強化するだけでなく，核保有国自身によるさらなる対応が必要となる。同時に，唯一の被爆国である日本も，日本国憲法第９条の理念を活かす様々な政策を積極的に進めて，国際紛争の防止に貢献しなければならないであろう。〈関西大改〉

問１　文中の　A　～　E　に入る最も適切な地名または国名を答えよ。

A [　　　　　　　　　　　]　　B [　　　　　　　　　　　]　　C [　　　　　　　　　　　]

D [　　　　　　　　　　　]　　E [　　　　　　　　　　　]

問２　文中（　１　）～（　３　）に入れるのに最も適当な語句の組み合わせを，次の①～④から一つ選べ。[　　　　　]

①　１－瀬戸際政策　２－核軍拡競争　３－軍備縮小　　②　１－核抑止論　２－地域紛争　３－軍備縮小

③　１－瀬戸際政策　２－地域紛争　３－軍備管理　　④　１－核抑止論　２－核軍拡競争　３－軍備管理

問3 文中（ Ｘ ）～（ Ｚ ）に入れるのに最も適当な語句の組み合わせを，次の①～④から一つ選べ。　［　　　］

① Ｘ－部分的核実験禁止条約（PTBT）　Ｙ－戦略兵器制限交渉（SALT）　Ｚ－ABM制限条約
② Ｘ－包括的核実験禁止条約（CTBT）　Ｙ－戦略防衛構想（SDI）　Ｚ－ABM制限条約
③ Ｘ－部分的核実験禁止条約（PTBT）　Ｙ－戦略防衛構想（SDI）　Ｚ－INF全廃条約
④ Ｘ－包括的核実験禁止条約（CTBT）　Ｙ－戦略兵器制限交渉（SALT）　Ｚ－INF全廃条約

問4 下線部⒜に関して，1960年代の出来事について述べた文章として**誤っているもの**を，次の①～④から一つ選べ。　［　　　］

① 米ソが核戦争の一歩手前まで至ったといわれるキューバ危機は，ソ連がキューバにミサイル基地を建設したことを原因として起こった。
② キューバ危機では，アメリカもキューバにミサイルを配備することが合意されたことにより，戦争の危機を回避することができた。
③ 米ソは，キューバ危機の反省から，偶発的核戦争を回避するために，首脳間での直接対話ができるようホットライン設置協定を締結した。
④ アメリカのケネディ大統領は，大量報復をよぶ全面核戦争の危機にあることを「ダモクレスの剣」と表現し，国連総会で演説をした。

問5 下線部⒝に関して，核不拡散条約（NPT）の問題点について述べた文章として最も適当なものを，次の①～④から一つ選べ。　［　　　］

① 核保有国と非核保有国との間の平等は実現されたものの，原子力の平和利用を承認しつつ新たな核兵器の保有・製造を禁止するなど，核保有国の不満が残る構造をもっていた。
② 1991年にソ連が解体され，旧ソ連の戦略核の配備地であったロシア，ベラルーシ，ウクライナ，カザフスタンの4か国が核保有国としてNPTに加盟したため，核保有国の数が増加してしまった。
③ 非署名国であるパキスタンや南アフリカによる核実験実施及び核保有に見られるように，非署名国を拘束することができないことから，完全な不拡散体制を確立することはできなかった。
④ 核兵器の「ヨコの拡散」（新規核保有国の出現）の防止には効果があったが，「タテの拡散」（核保有国の保有核数の増加）を規制外としたため，米ソによる核軍拡に歯止めをかけることができなかった。

問6 下線部⒞に関連して，核兵器に関する条約についての記述として**誤っているもの**を，次の①～④のうちから一つ選べ。〈23：本試〉　［　　　］

① 部分的核実験禁止条約では，大気圏内核実験や地下核実験が禁止された。
② 包括的核実験禁止条約は，核保有国を含む一部の国が批准せず未発効である。
③ 核拡散防止条約によれば，核保有が認められる国は5か国に限定されることとなる。
④ 第一次戦略兵器削減条約では，戦略核弾頭の削減が定められた。

⑤ [現代の世界と紛争] 次の文章を読んで，以下の問いに答えよ。

第二次世界大戦によって，国際社会はアメリカとソ連をそれぞれ頂点とする資本主義陣営と社会主義陣営からなる構造に再編成された。両陣営の対立は政治体制の違いもあって厳しさを増し，いわゆる冷戦状態が作り出された。

しかし1980年代後半，⒜ソ連で国内政策と外交政策の転換が行われると米ソ間の緊張も緩み，首脳会談が復活した。この東西融和の動きは，1989年の　Ａ　で両国の首脳が冷戦の終結を確認し合うまでに進んだ。さらにその後のソ連・東欧社会主義圏の解体は，冷戦という国際社会の激しい対立の構造を決定的に消滅させた。人類は20世紀には2度にわたる世界大戦を経験したが，やっとその恐怖から解放されることになったのである。

しかしこのことは平和な世界の到来を意味しなかった。冷戦構造の下で押さえ込まれていた歴史的な地域的利害や　Ｂ　などの文化の違いを基盤とした民族の対立が，世界各地で⒝地域紛争として顕在化したからである。

具体的に見てみると湾岸戦争のように，侵略行動の結果起こる紛争もあるし，カシミール地方をめぐるインドと　Ｃ　の紛争のように，国境線をめぐる領土争いが原因となる場合もある。パレスチナ紛争や，カトリック系住民が分離独立を求めプロテスタント系住民と対立してきた　Ｄ　問題のように，　Ｂ　が背景にある事例も多い。冷戦解体後には，インドネシアの東ティモール問題や，ソマリアやルワンダの内戦など，一国内や限定された地域での⒞民族紛争が数多く発生している。

　地域紛争では，少数民族に対する迫害が行われることが多く，大量の難民が生み出される。難民は，難民条約（難民の地位に関する条約および難民議定書）によって保護されている。また，難民に対しては，国連の機関や国際赤十字委員会，さらに各種のNGOによって人道的支援が行われている。しかし，いうまでもなくより重要なのは，難民を生み出す原因の解決であり，地域紛争の防止，民主化による政治的・社会的抑圧の解決などの課題に世界中が取り組むことが必要である。さらに政治上の要求を実現しえないグループが非合法的暴力に訴える　E　も広がった。グローバリゼーションによる経済格差の拡大はこれらの問題の解決をいっそう難しくしている。他方では，唯一の超大国となった(d)アメリカが，国連や国際世論を無視して世界の秩序を維持しようと武力行使を行うというような新たな問題も生まれている。〈問1，2，4　武蔵大改〉

問1　空欄　A　～　E　に入る適切な語句を答えよ。

A [　　　　　　　]　　B [　　　　　　　]　　C [　　　　　　　]

D [　　　　　　　]　　E [　　　　　　　]

問2　下線部(a)に関連して述べた記述として正しいものを，次の①〜④のうちから一つ選べ。　　[　　　　]

① ゴルバチョフは言論の自由化，情報公開などを進めたが複数政党制の導入までは踏み切ることはできなかった。

② 90年のソビエト憲法の改正で大統領制が導入され，エリツィンが初代の大統領に選出された。

③ グラスノスチとはゴルバチョフの行った改革政策の総称である。

④ ゴルバチョフは緊張の緩和と軍縮政策をめざした新思考外交政策を展開した。

問3　下線部(b)に関連して，様々な地域の紛争や対立に関する記述として最も適当なものを，次の①〜④のうちから一つ選べ。〈21：現社第2回〉　　[　　　　]

① イラン，イラク，トルコなどの国々に居住するクルド人によって，分離・独立や自治獲得などを目指す運動が各地で展開されている。

② 1990年代の激しい紛争を経て，2008年にセルビアからの独立を宣言したのは，ボスニア・ヘルツェゴビナである。

③ パレスチナ紛争が続くなか，国連総会の決定によって，パレスチナは国連加盟国として認められた。

④ 1990年代に，民族や宗教の違いなどを理由としてロシアから独立しようとする動きによって，クリミア半島で紛争が生じた。

問4　下線部(c)に関連した右の地図のA〜Cは冷戦終結後，民族紛争が起こった地域である。それらのA〜Cで示された地域について，次の表の空欄ア〜ウに適する紛争の名前を下の①〜③から，空欄エ〜カに適する地域紛争の説明を，下の④〜⑥からそれぞれ選べ。

地図上の場所	紛争の名前	紛争の内容
A	ア [　　　　]	エ [　　　　]
B	イ [　　　　]	オ [　　　　]
C	ウ [　　　　]	カ [　　　　]

① コソボ紛争　　② チェチェン紛争　　③ ルワンダ内戦

④ これまで認められてきた自治州の自治権を共和国政府が大幅に制限したことが発端となり，多数派を占めるアルバニア系住民の独立運動が盛り上がった。これを認めない共和国政府との対立による紛争。この独立運動に対して大規模な掃討作戦が行われ多数の難民が発生した。

⑤ 多数派フツ族と少数派ツチ族との部族間の対立が発端となり激しい内戦に発展した。大量の難民が発生し，日本の自衛隊がPKO協力法により，難民支援を目的に派遣された。

⑥ 独立を求める共和国に対して軍が攻撃を行ったために内戦状態に発展した紛争。武装グループによる劇場や学校の占拠などのテロ事件が発生し，多数の死者がでた。

問5　下線部(d)に関連して，第二次世界大戦以降におけるアメリカの対外政策についての記述として正しいものを，次の①〜④のうちから一つ選べ。〈12：政経，倫理・政経本試〉　　[　　　　]

① トルーマン大統領は，「鉄のカーテン」演説を行った。

② 地下以外での核実験を禁止する部分的核実験禁止（停止）条約に調印しなかった。

③ イラクのクウェート侵攻によって生じた湾岸危機に対して軍事行動をとらなかった。

④ オバマ大統領は，プラハで核廃絶をめざす演説を行った。

6　**［融合問題］**　次の文章を読んで，以下の問いに答えよ。

　冷戦終結によって⒜国際社会が大きく変化する中で，それまで抑えられてきた少数派と多数派との間の民族対立が顕在化してきた地域がある。抑圧されている少数派の人々を中心に不満が高まると，自民族の独自性を強調し，多数派に対抗する傾向が生じやすい。

　少数派の民族が抱える不満を解消するには，第一に，　ア　という考え方に沿ってそれぞれの民族のもつ言語や価値観などを尊重して積極的に共生を図る方法がある。また第二に，少数派に高度な自治権を与える方法もある。さらに第三に，　イ　という考え方に沿って少数派の独立を承認するという方法もある。だが，これらの方法をとったとしても，民族間の対立が激化し，民族紛争に発展する例もみられる。

　そのような民族紛争は，しばしば多くの⒝難民を発生させてきた。さらに，紛争に起因する経済的困窮による人の移動や，環境破壊による人の移動も増大している。そうした人々は，移動先の社会では少数派として抑圧されたり，劣悪な労働条件で働かされたりすることも多い。こうした人権侵害に対して，国家による人権保障の努力が十分に追いついていない面もある。

　増加する人権侵害に対しては，⒞人権保障のための国際的な取組みや，国連などの国際機関を通じた監視も重要である。また，非政府組織（NGO）などによる被害者への支援や，マスメディアによる問題提起も不可欠となる。

　紛争を予防し，現代世界で多様な人々とともに暮らすには，人権侵害をなくし，少数派や弱者にも開かれた協力関係をいかにして構築していくかが重要である。〈16：本試（**問1，3**は「倫理・政経」と共通）〉

問1　本文中の空欄　ア　・　イ　に当てはまる語句の組合せとして最も適当なものを，次の①〜④のうちから一つ選べ。　　　　　　　　　　　　　　　　[　　　　]
①　ア　自民族中心主義　　イ　単独行動主義　　②　ア　自民族中心主義　　イ　民族自決
③　ア　多文化主義　　　　イ　単独行動主義　　④　ア　多文化主義　　　　イ　民族自決

問2　下線部⒜に関連して，国際社会の平和と安全のためには国家間の協調が重要となる。国家間協調の実現について考えるために，右下の表であらわされるゲームを考える。このゲームでは，A国とB国の代表が，互いに相談できない状況で，「協調」か「非協調」のいずれか一方の戦略を1回のみ同時に選択する。その結果として，両国は表中に示された点数を得る。ここで両国は，自国の得る点数の最大化だけをめざすものとする。このゲームの表から読みとれる内容として最も適当なものを，次の①〜④のうちから一つ選べ。　　　　　　[　　　　]

①　A国にとって，最も高い点数を得るには，「協調」を選択する必要があるが，それにはB国が「非協調」を選択するという条件が必要である。
②　A国が「協調」を選択する場合，B国がより高い点数を得るには「協調」を選択する必要がある。
③　A国とB国がともに「協調」を選択すれば，両国の点数の合計は最大化されるが，相手の行動が読めない以上，「協調」を選択できない。
④　A国とB国がともに「非協調」を選択すれば，両国の点数の合計は最大化されるため，「協調」に踏み切ることはできない。

		B 国	
		協　調	非協調
A 国	協　調	A国に10点	A国に1点
		B国に10点	B国に15点
	非協調	A国に15点	A国に5点
		B国に1点	B国に5点

問3　下線部⒝に関連して，難民条約の記述として正しいものを，次の①〜④のうちから一つ選べ。[　　　　]
①　経済的理由で国外に逃れた人々は，難民条約で保護の対象となる。
②　国内避難民は，難民条約で保護の対象となる。
③　難民条約は，冷戦終結後に多発した紛争による難民問題に対応するために締結された。
④　難民条約は，迫害されるおそれのある国に難民を送還してはならないと定めている。

問4　下線部⒞に関連して，人権を国際的に保障することを目的とした文書に関する記述として正しいものを，次の①〜④のうちから一つ選べ。　　　　　　　　　　　　　　[　　　　]
①　子どもの権利条約（児童の権利条約）は，小学校に就学している児童の権利保護を目的とするものであり，中学校や高校に就学している生徒は対象外とされている。
②　世界人権宣言は，すべての国が実現すべき共通の人権基準を定めており，国を法的に拘束する効力を有する。
③　日本は，市民的及び政治的権利に関する国際規約（B規約）を批准しているが，権利を侵害された個人が国際機関に通報できる制度を定めた選択議定書は批准していない。
④　日本は，障がい者の人権や基本的自由を保護することなどを定めた障害者権利条約を批准していない。

実戦問題

34　国際分業と貿易

1 国際分業の利益

(1)リカードと自由貿易論　イギリスの経済学者①＿＿＿＿＿＿は，それぞれの国が国内で相対的に安く作れるものを生産して交換する方が，互いに利益になるという②＿＿＿＿＿＿＿説を唱えて，③＿＿＿貿易を主張した。

(2)比較生産費説　➡ P.128 特別講座

例えば，**表1**のようにポルトガルとイギリスがブドウ酒とラシャを生産していたとする。ポルトガルはどちらの生産もイギリスより有利であるが，1単位の生産に必要な労働力が少ないブドウ酒生産の方がより有利である（④＿＿＿＿＿である）といえる。一方イギリスはどちらを生産するにもポルトガルより多い労働量が必要であるが，ブドウ酒よりラシャの生産の方が労働量が少なくてすみ，比較的に有利である。よって，ポルトガルは⑤＿＿＿＿＿，イギリスは⑥＿＿＿の生産に集中して（⑦＿＿＿という），それぞれ生産しない財を相手国から輸入した方が，両国にとって有利である（**表2**）。これが，比較生産費説の内容であり，国際⑧＿＿＿と⑨＿＿＿＿＿＿の理論的根拠となった。

表1		ブドウ酒1単位の生産に必要な労働量	ラシャ1単位の生産に必要な労働量
特化前	ポルトガル	80	90
	イギリス	120	100
	2国の生産量計	2単位	2単位

表2		ブドウ酒の生産に投じられる労働量	ラシャの生産に投じられる労働量
特化後	ポルトガル	170(80+90)	
	イギリス		220(120+100)
	2国の生産量計	2.125単位(170/80)	2.2単位(220/100)

(3)水平的分業と垂直的分業

⑩＿＿＿＿＿	主に先進国同士で，種類の違う工業製品を相互に補完し合う形で交換する分業。
⑪＿＿＿＿＿	主に先進国が工業製品，発展途上国が農産物や原料などの一次産品を生産し交換する分業。

水平的分業と垂直的分業

先進国 ⟶ 工業製品 ⟶ 水平的分業 ⟵ 工業製品 ⟵ 先進国

垂直的分業　工業製品 ↓　一次産品 ↑　途上国

2 自由貿易と保護貿易

(1)貿易に関する理論

⑫＿＿＿＿＿	国際分業の利益を追求するには，貿易について⑬＿＿＿が政策介入すべきではないとする考え方。	19世紀のイギリスで，リカードや⑭＿＿＿＿＿＿＝・＿＿によって主張された。		
⑮＿＿＿＿＿	⑯＿＿＿条件の低い国などが国内の産業を保護・育成するために，国家が貿易に介入して輸入を抑える貿易の考え方。	19世紀のドイツ経済学者⑰＿＿＿＿が，後発工業国だった自国内の⑱＿＿＿産業を守るために主張した。		
	主な方法	非関税障壁	⑲＿＿＿＿＿制限	輸入の数量を一定量に制限する。
			為替制限（為替割当）	輸入品目ごとに必要な外貨を制限することで輸入を抑制する。
		⑳＿＿＿障壁		輸入品に税金（関税）をかける。

①＿＿＿＿＿＿＿＿＿＿＿
②＿＿＿＿＿＿＿＿＿＿＿
③＿＿＿＿＿＿＿＿＿＿＿
④＿＿＿＿＿＿＿＿＿＿＿
⑤＿＿＿＿＿＿＿＿＿＿＿
⑥＿＿＿＿＿＿＿＿＿＿＿
⑦＿＿＿＿＿＿　⑧＿＿＿＿＿＿
⑨＿＿＿＿＿＿＿＿＿＿＿
⑩＿＿＿＿＿＿＿＿＿＿＿
⑪＿＿＿＿＿＿＿＿＿＿＿
⑫＿＿＿＿＿＿＿＿＿＿＿
⑬＿＿＿＿＿＿＿＿＿＿＿
⑭＿＿＿＿＿＝＿＿＿＿＿
⑮＿＿＿＿＿＿＿＿＿＿＿
⑯＿＿＿＿＿＿＿＿＿＿＿
⑰＿＿＿＿＿＿＿＿＿＿＿
⑱＿＿＿＿＿＿＿＿＿＿＿
⑲＿＿＿＿＿＿＿＿＿＿＿
⑳＿＿＿＿＿＿＿＿＿＿＿

3 日本の貿易の歩みと現状

(1)貿易摩擦問題（1960〜80年代）

日本は1960年代より貿易の自由化を進め，いざなぎ景気時より㉑___製品や鉄鋼・㉒_____など重化学工業製品の輸出が急増した。80年代は㉓___・半導体・㉔_____製品の輸出が大幅に拡大した。特にアメリカとの間で㉕_____問題が深刻化し，89年から始まった㉖_____では日本の経済構造の根本的改革が要求され，以後規制緩和・市場開放が進められた。1981〜2010年の30年間は一貫して貿易㉗___であった。

年	出　来　事
1960	貿易・為替自由化計画大綱→貿易の自由化へ
1963	㉘_____11条国へ移行
1964	・㉙____8条国へ移行
	・㉚_____に加盟→資本の自由化が義務づけられる
1965〜70	いざなぎ景気，輸出額が増大→日米貿易摩擦問題の発生
1981〜94	対米自動車輸出㉛_____
1986	㉜_____→内需拡大・規制緩和を提唱
1988	アメリカ「㉝_____」制定→日本の「不公正な貿易慣行」への報復措置
1989〜90	㉖→排他的取引の撤廃・系列取引の見直し
1993〜96	㉞_____
2001	暫定セーフガード発動（ネギ・生シイタケ・イグサ）

【日米貿易摩擦（品目）】

1969〜71	㉑
1969〜74	鉄鋼・㉒
1979〜	㉓
1987〜91	半導体

(2)東日本大震災以降の貿易赤字

日本は2011年の東日本大震災を境に貿易㉟___となった。東京電力福島第一原発事故の影響で現在も多くの原発が停止し，㊱___発電の燃料となる原油・液化㊲_____（LNG）などの輸入の急増が主な原因。2016年は6年ぶりに黒字となった。

(3)主要な輸出入品

日本からの輸出品は㉓・鉄鋼・集積回路など㊳_____の高い製品が主であるが，近年は㉚___などアジア諸国に押されて国際競争力を低下させている。日本企業の海外移転が進み，部品の現地調達が進んでいるため，輸出が増えにくくなっている。輸入品は，高度成長期以来，原油・液化㊲___（LNG）などの資源や燃料の占める割合が高く，1980年代以降はアジア諸国からの機械類・部品などの製品輸入が増加した。

(4)主要な貿易相手国

輸出入を合わせた最大の貿易相手国は高度成長期以来ずっと㊵_____であったが，2007年以降は㊴___となり，現在日本の輸出の19.3％，輸入の21.0％を対㊴___貿易が占めている（2022年）。しかも大幅な㊶___超過である。

(5)比重高めるアジア貿易

地域別に見ると，㊷_____（＝東南アジア諸国連合）・アジア㊸_____（＝新興工業経済地域）などアジア地域との貿易が全体の50.4％（輸出入総額，2022年）を占める。日本企業はアジア地域に多くの生産拠点をもち，日本から各生産拠点へ資本財を輸出し，生産拠点から日本へ製品を輸出するという構造が確立している。

㉑_____
㉒_____
㉓_____ ㉔_____
㉕_____
㉖_____
㉗_____ ㉘_____
㉙_____ ㉚_____
㉛_____
㉜_____
㉝_____
㉞_____
㉟_____ ㊱_____
㊲_____ ㊳_____
㊴_____ ㊵_____
㊶_____
㊷_____
㊸_____

国際経済

B　重点確認　貿易の理論と現状

	19世紀　貿易論		第二次大戦後
	保護貿易	自由貿易	
提唱者	❶____	❹_____	❻____→自由貿易体制の推進
理　論	保護貿易論	❺_____説	❼___→為替相場の安定
内　容	国内産業の保護が大切	比較優位をもつ商品の生産に特化すべき＝国際分業論	
	国家による貿易制限	貿易への国家の介入否定	
方　法	輸入品に❷__をかける		
	❸_____の制限		

→自由貿易の発展・拡大

❶_____　❷_____
❸_____
❹_____
❺_____
❻_____
❼_____

▶▶▶時事　正誤チェック 1990年代以降の日本は，製品等の輸入比率が半分に達して，工業品相互の貿易を行う垂直分業型の貿易構造となった。〈13：追試改〉　[　]

35 外国為替と国際収支

A ポイント整理 当てはまることばを書いて覚えよう（＿＿欄には数値が入る）

1 外国為替

(1)**為替とは** 遠く離れた地域の間で取引する際に，その決済の手段として発達したのが①＿＿という方法で，現金を送る代わりに②＿＿＿＿を用いて決済する。

(2)**外国為替のしくみ** 海外との取引では，一般に③＿＿＿＿＿＿を用いて決済する。この手形は銀行間で取引されるが，異なる通貨間での取引には通貨の交換比率＝④＿＿＿＿＿＿が問題になる。例えば，1ドルが何円と交換されるかというのが（円建ての）④＿＿である。こうした決済のために外貨を売買する市場を⑤＿＿＿＿＿＿＿という。現在この為替レートは，外国為替市場での需要と供給によって決まる⑥＿＿＿＿＿＿制となっている。

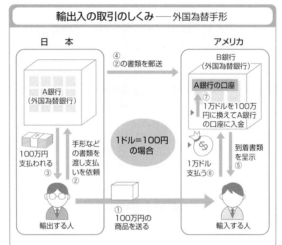

輸出入の取引のしくみ——外国為替手形

日本 A銀行（外国為替銀行）— ④の書類を郵送 → アメリカ B銀行（外国為替銀行）A銀行の口座 ⑦1万ドルを100万円に換えてA銀行の口座に入金

100万円支払われる③ 手形などの書類を渡し支払いを依頼② 1ドル＝100円の場合 1万ドル支払う⑥ 到着書類を呈示⑤

輸出する人 ①100万円の商品を送る 輸入する人

2 為替レートの変動と円高・円安　→ P.130 特別講座

(1)**円高・円安** 円の価値がドルに対して高くなったとき円⑦＿，低くなったとき円⑧＿という。

例　1ドル＝100円 ➡ 1ドル＝120円になったとき（1ドル20円値上がり）
　　《ドルが⑨＿＿なった＝円が安くなった》から‥‥⑩円＿＿・ドル＿＿
　　1ドル＝100円 ➡ 1ドル＝80円になったとき（1ドル20円値下がり）
　　《ドルが⑪＿＿なった＝円が高くなった》から‥‥⑫円＿＿・ドル＿＿

(2)**円高・円安の要因**

●円高・ドル安になる要因

・貿易で日本の⑬＿＿＿が増加	円の需要が高まるため外国為替市場で⑭円＿＿＿・ドル＿＿＿が進む	⑮円＿＿・ドル＿＿へ
・海外企業の日本への投資が増加		
・海外からの日本への観光客が増加		

●円安・ドル高になる要因

・貿易で日本の⑯＿＿＿が増加	ドルの需要が高まるため外国為替市場で⑰ドル＿＿＿・円＿＿＿が進む	⑱円＿＿・ドル＿＿へ
・日本企業の海外への投資が増加		
・日本から海外への観光客が増加		

(3)**円高・円安の影響**

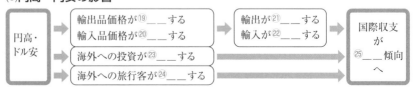

円高・ドル安 → 輸出品価格が⑲＿＿＿する／輸入品価格が⑳＿＿＿する → 輸出が㉑＿＿＿する／輸入が㉒＿＿＿する → 国際収支が㉕＿＿＿傾向へ
海外への投資が㉓＿＿＿する
海外への旅行客が㉔＿＿＿する

〈注〉円安・ドル高の場合はこの逆の影響がみられる。

① ＿＿＿＿＿＿＿＿＿＿

② ＿＿＿＿＿＿＿＿＿＿

③ ＿＿＿＿＿＿＿＿＿＿

④ ＿＿＿＿＿＿＿＿＿＿

⑤ ＿＿＿＿＿＿＿＿＿＿

⑥ ＿＿＿＿＿＿＿＿＿＿

⑦ ＿＿＿＿＿＿＿＿＿＿

⑧ ＿＿＿＿＿＿＿＿＿＿

⑨ ＿＿＿＿＿＿＿＿＿＿

⑩円＿＿＿＿・ドル＿＿＿

⑪ ＿＿＿＿＿＿＿＿＿＿

⑫円＿＿＿＿・ドル＿＿＿

⑬ ＿＿＿＿＿＿＿＿＿＿

⑭円＿＿＿＿・ドル＿＿＿

⑮円＿＿＿＿・ドル＿＿＿

⑯ ＿＿＿＿＿＿＿＿＿＿

⑰ドル＿＿＿＿・円＿＿＿

⑱円＿＿＿＿・ドル＿＿＿

⑲ ＿＿＿＿＿＿＿＿＿＿

⑳ ＿＿＿＿＿＿＿＿＿＿

㉑ ＿＿＿＿＿＿＿＿＿＿

㉒ ＿＿＿＿＿＿＿＿＿＿

㉓ ＿＿＿＿＿＿＿＿＿＿

㉔ ＿＿＿＿＿＿＿＿＿＿

㉕ ＿＿＿＿＿＿＿＿＿＿

(4)中央銀行による為替介入　為替レートの変動が激しいとき，政府・中央銀行は保有している外貨準備をもとに外国為替市場に介入して，為替相場の安定を図る。これを㉖_____（平衡操作）とよんでいる。

| 円高・ドル安の場合 | ㉗円＿＿＿・ドル＿＿＿の介入➡円安・ドル高に誘導 |
| 円安・ドル高の場合 | ㉘円＿＿＿・ドル＿＿＿の介入➡円高・ドル安に誘導 |

㉖_____

㉗円_____・ドル

㉘円_____・ドル

3 国際収支

➡ P.129 特別講座

(1)国際収支とは　ある国が，商品の輸出入や資本の流出入などで，一定期間に外国と取引したお金の受け取り・支払の収支を記録したものを㉙_____という。

(2)国際収支の構成

項　目			内　容	例
㉚＿＿＿収支	貿易・サービス収支	㉛＿＿＿収支	モノの輸出入	㉜＿＿＿額−㉝＿＿＿額
		㉞_____収支	サービスの取引	旅行・輸送・通信など
	㉟_____収支		生産過程に関連した所得の収支	雇用者報酬，投資収益（配当金・利子）など
	㊱_____収支		海外との対価を伴わない資金の収支	食料などの無償資金援助，国際機関拠出金，送金など
㊲_____収支			資本の移転，金融・生産に関係のない資産の収支	資本形成のための無償資金援助，商標権の取引など
㊳＿＿＿収支 ※純資産の増加は＋，減少は−でカウント。			投資や借入による，資産と負債の収支	㊴＿＿＿投資，証券投資，金融派生商品の取引，㊵_____など
誤差脱漏			統計上の不整合の処理	

㉙_____

㉚_____　㉛_____

㉜_____　㉝_____

㉞_____

㉟_____

㊱_____

㊲_____

㊳_____　㊴_____

㊵_____　㊶_____

㊷_____　㊸_____

(3)近年の日本の経常収支の傾向

・貿易収支は1981〜2010年度は一貫して㊶＿＿＿だったが，2011年の東日本大震災の影響による火力発電用燃料の輸入増加と円高による輸出減少が重なり，31年ぶりに㊷＿＿＿となった。2015年度より再び黒字に転じた（2022年度は赤字）。

・サービス収支は，2015年度以降インバウンド（訪日外国人による旅行）の増加で大きく黒字化していた旅行収支が，2020年度以降コロナ禍の影響で黒字幅が大きく減少するなど，サービス収支全体の㊸＿＿＿は拡大している。

・第一次所得収支は海外資産の増加を背景に2000年代以降黒字幅を増加させてきた。海外子会社から受け取る配当金や直接投資収益が増加し，2022年度は35兆5,591億円の黒字となり，経常収支全体の黒字（9兆2,256億円，同年度）に大きく寄与している。

日本の国際収支（億円）

項　目	2007年度	2011年度	2022年度
経常収支	243,376	81,852	92,256
貿易・サービス収支	90,902	-50,306	-233,367
貿易収支	136,862	-22,097	-180,603
サービス収支	-45,960	-28,210	-52,764
第一次所得収支	165,476	143,085	355,591
第二次所得収支	-13,002	-10,927	-29,968
資本移転等収支	-3,856	2,561	-1,724
金融収支	255,221	87,080	87,713
外貨準備以外	214,382	-27,859	152,583
外貨準備	40,839	114,939	-64,870
誤差脱漏	15,701	2,668	-2,819

〈注〉2022年度は速報値。　　（財務省資料による）

国際経済

B　重点確認　　為替レートと貿易収支の関係

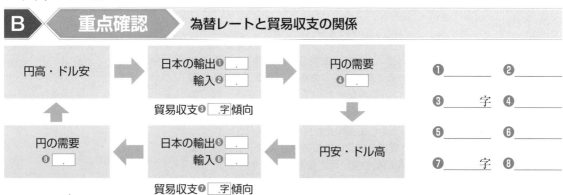

円高・ドル安 ➡ 日本の輸出❶□／輸入❷□ ➡ 円の需要❹□

貿易収支❸□字傾向

円の需要❽□ ⬅ 日本の輸出❺□／輸入❻□ ⬅ 円安・ドル高

貿易収支❼□字傾向

❶_____　❷_____

❸____字　❹_____

❺_____　❻_____

❼____字　❽_____

▶▶▶ 時事 正誤チェック 外国為替市場における自国通貨の価値の上昇は，自国の産業の空洞化を促進する。〈13：本試改〉　[　]

特別講座 比較生産費説 ← P.124

← P.124

例題 右の表は，リカードの比較生産費説を説明するための例を示している。A国では220単位の労働量が存在し，B国では360単位の労働量が存在している。そして，各国とも貿易前は，電気製品と衣料品を各1単位ずつ生産している。リカードの比較生産費説の考え方として最も適当なものを，以下の①〜④のうちから一つ選べ。〈08：現社本試〉

	電気製品1単位の生産に必要な労働量	衣料品1単位の生産に必要な労働量
A国	100	120
B国	200	160

① A国は両方の生産技術が優れているので両財を輸出し，B国は両財を輸入すれば，両国全体で両財の生産量が増加する。

② B国は両方の生産技術が優れているので両財を輸出し，A国は両財を輸入すれば，両国全体で両財の生産量が増加する。

③ A国は衣料品の生産に特化し，B国は電気製品の生産に特化して貿易すれば，両国全体で両財の生産量が増加する。

④ A国は電気製品の生産に特化し，B国は衣料品の生産に特化して貿易すれば，両国全体で両財の生産量が増加する。

考え方 と 解答

リカードの「比較生産費説」は，一言で言うと，お互いに相対的に得意な分野に生産を集中すれば，貿易を通じて利益が見込めるというものだ。

表を見ると，電気製品・衣料品ともに，A国の方がB国に比べ少ない労働量で効率的に生産することができる。このことをA国はB国に対し「**絶対優位**」にあるという。さらに，A国内で見ると，衣料品（120）に比べ電気製品（100）の方が少ない労働量で生産しているので，A国は電気製品に「**比較優位**」をもつという。

一方，B国は電気製品・衣料品ともにA国に比べ生産に多くの労働量を必要としている。このことを「絶対劣位」という。しかし，B国内で見ると，電気製品より衣料品の方が少ない労働量で生産することができる（比較優位）。

よって，A国が電気製品に，B国が衣料品に生産を「**特化**」すれば，A国内では全労働者が電気製品を生産するので，（100＋120）÷100＝2.2（単位）の電気製品ができる。

また，B国では（200＋160）÷160 ＝2.25（単位）の衣料品を生産することになる。

生産を特化する前の二国あわせた生産量は，電気製品・衣料品ともに2単位であったから，両国全体で生産量が増加している。また，A国はB国に電気製品を輸出し，B国から衣料品を輸入すれば，お互いの不足する財を補うことができる。以上から……

	電気製品1単位の生産に必要な労働量	衣料品1単位の生産に必要な労働量
A国	100	120
B国	200	160

		電気製品	衣料品	計	
A国	労働量	100	120	220	1単位ずつ生産の場合
	生産量	100/100＝1	120/120＝1	2	
B国	労働量	200	160	360	1単位ずつ生産の場合
	生産量	200/200＝1	160/160＝1	2	
A国	労働量	220	0	220	電気製品に特化の場合
	生産量	220/100＝2.2	0	2.2	
B国	労働量	0	360	360	衣料品に特化の場合
	生産量	0	360/160＝2.25	2.25	

①…A国は両方の生産技術が優れているが，両財ともA国で生産するのではなく，比較優位の財に生産を特化するというのが，比較優位説の考え方である。よって，誤り。

②…「B国は両方の生産技術が優れている」が誤り。

③…A国が衣料品に，B国が電気製品に生産を特化するのは，互いに不得意な製品を作るようになる。よって誤り。

④…正しい。

答 ④

類題

次の表は，自国と外国において，衣料品と食糧品それぞれを1単位生産するために必要とされる労働量を表したものである。これら二国間で成立する比較優位構造についての記述として正しいものを，以下の①〜④のうちから一つ選べ。〈01：本試〉

	自 国	外 国
衣料品	30	X
食糧品	40	100

① X＝20のとき，外国は両商品の生産に比較優位をもつ。

② X＝60のとき，外国は食糧品の生産に比較優位をもつ。

③ X＝100のとき，自国は両商品の生産に比較優位をもつ。

④ X＝140のとき，自国は衣料品の生産に比較優位をもつ。

特別講座

国際収支

← P.127

例題 国際収支の変動についての一般的な記述として最も適当なものを，次の①〜④のうちから一つ選べ。

〈01：本試改〉

① 社会資本のための対外援助の増大は，資本移転等収支を改善させる傾向をもつ。
② 海外への観光旅行の増加は，経常収支を改善させる傾向をもつ。
③ 自国企業の海外直接投資の増大は，金融収支を赤字傾向にする。
④ 海外への出稼ぎ労働の増加は，第一次所得収支を改善させる傾向をもつ。

考え方と解答

国際収支は，その国の外国とのお金の出入りを記録したものである。次の２点に注意をしよう。

(1)各選択肢の内容が国際収支表の何の項目に該当するか。

(2)その資金の動きが各項目を黒字傾向にする動きか，赤字傾向にする動きか。

なお，日本の各国際収支項目の特徴についてもおおよその傾向を理解しておくことが大切だ。

以上を参考にしながら問題文を見ると……

①…「社会資本のための対外援助」が増大すると，援助資金の海外流出が増加するので，「資本移転等収支」のマイナスとして計上される。よって，誤り。

②…「海外への観光旅行」が増加すると，旅費などの資金の海外流出が増加するので，「サービス収支」のマイナスとして計上され，経常収支を赤字傾向にする。よって，誤り。

③…「自国企業の海外直接投資」が増大すると，海外に保有する資産が増加するので，「金融収支」のプラスとして計上される。よって，誤り。

④…「海外への出稼ぎ労働」が増加すると，労働による賃金収入を得て「第一次所得収支」のプラスとして計上される。よって，正しい。

答 ④

【新国際収支表について】

世界経済のグローバル化や金融取引の高度化に伴い，より金融・資本関連統計を重視したIMFの新しい国際収支マニュアル（第6版）に準拠する形で，日本の国際収支統計も2014年1月公表分から大幅に見直された。主な変更点は以下の通り。

(1)主要項目の組み替え

①これまでの「投資収支」「外貨準備増減」を統合して「金融収支」とする。

②これまでの「その他資本収支」を「**資本移転等収支**」として，「経常収支」「金融収支」と並ぶ大項目に変更。

③これまでの「資本収支」は廃止。

(2)項目名の変更

①これまでの「所得収支」を「**第一次所得収支**」に名称変更。

②これまでの「経常移転収支」を「**第二次所得収支**」に名称変更。

(3)符号表示の変更

これまでの「投資収支」等では資金の流出入に着目し，流入をプラス，流出をマイナスとしていたが，新たな「金融収支」では資産・負債の増減に着目して，資産・負債の増加をプラス，減少をマイナスとした。

Ⓐ新旧の国際収支表

1996〜2013年	新形式（2014年〜）		2022年度速報値（億円）
経 常 収 支	経 常 収 支	経常取引（資本取引以外の国際間取引）の収支。	92,256
貿易・サービス収支	→ 貿易・サービス収支	モノ（財貨）やサービスの収支。	-233,367
貿 易 収 支	貿 易 収 支	「輸出に伴う金銭の受け取り」-「輸入に伴う金銭の支払い」=「貿易収支」。モノ（財貨）の取引（輸出入）の収支。	-180,602
サービス収支	サービス収支	輸送（居住者と非居住者との間の輸送サービス），旅行（「日本への外国人旅行者」-「海外への旅行者」），その他サービス	-52,765
所 得 収 支	→ 第一次所得収支	生産過程に関連した所得および財産所得の収支。	355,591
経常移転収支	→ 第二次所得収支	居住者と非居住者との間の対価を伴わない資産提供の収支。食料・医療費の無償資金援助，国際機関拠出金，国外人労働者の郷里送金等。	-29,968
資 本 収 支	資本移転等収支	資本の移転や，金融・生産に関係ない資産の収支。	-1,724
投 資 収 支	資 本 移 転	資本形成のための無償資金援助，相続に伴う資産の移転等。	-2,058
その他資本収支	非金融非生産資産の取得処分	鉱業権，土地，排出権，移籍金，商標権等の取引。	334
外貨準備増減	金 融 収 支	投資や外国からの借入による資産と負債の収支。「+」は純資産（資産-負債）の増加，「-」は減少を示す（符号変更）。	87,712
誤 差 脱 漏	直 接 投 資	経営支配目的の投資。原則出資比率10%以上。（海外投資）	183,316
	証 券 投 資	配当金・利子を目的に，外国の株式・国債を購入したりする投資。	-86,365
	金融派生商品	先物，オプションなどのデリバティブ取引など。	37,910
	その他投資	外国銀行への預金，外国人に金銭を貸すなど。	17,721
	外 貨 準 備	資産я。財務省・日銀が持つ金・ドル・外国国債等の資産増減。	-64,870
	誤 差 脱 漏	統計上の不整合の処理。	-2,820

新形式では符号が逆になった（↓Ⓑ）。

Ⓑ新形式での符号表示（+，-）の変更

「**純資産**」＝各収支の全体の数字

	資金の動き	資産の符号表示	負債の符号表示	「純資産」の計算式
旧 投資収支・外貨準備増減	流出	-：資産増加	-：負債減少	資産+負債
	流入	+：資産減少	+：負債増加	
新 金融収支	流出	+：資産増加	-：負債減少	資産-負債
	流入	-：資産減少	+：負債増加	

〈注〉旧形式は資金の流出入，新形式は資産・負債の増減で符号をそろえている。各収支の全体を表す「純資産」は，新旧で符号が逆になる。

Ⓒ国際収支統計全体で成立する式（新旧比較）

旧 経常収支＋資本収支＋外貨準備増減＋誤差脱漏＝0

新 経常収支＋資本移転等収支－金融収支＋誤差脱漏＝0

特別講座

130

特別講座

特別講座　円高・円安　←P.126

例題1　為替相場の変化が与える影響に関する記述のうち，正しいものに○を，誤っているものに×をつけよ。〈08：現社本試改〉

① 円高は，日本の輸出品の外貨建ての価格を低下させ，競争力を強くし，輸出を促進する働きを持つ。
② 円安は，輸入原料などの円建て価格を高くし，それを使う日本国内の生産者にとっては，コスト高の要因となる。
③ 円安により，外貨建てでみた日本の賃金が外国の賃金と比べて上昇すると，外国人労働者の流入を増加させる働きを持つ。
④ 外国債券などの外貨建て資産を購入した後に，円高が進めば，それらを売却して円建て資産にすることにより，為替差益を得ることができる。

考え方と解答

　まず，円高が進むと日本の商品・外国の商品の価格がどう変化するか，輸出者（販売者），輸入者（購入者）にとってそれはどういうことかを考えよう。

　確認したいのは，**「円高」というのは「円」の価値が高くなること**，上がることだ。外国の買い手から見れば，円が高くなったということは，その円で表示された（円建ての）商品の価格がドルに換算して高くなったということになる。

	円建て……物の値段を「円でいくら」と決めること
ドル建て…物の値段を「ドルでいくら」と決めること

　例えば，100万円の車をアメリカに輸出する場合，1ドル100円から円高で1ドル80円になったとき，アメリカの輸入業者は，以前は1万ドル払えばよかったのに，円高後は1.25万ドル支払わねばならない。逆にアメリカの大豆1万ドルを輸入する日本の業者は，100万円必要だった支払代金は80万円で済む。

			1ドル＝100円の時の価格	1ドル＝80円の時の価格		
輸出	100万円の日本の車	ドルに換算	1万ドル	1.25万ドル	ドル建て価格上昇	輸出減少
				円高		
輸入	1万ドルのアメリカの大豆	円に換算	100万円	80万円	円建て価格下落	輸入増加

　円安のときはこの逆のことが起こる。これらをまとめると，右の図のようになる。

　このことをふまえて選択肢を分析すると…

①…円高は日本の輸出品の外貨建て価格を**上昇させる**。そのため輸入国業者にとっての価格が上昇し，輸出は停滞する。よって誤り。

②…円安は輸入品の円建て価格を**上昇させる**。よって正しい。

③…円安の時，日本の賃金をドルに換算すると，賃金は**下落する**ので，外国人労働者の流入は減る。よって誤り。

円高になると	日本の商品	ドル換算価格	UP
	外国の商品	円換算価格	DOWN

円安になると	日本の商品	ドル換算価格	DOWN
	外国の商品	円換算価格	UP

④…外国債券などの外貨建て資産は，購入した後に円高が進むと，円換算したときの価格が**下落する**。そのため円高時に売却すると購入時との差額がマイナスとなり，為替差損が発生する。例えば1ドル100円の時に100万円で購入した1万ドルの外国債券は，1ドル90円の時に売却すると90万円にしかならない。よって誤り。

　　　　　　　　　　　　　　　　　　　　　　答　①×　②○　③×　④×

類題1　円高についての以下の記述のうち，正しいものに○を，誤っているものに×をつけよ。〈97：本試改〉

① 円高は，外国企業による日本企業の買収を促進する。
② 円高は，日本企業が国内で生産する商品の国際競争力を高める。
③ 円高になると，日本企業が保有している外国の不動産の，円に換算した価値は下落する。
④ 円高になると，輸入品の価格が上昇するので，インフレーションの可能性が高まる。

例題2　円・ドルレートと右図に関する記述として，正しいものに○を，誤っているものに×をつけよ。〈成蹊大改〉

① 日本の対米貿易収支が黒字であれば，アメリカは日本への支払いのためドルを売って円を買おうとするため，図中のBの効果により，円高・ドル安になる。

② 日本よりアメリカの利子率が高くなれば，アメリカの債券に対する需要が増えるので，図中のAの効果により，円高・ドル安になる。

③ もしも市場介入によって図中のCの方向へ円ドルレートを変化させたければ，ドル売り円買いを実施すればよい。

④ 円ドルレートが図中のDの方向へ変化した場合，海外からの輸入品は割安になるため，日本国内における原燃料価格は低下し，日本国内の企業は製造コストをおさえることができる。

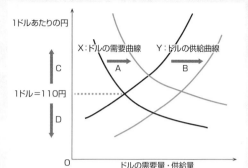

考え方と解答

《ポイント1》　まず，問題のグラフが何を表しているか確認しよう。
　　グラフ中の曲線Xが「**ドルの需要曲線**」
　　　　　　　曲線Yが「**ドルの供給曲線**」
　　　　　　　横軸が「**ドルの需要量・供給量**」
　　　　　　　縦軸が「**1ドルあたりの円**」　　と表記されている。
　よって，このグラフが「**ドル市場の需給曲線**」であることがわかる。
　注意する点は縦軸。需給曲線で縦軸は，商品の「価格」の高さを表す。つまり，縦軸の**上方向（C方向）**に行くほど「**ドル高（＝円安）**」を，**下方向（D方向）**に行くほど「**ドル安（＝円高）**」を意味する。

《ポイント2》　円高・円安の要因は何か整理しよう。
　円高とは，「円」の需要が増えていることだ。つまり，円の需要が高まって円高・ドル安となる。
　右の図にあるように，日本の輸出の増加，海外からの投資の増加，海外からの旅行者の増加は，**日本へのお金の流入となり，「円高」をもたらす。**
　また「円買い・ドル売り」の為替介入によっても円高・ドル安となる。
　円安・ドル高の要因はその逆，つまり**日本からの資金流出が増えると，円の需要が減って円安・ドル高となる。**または「円売り・ドル買い」の為替介入によって円安・ドル高となる。

以上をふまえて選択肢を分析すると…

①…日本の対米貿易が黒字の時，日本への資金流入が起こっているので，円の需要が高まって円高となる。ドル市場では逆に，ドルの供給が増えて（＝図中のBの効果）ドル安となるので，正しい。

②…日本よりアメリカの利子率が高まると，アメリカの債券に対する需要が高まるので，日本からアメリカへの資金流出が起こり，円安となる。ドル市場ではドルの需要が増えて（＝図中のAの効果）ドル高となるため，誤り。

③…「Cの方向」とはつまりドル高（＝円安）。円安ドル高誘導のための市場介入は，円売りドル買い介入であるから，誤り。

④…「Dの方向」とはつまりドル安（＝円高）。円高時は日本の輸入品価格は下落する。よって正しい。

答　①○　②×　③×　④○

●円高の要因

・日本から海外へ輸出増加	外国の輸入業者は支払いのため日本円が必要となる	日本にお金が入ってくると円高になる
・海外から日本へ投資増加	土地や株を買うため日本円が必要となる	
・海外から日本への旅行客増加	日本での滞在費用支払いのため円が必要となる	

ドルを円に換える必要がある

円の需要が増える

円　高

類題2　為替相場の変動に関する記述として，正しいものに○を，誤っているものに×をつけよ。〈近畿大改〉

① インフレーションが進行すると，その国の通貨の為替相場は上昇する。

② 金利を上昇させると，その国の通貨の為替相場は上昇する。

③ A国がB国に対して輸入超過の場合，A国通貨のB国通貨に対する為替相場は上昇する。

④ A国のB国に対する投資が増加すれば，A国通貨のB国通貨に対する為替相場は上昇する。

36 国際通貨体制

1 国際金本位制の崩壊とブロック経済

(1)金本位制の崩壊 第一次世界大戦以前の国際通貨体制は，一国の通貨を一定量の金に裏付けさせる①＿＿＿＿＿であった。しかし，金がアメリカに集中し始めたことにより，世界恐慌後の1930年代には，各国は①＿を離脱し，帝国主義国を中心にいくつかの通貨圏を形成し，②＿＿＿＿＿＿を形成した。

① ＿＿＿＿＿＿＿＿

② ＿＿＿＿＿＿＿＿

③ ＿＿＿＿＿＿＿＿

④ ＿＿＿＿＿＿＿＿

金本位制

各国通貨は直接金と連結

(2)ブロック経済 各ブロック経済圏は，輸出を増やすために為替の③＿＿＿＿＿競争をし，輸入を抑えるために排他的な保護④＿＿＿を課すなどしたため，世界の貿易量は大幅に減少した。次第にブロック間の対立が深まり，それが第二次世界大戦を引き起こす一因となった。

2 ブレトン・ウッズ体制の成立

(1)ブレトン・ウッズ協定 第二次世界大戦を引き起こした反省を踏まえて，国際経済秩序再建のために，大戦中の1944年に⑤＿＿＿＿＿・＿＿＿協定が結ばれ，翌年，IMF＝⑥＿＿＿＿＿＿とIBRD＝⑦＿＿＿＿＿＿が設立された。

●戦後の国際経済体制

機構名	役割
IMF	為替の安定，為替制限の撤廃
IBRD	戦後の復興支援→発展途上国への援助
GATT	貿易の自由化

(2)IMF－GATT体制 IMFは，世界の通貨と為替相場の安定をめざして設立された国際機関で，1948年に貿易の自由化を目指して発足した⑧＿＿＿＿（＝関税と貿易に関する一般協定）とあわせて⑨＿＿＿＿・＿＿＿＿体制とよばれる。

(3)金・ドル本位制・固定為替相場制 IMF体制下で，ドルが世界の基準となる通貨＝⑩＿＿＿＿＿とされ，ドルの価値は金で保証された（金1オンス＝⑪＿＿＿ドル）。これを⑫＿・＿＿本位制という。さらに各国通貨とドルとの交換比率が一定に固定され＝⑬＿＿＿＿＿＿，すべての通貨がドルを仲立ちとして金と結ばれ，世界通貨の安定が図られた。このとき円は1949年のドッジ・ラインにより，1ドル＝⑭＿＿円に固定された（上下1％以内の変動のみ認められた）。

金・ドル本位制

各国通貨はドルを介して金と連結

(4)IBRD IBRDは当初，第二次世界大戦後の各国の復興援助を中心とし，社会インフラ整備のための長期融資をおこなっていたが，やがて⑮＿＿＿＿＿国の開発資金援助へと主業務が移っていった。1960年設立のIDA（⑯＿＿＿＿＿＿）と合わせて⑰＿＿＿＿＿とよばれる。またIFC（国際金融公社）とMIGA（多数国間投資保証機関）を加えて⑱＿＿＿＿＿・＿＿＿＿とよばれる。

3 国際通貨体制の変容

(1)ドルの信用低下 1960年代後半から，対外経済援助や⑲＿＿＿＿＿戦争による軍事支出の増大などによって，アメリカの国際収支が大幅に⑳＿＿＿となり，対外債務が膨張する一方で国内の金保有量が激減し，ドルの信用が大きく低下する㉑＿＿＿＿＿に陥った。

⑤ ＿＿＿＿・＿＿
⑥ ＿＿＿＿＿＿＿＿
⑦ ＿＿＿＿＿＿＿＿
⑧ ＿＿＿＿＿＿＿＿
⑨ ＿＿＿＿・＿＿
⑩ ＿＿＿＿＿＿＿＿
⑪ ＿＿＿＿＿＿＿＿
⑫ ＿＿＿＿・＿＿
⑬ ＿＿＿＿＿＿＿＿
⑭ ＿＿＿＿＿＿＿＿
⑮ ＿＿＿＿＿＿＿＿
⑯ ＿＿＿＿＿＿＿＿
⑰ ＿＿＿＿＿＿＿＿
⑱ ＿＿＿＿＿＿＿＿
⑲ ＿＿＿＿＿＿＿＿
⑳ ＿＿＿＿＿＿＿＿
㉑ ＿＿＿＿＿＿＿＿

(2)国際流動性のジレンマ　ドルを国際決済手段（＝国際流動性）とする⑫＿＿本位制の下では，世界経済の拡大とともにドルが世界中に供給されるほど，アメリカの国際収支赤字は拡大し，ドルの信用はますます低下する。逆にドルの信用を維持するために流通量を制限すると世界中でドルが不足する。これを㉒＿＿＿＿＿・＿＿＿といい，特定の国（＝アメリカ）の通貨を基軸通貨にすることと国際流動性の確保は両立しないことが指摘された。

変動為替相場制

自由レート

ドル ― ・・・

円

ポンド ― フラン

各通貨間のレートは自由に動く

(3)ニクソン・ショック　1971年8月，アメリカの㉓＿＿＿＿＿大統領は，ドル防衛策として金とドルの交換停止を発表した。これをドル・ショック＝㉔＿＿＿＿＿・＿＿＿＿＿と呼ぶ。ここに固定為替相場制は実質的に崩壊して各国は㉕＿＿＿＿＿＿・＿＿＿に移行した。

(4)スミソニアン協定　同年12月，㉖＿＿＿＿＿＿＿協定でドルが切り下げられ（金1オンス＝㉗＿＿＿ドル，1ドル＝㉘＿＿＿円），一時固定相場制へ復帰したが，1973年に各国は再び相次いで㉕＿へ移行した。ここに，ブレトン・ウッズ体制は崩壊した。

(5)キングストン合意　1976年の㉙＿＿＿＿＿＿＿合意で，IMFは変動為替相場制への移行を正式に承認した。また，金の公定価格を廃止し，金に代わってIMFの特別引き出し権＝㉚＿＿＿＿＿を準備資産の基礎とすることに合意した（＝㉙＿＿体制）。

(6)プラザ合意とドル高是正　1980年代前半，アメリカは軍事支出の増加とドル高により，㉛＿＿＿＿＿＿（財政赤字と経常収支赤字）に苦しんだ。85年，㉜＿＿（＝先進5か国財務相・中央銀行総裁会議）はアメリカの貿易収支改善のために外国為替市場へ㉝＿＿＿＿＿誘導の協調介入をすることで合意した（＝㉞＿＿＿＿＿＿）。

(7)政策協調へ　プラザ合意の後ドル安が進み，1987年，㉟＿＿（＝先進7か国財務相・中央銀行総裁会議）によって急激なドル安の行き過ぎを防止する合意がなされた（＝㊱＿＿＿＿＿＿）。現在では，㊲＿＿＿＿＿＿（主要国首脳会議）などで各国が金利の調整や為替相場安定のために政策協調をおこなっている。2008年の世界的金融危機以降，サミットに参加するG8※に中国など新興国が加わった主要20か国・地域首脳会合（㊳G＿＿）が発言力を強めている。
※2014年以降，ロシアの参加停止によりG7サミットとなっている。

㉒＿＿＿＿＿＿＿＿
㉓＿＿＿＿＿＿＿＿
㉔＿＿＿・＿＿＿＿
㉕＿＿＿＿＿＿＿＿
㉖＿＿＿＿＿＿＿＿
㉗＿＿＿＿　㉘＿＿＿＿
㉙＿＿＿＿＿＿＿＿
㉚＿＿＿＿＿＿＿＿
㉛＿＿＿＿＿＿＿＿
㉜＿＿＿＿　㉝＿＿＿＿
㉞＿＿＿＿＿＿＿＿
㉟＿＿＿＿＿＿＿＿
㊱＿＿＿＿＿＿＿＿
㊲＿＿＿＿　㊳＿＿＿＿

G5・G7の参加国

G5＝米国，英国，日本，ドイツ，フランス
G7＝G5＋カナダ，イタリア

G20参加国・地域　■＝G7※

米国，英国，日本，ドイツ，フランス，カナダ，イタリア，ロシア，中国，インド，ブラジル，南アフリカ，韓国，メキシコ，オーストラリア，インドネシア，サウジアラビア，アルゼンチン，トルコ，EU

B　**重点確認**　**固定為替相場制から変動為替相場制へ＝ブレトン・ウッズ体制の崩壊**

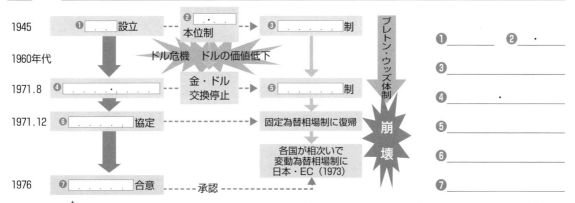

1945　❶＿＿＿・＿＿設立　❷＿＿＿・＿＿本位制　❸＿＿＿＿＿＿制

1960年代　ドル危機　ドルの価値低下

1971.8　❹＿＿＿・＿＿　金・ドル交換停止　❺＿＿＿＿＿制

1971.12　❻＿＿＿＿＿協定　固定為替相場制に復帰

各国が相次いで変動為替相場制に　日本・EC（1973）

1976　❼＿＿＿＿＿合意　――承認――

ブレトン・ウッズ体制　崩壊

❶＿＿＿＿　❷＿＿＿・＿＿
❸＿＿＿＿＿＿＿＿
❹＿＿＿・＿＿
❺＿＿＿＿＿＿＿＿
❻＿＿＿＿＿＿＿＿
❼＿＿＿＿＿＿＿＿

時事正誤チェック⑥　キングストン合意において，変動相場制が承認されるとともに，金に代わってSDR（特別引出権）の役割を拡大することが取り決められた。〈13：本試〉　[　]

37 世界の貿易体制

1 GATT（関税と貿易に関する一般協定）

(1)GATTの発足 戦前の保護貿易が①＿＿＿＿＿経済を形成させ，大戦を引き起こしたことを反省し，為替の安定をめざした②＿＿＿＿（＝国際通貨基金）の設立（1945年）後，③＿＿＿貿易の拡大を図ろうと，23か国の間で④＿＿＿＿＿＿（＝関税と貿易に関する一般協定）が調印され（47年），翌48年に発足した。

(2)GATTの三原則

原　則		内　容
⑤＿＿	自由貿易の原則	・⑥＿＿＿の引き下げ。 ・輸入⑦＿＿＿＿＿の廃止など⑧＿＿＿＿障壁の撤廃。
⑨＿＿＿＿	平等に取り扱う原則	・⑩＿＿＿＿待遇　ある国に与えた有利な貿易条件をすべてのGATT加盟国へも適用させる。 ・⑪＿＿＿＿待遇　輸入品を国産品と同等に扱い，差別しない。
⑫＿＿	交渉を多国間で進める原則	・多角的貿易交渉＝⑬＿＿＿＿＿を行う。

(3)三原則の例外 GATTの三原則には，次のような例外が認められている。

緊急輸入制限 （⑭＿＿＿＿＿＿．＿）	「自由」の例外	自国経済を保護する緊急の必要がある場合に認められる輸入制限措置。
一般⑮＿＿＿＿＿	「無差別」の例外	発展途上国からの輸入品に対して先進国が特に関税を引き下げるという優遇措置。
二国間通商容認	「多角」の例外	自由・無差別の原則に反しない限り，二国間の通商交渉を容認する。（例：EPA，FTA）

日本は，2001年，中国からのネギ・生シイタケ・い草の輸入に対して⑯＿＿＿＿＿＿＿．＿を暫定発動した。また2003年には，生鮮・冷蔵牛肉に対し特別⑯＿＿＿を発動している。なお，一般⑮は，1968年，UNCTAD＝⑰＿＿＿＿＿＿＿．＿＿＿＿の第2回総会で合意されたものである。

世界の輸出額の推移

（『通商白書』による）

(4)日本の加盟 日本は1955年にGATTに加盟した。当初は国際収支の悪化を理由に輸入制限ができる国＝⑱＿＿＿＿条国であったが，63年に国際収支の悪化を理由に輸入制限ができない国＝⑲＿＿＿＿条国へ移行した。

2 主な多角的貿易交渉（ラウンド）

GATTでは多角的貿易交渉（＝⑬＿＿＿）が繰り返し行われてきた。

主なラウンド	交渉の内容・結果など
・⑳＿＿＿＿＿＿・ラウンド （1964〜67）	・アメリカの⑳＿＿大統領が大規模な関税一括引き下げを提案して開始された。 ・鉱工業製品の関税を平均35％引き下げに合意

一般特恵関税

日本は現在，LDC（後発開発途上国）45か国を含む126か国4地域に対し，特恵関税を適用している（2023年4月現在）。日本はこれまでGDP世界第2位の中国に対しても特恵関税を適用してきたが，2019年度に全面適用外となった。

---

① ＿＿＿＿＿＿＿＿＿＿

② ＿＿＿＿＿＿＿＿＿＿

③ ＿＿＿＿＿＿＿＿＿＿

④ ＿＿＿＿＿＿＿＿＿＿

⑤ ＿＿＿＿＿＿＿＿＿＿

⑥ ＿＿＿＿＿＿＿＿＿＿

⑦ ＿＿＿＿＿＿＿＿＿＿

⑧ ＿＿＿＿＿＿＿＿＿＿

⑨ ＿＿＿＿＿＿＿＿＿＿

⑩ ＿＿＿＿＿＿＿＿＿＿

⑪ ＿＿＿＿＿＿＿＿＿＿

⑫ ＿＿＿＿＿＿＿＿＿＿

⑬ ＿＿＿＿＿＿＿＿＿＿

⑭ ＿＿＿＿＿＿＿＿＿＿

⑮ ＿＿＿＿＿＿＿＿＿＿

⑯ ＿＿＿＿＿＿＿＿＿＿

⑰ ＿＿＿＿＿＿＿＿＿＿

⑱ ＿＿＿＿＿＿＿＿＿＿

⑲ ＿＿＿＿＿＿＿＿＿＿

⑳ ＿＿＿＿＿＿＿＿＿＿

・㉑___ラウンド （1973〜79）	・鉱工業製品の関税の平均33％引き下げ，農作物の関税の平均41％引き下げに合意 ・非関税障壁の撤廃	㉑_____
・㉒_____・ラウンド （1986〜94） **関税と数量制限** 国内保護という意味では，関税より輸入数量制限の方が，強い効果をもつ。	・先進国の鉱工業製品の関税を平均40％引き下げ ・モノの貿易以外の㉓_____貿易，㉔_____権，貿易関連投資の3分野のルール化に着手 ・農産物の輸入 ⑦ をやめて㉕___化する（例外なき ㉕ 化）ことと関税引き下げ努力で合意 ・コメの市場開放。日本はコメの輸入について，1995〜2000年の6年間，国内消費量の4〜8％を段階的に輸入することを義務づけられた（㉖_____・_____）。 ・GATTに代わる，WTOの設立に合意	㉒_____ ㉓_____ ㉔_____ ㉕_____ ㉖____・____

3 WTO（世界貿易機関）

(1)**WTOの発足** ウルグアイ・ラウンドの最終合意を行った1994年のマラケシュ会議で，これまでのGATTを発展的に解消し，国際機関としての組織・ルールを整えたWTO＝㉗___．の設立が合意され，95年に発足した。

(2)**WTOの役割と課題** WTOは，世界貿易を拡大するためのルールを作成して，そのルールを加盟国が守るように監視する。モノの貿易だけでなく，㉘_____貿易・知的所有権（知的財産権）なども対象である。今後広範な分野での国際ルールの確立，㉙_____手続きの大幅な強化などが課題として残されている。

(3)**中国のWTO加盟とドーハ・ラウンド** 2001年，カタールのドーハで新ラウンド＝㉚_____・_____の開始が宣言され，翌年から交渉が開始された。このとき，㉛___のWTO加盟が正式決定され，13億人の巨大市場が貿易体制に組み込まれた。また，02年に㉜___も加盟した。しかし，肝心のラウンドでは，特に農業分野で対立が激しく合意に至ることはできなかった。12年8月，WTO未加盟国の中では最大の経済大国であった㉝_____が加盟した。

㉗_____
㉘_____
㉙_____
㉚____・____
㉛_____
㉜_____
㉝_____

WTOの組織
WTO／閣僚会議（2年に1回以上開催）／一般理事会（随時開催）／紛争解決機関 貿易政策検討機関／モノ理事会 サービス理事会 知的所有権理事会 各種委員会 貿易と開発委員会など／農業委員会など 金融サービス委員会など

国際経済

B 重点確認 自由貿易体制の進展

❶_____発足（1948）〈三原則〉自由 ❷___ ❸___
多角的貿易交渉＝❹___（1940年代末〜90年代）
ケネディ・ラウンド ❺___ラウンド ❻___・ラウンド
自由貿易の拡大 自由貿易のためのルール作り
❼___発足（1995）・❽___貿易，知的所有権のルール作り・紛争処理機能をもつ＝貿易紛争の裁判所

❶_____ ❷___ ❸___ ❹___ ❺___ ❻___ ❼___ ❽___

▶▶▶時事正誤チェック ウルグアイ・ラウンドにおいて，初めて非関税障壁について軽減・撤廃が進められることになった。〈14：追試〉［ ］

38 発展途上国の経済

A ポイント整理 当てはまることばを書いて覚えよう（＿＿欄には数値が入る）

1 南北問題

(1)南北問題とは 南側の発展途上国と，北側の先進工業国との間の経済格差の問題を①＿＿＿＿＿という。発展途上国の多くが，植民地時代，農産物や天然資源などの②＿＿＿＿＿に依存する③＿＿＿＿＿＿＿．＿経済を強制された。戦後政治的に独立したが，経済的には先進国に依存する面が大きく，所得格差はさらに拡大した。

(2)格差解消への努力 国連は，発展途上国からの強い要求で1964年国連貿易開発会議＝④＿＿＿＿＿＿＿．＿を設立した。以後，途上国は先進国に対し，⑤＿＿＿＿＿＿＿．，GNPの１％の援助，GNPの0.7％の⑥＿＿＿＿＝政府開発援助などを要求してきたが，あまり達成されていない。

1961	経済協力開発機構＝⑦＿＿＿＿＿が発足。
	先進国による経済協力のための組織。下部機関に開発援助委員会＝⑧＿＿＿＿。
1964	UNCTAD第１回会議。
	⑨＿＿＿＿＿＿＿．＿報告で，「援助より⑩＿＿＿を」をスローガンに，途上国からの輸入品に対する一般特恵関税と一次産品の価格安定を要求。
1973	UNCTAD第３回会議。
	70年代半ばごろまでにODAをGNP0.7％に引き上げる努力。スローガンは「援助も⑪＿＿も」

(3)資源ナショナリズム 発展途上国の中でも資源を豊富に持つ国が，自国の資源に対して恒久主権を主張し，資源の利用や開発・販売などを自国の利益のために行おうとする動きを⑫＿＿＿＿＿＿＿．＿＿＿＿＿という。

1960	石油輸出国機構＝⑬＿＿＿＿＿発足。先進国の石油⑭＿＿＿＿＿（国際石油資本）に対抗して，産油国が結成した石油カルテル。
1973	第一次⑮＿＿＿＿＿でOPECは石油価格を大幅に引き上げ。《資源ナショナリズムの高揚》
1974	⑯＿＿＿＿＿＿＿．＿（NIEO）樹立宣言。⑰＿＿＿＿＿＿＿で，発展途上国を含めた新しい経済秩序の樹立を宣言。

(4)NIESとBRICS 1970年代に入り，発展途上国の中から急速に工業化が進み高い経済成長を達成した国・地域が現れ，新興工業経済地域＝⑱＿＿＿＿＿＿とよばれた。特に韓国，台湾，香港，シンガポールは⑲＿＿＿＿＿＿＿．＿とよばれた。2000年代に入り，ブラジル・ロシア・インド・中国・南アフリカ（＝⑳＿＿＿＿＿＿＿諸国）が急速な経済成長を遂げた。特に㉑＿＿は2010年にGDP総額で日本を抜いて世界第２位となり，2013年には㉒＿＿＿＿＿＿構想を打ち出し，2015年には㉓＿＿＿＿＿＿．＿＿＿＿＿＿（AIIB）を創設するなど，アジア地域のインフラ整備を活発に進めている。

BRICS

ブラジル・ロシア・インド・中国・南アフリカ

※2024年１月から新加盟
エジプト・エチオピア・イラン・サウジアラビア・アラブ首長国連邦

(5)南南問題 発展途上国の中でも，産油国など資源を持つ国やNIESなど工業化に成功した国がある一方で，開発が困難で貧困にあえぐ㉔＿＿＿＿＿＿＿．＿（LDC〔最貧国ともいう〕）も存在する。そうした，南の国々の間での経済格差の問題を㉕＿＿＿＿＿＿とよんでいる。

(6)累積債務問題 1980年代には発展途上国や，急激な工業化のために外資導入をした国などが，諸外国から借り入れた資金の返済が困難になる，累積㉖＿＿＿問題が世界的に問題となった。特に中南米諸国で問題が表面化し，1982年にはメキシコが，対外債務の返済が不可能となり㉗＿＿＿＿＿＿＿＿（債務不履行）を宣言した。そうした国々への対策として，返済期限を延期する㉘＿＿＿＿＿＿＿．＿＿＿＿＿や，新規融資の増加などを行っている。

2 経済協力とODA

(1)ODAの役割と現状　OECDに加盟する先進国は，途上国援助のため ⑧____（開発援助委員会）を組織し，政府ベースの ⑥____（政府開発援助）や民間企業による直接投資などの経済協力を行っている。ODAの拠出目標は対GNI（GNP）比 ㉙____％と定められたが，達成している国はごくわずかである。

(2)日本のODA　日本のODAはこれまでインドネシア・中国など ㉚_____地域中心で，有償援助（㉛___）の比重が高く，無償援助（㉜___）の比率が低かった。また道路・港湾など産業基盤整備への拠出に偏り，その工事を日本企業限定で請け負わせていた（＝ひもつき援助）ことが批判されてきた。2003年のODA大綱改定では，教育・医療など生活関連分野への援助が増加。供与国もイラク，ベトナム，インドなどへ拡大した。2015年には安倍内閣がODA大綱を改定し，途上国だけでなく安全保障・資源確保を重視する立場から名称を ㉝_____に変更。非軍事目的の支援であれば，外国軍への支援も可能とした。

●日本の経済協力

（ODA）政府開発援助	二国間援助 ㉞_____（国際協力機構）が担当	㉜	無償資金協力	返済義務を課さない供与
			技術協力	専門家派遣，㉟_____の派遣，研修員の受け入れ
		政府貸付（㉛　）		インフラ整備のための有償資金協力
	多国間援助	国際機関への出資		
その他の政府資金				
民間資金				
民間非営利団体による贈与				

※ ODA実績は減少傾向。1991～2000年は第1位だったが，2022年（暫定値）は第3位（DAC加盟国中，贈与相当額ベース）。

3 南北格差の是正と貧困対策

(1)「人間の基本的ニーズ（BHN）」の充足をめざして　1970年代末から人間としての生活に最低限必要な衣食住・教育・医療など（＝人間の基本的ニーズ，㊱____）の充足をめざす開発戦略が，世界銀行などで提唱されてきた。1990年代には ㊲_____（UNDP）にて生活水準を指標化した ㊳_____（HDI）が作成された。2000年，国連で「㊴_____（MDGs）」が採択され，極度の貧困と飢餓の撲滅など8分野にわたって2015年までに達成すべき目標を定めた。2015年，国連「持続可能な開発サミット」では，㊴ を引き継ぎ，貧困・飢餓・医療など17の「持続可能な開発目標（㊵_____）」が掲げられた。

(2)貧困削減をめざして　貧困層への支援活動として ㊶_____・_____ が注目されている。低利の融資（＝㊷_____）を実施し自立支援するバングラデシュの ㊸_____ が代表的。世界人口の約7割を占める年間所得3,000ドル未満の低所得者層（＝㊹____市場）に対し，事業と貧困対策の両立をめざす ㊹ ビジネスを進める企業が増えている。また，途上国の製品をその生産者や労働者が適正な生活水準を保つことのできる公正な対価で購入しようという ㊺_____ が進んでいる。

(3)移民送金　貧困国からの移民が先進国で ㊻_____ として働き母国へ送った資金（＝㊼_____）が，貧困国の資金源になる側面もある。

㉙_____
㉚_____
㉛_____　㉜_____
㉝_____
㉞_____
㉟_____
㊱_____
㊲_____
㊳_____
㊴_____
㊵_____
㊶_____・_____
㊷_____
㊸_____
㊹_____
㊺_____
㊻_____
㊼_____

国際経済

B　重点確認　　南北問題の構図

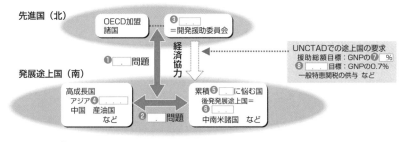

先進国（北）
OECD加盟諸国 ❸___＝開発援助委員会
UNCTADでの途上国の要求
援助総額目標：GNPの❼___％
❽___目標：GNPの0.7％
一般特恵関税の供与 など
経済協力
❶___問題
発展途上国（南）
高成長国 アジア❹___ 中国 産油国 など
累積❺___に悩む国 後発発展途上国＝❻___ 中南米諸国 など
❷___問題

❶_____　❷_____
❸_____　❹_____
❺_____　❻_____
❼_____％　❽_____

▶▶▶ 時事正誤チェック　国連は，発展途上国への開発援助を活性化するために，DAC（開発援助委員会）を創設した。〈14：追試〉　[　]

39 地域経済統合

A ポイント整理 当てはまることばを書いて覚えよう（＿＿欄には数値が入る）

1 地域経済統合

(1)**地域主義** 世界的規模で自由貿易を推進する①＿＿＿＿＿－＿＿＿＿体制に対し，隣接する国々で②＿＿や輸出入規制などを撤廃して地域的な③＿＿＿＿圏を作り，人・物・サービス・カネの流れを自由にする④＿＿＿＿＿＿．の動きが活発になった。こうした⑤＿＿＿＿＿の潮流は，ヨーロッパ・南北アメリカ・アジアなど世界各地でみられた。

(2)**地域経済統合の諸形態** 統合の形はその強さによって次のように分類される。

i	⑥＿＿＿＿＿＿＿＿＝FTA	域内の自由貿易をめざす	USMCA, AFTA
ii	②＿＿同盟	域内は関税⑦＿＿・域外に共通関税	EU, メルコスール
iii	共同⑧＿＿	人・物・サービスが自由に移動	EU, USMCA, メルコスール
iv	経済同盟	各種の規制や経済政策の共通化	EU, メルコスール
v	完全経済同盟	共通の⑨＿＿を使用	EU

〈注〉i から v に進むにつれ，統合が深化する。　　　　　　　　　　　　（『通商白書』などによる）
　　　EUの最終目標はこれより進んで，外交や安全保障政策も統一する政治統合。

2 主な地域経済組織

(1)EC（欧州共同体）からEU（欧州連合）への歩み

			年	事　柄
ECSC	EEC	EURATOM	1952	⑩＿＿＿＿＿（欧州石炭鉄鋼共同体）発足
			1958	⑪＿＿＿＿（欧州経済共同体）発足。工業製品の域内関税撤廃・域外共通関税設定 ⑫＿＿＿＿＿＿．＿（欧州原子力共同体）発足。原子力の平和利用
⑬＿＿＿ 欧州共同体			1967	⑬＿＿発足　《ECSC・EEC・EURATOMを統合》 関税同盟をベースにした結合。共通経済政策・⑭＿＿＿＿＿政策・共通エネルギー政策をめざす
			1979	EMS（欧州通貨制度）発足
			1987	単一欧州議定書発効　市場統合へ加速
			1990	⑮＿＿＿＿（経済通貨同盟）の第1段階開始
			1992	⑯＿＿＿＿＿＿．＿＿条約（欧州連合条約）に12か国が調印 経済政策の統合・政治統合をめざす
			1993.1	⑰＿＿統合が完成　人・物・サービスの移動が自由になる
⑱＿＿＿ 欧州連合			1993.11	⑱＿＿発足
			1998	⑲＿＿＿＿（欧州中央銀行）発足　ユーロ圏の⑳＿＿＿銀行
			1999	統一通貨㉑＿＿＿＿（EURO）導入（2002年から民間流通開始）
			2004	東欧諸国10か国を加え25か国体制に
			2007	ルーマニア・ブルガリアが加盟し27か国体制に
			2009	㉒＿＿＿＿＿＿条約発効
			2011	ギリシャ債務危機，⑱＿＿諸国による㉓＿＿＿＿＿＿（債務不履行）回避支援
			2013	クロアチアが加盟し28か国体制に
			2020	イギリス，2016年の国民投票でEU離脱賛成が過半数を占めたことを受け，正式に離脱。（27か国体制）

(2)EFTA（欧州自由貿易連合）・EEA（欧州経済地域）

組　織	加盟国	説　明
㉔＿＿＿＿ 欧州自由貿易連合	ノルウェー・㉕＿＿＿＿・アイスランド・リヒテンシュタイン（4か国）	EECに対抗して1960年に設立。域内関税を撤廃して域内の自由貿易をめざす。EUよりゆるやかな結合体。
㉖＿＿＿＿ 欧州経済地域	EUとEFTA諸国の30か国（スイス除く）	1994年設立。EUとEFTA間で人・物・サービスの流れの自由化をめざす。

---

①＿＿＿＿＿＿＿－＿＿＿＿＿

②＿＿＿＿＿＿＿＿

③＿＿＿＿＿＿＿＿

④＿＿＿＿＿＿＿＿

⑤＿＿＿＿＿＿＿＿

⑥＿＿＿＿＿＿＿＿

⑦＿＿＿＿＿＿　⑧＿＿＿＿＿

⑨＿＿＿＿＿＿＿＿

⑩＿＿＿＿＿＿＿＿

⑪＿＿＿＿＿＿＿＿

⑫＿＿＿＿＿＿＿＿

⑬＿＿＿＿＿＿＿＿

⑭＿＿＿＿＿＿＿＿

⑮＿＿＿＿＿＿＿＿

⑯＿＿＿＿＿＿＿＿

⑰＿＿＿＿＿＿　⑱＿＿＿＿＿

⑲＿＿＿＿＿＿　⑳＿＿＿＿＿

㉑＿＿＿＿＿＿＿＿

㉒＿＿＿＿＿＿＿＿

㉓＿＿＿＿＿＿＿＿

㉔＿＿＿＿＿＿＿＿

㉕＿＿＿＿＿＿　㉖＿＿＿＿＿

**現EU加盟国（27か国）と
ユーロ参加国（20か国）**

フランス・ドイツ・イタリア・ベルギー・オランダ・ルクセンブルク・アイルランド・デンマーク・ギリシャ・スペイン・ポルトガル・オーストリア・スウェーデン・フィンランド・ハンガリー・チェコ・スロバキア・ポーランド・エストニア・ラトビア・リトアニア・スロベニア・キプロス・マルタ・ルーマニア・ブルガリア・クロアチア

（2023年7月）

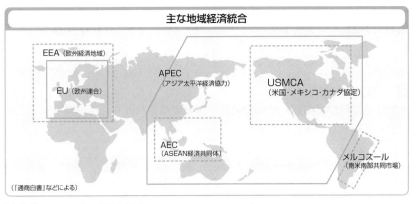

主な地域経済統合

EEA（欧州経済地域）
EU（欧州連合）
APEC（アジア太平洋経済協力）
USMCA（米国・メキシコ・カナダ協定）
AEC（ASEAN経済共同体）
メルコスール（南米南部共同市場）

（「通商白書」などによる）

FTAからEPAへ

EPA（経済連携協定）
FTA（自由貿易協定）

協定を結んだ国どうしで，財やサービスの関税を撤廃し，貿易自由化を行う協定。

FTAに加えて，投資の自由化，人的交流の拡大，特許などの知的財産など，幅広い分野を含む協定。近年増加している。

日本の経済連携協定（EPA）締結状況（2023年1月）

【発効済】シンガポール，メキシコ，マレーシア，チリ，インドネシア，タイ，ブルネイ，フィリピン，ASEAN，スイス，ベトナム，インド，ペルー，オーストラリア，モンゴル，EU，CPTPP，イギリス，アメリカ（貿易協定*），RCEP
【署名】TPP

(3)南北アメリカの経済統合

組織	加盟国	説　明
㉗＿＿＿＿＿＿＿ 米国・メキシコ・カナダ協定	アメリカ・メキシコ・カナダ（3か国）	1994年発足の㉘＿＿＿＿＿＿＿（北米自由貿易協定）に代わり2020年7月に発効。自動車・自動車部品の域内原産割合の引き上げなど。
㉙＿＿＿＿＿＿＿ 南米南部共同市場	㉚＿＿＿＿＿＿・アルゼンチン・ウルグアイ・パラグアイ・ベネズエラ・ボリビア（6か国）	1995年発足。域内関税の撤廃・域外共通関税を実施。 ※ボリビアは各国の批准待ち。ベネズエラは2017年から無期限資格停止。

(4)アジア・環太平洋地域の経済統合

組織	加盟国	説　明
㉛＿＿＿＿ ASEAN経済共同体	ASEAN（＝㉜＿＿＿＿＿＿＿＿＿＿）加盟10か国	1993年に発効したASEAN自由貿易地域（㉝＿＿＿＿）を原型とし，サービスや投資にも自由化の対象を拡大して2015年に発足。
㉞＿＿＿＿＿ アジア太平洋経済協力	日・米・豪・中など21の国と地域	1989年に閣僚会議として開始。アジア太平洋地域の貿易・投資の自由化，地域経済統合の推進を目指す。
㉟＿＿＿＿＿協定 環太平洋パートナーシップ協定	日・米・豪・ブルネイ・カナダ・マレーシアなど12か国	2016年に環太平洋の12か国で署名されたEPA（㊱＿＿＿＿＿＿）。2017年にアメリカが離脱し，2018年にほかの11か国で「CPTPP」に署名し，発効した。
㊲＿＿＿＿＿協定 地域的な包括的経済連携協定	ASEAN10・日・中・韓・豪・ニュージーランドの15か国	2022年に発効した，世界GDP・人口・貿易総額の約3割を占める東アジア地域を中心としたEPA。

③ FTA・EPA締結の動き

1990年代以降，特定の国・地域間で貿易自由化を進めるFTA（⑥　）、さらに投資の自由化や人的交流など幅広い分野を含むEPA（㊱　）の締結が世界で活発化している。日本は現在20の国・地域とEPA・貿易協定を結んでおり，近年では2019年にEU，2021年にイギリスとのEPAが発効し，また2020年にはアメリカとの貿易協定*が発効した。

㉗＿＿＿＿＿＿＿＿
㉘＿＿＿＿＿＿＿＿
㉙＿＿＿＿＿＿＿＿
㉚＿＿＿＿＿＿＿＿
㉛＿＿＿＿＿＿＿＿
㉜＿＿＿＿＿＿＿＿
㉝＿＿＿＿＿＿＿＿
㉞＿＿＿＿＿＿＿＿
㉟＿＿＿＿＿＿＿＿
㊱＿＿＿＿＿＿＿＿
㊲＿＿＿＿＿＿＿＿

*日本政府はFTA・EPAには該当しないと主張。しかし，2国間の関税引き下げなので実質的にFTA。

国際経済

B　重点確認　EU統合までの歩み

1952 ❶＿＿＿＿発足
欧州石炭鉄鋼共同体

1958 ❷＿＿＿＿発足
欧州経済共同体

1958 ❸＿＿＿＿＿＿発足
欧州原子力共同体

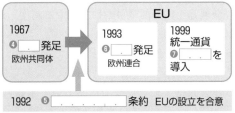

1967 ❹＿＿＿発足
欧州共同体

EU
1993 ❻＿＿＿発足
欧州連合
1999 統一通貨❼＿＿＿を導入

1992 ❺＿＿＿＿＿＿＿条約　EUの設立を合意

❶＿＿＿＿＿＿＿＿
❷＿＿＿＿＿＿＿＿
❸＿＿＿＿＿＿＿＿
❹＿＿＿＿＿＿＿＿
❺＿＿＿＿＿＿＿＿
❻＿＿＿＿＿＿　❼＿＿＿＿＿＿

▶▶▶時事正誤チェック ⓒ WTO（世界貿易機関）による多角的な貿易自由化の進展を背景として，地域的経済統合の動きが沈静化した。［　］
〈13：本試〉

40 地球環境問題／資源・エネルギー問題

A ポイント整理 当てはまることばを書いて覚えよう（＿＿欄には数値が入る）

① ＿＿＿＿＿＿＿＿＿＿

② ＿＿＿＿＿ ③ ＿＿＿＿＿

④ ＿＿＿＿＿ ⑤ ＿＿＿＿＿

⑥ ＿＿＿＿＿ ⑦ ＿＿＿＿＿

⑧ ＿＿＿＿＿＿＿＿＿＿

⑨ ＿＿＿＿＿＿＿＿＿＿

⑩ ＿＿＿＿＿＿＿＿＿＿

⑪ ＿＿＿＿＿＿＿＿＿＿

⑫ ＿＿＿＿＿＿＿＿＿＿

⑬ ＿＿＿＿＿＿＿＿＿＿

⑭ ＿＿＿＿＿ ⑮ ＿＿＿＿＿

⑯ ＿＿＿＿＿＿＿＿＿＿

1 地球環境問題

(1)広がる地球環境問題 産業の発展や開発の進展により，地球環境全体にかかわる様々な破壊・汚染が進んでいる。

地球環境問題	内　容
①＿＿＿＿＿＿	産業化の進展にともない，化石燃料を大量消費し，大気中のCO_2やメタンガスなど②＿＿＿＿＿ガスの濃度が上昇し，気温が上昇を続けている。異常気象や海面上昇の原因となる。
③＿＿＿＿の破壊	ハイテク産業の洗浄剤や冷房媒体などに使われる④＿＿＿＿ガスが，成層圏の③＿＿＿を破壊し，地上の有害紫外線が増加する原因となる。
森林破壊	過剰な商業伐採や薪炭材の過剰伐採，焼畑農業などにより，⑤＿＿＿が減少している。生態系が破壊され，砂漠化の原因にもなる。
⑥＿＿＿＿	工場のばい煙や車の排気ガスに含まれる硫黄酸化物・窒素酸化物が，大気中で水と反応し，酸性度の高い雨・雪となって降る。森林を枯らし湖を「死の湖」へ変えてしまう。
⑦＿＿＿＿	干ばつや温暖化に加え，農地拡大や家畜の過放牧が原因で，土地が不毛となる。アフリカのサヘル地帯で深刻。
⑧＿＿＿＿＿＿の減少	生態系の破壊などにより，野生動植物が減少を続けている。現在世界で絶滅ないし絶滅危惧種とされる動植物は約42,000種にのぼる。
放射性物質による環境汚染	原子力発電により生み出される放射性廃棄物や，核兵器・原発事故により拡散する放射性物質による環境汚染など。

年	地球環境保護の取り組み
1971	⑨＿＿＿＿＿＿条約→水鳥の生息する湿地の登録・保護
1972	⑩＿＿＿＿＿＿＿＿（ストックホルム）→人間環境宣言の採択
	国連環境計画(UNEP)設立→翌年から活動開始
1973	⑪＿＿＿＿＿＿条約採択→野生動植物の取引規制
1985	オゾン層保護のためのウィーン条約
1987	⑫＿＿＿＿＿＿＿＿採択→フロンガス規制
1992	⑬＿＿＿＿＿＿＿（地球サミット，リオデジャネイロ）
	→スローガン「持続可能な開発」，リオ宣言，アジェンダ21，気候変動枠組み条約，生物多様性条約
1997	国連環境開発特別総会
	⑭＿＿＿＿＿＿採択(気候変動枠組み条約第3回締約国会議)
2002	持続可能な開発に関する世界サミット(ヨハネスブルク)
2005	京都議定書発効
2012	国連持続可能な開発会議(リオデジャネイロ)
2015	COP21，⑮＿＿＿協定→2020年以降の新たな温暖化対策の枠組み

(2)国連人間環境会議 1972年，ストックホルムで開催された国連初の地球環境保護会議。⑯＿＿＿＿＿＿＿＿を採択。専門機関として⑰＿＿＿＿＿＿＿（UNEP）が設立され，翌年始動した。（本部：ナイロビ）。

(3)国連環境開発会議（地球サミット） 1992年，リオデジャネイロで開催。「⑱＿＿＿＿＿＿な開発」のために環境保護が不可欠であることを宣言した⑲＿＿＿＿＿，地球環境保護のための行動計画であるアジェンダ21，地球温暖化を防止する⑳＿＿＿＿＿＿＿＿条約，生物多様性の保全をめざす㉑＿＿＿＿＿＿条約などが採択・調印された。

⑰ ＿＿＿＿＿＿＿＿＿＿

⑱ ＿＿＿＿＿ ⑲ ＿＿＿＿＿

⑳ ＿＿＿＿＿＿＿＿＿＿

㉑ ＿＿＿＿＿＿＿＿＿＿

㉒ ＿＿＿＿＿＿＿＿＿＿

㉓ ＿＿＿＿＿＿＿＿＿＿

㉔ ＿＿＿＿＿＿＿＿＿＿

(4)京都議定書 1997年の⑳＿条約第3回締約国会議(COP3)にて採択。先進国に対し②＿ガスの排出量削減の数値目標を定めた。また，その目標を達成するための措置として，共同実施・㉒＿＿＿＿＿＿＿（＝国・企業間で排出量を相互取引する制度）・クリーン開発メカニズム（＝削減義務を負う国が発展途上国の削減事業に参加する制度）が取り決められ，㉓＿＿＿＿＿＿＿＿とよばれた。

(5)パリ協定 2015年，COP21にて2020年以降の新たな温暖化対策の枠組みを策定した「⑮＿協定」を採択し，翌年発効した。

(6)水俣条約 地球規模で進んでいる水銀による環境汚染に対処するため，2013年，熊本にて「水銀に関する㉔＿＿＿条約」が採択・署名された。

2 資源・エネルギー問題

(1)**資源の分類**　資源は，㉕_____（石油・天然ガスなど）・鉱物資源（鉄鉱石・レアメタルなど）・生物資源（森林など）に分類され，動力や熱源になるものを㉖_____とよぶ。㉕　・鉱物資源は有限であり（＝㉗_____資源），また天然資源の分布に偏りがある（＝資源の㉘_____）ため，その獲得をめぐって問題や紛争が頻発している。

(2)**日本のエネルギー政策**　1960年代，石炭から石油へと㉙_____が進行した。石油危機を境に，有限な資源を効率的に利用しようと㉚_____・_____が叫ばれ，80年代以降は天然ガス・原子力など石油代替エネルギーの活用，太陽光・風力など㉛_____の実用化が進められた。

(3)**世界の原子力管理**　1957年，国連に㉜_____（国際原子力機関）が設立され，世界の原子力の平和的利用と軍事転用の阻止のため，原子力関連施設の核査察などをおこなっている。

(4)**日本の原子力政策**　1966年の東海発電所の営業運転開始以来，原子力発電を推進してきた。ウランの核燃料化から再処理・核廃棄物処理までの工程を管理する㉝_____という仕組みが運営され，そのうち，使用済み核燃料を再処理して取り出したプルトニウムを使用する㉞_____計画も進められている。2011年の㉟_____に伴う福島第一原子力発電所の事故を受け，国内の原子炉は一時期を除いてすべて停止させたが，安全性を確認した原子炉から順次再稼働を始め，2023年4月現在で10基が稼働している。

(5)**低炭素社会をめざして**　化石燃料の消費削減と温暖化対策のため，ヨーロッパ諸国で㊱___税を導入する国が多く，日本では2012年に地球温暖化対策税が導入された。また，発電と熱供給を同時にまかなう㊲_____（熱電併給）が進められている。

一次エネルギー供給構成の推移

(6)**再生可能エネルギーの利用促進**　2012年，㊳_____法に基づき，電気事業者が国の定めた価格で㊴____・風力・地熱・水力・㊵_____の5種で発電した電力を買い取る制度（＝㊶_____制度）を開始した。

(7)**スマートグリッド**　電力需給の変動をITを利用して把握・予測し自動調節する機能をもつ電力網を㊷_____とよぶ。省エネとコスト削減の向上をめざす。2009年にアメリカで開始された。

(8)**電力小売り自由化**　2016年4月から，㊸___小売りの全面自由化が始まり，既存の電力会社以外の会社が参入できるようになった。料金・サービスの競争の進展が期待される。

㉕_____
㉖_____
㉗_____　㉘_____
㉙_____
㉚_____・_____
㉛_____
㉜_____
㉝_____
㉞_____
㉟_____
㊱_____
㊲_____
㊳_____
㊴_____
㊵_____
㊶_____
㊷_____
㊸_____

国際経済

B　重点確認　国際的な環境保全と資源・エネルギー問題

❶____の大量消費（石炭→石油）　資源枯渇の危惧　地球規模の環境破壊（地球❷____など）

【国際的な環境保全】
1972年 ❸_____会議
1992年 ❹_____会議（地球サミット）
1997年 ❺_____

【資源・エネルギー問題】
◆❻____政策の推進 → 2011年，東日本大震災以後停止
◆❼_____の利用（太陽光・風力など）
◆エネルギーの効率的な利用（❽_____など）

❶_____　❷_____
❸_____　❹_____
❺_____　❻_____
❼_____
❽_____

▶▶▶時事正誤チェック　国連人間環境会議では，先進国による温室効果ガスの削減目標値が採択された。〈15：本試〉　[　]

41 金融のグローバル化と世界金融危機

A ポイント整理 当てはまることばを書いて覚えよう（＿＿欄には数値が入る）

1 グローバル化の進展

(1)つながる世界経済 第二次世界大戦後，①＿＿＿＿＿－＿＿＿＿体制が成立し，通貨の安定と自由貿易の推進が図られた。この体制の下で，世界の国々は貿易や資本などの取引拡大を通して，相互に密接に関連し合うようになった。

(2)経済のグローバル化 こうして，地球規模での政治・経済のつながりがますます強まり，現代の世界は国境の存在がますます薄れてきた（＝②＿＿＿＿＿化）。また，世界の政治・経済・文化が一体化して相互依存を高めている。このような状態を③＿＿＿＿＿＿＿化とよんでいる。

(3)グローバル・スタンダード ③化の進展の中では，一国内に適用する法律や経済政策を世界標準（＝④＿＿＿＿＿＿・＿＿＿＿＿・＿＿）に従わせていかなければならず，もはや一国の主権が絶対的なものではなくなっている。国際業務を行う銀行の自己資本比率に対する⑤＿＿＿＿規制，企業の資産評価を⑥＿＿＿会計でおこなうこと，国によって異なる製品やサービスの規格を世界共通化する組織である⑦＿＿＿＿＿＿＿・＿＿（ISO）などがその例である。

(4)金融のグローバル化 1980年代に始まる世界的な金融緩和の流れは，地球規模での金融のグローバル化をもたらし，国際金融市場は著しく成長した。従来の外国為替・株式・債券などの取引から，近年は⑧＿＿＿＿＿＿＿・＿＿とよばれる金融派生商品の市場が急成長している。貨幣から貨幣を生む金融ビジネスの成長は「経済の⑨＿＿＿化」を促進し，グローバル化と一体となって進んでいる。

2 新興国における通貨危機

(1)ヘッジファンドの台頭 ⑩＿＿＿＿＿＿＿・＿＿は投資家・資産家から大口の資金を集め，高い運用益をめざし外国為替や株式に投資を行う投資信託で，国際金融市場において大きな影響力を持っている。小さな元手で大きな運用益を得る⑪＿＿＿＿＿＿＿＿（＝てこ）の効果をきかせた資金運用をしている。

(2)タックス・ヘイブン ⑩の中には，会社の名義上の本拠地を，税制上の有利な国や地域である⑫＿＿＿＿＿＿・＿＿＿＿＿＿（租税回避地）に置き，様々な規制を逃れているものが多い。カリブ海のケイマン諸島・バージン諸島（イギリス）や，アメリカ・デラウェア州，パナマなど。

(3)1990年代の新興国通貨危機 1990年代にはメキシコ通貨危機（1994年）・⑬＿＿＿＿＿通貨危機（1997年）・ロシア通貨危機（1998年）など，経済発展しつつある新興国で相次いで通貨危機が発生した。特に⑬通貨危機の震源地となった⑭＿＿＿では，1985年以降外資をてこに経済成長を遂げバブル経済となったが，1990年代にはその成長に陰りが見えていた。そして1997年，通貨⑮＿＿＿＿が⑩による大規模な空売りを仕掛けられ，大暴落した。その影響はインドネシア，マレーシア，韓国，香港などに及んだ。短期間に巨額な利得を目指して⑯＿＿＿を行う様は「⑰＿＿＿＿資本主義」ともよばれる。

3 世界金融危機

(1)サブプライムローン問題 2005年以降，アメリカで低所得者ら信用力の低い人が自ら借りた住宅ローン（⑱＿＿＿＿＿＿＿・＿＿＿＿＿）を返済できない事態が相次いだ。⑱は⑲＿＿＿化して世界中へ販売されていたため，この

---

① ＿＿＿＿＿－＿＿＿＿

② ＿＿＿＿＿＿＿＿＿＿

③ ＿＿＿＿＿＿＿＿

④ ＿＿＿＿＿＿・＿＿＿＿＿

⑤ ＿＿＿＿＿＿ ⑥ ＿＿＿＿＿

⑦ ＿＿＿＿＿＿＿＿＿

⑧ ＿＿＿＿＿＿＿＿＿

⑨ ＿＿＿＿＿＿＿＿＿

デリバティブ
（金融派生商品）

既存の金融商品（株式・債券・預貯金・ローン・外国為替）から派生してできた取引の総称。先物取引，オプション取引，スワップ取引などがある。

⑩ ＿＿＿＿＿＿＿＿＿

⑪ ＿＿＿＿＿＿＿＿＿

⑫ ＿＿＿＿＿＿・＿＿＿＿

⑬ ＿＿＿＿＿＿＿＿＿

⑭ ＿＿＿＿＿＿＿＿＿

⑮ ＿＿＿＿＿＿＿＿＿

⑯ ＿＿＿＿＿＿＿＿＿

⑰ ＿＿＿＿＿＿＿＿＿

⑱ ＿＿＿＿＿＿＿＿＿

⑲ ＿＿＿＿＿＿＿＿＿

　　⑲＿＿＿化商品の焦げつき（貸し出した資金が回収不能になること）が急増
　　し，これを売買していた金融機関の損失が拡大していった。

(2)**リーマン・ショック**　2008年9月，アメリカの大手証券会社リーマン・ブラ
　　ザーズが経営破綻し，信用不安がピークとなり欧米の金融機関が次々と経営に
　　行き詰まり，⑳＿＿＿＿＿＿へと拡大した（＝㉑＿＿＿＿・＿＿＿＿）。

⑳＿＿＿＿＿＿＿＿＿

㉑＿＿＿＿＿・＿＿＿＿＿

㉒＿＿＿＿　㉓＿＿＿＿

●アメリカ発のサブプライムローン問題

2000年代前半	●㉒＿＿＿＿（連邦準備制度理事会）の低金利政策 ●アメリカで住宅バブル，低所得者向け⑱＿の販売が急増 ●住宅ローン会社は返済金を受け取る権利を⑲＿化して金融機関に販売 ●㉓＿＿＿＿機関がその⑲＿化商品に高い格付けを付与したため，優良証券として世界中に広がる
2005年～	●㉒＿による利上げの影響で住宅価格が下落に転じ，返済できないサブプライムローン利用者が続出 ●サブプライムローンの証券化商品が暴落
2007年～	●多数のヘッジファンドの破綻，多数の金融機関の巨額損失が表面化
2008年9月～	●アメリカ第4位の証券会社リーマン・ブラザーズが破綻，信用不安がピークとなり欧米の金融機関が 　次々と経営に行き詰まる（㉑＿＿） ●高レバレッジに対する規制強化により国際的に資金貸出が縮小，㉔＿＿＿＿＿＿（デ・レバレッジ）が進む ●「100年に1度」の世界金融危機へ

(3)**各国の経済危機への対応**　未曾有の経済危機の中，米日欧による極端な金
　　融緩和策が実施され，アメリカでは2008年に㉕＿＿＿＿＿＿法により大手金融機
　　関に対し公的資本を注入，また10年に㉖＿＿＿＿＿＿＿法を制定しデリバティ
　　ブへの規制強化などが盛り込まれた。ヨーロッパでは国際的な資本取引に課
　　税する㉗＿＿＿＿＿＿税が検討されるなど，投機的な金融活動への規制が進んだ。

(4)**世界経済の不均衡**　世界金融危機の原因に，アメリカの経常収支赤字が巨
　　額化し，中国など新興国が巨額の経常収支黒字で蓄積した資金がアメリカ
　　に「逆流」し，住宅バブルを引き起こしたことが指摘されている。こうし
　　た「アメリカの過剰債務」と「新興国の過剰蓄積」という世界経済の不均
　　衡（＝㉘＿＿＿＿＿＿・＿＿＿＿＿＿）の是正が急務であり，2009年のG20
　　首脳会議でも是正への取り組みが合意された。

㉔＿＿＿＿＿＿＿＿＿

㉕＿＿＿＿＿＿＿＿＿

㉖＿＿＿＿＿＿＿＿＿

㉗＿＿＿＿＿＿＿＿＿

㉘＿＿＿＿・＿＿＿＿

㉙＿＿＿＿＿＿＿＿＿

㉚＿＿＿＿＿＿＿＿＿

4 欧州債務危機

(1)**欧州債務危機**　2009年，㉙＿＿＿＿＿＿の巨額な財政赤字が発覚しギリシャ国
　　債が暴落，EUとIMFによる緊急支援を受けた。以後アイルランド，ポル
　　トガル，12年には㉚＿＿＿＿＿＿が相次いで債務危機に陥り，EU内の信用不
　　安が一気に高まっていった。欧州安定メカニズム（ESM）や欧州中央銀
　　行（ECB）の国債買い入れ制度（OMT）により危機は脱したが，各国の
　　緊縮財政が行き過ぎてユーロ圏の経済成長の足かせとなっている。

国際経済

B ▸ **重点確認** ▸ **金融のグローバル化と世界金融危機**

1980年代	1990年代～	2000年代～
・世界的な金融緩和 ・❶＿＿＿＿市場 　の急成長	・❸＿＿＿＿＿の 　新興国に対する大規 　模な投機	・アメリカの❻＿＿＿＿ 　＿＿＿問題 ・❼＿化商品の発達 ・世界経済の❽＿＿＿
↓	↓	↓
・金融の❷＿＿＿ 　化の進展 ・経済の金融化	・❹＿＿＿通貨危機 　（1997年） ・❺＿＿＿資本主義	・❾＿＿＿＿ 　（2008年） ・世界金融危機

❶＿＿＿＿＿＿＿＿＿
❷＿＿＿＿＿＿＿＿＿
❸＿＿＿＿＿＿＿＿＿
❹＿＿＿＿＿　❺＿＿＿
❻＿＿＿＿＿＿＿＿＿
❼＿＿＿＿　❽＿＿＿＿
❾＿＿＿＿・＿＿＿＿

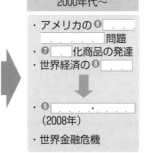

▸▸▸ 時事
正誤チェック Ⓒ　経済のグローバル化の特徴として，ヘッジファンドが世界的規模で大口資金を集め，投機的な性格の強い投資を
　　　　　　　展開していることが挙げられる。〈15：本試改〉　【　　】

用語チェック 34国際分業と貿易～41金融のグローバル化と世界金融危機

34 国際分業と貿易

- ☐ ❶国内で相対的に安く作れるものを，お互いに作って輸出し合うことが，互いに利益になるとする経済学説。＿＿＿＿＿＿＿＿ ❶ [　　　　　]
- ☐ ❷❶の理論を唱えて自由貿易を主張した，イギリスの経済学者。＿＿＿ ❷ [　　　　　]
- ☐ ❸国富論の著者で，❷の人物と同様に自由貿易を主張した経済学者。＿ ❸ [　　　　　]
- ☐ ❹特定のまたは比較優位にある産業や部門の商品の生産に集中すること。＿ ❹ [　　　　　]
- ☐ ❺互いに工業製品を輸出し合う，先進国間の分業形態。＿＿＿＿＿ ❺ [　　　　　]
- ☐ ❻先進国が工業製品を，途上国が一次産品を生産して交換し合う分業形態。＿ ❻ [　　　　　]
- ☐ ❼国家が関与せずに，自由に行われる貿易。＿＿＿＿＿＿＿ ❼ [　　　　　]
- ☐ ❽未発達な国内産業の保護・育成のため，国家が輸入を制限する貿易。＿ ❽ [　　　　　]
- ☐ ❾❽の理論を主張したドイツの経済学者。＿＿＿＿＿＿＿ ❾ [　　　　　]
- ☐ ❿輸入を制限する目的で，輸入品の価格を高くするためにかける税金。＿ ❿ [　　　　　]
- ☐ ⓫関税以外で輸入を阻害しているさまざまな制度や手段の総称。＿＿ ⓫ [　　　　　]
- ☐ ⓬輸入する商品の数量を一定量に規制する方法。＿＿＿＿＿ ⓬ [　　　　　]
- ☐ ⓭先進国が加盟し世界の自由貿易を推進する組織の名称。日本は1964年に加盟した。 ⓭ [　　　　　]
- ☐ ⓮1960年代に始まり1980年代に深刻化した日米間の貿易不均衡問題。＿ ⓮ [　　　　　]
- ☐ ⓯1960年代後半の対米輸出の主力商品は何か。＿＿＿＿＿ ⓯ [　　　　　]
- ☐ ⓰1980年代の対米輸出の主力品目は何か。＿＿＿＿＿ ⓰ [　　　　　]
- ☐ ⓱不公正貿易国の特定と制裁を目的とした1988年アメリカ包括貿易法の中心条項。 ⓱ [　　　　　]
- ☐ ⓲1989年に開催され，⓮の解決のためにアメリカから日本の経済構造の根本的改革が要求された会議。＿＿＿＿＿＿＿ ⓲ [　　　　　]
- ☐ ⓳⓲を引き継いで1993年から行われた日米間の経済協議。＿＿＿ ⓳ [　　　　　]
- ☐ ⓴日本が貿易赤字に転じたきっかけとなった2011年の自然災害。＿＿ ⓴ [　　　　　]
- ☐ ㉑2011年以降原油・石炭・液化天然ガスの輸入が急増しているが，その主な使用目的は何か。＿＿＿＿＿＿＿ ㉑ [　　　　　]
- ☐ ㉒2007年以降の日本の最大の貿易相手国。＿＿＿＿＿ ㉒ [　　　　　]
- ☐ ㉓日本と㉒の国との貿易は輸出超過か，輸入超過か。＿＿＿＿ ㉓ [　　　　　]
- ☐ ㉔日本が貿易の比重を高めている，東南アジア諸国10か国が加盟する地域経済組織。 ㉔ [　　　　　]
- ☐ ㉕日本が貿易の比重を高めている，アジアの新興工業経済地域を略称で答えよ。 ㉕ [　　　　　]

35 外国為替と国際収支

- ☐ ❶離れた地域間で商品を取引する際，現金を送る代わりに手形で決済をするしくみ。また，その手形そのもののこと。＿＿＿＿＿＿ ❶ [　　　　　]
- ☐ ❷❶で，外国との取り引きに用いられるもの。＿＿＿＿＿ ❷ [　　　　　]
- ☐ ❸異なる通貨間の交換比率のこと。＿＿＿＿＿＿＿ ❸ [　　　　　]
- ☐ ❹外国為替取り引きが行われる市場。＿＿＿＿＿＿ ❹ [　　　　　]
- ☐ ❺需要と供給の関係で，為替レートが変動する制度。＿＿＿＿ ❺ [　　　　　]
- ☐ ❻交換比率が一定で，為替レートが変化しない制度。＿＿＿＿ ❻ [　　　　　]
- ☐ ❼1ドル100円から1ドル110円になったとき，これは円高か，円安か。＿ ❼ [　　　　　]
- ☐ ❽1ドル100円から1ドル85円になったとき，これはドル高か，ドル安か。＿ ❽ [　　　　　]
- ☐ ❾日本の輸出が増えているとき，一般に円高になるか，円安になるか。＿ ❾ [　　　　　]
- ☐ ❿日本から海外への投資が増えると，円相場は円高傾向になるか，円安傾向になるか。 ❿ [　　　　　]
- ☐ ⓫円高ドル安が進むと，一般的に国際収支は黒字傾向になるか，赤字傾向になるか。 ⓫ [　　　　　]
- ☐ ⓬政府などが外国為替市場に介入して相場の安定を図ること。＿＿ ⓬ [　　　　　]
- ☐ ⓭ある国が1年間に他国と取引した金銭の収支を記録したもの。＿＿ ⓭ [　　　　　]
- ☐ ⓮国際収支の中心となり，貿易・サービス収支，第一次所得収支などからなる項目。 ⓮ [　　　　　]
- ☐ ⓯モノ以外の運輸・旅行・金融・通信などの貿易の収支。＿＿＿ ⓯ [　　　　　]

☐ ⓰食料などの無償援助や国際機関への拠出金などの収支項目。＿＿＿＿＿＿　⓰ [　　　　　　　　]

☐ ⓱海外の金融資産から生ずる利子・配当を計上する収支項目。＿＿＿＿＿　⓱ [　　　　　　　　]

☐ ⓲政府や日本銀行が対外決済等のために保有する，金・外国通貨・SDRなど。＿＿＿　⓲ [　　　　　　　　]

☐ ⓳国際間の資本取引の収支項目。直接投資，外貨準備などからなる。＿＿＿＿　⓳ [　　　　　　　　]

☐ ⓴⓳は，海外の土地や建物，証券への投資は＋または－のどちらでカウントされるか。　⓴ [　　　　　　　　]

☐ ㉑輸出額から輸入額を差し引いた収支項目。＿＿＿＿＿＿＿＿＿＿＿＿＿　㉑ [　　　　　　　　]

☐ ㉒日本の貿易収支は2011〜14年度は赤字と黒字のどちらであったか。＿＿＿＿　㉒ [　　　　　　　　]

☐ ㉓日本のサービス収支が1980年代〜2010年代を通じて赤字だった要因は，保険・旅
行・知財使用料・輸送のうちどれか。＿＿＿＿＿＿＿＿＿＿＿＿＿＿＿＿＿　㉓ [　　　　　　　　]

☐ ㉔日本の第一次所得収支は，通常赤字か黒字か。＿＿＿＿＿＿＿＿＿＿＿　㉔ [　　　　　　　　]

36　国際通貨体制

☐ ❶一国の通貨の価値を金に裏付けさせた通貨制度。＿＿＿＿＿＿＿＿＿＿　❶ [　　　　　　　　]

☐ ❷1930年代にみられた，本国と植民地で排他的な経済圏を形成した政策。＿＿＿＿　❷ [　　　　　　　　]

☐ ❸第二次大戦後の国際的な通貨・金融制度に関して，1944年に結ばれた協定。＿＿＿　❸ [　　　　　　　　]

☐ ❹❸で設立が合意された機関で，為替相場安定をめざしたもの。＿＿＿＿＿＿　❹ [　　　　　　　　]

☐ ❺❸で設立が合意された機関で，戦後復興のための融資を担ったもの。＿＿＿＿　❺ [　　　　　　　　]

☐ ❻❺の機関と，IDA（国際開発協会）・IFC（国際金融公社）・MIGA（多数国間投
資保証機関）を合わせて何とよぶか。＿＿＿＿＿＿＿＿＿＿＿＿＿＿＿＿＿　❻ [　　　　　　　　]

☐ ❼1948年に発足した，自由貿易を推進するためジュネーブで調印された協定。＿＿＿　❼ [　　　　　　　　]

☐ ❽IMF体制下の米ドルのように，世界の各国通貨の価値基準となる通貨。＿＿＿＿　❽ [　　　　　　　　]

☐ ❾IMF体制下で，米ドルの価値を金で裏打ちした制度。＿＿＿＿＿＿＿＿　❾ [　　　　　　　　]

☐ ❿❾においてドルの価値は金1オンスに対し何ドルに設定されたか。＿＿＿＿　❿ [　　　　　　　　]

☐ ⓫1949年のドッジ・ラインによって，1ドルは何円に固定されたか。＿＿＿＿＿　⓫ [　　　　　　　　]

☐ ⓬1960年代，アメリカの国際収支が悪化しドルの価値が低下して信用が揺らいだこ
とを何というか。＿＿＿＿＿＿＿＿＿＿＿＿＿＿＿＿＿＿＿＿＿＿＿＿＿　⓬ [　　　　　　　　]

☐ ⓭1965年，アメリカの空爆で開始し，長期間の多額の戦費負担が⓬の要因ともなっ
た戦争。＿＿＿＿＿＿＿＿＿＿＿＿＿＿＿＿＿＿＿＿＿＿＿＿＿＿＿＿＿　⓭ [　　　　　　　　]

☐ ⓮⓬の原因ともなり，ドルが基軸通貨であるが故に，世界経済の拡大に伴ってドル
が世界に流通するほどドルの信認低下は避けられないというジレンマのこと。＿　⓮ [　　　　　　　　]

☐ ⓯1971年，アメリカのニクソン大統領がドルと金の交換の停止を発表し，これに
伴って世界経済が大混乱したこと。各国は変動為替相場制に移行した。＿＿＿＿　⓯ [　　　　　　　　]

☐ ⓰1971年12月，ドルの切り下げと固定相場制への復帰を決めた協定。＿＿＿＿＿　⓰ [　　　　　　　　]

☐ ⓱1976年，IMFが変動為替相場制を正式に承認した合意。＿＿＿＿＿＿＿＿　⓱ [　　　　　　　　]

☐ ⓲1980年代，アメリカのレーガン政権下で財政と経常収支にみられた巨額の赤字。＿＿＿　⓲ [　　　　　　　　]

☐ ⓳G5とは，アメリカ，日本，ドイツとあと2か国はどこか。＿＿＿＿＿＿＿　⓳ [　　　　　　　　]

　[　　　　　　　　]

☐ ⓴1985年，G5がドル高是正のための協調介入を決定した合意。＿＿＿＿＿＿　⓴ [　　　　　　　　]

☐ ㉑1987年，行きすぎたドル安を是正し，為替安定を図ることで合意したもの。＿＿＿　㉑ [　　　　　　　　]

☐ ㉒主要7か国とロシアの首脳，EU委員長が年1回集結し世界の経済・政治問題を
討議する会議を何とよぶか。＿＿＿＿＿＿＿＿＿＿＿＿＿＿＿＿＿＿＿＿＿　㉒ [　　　　　　　　]

☐ ㉓世界的金融危機への対応策を協議するため，2008年から始まった主要国と新興国
の20か国が集まった会議。＿＿＿＿＿＿＿＿＿＿＿＿＿＿＿＿＿＿＿＿＿＿　㉓ [　　　　　　　　]

☐ ㉔IMFが創設し，出資額に比例して配分されている国際通貨。特別引き出し権。＿＿　㉔ [　　　　　　　　]

37　世界の貿易体制

☐ ❶第二次世界大戦の原因ともなった，帝国主義国を中心に通貨圏を形成し排他的な
保護貿易を行った戦前の経済体制。＿＿＿＿＿＿＿＿＿＿＿＿＿＿＿＿＿＿　❶ [　　　　　　　　]

☐ ❷GATTの3原則は，自由とあと2つは何か。＿＿＿＿＿＿＿＿＿＿＿＿＿　❷ [　　　　　　　　]

　[　　　　　　　　]

☐ ❸関税引き下げと輸入数量制限撤廃はGATT 3 原則の内容のどれに関わるか。＿＿＿ ❸ [　　　　　　　　]

☐ ❹ある国に与えた有利な貿易条件をすべての国に適用させるという原則。＿＿＿＿ ❹ [　　　　　　　　]

☐ ❺自国領域内で自国民と同様の待遇を相手国国民にも保障するというWTOの原則。 ❺ [　　　　　　　　]

☐ ❻GATTの下で行われた多国間の貿易交渉。＿＿＿＿＿＿＿＿＿＿＿＿＿＿＿＿＿ ❻ [　　　　　　　　]

☐ ❼自国の産業を守る緊急の必要がある場合に認められる輸入制限。GATT 3 原則の
例外。日本も，中国からのネギや生シイタケ輸入に対し発動した。＿＿＿＿＿＿ ❼ [　　　　　　　　]

☐ ❽GATT 3 原則の例外で，発展途上国からの輸入に対して，先進国が特に関税を引
き下げるという優遇措置。＿＿＿＿＿＿＿＿＿＿＿＿＿＿＿＿＿＿＿＿＿＿＿＿ ❽ [　　　　　　　　]

☐ ❾❽の合意を取り決めた国連機関。＿＿＿＿＿＿＿＿＿＿＿＿＿＿＿＿＿＿＿＿ ❾ [　　　　　　　　]

☐ ❿国際収支の悪化を理由に輸入制限できないことを定めたのはGATTの第何条か。 ❿ [　　　　　　　　]

☐ ⓫アメリカの大統領が提案して開始された，大幅な関税引き下げの多角的交渉。＿ ⓫ [　　　　　　　　]

☐ ⓬日本で開かれて，鉱工業製品や農作物の関税引き下げが行われた多角的交渉。＿ ⓬ [　　　　　　　　]

☐ ⓭もの以外のサービス貿易や知的所有権などの取引についても話し合われた多角的交渉。 ⓭ [　　　　　　　　]

☐ ⓮⓭の交渉において合意された原則で，すべての農産物において輸入数量制限を撤
廃すること。＿＿＿＿＿＿＿＿＿＿＿＿＿＿＿＿＿＿＿＿＿＿＿＿＿＿＿＿＿＿ ⓮ [　　　　　　　　]

☐ ⓯⓭の交渉の結果日本が市場開放した農産物。＿＿＿＿＿＿＿＿＿＿＿＿＿＿＿＿ ⓯ [　　　　　　　　]

☐ ⓰⓯の輸入にあたり1995〜2000年の 6 年間，国内消費量の 4 〜 8 ％を段階的に輸入
することを義務づけられた，最低輸入割当。＿＿＿＿＿＿＿＿＿＿＿＿＿＿＿＿ ⓰ [　　　　　　　　]

☐ ⓱国内保護という面では，関税と輸入数量制限でどちらが強い効果をもつか。＿＿ ⓱ [　　　　　　　　]

☐ ⓲1995年，GATTを発展的に解消して設立された国際機関。＿＿＿＿＿＿＿＿＿＿ ⓲ [　　　　　　　　]

☐ ⓳⓲において新しく協定が定められた貿易分野は，サービス貿易ともう一つは何か。 ⓳ [　　　　　　　　]

☐ ⓴⓲に設置され，貿易紛争が発生した当事国の提訴を受けて紛争解決に当たる機関。 ⓴ [　　　　　　　　]

☐ ㉑2001年にカタールで開始された⓲の新ラウンド。＿＿＿＿＿＿＿＿＿＿＿＿＿ ㉑ [　　　　　　　　]

☐ ㉒2012年に⓲に加盟した，旧ソビエト連邦最大の構成国だった国。＿＿＿＿＿＿ ㉒ [　　　　　　　　]

38　発展途上国の経済

☐ ❶発展途上国と先進国との間に大きな経済格差があるという問題。＿＿＿＿＿＿ ❶ [　　　　　　　　]

☐ ❷農林水産物や鉱産物など自然から直接得られる生産物。＿＿＿＿＿＿＿＿＿＿ ❷ [　　　　　　　　]

☐ ❸一国の生産が単一の生産物に偏っている経済のあり方。＿＿＿＿＿＿＿＿＿＿ ❸ [　　　　　　　　]

☐ ❹先進国が，加盟各国の発展や途上国援助のために組織した経済協力機構。先進工
業国クラブともいわれる。＿＿＿＿＿＿＿＿＿＿＿＿＿＿＿＿＿＿＿＿＿＿＿＿ ❹ [　　　　　　　　]

☐ ❺❹の下部機関で発展途上国援助を担当する機関。＿＿＿＿＿＿＿＿＿＿＿＿＿ ❺ [　　　　　　　　]

☐ ❻南北問題を討議・交渉するため，発展途上国の要求で1964年に国連に設けられた会議。 ❻ [　　　　　　　　]

☐ ❼第 1 回のUNCTAD会議で，発展途上国の立場から，一次産品の価格安定や特恵
関税を要求した事務局長の報告。＿＿＿＿＿＿＿＿＿＿＿＿＿＿＿＿＿＿＿＿＿ ❼ [　　　　　　　　]

☐ ❽❼の会議でのスローガンは何か。＿＿＿＿＿＿＿＿＿＿＿＿＿＿＿＿＿＿＿＿ ❽ [　　　　　　　　]

☐ ❾先進国の国際的な石油資本を指す言葉。＿＿＿＿＿＿＿＿＿＿＿＿＿＿＿＿＿ ❾ [　　　　　　　　]

☐ ❿先進国の大手石油資本に対抗して，1960年に石油の輸出国が結成した国際組織。 ❿ [　　　　　　　　]

☐ ⓫自国の資源について恒久的な主権を確立して，その開発・使用・販売などを，主
体的に行おうとする動き。＿＿＿＿＿＿＿＿＿＿＿＿＿＿＿＿＿＿＿＿＿＿＿＿ ⓫ [　　　　　　　　]

☐ ⓬1974年の国連資源特別総会で採択された宣言。資源に対する主権はその保有国に
あること，多国籍企業の途上国での行動規制などが明記されている。＿＿＿＿＿ ⓬ [　　　　　　　　]

☐ ⓭発展途上国間で，資源保有国や工業化に成功している国々と開発が困難な国々と
の間の経済格差の問題。＿＿＿＿＿＿＿＿＿＿＿＿＿＿＿＿＿＿＿＿＿＿＿＿＿ ⓭ [　　　　　　　　]

☐ ⓮発展途上国の中でも，特に発展が遅れている国々。＿＿＿＿＿＿＿＿＿＿＿＿ ⓮ [　　　　　　　　]

☐ ⓯発展途上国の中で，工業化に成功して高い経済成長を達成した国や地域。＿＿ ⓯ [　　　　　　　　]

☐ ⓰ブラジル・ロシア・インド・中国・南アフリカ共和国の新興 5 か国の頭文字を
とった呼称。＿＿＿＿＿＿＿＿＿＿＿＿＿＿＿＿＿＿＿＿＿＿＿＿＿＿＿＿＿＿ ⓰ [　　　　　　　　]

☐ ⓱主に発展途上国が，外国から借り入れた資金の元金と利息がふくらんで，返済が

□　　　困難になっている問題。＿＿＿＿＿＿＿＿＿＿＿＿＿＿＿　⑰ [　　　　　　　　　　]

□　⑱債務国が，借りた資金の返済や利払いが困難になること。＿＿＿＿＿＿　⑱ [　　　　　　　　　　]

□　⑲国連はODA（政府開発援助）の目標をGNIの何％としているか。＿＿＿＿　⑲ [　　　　　　　　　　]

□　⑳日本のODAの原則や基本理念をまとめたもの。＿＿＿＿＿＿＿＿＿＿　⑳ [　　　　　　　　　　]

□　㉑日本政府の発展途上国に対する技術協力・無償資金協力を担当する組織。＿＿＿＿　㉑ [　　　　　　　　　　]

□　㉒1990年代に国連開発計画（UNDP)によって生活水準を指標化したもの。＿＿＿　㉒ [　　　　　　　　　　]

□　㉓2015年の国連「持続可能な開発サミット」で掲げられた,17の「持続可能な開発目標」。＿＿　㉓ [　　　　　　　　　　]

□　㉔バングラデシュで貧困層へ低利の融資を実施し自立を支援した機関。＿＿＿＿　㉔ [　　　　　　　　　　]

□　㉕途上国の製品を適正な対価で購入し生産者の生活を支えるしくみ。＿＿＿＿　㉕ [　　　　　　　　　　]

39　地域経済統合

□　❶隣接する国々や地域が，人・物・カネなどの自由な行き来を可能にしようとして，結びつきを強めて経済圏を組織すること。＿＿＿＿＿＿＿＿＿＿　❶ [　　　　　　　　　　]

□　❷域内の関税を撤廃し，域外に共通の関税を設定する同盟。＿＿＿＿＿＿　❷ [　　　　　　　　　　]

□　❸フランスのシューマン外相の構想で，石炭・鉄鋼の単一市場設立のため1952年に仏・西独・伊など６か国で結成された共同体。＿＿＿＿＿＿＿＿＿　❸ [　　　　　　　　　　]

□　❹工業製品の域内関税撤廃，域外共通関税設定などのためローマ条約に基づいて1958年に仏・西独・伊など６か国で結成された共同体。＿＿＿＿＿＿＿　❹ [　　　　　　　　　　]

□　❺欧州原子力共同体（EURATOM）と❸，❹の３共同体が統合して発足した共同体。＿　❺ [　　　　　　　　　　]

□　❻新たなヨーロッパの政治・経済統合をめざして，1992年に調印された条約。＿＿＿　❻ [　　　　　　　　　　]

□　❼❻の条約に基づいて，1993年にECが発展して発足した組織。＿＿＿＿＿＿　❼ [　　　　　　　　　　]

□　❽1998年に発足したユーロ圏の中央銀行。＿＿＿＿＿＿＿＿＿＿＿＿＿＿＿　❽ [　　　　　　　　　　]

□　❾1999年に，EUに導入された欧州統一通貨。＿＿＿＿＿＿＿＿＿＿＿＿＿＿　❾ [　　　　　　　　　　]

□　❿2009年に発効したEUの改革条約。＿＿＿＿＿＿＿＿＿＿＿＿＿＿＿＿＿＿　❿ [　　　　　　　　　　]

□　⓫2009年から2011年にかけて債務危機が発生したEU加盟国。＿＿＿＿＿＿＿　⓫ [　　　　　　　　　　]

□　⓬2023年６月現在，EUの加盟国は何か国か。＿＿＿＿＿＿＿＿＿＿＿＿＿＿　⓬ [　　　　　　　　　　]

□　⓭2016年の国民投票の結果，EUからの離脱を表明し，2020年に離脱した国。＿＿＿　⓭ [　　　　　　　　　　]

□　⓮ノルウェー，スイス，アイスランドなど４国で構成される地域経済統合。＿＿＿　⓮ [　　　　　　　　　　]

□　⓯EU諸国とスイスを除くEFTA諸国で構成される地域経済統合。＿＿＿＿＿＿　⓯ [　　　　　　　　　　]

□　⓰アメリカ，メキシコ，カナダの３国で構成する地域経済統合。＿＿＿＿＿＿　⓰ [　　　　　　　　　　]

□　⓱⓰の前身で1989年に発足した自由貿易圏。＿＿＿＿＿＿＿＿＿＿＿＿＿＿　⓱ [　　　　　　　　　　]

□　⓲ブラジル，アルゼンチンなど，南アメリカ６か国で構成し域内関税撤廃と域外共通関税を設定している地域経済統合。＿＿＿＿＿＿＿＿＿＿＿＿　⓲ [　　　　　　　　　　]

□　⓳ASEAN加盟国の中で，ASEAN自由貿易地域（AFTA）を原型に，自由化をサービス・投資にも拡大した地域経済統合（2015年発足）。＿＿＿＿＿＿　⓳ [　　　　　　　　　　]

□　⓴アジア・環太平洋諸国を中心に，多国間の経済協力を推進するため結成された地域経済統合。＿＿＿＿＿＿＿＿＿＿＿＿＿＿＿＿＿＿＿＿＿＿＿＿＿　⓴ [　　　　　　　　　　]

□　㉑２以上の国（または地域）の間で結ばれた貿易などの規制をなくす協定。＿＿＿　㉑ [　　　　　　　　　　]

□　㉒㉑も含め投資や人の移動などにまで対象分野を広げた包括的な協定。＿＿＿　㉒ [　　　　　　　　　　]

□　㉓日本が2002年に最初に㉑を結んだ相手国。＿＿＿＿＿＿＿＿＿＿＿＿＿　㉓ [　　　　　　　　　　]

□　㉔2016年に日本など12か国が署名した「TPP」の日本語名称。その後アメリカが離脱したため，ほかの11か国で「CPTPP」に署名，2018年に発効した。＿＿＿　㉔ [　　　　　　　　　　]

□　㉕2022年に10か国で発効した，東アジア地域を中心とした15か国からなるEPA。＿　㉕ [　　　　　　　　　　]

40　地球環境問題／資源・エネルギー問題

□　❶地球温暖化の原因となっているCO_2やメタンガスなどの総称。＿＿＿＿＿＿　❶ [　　　　　　　　　　]

□　❷工場のばい煙などに含まれる硫黄酸化物・窒素酸化物が大気中で水と反応し酸度の高い雨となって降る現象。＿＿＿＿＿＿＿＿＿＿＿＿＿＿＿＿＿　❷ [　　　　　　　　　　]

□　❸干ばつや家畜の過放牧が原因で土地が不毛になること。＿＿＿＿＿＿＿＿　❸ [　　　　　　　　　　]

□　❹1972年にストックホルムで開催された国連主導の地球環境保護会議。＿＿＿＿　❹ [　　　　　　　　　　]

□ ❺地球環境保護のために1972年に設置された国連の専門機関。＿＿＿＿＿＿＿　❺ [　　　　　　　　　]
□ ❻水鳥の生息する湿地の登録・保護のための条約。＿＿＿＿＿＿＿＿＿＿　❻ [　　　　　　　　　]
□ ❼野生動植物の取引規制のための条約。＿＿＿＿＿＿＿＿＿＿＿＿＿　❼ [　　　　　　　　　]
□ ❽1987年に採択された，オゾン層を破壊するフロンガスの生産・使用を規制した議定書。　❽ [　　　　　　　　　]
□ ❾1992年にリオデジャネイロで開催された国際環境会議。＿＿＿＿＿＿　❾ [　　　　　　　　　]
□ ❿❾のスローガン。＿＿＿＿＿＿＿＿＿＿＿＿＿＿＿＿＿＿＿＿　❿ [　　　　　　　　　]
□ ⓫地球温暖化防止のため❾で採択された条約。＿＿＿＿＿＿＿＿＿　⓫ [　　　　　　　　　]
□ ⓬1997年の京都会議で採択され，温室効果ガス排出量の数値目標を定めた議定書。　⓬ [　　　　　　　　　]
□ ⓭⓬で定められた，温室効果ガスの排出枠を国や企業の間で売買するしくみ。＿＿　⓭ [　　　　　　　　　]
□ ⓮❾で採択された，生物の多様性を守ることを目的とした条約。＿＿＿＿　⓮ [　　　　　　　　　]
□ ⓯石油・石炭・天然ガスなど古代の動植物が地中で炭化してできた燃料。＿＿　⓯ [　　　　　　　　　]
□ ⓰1960年代に進行した，石炭から石油へのエネルギーの転換。＿＿＿＿　⓰ [　　　　　　　　　]
□ ⓱実用化が進められている太陽光・風力・地熱など新しいエネルギーの総称。＿＿　⓱ [　　　　　　　　　]
□ ⓲使用済み核燃料からプルトニウムを抽出し，再度核燃料として再利用する計画。＿＿　⓲ [　　　　　　　　　]
□ ⓳原子力の平和利用と軍事への転用阻止を目的に設立された国連機関。＿＿＿　⓳ [　　　　　　　　　]
□ ⓴化石燃料の消費削減と温暖化対策のためヨーロッパ諸国で広く導入されている税。　⓴ [　　　　　　　　　]
□ ㉑発電と熱供給を同時にまかない，エネルギー効率を高めるシステム。＿＿＿　㉑ [　　　　　　　　　]
□ ㉒太陽光・風力・地熱・水力・バイオマスで発電した電力を買い取る制度。＿＿＿　㉒ [　　　　　　　　　]
□ ㉓電力需給の変動をITを利用して把握し自動調節する電力網。＿＿＿＿＿　㉓ [　　　　　　　　　]

41　金融のグローバル化と世界金融危機

□ ❶地球規模で政治経済のつながりが強まり，国境の存在が薄れること。＿＿＿＿　❶ [　　　　　　　　　]
□ ❷国際的な規格や標準を制定する国際機関。＿＿＿＿＿＿＿＿＿＿＿　❷ [　　　　　　　　　]
□ ❸経済活動の中で金融市場・金融機関・金融ビジネスの影響力が高まる現象。＿＿　❸ [　　　　　　　　　]
□ ❹特定の国や地域など限定された範囲でなく，世界中で通用する基準。＿＿　❹ [　　　　　　　　　]
□ ❺国際決済銀行が国際業務を行う銀行に対し一定以上の自己資本比率を求める規制。　❺ [　　　　　　　　　]
□ ❻外国為替・株式・債券など既存の金融商品から派生して作られた取引。＿＿＿　❻ [　　　　　　　　　]
□ ❼投資家から大口の資金を集め，高い運用益をめざし外国為替や株式に投資を行う投資信託。　❼ [　　　　　　　　　]
□ ❽外国企業に対し優遇税制を呼び水にしている国・地域。租税回避地。＿＿＿　❽ [　　　　　　　　　]
□ ❾小さな元手で大きな運用益をめざすこと。「てこ」という意味。＿＿＿＿＿　❾ [　　　　　　　　　]
□ ❿1997年にタイ・バーツの暴落から始まった通貨危機。＿＿＿＿＿＿＿＿　❿ [　　　　　　　　　]
□ ⓫短期間に巨額な利得をめざして投機を行う資本主義経済のありようを指した表現。　⓫ [　　　　　　　　　]
□ ⓬2000年代前半にアメリカで低所得者向けに販売された住宅ローン。＿＿＿＿＿　⓬ [　　　　　　　　　]
□ ⓭ローンなどの債権を有価証券の形にして市場で流通させること。＿＿＿＿＿＿　⓭ [　　　　　　　　　]
□ ⓮民間企業や国家などの債務の返済能力の信用度を格付けしている機関。＿＿＿＿　⓮ [　　　　　　　　　]
□ ⓯アメリカの中央銀行。＿＿＿＿＿＿＿＿＿＿＿＿＿＿＿＿＿＿＿＿　⓯ [　　　　　　　　　]
□ ⓰2008年9月のリーマン・ブラザーズの破綻から始まった信用不安と金融機関の大混乱。　⓰ [　　　　　　　　　]
□ ⓱⓰を契機に世界中を巻き込んだ，世界恐慌以来最大の金融危機。＿＿＿＿＿　⓱ [　　　　　　　　　]
□ ⓲急速な資金貸出の縮小のこと。例えば，⓰の際，高レバレッジに対する規制強化により資金貸出が縮小し，国際金融市場に資金が十分に供給されなくなったことなど。＿　⓲ [　　　　　　　　　]
□ ⓳アメリカで2010年に制定され，デリバティブへの規制強化などを定めた法律。＿＿　⓳ [　　　　　　　　　]
□ ⓴投機的な金融活動の抑制のために国際的な取引に対して課される税。＿＿＿＿　⓴ [　　　　　　　　　]
□ ㉑世界金融危機の原因となった，「アメリカの過剰債務」と「新興国の過剰蓄積」という極めてバランスを欠いた世界経済の現状を指した表現。　㉑ [　　　　　　　　　]
□ ㉒2009年以降，ユーロ圏で相次いで債務危機が発生し信用不安が高まったこと。＿　㉒ [　　　　　　　　　]
□ ㉓2009年に巨額の財政赤字が発覚し，㉒の発端となった国。＿＿＿＿＿＿＿＿　㉓ [　　　　　　　　　]

実戦問題 34国際分業と貿易〜41金融のグローバル化と世界金融危機

① [国際分業と貿易] 次の文章を読んで，以下の問いに答えよ。

　貿易は各国がそれぞれの得意とする□A□の高い分野の商品に限定してその商品を輸出し，反対に□A□の低い不得意な分野の商品を輸入すれば世界全体の生産量が増大し，各国ともより豊かになる。このような国際分業の利益を理論的に解明したのがイギリスの経済学者〔1〕であり，その理論は@比較生産費説とよばれる。

　〔1〕は工業製品だけでなく農産物も含んだ□B□を主張し，イギリス国内では地主階級や農民の立場にたった〔2〕と論争した。やがてイギリスは1846年穀物法を廃止し，ヨーロッパ大陸諸国から安価な農作物を輸入することになった。比較生産費説は19世紀イギリスの□B□政策を推進する支えとなり，いちはやく産業革命をなしとげた当時の先進国イギリスの利益を反映したものであった。

　一方，歴史学派に属する経済学者〔3〕は歴史的な観点から国民経済を分析して，発展段階に応じて政策を選択すべきだと主張した。当時の〔4〕のような後進資本主義国では，自国産業のために□C□を課したり，補助金を与えて産業を育成する必要があるという□D□論を唱えた。この考えは20世紀初めまで〔4〕のみならず同様の立場にあった〔5〕でも強い影響力をもった。

　国際分業には次のような二つのタイプがある。一つは第二次世界大戦後活発となった先進国相互間の分業であり，今日の世界経済において大きなシェアを占めるようになった完成品あるいは□E□の貿易であり，それは□F□分業といわれる。もう一つは，発展途上国が得意とする一次産品や□G□的な生産物と先進国の□H□的な生産物との間の貿易であり，それは□I□分業と言われる。〈問1〜3　獨協大改〉

問1　文中の空欄□A□〜□I□に入る最も適切な語句を下記の語群ア〜テのなかから選べ。

ア　関税　　　　イ　輸出税　　　ウ　保護貿易　　エ　管理貿易　　オ　自由貿易　　カ　絶対生産費説
キ　輸入性向　　ク　水平的　　　ケ　垂直的　　　コ　労働集約　　サ　研究集約　　シ　工業製品
ス　資本集約　　セ　サービス　　ソ　軽工業品　　タ　輸入代替　　チ　生産能力　　ツ　価格
テ　生産性

A [　　　]　　　B [　　　]　　　C [　　　]　　　D [　　　]　　　E [　　　]
F [　　　]　　　G [　　　]　　　H [　　　]　　　I [　　　]

問2　文中の空欄〔1〕〜〔5〕に入るもっとも適切な人名・国名を答えよ。

1 [　　　]　　　2 [　　　]　　　3 [　　　]
4 [　　　]　　　5 [　　　]

問3　文中の空欄〔1〕と〔3〕の経済学者の著書を下記の語群ア〜オのなかから選べ。

1 [　　　]　　　3 [　　　]

ア　人口論　　イ　資本論　　ウ　諸国民の富　　エ　経済学及び課税の原理　　オ　政治経済学の国民的体系

問4　下線部@に関連して，A国とB国で食料品と機械製品を1単位生産するのに必要な労働者数が右の表で与えられる場合に，比較生産費説の説明として正しいものを，以下の①〜④のうちから一つ選べ。〈99：本試〉　[　　　]

	A　国	B　国
食料品	10人	9人
機械製品	12人	8人

①　A国はB国に比べて機械製品をつくるのに比較優位があるから，A国はB国に機械製品を輸出すればよい。
②　B国はA国に比べて両方の生産において優れているから，B国は食料品，機械製品ともA国に輸出すればよい。
③　B国はA国に比べて食料品をつくるのに比較優位があるから，B国は食料品の生産に特化した方がよい。
④　B国はA国に比べて両方の生産に優れているが，B国は機械製品の生産の方に比較優位があるので，機械製品の生産に特化した方がよい。

② [外国為替と国際収支] 次の文章を読んで，以下の問いに答えよ。

　世界の国々は，今日，財貨やサービス，資本などの経済的取引を通して，相互に結びついている。ある国が一定の期間（通常1年間）に他国との間で行った経済的取引にかかわる受け取りと支払いの収支をまとめたものが□A□収支である。

　□A□収支は主として財貨やサービスなどに関する□B□収支と，海外投資などの資本取引に関する□C□収

支と，資本移転等収支に大別される。これらの内容をさらにみてみると，　B　収支は財貨の輸出入に関する　D　収支，輸送や旅行，通信や保険などサービスの取引にかかわる　E　収支，海外への投資から得られる　F　収支，個人や政府による無償援助や贈与，国際機関への拠出金などに関する　G　収支からなっている。また，　C　収支は直接投資，証券投資，金融派生商品，その他投資，　H　からなっている。

　ⓐ為替レートは，長期的には各国の経済成長率やインフレ率，金利などの経済の基礎的条件によってその水準が決まるが，短期的には国内政治や国際情勢などの政治的要因，またホット・マネーとよばれる短期資金による投機的取引などによって変動する。為替レートの変動は一国の経済や国民生活に大きな影響を与える。〔1〕になると円の海外での購買力が増し，〔2〕品が割安となる。しかし，製品価格が上昇するために日本の〔3〕は伸び悩む。他方，〔4〕になると日本からの輸出は伸長し，輸出関連企業は活況となるが，〔2〕品の価格が高くなり，国内の物価が上がる。為替レートの急激な変動は経済のかく乱要因となるため，短期間に相場が大きく変動する場合には，各国の通貨当局は市場に対してⓑ市場介入を行う場合がある。〈問1〜2　関西大改〉

問1　文中の空欄　A　〜　H　に入る最も適切な語を下記の語群ア〜コのなかから選べ。

　　ア　外貨準備　　　　イ　経常　　　　ウ　貿易　　　　エ　第一次所得　　　　オ　総合　　　　カ　基礎
　　キ　第二次所得　　　ク　国際　　　　ケ　金融　　　　コ　サービス

　　　　　　　　　　　A [　　　　　] 　B [　　　　　] 　C [　　　　　] 　D [　　　　　]
　　　　　　　　　　　E [　　　　　] 　F [　　　　　] 　G [　　　　　] 　H [　　　　　]

問2　文中の空欄〔1〕〜〔4〕に入る最も適切な語を答えよ。

　　　　　　　　　　　1 [　　　　　] 　2 [　　　　　]
　　　　　　　　　　　3 [　　　　　] 　4 [　　　　　]

問3　下線部ⓐに関連して，次の図と図に関する説明を用いて，各国の物価水準の比率から外国為替レートを理論的に求める購買力平価説に基づき算出される外国為替レート（1ドル＝a円）を基準として考えるとき，20××年○月△日における実際の外国為替レートの状態を表すように，空欄に当てはまる言葉を答えよ。〈22：政経，倫理・政経本試改〉

《実際の外国為替レートは，1ドル当たり　(1)　円の円　(2)　・ドル　(3)　である。》

　　　　　　　　　　　(1) [　　　　　] 　(2) [　　　　　] 　(3) [　　　　　]

図

	購買力平価説の 外国為替レート 1ドル＝a円	
アメリカにおける 「SEIKEIバーガー」の 販売価格　5ドル	実　際　の 外国為替レート 1ドル＝99円	日本における 「SEIKEIバーガー」の 販売価格　600円

〔図に関する説明〕

・両国で販売されている「SEIKEIバーガー」はまったく同じ商品であり，それぞれの販売価格は，同一年月日（20××年○月△日）のもので時差は考えない。

・両国の物価水準は「SEIKEIバーガー」の販売価格でそれぞれ代表される。

問4　下線部ⓑの例として最も適当なものを，次の①〜④のうちから一つ選べ。〈99：本試〉　　[　　　　　]

　①　円安・ドル高を是正するために，外国為替市場で円売り・ドル買いの協調介入を行う。

　②　為替レートをドル安・円高に誘導するために，アメリカは金利の引上げを行う一方，日本は金利の引下げを行う。

　③　経常収支の不均衡を是正するために，黒字国は金融引締めによって内需抑制に努める一方，赤字国は金融緩和によって内需拡大に努める。

　④　経常収支の不均衡を是正するために，黒字国は財政支出の拡大を行う一方，赤字国は財政支出の削減を行う。

3　[国際通貨体制]　次の文章を読んで，以下の問いに答えよ。

　1944年7月，アメリカ北東部のニューハンプシャー州にある　A　で開かれた連合国による通貨金融会議において，　X　と　Y　の設立が決められた。前者は，加盟国の国際収支の不均衡を解消するため，赤字国に対して一定の限度のもとに対外支払いに必要な短期資金を供給する。その際，金1オンス＝　B　ドルの比率で米ドルが世界経済の　C　となり，アメリカ以外の加盟国通貨にはドルとの交換比率の変動を上下1％以内に抑える　I　制が採用された。後者は，当初，戦後復興のための長期資金を貸し付ける役割を担ったが，後に発展途上国の開発資金の貸し付けを主に担当することになる。

　戦後の国際通貨体制は，アメリカの国内通貨にすぎないドルと金との交換を許したため，ⓐアメリカの国際収支が悪化して金の流出が続くと，直ちに　D　に直面した。その　D　が1960年代末期には国際通貨危機に深化し，

ついにアメリカ政府は，(b)1971年8月に新しい経済政策を発表して金とドルとの交換を停止した。この措置は，戦後四半世紀にわたって維持されてきた国際通貨体制の事実上の崩壊を意味した。その後，(c)同年12月の　E　協定で為替調整が行われたが，それでもドル価値の下落に歯止めはかからず，主要各国は1973年に　Ⅱ　へ移行した。そのため，(d)1976年ジャマイカの首都で　X　の会議が開かれ，新制度の承認とともに，金にかわって　F　の機能を高めることなどが決定された。

1980年代，アメリカは「　G　」に苦しんだ。この解消のため，1985年，G5による(e)プラザ合意によってドル安へ協調介入が行われたが，その後日本は円高不況に陥った。

問1　文中の空欄　A　〜　G　に入る最も適切な語句を下記の語群ア〜セのなかから選べ。
ア　世界恐慌　　イ　ルーブル　　ウ　スミソニアン　　エ　ドル危機　　オ　ポーツマス
カ　ユーロ　　キ　35　　ク　38　　ケ　共通通貨　　コ　ブレトンウッズ
サ　基軸通貨　　シ　SDR　　ス　マーシャル　　セ　双子の赤字

A [　　　　　]　B [　　　　　]　C [　　　　　]　D [　　　　　]
E [　　　　　]　F [　　　　　]　G [　　　　　]

問2　文中の空欄　X　・　Y　に当てはまる国際組織名を答えよ。
X [　　　　　　　　　]　Y [　　　　　　　　　]

問3　文中の空欄　Ⅰ　・　Ⅱ　に当てはまる言葉を答えよ。
Ⅰ [　　　　　　　　　]　Ⅱ [　　　　　　　　　]

問4　下線部(a)に関連して，1960年代におけるアメリカの国際収支悪化の原因についての記述として最も適当なものを，次の①〜④のうちから一つ選べ。〈99：本試〉　　　[　　　　　]
①　原油価格の高騰により輸入額が増加した。
②　ベトナム戦争への介入などにより対外軍事支出や経済援助が増加した。
③　ソ連・東欧諸国向け直接投資が増加した。
④　日本や西ドイツが為替レートの切下げにより対米輸出を増加させた。

問5　下線部(b)の出来事は何とよばれているか。　　　[　　　　　]

問6　下線部(c)によって新しく決定された円レートは1ドルが何円か。　1ドル＝ [　　　　　]

問7　下線部(d)で取り決められた合意を何というか。　　　[　　　　　]

問8　下線部(e)についての記述として最も適当なものを，次の①〜④のうちから一つ選べ。〈03：追試〉
[　　　　　]
①　ドル高が世界経済の不安定要因となる懸念が強まったので，為替相場を是正するためにプラザ合意が結ばれた。
②　ルーブル合意が失敗したのを受けて，新たにプラザ合意が結ばれた。
③　アメリカで資金を運用していた日本の生命保険会社は，プラザ合意による円高のため，巨額の為替差益を得た。
④　プラザ合意後，アメリカの貿易収支は黒字へと転じた。

4　[世界の貿易体制]　次の文章を読んで，以下の問いに答えよ。
戦後の自由貿易体制は，自由・(a)無差別・　A　を原則とし，本来は国際機構として発足する予定であったが，各国議会で批准されず，1947年10月に多国間協定である　B　として発足した。その後，　C　の引き下げや　D　の撤廃などを集中的に話し合うラウンドが数回にわたって開催され，保護貿易の台頭にもかかわらず，世界貿易の自由化は大きく促進された。そして，1987年から開催された(b)ウルグアイ・ラウンドを経て，1995年1月に長年の懸案であった(c)WTOが発足した。

問1　文中の空欄　A　〜　D　に入る最も適切な語を答えよ。
A [　　　　　　　　　]　B [　　　　　　　　　]
C [　　　　　　　　　]　D [　　　　　　　　　]

問2　下線部(a)に関連して，この原則の例外として行われている制度として適切なものを，次の①〜④のうちから一つ選べ。〈00：追試改〉　　　[　　　　　]
①　一般特恵関税　　②　リスケジューリング（債務返済繰延べ）　　③　管理通貨制度　　④　最恵国待遇

実戦問題

問3 下線部(b)に関連して，このラウンドについて正しく述べているものを次の①～④のうちから一つ選べ。〈駒澤大改〉　[　　]

① 農産物貿易の例外なき関税化や，サービス貿易，知的所有権についてのルールづくりが話し合われた。

② すべての工業製品についての関税の一括引き下げ交渉が多角的に行われ，平均35％の引き下げが合意された。

③ 関税の一括引き下げだけでなく非関税障壁の除去が話し合われ，ダンピング防止や相殺関税などに関する協定が結ばれた。

④ 先進国が途上国に対して相互主義を適用せず，関税上の優遇措置をとる一般特恵が認められた。

問4 下線部(c)に関連して，

(1) WTOの機関名を漢字で書きなさい。　[　　　　　　　]

(2) WTOに関する**誤った記述**を，次の①～④のうちから一つ選べ。〈広島修道大改〉　[　　]

① WTOとは，ウルグアイ・ラウンドで合意されたすべての成果を実施するための，国際的な貿易機関である。

② WTOは，工業分野だけではなく，農業分野，金融分野，情報サービス分野なども対象とし，以前に比べて紛争処理手続きが整備された。

③ WTOに加盟すれば，加盟国から最恵国待遇や内国民待遇などを自動的に受けることができる。

④ 1996年，中国のWTO加盟が正式に承認された。

---

5 **［発展途上国の経済］**　次の文章を読んで，以下の問いに答えよ。

第二次世界大戦後，アジア・アフリカ・中央アメリカでは，欧米諸国により支配されていた植民地が次々に独立し，冷戦の中で非同盟中立の立場をとる　A　世界を形成することになった。しかし，(a)これら多くの独立国は経済的に自立することができず，先進工業国との経済格差が　B　問題として取り上げられることになった。

先進諸国は，1961年に　C　（経済協力開発機構）の下部機構として(b)DAC　（　D　）を組織して，　B　問題に対処した。また一方では，ケネディ大統領による「国連開発の10年」の提唱や発展途上国側の要求に基づいて，1964年に　E　（国連貿易開発会議）が設立された。その第1回会議の基調報告で，事務局長プレビッシュは，先進諸国に対して，援助だけでなく　F　の拡大による経済の発展を求めた。

また，資源　G　の動きに代表される発展途上国の発言力の高まりを背景に，1974年に「新国際経済秩序（　H　）樹立に関する宣言」が国連で採択され，天然資源の恒久主権や多国籍企業の規制・監視，一次産品の価格保障などの要求項目が決議された。しかし，こうした努力にもかかわらず，　B　問題は(c)人口問題や(d)南南問題をはらみ，さらに一層複雑化，深刻化している。

問1 文中の空欄　A　～　H　に入る最も適切な語を答えよ。

A [　　　　　]　B [　　　　　]　C [　　　　　]　D [　　　　　]

E [　　　　　]　F [　　　　　]　G [　　　　　]　H [　　　　　]

問2 下線部(a)に関連して，この背景にある，農産物や天然資源などの特定の一次産品に頼る経済構造を何というか。　[　　　　　　　]

問3 下線部(b)に関連して，この機関が行っているODAに関する以下の問いに答えよ。

(1) ODAの日本語名を漢字6字で書け。　[　　　　　　　]

(2) 日本のODAについての記述として正しいものを，次の①～④のうちから一つ選べ。〈21：第1回〉

[　　]

① 日本は，国際機関を通じた多国間援助は実施していないが，発展途上国を対象とした二国間援助を実施している。

② 日本は，返済義務のない無償の援助のみを実施している。

③ 日本のODA支出額は，2001年以降，先進国の目標とされる対GNI比0.7パーセント以上を維持してきた。

④ 日本のODA支出額は，1990年代の複数年で世界第一位を記録した。

問4 下線部(c)に関する記述として**適当でないもの**を，次の①～④のうちから一つ選べ。〈10：現社本試〉

[　　]

① 人口が増加している韓国では，現在，一組の夫婦に二人以上の子どもの出産を認めない人口抑制政策をとっている。

②　開発途上国における人口増加問題の背景には，子どもに家計の稼ぎ手としての役割を期待する考え方があると指摘されている。

③　人口が増加している開発途上国のなかには，都市に人口が集中し，居住環境の悪化が問題となっている国がある。

④　森林破壊の一因として，開発途上国の人口増加による耕地拡大や薪・炭にするための木材の過剰伐採が指摘されている。

問5　下線部(d)に関連する記述として最も適当なものを，次の①～④のうちから一つ選べ。　[　　　]

①　南南問題とは，南半球の途上国問題の総称である。

②　これまで発展途上国とよばれてきた国々の中で，工業化に成功し高度成長を達成した国々と，累積債務にあえぐ国々との格差が生じている。

③　先進国の中に，アメリカや日本などのようにGDPが数兆ドルに達する国と，オランダやオーストラリアなどのようにGDPが数千億ドルしかない国々との格差が顕著になってきている。

④　これまでの先進国・発展途上国という分類が意味をもたなくなり，今では工業国と農業国の間のGDPの格差があらたに問題になっている。

---

⑥　**[地域経済統合]**　次の文章を読んで，以下の問いに答えよ。

　第二次世界大戦後の荒廃を背景に，ヨーロッパの統合をめざす試みはさまざまな形でなされたが，今日の欧州連合（EU）に直接つながるのは，フランスの外相シューマンの提唱にもとづいて1952年に設立された　A　である。次いで，1957年に調印された　B　条約によって(a)欧州経済共同体（EEC）と　C　が創設され，　D　年にはこれら三つの共同体の理事会および執行機関が統合されて　E　となった。この段階では独仏の提携を軸にして加盟国が共通の経済政策を積み重ねていたものだが，共通政策の成果が上がるにつれて市場統合の深化が進み，加盟国間の政治的協調も緊密なものになっていった。1986年の　F　議定書の採択を経て，1992年には　G　条約が調印され，　E　は共通外交・安全保障政策・社会政策などにまでふみこんだ(b)欧州連合（EU）に再編され，1993年11月に発足した。また1993年1月には　H　統合が完成し，人・物などの動きが自由になった。(c)2002年1月，単一通貨ユーロが12か国において民間流通を開始し，欧州統合の現実は市民の日常生活の中でもはっきり実感されるようになった。

　このような統合の展開に応じて加盟国も増加した。まず，1973年にイギリスなど3か国が　E　に加盟し，1980年代にギリシャ，スペイン，ポルトガルが加わり，1995年にさらにオーストリアなど3か国が欧州連合に加盟した。そして　I　年，東欧10か国が加盟し，2007年にはルーマニア・ブルガリアが，2013年にはクロアチアが加盟したが，2020年にイギリスが離脱し，2023年7月現在の欧州連合は　J　か国体制になっている。

　今日の世界経済は，グローバリゼーションと並んで，欧州連合に代表される(d)地域経済統合が注目されている。地域経済統合は，統合された地域内諸国の間で経済的交流を促進し，各国経済の活性化を図ろうとするものであり，世界で様々な形態で統合のあり方が模索されている。

問1　文中の空欄　A　～　J　に入る最も適切な語を答えよ。

A [　　　　　　　]　　B [　　　　　　　]　　C [　　　　　　　]

D [　　　　　　　]　　E [　　　　　　　]　　F [　　　　　　　]

G [　　　　　　　]　　H [　　　　　　　]　　I [　　　　　　　]

J [　　　　　　　]

問2　下線部(a)に関連して，

(1)　この時の加盟国数は何か国か。　　　　　　　　　　　　　　　[　　　か国]

(2)　EECがめざしたものとして正しいものを，次の①～④のうちから一つ選べ。　[　　　]

①　域内の基幹産業の再建　　　②　域内の通貨統合

③　域内の関税の撤廃　　　　　④　域内での原子力の平和利用

問3　下線部(b)に関連して，

(1)　EUの共通政策を執行する，EUの行政機関にあたる組織は何か。　[　　　　]

(2)　ユーロ圏の「中央銀行」にあたる組織は何か。　　　　　　　　[　　　　]

問4 下線部(c)に関連して，この時点でEUに加盟していながらユーロに**参加していない**国を三つ挙げよ。

[　　　　　　] [　　　　　　　　] [　　　　　　]

問5 下線部(d)に関連して，

(1) 世界の地域経済統合の記述として**適切でないもの**を，次の①～④のうちから一つ選べ。〈広島経済大改〉

[　　　　]

① USMCAは，アメリカ，メキシコ，カナダ，ペルーによる4か国間での貿易および投資の拡大を図っている。

② EUでは，貿易の自由化のみならず，通貨統合まで行われた。

③ アジア・太平洋地域での開かれた経済協力の構想が，APECの場で検討されている。

④ 南アメリカでは，関税同盟としてMERCOSURが設立された。

(2) 次の各文が説明している地域経済統合の組織名を答えよ。

(ア) 東南アジアにおける経済・社会・文化の域内協力を進めるための国際組織で，現在10か国が加盟している。

[　　　　　　　]

(イ) EU加盟27か国とスイスを除くEFTA（欧州自由貿易連合）加盟3か国の計30か国で構成し，EUとEFTA間の人・物・サービスの流れの自由化を目指す。

[　　　　　　　]

---

7 **[地球環境問題／資源・エネルギー問題]**　次の文章を読んで，以下の問いに答えよ。

効率と利潤のみを追求した産業振興のあり方は，(a)四大公害など様々な公害を引き起こした。また，大量生産・大量消費によって資源や(b)エネルギーの消費スピードが速まり，さらに様々な(c)地球環境問題を引き起こしてきた。(d)こうした課題への対策は，国・地方自治体ともに進められており，環境保護のための法規制も進められてきた。また，(e)リサイクル運動やナショナルトラスト運動など，市民の草の根レベルからも環境保全の動きが活発である。

問1 下線部(a)に関連して，日本の四大公害を答えよ。

[　　　　　　] [　　　　　　　　] [　　　　　　　　] [　　　　　　]

問2 下線部(b)に関連して，日本で「新エネルギー」とよばれるものについての記述として最も適当なものを，次の①～④のうちから一つ選べ。〈11：本試改〉

[　　　　]

① 日本の一次エネルギー供給において，新エネルギーの占める割合は20％に達している。

② 風力発電，原子力発電，バイオマス（生物エネルギー）発電は，新エネルギーに含まれる。

③ 一般家庭の太陽光発電において，余った電気は電力会社に売却することができる。

④ 新エネルギーの利点は，地理的条件や自然条件に影響されず安定的に電力を供給できることである。

問3 下線部(c)の典型である地球温暖化問題に関する各国の取り組みや状況についての記述として正しいものを，次の①～④のうちから一つ選べ。〈12：追試〉

[　　　　]

① アメリカは，オバマ政権の下で京都議定書を批准し，温室効果ガス排出量の削減目標の達成を義務づけられた。

② 中国とインドは，京都議定書の後継議定書において，温室効果ガス排出量の削減目標の達成を罰則規定つきで義務づけられた。

③ 日本は，二酸化炭素の排出量で，アメリカと中国のいずれをも上回っていない。

④ 日本を含めた先進諸国は，発展途上国に対して，地球温暖化対策に関する技術・資金協力を行っていない。

問4 下線部(d)に関連して，日本で環境行政を一元的に担う官庁として1971年に設置された省庁の，現在の名称は何か。また，国連でも1972年の国連人間環境会議を受けて専門機関が設置されたが，その名称は何か。それぞれ答えよ。　　日本 [　　　　　　]　国連 [　　　　　　]

問5 下線部(e)に関連して，

(1) 循環型社会を推進するための施策として，3Rが提唱されている。以下のア～エのうち，3Rに該当するものを，循環型社会形成推進基本法の下で定められている施策の優先順位の高い方から並べかえ，記号で答えよ。〈21：現社第1回改〉

[　　　　　→　　　　　→　　　　　]

ア　使用済みの食品トレーを回収し，それを，新たなプラスチック製品の原料として使用する。

イ　廃棄されたプラスチックゴミを適切に埋め立てる。

ウ　ストローやレジ袋等の使い捨てプラスチック製品の利用量を削減する。

エ　イベント会場などで，飲料用のプラスチックカップを使用後に回収し，洗浄・殺菌・消毒等をして何度も使用する。

(2)　ある地域におけるリサイクルの状況を考える上で，リサイクル率（再資源化個数÷販売個数）という指標がある。地域Aと地域Bの二つの地域だけから構成されるある国における，ある商品の「基準年」と「基準年の5年後」のリサイクルの状況を考え，次の表を作成した。表は，各年における地域Aと地域Bでの商品のリサイクル率を示している。ただし商品が販売される地域と再資源化される地域は同一であるものとする。リサイクル率の増加をもってリサイクルが活発化したと評価するとき，地域A，地域B，国全体のうちリサイクルが活発化しているものはどれか。当てはまるものをすべて選べ。〈23：本試改〉　[　　　]

	地域A	地域B
基準年	$\dfrac{160\,（個）}{400\,（個）}$	$\dfrac{10\,（個）}{100\,（個）}$
基準年の5年後	$\dfrac{250\,（個）}{500\,（個）}$	$\dfrac{60\,（個）}{500\,（個）}$

①　地域A　　②　地域B　　③　国全体

---

⑧　[融合問題]　次の文章を読んで，以下の問いに答えよ。

近代初期のヨーロッパでは，経済政策として重商主義がとられていた。重商主義は国内の商工業を保護育成し，できるだけ多くの金銀を手に入れようとする政策であった。このような(a)保護貿易政策はこれまで繰り返しあらわれてきたが，こうした国内産業の保護政策が，結局は経済の効率を損ねていると主張したのがリカードであった。彼は(b)貿易をできる限り自由化し，拡大することで経済発展を求めることを主張し，現在では多くの国が(c)自由貿易を採用している。

だが，自由貿易が常にすべての国に恩恵をもたらすわけではない。日米間における(d)貿易摩擦問題は自由貿易のもつ問題点が政治問題にまで発展した。GATTが発展的に解消して設立された(e)WTOも，各国利害が対立する中でウルグアイ・ラウンドに続くドーハ・ラウンドも難航している。

また，自由貿易のみならず，資本移動の自由化がもたらす問題点がある。1980年代の巨額な貿易黒字を背景に，日本の(f)国際収支は大幅な黒字を計上してきた。その一方で，1980年代後半の円高不況以後，(g)企業の海外進出が進んで対外直接投資が大幅に増加し，その結果国内産業の空洞化が進んだ。

(h)経済のグローバル化の中で，自由貿易・自由経済体制を維持しながらどのように各国の産業を維持させていくのかが，今後の課題であるといえる。

問1　下線部(a)に関連して，19世紀ドイツの経済学者F.リストによる保護貿易（制限貿易）擁護の主張についての記述として最も適当なものを，次の①〜④のうちから一つ選べ。〈00：追試〉　[　　　]

①　後発国において，将来の高い成長を実現できる潜在力をもつ工業部門については，輸入を制限して，保護政策を行うべきである。

②　自国労働者の実質賃金を高め，安定的な雇用を確保するため，低賃金国からの輸入は制限されるべきである。

③　食糧を中心とする農産物などの基礎的物資については，その安定供給を確保するために，輸入を制限して，保護政策を行うべきである。

④　後発国においては，貴重な外貨を確保するために，輸出は促進しても，輸入は制限されるべきである。

問2　下線部(b)に関連する記述として最も適当なものを，次の①〜④のうちから一つ選べ。〈02：本試〉　[　　　]

①　貿易の自由化を促進する手段の一つとして，非関税障壁が設けられることがある。

②　世界的にみると，国際的な資本取引の総額は，貿易取引の総額より大きくなっている。

③　発展途上国にみられる輸出加工区は，外国企業の進出を制限し，自国企業独自の輸出活動を促進することを目的に設置されている。

④　一国の輸入品の価格に対して輸出品の価格が上昇すると，その国の交易条件は悪化する。

問3 下線部(c)をめぐる交渉や政策についての説明として最も適当なものを，次の①～④のうちから一つ選べ。〈07：本試〉 [　　　]

① GATT（関税及び貿易に関する一般協定）の基本原則とは，自由貿易主義・無差別最恵国待遇主義・二国間主義の三原則をいう。

② ケネディ・ラウンドでは，農業やサービス貿易，知的財産権にも交渉対象が拡大された。

③ 東京ラウンドでは，工業製品の関税を一括して引き下げる方式が初めて提案された。

④ WTO（世界貿易機関）は，ウルグアイ・ラウンドでの合意をうけ，GATTを発展させて設立された国際機関である。

問4 下線部(d)に関連する記述として正しいものを，次の①～④のうちから一つ選べ。 [　　　]

① 日米間の貿易摩擦は，まずカラーテレビをめぐって生じた。

② 両国政府の保護の対象であった農産物については，摩擦は生じなかった。

③ 日本の輸出自主規制は，自動車には適用されなかった。

④ 日米間の摩擦は，大規模小売店の日本進出をめぐっても生じた。

問5 下線部(e)に関連して，WTOの記述として最も適当なものを，次の①～④のうちから一つ選べ。〈広島経済大〉 [　　　]

① 貿易摩擦が生じたとき，WTOはその解決策として輸出自主規制を推奨してきた。

② WTOは，輸入急増で国内生産者に重大な損害を与える恐れがある場合，一時的に輸入を制限できるセーフガードの発動を認めている。

③ ドーハ・ラウンドでみられるように，WTOは相手国の輸出補助金を相殺する目的であれば，無条件で輸入関税を認めるようになった。

④ WTOは，安定した自由貿易をめざし，不正貿易慣行を持つ国に対して一方的な制裁措置を認めている。

問6 下線部(f)に関連して，日本で発表されている国際収支表の説明として正しいものを，次の①～④のうちから一つ選べ。〈00：追試改〉 [　　　]

① 間接投資はサービス収支に，直接投資は金融収支に記載されている。

② 食料・医薬品などの無償援助は，第一次所得収支に記載されている。

③ 輸送，旅行，通信などの取引は，サービス収支に記載されている。

④ 利子所得，配当所得および雇用者報酬は，金融収支に記載されている。

問7 下線部(g)に関連して，以下の問いに答えよ。

(1) 企業の海外進出に関する記述として最も適当なものを，次の①～④のうちから一つ選べ。〈03：本試〉 [　　　]

① 値上がりによる利益を目的として外国企業の株式や社債を取得することを，対外直接投資とよぶ。

② 先進国企業が先進国に対外進出することを間接投資とよび，近年増加傾向にある。

③ 1990年代に外国企業の中国への進出件数が急増したのは，中国がWTO（世界貿易機関）に加盟したため。

④ 日米貿易摩擦が激化した1980年代に，貿易摩擦の回避を目的とする日本企業の対米進出が増加した。

(2) 企業が海外に進出する理由として**適当でないもの**を，次の①～④のうちから一つ選べ。〈07：本試〉 [　　　]

① 進出先の国における法人税率の引上げ

② 進出先の市場における販路の拡大

③ 進出先における低賃金労働力の利用

④ 進出先の政府が提供する経済特区の利用

問8 下線部(h)に関連して，経済のグローバル化がこれまでの国際政治・経済にもたらした変化についての説明として最も適当なものを，次の①～④の中から1つ選びなさい。〈日本大改〉 [　　　]

① 国境を越えた人の移動が制限されることで，民族間や人種間の対立がなくなった。

② 短期利得を目指して巨額の投機マネーが動くようになり，たびたび通貨危機が起こった。

③ 各国政府の独自性が高まり，従来よりも自由な政策を単独で遂行できるようになった。

④ 新興国へ資本が流出することにより，先進国は産業の空洞化を回避できるようになった。

実戦問題

9　[融合問題]　次の文章を読んで，以下の問いに答えよ。

学生Ａ：次の春休みにヨーロッパ旅行を計画しているんだ。だから，最近，⒜為替相場の変動，とくにユーロの動きには無関心ではいられないよ。

学生Ｂ：そういえば，2010年初めごろにも急速なユーロ安が進んだね。

学生Ａ：そうだったね。当時，ギリシャが前政権の財政赤字の額を大幅に上方修正したことがきっかけとなって，ユーロの信用力が下がったようだね。

学生Ｂ：先日の講義で，ヨーロッパは戦後ほぼ50年かけて⒝経済統合を進めてきて，1999年にようやく単一通貨であるユーロを導入したって聞いたよ。

学生Ａ：ただ，財政運営は各国の責任なんだけど，財政規律を保つために赤字の幅を一定の枠内に収める規定があるんだ。2008年のリーマン・ショック後の景気対策を目的とした歳出拡大で，ギリシャがこの水準を大幅に超えて，他の国々にも問題が波及しないか危惧されたんだ。その後のG20で，「13年までに⒞日本を除く先進国の財政赤字を半減させる」という健全化目標が打ち出されたのも，そういった背景があるんだ。〈12：本試改〉

問1　下線部⒜によって，輸出企業の売上げが影響を受けることがある。1ユーロ＝131円であるとき，日本のある電気機械の企業が自社製品をユーロ圏で販売し，2億ユーロの売上げがあった。その半年後に1ユーロ＝111円になったとき，この企業が同じ数量の同じ製品をユーロ圏で販売し，相変わらず2億ユーロの売上げがあったとすれば，円に換算した売上げはどのくらい増加または減少するか。正しいものを，次の①〜④のうちから一つ選べ。　　　[　　　　]

①　20億円増加する。　　　②　40億円増加する。

③　20億円減少する。　　　④　40億円減少する。

問2　下線部⒝についての記述として最も適当なものを，次の①〜④のうちから一つ選べ。　[　　　　]

①　FTA（自由貿易協定）は，二国間や地域で自由貿易をめざすもので，投資や知的財産権に関する協定を含む経済統合の最高度のものである。

②　EEC（欧州経済共同体）で導入された関税同盟は，域内関税と域内輸入制限を撤廃し，域外共通関税を設定するものである。

③　単一欧州議定書による市場統合は，非関税障壁を撤廃してモノの移動を自由化し，サービス・カネの移動について加盟国の規制を残すものである。

④　マーストリヒト条約で計画された経済通貨同盟は，加盟国の経済政策を調整し，固定相場を維持することを目的とするものである。

夏希さんのメモ

日本の国際収支（2016年）	（億円）
貿易・サービス収支	43,888
貿易収支	55,176
サービス収支	−11,288
第一次所得収支	188,183
第二次所得収支	−21,456
資本移転等収支	−7,433
金融収支	282,764
直接投資	145,293
証券投資	296,496
外貨準備	−5,780
誤差脱漏	79,583

出典：財務省「国際収支状況」により作成。

問3　下線部⒞に関連して，夏希さんは日本の国際収支の現状を報じた新聞記事に出ていた数値について，気になったものだけメモした。このメモに関して述べた文として正しいものを，下のa〜cからすべて選び，その組合せとして正しいものを，下の①〜⑦のうちから一つ選べ。〈18：政経プレテスト〉　[　　　　]

a　経常収支は，黒字である。

b　経常収支，資本移転等収支，金融収支，誤差脱漏の額を合計すると，0になる。

c　第一次所得収支には，対外証券投資からの収益が含まれている。

①　a　　　　②　b　　　　③　c　　　　④　aとb

⑤　aとc　　⑥　bとc　　⑦　aとbとc

◆ 総合問題

1 [少子高齢社会と社会保障] 次の文章を読んで，以下の問いに答えよ。

　2000年代に入って，わが国は本格的な少子高齢社会を迎えた。少子化の直接の原因は出生数の減少であり，日本では⒜1970年代前半では毎年200万人を超えるくらいであったが，それ以降は低下を続け，2010年では107万人ほどに減少した。また，少子化は⒝合計特殊出生率によっても表現される。日本は人口規模の維持に必要な約2.1（人口置き換え率）を1974年からほぼ一貫して下回り，2005年には　A　と過去最低を記録した。総務省の発表によると，2022年10月の日本の総人口は1億2,494万7千人で，12年連続で減少している。一方高齢化は，総人口に対する　B　歳以上の人口割合によって表現される。これが　C　％を超える社会を「高齢化社会」，　D　％を超えた社会を「高齢社会」，さらに　E　％を超えると「超高齢社会」とよんでいる。日本は，2007年に　E　％を超え「超高齢社会」に突入した。

　少子高齢化により，生産年齢人口が減少し，将来の労働力不足や経済成長の停滞につながる恐れがある。また，⒞生産年齢人口に比べて高齢者の数が相対的に多くなるため，公的年金や医療費の財源が不足する。⒟少子化対策や高齢者対策はもちろんのこと，⒠持続可能な社会保障制度の構築に向けた取り組みが喫緊の課題である。

問1　文中の空欄　A　～　E　に当てはまる最も適切な数字を，次のア～スの中から一つずつ選べ。
　　ア　1.16　　イ　1.26　　ウ　1.57　　エ　2.08　　オ　7　　カ　10　　キ　14　　ク　21　　ケ　28
　　コ　35　　サ　60　　シ　65　　ス　70
　　　　　　　A [　　　　　] 　B [　　　　　] 　C [　　　　　] 　D [　　　　　] 　E [　　　　　]

問2　下線部⒜に関して，1971～74年生まれの世代について適切なものを，以下の①～④の中から一つ選べ。〈明治大改〉 [　　　　　]
　①　第一次ベビーブーム世代　　②　第二次ベビーブーム世代　　③　団塊世代　　④　バブル世代

問3　下線部⒝の合計特殊出生率の説明として最も適当なものを，次の①～④から一つ選べ。〈明治大〉 [　　　　　]
　①　総人口一人あたりの平均出生数
　②　女性人口一人あたりの平均出生数
　③　一人の女性が一生の間に出産する子どもの平均数
　④　一人の女性が一生の間に出産する女児の平均数

問4　下線部⒞に関連して，日本の公的年金制度で現在事実上とられている財源方式は，高齢化が進むほど現役世代の負担が重くなるといわれている。この方式を何というか。次の①～④から選べ。〈明治大〉 [　　　　　]
　①　賦課方式　　②　積み立て方式　　③　マーケットシェア方式　　④　エンゲル係数方式

問5　下線部⒟に関して，少子高齢社会への対応策に関する記述として**間違っているもの**を次の①～⑤の中から一つ選べ。〈明治大・早稲田大改ほか〉 [　　　　　]
　①　2012年に消費税の引き上げに関する法律と一緒に子ども・子育て関連3法が成立した。
　②　介護保険法（1997年成立，2000年施行）では，当初は自己負担額1割で介護サービスをうける制度として発足したが，その後の改正で利用者の所得に応じて3割まで負担することになった。
　③　2008年，70歳以上の高齢者を対象とする後期高齢者医療制度が設けられた。
　④　2017年の育児・介護休業法の改正により，保育所等に入れない場合に最長2歳まで育児休業の延長が可能になった。
　⑤　2012年に改正された高年齢者雇用安定法では，65歳までの定年引上げもしくは継続雇用制度の導入，定年制の廃止，いずれかの措置を講じなくてはならないとした。

問6　下線部⒠に関して，近時は生活保護等の社会保障給付にかえて，ベーシックインカム制度を導入すべきとの主張もなされている。ベーシックインカムの説明と利点を80字以内で述べよ。[記述式]〈中央大改〉

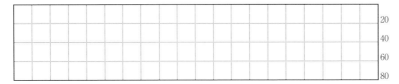

❷［地域社会と地方自治，防災］ 次の文章を読んで，以下の問いに答えよ。

　人口減少率などをもとに，総務省が「過疎地域」とする自治体が，2022年4月の指定で全国の市町村の半数を超えた。地方の過疎化は，少子高齢化の進行が進む中で，人口が減少し高齢者の人口の割合が半数以上に達したことで社会的な共同生活の維持が困難になる　A　とよばれる地域が増えている。また，(a)地方財政も長年にわたって困難に直面しており，各地方自治体では，財政再建や地域経済の活性化などを目的としてさまざまな試みを行っている。

　人口減少とそれに伴う地域経済の縮小や公的サービスの低下が危惧されるなか，地域再生は大きな課題となっている。地域再生には，おもに行政主導の考え方と地域の住民主導による考え方がある。行政主導による一つの手法として，地域の外から産業や公共事業を誘致し，地域開発をすすめることがあげられる。この手法を　B　という。一方で，(b)外部の企業や政府の事業に頼らずに，地元の資源を有効に活用していくことで地域経済の総合的かつ持続的発展を促すことの意義が高まっている。これは　C　といわれる。

　近年，日本では地球温暖化や地震活動期に入ったことによって集中豪雨や巨大台風，地震による被害が頻発している。(c)災害に対しては被害を発生させないための防災，被害をおさえるための減災の視点が大切であり，災害対策や災害対応において地方公共団体が果たす役割があらためて見直されている。〈駒澤大・学習院大改〉

問1　文中の　A　〜　C　に入る適語を書きなさい。

A [　　　　　　　]　B [　　　　　　]　C [　　　　　　]

問2　下線部(a)に関連して，次の記述のうち**誤っているもの**を**すべて**あげよ。〈23：本試改〉　[　　　　　]
① 地方公共団体における財政の健全化に関する法律が制定されたが，財政再生団体に指定された地方公共団体はこれまでのところない。
② 出身地でなくても，任意の地方公共団体に寄付をすると，その額に応じて所得税や消費税が軽減されるというふるさと納税という仕組みがある。
③ 地方公共団体は，地域の実情に応じて，地方税法に規定された税以外に財源確保や環境対策などの政策を達成するために条例により税を新設することができる。
④ 地方公共団体が地方債を発行するに際しては，増発して財政破綻をすることがないよう，原則として国の許可が必要である。
⑤ まち・ひと・しごと創生法が2014年に制定され，国や地方公共団体では個性豊かで魅力ある地域社会づくりに向けた政策が進められている。
⑥ 地方の人口減少や高齢化への対応策として生活に必要な機能を中心市街地に集中させることなどを行う，コンパクトシティという考え方がある。

問3　下線部(b)の観点に直接基づく取組みと考えられるものを次のア〜ウからすべて選び，その組合せとして最も適当なものを，下の①〜⑧のうちから一つ選べ。〈21：現社本試〉　[　　　　　]
ア　地域住民が，中心市街地の活性化に関心や志がある人を地域内から募り，空き店舗などの民間資本を有効活用する地域再生のプロジェクトを中心としたソーシャル・ビジネスを起業する。
イ　商店街内に居住する民間事業者が，廃業した酒蔵の所有者と賃貸借契約を結んで自己資金で改築し，地元産食品を提供するレストランを営み，地域住民の交流の場として提供する。
ウ　土産物店の経営者が，雇用の創出や地域の産業振興につながる観光業を促進するための補助金支出事業を立案した自治体の取組みをそのまま受け入れ，補助金を申し込む。

①　アとイとウ　　②　アとイ　　③　アとウ　　④　イとウ
⑤　ア　　　　　　⑥　イ　　　　⑦　ウ　　　　⑧　上の観点に直接基づく取組みと考えられるものはない

問4　下線部(c)に関連する記述として，**適当でないもの**を，次の①〜④のうちから一つ選べ。　[　　　　　]
① 2011年の東日本大震災では，国や地方自治体による適切な防災計画の策定やハザードマップなどでの災害情報提供の重要性が再認識された。
② 阪神・淡路大震災やその後の災害での各地のボランティア活動の経験をふまえ，災害時のボランティア活動の制度化・マニュアル化が進み，以前よりスムーズに運営されるようになってきている。
③ 避難所の生活に関するガイドラインやマニュアルなどをあらかじめ地方自治体が作成することも災害対策として取り組まれている。
④ 2021年災害対策基本法の改正で，市町村が発令する従来の避難指示がなくなり，避難勧告に一本化された。

③ [日本の労働環境と労働問題] 次の文章を読んで，以下の問いに答えよ。

日本国憲法第27条と第28条は，国民ないし勤労者（労働者）の　A　を保障している。具体的には，憲法第27条1項で勤労の権利，同条2項で労働条件基準法定原則，第28条でいわゆる労働三権，などを規定している。

このうち労働条件の基準に関しては，1947（昭和22）年に労働基準法が制定され，労働条件に関する原則や守るべき最低の基準等が定められた。同法は，現在に至るまで⒜様々な改正を経てきており，男女差別の規制のために1985（昭和60）年に制定された　B　などの新たな立法も行われてきた。⒝働く男女の平等や，家庭生活・育児と仕事の両立を図るための法制度の整備が，依然として課題である。

最近，日本では「格差の拡大」が社会問題化している。労働分野でも，2008（平成20）年秋のいわゆる　C　に端を発する雇用危機が，「　D　切り」で象徴される非正規労働者の削減をもたらしたことなどは記憶に新しい。その背景には，⒞日本的経営方式の崩壊や，労働分野で進められた規制緩和が影響しているとの見方がある。格差の固定化を防ぐためには，⒟労働分野はもちろんのこと，社会全体のあり方を視野に入れた施策の充実が求められる。

労使間における紛争は，最終的には裁判という形で解決が図られる。ただし従来，労働組合法に基づいて設置される　E　という行政委員会が一定の役割を果たしてきた。他方，個々の労働者と使用者との間の個別労使紛争が増加している昨今の状況下にあって，2004（平成16）年に制定された　F　法に基づき　F　制度が導入され，裁判よりも迅速・簡便な方法による紛争解決手段として利用されている。〈**問1〜4**　早稲田大改〉

問1　文中の　A　〜　F　に入る最も適切な語句を答えよ。

A [　　　　　　　　　　] 　B [　　　　　　　　　　] 　C [　　　　　　　　　　]

D [　　　　　　　　　　] 　E [　　　　　　　　　　] 　F [　　　　　　　　　　]

問2　下線部⒜の改正に関する以下の記述のうち，**適切でないもの**を次の①〜④から一つ選べ。　[　　　　]

①　フレックスタイム制により，労使協定を通じて始業と終業の時刻を労働者が自由に決定できるしくみが導入されたものの，必ず出勤していなければならない時間帯が設けられている場合が多い。

②　裁量労働制は，実際の労働時間にかかわらず，労使であらかじめ合意した時間を働いたとみなして賃金が支払われる制度であり，現在では，研究開発などとくに専門性の高い「専門業務型」のみが対象となっている。

③　年次有給休暇制度とは，労働者の休暇を有給で保障する制度のことであり，使用者は労働者に対し，勤務年数と勤務状況に応じて，最大日数20日までの休暇を与える義務を負っている。

④　休日に関しては，週休制の原則により，使用者は労働者に対して，毎週少なくとも1回の休日を与えることが義務付けられているにとどまるものの，1日8時間・週40時間という法定労働時間規制により，実際上週休2日制を導入する企業が多い。

問3　下線部⒝に関する以下の記述のうち，**適切でないもの**を次の①〜④から一つ選べ。　[　　　　]

①　現在，女性だけでなく男女双方に対するセクシュアル・ハラスメント防止の措置義務が事業主に課されている。

②　労働基準法に以前あった女性の時間外労働・休日労働を制限する規定は撤廃されたものの，看護師など特殊業種を除き女性の深夜業を禁止する規定は，女性保護の観点から現在も残されている。

③　女性の年齢別労働力率の特徴を示すM字型就労からすると，依然として女性が妊娠・出産を機に退職する傾向にあることがうかがえる。

④　直接に性別を理由とする差別ではなく，外見上は性中立的な基準を当てはめることによって，結果的に一方の性別の者に不利益な結果を及ぼすことになるような差別を間接差別という。

問4　下線部⒞の「日本的経営方式の崩壊」とは具体的にどのような変化を指すのか，80字以内で説明せよ。[記述式]

問5　下線部⒟に関連して，日本における雇用のルールや生活の保障をめぐる記述として最も適当なものを，次の①〜④のうちから一つ選べ。〈13：政経，倫理・政経本試〉　[　　　　]

①　法定時間外労働に対して，割増賃金の支払いやそれに代わる休暇の付与が行われないことは，違法とされている。

②　パートタイマーは，厚生年金保険の被保険者となることがない。

③　最低賃金制度は，派遣労働には適用されないが，パートタイム労働には適用される。

④　生活保護法に基づく保護には，医療扶助は含まれない。

諸課題

4 [高度情報社会と国民生活]　次の文章を読んで，以下の問いに答えよ。

　サービス業・情報産業などの第三次産業の発展は経済のサービス化または　A　化と呼ばれる。日本では1973年の石油危機を境に経済のサービス化または　A　化が加速し，今日では情報通信技術や(a)AIの発達を背景に産業の垣根を越えた新たなサービスが次々と生まれ，経済のサービス化または　A　化は一層進展している。

　身近な生活から経済・産業活動まで，情報が重要な役割を果たす社会は高度情報社会と呼ばれる。インターネットを用いた通信販売や(b)電子商取引が頻繁に行われ，現金を使わずに買い物をする　B　社会が進展している。公共設備においても情報通信技術の活用が見られる。電力需要を瞬時に把握し，効率的な電力供給を行う送電網である　C　はその代表例である。新型コロナウイルスへの対応におけるパソコンなどの情報端末を用いた(c)リモートワークも情報通信技術の活用の一例といえる。また情報通信技術によって得られたデータの経済活動における利活用もよく見られる。消費者の購買履歴や取引明細データなどのオペレーションデータ，位置情報を記録したGPSデータ，ウェブサーバーに生成されるログなどのビッグデータを用いて，効果的な事業活動が展開されている。例えば，情報端末を利用して(d)食品の生産，処理・加工，流通・販売の各段階の履歴をたどれるシステムに容易にアクセスできるようになっている。

　しかし高度情報社会にはいくつか課題が残されている。その一つに(e)電子商取引における消費者問題がある。また情報通信機器が日常生活に浸透することにより，機器の活用能力の高低によって情報収集や生活能力に関する格差が生じるデジタル・　D　や，膨大な情報の正誤を主体的に判断し，選択するメディア・　E　の育成も課題である。

　そのほか，権利侵害の問題やサイバー犯罪も急増している。日本では2002年に(f)知的財産権の保護のための知的財産基本法が公布された。インターネット上の個人情報や画像は消えずに残るものであるため，これらの削除を求められる，いわゆる（　F　）権利を求める声が上がっている。〈関西大改〉

問1　文中の空欄　A　～　E　にあてはまる最も適切な語句を，以下のア～ナからそれぞれ一つ選べ。

A [　　　　] B [　　　　　　] C [　　　　　　] D [　　　　　] E [　　　　]

ア　アプリ　　イ　エコノミー　　ウ　エネルギーミックス　　エ　キャッシュレス　　オ　コミュニケーション
カ　ストア　　キ　スマートグリッド　　ク　スマートシティ　　ケ　ソフト　　コ　タブレット　　サ　デバイス
シ　デバイド　　ス　デモクラシー　　セ　ナンバー　　ソ　ハード　　タ　プライバシー　　チ　プリペイド
ツ　モバイル　　テ　ユビキタス　　ト　リテラシー　　ナ　ローカルエネルギー

問2　下線部(a)に関連して，AとIはある単語の頭文字であるが，原語の組合せとして最も適当なものを次の①～④から一つ選べ。　　　　　　　　　　　　　　　　　　　[　　　　]

①　A＝Artificial, I＝Internet　　②　A＝Artificial, I＝Intelligence
③　A＝Automatic, I＝Internet　　④　A＝Automatic, I＝Intelligence

問3　下線部(b)の別名として最も適当なものを次の①～④から一つ選べ。　　　[　　　　]

①　サイバーモール　　②　オンラインストア　　③　eコマース　　④　フィンテック

問4　下線部(c)に関連して，情報通信機器を利用して自宅や小規模な事務所で行われる労働形態を表す言葉をアルファベット4文字で答えよ。　　　　　　　　　　　　　　　　[　　　　]

問5　下線部(d)に関連して，このシステムを表す語句として最も適当なものを次の①～④から一つ選べ。　　　　　　　　　　　　　　　　　　　　　　　　　　　　[　　　　]

①　ディスクロージャー　　②　ファクトリー・オートメーション　　③　オフショアリング　　④　トレーサビリティ

問6　下線部(e)に関連して，消費者問題の記述として**最も適当でない**と考えられるものを次の①～④から一つ選べ。
　　　　　　　　　　　　　　　　　　　　　　　　　　　　　　　　　　[　　　　]

①　勝手に送られてきた電子メールに記されたURLにアクセスしたときに，一方的に契約成立と表示され高額請求されることをワンクリック詐欺という。
②　インターネットなどの発達に伴い通信販売などのトラブルが増加したことを受けて，2000年に訪問販売法が改正されて特定商取引法となった。
③　2001年にはインターネットなどの発達に伴う電子商取引の拡大に対応するため，電子契約法が施行された。
④　インターネット通信販売において，商品を購入した消費者に対し画面表示していたものと異なる商品を送り付ける商法のことをマルチ商法という。

問7　下線部(f)に関して，知的財産権に含まれない権利として最も適当なものを次の①～④から一つ選べ。[　　　　]

①　反論権　　②　商標権　　③　意匠権　　④　特許権

問8　（　F　）に入る語句として最も適当なものを次の①～④から一つ選べ。　　　[　　　　]

①　安全である　　②　意見を聞いてもらう　　③　忘れられる　　④　選択できる

5 [日本の財政の健全化] 次の**授業まとめノート**を読んで，以下の問いに答えよ。

授業まとめノート

Ⅰ 財政の役割（三つの機能）
○ⓐ資源配分の調整 ○所得再分配
○経済の安定化（景気の調整）

Ⅱ 日本の財政の状況
○財政赤字の増大
…2022年度末で国債発行残高が1,000兆円を超える
…債務残高の対GDP比が主要先進国の中で最高水準
【要因】・少子高齢化に伴う社会保障費の増大
・バブル経済崩壊後の税収の伸び悩みと景気対策による歳出の増加
・新型コロナウイルス感染症対策による歳出拡大 等
【問題点】…ⓑ

Ⅲ 財政改革の現状
○ⓒ財政の健全化
…当面プライマリー・バランスの黒字化を目標

（表） ※四捨五入により各項目は実際の合計値と一致しない。

歳入		歳出		
租税収入等	約71兆円	政策的経費		約86兆円
国債収入	約40兆円	国債費	債務償還費	約16兆円
			利払費等	約8兆円

（財務省「日本の財政関係資料（令和4年度）」より作成）

○ⓓ社会保障関係費と国民負担にかかわる問題

問1 下線部ⓐに関連して，この機能は市場を通じては供給されない公共財の供給を政府が行うことである。公共財とは，非競合性かつ非排除性という性質を持つ財・サービスを指す。公共財の非競合性と非排除性について，60字以内で説明せよ。|記述式|

（30字・60字のマス目）

問2 財政赤字に関する問題点ⓑに関する以下の文のうち，**最も不適切なもの**を一つ選べ。〈早稲田大改〉[　　　]
① 国債の発行額が累積するにしたがい国債費も増加するため，本当に必要とされる政策に対して予算が振り分けられなくなるという財政の硬直化が指摘されている。
② 国債発行による恩恵は現在の世代が受けるものの，国債の利払いや償還（返済）は将来にわたって財政を制約するため，国債残高の増加は世代間の不公平を助長するという批判がある。
③ 債務残高の対GDP比が主要先進国の中でも突出して高く，主要な格付け会社は日本国債をアメリカやドイツ等に比べて低く評価している。
④ 国債残高の累積は，債券市場における需要を上回る国債の過剰供給をもたらし，長期金利の下落につながるという懸念がある。

問3 下線部ⓒに関連して，以下の問いに答えよ。〈京都産業大改〉
(1) **（表）**の数値を用いて計算したプライマリー・バランスの値として最も適切なものを次の①～④から選べ。
[　　　]
① 0兆円 ② 約15兆円 ③ 約−15兆円 ④ 約−24兆円
(2) プライマリー・バランスの記述について正しいものを**すべて**あげよ。 [　　　]
① プライマリー・バランスの赤字が継続すれば，国債残高は増加していく。
② プライマリー・バランスの均衡が継続すれば，国債残高は変化しない。
③ プライマリー・バランスの均衡が継続すれば，国債残高は減少していく。
④ 債務残高の対GDP比の安定的引き下げには，名目成長率と名目金利が同程度であるという前提に立ち，プライマリー・バランスの黒字化が必要である。

問4 下線部ⓓに関連して，次の記述のうち**誤っているもの**を一つあげよ。 [　　　]
① 現在（2022年度），社会保障関係費は一般会計歳出の約3分の1を占め，歳出における最大項目になっている。少子高齢化が急速な速度で進行しており，今後も社会保障の費用が増え続けることが予測される。
② 2012年から政府は「社会保障と税の一体改革」を進めており，社会保障改革と消費税率の引き上げを実行している。
③ 税と社会保険料が国民所得に占める比率を国民負担率という。また国民負担率に加え財政赤字を含めた潜在的国民負担率も示されている。
④ 諸外国と比較すると，日本の社会保障は「給付」（社会保障支出）に対して，「負担」（税・社会保険料）は低く，国民負担率は20％前後である。

諸課題

6 **［日本の食料問題と農業の課題］**　次の文章を読んで，以下の問いに答えよ。

　第二次世界大戦後の民主化政策の一環として(a)農地改革などが行われ，日本農業は戦前とは異なる体制の下で営まれることとなった。1961年には　A　法が制定され，政府は，農業の近代化・機械化や所得の農工格差の是正をめざして，畜産・果樹などへの作物の転換などを進めた。1960年代末からは(b)減反政策がとられるようになった。それは，(c)食糧管理制度による米価引き上げを通じて農家所得を保障しようとしたこともあって，コメの生産過剰が発生したからである。また，農業の近代化・機械化と農村地域への工場の進出にともなって，農家の　B　化が進んだ。

　1980年代に入ると，日米貿易摩擦を背景に，アメリカからの農作物輸入自由化への圧力が強まり，1991年には牛肉と　C　の輸入が自由化されることになる。1993年には，GATTの　D　・ラウンドにおける合意にもとづき，　E　としてコメの輸入自由化に対応したが，1999年に，政府は　F　によるコメの輸入自由化に踏み切った。同年，このような農産物の輸入自由化の進展や新たな農業の諸課題に対応するために，　G　法が制定された。

　このような農業政策の結果，日本の農業は，農業就業者数の減少・担い手の高齢化や耕作　H　地の増加，安価な輸入農作物との競争など多くの課題を抱えることとなったのである。農業は，食料の安定供給と同時に(d)国土や環境の保全などの役割も担っており，総合的な政策対応が迫られている。近年では(e)新しい業態への取り組みも進められ，日本の農業の再興がめざされている。〈國學院大改〉

問1　文中の空欄　A　～　H　に入る適切な語句を答えよ。
　　　　　　A［　　　　　　　］　B［　　　　　　　　］　C［　　　　　　　］
　　　　　　D［　　　　　　　］　E［　　　　　　　　］　F［　　　　　　　］
　　　　　　G［　　　　　　　］　H［　　　　　　　　］

問2　下線部(a)について，農地改革の記述として最も適当なものを，次の①〜④の中から一つ選べ。［　　　　　］
　①　戦前の日本農業の特質であった地主制を廃絶し，小作農を増やした。
　②　1946年から50年にかけて2次にわたって実施された。
　③　不在地主の土地だけを政府が買い上げた。
　④　戦後民主化の理念に沿って，株式会社の農地所有を認めた。

問3　下線部(b)について，減反政策の記述として最も適切なものを，次の①〜④の中から一つ選べ。［　　　　　］
　①　減反政策は，コメと麦の作付面積を制限する政策である。
　②　減反政策によって，1970年代末にはコメの生産過剰は解消された。
　③　減反に協力すると，政府から奨励金が農家に支払われた。
　④　減反政策は，自主流通米制度の発足によって1990年に廃止された。

問4　下線部(c)について，食糧管理制度の記述として最も適切なものを，次の①〜④の中から一つ選べ。
　　　　　　　　　　　　　　　　　　　　　　　　　　　　　　　　　　　　　　［　　　　　］
　①　第二次世界大戦後，コメの統制を目的として創設された。
　②　生産者米価より消費者米価を高くして「逆ざや」を生みだした。
　③　食糧管理特別会計の黒字を生み出した。
　④　1995年に農家がコメを自由に売買することが認められ，廃止された。

問5　下線部(d)を重視する農業や農業政策のあり方として**適当でないもの**を，次の①〜④のうちから一つ選べ。
〈09：本試〉　　　　　　　　　　　　　　　　　　　　　　　　　　　　　　　　　　　［　　　　　］
　①　都市近郊の農地を住宅地や商業地へ転用することを奨励する。
　②　家畜の糞尿や食品くずを堆肥として再利用させる。
　③　農薬や化学肥料の使用量を減らす栽培技術を普及させる。
　④　棚田（傾斜地にある小規模・不整形な水田）での耕作放棄を防止する。

問6　下線部(e)に関連して，「農業の6次産業化」を50字以内で具体的に説明しなさい。記述式〈中央大〉

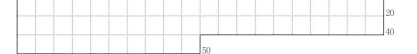

7 [グローバル化]　次の文章を読んで，以下の問いに答えよ。

　現代の経済活動は，自国内だけでなく，国境を越えて活発に行われるようになっている。第二次世界大戦後には，貿易や為替の分野でさまざまな自由化が進み，経済活動を中心に国境の壁が低くなった。

　このような動きを経済のグローバル化とよび，その進展につれてさまざまな現象が起こっている。(a)各国の政府は定期的に会合を開き政策協調を行っている。冷戦終結後の1990年代には，旧共産主義圏諸国が市場経済へ移行して世界経済に仲間入りし，世界貿易の規模が拡大した。(b)2000年代以降は世界各地の新興国が台頭したことによって，世界経済の相互依存はさらに強まり，(c)多国籍企業が国際的な影響力を及ぼすようになった。さらに，(d)国ごとに異なっていた経済取引のルールや法制度，コンピュータの運用方法などが世界的に通用するよう共通化された規格が生み出された。

　しかしながら，経済のグローバル化には負の側面も存在する。たとえば，国際的な取引の中で各国間の利害が対立すると，国際的な取引を制限して国内産業を守ろうとする　A　主義を唱える動きが台頭することがある。日本も貿易をめぐるさまざまな問題に直面してきた。日本は1964年に　B　に加盟して先進国の仲間入りをしたが，アメリカ合衆国は巨額の貿易赤字に苦しむようになった。両国の間では，1970年代以降さまざまな品目で貿易摩擦とよばれる対立が激しくなった。1985年ごろにはアメリカの議員や経営者，知識人の間に　C　が広がり，貿易交渉は熾烈さを増した。アメリカは，その後も日本に市場の閉鎖性の改善を求めつづけ，1993年には　D　が両国の間でなされた。

　また，国際的な資本移動が激増し，金融もグローバル化している。多国籍企業が巨額の資金を　E　に逃避させ，資金の流れが見えにくくなるという弊害が生じた。成長が見込まれる地域や分野には投機的資金が集中するようになり，バブル経済が発生しては崩壊するというくり返しが見られるようになった。1997年には，国際的な資本移動の自由化を背景に，世界各国から東アジア諸国へ流入していた多額の短期資本が一転して大量に流出し，　F　が起こった。2000年代に入ってアメリカで発生した住宅や株式などのバブルが崩壊すると，2008年に大手投資銀行の経営が破綻し，その影響は世界中に波及して　G　とよばれる事態となった。　H　の財政赤字が2009年の政権交代にともなって明らかになると，財政状態の厳しい南欧諸国やアイルランドを巻き込んだ危機が欧州全体の金融システムを襲った。〈同志社大改〉

問1　文中の　A　～　H　に入る最も適切な語句を，次のア～フからそれぞれ1つ選べ。

　　A [　　　]　B [　　　]　C [　　　]　D [　　　]　E [　　　]　F [　　　]
　　G [　　　]　H [　　　]

ア　ASEAN　イ　e-Japan戦略　ウ　NAFTA　エ　OECD　オ　OPEC　カ　UNICEF　キ　日米行政協定
ク　合衆国憲法　ケ　環境破壊　コ　ギリシャ　サ　経済封鎖　シ　資本主義陣営　ス　社会主義国
セ　ジャパン・バッシング　ソ　重農　タ　自由貿易　チ　アラブの春　ツ　成果　テ　世界恐慌
ト　世界金融危機　ナ　タックス・ヘイブン　ニ　トルコ　ヌ　ブルガリア　ネ　文化摩擦
ノ　アジア通貨危機　ハ　保護貿易　ヒ　日米経済調和対話　フ　日米包括経済協議

問2　下線部(a)に関連して，次の文章の　I　～　K　に入る最も適切な語句を答えよ。ただし，　J　はカタカナで答え，　K　はアルファベットと数字を使って答えよ。　　I [　　　]　J [　　　]　K [　　　]

・　I　以降の経済危機に対処するため，1975年に当時のフランスの大統領の提唱で初めて行われた，日本を含む主要国が経済政策を話し合う会議を「　J　」とよぶ。　J　は，現在にいたるまで参加各国の持ち回りで開催されている。
・近年では先進経済国だけで国際経済問題を解決することが困難になったため，G7諸国と新興12か国にEU代表を加えた　K　が開催されている。

問3　下線部(b)に関連して，ネクスト・イレブンとよばれる新興国グループに属する国を，次の①～④のうちから1つ選び，その番号を答えよ。　　　　　　　　　　　　　　　　　　　　　　　　　　　　　　　[　　　]

　①　タイ　　②　ベトナム　　③　シンガポール　　④　トルクメニスタン

問4　下線部(c)に関連して，次の(1)～(2)の記述について，**正しいものには○，正しくないものには×**と答えよ。

(1)　多国籍企業の企業統治形態としては，海外の子会社に経営権を委ねるものと，全体的な意思決定を親会社が行って海外の子会社を管理するものがある。　　　　　　　　　　　　　　　　　　　　　　　　[　　　]

(2)　多国籍企業の長所のひとつは，関係国間で技術移転がなされ，より効率のよい企業活動が世界的視野でなされることである。　　　　　　　　　　　　　　　　　　　　　　　　　　　　　　　　　　　　[　　　]

問5　下線部(d)に関連して，次の文章の（　　　）に入る最も適切な語句をカタカナで答えよ。　[　　　]
　国際的な経済活動が進展する中で，各国で異なっていたルールを共通化した規格であるグローバル・スタンダードには，国際標準化機構（ISO）のような機関で加盟国の協議により決められるもののほかに，市場の中で定着したものが事実上の国際標準として機能するものもある。そのようなものを，「事実上の」という意味をあらわすラテン語の語句にちなんで（　　　）・スタンダードとよぶ。

⑧[地球環境と資源・エネルギー問題] 次の文章を読んで，以下の問いに答えよ。

　1980年代後半に，「　A　可能な開発」という考え方が国連の「環境と開発に関する世界委員会」の最終報告書「地球の未来を守るために」（ブルントラント報告）において提唱され定着してきた。そして，　A　可能な開発のために配慮しなければならない問題としては，地球　B　，水資源の減少，海洋汚染，酸性雨，野生生物種の減少などの地球環境問題がある。なお，地球　B　とは，二酸化炭素（CO_2），メタン，代替フロン等の　C　ガスの排出量が増加し，これらの大気中濃度の高まりによる気温上昇のことで，それが，低地の水没や内陸の乾燥化などの被害につながると懸念されている。

　(a)二酸化炭素の排出量を減らすためには，(b)一次エネルギーのなかでの石油，天然ガス，石炭などの　D　燃料の使用を減らし，(c)再生可能エネルギーなどの使用を増やす必要がある。したがって，地球　B　を防ぐためには，　D　燃料の使用を減らすことが重要である。二酸化炭素の排出量を減らす方法としては，直接規制や　E　税の他に，1997年に　F　で開催された地球環境に関する国際的な取り決めをする気候変動枠組み条約第3回締約国会議で採択された「　F　議定書」で提起された排出量　G　が考えられる。なお，　E　税とは環境税の一種であり，　B　の原因とされる二酸化炭素の排出を抑えるために　D　燃料の消費に対してかけられる租税である。また，排出量　G　では，政策を決定する機関である国際機関（あるいは国）が国（あるいは企業）に対して二酸化炭素の排出　H　証を発行する。なお，その排出　H　証には，その国（あるいは企業）が排出できる二酸化炭素の上限が規定されている。そして，ある国（あるいは企業）に対して発行された排出　H　証に規定されている排出上限より多くの二酸化炭素を排出する場合には，他の国（あるいは企業）から排出量（あるいは排出　H　証）を購入する必要がある。逆に，技術革新などにより排出量をその上限より減らすことができれば，その排出量を他の国（あるいは企業）に売却することができる。この排出量　G　の市場を整備することで，社会全体の排出量が一定のもとで，各国（あるいは企業）の排出や排出削減への技術革新が最適（効率的）に行われるようになることが期待される。〈学習院大改〉

問1 文中の空欄　A　～　H　にあてはまる最も適切な語句を，解答欄に記入しなさい。ただし，いずれも漢字で　A　は2字，　B　は3字，　C　は4字，　D　から　H　は2字である。

A [　　　] B [　　　　] C [　　　] D [　　　]
E [　　　] F [　　　　] G [　　　] H [　　　]

問2 下線部(a)に関連して，二酸化炭素（CO_2）排出量について述べた以下の文中の空欄　ア　，　イ　，　ウ　にあてはまる最も適切な国名と数字の組み合わせを，以下の①～⑥のうちから1つ選べ。　[　　　]

　国際エネルギー機関（IEA）の統計資料（「Greenhouse Gas Emissions from Energy」2022 EDITION）によると，2020年において，国別でエネルギー起源のCO_2排出量がもっとも多かったのは　ア　，第2位は　イ　，日本は第　ウ　位であった。

① ア：アメリカ　イ：中国　ウ：3　② ア：中国　イ：アメリカ　ウ：3
③ ア：アメリカ　イ：中国　ウ：4　④ ア：中国　イ：アメリカ　ウ：4
⑤ ア：アメリカ　イ：中国　ウ：5　⑥ ア：中国　イ：アメリカ　ウ：5

問3 下線部(b)に関連して，各国における一次エネルギー源の消費量*割合を比較している以下の**グラフ**における空欄　エ　，　オ　，　カ　にあてはまる国名の組み合わせとして最も適切なものを，以下の①～⑥のうちから1つ選べ。　*：各エネルギー源の消費量を測る共通の単位はジュール（J）である。　[　　　]

グラフ：一次エネルギー源の消費量割合（2019年）

（出典）BP国際エネルギー統計より作成

石油　ガス　石炭　原子力　水力　その他再生可能

① エ：日本　オ：フランス　カ：カナダ
② エ：日本　オ：カナダ　カ：フランス
③ エ：フランス　オ：日本　カ：カナダ
④ エ：フランス　オ：カナダ　カ：日本
⑤ エ：カナダ　オ：フランス　カ：日本
⑥ エ：カナダ　オ：日本　カ：フランス

問4 下線部(c)に関連して，再生可能エネルギーの例として，**最も不適切なもの**を，以下の①～⑥のうちから1つ選べ。　[　　　]
① 太陽光　② 風力　③ バイオマス　④ シェールガス　⑤ 地熱　⑥ 水力

問5 地球環境への負荷を抑制するための環境マネジメントシステムなどを定める国際標準化機構の略称として最も適切な語句を，アルファベット大文字3字で答えよ。　[　　　]

9 [国際経済格差の是正と国際協力] 次の文章を読んで，以下の問いに答えよ。

発展途上国の飢餓や貧困などの諸問題解決や経済開発に関して，国際連合をはじめ各国政府・ⓐNGOなど様々なⓑ国際組織が，その解決のために力を注いできた。また，先進国と途上国の経済格差が，途上国側の働きかけによって，国際問題の主要テーマとして大きくとりあげられてきたが，抜本的な解決には未だ至っていない。また，南北問題からⓒ南南問題へと問題が広がりをみせ，国際的な問題解決が一層急務となっている。

先進国による途上国援助のひとつがⓓ政府開発援助（ODA）である。日本のODAは，援助額が世界でも有数の規模となっており，その援助先は東アジア・東南アジア諸国が中心である。しかし，援助がその国の国民に十分還元されていない場合もあり，日本のODAに対しては自国利益の追求，理念のないバラマキといった批判も多い。

世界の貧困問題の解決は様々な側面からなされなければならない。例えば，男女間格差の是正・人権問題・民主化政策など，単なる経済援助を超え，国家の政治や経済の仕組みをも見直していく必要がある。そのためにⓔ途上国自らの経済政策のみならず，先進国が果たすべき役割もまた大きいといえる。

問1　下線部ⓐを漢字5文字の日本語に直せ。　　　　　　　　　　　　　　　　　　　　[　　　　　]

問2　下線部ⓑに関連して，貧困問題への取組みを進めている次の国際組織A～Cについて，それに関する記述を①～④から選べ。〈04：現社本試改〉　　　　A [　　　] B [　　　] C [　　　]

A　国連開発計画（UNDP）　　B　経済協力開発機構（OECD）　　C　オックスファム・インターナショナル

① 先進国の大都市で社会問題となっているホームレスの人々を支援するNGOで，国際的なネットワークを構築している。

② 貧困問題の解決を優先課題とし，発展途上国の経済的，社会的発展を，体系的，持続的に援助する政府間機関で，人間開発指標を提示している。

③ 世界各地で，飢餓や貧困，被災に苦しむ人々を救済しているNGOで，衣食住や教育，医療の提供のほか，開発教育などにも携わっている。

④ 加盟国の経済の安定成長と貿易拡大を図ると同時に，発展途上国に対する援助と，援助の調整を目的とする政府間機関で，二国間援助機関の実態調査を行っている。

問3　下線部ⓒについて，「南南問題」とはどのような問題か，80字以内で説明せよ。 記述式

問4　下線部ⓓに関連して，ODAについての記述として**誤っているもの**を，次の①～④のうちから一つ選べ。〈04：追試改〉　　　　　　　　　　　　　　　　　　　　　　　　　　[　　　　　]

① ODAは，国際社会に対するサービスとして位置付けられ，そのため国際収支統計では，貿易・サービス収支に算入されている。

② 日本のODAは，世界でも有数の大きな金額になっているが，国連が設定した対GNI（国民総所得）比0.7％という目標を下回っている。

③ 先進諸国は，OECD（経済協力開発機構）の中にDAC（開発援助委員会）を設け，国際的規模でODAの充実を図っている。

④ 日本のODAは，被援助国の産業基盤の形成に寄与したが，その反面で住民の生活基盤や環境を破壊したという問題も指摘されている。

問5　下線部ⓔに関連して，発展途上諸国では自国の経済発展のためさまざまな政策・戦略が採用された。その内容を示す説明として**適当でないもの**を，次の①～④のうちから一つ選べ。〈07：本試〉　　[　　　　　]

① 低賃金を利用した軽工業品などの輸出を足がかりにして，輸出指向型の経済発展を実現しようとする戦略が採用された。

② 輸入額が膨大なために経済発展が停滞するという見方から，輸入品の国産化を図って貿易収支を改善しようとする政策が採用された。

③ 工業化の推進のためには外国資本のもつ技術や資本力などが必要なことから，外国資本を誘致する戦略が採用された。

④ 経済発展のためにはさまざまな産業部門の産出量を同時に増加させる必要があるという見方から，モノカルチャー経済政策が採用された。

10 ［イノベーションとその影響］　次の文章を読んで，以下の問いに答えよ。

　1990年代半ば以降，急速に進むグローバリゼーションは，情報通信技術の進歩やインターネットの普及によって，著しく加速されたといえる。90年代半ばには，故　A　氏らによって70年代半ばに創業されたパソコン（PC）・メーカーの　B　・コンピュータ社や，ビル・ゲイツ氏らが創業した　C　社などが，PC向け基本ソフト（OS）をインターネットに接続可能な仕様で販売するようになった。これによって，PCユーザーのインターネットに対する関心が大いに高まったのである。時を同じくして，(a)それまで高価であったPCの価格が徐々に低下し始め，PCの普及率も急速に伸長した。また，それに伴って，インターネットも右肩上がりで普及した。さらに，わが国でも2000年を前後して導入された毎月定額の大容量通信が可能な　D　接続サービスが低価格で提供されるようになったおかげで，インターネットの利用者が急増したのである。

　このようにインターネットが普及する中で1990年代後半には，それを本格的に活用したビジネスが登場し始めた。その一つが，　E　氏がオンライン書店として創業し，その後世界最大のeコマース企業へと成長する　F　・ドット・コム社である。また，時を同じくして，「世界中の情報をデジタル化する」をスローガンに登場した情報検索企業　G　社が創業された。さらに，2004年にはハーバード大学の学生であったマーク・ザッカーバーグ氏らがソーシャル・ネットワーキング・サービス（SNS）という新しいコミュニケーション・ツールを前面に打ち出して　H　社を創業した。

　これらの企業に限らず，1990年代を通じてインターネットを活用して新規ビジネスを披露した，いわゆるIT企業は，その事業実態や業績に関係なく，1990年代後半，アメリカを中心に巨額投資の対象となった。(b)しかし，その多くは利益を生み出すリアルなビジネスに成長することなく市場から姿を消して，世界経済は不況に転じた。もっとも，一部の堅実な企業は生き残ったし，その後既述の　H　社に代表されるように，新しい(c)ネットビジネスを生み出し成功を収めている企業があることも確かである。

　ともあれ，インターネットの普及は，さまざまな産業や企業に対して大きな変化をもたらすことになった。事実，(d)新聞やテレビ，ラジオといったマスメディアは，ネット利用者の急増に伴って，その存在力は大幅に低下しつつある。その趨勢に拍車をかけたのが，　B　社によって2007年にアメリカ市場で発売されたスマートフォン（スマホ）の登場であった。その後には，それをベースとし簡易版PCともいうべき機能を持ったタブレットも発売された。(e)これら高性能のIT機器の登場とクラウド技術の長足な進歩によって，世界規模で産業や社会構造はますます大きく変容しつつある。〈成城大改〉

問1　文中の空欄　A　～　H　にあてはまる最も適切な語句を，すべて**カタカナ**で答えよ。

A [　　　　　] B [　　　　　] C [　　　　　] D [　　　　　]
E [　　　　　] F [　　　　　] G [　　　　　] H [　　　　　]

問2　下線部(a)について，以下の①～③のうち，**間違っているもの**を一つ選べ。　[　　　　　]

① 「ムーアの法則」として知られているように，PCに使用される半導体の価格が長期間に亘って大幅に下落した。
② デル社に代表されるPCの直販メーカーが誕生したために安価になった。
③ 世界市場にPCが行き渡ったために，PCの供給が過剰になった。

問3　下線部(b)について，この景気変動をもたらした現象は，一般に何と呼ばれているか。以下の　　　に入る最も適切な言葉を答えよ。　　　　　バブル　[　　　　　]

問4　下線部(c)に関連して，以下の①～④のうち，**間違っているもの**を一つ選べ。　[　　　　　]

① 副業を認める企業が徐々に増えており，インターネットビジネスなどの副業を始める人は増加傾向にある。
② 政府は働き方改革を進めており，「副業や兼業の解禁」を推奨している。
③ インターネットビジネスなどの副業は，労働時間には含まれない。
④ インターネットビジネスなど本業以外のビジネスを持つことは，社員のスキルアップにつながるなど，会社としてもメリットがある。

問5　下線部(d)について，マスメディア企業が失った収益源は，主にどのようなものか。　[　　　　　]

問6　下線部(e)に関連して，

⑴ 18世紀後半から19世紀前半までに進行した産業・社会構造の大きな変革は，どこの国で起こったか。その国名を答えよ。　[　　　　　]

⑵ インターネット，AI，IoTなどの革新的技術によって起こりつつある，近年の産業・社会構造の変革は，一般に何と呼ばれているか，**7文字**で答えよ。　[　　　　　]

諸
課
題

11 [戦後の核問題と地域紛争]　次の文章を読んで，以下の問いに答えよ。

1945年にアメリカによって最初の原子爆弾が広島・長崎に投下されて以降，米ソ両国の核軍拡競争は，互いに相手を破壊し尽くせる規模の核武装の構築へとつながっていった。1950年代以降，核兵器の廃絶をめざす世界各国の科学者が参集した　A　会議が開催されるなど民間の反核運動が広がりをみせたが，大国による核武装強化は続いた。それは自らが強力な核兵器を報復力として備えることで，敵に核攻撃を思いとどまらせるという核　B　の論理にもとづく行動であり，米ソ両陣営間には核による「恐怖の　C　」が成立したのである。その間，イギリス・フランス・中国といった国々も核兵器の開発に成功し，米ソ同様に，核　B　の論理で自国の核保有を正当化した。

米ソ両国がようやく互いの核武装に制限を課すことに合意したのは1972年のことであり，米ソ首脳は　D　交渉の成果として協定に署名した。しかし，それは過剰な核武装のコストに悩む米ソ両国が，主として経済的な理由から歩み寄った結果であり，核兵器の廃絶に向けた動きではなかった。

その後，1980年代後半から1990年代はじめにかけて，米ソは中距離核戦力全廃条約（1987年）や第一次　E　条約（1991年）に調印し，本格的な核兵器の削減に向けた合意を形成した。ソ連解体後も米ロ間では核兵器の削減や制限のための交渉と条約の締結が数度にわたり行われてきた。しかし，米ロ両国の軍事戦略が大規模な核武装を前提としていることにはなお変わりはない。2009年にプラハで「核兵器のない世界」をめざすと宣言した当時の　F　大統領のように，現職のアメリカ大統領が核廃絶の理想を語ったこともあるが，そうした理想がただちに実現するきざしはみえない。大国の巨大な核武装がなお存在し続けているだけではない。　G　体制のもとで核兵器の保有を認められた(a)5か国以外にも核保有国は複数存在し，さらには(b)核兵器の開発を進めているのではないかとの疑惑をもたれている国も存在する。

広島・長崎への原子爆弾の投下以降，冷戦時代も冷戦後も核兵器が実際に戦争で用いられたことはない。しかし，通常兵器を用いた地域紛争や内戦は世界各地でみられ，大量の犠牲者をもたらすとともに，多くの難民を生み出してきた。それゆえ(c)核兵器以外の分野での軍縮や軍備制限もまた国際社会の重要な課題である。

第二次世界大戦後の世界における地域紛争や内戦の多くはアジア，中東，アフリカで発生しているが，ヨーロッパやラテンアメリカにおいても発生している。戦後初期から1970年代までの間に各地でみられたのが，植民地支配からの独立戦争の形態をとる地域紛争であるが，(d)この紛争に冷戦対立が結びついた結果，紛争が複雑化・長期化した事例もある。また，独立を達成したあと，新たな国家の中で内戦が発生する事例もある。(e)それは，植民地支配下で形成された境界により，一つの国家に属することになった異なる民族や部族の間に生じる対立であったり，新たな国家の保有する天然資源がもたらす利益をめぐる争いであったりする。1990年代には(f)冷戦終焉により共産党支配が揺らいだことで，それまで抑制されてきた民族間の利害対立が大規模な内戦へと発展した事例もみられた。〈立命館大改〉

問1　文中の空欄　A　～　G　にあてはまる語句を記入せよ。なお，Aはカタカナ，BとCは漢字2字，DとEは漢字6字，Fはその姓をカタカナ，Gは条約名の英語略称をアルファベット（大文字）3字で答えよ。

A [　　　　　]　　B [　　　　　]　　C [　　　　　]　　D [　　　　　]

E [　　　　　]　　F [　　　　　]　　G [　　　　　]

問2　下線部(a)に関して，現在，アメリカ，ロシア，中国，イギリス，フランス以外に核兵器の保有を公表している国，未公表だが保有していると考えられている国のいずれにもあてはまらない国を①～⑤から一つ選べ。　[　　　]

①　インド　　②　パキスタン　　③　南アフリカ　　④　イスラエル　　⑤　朝鮮民主主義人民共和国（北朝鮮）

問3　下線部(b)に関して，2022年末時点でこのような疑惑をもたれている国を①～⑤から一つ選べ。　[　　　]

①　ソマリア　　②　スーダン　　③　アフガニスタン　　④　イラン　　⑤　イラク

問4　下線部(c)に関して，通常兵器を規制する条約には1999年発効の対人地雷全面禁止条約や2010年発効のクラスター爆弾禁止条約がある。アメリカ，ロシア，中国がこれらの条約に不参加の一方，1997年発効の□□□□禁止条約には北朝鮮などを除くほとんどの国が署名・参加している。空欄にあてはまる語句を漢字4字で答えよ。　[　　　]

問5　下線部(d)に関して，この代表的な事例が，フランスの植民地支配からの解放をめざす戦争の結果として南北に分断されてしまった民族同士による新たな紛争に，米ソそれぞれが介入や支援を行った□□□戦争である。空欄にあてはまる語句をカタカナで答えよ。　[　　　]

問6　下線部(e)に述べるような内戦の事例として，適切なものを①～⑤から一つ選べ。　[　　　]

①　ニカラグア内戦　　②　ルワンダ内戦　　③　アフガニスタン内戦　　④　エルサルバドル内戦

⑤　エチオピア内戦

問7　下線部(f)に関して，旧ユーゴスラビア連邦で発生した内戦では「人道的介入」の名のもとに国際的な武力介入が行われたが，ロシアからの独立を求める□□□□□共和国をめぐり1994年に始まった紛争では，そのような介入はみられていない。空欄にあてはまる語句をカタカナ5字で答えよ。　[　　　]

⓬［持続可能な国際社会づくり］　次の文章を読んで，以下の問いに答えよ。

　生徒Xと生徒Yは，「SDGs（持続可能な開発目標）の意義と課題」というテーマで探求を行い，授業で発表することになった。次の図は，探求にあたってまとめた調査計画の概要を示したものである。これに関して，あとの問いに答えよ。〈23：本試改〉

図

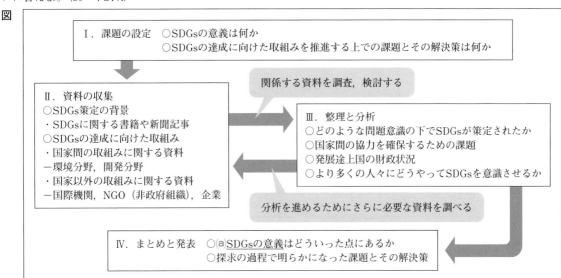

問　下線部ⓐに関連して，生徒Xと生徒Yは発表資料の一部として次のメモを作成し，メモを見ながら議論をしている。後の会話文中の空欄　ア　には選択肢の①か②，空欄　イ　には選択肢の③か④のいずれかが当てはまる。空欄　ア　・　イ　に当てはまる記述を，①〜④のうちからそれぞれ一つずつ選べ。

　　　　　　　　ア　に当てはまる記述　【　　　　　】　　　イ　に当てはまる記述　【　　　　　】

X：17もの目標を幅広く提示するSDGsでは，それぞれの目標が他の目標に関連することになるため，包括的に取組みを進める必要があるという考え方がとられているんだね。また，それぞれの目標をどう達成するかは各国に委ねられており，各国の自主性が重視されている点も特徴的だね。

Y：ただ，相互に関係しているとしてもかなり幅広い目標だし，各目標をどう達成するかを各国が決定できるのなら，どれほどの意味があるか疑問だな。少しずつでも，一つ一つ目標をどう達成するか具体的に定めて条約で約束し，守らない国に対しては責任を追及することで目標の達成を図っていくべきじゃないかな。

X：そうかな。　ア　。

Y：そんなにうまくいくのかな。とくに，各国の経済発展を阻害するような目標を国際社会で達成するには困難が伴うと思うよ。たとえば，環境保護と経済発展をめぐる発展途上国と先進国との利害対立が，SDGsの目標の一つである気候変動問題への国際社会の対処を難しくしていることは「政治・経済」の授業でも学習したよね。

X：たしかに，そこが国際的な問題の難しさだけど，そうした事情を踏まえた点にSDGsの意義があるのではないかな。　イ　。

　ア　に当てはまる記述

① SDGsには，国家の対応能力の限界が問題となるものが多いので，違反を責めるよりも，各国の自主的な取り組みを国際社会が促すとともに，それをサポートする体制を作ることが重要だよね

② 良好な地球環境が経済発展を促すように，経済発展につながる要因はさまざまだよね。SDGsが経済発展によって貧困からの脱却を図ることに専念した目標である以上，経済発展を促進するための包括的な取組みが不可欠だよね

　イ　に当てはまる記述

③ SDGsの目標の多くは先進国はすでに達成されており，貧困など多くの問題を抱えている途上国を対象に目標を設定したものだから，ターゲットを絞ることで達成しやすい目標に設定したのだと思うよ

④ SDGsは，各国にそれぞれ優先すべき課題があることを踏まえて，できるところから目標を追求する仕組みを作ったことが重要だよね。包括的な目標を示し，達成方法を各国に委ねたのはそのためだと思うよ

特集 **模擬問題**

政治・経済 ＞＞＞＞＞＞＞＞＞＞＞＞＞＞＞＞＞＞＞ 大学入学共通テスト対策

■1 **よりよい経済社会** 次の資料は，「よりよい社会のあり方」を考える学習の一環として，生徒たちが何人かの経済学者の主張についてまとめたカードA～Gを作成し，「経済面から見たよりよい社会」というテーマでグループ内討論をした際の記録である。**カード**と**グループ内討論の記録**を読み，グループ内討論の記録の **ア** ～ **エ** に入るカードの組み合わせとして最も適当なものを，次の①～⑫のうちから一つ選べ。〈オリジナル〉 [   ]

カード

A　恐慌や失業といった資本主義の矛盾を解決するために，政府は経済や福祉分野に積極的に介入し，有効需要を創出すべきである。　　（ケインズ）

B　資本主義は富裕層がより大きな利益を得るしくみであり格差は拡大する。格差を是正するためには，世界各国が協力して企業や富裕層を対象とした「世界的な資本税」を導入すべきである。　　（ピケティ）

C　政府が経済活動に介入しなくても見えざる手（＝市場メカニズム）が働いて資源の最適配分が実現する。　（アダム＝スミス）

D　資本主義には恐慌や失業などの根本的な矛盾があるので，経済活動はすべて国家が計画的に統制すべきである。　　（マルクス）

E　政府の経済への介入をお金の量をコントロールすることに限定し，財政支出抑制と規制緩和・民営化などにより市場機能を再生すべきである。　　（フリードマン）

F　市場においては売り手と買い手の間に情報の非対称性が生じることから市場を通した効率的な資源配分は実現されにくい。　　（スティグリッツ）

G　資本主義経済による経済発展は，中間層を増やすことになり，しだいに格差は縮小する。　　（クズネッツ）

グループ内討論の記録

生徒a：「経済面からみたよりよい社会」を考える場合，どのような点を重視したらいいだろう？

生徒b：税金に注目してみよう。税金はできるだけ少ない方が望ましいと思うから，税金を少なくし，経済のことは基本的に市場に任せて，問題が生じたら政府が最低限カバーする **ア** の主張がよりよい社会につながると思う。

生徒c：でも，**ア** の主張をもとにした政策が1980年代以降のアメリカ，イギリス，日本などで行われたけれど，その影響で経済的な格差が拡大して新たな貧困問題も生じたよね。格差が大きいのはよりよい社会とは言えないと思うから，格差を小さくするために国民はある程度の税を負担し，雇用対策や景気対策などに公費を投入するという **イ** の主張がいいのではないかな。

生徒a：20世紀前半，アメリカが **イ** の主張にもとづいた政策によって世界恐慌後の不況から回復すると，多くの国で政府が経済に積極的に介入するようになったよね。でもその結果，各国は深刻な財政赤字を抱え，経済への政府の過度の介入は市場経済の機能を低下させると批判された。だから，**ア** の主張が注目されたといえるけれど，**ア** の主張には経済的な格差を拡大する矛盾があるから，**ウ** の主張に注目したいな。経済発展によって格差は縮小するという主張もあるけれ

ど，現実にはその逆になっていると思う。

生徒b：各国が協力してうまく富裕層へ課税することができれば，格差の是正につながりそうだね。

生徒c：でも，もうかっている企業や富裕層はその利益や資産を税負担の軽い国に移転して税負担を免れようとするから，課税するのは難しそうだね。企業に自由な経済活動を保障して市場における経済活動を活発化した方が，結局は経済にとってプラスになるような気がする。

生徒a：**エ** の主張にあるように，市場経済では効率的な資源配分が難しいとすれば，各国の政府が格差を小さくするような政策を実行するのは不可欠だと思うし，**ウ** の主張にあるように格差是正のため各国政府が協力して積極的な政策を実施する必要もあると思う。

①	ア：C	イ：B	ウ：A	エ：F
②	ア：C	イ：A	ウ：B	エ：F
③	ア：C	イ：D	ウ：F	エ：B
④	ア：C	イ：F	ウ：D	エ：B
⑤	ア：C	イ：B	ウ：F	エ：A
⑥	ア：C	イ：A	ウ：F	エ：B
⑦	ア：E	イ：D	ウ：F	エ：B
⑧	ア：E	イ：F	ウ：D	エ：B
⑨	ア：E	イ：B	ウ：A	エ：F
⑩	ア：E	イ：A	ウ：B	エ：F
⑪	ア：E	イ：D	ウ：B	エ：F
⑫	ア：E	イ：F	ウ：D	エ：A

2 GDP　次の会話文を読み，問いに答えなさい。〈オリジナル〉

生徒：一国の経済の規模を測る指標としてGDPがよく使われますが，GDPとは何か教えてください。

先生：GDPは「国内総生産」といい，1年間に日本国内で新たに生み出された財・サービスの価値の合計と定義されます。新たに生み出された価値を付加価値といい，財・サービスの生産総額から原材料費などの中間生産物を差し引いたものです。

生徒：「新たに生み出された価値（付加価値）の合計」とは，どういうことですか。

先生：次の例で考えてみましょう。
　　(1)農家は中間投入を一切必要とせずにりんご500万円分を生産し，そのうち300万円分を消費者に販売し，残りの200万円分を飲料メーカーに販売した。
　　(2)飲料メーカーは仕入れた200万円分のりんごを使い，全部で400万円分のりんごジュースを生産し，小売店に販売した。
　　(3)小売店は飲料メーカーからりんごジュース400万円分を仕入れ，そのすべてを600万円で消費者に販売した。
　　(2)の段階では，新たに生み出された価値（付加価値）はいくらでしょう。

生徒：りんご500万円とりんごジュース400万円を合わせて，900万円です。

先生：違います。りんごジュース400万円のうち200万円はりんご代です。単純に足し算をすると同じりんご代を2回足すことになります。

生徒：では，どうすればいいのですか。

先生：りんごジュース400万円からりんご代200万円を差し引いて200万円だけカウントすれば，りんご代の二重計算を避けることができます。飲料メーカーのりんご代は原材料費として差し引かれるものです。したがって，原材料費を差し引いた200万円分が飲料メーカーで新たに生み出された価値なのです。

生徒：なるほど。そうすると，この例での(1)～(3)の付加価値の合計は　**A**　万円になりますね。

先生：その通り。GDPが高くなれば，一般に経済全体の活動水準が高いので「景気がいい」ともいえます。GDPは経済全体の活動水準を表す最も代表的な指標ですが，他にも指標があります。

生徒：どんな指標があるのですか。

先生：GDPは日本国内で生み出された付加価値の合計ですが，場所が国内であるか国外であるかを問わず，日本の国民（法で定められた日本の居住者）や企業が生み出した付加価値を合計したものを(a)GNI（国民総所得）といって，GDPに海外純所得（海外からの所得から海外への所得を差し引いたもの）を加えたものです。

生徒：国民所得という言葉は聞いたことがあります。

先生：(b)GNIから生産活動で摩耗した機械や建物の価値の消耗分（固定資本減耗＝減価償却費）を差し引いたものは，NNP（国民純生産）とよばれます。さらに，財・サービスの価格には消費税などの間接税が含まれ，その分商品の価格が高くなっています。逆に補助金が出ている場合はその分価格が安くなっています。(c)NNPから間接税と補助金を調整した指標がNI（国民所得）です。

生徒：どうしてたくさんの指標が必要なのですか。

先生：経済の実態を把握するには，その内訳をみることが重要です。GDPなどの国民所得は「生産面」「分配面」「支出面」の3つの見方が特に重要で，この3つの側面はGDPや国民所得を異なる内訳で計測しただけで結局は等しくなります。その国の経済の状況を正しく把握するには，この3つのどれをみるのか，また固定資本減耗分・海外での所得・間接税や補助金を含めるのかなどを意識して適切な指標を選ぶ必要があります。

生徒：数字だけでなく，その中身も重要なのですね。ありがとうございました。

問1　文中の　**A**　にあてはまる数字を次の①～⑤のうちから一つ選べ。　　　　　　　[　　　]
① 700　　② 900　　③ 1000　　④ 1300　　⑤ 1500

問2　下線部(a)～(c)に関連して，次の表はある年度における諸指標を仮想の金額で表したものである。この表に関する下の記述ア～ウの正誤の組み合わせとして正しいものを，下の①～⑧のうちから一つ選べ。　[　　　]

表

項目	金額（兆円）
GNI（国民総所得）	550
固定資本減耗	100
海外からの所得	30
海外への所得	15
間接税	50
補助金	20

ア　GDP（国内総生産）の額は565兆円である。
イ　NNP（国内純生産）の額は450兆円である。
ウ　NI（国民所得）の額は435兆円である。

① ア：正　イ：正　ウ：正　　② ア：正　イ：正　ウ：誤
③ ア：正　イ：誤　ウ：正　　④ ア：正　イ：誤　ウ：誤
⑤ ア：誤　イ：正　ウ：正　　⑥ ア：誤　イ：正　ウ：誤
⑦ ア：誤　イ：誤　ウ：正　　⑧ ア：誤　イ：誤　ウ：誤

3 **世界の貿易**　次は，世界の貿易をテーマに学習したときの生徒A・Bの会話と，事前に用意した表と図である。2人の会話と**表1〜3・図**から読み取れる世界貿易の分析として最も適当なものを，次の①〜④のうちから一つ選べ。〈オリジナル〉

[　　　]

生徒A：世界の輸出貿易に占める日本の地位がどんどん低下しているよ。いったいどんな背景があるのだろう。

生徒B：長期的に見ても，1990年代以降30年以上も世界の輸出貿易に占める日本の割合が低下傾向にあるね。

生徒A：円高・円安や中国の伸長など，様々な原因がありそうだね。

生徒B：それもあるけれど，1990年代までのGATT主導のラウンドから，2000年代以降自由貿易のあり方が大きく変化してきたことも原因じゃないかな。

生徒A：最近では2020年から始まった新型コロナウイルスの感染拡大が世界貿易に大きな打撃を与えたように，感染症の流行や戦争・災害なども貿易に大きな影響を与える可能性があるね。

表1　世界の輸出貿易に占める主要国の割合

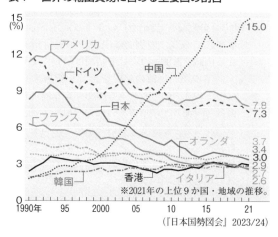

（『日本国勢図会』2023/24）

表2　各国の輸出額に占める対EU，対アメリカ，対中国の割合（2021年）

	対EU	対アメリカ	対中国
日本	9.2%	18.0%	21.6%
韓国	9.9%	14.9%	25.3%
ドイツ	54.3%	8.9%	7.6%
フランス	54.6%	7.1%	4.9%
カナダ	4.7%	75.7%	4.6%
メキシコ	4.3%	80.6%	1.9%
ブラジル	13.0%	11.2%	31.4%
オーストラリア	3.1%	3.6%	37.7%

（『日本国勢図会』2023/24などにより作成）

表3　世界各国の貿易依存度

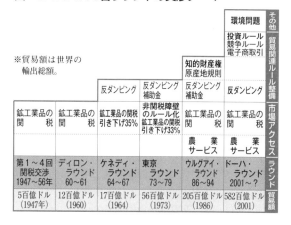

※貿易依存度＝輸出入額÷GDP

（『日本国勢図会』2023/24）

図　GATT/WTO各ラウンドの交渉テーマ

※貿易額は世界の輸出総額。

	第1〜4回関税交渉 1947〜56年	ディロン・ラウンド 60〜61	ケネディ・ラウンド 64〜67	東京ラウンド 73〜79	ウルグアイ・ラウンド 86〜94	ドーハ・ラウンド 2001〜?
鉱工業品の関税	鉱工業品の関税	鉱工業品の関税	反ダンピング 鉱工業品の関税引き下げ35%	非関税障壁のルール化 鉱工業品の関税引き下げ33%	反ダンピング 補助金 鉱工業品の関税 農業 サービス	反ダンピング 鉱工業品の関税 農業 サービス

（市場アクセス・ラウンド・貿易額：ラウンド欄）
5百億ドル（1947年）／12百億ドル（1960）／17百億ドル（1964）／56百億ドル（1973）／205百億ドル（1986）／582百億ドル（2001）

環境問題／投資ルール・競争ルール・電子商取引／知的財産権・原産地規則（その他・貿易関連ルール整備）

① GATTを中心とした多角的貿易交渉は，初期より農業分野における関税引き下げ交渉として推移し，ウルグアイ・ラウンドより工業・サービス・知的財産分野へと交渉の範囲が拡大した。

② ベルギー，オランダはEU加盟国として域内貿易に大きく依存しており，2021年の貿易依存度が国際的にみて突出する一方で，日本は資源・製品とも自給率が高いため貿易依存度が低くなっている。

③ 2021年の対EU輸出割合の高いフランス，ドイツはEU加盟国，対アメリカ輸出割合の高いカナダ，メキシコはともにUSMCA加盟国，対中国輸出割合の高い日本，韓国，ブラジル，オーストラリアはいずれもAPEC加盟国である。

④ 世界の輸出貿易に占める中国の割合は，グラフ中の期間上昇傾向にあり，2021年に占める割合は1990年比で7倍以上に達している一方で，アメリカが2021年に占める割合は1990年比で約3分の2に減少している。

4 労働問題　次の会話は，労働問題をテーマに学習したときの生徒A・Bの会話である。これに関連して，次の問いに答えなさい。〈オリジナル〉

A：最近は社会の変化や仕事の進め方，働く人々の意識の変化に伴って(a)労働形態も多様化しているね。変形労働時間制などを採用して，柔軟な出勤形態をとる企業が増えているんだって。

B：夫婦共働きの家庭も増えているね。(b)育児や介護に関するしくみが整ってきて，出産などで会社を辞めずに済むし，少子化対策にもつながるのは，会社にとっても社会にとっても不可欠なことだよね。

A：一方で，非正規雇用が増えて，共働きしないと必要な収入がまかなえないという家庭の事情もありそうだね。非正規雇用が増えれば，それに伴って生涯賃金の低下は避けられないよね。

B：かつては労働組合による(c)労働争議も盛んだったようだけど，今では組合組織率が低下して，ストライキなどに発展することは少ないんだってね。代わりに会社と個人のトラブルの調停を目指す労働審判制度が整備されているよ。

問1　下線部(a)について，次の**ア〜ウ**は，変形労働時間制・裁量労働制・フレックスタイム制のいずれかをとる会社で働いている従業員による，その会社での働き方の説明である。それぞれの説明に当てはまる労働形態を，次の①〜③のうちから一つずつ選べ。
　　　ア[　　　]　**イ**[　　　]　**ウ**[　　　]

ア　研究開発の仕事をしているが，週末に納期が迫っていて今週は毎晩徹夜で働いている。来週は少し働く時間を短くして，半日ずつ働こうと考えている。

イ　私の勤める会社では，出社時間も退社時間も各自で決めることができるが，午前10時から午後2時までは全社員が必ず出社することになっており，打ち合わせなどはその時間帯に行われている。

ウ　テーマパークに勤めているが，夏の期間は利用者が多いので休暇は少なく1日の勤務時間も長いが，冬の期間は利用者が少ないので休暇も多く勤務時間も短い日が多い。

① 変形労働時間制　　② 裁量労働制
③ フレックスタイム制

問2　下線部(b)について，図1〜3から読み取れる内容として最も適当なものを，次の①〜④のうちから一つ選べ。　　　　　[　　　]

図1　正規雇用・非正規雇用の推移

図2　育児休業取得率の推移

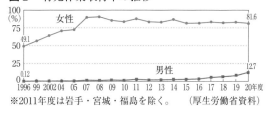

※2011年度は岩手・宮城・福島を除く。　（厚生労働省資料）

図3　第1子出産による女性の就業状況の変化

（「第15回出生動向基本調査」）

① 2021年には，働く女性の数が増加傾向にある一方，女性労働者に占める非正規雇用の割合も増加傾向にある。男女ともに派遣社員などの非正規職員を採用する企業が増加し，出産や育児といった要因による女性の離職は，男性の育児休業の取得増加で解消されている。

② 2021年には，働く女性の数が増加傾向にある一方，女性労働者に占める非正規雇用の割合も増加傾向にある。出産・育児を機に離職する女性が多く，男性の育児休業の取得率を高めるなど女性へのサポートが不可欠である。

③ 2021年には，働く女性の数が増加傾向にある一方，男女労働者に占める非正規雇用の割合も増加している。男女ともに派遣社員などの非正規職員を採用する企業が増加し，女性は出産・育児を機に離職してより賃金の高い企業へ再就職する傾向にある。

④ 2021年には，働く女性の数が増加傾向にある一方，男女労働者に占める非正規雇用の割合も増加している。妻の出産を機に育児のため離職する夫が多く，男性の育児休業の取得率を高める工夫が必要である。

問3　下線部(c)について，次の図は労働争議が発生した際の調整の流れをまとめたものである。図中の空欄　**X**　〜　**Z**　に当てはまる言葉として最も適当なものを，次の①〜③のうちから一つずつ選べ。　　**X**[　　　]　**Y**[　　　]　**Z**[　　　]

図

労働争議 ➡ 労使間の自主的な交渉 ➡ 解決
　　　　　　　　　↓ 決裂
　　　　　　　 X 委員会による調整

X	Y 員の助言・仲介で労使双方の話し合いを促す
調停	使用者・労働者・公益代表からなる調停委員会が，労使双方に調停案を示す
Z	公益代表からなる Z 委員会が，Z 裁定を行う

① 仲裁　　② 労働　　③ 斡旋（あっせん）

5 国際人権条約　あるクラスの政治・経済の授業で，基本的人権についてグループごとに調べ学習をした。国際人権条約について，あるグループがまとめた次の表をみて，次の問いに答えなさい。

〈オリジナル〉

【主な国際人権条約】

条　約　名	内　　容	採択年	発効年	日本批准年
ジェノサイド条約	集団的殺害を平和時も戦争時も国際法上の犯罪とし，処罰する。	1948	1951	未批准
難民の地位に関する条約	難民の定義，難民の追放・送還の禁止など。（難民議定書（1967）とあわせ難民条約とよぶ。）	1951	1954	1981
人種差別撤廃条約	人種の違いを理由とする差別を禁止する。	1965	1969	1995
国際人権規約	世界人権宣言（1948）を条約化したもので，A規約（社会権規約）とB規約（自由権規約）からなる。日本は一部を留保して批准した。	1966	1976	1979
女子差別撤廃条約	女子に対するあらゆる差別を撤廃し，男女平等を保障する。	1979	1981	1985
児童の権利に関する条約（子どもの権利条約）	子どもを，「人権をもち行使する主体」として認め，さまざまな権利を規定する。	1989	1990	1994
死刑廃止条約	死刑廃止が人間の尊厳向上と人権保障の発展につながるとして死刑を完全廃止。（国際人権規約B規約の第2選択議定書）	1989	1991	未批准
障害者権利条約	障がいのある人の基本的人権を促進・保護する。	2006	2008	2014

問1 国際人権条約についてまとめた表に関連して，次のA〜Dの文の内容の正誤について，①〜⑩の中で適切なものを一つ選べ。　[　　　]

A　ジェノサイド条約について，日本は国内法の未整備等の理由から批准していない。

B　日本は，国際人権規約の批准にあたり，「公務員のストライキ権」，「高校大学教育の無償化」，「祝祭日の給与」の3点について留保したが，いずれも撤回されていない。

C　死刑廃止条約について，日本は死刑制度があることと，死刑制度の存廃は慎重に検討すべき問題であり，直ちに廃止できないという理由で批准していない。

D　女子差別撤廃条約は，締約国に「姓を選択する権利」を含めて女性に対する差別の撤廃を義務づけているため，最高裁は，夫婦別姓を認めない民法と戸籍法の規定を違憲とする判決を下した。

①	A：正	B：正	C：正	D：正
②	A：正	B：誤	C：誤	D：誤
③	A：正	B：誤	C：正	D：誤
④	A：正	B：正	C：正	D：誤
⑤	A：正	B：誤	C：誤	D：正
⑥	A：誤	B：誤	C：誤	D：誤
⑦	A：誤	B：正	C：誤	D：正
⑧	A：誤	B：誤	C：正	D：正
⑨	A：誤	B：正	C：誤	D：誤
⑩	A：誤	B：正	C：正	D：正

問2 児童の権利に関する条約（子どもの権利条約）の中で，子どもの権利とされているものを次の①〜④のうちから**すべて**選べ。

[　　　　　　　]

① 生きる権利　　② 育つ権利
③ 守られる権利　④ 参加する権利

問3 障害者権利条約に関連した国内での取り組みについての記述として**適当でないもの**を，次の①〜④のうちから一つ選べ。　[　　　]

① 2016年には，すべての国民が障がいの有無によって分け隔てられることなく，相互に人格と個性を尊重し合いながら共生する社会の実現をめざして障害者差別解消法が施行された。

② 障害者基本法では，障がい者を「身体障害，知的障害，精神障害（発達障害を含む。）その他の心身の機能の障害（以下「障害」と総称する。）がある者であつて，障害及び社会的障壁により継続的に日常生活又は社会生活に相当な制限を受ける状態にあるもの」と定義している。

③ 障害者差別解消法は2021年に改正され，国や自治体だけでなく，民間事業者についても合理的配慮を提供することが努力義務とされるようになった。

④ 近年注目されている合理的配慮とは，社会的障壁によって生まれた機会の不平等を正すためのもので，「合理的配慮の提供」とは，たとえば車いす利用者が階段しかない店舗を利用しようとする場合に，事業者が簡易スロープを出して段差を越える介助をするなどの配慮を行うことである。

6 日本銀行の金融政策　ある高校のクラスでは政治・経済の授業で，日本銀行の金融政策について，日本銀行資料をもとに学習を行った。次の問いに答えなさい。〈オリジナル〉

【資料】

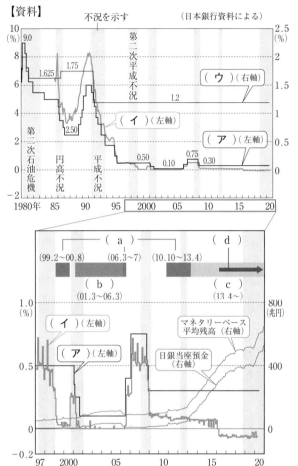

問1　【資料】を参考に，日銀の代表的金融手段について，生徒Xは次のようにまとめた。【資料】と文章中の空欄（ア）～（ウ）に当てはまる最も適当なものを次の①～③のうちからそれぞれ一つ選べ。

　　日本銀行の金融政策の主な手段は，従来，公開市場操作（オープン・マーケット・オペレーション），（ア）操作，（ウ）操作の３つとされてきた。このうち，かつては（ア）操作が中心だったが，1990年代にすすめられた金利の自由化の影響によって，現在は公開市場操作が金融政策の中心的手段となっている。日本銀行は金融市場で国債などの売買を通じて政策金利［銀行間の貸出金利である（イ）］を誘導し，通貨供給量を調整する。なお，（ウ）は1991年以来変更されていない。

ア[　　]　イ[　　]　ウ[　　]
①　公定歩合
②　預金準備率
③　無担保コールレート（翌日物）

問2　生徒Yは景気動向と公開市場操作の関係を，次の図にまとめた。（ア）～（カ）に当てはまるものを次の①～⑥のうちからそれぞれ一つ選べ。

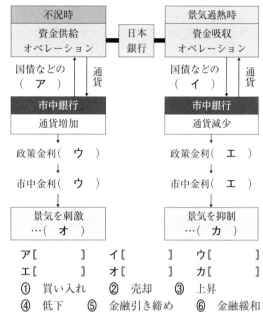

ア[　　]　イ[　　]　ウ[　　]
エ[　　]　オ[　　]　カ[　　]
①　買い入れ　　②　売却　　③　上昇
④　低下　　⑤　金融引き締め　　⑥　金融緩和

問3　生徒Zは，日本ではバブル崩壊後の景気後退でデフレーションが進んだため，1999年以降，デフレ脱却のため従来みられなかった（a）～（d）の金融政策が行われてきたことに注目して調べを進めた。それに関する記述として**誤っているもの**を，次の①～④のうちから一つ選べ。　　[　　]

①　政策金利をおおむねゼロ水準に誘導するゼロ金利政策が，1999年２月に初めて導入された。2000年８月には解除されたが，その後も2006年３月から７月，2010年10月から2013年４月にも実施された。

②　ITバブル崩壊によるデフレの強まりのなかで，通貨量を増やすために，金融政策の誘導目標を短期金利ではなく日銀当座預金残高の量においた量的緩和政策が，2001年３月から2006年３月まで実施された。

③　2008年リーマンショックの影響で再び景気が悪化し，2013年４月にはデフレ脱却にむけて市中の通貨量を従来にないほど増やすため，誘導目標をマネタリーベース（現金通貨と日銀当座預金の総量）においた量的・質的金融緩和政策を開始した。また，2013年１月には消費者物価上昇率を前年比２％とする目標（インフレターゲット）を発表した。この目標については，2020年に達成することができた。

④　日銀当座預金の一部の利率をマイナスにする政策が，2016年２月から実施された。この影響で，短期の政策金利や10年国債の長期金利もマイナスになるなど，市中金利が大幅に低下した。

7 日本の政治　日本の政党政治について，生徒Xと生徒Yは資料を見て気がついたことを話し合った。次の会話文はその様子である。会話文の発言（ア）～（エ）のうち，**資料から判断して誤っている内容の発言をすべて挙げるとどれになるか。** 次の①～⑧のうちから一つ選べ。

〈オリジナル〉

[　　　]

① （ア）と（イ）
② （ア）と（ウ）
③ （イ）と（エ）
④ （ウ）と（エ）
⑤ （ア）と（イ）と（ウ）
⑥ （ア）と（ウ）と（エ）
⑦ （イ）と（ウ）と（エ）
⑧ （ア）と（イ）と（ウ）と（エ）

X：第2次世界大戦後の日本では自由民主党が勝った選挙が多いね。

Y：（ア）第2次世界大戦の直後から，いわゆる55年体制が始まって二大政党制が続いたんだね。

X：でも実際は，自由民主党の一党優位が続き，派閥政治や汚職事件への批判が高まったんだよ。

Y：そうだね。（イ）ロッキード事件では元首相が逮捕され自由民主党は議席を100以上減らしたね。

X：それと，政治不信が高まるから，（ウ）自由民主党が政権を失った選挙では，必ず衆議院総選挙の投票率も下がっているね。

Y：そういえば，（エ）衆議院総選挙の投票率を直近3回と比べると，55年体制の時代は10ポイント以上高いね。いわゆる無党派層が少なかったということかな。

X：今は若者の政治離れもいわれているし，無関心ではいけないね。

資料1　衆議院総選挙の結果の推移

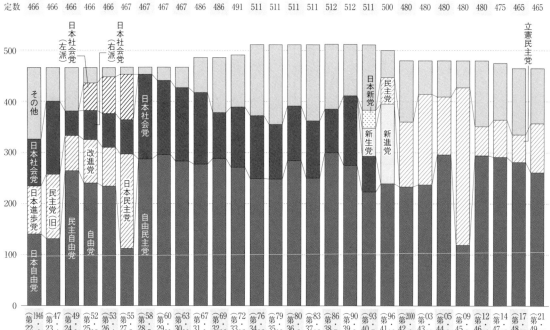

資料2　衆議院総選挙の投票率の推移

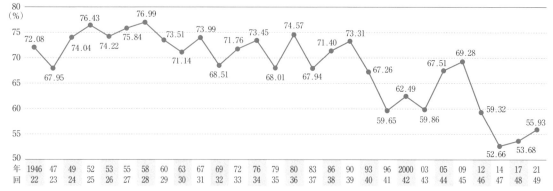

（総務省資料より作成）

NEW COM.-PASS
ニューコンパスノート　政治・経済
解答・解説

Ⅰ　民主政治と日本国憲法

1　民主政治の原理と法の支配

p. 2 − 3

A
①主権　②権力　③王権神授説　④自然
⑤社会契約説　⑥自然　⑦人間（国民，市民，人民）
⑧国民（人民）　⑨ホッブズ　⑩万人の万人に対する闘争
⑪リバイアサン　⑫ロック　⑬抵抗権
⑭革命権　⑮アメリカ独立　⑯ルソー
⑰一般意思（志）　⑱直接民主制　⑲フランス
⑳法　㉑憲法　㉒立憲　㉓公法　㉔私法
㉕法の支配　㉖バージニア権利章典
㉗人権宣言　㉘自由権
㉙労働　㉚ロシア　㉛ワイマール
㉜社会権（生存権）　㉝世界人権宣言
㉞人権の抑圧　㉟国際人権規約　㊱ILO
㊲国連人権理事会　㊳アムネスティ

B
❶社会契約　❷王権神授　❸自由権
❹社会権　❺国連　❻世界人権　❼NGO

【解説】17世紀〜18世紀のヨーロッパの市民革命期に登場した**社会契約説は，権力の由来を人民の信託に求め，国家は国民を守るために存在すること**を定式化した。このため社会契約説は，それまでの王権神授説を否定し，市民革命の正当性を理論的に示すとともに人権思想や法の支配という概念を発展させた。しかし，市民革命を経て人民に保障されたのは，国家からの自由すなわち「自由権」のみだったので，資本主義の発展にともなって貧富の差が拡大することになった。このため，経済的・社会的な平等を求めて労働運動をはじめとする各種の社会運動が高揚し，20世紀には社会権が保障されるに至った。戦後，国連やNGOなどの活動により，人権はさらに質的に発展し，世界的な広がりをみせている。

2　民主政治のしくみ

p. 4 − 5

A
①国民　②バージニア　③直接　④間接
⑤議会制　⑥不文　⑦コモン・ロー
⑧君臨　⑨統治　⑩下院　⑪議院内閣
⑫影の内閣　⑬保守党　⑭労働党　⑮三権
⑯大統領選挙人　⑰教書　⑱上院
⑲違憲審査　⑳民主党　㉑共和党
㉒大統領　㉓議院内閣　㉔民主集中　㉕共産党

㉖モンテスキュー　㉗法の精神　㉘三権分立論
㉙議院内閣　㉚軍事　㉛開発独裁　㉜極右

B
❶議院内閣　❷責任　❸大統領
❹三権分立　❺大統領　❻共産党
❼開発独裁

【解説】民主政治の主要な原理である国民主権を実効あるものとするために，様々な政治体制が考えられてきた。代表的なのは，**イギリスに代表される議院内閣制とアメリカに代表される大統領制**である。前者は，立法権と行政権が緊密な関係を持つのに対して，後者は厳格な三権分立を特色とする。また，フランスは両者の中間的な政治体制を採用して双方のメリットを取り入れようとし，ドイツやイタリアは形式的な大統領をおく象徴大統領制という形態をとっている。一方，一党支配体制をとってきた旧社会主義国や独裁的な政治体制をとってきた新興諸国の中には近年，民主化に成功する国もみられる。

3　日本国憲法とその基本原理　p. 6 − 7

A
①不平等条約　②自由民権　③私擬憲法
④植木枝盛　⑤プロイセン　⑥欽定
⑦大日本帝国憲法　⑧立憲主義　⑨大権
⑩国務大権　⑪統帥権　⑫総攬者　⑬協賛
⑭臣民　⑮法律　⑯法律の留保　⑰デモクラシー
⑱普通選挙　⑲民本主義　⑳天皇機関説
㉑治安維持法　㉒ポツダム宣言　㉓GHQ
㉔マッカーサー　㉕憲法問題調査　㉖松本
㉗マッカーサー　㉘11月3日　㉙5月3日
㉚国民　㉛平和　㉜不可侵　㉝象徴
㉞日本国民　㉟国事行為　㊱最高法規　㊲硬性
㊳3分の2　㊴過半数　㊵国民投票法

B
❶天皇　❷統帥権　❸法律の留保
❹マッカーサー　❺国民　❻象徴　❼平和
❽戦争　❾基本的人権

【解説】　日本初の近代的憲法である大日本帝国憲法は，天皇主権＝君主主権で，天皇に統治権や軍隊の統帥権などの強大な権力が集中し，国民の人権が大幅に制限されている「外見的立憲主義」の憲法であった。そのため，軍部の独走を政治が抑制できず無謀な戦争に突入し敗北した。この反省の上に立ち成立した日本国憲法は，成立に際してはGHQが示したいわゆる「マッカーサー草案」を基礎としたものの，**国民主権・平和主義・基本的人権の尊重を3原**

則とする民主的な内容で、当時の大多数の国民に支持された立憲主義的な憲法であった。

4 基本的人権の本質と法の下の平等

p.8－9

A
①侵す ②永久 ③個人 ④幸福追求
⑤14 ⑥平等 ⑦自由 ⑧からの
⑨社会 ⑩による ⑪参政 ⑫請求 ⑬新しい
⑭公共の福祉 ⑮華族 ⑯家 ⑰人種 ⑱性別
⑲法の下の平等 ⑳両性 ㉑教育
㉒女性差別撤廃（女子差別撤廃） ㉓国籍法
㉔男女雇用機会均等法 ㉕育児・介護
㉖男女共同参画社会 ㉗解放令 ㉘水平社
㉙同和対策事業特別措置 ㉚アイヌ文化振興法
㉛先住民族 ㉜ヘイトスピーチ ㉝尊属殺人
㉞国籍法 ㉟違憲 ㊱議員定数

B
❶臣民 ❷法律 ❸平等 ❹華族 ❺家
❻侵す ❼永久 ❽公共の福祉
❾幸福追求 ❿両性

【解説】 旧憲法では、国民の権利は天皇によって「臣民」に恩恵的に与えられ、法律でいつでも制限できるものであった。旧憲法下の社会には特権的な諸制度が存在し、様々な差別があった。日本国憲法では、包括的人権といわれる第13条の個人の尊重・幸福追求権の規定や第14条の平等権を基礎として、自由権・社会権・参政権・請求権が「永久・不可侵の権利」として保障されている。特に平等性という点から社会を見ると、差別解消のための様々な施策・取り組みによって、差別解消に向かって着実に前進してきているが、依然として女性差別や部落差別をはじめとして多くの問題が存在している。これらの差別の解消は、現代の日本社会の大きな課題であり、我々は、憲法の規定を尊重し、平等な社会を築くために「不断の努力」（憲法第12条）をしなければならない。

5 自由権

p.10－11

A
①国家 ②精神 ③人身 ④経済活動
⑤治安維持法 ⑥集会 ⑦出版 ⑧検閲
⑨通信 ⑩公共の福祉 ⑪教科書検定 ⑫検閲
⑬政治（政府） ⑭政教分離 ⑮津地鎮祭
⑯玉ぐし料 ⑰靖国 ⑱違憲 ⑲大学
⑳天皇機関 ㉑奴隷的 ㉒法定手続（適正手続）
㉓罪刑法定 ㉔令状 ㉕拷問 ㉖黙秘 ㉗自白
㉘刑罰 ㉙職業選択 ㉚公共の福祉 ㉛薬事法
㉜公共の福祉 ㉝強制収用 ㉞国籍

B
❶国家 ❷精神 ❸思想・良心 ❹信教
❺人身 ❻苦役 ❼経済活動 ❽職業選択
❾居住・移転

【解説】 大日本帝国憲法の下で法律の留保の制約を受けていた国民の自由の保障は、日本国憲法で大きく前進した。精神の自由（特に表現の自由）は、国民の政治に対する意思決定にとって重要な意味を持つことから優越的自由といわれ、制約する際には他の自由権よりも厳格な基準が要求される（二重の基準＝ダブル・スタンダード）。人身（身体）の自由に関する規定は、戦前の弾圧法による著しい制限を反省し諸外国に類例のないほど詳細なものとなっている。また、経済活動の自由については、国民の経済的な平等実現を想定し、あらかじめ公共の福祉による制約が予定されている。なお、薬事法は2014年の法改正により、医薬品医療機器等法（通称：薬機法）と名称が変更された。

6 社会権と人権を実現するための諸権利

p.12－13

A
①国家 ②生存 ③教育 ④労働基本
⑤文化 ⑥朝日 ⑦プログラム規定
⑧堀木 ⑨牧野 ⑩生活保護 ⑪能力
⑫義務 ⑬教育基本 ⑭旭川学力テスト
⑮家永 ⑯伝習館 ⑰勤労 ⑱団結
⑲団体交渉 ⑳争議 ㉑労働組合法
㉒労働基準法 ㉓公務員 ㉔全逓東京中郵
㉕全農林警職法 ㉖マタニティ・ハラスメント
㉗参加 ㉘国民審査 ㉙住民投票 ㉚国民投票
㉛戸別訪問 ㉜請願 ㉝国家 ㉞多摩川
㉟裁判 ㊱刑事 ㊲納税 ㊳勤労 ㊴普通教育

B
❶による ❷生存 ❸教育 ❹労働
❺公務員 ❻救済 ❼請願 ❽裁判

【解説】 19世紀までの自由権（「国家からの自由」）に対して、20世紀には社会権（「国家による自由」）が提唱され定着した。日本国憲法でも、生存権（第25条）、教育を受ける権利（第26条）、労働基本権（第27・28条）が保障されているが、社会権は「国民が国家に積極的な役割を要求する権利」であるため、国民が国家に対してどこまで要求できるかなどその権利の性質をめぐってさまざまな見方がある（例：生存権をめぐる「具体的権利説」「抽象的権利説」「プログラム規定説」など諸説）。このため、社会権については、判例などを通してどのような権利なのか考えたい。

7 新しい人権と人権の国際化

p.14－15

A
①幸福追求 ②プライバシー ③宴のあと
④石に泳ぐ魚 ⑤個人情報 ⑥肖像
⑦パブリシティ ⑧知る ⑨公開（開示）
⑩情報公開 ⑪環境 ⑫大阪空港 ⑬差し止め
⑭日照 ⑮アクセス ⑯平和的生存 ⑰自己決定
⑱インフォームド＝コンセント ⑲尊厳死
⑳安楽死 ㉑オランダ ㉒臓器移植 ㉓脳死

㉔15　㉕外国人　㉖国際人権規約
㉗ストライキ　㉘死刑　㉙ジェノサイド

B
❶自由権　❷社会権　❸新しい人権
❹憲法

【解説】基本的人権の内容は，自由権から社会権へ，さらにプライバシーの権利などの新しい人権へと発展してきた。人権保障の対象も，男性中心から男女平等の権利保障へ，一部の先進国のみの保障から多くの国々における権利保障へと着実に広がってきている。そのような発展の要因としては，国連による国際人権条約の採択やNGOの活動などの他に，国内要因として人権意識の向上や先進的な自治体における条例化（情報公開条例や個人情報保護条例など）などが考えられる。一方，国際化の進展に伴って「人権の国際化」も課題となっており，外国人に対する人権保障の拡大や国連が提唱する国際人権条約の受け入れを拡大することなどが求められている。

8 日本の平和主義　p.16-17

A
①政府　②平和　③武力　④国際紛争
⑤放棄　⑥戦力　⑦交戦権　⑧放棄
⑨戦力　⑩交戦権　⑪朝鮮戦争　⑫警察予備隊
⑬日米安全保障　⑭保安隊　⑮MSA　⑯自衛隊
⑰自衛　⑱戦力　⑲違憲　⑳長沼ナイキ
㉑自衛隊　㉒統治行為　㉓恵庭　㉔百里
㉕防衛力　㉖日米安全保障　㉗1960　㉘事前協議
㉙安保闘争　㉚思いやり　㉛統治行為　㉜沖縄
㉝ガイドライン　㉞有事

B
❶政府　❷戦争　❸戦力　❹交戦権
❺警察予備隊　❻自衛隊　❼合憲　❽違憲
❾統治行為

【解説】憲法前文と第9条に規定される日本の平和主義は，徹底した戦争と戦力放棄という点で世界史的な意義を持っているが，一方でその成立は日本の非軍事化と民主化というアメリカの占領政策の産物という側面を持っていた。そのため，冷戦の激化にともなって日本の再軍備化が進められることになり，**自衛隊と平和憲法との矛盾**が生じたのである。結局その矛盾は，解消されることなく軍備増強が進められ，自衛隊は少なくとも予算規模においては世界有数の軍隊として存在し続けてきている。

9 日本の防衛政策と諸問題　p.18-19

A
①日米安全保障　②シビリアン・コントロール
③文民　④内閣総理大臣　⑤国家安全保障
⑥国会　⑦先制　⑧個別的自衛権
⑨集団的自衛権　⑩集団的自衛権　⑪PKO
⑫湾岸　⑬PKO　⑭持たず　⑮持ち込ませず

⑯核拡散防止　⑰1　⑱中曽根
⑲総額明示　⑳冷戦終結　㉑ソ連　㉒湾岸戦争
㉓北朝鮮　㉔PKO協力　㉕周辺事態　㉖自衛隊
㉗集団的自衛権　㉘テロ対策　㉙武力攻撃　㉚国民
㉛財産権　㉜ガイドライン　㉝安全保障　㉞憲法

B
❶シビリアン・コントロール　❷専守
❸集団的自衛　❹非核　❺安全保障
❻国際平和　❼平和安全法制　❽総額明示

【解説】日本の平和主義と，自衛隊や日米安全保障条約，さらにそれに基づく在日米軍基地の存在との間の矛盾の溝を埋めるため，政府は日本の軍事大国化への歯止めとなる防衛政策上の諸原則を次々と発表してきた。しかし，それらの歯止めは，日米同盟の必要性や，アメリカを中心とする「国際社会」からの日本に対する「人的・軍事的貢献の要求の高まり」という理由の下に徐々に骨抜きにされてきている。2014年，第2次安倍内閣は，歴代内閣が禁止してきた集団的自衛権の行使を「解釈改憲」により容認（閣議決定）し，2015年には，集団的自衛権の行使を可能にし，自衛隊の海外での軍事行動を拡大する安全保障法制を成立させた。

用語チェック　p.20-23

1　❶主権　❷国家権力　❸立憲主義　❹王権神授説　❺社会契約説　❻ホッブズ／リバイアサン　❼ロック／統治二論（市民政府二論）　❽抵抗権（革命権）　❾ルソー／社会契約論　❿モンテスキュー／法の精神　⓫法の支配　⓬マグナ・カルタ　⓭バージニア権利章典　⓮人権宣言（フランス人権宣言）　⓯ワイマール憲法　⓰世界人権宣言　⓱国際人権規約　⓲人種差別撤廃条約　⓳女性差別撤廃条約（女子差別撤廃条約）　⓴子どもの権利条約（児童の権利条約）　㉑国連人権理事会

2　❶国民主権　❷間接民主制（代表民主制）　❸コモン・ロー　❹議院内閣制　❺影の内閣（シャドー・キャビネット）　❻保守党　❼労働党　❽大統領制　❾連邦（連邦制）国家　❿違憲審査権（違憲法令審査権，違憲立法審査権）　⓫民主党　⓬共和党　⓭半大統領制　⓮民主集中制　⓯全国人民代表大会　⓰天安門事件　⓱開発独裁　⓲イスラム原理主義

3　❶私擬憲法　❷植木枝盛　❸プロイセン（ドイツ）憲法　❹欽定憲法　❺外見的立憲主義　❻統帥権の独立　❼法律の留保　❽治安維持法　❾大正デモクラシー　❿ポツダム宣言　⓫憲法問題調査委員会　⓬松本案　⓭憲法草案要綱（憲法研究会案）　⓮国民主権　⓯基本的人権の尊重／平和主義　⓰象徴　⓱国事行為　⓲硬性憲法

4　❶永久の権利　❷包括的人権　❸法の下の平等（平等権）　❹公共の福祉　❺華族制度　❻家制度（家父長制）　❼両性の本質的平等　❽父母両系血統主

4

義　❾男女雇用機会均等法　❿育児・介護休業法
⓫家庭科　⓬男女共同参画社会基本法　⓭全国水平
社（水平社）　⓮アイヌ文化振興法　⓯18歳　⓰
尊属殺人重罰規定

5　❶精神の自由，身体の自由（人身の自由），経済の自由
（経済活動の自由）　❷思想・良心の自由　❸三菱樹脂
訴訟　❹表現の自由　❺出版　❻検閲　❼チャ
タレイ事件　❽信教の自由　❾政教分離の原則
❿津地鎮祭訴訟　⓫愛媛玉ぐし料訴訟　⓬空知太神社
訴訟（砂川政教分離違憲訴訟）　⓭大学の自治　⓮東
大ポポロ事件　⓯罪刑法定主義　⓰法定手続きの保
障　⓱令状主義　⓲財産権の保障（財産権の不可侵）
⓳公共の福祉　⓴薬事法距離制限違憲訴訟（薬事法訴訟）

6　❶社会権　❷生存権　❸プログラム規定説
❹朝日訴訟　❺参政権　❻請求権　❼請願権
❽子どもに普通教育を受けさせる義務

7　❶プライバシーの権利　❷肖像権，パブリシティ権
❸知る権利　❹環境権　❺大阪空港公害訴訟　❻
アクセス権　❼自己決定権　❽インフォームド＝コン
セント　❾ヘイトスピーチ解消法

8　❶戦力不保持　❷朝鮮戦争　❸日米安全保障条約
❹長沼ナイキ基地訴訟　❺統治行為論　❻事前協議制
度　❼沖縄県　❽砂川事件

9　❶文民統制（シビリアン・コントロール）　❷専守防
衛　❸集団的自衛権　❹非核三原則　❺湾岸戦争
❻カンボジア　❼テロ対策特別措置法　❽防衛装備
移転三原則　❾安全保障法制（安全保障関連法）
❿ガイドライン

実戦問題 .... **p.24－33**

① 民主政治の原理と法の支配　p.24

問1　Aマグナ・カルタ　B王権神授　C権利請
願　D自然　E（アメリカ）独立　F立憲
問2　⑤　　問3　③　　問4　③
問5　④　　問6　③

【解説】 問2　⑤が正しい。Aは，フランス人権宣言の
内容で，政治結社の目的を自然権の保全としている点が重
要であり，　イ　に当てはまる。Bは，生存権を初めて明
記したドイツのワイマール憲法の内容であり，当てはまる
箇所はない。Cは，17世紀初頭にイギリスで法の支配を主
張したエドワード・コークが引用した，13世紀の法律家
ブラクトンの言葉であり，　ア　に当てはまる。
問3　③が不適切。「一般意思に基づく人民主権を唱え，
直接民主制を主張した」のはルソーである。ロックは，人
民がその自然権（生命や自由，財産の権利）を国家（政
府）に信託することによって国家（政府）が成立し，政府
が自然権を守れない場合は，人民は政府を取りかえること
ができる（抵抗権・革命権）と主張した。①②④はいずれ

も正しい。
問4　③が正解。フランス人権宣言によって自然権と位置
付けられたのは，「**自由，所有，安全および圧制への抵抗**」
の諸権利である。なお，過去のセンター試験では，ほぼ同
様の質問から所有権を答えさせる問題が出題されたことが
ある（07：本試）。
問5　④が正解。バージニア権利章典は，アメリカの独立
宣言よりも先にG．メーソンらによって起草され独立13州
のひとつバージニアで1776年6月に採択された。社会契約
説を背景に，天賦人権思想，財産や幸福追求に関する権
利，革命権などを網羅していることから世界最初の人権宣
言といわれ，独立宣言やその後の各州の憲法などに大きな
影響を与えた。なお，①は王権神授説に関する記述，②は
フランス人権宣言，③はマグナ・カルタに関する記述なの
でいずれも誤り。
問6　③が正解。第一次世界大戦後の1919年に制定され
たドイツのワイマール憲法は，男女普通選挙による議会政
治を規定し，世界で初めて労働者の団結権などの社会権を
保障するなど，当時の世界で最も民主的な憲法であった。
①誤り。国民主権の下で国民により制定された憲法は民定
憲法である。欽定憲法は，大日本帝国憲法のように，君主
が国民に与える形式の憲法のこと。②誤り。イギリスは，
13世紀のマグナ・カルタをはじめ多数の法律や慣例・判
例などが憲法を構成しており，まとまった成文憲法をもた
ない不文憲法の国である。④誤り。憲法は最高法規だが，
国民が守るべきものというより，国民が国家に守らせるべ
きものである。国家が国民の人権を不当に侵害したりしな
いように，民主的な憲法によって国家権力に歯止めをか
け，国民の人権を保障しようという原則を立憲主義とい
う。

② 民主政治のしくみ　p.25

問1　Aリバイアサン　　B法の支配　　C自然権
D権利章典　　E象徴　　F全国人民代表大会
問2　①　　問3　①　　問4　①
問5　①　　問6　①　　問7　②④　　問8　②④

【解説】 問2　①が正しい。②誤り。国家の三要素と
は，「主権」，「領域」，「国民」である。③誤り。ジャン・
ボーダン（ボダン）は，主権を「国家の絶対的かつ恒久的
な権力」とし，「国内的な最高権力」および「対外的に独立
した権力」の両方を満たすものと考え，**主権という概念を
明確化**した。ボーダンは国王の絶対主義を擁護したのであ
り否定したわけではない。④誤り。「対外的」と「対内的」
の説明が逆である。
問3　③が適当。フランスは単一国家であり，政治制度
は政治的権限を持った大統領のもとで議院内閣制をとる
「半大統領制」である。①誤り。アメリカは大幅な自治権
をもつ州によって構成される連邦国家であり，大統領制
なのでCに該当する。②誤り。イギリスは国家が集まった

連合王国であり，国家形態は単一国家とされる。政治体制は議院内閣制でありDに該当する。④誤り。ロシアは連邦国家で「半大統領制」を採用しているのでBに該当する。

問4　③が正しい。①イギリスの上院は世襲貴族・聖職者からなる終身議員により構成されるので誤り。②も誤り。イギリスでは1911年の議会法により下院優位の原則が確立した。④**イギリスの憲法は不文憲法**なので誤り。⑤不文憲法のイギリスの裁判所には連合王国最高裁に限らず違憲法令査権が与えられていないので誤り。

問5　①が正しい。**アメリカ大統領は，議会に対して教書を送付したり，法案拒否権はあるが，議会解散権や法案提出権はない。**②は誤り。アメリカは連邦国家であり，連邦政府の権限は軍事と外交分野に限られている。その他の分野については各州政府が権限を有しており，中央集権的な体制とはいえない。③も誤り。各州から2名ずつ選出され，州代表的な性質を持つのは上院である。④も誤り。アメリカの大統領は，国民の直接選挙ではなく，国民が大統領選挙人を選出し，その選挙人が大統領を選出するという間接選挙によって決まる。⑤も誤り。アメリカの連邦裁判所には，下級裁判所も含め違憲法令審査権が与えられている。

問6　①が正解。**アメリカの連邦議会の議員は，上下両院とも国民の直接選挙により選出される。**②中国の国会にあたる全国人民代表大会は一院制議会であり，その構成メンバーの人民代表は，国民からの直接選挙ではなく，各省や自治区・軍隊などから選挙で選ばれる。③ドイツは連邦議会と連邦参議院の二院制をとっている。このうち，ドイツ連邦議会の議員は国民から選挙で選ばれるが，連邦参議院は州の人口によって定められた議席数の州政府の代表者，すなわち各州の首相または閣僚が代表として出席するもので，議員の選挙は行われない。④フランスの下院議員は国民の直接選挙によって選ばれるが，上院議員は地方議員を中心とした市町村代表による間接選挙によって選出される。

問7　正解は②④。①は誤り。フランスの国会には，国民議会と元老院の2つがあるが，このうち議員が国民から直接選挙で選ばれ，優先権をもつのが下院に相当する国民議会である。元老院は，議員が間接選挙で選ばれ，諮問的な役割を果たす。③も誤り。国民戦線は，1972年にル・ペン氏を中心に結成されたフランスの極右政党である。「反EU」，「不法移民の排斥」などの主張により，近年，急速に勢力を拡大してきたが，2018年に党名を国民連合と変更した。

問8　②④が正しい。ドイツでは，ナチスの台頭を教訓に，憲法（基本法）の中で，「政党設立は自由だが，自由な民主的基本秩序の侵害を目的とする政党は憲法（基本法）違反」としている。また，ドイツの大統領は政治的実権がなく象徴的な存在であり（「象徴大統領制」），政形態は議院内閣制である。①③はフランスの説明であり，いずれも誤り。

③　日本国憲法とその基本原理　p.27

問1　A自由民権　B国会　C欽定　D国家権力　E統治　F大正デモクラシー　G軍部　Hポツダム宣言　Iマッカーサー　J象徴　K総　L3分の2　M過半数　N国民投票
問2　④　　**問3**　①　　**問4**　①

【解説】**問2**　④が正しい。①誤り。人権が「臣民の権利」とされた明治憲法では，「法律の範囲内」でしか権利が保障されなかった。これを「法律の留保」という。②誤り。天皇が国民に授ける形の憲法は欽定憲法であり，明治憲法が該当する。民定憲法は，国民が議会を通して制定する形の憲法であり，日本国憲法が該当する。③誤り。松本案は旧憲法と大差なかったため，GHQ民政局が作成した「GHQ案（マッカーサー案）」をもとにつくられた政府案が，帝国議会（衆議院議員は男女普選で選出）での修正（国民主権の明記，生存権の追加など）をへて日本国憲法となった。

問3　①が誤り。**明治憲法下の貴族院は**，皇族議員，公爵などの華族議員，および国家の勲功者などの勅任議員（いずれも非公選）で構成され，**臣民の制限選挙で選ばれたわけではない。**②は正しい。天皇が宣戦する権限については，明治憲法の第13条に「天皇ハ戦ヲ宣シ」とある。③も正しい。日本国憲法では前文と第1条で国民主権であることが明記されている。明治憲法には，天皇主権という文言はないが，第4条で天皇が統治権の総攬者で，憲法の条規により統治権を行使することが明記されている。④も正しい。明治憲法における権利保障は，天皇によって恩恵的に与えられる「臣民の権利」が，「法律の範囲内」で保障される（法律の留保）にすぎなかったが，日本国憲法で基本的人権は「永久不可侵の権利」（第11条）とされた。

問4　①が適切。②は誤りで，第1条に明記されている。③も誤り。国王などが国家元首とされている君主制の国では，君主の存在が象徴的とされるため国民主権と両立する。ベルギーやルクセンブルクは，国王が存在する君主制の国家であり，憲法で国民主権を明記している。日本も天皇がいるため君主制に分類されるが，憲法で天皇は象徴的で国政に関する権能をもたないとし，国民主権を明記している。④誤り。国民投票制度（レファレンダム）は民主主義実現のための手段の一つであり，国民主権原理をとる国が，必ず国政上の国民投票制度を設けなければならないわけではない。

④　基本的人権の本質と法の下の平等　p.28

問1　A平和主義　B臣民　C自然権　D11　E侵す　F永久　G将来　H14　I法の下　J人身（身体）　K13　L個人　M幸福追求
問2　法律の留保　　**問3**　③　　**問4**　⑦

【解説】**問3**　③が正解。順番はB→D→C→Aである。

A：「障害者の権利に関する条約」（2006年国連採択）は，障害者差別解消法（2013年制定）の翌年（2014年）に批准。B：1947年。C：1997年。人種差別撤廃条約（1965年国連採択）の批准（1995年）を受けて制定。D：1973年。四大公害裁判を受けて制定。なお，本問のように事項の順序を問う出題が増える傾向にあり注意を要する。

問4　⑦が正解。Aは国籍法違憲判決（2008年）。Bは尊属殺人重罰規定違憲判決（1973年）。（→いずれも本誌p. 9参照）Cは日産自動車定年差別事件。定年を男性55歳，女性50歳としていた日産自動車の就業規則に対し，最高裁は男女における定年年齢の差別は民法第90条の公序良俗に反して無効であるという判決を下した（1981年）。

⑤ 平等権・自由権　　　　　　　　　　p.28

```
問1　A人権宣言　　B思想　　C良心　　D表現
E公安　　F学問　　G家　　H性別
問2　②　　問3　①　　問4　④
問5　④　　問6　⑤
```

【解説】問2　②が正解。最高裁は愛媛県による靖国神社と県護国神社への公金支出を，目的と効果から見て憲法違反だと判断した。①は誤り。最高裁は，三菱樹脂訴訟で，思想・良心の自由などの規定は私人間の関係には直接およばないとし，企業側の採用の自由を優先する判決を下した。③も誤り。一般に，マスメディアによる報道の自由も表現の自由に含まれると解されている。④も誤り。学問の自由の中心は大学における研究や発表などの自由であり，それを保障するために大学の自治も尊重される。

問3　①が誤り。**現行犯逮捕の場合は令状を必要としない**が，令状を発するのは検察官ではなく**裁判官**である。逮捕や捜査の際に，裁判官が発行する令状を必要とすることを**令状主義**というが，これは警察（国家権力）による不当な逮捕や捜査によって国民の人権が侵害されることを避けることが目的である。②～④はいずれも正しい。②自白の証拠能力に関する憲法第38条第3項の規定。③**法定手続きの保障**規定（憲法第31条）。④遡及処罰の禁止規定（憲法第39条）。

問4　④が誤り。「公共の福祉」は，一般に，人権と人権がぶつかった時にそれを調整するための「権利に内在する制約」と考えられている。したがって，公務員の政治活動を制限する根拠にはなりえない。①②③⑤は正しい。①②について，精神の自由とりわけ表現の自由は，それが保障されないと政治的な批判ができなくなり，政府に対する「批判の自由」が守れなくなることから，民主政治の実現にとって重大な意味をもっており「優越的自由」といわれる。したがって，この自由に一定の制限を加えなければならない時は，他の自由権とくに経済活動の自由などと比べ，厳格な基準（たとえば②の文中にある「重大な害悪の発生が明白に予想され，かつ，その危険が差し迫っている場合」がそれで，これを「明白かつ現在の危険」の基準と

いう）が必要とされる。なお，このような**人権制約の際の二つの異なる基準のことを「二重の基準（ダブル・スタンダード）」と呼ぶ**。

問5　④が適当。「すべての人々を一律，画一的に取り扱うこと」は形式的平等の考え方。これに対して，「現実の状況に着眼した上で，積極的な機会の提供を通じて，社会的格差を是正しようとすること」は実質的平等をめざす考え方である。後者の考え方に沿って，社会的弱者（この場合は女性）に対する不利な現状を是正するために，社会的弱者に積極的な機会の提供を行うことで実質的平等を実現しようとすることを，「**ポジティブ・アクション**」（または「アファーマティブ・アクション」）という。女性が少ない職場で，「女性を優先的に採用する」という積極的な措置は「ポジティブ・アクション」に該当する。①②③は，いずれも形式的平等を根拠にしており，「ポジティブ・アクション」に該当しない。

問6　⑤が適当。Aは正しい。情報公開法では外国人でも情報開示を請求できる。Bは正しくない。在日外国人は永住資格があっても，憲法上の地方参政権は保障されていない。憲法第15条では参政権が「国民固有の権利である」と定められており，最高裁も認めていない。ただし，最高裁は1995年の判決において「憲法は定住外国人に対し地方参政権を付与することを禁止していないが，国がそのような立法を行わないからといって違憲の問題は生じない」という見解を示した。Cは正しい。外国人を地方公務員として採用している地方公共団体もある。

⑥ 社会権と新しい人権　　　　　　　　p.30

```
問1　A自然権　　B幸福　　C自由　　D福祉
E労働　　F教育　　G社会　　Hワイマール
I世界人権宣言　　問2　②　　問3　③
問4　②④　　問5　忘れられる
問6　③
```

【解説】問2　②が正解。①は誤り。このような考え方は学説上の主張であり，最高裁は，「第25条は国の政治的な努力目標を定めたものであり，国民に具体的な権利を保障したものではない」（プログラム規定説）という判断をしてきた。③は朝日訴訟に関する説明なので誤り。④も誤り。朝日訴訟では，一審の東京地裁で「現行の生活保護水準は憲法25条に反し違憲」という判決が下されると支給額がすぐに引き上げられた。その後，第二審で敗訴し，第三審で原告の死亡により終了したが，朝日訴訟は，生存権の規定に正面から向き合った最初の訴訟であるだけでなく，生存権に対する国民の関心を高め，国の生活保護基準を引き上げる功績もあげた。

問3　③が適切。特定秘密保護法（2013年成立，2014年施行）は，漏えいすると国の安全保障に著しい支障を与えるとされる情報を「特定秘密」に指定し，「特定秘密」とされた情報を漏らした公務員や民間事業者，マスコミ関係

者を処罰の対象とする法律である。「特定秘密」が不明瞭であることなどから，国民の「知る権利」，とりわけマスコミの取材の自由や報道の自由を制約するおそれがあるという批判がある。①は誤り。環境権は裁判では認められていない。②も誤り。2000年に施行された通信傍受法で通信の傍受が可能になった。対象は組織的殺人や薬物・銃器の不正取引，集団密航などの組織的な犯罪に限られていたが，のちの改正により拡大され，組織性のある窃盗や詐欺，児童ポルノ関係の罪なども加えられた。しかし「刑事犯罪全般」ではない。④も誤り。1997年に成立・施行された臓器移植法は，「脳の不可逆的な機能停止」を脳死とし，脳死した場合に限り，臓器提供を可能とした。

問4 ②，④が不適切。②は平和を権利と考えるもので，憲法前文を根拠に主張される。④は憲法第38条で保障されている。環境権として主張される権利には，他に眺望権や景観権などがある。

問5 「忘れられる権利」は，2014年にEU司法裁判所が，「個人名を検索すると表示される過去の処分歴を示す新聞記事へのリンクの削除をインターネットの検索サービス事業者に求める権利」として認めたことから，ヨーロッパでは明確に認められた権利となっており，日本でも重要な権利として注目されている。2017年には，日本の最高裁が「自分の名前を検索すると5年以上前の自分の犯罪歴がわかるので消してほしい」と訴えた男性の裁判で，検索サービスには情報を知るうえで重要な役割があるとする一方，人には個人的なことを勝手に公表されないプライバシーの権利もあるとし，「検索サービスの役割とプライバシーを比較し，プライバシーを守ることの方が明らかに大事な場合」は検索結果を削除できるという考え方を示した。

問6 ③が正しい。「ある条約」とは，**女性（女子）差別撤廃条約**なので，「女子に対して男子と平等の権利を与える」ためにとられた対応を選ぶことになる。条約批准以前には，子の国籍について父親が日本人の場合だけ出生時に日本国籍を取得するという父系血統主義だったため，条約を批准するために**1984年に国籍法を改正**し，父または母のいずれかが日本人であれば子に日本国籍を認める**父母両系血統主義**に改めた。①②④はいずれもこの条約とは無関係である。

7 平和主義と日本の防衛政策　p.31

問1	A戦力　B反共　C1950　D警察予備隊
	Eサンフランシスコ　F防衛　G個別　H集団
	I湾岸　J後方　Kテロ対策　Lフセイン
	M復興支援　Nソマリア　O海賊対処
問2	③　問3　④

【解説】 **問2** ③が正しい。1999年に制定された97年改定ガイドライン関連法のうち，周辺事態法では，日本周辺で日本の平和と安全に重要な影響を与える事態（周辺事態）が発生した際には，自衛隊が米軍に対して後方支援活動（国内・公海上における輸送給油など）を行うことができると定められた。しかし，このような活動は集団的自衛権の行使にあたるのではないかと批判された。①は誤り。最高裁判所は，長沼ナイキ基地訴訟（82年）や百里基地訴訟（89年）など自衛隊に関するすべての裁判の判決で憲法判断を回避し，合・違憲の判断を示していない。下級裁判所では，違憲判断の例（長沼ナイキ基地訴訟第一審判決）はあるが，自衛隊を合憲とした判決は一度も下されたことがない。②も誤り。イラクへの派遣はイラク復興支援特別措置法（2003年制定，09年失効）に基づいて行われた。**PKO協力法は，湾岸戦争後の92年に制定され，自衛隊が初めて海外領土（カンボジア）に派遣された。**なお，インド洋への派遣は，テロ対策特別措置法（2001年制定，10年失効）により行われた。④も誤り。防衛庁は06年に防衛省へ昇格したが，**自衛隊の最高指揮権をもつのは内閣総理大臣である**（自衛隊法第7条）ことについては変更されていない。

問3 ④が適当。①誤り。**重要影響事態法**では，日本が直接武力攻撃を受けるおそれのある事態（重要影響事態）が生じた場合に，自衛隊が米軍などの外国部隊を支援できると規定され，これまでの「日本の周辺地域」（周辺事態法）という活動範囲の制約がなくなった。②誤り。PKO協力法の改正によって，武装勢力などに襲われた国連や非政府組織（NGO）の職員などを，武器を使用して助ける「駆け付け警護」の任務が与えられた。③誤り。従来の**武器輸出三原則**が2014年に**防衛装備移転三原則**に改められた。

8 融合問題　p.33

問1	A戦力不保持　　B（個別的）自衛権
問2	③　問3　②　問4　⑥

【解説】 **問2** ③が誤り。マッカーサー草案を提示された日本政府側は，そのような民主的な内容に沿った改正は無理だと返答したが，GHQ側からマッカーサー草案を国民に提示することを示唆されたため，マッカーサー草案に沿う改正案の検討を受け入れた。しかし，結局GHQ側が求めるような民主的な憲法草案を独自に作成できなかったため，**日本側とGHQ側が共同で作成した憲法案が，日本政府案として国民に示された。**①は正しい。松本案が明治憲法と変わりのないものであったため，採用されず，マッカーサー草案が提示された。②も正しい。マッカーサー草案は，GHQの民政局においてワイマール憲法など世界各国の憲法や，当時の日本の民間の憲法草案である「憲法研究会案」なども参考にされて作成された。④も正しい。女性参政権付与は1945年12月（衆議院議員選挙法改正）。戦後はじめての女性参政権を認めた衆議院議員選挙は1946年4月に行われ，39名の女性代議士が誕生した。⑤も正しい。憲法草案は，帝国議会で「国民主権明記」，「生存権追加」など若干の修正を経たのちに可決・成立し，翌年5月3日から施行された。

問3　②が正しい（⑦の問2の解説参照）。①は誤り（⑦の問2の解説参照）。③も誤り。最高裁は自衛隊の憲法判断を避けてきたので「自衛隊の合憲性について合憲・違憲の判断を示したことはない」は正しいが，後半は誤り。警察予備隊を違憲とする判決は下されたことがない。④も誤り。最高裁判所は，日米安保条約の合憲性が争われた**砂川事件**で，**統治行為論を採用して日米安保条約に対する憲法判断を回避**したが，そもそもこの事件で在日米軍の違憲性は問われたが，自衛隊の合・違憲性は問われていない。

問4　⑥が正解。犯罪被害者やその家族の人権は，近年重視されるようになってきているが，憲法で明示されているわけではない。①～⑤はいずれも憲法上に規定がある。

II　日本の政治機構と現代の政治

10　国会の地位と権限　p.34−35

A
①最高機関　②立法機関　③政令　④条例　⑤二院制（両院制）　⑥衆議院　⑦参議院　⑧小選挙区　⑨比例代表　⑩国民投票法　⑪通常　⑫臨時　⑬特別　⑭緊急　⑮30　⑯法律案　⑰憲法改正　⑱予算　⑲弾劾裁判所　⑳国政　㉑内閣総理大臣　㉒予算　㉓内閣不信任　㉔両院協議会　㉕30　㉖10　㉗3分の1　㉘過半数　㉙3分の2　㉚委員会　㉛本会議　㉜公聴会　㉝公開　㉞一事不再議　㉟不逮捕　㊱免責　㊲一票　㊳議員立法　㊴国対政治　㊵党議拘束　㊶政府委員　㊷党首　㊸副大臣

B
❶立法　❷行政　❸司法　❹国政調査　❺内閣総理大臣　❻内閣不信任　❼弾劾裁判所

【解説】日本国憲法は，立法権を国会に，行政権を内閣に，司法権を裁判所に属させる三権分立制を採用している。三権は相互に抑制と均衡をはかっているが，三権のなかでも国会を「国権の最高機関」と規定し，議会制民主主義のもと基本的に議会優位の考え方に立って政治機構を組み立てている。

11　内閣の地位と権限　p.36−37

A
①行政権　②内閣総理大臣　③国務大臣　④文民　⑤国会議員　⑥国会　⑦天皇　⑧内閣総理大臣　⑨国会議員　⑩首長　⑪閣議　⑫国会　⑬国会　⑭議院内閣制　⑮内閣不信任　⑯10　⑰解散　⑱総辞職　⑲政令　⑳臨時国会　㉑最高裁判所長官　㉒助言　㉓1府12省庁　㉔行政委員会　㉕内閣法制局　㉖会計検査院　㉗立法　㉘官僚制　㉙行政　㉚内閣提出　㉛議員立法　㉜委任立法　㉝天下り　㉞国政　㉟行政手続　㊱国家公務員倫理　㊲情報公開　㊳オンブズマン　㊴内閣府　㊵独立行政法人　㊶特殊法人　㊷郵政　㊸内閣人事局

B
❶内閣総理大臣　❷内閣不信任　❸解散　❹連帯　❺臨時国会　❻緊急集会　❼任命　❽助言　❾国会議員

【解説】日本国憲法は，立法権（国会）と行政権（内閣）との関係では，議院内閣制を採用している。内閣総理大臣は国会議員の中から国会の議決で指名され，その他の国務大臣は内閣総理大臣によって任命される。そして，内閣は，国会に対して連帯して責任を負い，衆議院が内閣不信任決議を可決したときには，総辞職か衆議院を解散するか

の選択をしなければならない。

12 裁判所の地位と権限　p.38-39

A
①最高裁判所　②特別裁判所　③良心
④憲法　⑤身分保障　⑥心身
⑦弾劾裁判所　⑧国民審査　⑨大津　⑩児島惟謙
⑪最高裁判所　⑫終審　⑬内閣　⑭天皇
⑮国民審査　⑯高等　⑰地方　⑱家庭　⑲簡易
⑳内閣　㉑三審制　㉒再審　㉓刑事　㉔民事
㉕行政　㉖公開　㉗検察官　㉘検察審査会
㉙憲法　㉚違憲法令審査　㉛憲法の番人
㉜アメリカ　㉝具体的　㉞統治行為　㉟消極主義
㊱尊属殺人　㊲法の下　㊳職業選択　㊴衆議院
㊵財産権　㊶公判前整理　㊷法科大学院
㊸裁判員　㊹法テラス　㊺刑事裁判　㊻可視化

B
❶民事　❷刑事　❸最高　❹高等
❺地方　❻家庭　❼簡易

【解説】　裁判所には、最高裁判所と下級裁判所がある。裁判については審級制がとられ、原則としては、第一審、控訴審、上告審の三審制である。通常の訴訟は地方裁判所が第一審裁判所となり、高等裁判所（控訴審）、最高裁判所（上告審）の順となる。ただし、家事事件や少年事件は家庭裁判所が第一審裁判所になり、軽微な事件では簡易裁判所が第一審裁判所となる。

13 地方自治のしくみ　p.40-41

A
①民主主義の学校　②任命
③地方自治の本旨　④団体自治　⑤住民自治
⑥普通　⑦特別　⑧議会　⑨首長
⑩二元代表制　⑪大統領　⑫議院内閣
⑬行政委員会　⑭条例　⑮地方分権　⑯機関委任
⑰自治　⑱法定受託　⑲25　⑳30
㉑直接請求権　㉒イニシアティブ　㉓リコール
㉔解散　㉕解職　㉖50分の1　㉗3分の1
㉘首長　㉙選挙管理委員会　㉚住民投票
㉛レファレンダム　㉜特別　㉝白主　㉞依存
㉟3割自治　㊱地方　㊲地方交付　㊳国庫支出金
㊴補助金　㊵一般財源　㊶特定財源　㊷機関委任
㊸補助金　㊹地方交付税　㊺構造改革
㊻市町村　㊼住民運動　㊽草の根

B
❶法定受託　❷不信任　❸解散　❹解散
❺解職　❻首長　❼監査　❽解職
❾条例

【解説】地方自治の本旨を生かすためには、団体自治と住民自治という2つの自治が保障されなければならない。日本国憲法や地方自治法で、地方公共団体の自治行政権、自治立法権を認めて団体自治を保障し、また、住民自治を実

現するための住民の権利として、首長や議員の選挙権や各種の直接請求権を保障している。

14 政党政治と圧力団体　p.42-43

A
①政権　②政党　③与党　④野党
⑤名望家　⑥組織　⑦二大政党　⑧単独
⑨イギリス　⑩アメリカ　⑪多党　⑫連立
⑬一党　⑭自由党　⑮原敬　⑯憲政
⑰大政翼賛会　⑱55　⑲社会党　⑳自由民主党
㉑細川　㉒ねじれ　㉓民主党　㉔派閥
㉕族議員　㉖金権　㉗無党派　㉘政治資金規正
㉙政党助成　㉚あっせん利得処罰　㉛ロビイング
㉜圧力団体　㉝政党　㉞経団連　㉟連合
㊱ロビイスト　㊲市民　㊳住民　㊴NPO

B
❶与党　❷野党　❸官僚　❹行政
❺政治献金　❻圧力団体

【解説】政界と財界・圧力団体との間には、政策の実現に尽力する見返りに集票や政治資金を提供するといった関係、官僚と財界・圧力団体の間には、補助金や許認可権・行政指導の便宜を図る見返りに天下りを受け入れるなどの関係、政界と官僚との間には、政策立案を委任する見返りに人事面などで優遇するといった関係があり、これらが政・財・官の汚職構造を生み出してきた。

15 選挙制度と世論　p.44-45

A
①議会制　②普通　③平等　④秘密
⑤直接　⑥小選挙区　⑦1　⑧死票
⑨大選挙区　⑩小党分立　⑪比例代表　⑫25
⑬制限　⑭普通選挙　⑮18　⑯中選挙区
⑰小選挙区比例代表並立　⑱拘束　⑲ドント
⑳重複立候補　㉑非拘束　㉒一票　㉓違憲
㉔公職選挙　㉕戸別訪問　㉖金権　㉗投票率
㉘連座制　㉙8　㉚在外投票　㉛電子投票
㉜マニフェスト　㉝インターネット　㉞世論
㉟大衆　㊱マスメディア　㊲第四
㊳メディア・リテラシー　㊴世論操作
㊵アナウンスメント　㊶コマーシャリズム
㊷センセーショナリズム　㊸プライバシー
㊹リースマン　㊺現代型　㊻無党派
㊼ポピュリズム　㊽ファシズム

B
❶世論操作　❷表現
❸リテラシー　❹知る
❺議院内閣　❻❼❽❾普通, 平等, 秘密, 直接

【解説】民主政治は世論に基づく政治であるといわれている。議会制民主主義にとって、民主的な選挙が行われることは大前提であるが、選挙結果も世論の動向に大きく影響される。健全な世論形成のためには、マスメディアの報道や

表現の自由の保障がされていること，情報公開が正しく行われ，国民の知る権利が保障されていること，国民の側にもメディア・リテラシーが養成されることが大切である。

用語チェック ・・・・・・・・・・ p.46－48

⑩ ❶国権の最高機関　❷唯一の立法機関　❸衆議院　❹参議院　❺憲法審査会　❻通常国会（常会）　❼臨時国会（臨時会）　❽特別国会（特別会）　❾緊急集会　❿国政調査権　⓫衆議院の優越　⓬内閣不信任決議権　⓭両院協議会　⓮委員会制度　⓯本会議　⓰公聴会　⓱不逮捕特権　⓲免責特権　⓳議員立法　⓴党議拘束　㉑政府委員制度　㉒党首討論制度　㉓国対政治

⑪ ❶行政権　❷内閣総理大臣　❸国務大臣　❹文民　❺閣議　❻議院内閣制　❼総辞職　❽政令　❾助言と承認　❿1府12省庁　⓫行政委員会　⓬官僚制　⓭行政国家　⓮委任立法　⓯天下り　⓰行政手続法　⓱オンブズマン制度（行政監察官制度）　⓲行政改革　⓳独立行政法人　⓴特殊法人　㉑郵政三事業

⑫ ❶司法権の独立　❷特別裁判所　❸弾劾裁判所　❹国民審査　❺大津事件　❻最高裁判所　❼下級裁判所　❽家庭裁判所　❾三審制　❿再審　⓫刑事裁判　⓬民事裁判　⓭行政裁判　⓮検察審査会　⓯違憲法令審査権　⓰憲法の番人　⓱統治行為論　⓲尊属殺人重罰規定　⓳職業選択の自由　⓴衆議院議員定数訴訟　㉑靖国神社　㉒法科大学院　㉓裁判員制度　㉔日本司法支援センター（法テラス）　㉕知的財産高等裁判所

⑬ ❶民主主義の学校　❷地方自治の本旨　❸団体自治　❹住民自治　❺特別地方公共団体　❻条例　❼議会の解散権　❽自治事務　❾法定受託事務　❿直接請求権　⓫イニシアティブ（住民発案）　⓬リコール（住民解職）　⓭監査請求　⓮レファレンダム（住民投票）　⓯3割自治　⓰自主財源　⓱地方交付税（地方交付税交付金）　⓲国庫支出金　⓳地方分権一括法　⓴機関委任事務　㉑三位一体の改革　㉒構造改革特区

⑭ ❶〈順に〉与党／野党　❷名望家政党　❸組織政党（大衆政党）　❹二大政党制　❺多党制（小党分立制）　❻55年体制　❼連立政権　❽マニフェスト　❾派閥　❿族議員　⓫ロッキード事件　⓬政治資金規正法　⓭政党助成法　⓮あっせん利得処罰法　⓯圧力団体（プレッシャー・グループ）　⓰日本経済団体連合会（日本経団連）　⓱ロビイスト　⓲市民運動　⓳NPO（非営利組織）

⑮ ❶普通，平等，秘密，直接　❷制限選挙　❸小選挙区制　❹ゲリマンダー　❺大選挙区制　❻比例代表制　❼小選挙区比例代表並立制　❽重複立候補制　❾非拘束名簿式比例代表制　❿公職選挙法　⓫一票の格差　⓬戸別訪問　⓭連座制　⓮在外投

票制度　⓯世論　⓰第四の権力　⓱メディア・リテラシー　⓲コマーシャリズム　⓳ソーシャルメディア　⓴政治的無関心（ポリティカル・アパシー）　㉑無党派層

実戦問題 ・・・・・・・・・・・・・ p.49－55

① 国会の地位と権限　p.49

問1　A最高　　B立法　　C通常国会（常会）　D臨時国会（臨時会）　E特別国会（特別会）　F緊急集会　G委員会　H公聴会　I両院協議会　J解散　Kねじれ
問2　④　　問3　②　　問4　①　　問5　⑤　問6　④

【解説】問2　④が誤り。法律案には，**国会議員が提出する議員立法**と，各省庁が立案して**内閣総理大臣名で提出される内閣提出法案**がある。議員立法は近年，増えてきているが，依然として内閣提出法案の方が圧倒的に多い。①②③⑤は正しい。⑤について，国政調査権の行使の手続きを定めているのが議院証言法である。議院証言法によれば，何人も証人として出頭・証言・書類の提出を求められたときはそれに応じなければならず，虚偽の証言をしたときには懲役刑に処されることになる。なお，以前，証人喚問中の写真撮影やテレビ中継が禁止されていたが，1998年に改正され許可制となった。

問3　②が誤り。**衆議院の被選挙権は25歳以上，参議院の被選挙権は30歳以上である。**①③④⑤は，いずれも正しい。

問4　①が誤り。衆議院で可決した法律案を参議院が否決した場合，衆議院が出席議員の3分の2以上の多数で再可決すれば法律となる。②③④⑤はいずれも正しい。

問5　⑤が誤り。特別委員会は以前からある。①は正しい。イギリスにならって，与・野党の党首が国政の課題について直接に討論を行う党首討論の制度（クエスチョン・タイム）が導入された。党首討論会は，衆参両院におかれている国家基本政策委員会で行われる。②③④も正しい。従来の官僚主導の政治から，政治家主導の政治への転換のため，官僚が閣僚に代わって答弁する政府委員制度を原則廃止し，官僚は，技術的・専門的質問について政府参考人として答弁できるのみとなった。また，若手議員を中心に大臣を補佐した政務次官にかわり，副大臣・政務官のポストを新設し，国会の本会議・委員会で答弁や討論を担当することとした。

問6　④が誤り。当選後に被選挙権を失った場合，その時点で議員の身分を失う。①は正しい。議員の除名決議には，議院の出席議員の3分の2以上の賛成が必要である。②③も正しい。国会議員の特権には，②の「免責特権」，③の「不逮捕特権」の他，国庫から相当額の歳費を受ける「歳費特権」がある。⑤も正しい。本人だけでなく運動員による悪質な選挙犯罪の場合，連座責任によって当選が無

効となる場合がある。その場合は当然，議員の身分を失う。なお，**1994年の公職選挙法の改正により，連座責任の範囲が拡大・強化された。**

② 内閣の地位と権限　　　　　　p.50

問1　A連帯　　B行政　　C政令　　D委任立法
E行政指導　　F族　　G行政手続法　　H情報公開法
I内閣総理大臣　　J12　　K独立行政法人
L特殊法人
問2　④　　問3　①⑦　　問4　①　　問5　天下り
問6　オンブズマン制度（行政監察官制度）

【解説】問2　④が誤り。議院内閣制とは，内閣が国民の代表者からなる国会の多数者で構成され，いつでも国会の信任のもとにおかれると同時に，内閣も国民の意思を問うために衆議院を解散できるという，いわば国会と内閣の相互抑制の制度である。④については，**内閣総理大臣が欠けたとき，または衆院総選挙後初めて国会の召集があったときは，内閣は総辞職する**（第70条）。

問3　①⑦が誤り。①は国会の権限。⑦の罷免の訴追をうけた裁判官を裁判するのは，国会が設置する弾劾裁判所である。その他に内閣の主な権限としては，一般行政事務の執行，法律の執行と国務の総理，天皇の国事行為の助言と承認などがある。

問4　行政委員会は，公正で中立的な行政の実現や専門的な知識を要する行政への対応などのため，アメリカにならって戦後設置された制度。内閣からある程度独立して職権を行使する合議機関であり，行政機能に加えて準立法的・司法的権限を有する委員会も存在する。①の教育委員会は，都道府県や市町村にはあるが国にはない。②〜⑤は国に設置されているが，その他として中央労働委員会，公安審査委員会がある。

③ 裁判所の地位と権限　　　　　　p.51

問1　A下級　　B行政　　C良心　　D法律　　E刑事　　F民事　　G検察審査会　　H三審制　　I再審
J終審　　K番人　　L知的財産高等
問2　③④　　問3　②　　問4　②
問5　統治行為論　　問6　①　　問7　①③

【解説】問2　③④が誤り。**最高裁判所の長官は内閣が指名し天皇が任命する**（第6条）。最高裁判所の裁判官は，長官以外は内閣が任命する。下級裁判所の裁判官は，最高裁判所が指名した者の名簿によって内閣が任命する。

問4　②が不適切。下級裁判所の裁判官は国会や内閣からの干渉を受けないだけでなく，判決を下す際，上級裁判所や上司に当たる裁判官の指示を受けない。上級裁判所や上司の指示を受けることは，司法権の独立，特に裁判官の独立を侵害する行為となる。①は正しい。裁判官の懲戒処分

を行政機関が行うことは司法権の独立を侵す行為である。③も正しい。司法権の独立を守った事例としては，行政権の圧力を排除した戦前の大津事件の他に，立法権の圧力を排除した浦和事件（浦和充子事件），司法内部での裁判官の独立を守った平賀書簡事件がよく出題される。④も正しい。最高裁判所は，本来国会のみが持つ立法権の例外として，司法手続などに関わる規則制定権を有する。

問6　違憲法令審査権の積極的行使を批判する意見は，国会が国権の最高機関であるという憲法第41条と，国会議員は裁判官とは違って国民から直接選ばれた代表であることを根拠に主張される。②③④はその考え方に立つ意見である。

問7　①③が不適切。**2009年から導入された裁判員制度は，重大な刑事事件**（殺人や傷害致死など）**の第一審**において，一般市民（2022年4月より18歳以上に法適用。2023年1月から運用開始）の中から**事件ごとにくじで選任された裁判員が，裁判官と協同して事実認定，有罪か無罪の決定と量刑を行う制度である。**⑤裁判員には任務終了後も評議の秘密や職務上知り得た秘密に守秘義務が課せられる。違反すると6か月以下の懲役または50万円以下の罰金が科せられる。

④ 地方自治のしくみ　　　　　　p.52

問1　A地方分権推進法　　B機関委任　　C地方分権一括法　　D自治　　E法定受託　　F地方交付税交付金　　G国庫支出金　　H3割　　I住民自治
問2　ブライス　　問3　③　　問4　④
問5　③　　問6　①　　問7　④

【解説】問3　③が正しい。地方議会によって不信任の議決がなされた場合，首長は，地方議会を解散して，住民の意思を問うことができる。また首長は，地方議会が可決した条例に対する拒否権も有している。①②④はいずれも誤り。

問4　④が誤り。三位一体の改革は，2006年度までの3年間で，②所得税を減らし住民税を増やすことで3兆円の税源を政府から地方自治体に移す，①4兆円の補助金（国庫支出金）を削減する，③地方交付税を見直す，という3つの改革から始まった。①②③は正しい。

問5　③が正解。市町村の数は約1,800に減少した。①②政令指定都市への移行や町村の市への移行のための人口要件の緩和が盛り込まれたが，合併の義務付けや市長の任期の延長はなされていない。④住民からの発議や住民投票が行われるところもあった。

問6　①が正解。議会の解散の請求は，有権者の3分の1以上の署名をもって選挙管理委員会に対して行われ，住民投票で過半数の同意があると，議会は解散する。②は誤り。事務の監査の請求は，有権者の50分の1以上の署名をもって監査委員に対して行われ，監査の結果を首長と議会に報告し，その結果を公表する。③も誤り。条例の制定・

改廃（イニシアティブ）の請求は，有権者の50分の1以上の署名をもって首長に対して行われ，議会で過半数の賛成が得られれば可決され，当該条例が制定・改廃される。④も誤り。首長や地方議員の解職（リコール）の請求は，有権者の3分の1以上の署名をもって選挙管理委員会に対して行われ，住民投票で過半数の同意があるとその職を失う。なお，議会の解散，議員・長及び主要公務員の解職請求に必要な署名数は，有権者総数が40万人以上の場合，40万×1/3＋（有権者総数－40万）×1/6（人）以上となる。有権者総数が80万人以上の場合，40万×1/3＋40万×1/6＋（有権者総数－80万）×1/8（人）以上となる。

問7 ④が誤り。この住民投票では，基地縮小に賛成する票が約89％を占め，基地縮小に反対する票を上回った。①は憲法第95条の特別法の住民投票。②条例制定による住民投票は近年増加しているが，その結果に法的拘束力がないため，住民投票後に首長や議会が投票結果と異なる政策決定を行い問題となるケースもある。③この住民投票では，建設反対の票が約60％を占め，建設賛成の票を上回った。

⑤ 政党政治と圧力団体　　　　p.53

問1 A55年　　B二大　　C一党優位　　D包括
E族議員　　F中道　　G細川　　H連立　　I無党派
問2 ④　　**問3** ②⑤　　**問4** ④

【解説】問2　④が正解。55年体制の下では，密室的な「国対政治」が行われ批判されてきた。①は誤り。自民党と社会党の政策は，憲法改正問題や安全保障政策だけでなく，経済政策や福祉政策についても異なっていた。②も誤り。自民党は，55年体制を通じて衆議院で憲法改正の発議に必要な議席数を確保できなかった。③も誤り。55年体制の下では与党による強行採決や野党による審議拒否がたびたび行われた。⑤も誤り。55年体制下では政党間の対立が厳しく，所属議員は党議による拘束を受け（「党議拘束」），自らの意見で議院での投票を行うことが難しかった。

問3　②⑤が不適切。利益集団は政権の獲得を目的としていない点で政党とは異なる。また，アメリカのロビイストは連邦議会に登録され活動が公認されているが，**日本では，議会などにおける利益集団の活動を保障する法律は制定されていない。**①③④はいずれも正しい。

問4　④が誤り。**マニフェストは知事選挙や市町村長選挙など地方の選挙にも広がった。**①②③はいずれも正しい。マニフェストは従来の「公約」に比べ，具体的な施策や数値目標・実施期限などが盛り込まれているため，政治的な争点が明確となり，有権者が「政策」によって政党や候補者を選択しやすくなるだけでなく事後評価も可能になるため注目された。しかし2012年の衆議院選挙では，民主党政権のマニフェストが実施されていないことやマニフェストにない消費税増税の決定が批判を浴びることにもなった。2013年の参議院選挙からネット選挙が解禁され，候補者名や政党名を記したホームページを開設し，マニフェストを掲載できるようになった。また候補者・政党に限って電子メールでの選挙用文書図画の頒布も可能になった。

⑥ 選挙制度　　　　　　　　　p.54

問1 A普通　　B1925　　C25　　D20　　E18
F公職選挙　　G小選挙区比例代表並立制　　H非拘束
I無関心　　J一票の格差
問2 ②　　**問3** ①

【解説】問2　②が正解。ドント方式は各党の得票数を1，2，3…と整数で割っていき，商の大きい順に当選を決める。

	9,000	6,000	3,000	2,400
÷1	9,000①	6,000②	3,000④	2,400⑦
÷2	4,500③	3,000④	1,500	1,200
÷3	3,000④	2,000⑨	1,000	800
÷4	2,250⑧	1,500	750	600
÷5	1,800⑩	1,200	600	480
	5	3	1	1

問3　①が誤り。衆議院議員選挙において，認められている重複立候補は**小選挙区と比例代表の両方に立候補できる**ことであり，複数の小選挙区からは立候補できない。②③④はいずれも正しい。

⑦ 世論と政治参加　　　　　　p.55

問1 A世論　　B第四の権力　　Cリースマン
Dヒトラー　　Eメディア・リテラシー
問2 ②④　　**問3** ③

【解説】問2　②扇情主義ともいわれ，ニュースを誇張して大衆の好奇心をあおりたてる興味本位の報道姿勢をいう。④マスメディアによる選挙予測報道が有権者の投票行動に影響を与えること。

問3　正解は③　NPO法人は，収益事業以外は非課税とする税の優遇措置がとられている。①NPO法によって特定非営利団体が法人格を取得できやすくなったが，すべてNPO法人となることを義務化したわけではない。②NPOを取り巻く環境も少しずつ変化し，中でもNPOと行政による協働の取り組みについてはますます活発になり，その方法や内容も多岐にわたるようになってきた。④構成員への利益配分を目的とした団体は，NPO法人にはなれない。

Ⅲ　現代経済のしくみ

16　資本主義経済の成立と発展　p.56−57

A
①財　②サービス　③市場　④希少性
⑤最適配分　⑥工場制手工業
⑦エンクロージャー　⑧産業革命　⑨重商主義
⑩自由放任　⑪トマス・マン　⑫見えざる手
⑬アダム＝スミス　⑭私有　⑮労働力　⑯利潤
⑰イノベーション　⑱シュンペーター
⑲集中　⑳独占資本　㉑世界恐慌
㉒ニューディール　㉓有効需要　㉔修正資本
㉕ケインズ　㉖レーニン　㉗ロシア革命
㉘マルクス　㉙私有　㉚計画経済
㉛ペレストロイカ　㉜社会主義市場経済
㉝混合経済　㉞新自由主義　㉟サッチャー
㊱レーガン　㊲マネタリズム　㊳フリードマン

B
❶マニュファクチュア　❷工場制機械
❸夜警国家　❹ニューディール　❺ケインズ
❻混合　❼福祉国家　❽フリードマン

【解説】資本主義経済は，産業革命を経て19世紀半ばのイギリスで確立した。19世紀の資本主義は産業資本主義とよばれ，自由競争が支配的であった。その後19世紀末の重工業の発達は，独占資本主義とよばれる状況を生み出した。1929年に始まる世界恐慌は，政府が経済へ積極的に介入するきっかけとなり，修正資本主義（混合経済）とよばれる現代の資本主義の特徴ができあがっていった。

17　現代の企業　p.58−59

A
①経済主体　②家計　③企業　④政府
⑤経済循環　⑥勤労　⑦財産　⑧貯蓄
⑨可処分　⑩消費性向　⑪エンゲル係数
⑫拡大再生産　⑬租税　⑭第三セクター
⑮共同（法人）　⑯会社法　⑰株式　⑱株主
⑲合同　⑳合資　㉑合名　㉒有限　㉓無限
㉔東インド会社　㉕株式　㉖配当
㉗株式（証券）　㉘キャピタルゲイン　㉙株主総会
㉚1　㉛取締役　㉜監査役
㉝資本と経営（所有と経営）　㉞多国籍企業
㉟M＆A　㊱コングロマリット　㊲外国人
㊳リストラクチャリング　㊴終身
㊵コーポレート・ガバナンス　㊶株主代表
㊷ディスクロージャー　㊸メセナ
㊹フィランソロピー　㊺コンプライアンス

B
❶共同（法人）　❷会社　❸株式　❹合名
❺税金（租税）　❻補助金　❼家計

⑧社会保障　⑨政府　⑩財政

【解説】生産・分配・消費にかかわる経済主体として，企業・政府・家計の三つの主体があり，財やサービスが経済主体の間で貨幣を仲立ちに取引されることを経済循環という。生産活動の主体が企業であり，資本主義経済の日本は，民間の個人や法人が出資・運営する私企業によって経済活動が行われ，その中でも株式会社が中心である。

18　現代の市場　p.60−61

A
①市場　②市場　③自由　④減少
⑤増加　⑥均衡　⑦価格弾力性
⑧自動調節　⑨見えざる手　⑩市場占有率
⑪寡占　⑫独占　⑬規模の利益　⑭カルテル
⑮トラスト　⑯コンツェルン　⑰財閥
⑱プライスリーダー　⑲管理　⑳下方硬直
㉑広告　㉒差別化　㉓非価格競争
㉔ガルブレイス　㉕依存効果　㉖独占禁止
㉗公正取引委員会　㉘私的独占　㉙公正取引
㉚合理化　㉛不況　㉜ダンピング　㉝適用除外
㉞再販売価格維持　㉟持株会社　㊱市場の失敗
㊲寡占　㊳公共料金　㊴情報　㊵外部経済
㊶外部不経済　㊷公害　㊸公共財　㊹景気

B
❶需要　❷上昇　❸減少　❹供給
❺下落　❻増加　❼均衡

【解説】自由競争市場において，市場の自動調整機能（市場メカニズム）とは，価格の動きを目印にして需要と供給が調整されるしくみである。しかし市場が少数の企業によって支配される寡占や，市場が1社によって支配される独占の場合には，管理価格や独占価格が形成され，価格の下方硬直性がおこる。

19　国民所得と経済成長　p.62−63

A
①フロー　②ストック　③国富
④国内総生産　⑤中間　⑥最終
⑦国民総生産　⑧国民総所得　⑨国民純生産
⑩減価償却　⑪間接　⑫補助金　⑬三面等価
⑭生産　⑮分配　⑯支出　⑰増加
⑱国民純福祉　⑲グリーンGDP（グリーンGNP）
⑳人間開発指数　㉑国民総幸福量　㉒家事
㉓余暇　㉔経済成長　㉕実質　㉖名目経済成長
㉗実質経済成長　㉘実質経済成長　㉙技術革新
㉚景気　㉛景気変動　㉜好況　㉝恐慌　㉞不況
㉟インフレーション　㊱技術革新　㊲ジュグラー
㊳在庫　㊴クズネッツ　㊵物価　㊶消費者物価
㊷企業物価　㊸財政　㊹狂乱物価
㊺スタグフレーション　㊻デフレスパイラル
㊼インフレターゲット

B	❶インフレーション	❷コスト・プッシュ
	❸ディマンド・プル	❹デフレーション
	❺デフレスパイラル	❻スタグフレーション

【解説】

国内総生産（GDP）＝国内の総生産額－中間生産物の額
国民総生産（GNP）＝GDP＋海外からの純所得
国民純生産（NNP）＝GNP－減価償却費（固定資本減耗分）
国民所得（NI）＝NNP－間接税＋補助金
生産国民所得＝分配国民所得＝支出国民所得

特別講座　需要・供給曲線　p.64

【類題】 問1　X 60　P 30　問2　Y（ウ）　P（ウ）

【解説】問1　完全自由競争市場における均衡価格とその価格における財の取引量は，需要曲線と供給曲線の交点から求められる。$X＝－2P＋120$ と $X＝2P$ の連立方程式の解は，$X＝60$，$P＝30$ であり，財の取引量が60，均衡価格が30となる。

問2　独占市場における価格は均衡価格よりも高いと考えられるので，取引価格は40以上であると予想できる。しかもその価格における財の需要がなければ取引は成立しないので，需要曲線の式に（ウ）～（コ）までの価格の数字を代入したとき，Y の値がプラスにならなければならない。まず，$Y＝－2P＋120$ に $P＝40$ を代入すると $Y＝40$ となり，価格40のときには取引量40で取引が成立する（$Y＝2P$ は，完全競争市場における供給曲線なので独占市場にはあてはまらない。したがって全く無視することになる）。次に，$Y＝－2P＋120$ に $P＝60$ を代入すると $Y＝0$ となり，価格60のときには取引が成立しないことがわかる。さらに，価格70以上の場合に同様の計算をするといずれも Y の値がマイナスになってしまい，この場合にも取引は成立しない。よって，この**問2**の独占市場において取引が成立するのは，価格40のときだけであり，そのときの財の取引量は40ということになる。

特別講座　経済成長とGDP　p.65

【類題】 問1　①　問2　⑤　問3　①
問4　③

【解説】問1　例題と同様に，まず実質GDPを求める。前年のGDPデフレーターを100とすると，ある年のGDPデフレーターは「物価上昇率が前年比マイナス5％」とあるので，95とすることができる。
よって前年の実質GDPは125兆円，

$$ある年の実質GDP＝\frac{110}{95}\times100≒115.8（兆円）$$

それらを実質経済成長率を求める計算式にあてはめると

$$実質経済成長率＝\frac{115.8兆円－125兆円}{125兆円}\times100≒－7.4（\%）$$

となる。

問2　10％の経済成長が2年続けば1.1²倍となるので，10年続けば1.1¹⁰倍となる。
$1.1^{10}＝2.5937…≒2.6$ であり，10％で成長する経済は10年後にもとの約2.6倍となる。

問3　①～③については実際の数値を知っていれば答えられる。①は正しいが，②は誤り。1990年代の日本の経済成長率は全体として低いものの平均してプラスであった。③も誤り。改革開放路線に転換して以降の中国の経済成長はめざましく，近年，平均して10％近い高成長を続けているが，20％というのは数字が大きすぎる。
④も誤り。1年目のGDPが100兆円で2年目に110兆円になった場合，2年目の経済成長率は10％である。

問4　前の年の実質GDPを x 兆円として，与えられた数字を実質GDPを求める式に代入し x を求める。

$$5＝\frac{525－x}{x}\times100$$

ここから x を求めると $x＝500$ で答は500兆円となる。

20　金融のしくみとはたらき　p.66－67

A	①貨幣	②交換	③価値	④通貨
	⑤現金通貨	⑥預金通貨	⑦マネーストック	
	⑧暗号資産	⑨金本位	⑩兌換	⑪管理通貨
	⑫金融	⑬金融市場	⑭直接	⑮間接	⑯銀行
	⑰預金	⑱貸出	⑲為替	⑳信用創造
	㉑日本銀行	㉒発券	㉓銀行	㉔政府
	㉕ゼロ金利	㉖量的緩和	㉗インフレターゲット	
	㉘公開市場	㉙売り	㉚買い	㉛上げ
	㉜下げ	㉝預金準備率	㉞上げ	㉟下げ
	㊱護送船団方式	㊲金融ビッグバン	㊳金利	
	㊴為替	㊵持株	㊶デリバティブ	㊷不良債権
	㊸BIS	㊹貸し渋り	㊺金融庁	㊻ペイオフ
	㊼ヘッジファンド	㊽マネー資本主義		

B	❶日本銀行	❷家計	❸銀行	❹企業
	❺公開	❻預金準備率	❼預金	
	❽貸付け（貸出し）			

【解説】　金融の流れをみると，企業は資金の借り手で，株式や社債の発行（直接金融）や銀行からの借り入れ（間接金融）によって資金を調達する。政府も借り手であり，国債や財投債の発行によって資金を調達している。家計は貸し手であり，預金や有価証券の購入によって資金を供給している。銀行などの金融機関はそれらの資金を仲介する役割を果たしている。金融の流れを全体的に統括するのが日本銀行であり，経済状況に応じて流通する通貨量（マネーストック）を金融政策によって調整している。

21　財政のしくみとはたらき　p.68－69

A	①財政	②歳入	③歳出	④国会
	⑤一般	⑥特別	⑦政府関係機関	⑧暫定

⑨補正　⑩第二　⑪郵便貯金　⑫特殊法人
⑬租税法律主義　⑭直接　⑮間接　⑯所得
⑰消費　⑱水平的　⑲垂直的　⑳累進課税
㉑逆進　㉒シャウプ　㉓直間比率　㉔クロヨン
㉕消費　㉖資源配分　㉗所得再分配
㉘景気調節（景気安定）
㉙ビルトイン・スタビライザー
㉚フィスカル・ポリシー　㉛ポリシー・ミックス
㉜増税　㉝減税　㉞抑制（削減）　㉟拡大（増加）
㊱国債　㊲建設国債　㊳赤字国債　㊴日本銀行
㊵国債依存度　㊶国債費　㊷硬直
㊸財政構造改革　㊹構造改革
㊺プライマリー・バランス

B　❶一般　❷特別　❸政府関係機関
❹財政投融資　❺資源　❻所得再分配
❼景気調節（景気安定）　❽所得　❾消費
❿直接　⓫間接

【解説】政府が行う経済活動を財政といい，資源の配分の調整，所得の再分配，景気の調整の3つの役割がある。日本の国家財政は，主に一般会計・特別会計・財政投融資計画からなり，また，様々な財政活動を行うための財源の中心が租税である。

用語チェック ・・・・・・・・・ p.70−72

⓰　❶〈順に〉財／サービス　❷トレードオフ　❸機会費用　❹産業革命　❺自由放任主義（レッセ・フェール）　❻アダム＝スミス／国富論　❼資本主義経済　❽労働力の商品化　❾独占資本主義　❿シュンペーター　⓫ニューディール政策　⓬ケインズ　⓭社会主義経済　⓮マルクス／資本論　⓯レーニン　⓰ペレストロイカ　⓱社会主義市場経済　⓲混合経済（修正資本主義）　⓳小さな政府　⓴フリードマン

⓱　❶経済主体　❷エンゲル係数　❸拡大再生産　❹公企業　❺第三セクター　❻合名会社　❼合資会社　❽合同会社　❾株式会社　❿株主総会　⓫株式市場（証券市場）　⓬〈順に〉取締役会／監査役　⓭所有と経営の分離（資本と経営の分離）　⓮多国籍企業　⓯コングロマリット　⓰リストラ（リストラクチャリング）　⓱コーポレート・ガバナンス　⓲株主訴訟（株主代表訴訟）　⓳ディスクロージャー　⓴メセナ

⓲　❶市場　❷価格弾力性　❸均衡価格　❹価格の自動調節機能　❺寡占　❻カルテル　❼トラスト　❽コンツェルン　❾管理価格　❿価格の下方硬直性　⓫非価格競争　⓬製品差別化　⓭独占禁止法　⓮公正取引委員会　⓯再販売価格維持制度〈再販制度〉　⓰持株会社　⓱市場の失敗　⓲外部不経済　⓳公共財

⓳　❶フロー　❷国内総生産（GDP）　❸国民総生産（GNP）　❹国民純生産（NNP）　❺国民所得（NI）　❻三面等価の原則　❼国民純福祉（国民福祉指標，NNW）　❽グリーンGDP　❾ストック　❿国富　⓫経済成長　⓬実質GDP　⓭景気変動（景気循環）　⓮コンドラチェフの波　⓯ジュグラーの波　⓰キチンの波　⓱クズネッツの波　⓲インフレーション　⓳デフレーション　⓴スタグフレーション　㉑デフレスパイラル

⓴　❶現金通貨　❷預金通貨　❸マネーストック　❹金本位制度　❺管理通貨制度　❻直接金融　❼間接金融　❽自己資本　❾他人資本　❿信用創造　⓫政策委員会　⓬政府の銀行　⓭短期金利　⓮公開市場操作　⓯預金準備率操作（支払準備率操作）　⓰量的緩和　⓱金融業務の自由化　⓲日本版金融ビッグバン　⓳不良債権　⓴BIS規制　㉑貸し渋り　㉒金融庁　㉓ペイオフ

㉑　❶財政　❷一般会計　❸租税法律主義　❹特別会計　❺暫定予算　❻補正予算　❼財政投融資　❽直接税　❾間接税　❿累進課税制度　⓫シャウプ税制　⓬直間比率　⓭クロヨン（964，トーゴーサン）　⓮消費税　⓯所得再分配機能　⓰ビルトイン・スタビライザー　⓱フィスカル・ポリシー　⓲ポリシー・ミックス　⓳建設国債　⓴赤字国債（特例国債）　㉑市中消化の原則　㉒国債依存度　㉓財政硬直化　㉔プライマリー・バランス

実戦問題 ・・・・・・・・・ p.73−79

1　資本主義経済の成立と発展　p.73

問1　A産業革命　B生産手段　C利潤　D自由放任　E株式会社　F集中　G独占資本　Hロシア革命　I世界恐慌　Jニューディール　K有効需要　L修正資本
問2　(a)②　(b)①　(c)⑥　(d)⑦
問3　④　問4　(2)②　(4)⑥
問5　シュンペーター　問6　②

【解説】問2　③『人口論』はマルサス，④『経済表』は重農主義のケネー，⑤『経済発展の理論』はシュンペーター，⑧『豊かな社会』はガルブレイス。
問6　②が誤り。**レーガノミクスは，歳出の削減と大幅な減税によって財政再建をめざしたが，財政赤字と貿易赤字の双子の赤字に悩まされた。**①④は正しい。小さな政府をめざす新自由主義の政策は1980年代イギリスのサッチャー政権，アメリカのレーガン政権で採用された。③の中曽根政権時代の1985年に電電公社→NTT，専売公社→JT，1987年に国鉄→JR7社に民営化された。

② 現代の企業　　　　　　　　p.74

問1　A所有（資本）　　B配当　　C証券取引所
Dキャピタルゲイン　　E株主総会　　F企業統治
（コーポレート・ガバナンス）　　Gディスクロージャー
H独占禁止法　　I持株会社
問2　規模の利益（スケールメリット）
問3　有限責任　　問4　②　　問5　③　　問6　①
問7　コンプライアンス（法令遵守）　　問8　③

【解説】問4　②が正解。M&A（エムアンドエー）とは，企業の合併や買収の総称で英語の mergers and acquisitions（合併と買収）の略。①MBOは経営陣による買収，③CSRは企業の社会的責任，④ERPは企業資源計画，⑤⑥は独占の形態。

問5　③が誤り。企業が市場から自社株を購入し保有するいわゆる「金庫株」は，従来，特別な場合を除いて禁止されていたが，2001年の商法改正により解禁され自社株の保有・購入が原則自由となった。①インターネットやスマートフォンの普及，手数料の安さなどでネット証券の利用者が増えている。②2009年以降，株券が廃止され電子的な管理に統一された。④2001年の改正商法以降，額面株式廃止で無額面株式に統一され，企業が売買単位を自由に決定可能になった。1単元1,000株の企業が多い。

問6　①が誤り。中小企業の経営に適するように簡略化した手続きで設立できた有限会社は，会社法が施行された2006年以降，新設が認められず株式会社に一本化された。②③④は正しい。

問8　③が誤り。株主代表訴訟とは，経営者が会社に不利益な経営をし会社に損害を与えたとして，株主がその責任追及と損害賠償を求めて行う訴訟である。その手数料が1993年の商法改正によって引き下げられたため，株主代表訴訟が起こしやすくなった。①②④は正しい。

③ 現代の市場　　　　　　　　p.75

問1　④　　問2　⑥
問3　オ②　　カ③　　キ①　　ク④　　ケ⑥
問4　③　　問5　④　　問6　④

【解説】問1　④が正解。図1においてPよりも高い価格P_2のときの供給量はQ_3，需要量はQ_1であるので，Q_3-Q_1の超過供給が発生する。したがって，価格は低下し，需要量と供給量の均衡する価格Pに近づく。

問2　⑥が適当。製品の人気が上昇すると需要は増大し，需要曲線は右にシフトするのでD_2になる（**数量が増加する場合は右へシフト，減少する場合は左へシフト**）。D_2のときの取引量はQ_3でDのときの取引量Q_2との差（Q_3-Q_2）が取引量の変化分である。

問3　**価格弾力性**とは，需要（供給）の変化率÷価格の変

化率（価格が1％上昇（低下）したとき，需要（供給）が何％増加（減少）するか）を表す。価格の変化に対して需要（供給）量がそれほど変化しないもの（生活必需品など）は価格の弾力性の値は小さくなる。曲線は図2のD_4のように傾きが急になる。それに対して弾力性が大きいものほど曲線の傾きはゆるやかになる。

問4　③が正解。完全競争市場では，市場に不特定多数の売り手と買い手が存在するために，適正な競争が行われ，どの需要者・供給者も自分で価格を決定できない。このため価格は，市場の需要と供給が一致する均衡価格に落ち着く。①②④はいずれも寡占市場の特徴である。

問5　④が適当。寡占市場では企業同士が協定によって価格を決めたり，**プライスリーダー（価格先導者）**に他の企業が追随して価格を決めたり（**管理価格**）する。①は誤り。競争の少ない寡占市場では，企業は価格競争を避け価格以外の面で製品の差別化をはかり利益を確保しようとする傾向がみられる。②も誤り。一般に価格が下がり変化しにくくなることを「価格の下方硬直性」とよび，売り手が少数の寡占市場では管理価格が設定されたり，非価格競争が行われるようになるため，一般に価格が下がりにくくなる。③も誤り。規模が大きいほど利潤が増大する**規模の利益（スケールメリット）**がはたらく市場では寡占市場が一般的である。また，公共性が強い産業では，安定供給のため独占・寡占が認められている。

問6　④が正解。**外部不経済とは，ある経済活動が市場の外に悪影響をもたらすことであり，**④の例はそれにあたる。①は需要が増えるので市場による調整である。②市場の失敗の**情報の非対称性とは，市場で取引する売り手と買い手のうち，一方だけに情報が偏っている場合をいう。**③この例は，他の経済主体に有利な影響をもたらすので外部経済という。

④ 国民所得と経済成長　　　　p.76

問1　Aストック　　B対外純資産　　Cフロー　　D付加　　E中間生産物　　F間接税　　G補助金　　H三面等価　　I物価　　J実質　　Kグリーン　　LNNW
問2　④⑥　　問3　②　　問4　②

【解説】問2　④⑥が正解。農家が自分の家で生産して自分たちで消費する農産物は市場で取引されていないが，その消費額は推計されて自家消費としてGDPに含められる。また，取引された不動産の価格自体はGDPに算入されないが，仲介手数料は算入される。①GDPは1年間に新たに生み出された付加価値の総計なので，株式や不動産の取引はGDPに計上されない（手数料は算入される）。ただし，新規の株式発行の場合はその時価総額が計上される。②⑤市場で取引されない家事労働やボランティア活動，環境破壊等は含まれない。③相続財産などの金融資産はストックの概念である。

問4

本年度の経済成長率＝$\dfrac{\text{本年度のGDP}-\text{前年度のGDP}}{\text{前年度のGDP}}\times100$

で求められる。

⑤ 金融のしくみとはたらき　p.77

問1　A交換手段　　B金本位　　C不換　　D発券
E政府　　F銀行　　G公開市場　　H公定歩合
I金融ビッグバン
問2　管理通貨制度　　問3　④　　問4　99億円
問5　③　　問6　④　　問7　護送船団方式
問8　③⑥

【解説】問3　④が誤り。**預金通貨や準通貨は現金通貨よりも供給量がはるかに大きい。**ちなみに2021年の統計では，現金通貨が5.7％，預金通貨が43.3％，準通貨が26.4％であった。①②③⑤は正しい。

問4　預金合計＝当初の預金（本源的預金）÷預金準備率，信用創造の額＝預金合計－当初の預金

　　1億円÷0.01＝100億円，100億円－1億円＝99億円

問5　③が正解。**無担保コールレート（翌日物）**とは，金融機関同士がコール市場で，担保なしの短期資金を貸し借りする取引での返済期日が翌日までの金利。これが現在の政策金利としての誘導目標となっている。①②のプライムレートとは，銀行が企業に対して融資する際に，一番優遇された金利（最優遇金利とよぶ）のことをいい，最も信用度の高い一流企業に対する最優遇貸出金利を指す。貸出期間が1年未満のものを短期プライムレート（短プラ），1年以上のものを長期プライムレート（長プラ）とよび，このプライムレートは各銀行が個別に定めている。④の為替レートは外国為替市場における円とドルの交換レートなどをいう。

問6　④が正解。**量的緩和政策とは，金融政策の誘導目標を金利ではなく市中金融機関のもつ資金量におき，日銀当座預金残高を一定水準以上に維持することで，金融機関の貸し出しを拡大しようとした政策である。**2001年3月から06年3月まで実施された。①②は誤り。そもそも債権等を売却する売りオペレーションは好況時に金融引き締めのために行うものである。金融緩和の場合に行われるのは買いオペレーション（債権等の買上げ）であり，日銀が市中銀行から国債を買い入れると通貨量は増大する。③外国為替市場への介入は，政府やその代理として中央銀行が，為替レートを操作するために，保有している外貨準備をもとにして外貨の売買を行うことである。

問8　③は誤り。これは日本版金融ビッグバンの内容ではなく，郵政民営化の中で行われたものである。⑥も誤り。1968年に導入された証券会社の免許制は98年の証券取引法の改正で廃止された。日本版金融ビッグバンでは金融業務の自由化が進展し，銀行と証券会社の垣根が取り払われ相互参入が進んだ。①②④⑤は正しい。内外資本取引の自由化とは，「外国為替及び外国貿易管理法」の改正によって，従来，外国為替を取り扱うのは許可を受けた銀行のみで一般人は海外の預金口座や外国銀行との直接取引を自由にできなかったが，それが自由にできるようになったことをいう。これによって，ドルショップやコンビニなどでも両替ができるようになった。

⑥ 財政のしくみとはたらき　p.78

問1　A公共財　　B累進課税　　Cナショナル
D減税　　Eフィスカル・ポリシー（裁量的財政政策）
F建設　　G赤字　　H補正
I石油危機（オイル・ショック）　　J特例
K国債費　　L硬直化
問2　①　　問3　ア③　　イ①
問4　(c)②　　(e)③　　(f)①　　問5　①

【解説】問2　①が正解。近年，特別会計の整理・縮小が行われている。②国会の承認は，政府関係機関予算や財政投融資にも必要である。③郵便貯金や年金の積立金は，かつては財政投融資の原資として大蔵省資金運用部に一括預託されて運用されていたが，その制度は2001年に廃止された。現在は，政府が国債の一種である財投債を発行して資金を調達し，財投機関に貸し付ける制度となっている。④補正予算とは，年度当初予算の確定後に，その後の事情で年度当初予算を変更するために編成される予算のことである。

問3　アは，③の酒税。なお，酒税の他に消費税や揮発油税などが国税で間接税である。イは①の住民税。この他に固定資産税や事業税，自動車税などが地方税で直接税である。②の法人税と④の相続税および⑤の贈与税は，所得税と同様に国税で直接税である。

問4　④コングロマリットは異種企業の合併・買収によって生まれた複合企業。⑤プライスリーダーとは，寡占市場で協調的に決定される管理価格における価格先導者をいう。具体的には，最有力企業がプライスリーダー（価格先導者）となって，一定の利潤を確保できるような価格を設定し，他の企業がその価格に追随する。⑥**サブプライムローンとは信用度の低い低所得者向けの住宅融資のこと。**2000年代前半，住宅バブルに沸いていたアメリカではサブプライムローンが急増し，それをもとにした証券化商品が大量に取引された。しかし，2006年頃からサブプライムローンの焦げつきが増え始め，これが引き金となり2008年にリーマン・ショックが起こり金融危機に発展した。

問5　①が正解。A—消費税導入は1989年。B—地方分権一括法の施行は2000年。C—シャウプ勧告は，ドッジ・ライン実施と同じ1949年。D—戦後初めての赤字国債（特例公債）は，1965年度補正予算に盛り込まれ，1966年1月に特例法成立で発行が決定された。よって，C→D→A→Bとなる。

7 融合問題　　　　　　　　p.79

問1　A後退　　B回復　　C恐慌　　Dスタグフレーション　　Eデフレスパイラル　　Fインフレターゲット（インフレターゲティング）
問2　④　　問3　③　　問4　②　　問5　②

【解説】問2　④が正解。フランスの経済学者ジュグラーは，1860年に設備投資の変動による約10年周期の景気循環を発見した。①は誤り。アメリカの経済学者クズネッツが1930年に発見したのは，**建築活動により引き起こされる約20年周期の循環**である。②も誤り。旧ソ連の経済学者コンドラチェフは，**1925年に技術革新を主因とする長期循環を発見した**。③も誤り。アメリカの経済学者キチンは，1923年に在庫投資の変動により引き起こされる約40か月周期の短期循環を発見した。
問3　③が不適当。財政インフレは，政府公債を中央銀行が引き受けることで通貨が増加して生じるが，物価の上昇は通貨価値の下落である。インフレは，売り上げが上昇する企業や土地や資産を持つ者には好影響であるが，通貨価値の下落で所得と預貯金が実質的に目減りするので，決まった収入しかない者（例えば年金受給者など）には悪影響である。①②④は正しい。
問4　②が正解。**高度成長期には，総需要が総供給を上回るのが普通であったために，消費者物価はほぼ上昇を続けた**。一方，企業物価（旧卸売物価）は輸入原料価格が安定していたこともあってそれほどの上昇ではなかった。消費者物価の年率3～6％の上昇はクリーピング・インフレ（しのびよるインフレ）とよばれた。④のギャロッピング・インフレは年率10％以上の駆け足のインフレともいわれ，日本においては石油危機後の狂乱物価をさす。
問5　②が正解。**消費者物価指数は消費者が小売段階で購入する財・サービスの価格をもとに作成された指数**であり，生鮮食品や公共料金も含まれる。なお，企業物価指数とは，卸売段階にある商品・輸入品・原材料などの価格をもとに作成される。したがって①③は誤り。④も誤り。消費者物価指数は総務省が毎月発表する小売物価統計調査をもとに作成される指標であり，日本銀行の金融政策の判断材料としても使われている。

IV　日本経済の発展と福祉の向上

22　戦後の日本経済　　　　p.80−81

A
①傾斜生産方式　　②復興金融金庫
③エロア　　④経済安定9原則
⑤ドッジ・ライン　　⑥超均衡　　⑦単一為替レート
⑧シャウプ勧告　　⑨財閥解体　　⑩独占禁止
⑪農地改革　　⑫労働組合　　⑬安定恐慌
⑭朝鮮戦争　　⑮特需　　⑯高度経済成長
⑰神武　　⑱岩戸　　⑲国民所得倍増
⑳オリンピック　　㉑IMF　　㉒経済協力開発機構
㉓いざなぎ　　㉔資本の自由化　　㉕大衆消費
㉖三種の神器　　㉗3C　　㉘設備投資
㉙国際収支の天井　　㉚石油輸出国機構
㉛石油危機　　㉜狂乱物価　　㉝スタグフレーション
㉞低成長　　㉟減量経営　　㊱産業構造の高度化
㊲ペティ＝クラーク　　㊳経済のサービス化
㊴経済のソフト化　　㊵貿易摩擦
㊶日米構造協議　　㊷日米包括経済協議
㊸プラザ合意　　㊹円高　　㊺産業の空洞化
㊻バブル　　㊼不良債権　　㊽失われた
㊾構造改革　　㊿三位一体の改革

B
❶傾斜生産　　❷特需　　❸高度経済成長
❹技術　　❺労働力　　❻石油（原油）
❼石油危機　　❽株価　　❾平成

【解説】戦後の日本経済の歩みは，戦後復興期（終戦～1954年頃）・高度経済成長期（1955～73年頃）・低成長期（1973～80年代前半）・バブル経済と平成の景気停滞期（80年代後半～）に大きく分けることができる。戦後混乱期を経て，朝鮮戦争の特需をきっかけに高度成長を遂げ，石油危機以降は低成長期となった。80年代後半以降のバブル景気が崩壊（91年）すると平成不況となり，「失われた10年」とよばれる景気停滞期となった。

23　中小企業／農業問題　　　p.82−83

A
①中小企業基本　　②300　　③3　　④100
⑤5,000　　⑥99.7(99)　　⑦資本装備率（設備投資率）
⑧二重構造　　⑨下請け　　⑩系列　　⑪地場産業
⑫ベンチャー・ビジネス　　⑬ニッチ
⑭産業クラスター　　⑮起業　　⑯1　　⑰農地改革
⑱農地　　⑲農業基本　　⑳専業　　㉑第二種兼業
㉒食糧管理　　㉓生産者　　㉔消費者　　㉕二重価格
㉖減反　　㉗自主流通　　㉘牛肉　　㉙オレンジ
㉚ウルグアイ・ラウンド　　㉛ミニマム・アクセス
㉜関税　　㉝新食糧　　㉞食料・農業・農村基本
㉟食料安全保障　　㊱副業的　　㊲耕作放棄地
㊳主業　　㊴準主業　　㊵食料自給率

㊶37　　㊷ポストハーベスト　　㊸遺伝子組み換え
㊹トレーサビリティ　　㊺六次産業化

B ❶二重構造　❷下請け　❸農業基本
❹食糧管理　❺食料安全保障　❻新食糧法

【解説】中小企業問題は，大企業と中小企業との間の，賃金・生産性など様々な格差＝二重構造から生じる諸問題である。農業政策の中心になる法律は，1961年の農業基本法から1999年の食料・農業・農村基本法へと受け継がれた。戦時中から続いてきたコメ農家保護のための食糧管理制度は，食管赤字を背景に，コメの流通・価格について大幅に規制緩和した新食糧法へと移行した。

24 公害と環境保全／消費者問題

p.84－85

A ①環境基本　②足尾銅山鉱毒　③産業
④都市　⑤四大公害裁判　⑥四日市ぜんそく
⑦イタイイタイ病　⑧阿賀野　⑨有機水銀
⑩公害対策基本　⑪環境省　⑫公害健康被害補償
⑬無過失責任　⑭大気汚染防止　⑮社会的
⑯汚染者負担の原則　⑰濃度　⑱総量
⑲環境影響評価　⑳循環型
㉑循環型社会形成推進基本　㉒３Ｒ　㉓リユース
㉔リサイクル　㉕ゼロ・エミッション
㉖非対称　㉗依存　㉘デモンストレーション
㉙消費者　㉚ケネディ　㉛四つの権利　㉜選択
㉝消費者基本　㉞消費者保護基本
㉟国民生活センター　㊱消費生活センター
㊲製造物責任　㊳リコール
㊴クーリング・オフ　㊵契約自由　㊶特定商取引
㊷消費者契約　㊸食品安全基本
㊹消費者団体訴訟　㊺貸金業
㊻グレーゾーン　㊼多重債務　㊽消費者
㊾キャッチセールス　㊿マルチ商法

B ❶公害健康被害　❷汚染者　❸無過失
❹環境基本法　❺アセスメント
❻四つの権利　❼クーリング・オフ　❽PL

【解説】日本では，高度経済成長期に産業公害が深刻化し，四大公害などが大きな社会問題になった。1960年代末以降，国は本格的な公害対策・被害者救済に乗り出し，1967年には公害対策基本法，1973年には公害健康被害補償法などを制定した。そうした施策の中で，汚染者の責任を明確にするために，「汚染者負担の原則（PPP）」や「無過失責任の原則」を導入した。1990年代以降は地球環境問題全般を視野に入れた施策に移行し，1993年には環境基本法が制定された。消費者主権は，ケネディ大統領の「消費者の四つの権利」を基本にして，日本でも様々な消費者保護のための施策が行われてきた。

25 労働運動の歩みと労働基本権

p.86－87

A ①契約自由　②労働契約　③労働問題
④資本主義　⑤ラッダイト　⑥労働組合
⑦国際労働機関　⑧労働組合期成会　⑨治安警察
⑩治安維持　⑪工場　⑫大日本産業報国会
⑬企業別　⑭ナショナルセンター　⑮連合
⑯全労連　⑰全労協　⑱勤労　⑲団結
⑳団体行動　㉑労働基本　㉒労働組合
㉓労働関係調整　㉔人事院　㉕人事委員会
㉖最低　㉗最低賃金　㉘労働安全衛生
㉙男女同一賃金　㉚30　㉛30　㉜8　㉝40
㉞時間外労働　㉟年次有給　㊱10　㊲15
㊳深夜業　㊴8　㊵1　㊶労働基準局
㊷労働基準監督署　㊸労働協約　㊹不当労働行為
㊺免責　㊻労働委員　㊼調停　㊽仲裁
㊾緊急調整　㊿労働審判

B ❶勤労権　❷団結権　❸団体交渉権
❹争議権　❺労働基準　❻労働組合
❼労働関係調整　❽同一賃金　❾8　❿40
⓫年次有給　⓬不当労働行為

【解説】憲法では労働基本権として，第27条で「勤労権」，第28条で「団結権」・「団体交渉権」・「団体行動権」を定めているが，それらを具体化した法律が労働三法である。労働三法のうち「労働基準法」は，労働時間など労働条件の最低基準を定め，「労働組合法」は，労働組合活動の保護や不当労働行為の禁止を定め，「労働関係調整法」では，労使交渉の斡旋・調停・仲裁を規定している。

26 現代の労働問題

p.88－89

A ①終身雇用　②年功序列型賃金
③企業別組合　④能力　⑤年俸　⑥成果
⑦完全失業　⑧労働力　⑨リストラクチャリング
⑩正規雇用　⑪パートタイマー　⑫契約
⑬非正規雇用　⑭パートタイム労働　⑮派遣労働者
⑯日雇い　⑰派遣切り（雇い止め）　⑱労働者派遣
⑲フリーター　⑳ニート　㉑ワーキングプア
㉒労働契約　㉓同一労働同一賃金
㉔サービス残業　㉕年次有給休暇
㉖完全週休二日　㉗過労死　㉘労働災害
㉙フレックスタイム　㉚変形労働時間
㉛裁量労働　㉜ワークシェアリング
㉝高度プロフェッショナル　㉞ハローワーク
㉟男女雇用機会均等　㊱セクハラ　㊲間接差別
㊳育児・介護休業　㊴男女　㊵2
㊶障害者雇用促進　㊷高年齢者雇用安定　㊸定年
㊹単純労働　㊺不法就労　㊻ワーク・ライフ・バランス

B ❶終身雇用　❷年功序列　❸企業別
❹パート　❺派遣労働　❻年俸

【解説】日本の高度成長を支えてきた労使慣行は，「終身雇用制」・「年功序列型賃金制」・「企業別労働組合」であった。それが1990年代の平成不況以降，企業のリストラが相次いで失業者が増加する中，雇用形態も多様化し，これまでの労使慣行は崩壊しつつある。例えば，中途採用・転職の増加，パートタイマーや派遣労働者など非正規社員の増加，年俸制の導入，といった傾向が目立っている。

27 社会保障の歩み　p.90−91

A ①生存権　②ナショナル・ミニマム　③個人
④救貧　⑤ビスマルク　⑥疾病保険
⑦アメとムチ　⑧世界恐慌　⑨ニューディール
⑩社会保障　⑪ベバリッジ
⑫ゆりかごから墓場まで　⑬フィラデルフィア
⑭世界人権　⑮102　⑯北欧　⑰大陸
⑱租税（税金）　⑲保険料　⑳所得比例
㉑スウェーデン　㉒ドイツ　㉓三者均一　㉔恤救
㉕健康保険　㉖生活保護法　㉗皆保険・皆年金
㉘福祉元年　㉙無料　㉚少子高齢　㉛社会保険
㉜保険料　㉝公的扶助　㉞公費　㉟社会福祉
㊱福祉　㊲公衆衛生　㊳地域保健　㊴保健所

B ❶個人　❷扶助　❸社会　❹保険
❺ビスマルク　❻生存権　❼ベバリッジ
❽フィラデルフィア　❾❿社会保険，公的扶助

【解説】国家による世界初の保険制度は，労働運動・社会主義運動が激化した19世紀後半，ドイツのビスマルクが制定した疾病保険制度である。世界恐慌後の1930年代，アメリカはニューディール政策の一環として社会保障法（1935年）を制定した。42年にはイギリスでベバリッジ報告が出され，「ゆりかごから墓場まで」という社会保障制度のスローガンが示された。戦後，日本では憲法で生存権が明記され，社会保険・公的扶助・社会福祉・公衆衛生の4分野の社会保障制度が確立した。

28 社会保障・福祉の現状と課題
p.92−93

A ①高齢化社会　②高齢社会　③超高齢社会
④合計特殊出生　⑤少子化　⑥少子高齢
⑦積立　⑧賦課　⑨世代　⑩健康保険
⑪国民健康保険　⑫3　⑬老人保健
⑭75　⑮後期高齢者医療　⑯国民年金
⑰厚生年金　⑱基礎年金　⑲国民年金基金　⑳20
㉑60　㉒学生　㉓確定拠出型　㉔65　㉕60
㉖65　㉗介護保険法　㉘市町村　㉙40　㉚3
㉛ホームヘルパー　㉜デイサービス　㉝デイケア

㉞特別養護老人ホーム　㉟認知　㊱障害者基本
㊲ノーマライゼーション　㊳バリアフリー
㊴NPO　㊵ボランティア　㊶相対的貧困
㊷子ども　㊸生活保護　㊹ナショナル・ミニマム
㊺ベーシック・インカム　㊻エボラ　㊼感染

B ❶健康　❷国民健康　❸老人保健
❹厚生年金　❺基礎年金　❻65　❼賦課
❽介護保険　❾ナショナル・ミニマム
❿ゴールドプラン　⓫バリアフリー

【解説】日本の社会保障制度の課題は，まず「医療保険」については高齢化に伴う老人医療費の急増がある。「年金保険」は一元化を目指して基礎年金制度が導入されたが，高齢化の進展で年金財政が悪化している。また，年金財源の負担に関して，世代間で不公平感が高まっている。「社会福祉」は，ノーマライゼーションに基づいた施策やバリアフリー社会を目指した活動が必要である。

用語チェック　p.94−96

22 ❶財閥解体，農地改革，労働の民主化　❷独占禁止法　❸傾斜生産方式　❹復興金融金庫　❺ドッジ・ライン　❻シャウプ勧告　❼〔朝鮮〕特需　❽高度経済成長　❾国民所得倍増計画　❿産業構造の高度化　⓫ドル・ショック（ニクソン・ショック）　⓬〔第一次〕石油危機（オイルショック）　⓭スタグフレーション　⓮円高不況　⓯バブル経済　⓰平成不況　⓱不良債権

23 ❶中小企業基本法　❷二重構造　❸下請け　❹系列　❺地場産業　❻ベンチャー企業　❼農地法　❽農業基本法　❾食糧管理制度　❿減反　⓫ミニマム・アクセス　⓬新食糧法　⓭食料・農業・農村基本法　⓮食料安全保障　⓯副業的農家　⓰食料自給率

24 ❶環境基本法　❷産業公害　❸都市公害　❹イタイイタイ病　❺公害健康被害補償法　❻汚染者負担の原則（PPP）　❼総量規制　❽環境影響評価（環境アセスメント）　❾消費者主権　❿ケネディ大統領　⓫消費者基本法　⓬国民生活センター　⓭製造物責任法（PL法）　⓮クーリング・オフ　⓯消費者契約法　⓰消費者庁

25 ❶ラッダイト運動（機械打ち壊し運動）　❷国際労働機関（ILO）　❸団結権，団体交渉権，団体行動権（争議権）　❹労働基準法　❺労働組合法　❻労働関係調整法　❼最低賃金法　❽団体行動権（争議権）　❾人事院　❿年次有給休暇　⓫労働協約　⓬不当労働行為　⓭労働基準監督署　⓮労働委員会　⓯緊急調整　⓰労働審判制度

26 ❶終身雇用制　❷年功序列型賃金制　❸企業別組合　❹成果主義　❺完全失業率　❻非正規雇用者　❼派遣労働者　❽ニート　❾サービス残業　❿裁量労

働制　⓫ワークシェアリング　⓬男女雇用機会均等法
⓭セクシュアル・ハラスメント（セクハラ）　⓮育児・
介護休業法　⓯不法就労　⓰ワーク・ライフ・バランス
㉗　❶生存権　❷ナショナル・ミニマム　❸ビスマル
ク　❹世界恐慌　❺ニューディール政策　❻社会
保障法　❼フィラデルフィア宣言　❽保険料　❾租
税（税金）　❿恤救規則　⓫生活保護法　⓬国民
皆保険・皆年金　⓭公的扶助　⓮年金保険　⓯介
護保険　⓰福祉六法
㉘　❶高齢社会　❷合計特殊出生率　❸少子高齢化
❹積立方式　❺賦課方式　❻国民健康保険　❼３割
❽後期高齢者医療制度　❾厚生年金　❿国民年金
⓫学生　⓬65歳（65歳から）　⓭確定拠出型年金
⓮３割　⓯ノーマライゼーション　⓰バリアフリー

実戦問題 ・・・・・・・・・・ p.97－103

① 戦後の日本経済　　　　　　　　p.97

問１　A経済安定９原則　B朝鮮戦争　C第一次石
油危機（第一次オイルショック）　D知識集約
E貿易摩擦　「プラザ合意
問２　財閥解体，農地改革，労働の民主化（順不同）
問３　(1)国民所得倍増計画　(2)②
問４　ペティ＝クラークの法則，第３次産業
問５　③　　問６　②　　問７　④

【解説】問１　Dの「知識集約」型産業とは，高度な研究
開発や知識を必要とする産業。コンピュータ・ソフトウェ
ア開発などがあげられる。
問３　(2)　②が正しい。1958年に国民健康保険法が改正さ
れ，1961年に国民皆保険が実現し，また1959年に国民年金
法が制定されて1961年に国民皆年金が実現した。①は誤
り。1968年，日本のGNP総額は西ドイツを抜いて世界第
２位になったが，一人当たりの国民所得は世界で20位前後
でしかなく，他の先進諸国とのギャップは大きかった。③
誤り。経済成長が進む中で，生産性に勝る大企業と，その
下請けを担った中小企業との賃金格差はむしろ増大した
（二重構造）。④誤り。高度経済成長期には，消費者物価指
数も上昇傾向にあった。
問５　③が正解。円高不況の際には輸出が不利になるた
め，現地生産を行うために海外進出する。①は誤り。円高
なので輸入品価格は逆に安くなる。②誤り。海外からの投
資は減少する。④誤り。日本からの海外旅行客は増加した。
問６　②が正しい。1980年代後半，円高不況に対する日銀
の金融緩和政策で，余った資金が土地・株の投機へと向か
い，経済の実体以上に地価・株価が上昇した（＝資産イン
フレ）。これがバブル経済である。①は誤り。「ブラックマ
ンデー」とは，1987年10月，ニューヨーク株式市場にて株
価が大暴落した出来事を指す。③誤り。2007～08年，余剰
資金が原油市場に流れ込んで世界的に原油価格が高騰し，

「第三次石油危機」とまでいわれた。また，石油代替燃料
であるバイオエタノールの製造急増で，世界の穀物市場も
急騰した。④誤り。バブル期（1987～89年）の実質GDP
成長率は4.6～5.7％で，「空前の値を示す」とはいえない。
問７　④が適当。バブル崩壊後の平成不況では，地価・株
価の下落にともなって消費が落ち込み，低価格競争がさら
に企業収益を圧迫するという悪循環（デフレスパイラル）
がみられた。さらに不良債権をかかえた銀行が「貸し渋り」
をしたために企業への融資が落ち込み，企業の倒産が相次
いだ。①は誤り。日銀は公定歩合の引き下げなど金融緩和
政策を行った。なお，経常収支は黒字のままであった。②誤
り。むしろデフレーションの傾向にあった。③誤り。スタグ
フレーションとよばれたのは，第一次石油危機後である。

② 中小企業・農業・消費者問題　　p.98

問１　A下請け　Bベンチャー企業　C農業基本法
D減反　E新食糧法　F消費者主権　Gケネディ
H消費者保護基本法
問２　③　　問３　二重構造
問４　ウルグアイ・ラウンド　問５　①　　問６　②

【解説】問２　③が正解。①はサービス業，②は小売業，
④は卸売業のもの。
問４　1993年のGATT，ウルグアイ・ラウンドの農業分野
最終合意において，日本は，(i)農産物の輸入を原則として
関税化すること，(ii)コメは６年間関税化を猶予し，代わり
に国内消費量の４～８％をミニマム・アクセスとして輸入
を義務づけること，を受け入れた。
問５　①が正しい。アの自動車のリコール制度とは，メー
カーが製品の欠陥を認めて無償修理等の改善措置をとる制
度のことであり，Aに該当する。イのパブリック・コメン
トとは，2005年の行政手続法の改正により新設された意見
公募手続のこと。行政機関が政令や省令などを制定するに
当たって，事前に命令等の案を示し，その案について広く
国民から意見や情報を募集するというものなのでBに該当
する。ウのカルテル形成によって，価格競争が阻害され消
費者の商品選択の幅が狭まるので，Cの侵害にあたる。
問６　「クーリング・オフ」は，訪問販売・割賦販売・マル
チ商法などにおいて，一定期間内（訪問販売・割賦販売で
は８日間，マルチ商法は20日間）であれば，違約金なしで
一方的に契約解除ができる制度である。よって②が正しい。

③ 労働運動の歩みと労働基本権　　p.98

問１　A労働組合　B治安警察法　C治安維持法
問２　ラッダイト運動（機械打ち壊し運動）
問３　国際労働機関　問４　②
問５　(1)不当労働行為　(2)③　問６　(1)①イ　②ウ
③ア　(2)①斡旋　②調停　③仲裁

【解説】問4　②が正しい。現実の労使関係では労働者は不利な立場に置かれやすいため，労働組合をつくり，使用者と同等な立場で労使交渉をおこない，新しい労働条件の実現を図るために団体行動を行う権利を定めたものが，労働三権である。①誤り。「請願権」の部分を「生存権・教育を受ける権利」に置きかえれば，正しい文になる。③誤り。国家公務員が一律に制約を受けるのは，争議権である。④誤り。憲法第27条第1項において，「すべて国民は，勤労の権利を有し，義務を負ふ。」と定めている。

問5　(2)正解は③。これは正当な労使交渉であるから，「不当労働行為」にはあてはまらない。①②④はすべて，使用者による不当労働行為である。

④ 現代の労働問題　p.99

問1	A派遣　B終身雇用　C年俸　D裁量労働
問2	②　　問3　②　　問4　フレックスタイム制
問5	B　問6　⑤

【解説】問2　「完全失業率」は，労働力人口（＝15歳以上人口のうち，働く意思と能力のある人々）に占める完全失業者（＝現在仕事に就いておらず求職中の人々）の割合をさす。②が正しい。①の生産年齢人口とは，15歳以上65歳未満の人口。

問3　②が不適当。「個々の業績に応じて賃金が決定される」の部分が誤りで，賃金は勤続年数によって決まる。①③④はすべて年功序列型賃金制・終身雇用の説明として正しい。

問5　Bが正解。女性労働者はこれまで，20代前半で一旦就職し，20代後半〜30代に結婚・出産にともなって離職し，その後子どもの成長に合わせてパートタイマーとして職場復帰する，という傾向が顕著で，年齢階級別労働力比率のグラフの形から「M字型雇用」と呼ばれている。よってB〜Dは女性のグラフであると分かる。しかし，育児・介護休業法の整備が進むなど，出産・育児を理由に離職する率が低下してきたこともあり，20代後半〜30代女性の労働力比率は年々上昇傾向にある。よってBが2019年の女性のグラフである。

問6　⑤が適切。①②③は男女雇用機会均等法が制定された1985年当初からの規定。④は労働基準法の1997年改正の内容である。

⑤ 社会保障の歩み　p.100

問1	Aエリザベス救貧法　Bビスマルク　Cアメとムチ　D社会権（生存権）　E.F.ルーズベルト　Fニューディール　G社会保障法　Hゆりかご　I最低限度　J25　K社会福祉　L雇用保険
問2	生存権　問3　生活保護法　問4　保健所
問5	③　問6　③　問7　①

【解説】問5　③が正しい。例えば年金保険では，国民年金・厚生年金・共済年金の3つに分かれ，それぞれ保険料や年金の給付水準が異なるといった格差が以前より指摘されてきたため，1985年の基礎年金制度の導入，共済・厚生年金の報酬比例部分の支給，2001年の確定拠出型年金（日本版401k）の導入，共済年金の厚生年金への統合など，様々な年金改革が進められている。①誤り。労災保険の保険料は事業主のみが負担している。②誤り。「1980年代」ではなく「1960年代」である。④誤り。「在職中に積み立てた保険料で退職後の年金をまかなう」のは「積立方式」である。現在の日本の年金方式は，現役で働く人の保険料で年金給付をまかなう「賦課方式」がベースになっている。

問6　③が正解。①誤り。「都道府県」ではなく「市町村」が運営主体である。②誤り。「20歳以上」ではなく「40歳以上」。④誤り。介護保険の自己負担は最高3割である。

問7　①が正しい。少子高齢化により，高齢社会を財政的に支える生産年齢人口（15〜65歳）が将来的に減少し，この勤労世代に租税・保険料など大きな社会保障負担が強いられることが予想される。②誤り。不況期には社会保障支出を増加させ税収を減少させることで，景気を安定させる働きがある（ビルトイン・スタビライザー）。③誤り。医療保険の保険料率と給付水準の見直しが進められているのは，高齢化と医療費の高額化にともなって国民医療費・老人医療費が年々増大しているからである。不況期にただちに保険料率を引き上げるということはない。

⑥ 社会保障・福祉の現状と課題　p.101

問1	A北欧（イギリス）　B大陸　C基礎年金　D積立　E60　F65　G日本版401k　Hゴールドプラン　Iノーマライゼーション
問2	③　問3　③　問4　④　問5　バリアフリー

【解説】問2　正解③。日本の高齢化率は，2007年に初めて21%を超え，以後も上昇している（2022年29.0%）。①誤り。日本の合計特殊出生率は，1990年代に1.5人を割り込み，2005年には最低（1.26人）を記録した。以後，やや改善傾向にあるが，1.5人を上回っていない（2021年1.30人）。②誤り。基礎年金（国民年金）は賦課方式である。④誤り。ハートビル法は，公共性の高い建築物に対して，高齢者や障がいを持つ人が利用しやすいような施設整備を求める法律（1994年施行）。2006年には，交通バリアフリー法と統合したバリアフリー新法が施行された。

⑦ 融合問題　p.102

問1	①　問2　②　問3　④

【解説】問1　①が誤り。高度経済成長期は，固定相場制（1949年，1ドル＝360円に設定）のおかげで日本の経済力が上がっても為替相場が変動しなかったので，実質的に円安の恩恵を得られた。したがって，「為替相場が円安にな

り」は誤り。②は正しい。産業構造が高度化し，第３次産業への就業割合が増えた。③正しい。高度経済成長期の財政投融資の資金は，産業基盤整備を中心に投じられた。④も正しい。**日本は1963年にGATTの12条国から11条国へ移行し，国際収支悪化を理由とした輸入の数量制限ができなくなった。**

問２ ②が正しい。環境基本法第９条に，「国民は，基本理念にのっとり，環境の保全上の支障を防止するため，その日常生活に伴う環境への負荷の低減に努めなければならない。」とある。①誤り。憲法に環境権の規定はない。③誤り。水俣病が発生したのは1950年代～60年代である。④誤り。罰則規定はない。

問３ ④が誤り。労働基準法第35条に，「使用者は，労働者に対して，毎週少くとも一回の休日を与えなければならない。」と規定している。①正しい。雇用保険の説明。②正しい。労働基準法第７条に，「使用者は，労働者が労働時間中に，選挙権その他公民としての権利を行使し，又は公の職務を執行するために必要な時間を請求した場合においては，拒んではならない。」とある。③正しい。労働基準法第32条第１項に，「使用者は，一週間の各日については，労働者に，休憩時間を除き一日について八時間を超えて，労働させてはならない。」とある。

⑧ 融合問題　p.103

問１	④	問２	②	問３	③	問４	②

【解説】**問１** ④が正しい。リデュースとは「発生抑制」の意味で，家庭用洗剤やシャンプーなどの詰替製品を使用することで容器ごみの発生抑制につながる。①不適当。2001年完全施行の循環型社会形成推進基本法は，３Rを目指した基本法である。②不適当。テレビ・エアコン・冷蔵庫・洗濯機の再資源化を目指す「家電リサイクル法」が2001年に完全施行された。③不適当。水洗式トイレに設置された大・小レバーをこまめに使い分けることは，水の節約にはつながるが，再利用しているわけではない。

問２ ②が誤り。環境アセスメントは，開発を行う前に自然環境に与える影響を調査・評価する制度。

問３ ③が誤り。製造物責任法（PL法）は欠陥商品を販売した製造業者に対し，製造業者の過失の有無を問わず，損害賠償責任を負わせている。

Ⅴ　現代の国際政治

29 国際政治と国際法　p.104－105

A
①②領域，国民　③主権　④主権国家　⑤領土　⑥領海　⑦領空　⑧国連海洋法条約　⑨200　⑩排他的経済水域　⑪国益　⑫権力政治　⑬ウェストファリア　⑭国民国家　⑮ナショナリズム　⑯NGO　⑰多国籍　⑱資源　⑲民族　⑳国内法　㉑グロティウス　㉒自然法　㉓国際法　㉔国際法の父　㉕国際慣習法　㉖条約　㉗批准　㉘戦時国際法　㉙国際人道法　㉚平時国際法　㉛国際慣習法　㉜条約　㉝立法　㉞制裁　㉟国際司法裁判所　㊱同意（合意）　㊲ジェノサイド　㊳個人

B
❶ウェストファリア　❷主権国家　❸国際慣習法　❹条約　❺主権国家　❻国家（政府）

【解説】主権国家を主な行動主体とする国際社会は，17世紀のウェストファリア条約によって成立したが，近年，国連などの国際機関やNGO，さらには多国籍企業などの活動が国際政治に大きな影響を与えるようになってきている。また，国際社会のルールである国際法も，従来の慣習法中心の内容から条約主体に変化してきており，国連は各種の国際条約の採択によって国際社会のルール作りに貢献してきた。

30 国際連合の役割　p.106－107

A
①勢力均衡　②集団安全保障　③カント　④ウィルソン　⑤国際連盟　⑥第二次世界大戦　⑦アメリカ　⑧ソ連　⑨全会一致　⑩経済制裁　⑪国際連合憲章　⑫フランス　⑬中国　⑭国際連合　⑮平和と安全　⑯多数決　⑰大国一致　⑱武力　⑲ニューヨーク　⑳グテーレス　㉑総会　㉒安全保障理事会　㉓事務局　㉔信託統治理事会　㉕国際司法裁判所　㉖経済社会理事会　㉗常任理事国　㉘非常任理事国　㉙9　㉚拒否権　㉛朝鮮　㉜平和のための結集決議　㉝総会　㉞緊急特別総会　㉟平和　㊱PKO　㊲６章半活動　㊳停戦監視　㊴軍事　㊵国連軍　㊶分担金

B
❶勢力均衡　❷集団安全保障　❸国際連盟　❹全会一致　❺経済　❻国際連合　❼多数決　❽軍事（武力）

【解説】国際社会は，その成立以来「勢力均衡」方式に

よって，平和維持をしようとしてきたが，その結果第一次世界大戦を招いてしまった。第一次世界大戦後，「集団安全保障」の考え方により国際連盟が設立されたが，大国不参加・全会一致の表決方法・弱い制裁手段などの欠陥から第二次世界大戦の勃発を防ぐことができなかった。第二次大戦後に成立した国際連合は，そのような欠陥を克服して世界平和の構築を実現する機関として期待され，さまざまな国際紛争解決のために，PKOなど主として非軍事的手段による方法で対処し一定の成果をあげてきた。また，非政治分野における国際協力の面でも，専門機関などを通して地道な取り組みをしてきている。

31 戦後国際政治の動向　p.108－109

A
①資本　②共産　③朝鮮　④鉄のカーテン
⑤トルーマン・ドクトリン　⑥共産
⑦マーシャル・プラン　⑧アメリカ
⑨コミンフォルム　⑩ベルリン　⑪ソ連
⑫ベルリンの壁　⑬NATO　⑭COMECON
⑮WTO　⑯ジュネーブ４巨頭会談　⑰平和
⑱デタント　⑲核　⑳第三　㉑アジア・アフリカ
㉒非同盟　㉓非同盟諸国　㉔キューバ危機
㉕多極　㉖フランス　㉗EC
㉘全欧安全保障協力会議　㉙アフガニスタン
㉚レーガン　㉛新冷戦　㉜ゴルバチョフ
㉝マルタ　㉞ブッシュ　㉟冷戦終結　㊱ドイツ
㊲ソ連　㊳民族　㊴ユニラテラリズム　㊵イラク

B　❶冷戦　❷緊張緩和　❸多極　❹マルタ
❺民族

【解説】 米ソ両大国を，それぞれの中心とする東西冷戦は，第二次世界大戦後の1940年代後半から激化したが，双方の陣営内で軍事同盟関係が構築されると1955年以降は緊張緩和（デタント）の方向にむかった。一方，戦前まで列強の植民地とされていたアジア・アフリカ諸国は，戦後次々と独立を達成し，第三の勢力となって非同盟中立の立場からデタントの呼びかけを行うなど世界は多極化した。冷戦は1980年代にいったん緊張が高まった（「新冷戦」）ものの，多極化の進展と二大国の軍拡競争による財政悪化・市民の民主化要求の高まりという状況の中で終結し世界は「冷戦後」の時代を迎えた。しかし，期待された世界平和は実現できず，地域紛争や民族紛争の激化，テロリズムの横行という状況が続いている。

32 核・軍縮問題　p.110－111

A
①原爆　②ソ連　③軍拡　④水爆
⑤デタント　⑥軍備管理
⑦部分的核実験禁止（部分的核実験停止）　⑧水中
⑨地下　⑩核拡散防止　⑪インド　⑫パキスタン
⑬戦略兵器制限　⑭核弾頭　⑮軍縮特別総会
⑯NGO　⑰国際司法裁判所　⑱国際法
⑲第五福竜丸　⑳原水爆禁止
㉑ラッセル・アインシュタイン　㉒パグウォッシュ
㉓INF　㉔軍備縮小　㉕START
㉖CTBT　㉗新START　㉘非核地帯
㉙ラテンアメリカ　㉚南太平洋　㉛東南アジア
㉜アフリカ　㉝信頼醸成　㉞武器貿易
㉟対人地雷全面

B　❶軍拡　❷管理　❸縮小
❹ラッセル・アインシュタイン
❺パグウォッシュ　❻マルタ

【解説】 アメリカの核開発に端を発する核兵器は，東西冷戦の激化とともに拡散し，冷戦期には米ソを中心に熾烈な核軍拡競争が繰り広げられた。しかし，緊張緩和（デタント）や反核運動を背景に，核の拡散を食い止め，核運搬手段（ミサイル）や核弾頭を制限しようという軍備管理（核管理）の動きが生じた。特に冷戦後を中心として，核弾頭そのものを削減していこうという核軍縮の流れが生まれてきている。しかし，インドとパキスタンの核実験に象徴されるように，核軍縮への道のりには依然として困難な状況があり，その廃絶は化学兵器や対人地雷などの非人道的な兵器の廃絶とともに人類の大きな課題である。

33 現代の世界と紛争　p.112－113

A
①アメリカ　②代理　③朝鮮　④アメリカ
⑤38　⑥ベトナム　⑦フランス
⑧アメリカ　⑨ベトナム社会主義共和国
⑩カンボジア　⑪ソ連　⑫ユダヤ　⑬アラブ
⑭中東　⑮共産党　⑯民族　⑰新しい戦争
⑱植民地　⑲国境　⑳ナショナリズム
㉑モザイク　㉒セルビア　㉓民族浄化
㉔ベルギー　㉕フセイン　㉖少年兵　㉗難民
㉘難民の地位に関する　㉙国連難民高等弁務官
㉚PKO　㉛NGO　㉜国連　㉝アジア
㉞北方領土　㉟６か国協議

B　❶アメリカ　❷ソ連　❸代理　❹PKO
❺ナショナリズム　❻民族浄化　❼NGO

【解説】 戦後の冷戦期に起こった朝鮮戦争やベトナム戦争などの局地的な戦争は，米ソを中心とする東西大国の「代理戦争」として行われたといえる。しかし，冷戦後の紛争は，ルワンダ内戦にみられるように植民地時代から冷戦期を通じて大国の力によって押さえつけられてきたナショナリズム（民族主義）や民族対立が，冷戦終結によって噴出した結果とみることもできる。このような国際紛争の解決のために，国連はこれまでPKOの派遣を初めとする非軍事的な活動によって一定の成果をあげてきたが，近年の紛

争の多発に対してはイギリスのオックスファムなどに代表されるNGOが，平和構築の分野などで大きな役割を果たすようになってきている。

用語チェック p.114−116

29 ❶領域，主権 ❷主権国家 ❸国連海洋法条約 ❹ウェストファリア条約 ❺国民国家 ❻NGO（非政府組織） ❼グロティウス ❽国際慣習法 ❾条約 ❿国際人道法 ⓫国際司法裁判所（ICJ） ⓬国際刑事裁判所（ICC）

30 ❶勢力均衡 ❷集団安全保障 ❸カント ❹国際連盟 ❺全会一致方式 ❻経済制裁 ❼国際連合憲章 ❽総会 ❾多数決方式 ❿経済社会理事会 ⓫ILO（国際労働機関） ⓬安全保障理事会 ⓭米，英，露，仏，中 ⓮10か国 ⓯大国一致の原則 ⓰拒否権 ⓱平和のための結集決議 ⓲緊急特別総会 ⓳PKO（平和維持活動） ⓴6章半活動 ㉑国連軍 ㉒多国籍軍 ㉓南スーダン ㉔事務局 ㉕グテーレス，ポルトガル ㉖分担金

31 ❶冷戦 ❷朝鮮戦争 ❸ベトナム戦争（カンボジア内戦） ❹鉄のカーテン演説 ❺トルーマン・ドクトリン ❻マーシャル・プラン ❼コミンフォルム（国際共産党情報局） ❽NATO（北大西洋条約機構） ❾COMECON（コメコン，経済相互援助会議） ❿WTO（ワルシャワ条約機構） ⓫ジュネーブ4巨頭会談 ⓬非同盟主義（非同盟中立） ⓭アジア・アフリカ会議（A・A会議，バンドン会議） ⓮非同盟諸国首脳会議 ⓯キューバ危機 ⓰ホットライン ⓱多極化 ⓲緊張緩和（デタント） ⓳アフガニスタン ⓴レーガン ㉑新冷戦 ㉒ゴルバチョフ ㉓マルタ会談 ㉔1991年 ㉕欧州安全保障協力機構（OSCE）

32 ❶ドイツ ❷核抑止論 ❸軍備管理 ❹部分的核実験禁止条約（部分的核実験停止条約，PTBT） ❺核拡散防止条約（核不拡散条約，NPT） ❻アメリカ ❼SALT ❽INF全廃条約（中距離核戦力全廃条約） ❾軍縮（軍備縮小） ❿国連軍縮特別総会 ⓫パグウォッシュ会議 ⓬第五福竜丸 ⓭START ⓮新START ⓯包括的核実験禁止条約（CTBT） ⓰非核地帯（非核兵器地帯） ⓱信頼醸成措置（CBM） ⓲プラハ，広島

33 ❶代理戦争 ❷民族紛争 ❸難民 ❹国内避難民 ❺難民条約 ❻国連難民高等弁務官事務所（UNHCR） ❼イスラエル ❽中東戦争 ❾セルビア ❿コソボ ⓫エスノセントリズム ⓬人間の安全保障 ⓭アジアの一員としての立場の堅持 ⓮6か国協議

実戦問題 •••••••••• p.117−123

1 国際政治と国際法 p.117

> 問1 A主権 Bウェストファリア C植民地 D三国同盟 Eグロティウス F戦争と平和の法
> 問2 ②④⑦ 問3 ② 問4 ②
> 問5 ② 問6 ⑦ 問7 ①②⑤

【解説】問2 正解は②④⑦。枢軸国とは，第二次世界大戦時に連合国と戦った諸国を指す言葉であり，ドイツ，イタリア，日本が正答となる。枢軸国には他に，ブルガリア，ハンガリー，フィンランド，ルーマニアなども含まれるが，戦況の悪化により，イタリアは1943年に，ブルガリア・フィンランド・ルーマニアは1944年に枢軸国を離脱した。なお，「枢軸」という言葉自体は，1936年10月にイタリアのムッソリーニがローマとドイツのベルリンを結ぶ南北の軸（ベルリン・ローマ枢軸）を指すものとして用いたのが始まりとされ，ヒトラーがムッソリーニのイタリアと同盟を結んだ際，これを「ヨーロッパの枢軸」と呼んだことに由来する。

問3 ②が正しい。「市民的及び政治的権利に関する国際規約」は，国際人権規約の自由権規約（B規約）のことであり，その「第2選択議定書」は一般に「死刑廃止条約」と呼ばれる。「議定書」は，成立した条約を修正あるいは補完する取決めとして用いられる場合が多く，条約の一形式であることから「協約」「協定」「憲章」などと同様に国際法上の拘束力をもつ。①ラッセル・アインシュタイン宣言は，イギリスの哲学者ラッセルとアメリカの物理学者アインシュタインが中心となり，1955年に当時の世界的な科学者らが，核兵器廃絶や核の平和利用を訴えた宣言であり，法的拘束力はない。③新国際経済秩序（NIEO）樹立宣言は，1974年の国連資源特別総会の決議として採択された宣言であり，法的拘束力はもたない。④核兵器による威嚇又はその使用の合法性に関する勧告的意見は，1996年に国際司法裁判所が出した勧告的な意見であり，法的拘束力はもたない。

問4 ②が誤り。条約は，その内容を受け入れ批准した国を法的に拘束するが，批准しない国を拘束しない。したがって，合意していない国が何らかの拘束を受けることはなく，努力義務を課されることもない。①③④はいずれも国際法の特色であり限界でもある。

問5 ②が適当。国際司法裁判所は，国連総会と安全保障理事会の選挙で絶対多数を得た15名の裁判官で構成される。任期は9年で，3年ごとに5名ずつ改選される。①誤り。国際司法裁判所は，総会，安全保障理事会，経済社会理事会，信託統治理事会，事務局とともに6つの独立した主要機関の1つであり，安全保障理事会の下にあるわけではない。③誤り。国際司法裁判所の前身は，1921年に国際連盟の一機関として設立された常設国際司法裁判所である。④誤り。裁判所の管轄権とはある事件に対して，その

裁判所が裁判を行う権限があること（裁判権）のことである。国際司法裁判所は，紛争当時国双方の同意がなければ裁判を行うことができないので，その管轄権（裁判権）は強制的とはいえない。

問6 ⑦が適当。ア（WHO：世界保健機関），イ（UNICEF：国連児童基金），ウ（UNHCR：国連難民高等弁務官事務所）の記述はいずれも正しい。

問7 ①②⑤が正解で，いずれも国際連合から協議資格を付与されたNGOである。NGOは，1945年の国際連合設立時から国連の活動のなかに公式に位置付けられており，国連憲章71条に，国連経済社会理事会が「その権限内にある事項に関係のある非政府組織（NGO）と協議するために，適当な取り決めを行うことができる」と規定されている。経済社会理事会には現在，3,000以上のNGOが登録されており，理事会やその補助機関などの会議に出席し，政府とは独立した形で，提案，意見書の提出を行っている。このほかに，国連広報局（DPI），国際労働機関（ILO），世界保健機関（WHO），国連教育科学文化機関（UNESCO）など国連の諸機関も独自にNGOとの協力，提携関係を持っている。③④はNGOではない。

② 国連と安全保障　　　　　　　p.118

問1　A勢力均衡　　B第二次世界大戦
C人間の安全保障　　D食料安全保障
問2　②　　問3　③　　問4　②　　問5　⑥
問6　UNDP

【解説】問1 Cの「人間の安全保障」は，国連開発計画（UNDP）が提唱した考え方。従来の「領土偏重の安全保障」，「軍備による安全保障」に対し，人間に健康や教育や食糧を行き渡らせることを主眼とする「人間開発重視」の安全保障を意味する。UNDPは，そのための費用は世界の軍事費の内の数％でも回せれば捻出できると主張した。

問2 ②が国連憲章に違反する。国連憲章第51条は，武力攻撃が発生した場合，「安全保障理事会が国際の平和及び安全の維持に必要な措置をとるまでの間，個別的又は集団的自衛の固有の権利を害するものではない」と規定している。しかし②は，武力攻撃を行っていないB国に対する攻撃であるため，集団的自衛権の行使とはいえない。①は個別的自衛権の行使であり違反しない。そして，③④は安保理決議に基づく行動なので，いずれも違反しない。

問3 ③が誤り。国際連盟の表決方法は総会も理事会も全会一致制であった。①②④はいずれも正しい。

問4 ②が適当。①誤り。B規約の選択議定書は条約であり，批准していない国を拘束できないので，規約人権委員会は未批准の国に対して被害者からの通報を検討することができない。③誤り。ILO（国際労働機関）は，政府代表，労働者代表および使用者代表の三者構成で運営されている。④誤り。安保理の常任理事国は，国連分担金の比率上位5か国ではなく，第二次世界大戦における連合国の中

の5大国によって構成されている。

問5 ⑥が適当。国連の**安全保障理事会において決議が成立するためには，手続事項は15理事国のうち9理事国以上の賛成，実質事項は5常任理事国すべての同意投票を含む9理事国以上の賛成が必要**である。したがって，Aはイギリスの反対で成立せず，BとCは成立する。

③ 戦後国際政治の動向　　　　　p.119

問1　Aチャーチル　　Bトリエステ　　C朝鮮
DWTO（ワルシャワ条約機構）　　E1962　　Fベトナム戦争　　Gアフガニスタン　　Hペレストロイカ
Iグラスノスチ　　J独立国家共同体（CIS）
問2　④　　問3　中華人民共和国　　問4　①
問5　(d)ケネディ　　(e)ニクソン　　(f)ブッシュ

【解説】問2 ④が誤り。オーストラリアなど太平洋諸国はいずれもNATOに加盟していない。①～③はすべて正しい。①フランスは1966年にNATOの軍事機構から脱退（ただし，条約自体からは離脱せず政治的な同盟は継続）したが，2009年にサルコジ政権のもとで復帰した。②冷戦終結後，域外への行動も重視されるようになり，1990年代のボスニア紛争，コソボ紛争，2000年代のアフガニスタン紛争，2011年のリビア内戦などに介入した。③1999年のチェコ，ハンガリー，ポーランドの加盟を皮切りに，2000年代以降，多くの中東欧の旧社会主義国が加盟した。

問4 ①が正しい。いわゆる「ストックホルムアピール」は1950年3月にスウェーデンのストックホルムで開催された平和擁護世界委員会第三回総会が採択した宣言で，核兵器の絶対禁止や厳重な国際管理の確立，さらに今後最初に核兵器を使用する国を戦争犯罪として扱うことなどを内容とするもの。このアピールは，1945年に広島・長崎に原爆を投下したアメリカに続いて，1949年にはソ連も原爆実験を成功させるなど東西の緊張関係が高まる中で採択された。その直後に，朝鮮戦争が勃発すると世界中でこのアピールを支持する動きが高まり，その後の原水爆禁止運動につながっていった。②③④はいずれも誤り。②について，アメリカによる共産主義の封じ込め政策であるマーシャル・プランが発表されたのは1947年。③について，ソ連でスターリンが死去したのは1953年。④について，サンフランシスコで対日平和条約が調印されたのは1951年である。

④ 核・軍縮問題　　　　　　　　p.120

問1　A広島　　B長崎　　Cイギリス　　Dフランス
Eトラテロルコ
問2　④　　問3　①　　問4　②　　問5　④
問6　①

【解説】問3 ①が正解。ABM制限条約（ABM条約）は，米ソ間で1972年に締結され発効した条約であり，戦略

弾道ミサイルを迎撃するミサイル・システムの開発，配備を厳しく制限したもの。しかし2001年，大量破壊兵器や弾道ミサイルの拡散といった脅威に効果的に対処するため，ミサイル防衛の推進を意図した当時のブッシュ米大統領は，ABM条約から脱退する旨をロシアに対して通告し，2002年に正式脱退した。

問4 ②が誤り。戦争の危機は，ソ連がミサイル基地を撤去し，アメリカがキューバに干渉しないことで合意が成立し回避された。①③④はいずれも正しい。なお，④の「ダモクレスの剣」とは，ギリシャ神話のシラクサ王が，王の栄華を称えすぎた廷臣ダモクレスを天井から剣を吊るした王座に座らせた故事から，「繁栄や栄華の中にも常に危険がある」という意味で使われる言葉。

問5 ④が適当。①は誤り。NPTは，すでに核兵器を持っていた核保有国に有利な内容であり，「核保有国と非核保有国との間の平等」が実現されたとはいえない。②も誤り。ベラルーシ，ウクライナ，カザフスタンの3か国は1994年にすべての核兵器を，国際的にソ連の地位を継承したロシア連邦に移転し「非核兵器国」としてNPTに加入した。したがって，旧ソ連内の核保有国はロシアだけであり，核保有国の数は増加していない。③も誤り。2021年5月時点でNPTの非締約国はパキスタン・インド・イスラエルなど。このうち，核実験実施及び核保有しているのはパキスタンとインド（イスラエルは核疑惑国）。南アフリカは1991年に，保有していた核兵器を放棄して「非核兵器国」としてNPTに加入した。

問6 ①が誤り。1963年に調印された**部分的核実験禁止条約は，大気圏内，宇宙空間，水中における核兵器実験を禁止**したが，地下核実験は禁止されなかった。このため，1996年に地下核実験も含めた核実験を禁止する包括的核実験禁止条約が国連総会で採択されたが，2023年7月時点で未発効である。②③④は正しい。

⑤ 現代の世界と紛争　　　　　　　p.121

問1	Aマルタ会談　B宗教　Cパキスタン
	D北アイルランド　Eテロリズム
問2	④　　問3　①
問4	A　ア③　エ⑤　　B　イ②　オ⑥
	C　ウ①　カ④
問5	④

【解説】**問2** ④が正しい。①は誤り。ゴルバチョフは言論の自由化，情報公開などを進め，やがて1990年には複数政党制の導入に踏み切った。②も誤り。1990年にソ連で最初で最後の大統領になったのはゴルバチョフである。③も誤り。グラスノスチではなくペレストロイカが正しい。

問3 ①が適当。「国を持たない最大の民族」といわれるクルド人は，独自の言語や文化をもち，イラク北部，イラン北西部，シリア北東部，トルコ南東部にまたがって居住する民族である。クルド人は各国で分離独立運動や自治を

求める動きを展開してきた。②誤り。2008年にセルビアから独立を宣言したのは，ボスニア・ヘルツェゴビナではなくコソボである。日本も同年，コソボを国家として承認した。③誤り。パレスチナは国連加盟国として認められていない。しかし，2012年に国連総会で，パレスチナ人の自決権とパレスチナ国家独立の権利を再確認し，パレスチナに「国家」としての国連オブザーバー（非加盟のオブザーバー国家）の地位を与える決議が採択された。④誤り。「ロシアから独立」ではなく「ウクライナから独立」が正しい。ウクライナの一部となっていたクリミア半島（ロシア系住民の比率が高い）では，2014年3月に住民投票が行われ，ウクライナからの独立とロシアへの編入が決定された。これを受けて同年同月，ロシアが一方的にクリミア半島を併合した。

問5 ④が正解。オバマ大統領は，このような国際社会への働きかけが評価され，2009年10月にノーベル平和賞を受賞した。①は誤り。「鉄のカーテン」演説は，イギリスのチャーチル首相が1945年にアメリカで行った。②も誤り。同条約は，1963年，キューバ危機ののち米英ソの3国によって調印されて発効し，その後多くの国が参加した。③も誤り。1991年の湾岸危機では，アメリカ軍を中心とする多国籍軍が安全保障理事会の決議に基づいてイラクを武力攻撃した。

⑥ 融合問題　　　　　　　　　　　p.123

問1	④	問2	③	問3	④	問4	③

【解説】**問1** ④が適当。アにあてはまるのは，多文化主義。自民族中心主義（エスノセントリズム）とは，自分の属する民族を優越的であるとして，他の民族の価値観を否定し排斥しようとする態度や考え方をさす。イにあてはまるのは，民族自決。単独行動主義（ユニラテラリズム）は，特に冷戦終結後のアメリカに見られる外交姿勢。ブッシュ（子）政権（2001～09年）は，国連などと協調せず，同調する有志国とともに，アフガニスタンへの軍事行動（2001年）やイラク戦争（2003年）を起こした。

問2 ③が適当。センター試験でたびたび出題されてきたゲーム理論の問題である。A国とB国がともに「協調」を選択すれば両国の点数の合計は，最高の20点となるが，自国が「協調」を選択しても相手が「非協調」の場合，自国は1点しか得られないため，相手の行動が予測できない状況で「協調」を選択することはできない。①誤り。A国が，最高点を得るには，「非協調」を選択し，B国が「協調」を選択するという条件が必要である。②誤り。A国が「協調」を選択する場合，B国がより高い点数を得るには「非協調」を選択する必要がある。④誤り。両国とも「非協調」を選択した場合，両国の点数の合計は10点にとどまり最大化されない。

問3 ④が正しい。国連が1951年に採択した「難民の地位に関する条約」と，1967年に採択した「難民の地位に関す

る議定書」をあわせて「難民条約」という。難民条約では，難民の保護の保障のため，難民を彼らの生命や自由が脅威にさらされるおそれのある国へ強制的に追放したり，帰還させてはいけない（「ノン・ルフールマンの原則」）といった重要なルールが定められている。①は誤り。**難民とは「政治難民」をさし，経済的理由で母国を離れた「経済難民」は，難民条約による「難民」の定義**（「人種，宗教，国籍若しくは特定の社会的集団の構成員であること又は政治的意見を理由に迫害を受けるおそれがあるという十分に理由のある恐怖を有するために，国籍国の外にいる者」）**から外れるため保護の対象とならない。**②も誤り。国内避難民とは，国内に留まっていたり，国境を越えずに避難生活を送ったりしている人々のことであるが，**国内避難民も，難民条約による難民の定義から外れているため**（①の解説参照），**保護対象とならない。**③も誤り。難民条約採択は，冷戦終結以前である（④の解説参照）。

問4　③が正しい。「市民的及び政治的権利に関する国際規約（B規約）」は国際人権規約の「自由権規約」をさす。**日本は，1979年に国際人権規約を批准**したが，国内法との関係で，自由権規約（B規約）の選択議定書（人権侵害を受けた個人による救済申し立てを認めた第1選択議定書，および通称「**死刑廃止条約**」とよばれる第2選択議定書）**は批准せず**，社会権規約（A規約）についても，公休日の給与保障，公務員のストライキ権，中・高等教育，すなわち高校・大学教育の無償化という3つの点について留保した。しかし，中・高等教育の無償化については，2012年9月に留保を撤回した。①子ども（児童）の権利条約では「児童とは，18歳未満のすべての者」と定義しており，中学や高校の生徒も対象である。②1948年に採択された世界人権宣言には法的拘束力がなかったため，国連は，世界人権宣言に法的拘束力をもたせた国際人権規約を1966年に採択した。④日本は，障害者差別解消法（2013年制定）など国内法を整備し，2014年に障害者権利条約を批准した。

Ⅵ　国際経済のしくみ

34　国際分業と貿易　p.124−125

A
①リカード　②比較生産費　③自由
④比較優位　⑤ブドウ酒　⑥ラシャ
⑦特化　⑧分業　⑨自由貿易　⑩水平的分業
⑪垂直的分業　⑫自由貿易　⑬国家（政府）
⑭アダム＝スミス　⑮保護貿易　⑯交易
⑰リスト　⑱幼稚　⑲輸入数量　⑳関税
㉑繊維　㉒カラーテレビ　㉓自動車　㉔ハイテク
㉕貿易摩擦　㉖日米構造協議　㉗黒字　㉘GATT
㉙IMF　㉚OECD　㉛自主規制
㉜前川レポート　㉝スーパー301条
㉞日米包括経済協議　㉟赤字　㊱火力
㊲天然ガス　㊳付加価値　㊴中国　㊵アメリカ
㊶輸入　㊷ASEAN　㊸NIES

B
❶リスト　❷関税　❸輸入数量
❹リカード　❺比較生産費　❻GATT
❼IMF

【解説】19世紀は自由貿易論と保護貿易論が対立した。イギリスのリカードは比較生産費説に基づいて国際分業の利益を主張し，国家が貿易に干渉しない自由貿易を主張した。一方，ドイツのリストは保護貿易論を唱え，国内産業の保護を主張した。第二次世界大戦後はIMF・GATT体制のもとで自由貿易が拡大・発展した。

35　外国為替と国際収支　p.126−127

A
①為替　②為替手形　③外国為替手形
④為替レート　⑤外国為替市場
⑥変動為替相場　⑦高　⑧安　⑨高く
⑩円安・ドル高　⑪安く　⑫円高・ドル安
⑬輸出　⑭円買い・ドル売り　⑮円高・ドル安
⑯輸入　⑰ドル買い・円売り　⑱円安・ドル高
⑲上昇　⑳下落　㉑減少　㉒増加　㉓増加
㉔増加　㉕赤字　㉖為替介入
㉗円売り・ドル買い　㉘円買い・ドル売り
㉙国際収支　㉚経常　㉛貿易　㉜輸出　㉝輸入
㉞サービス　㉟第一次所得　㊱第二次所得
㊲資本移転等　㊳金融　㊴直接　㊵外貨準備
㊶黒字　㊷赤字　㊸赤字

B
❶減少　❷増加　❸赤字　❹減少
❺増加　❻減少　❼黒字　❽増加

【解説】円高・ドル安が進むと，日本の輸出が減少し輸入が増加するため，貿易収支は赤字傾向となり，円に対する需要が減少するため円安・ドル高になる。円安・ドル高が続くと，今度は輸出が増加し輸入が減少するため，貿易収

支は黒字傾向となり，円に対する需要が増加して，円高・ドル安になる。理論的にはこういう循環が起こる。

特別講座　比較生産費説　p.128

【類題】④

【解説】④が正しい。①③については，「両商品の生産に比較優位をもつ」ということはないから誤り。②のX＝60のとき，外国は衣料品・食糧品ともに自国に対して劣位であるが，衣料品1単位に要する労働量は自国に対し30分の60（＝2），食糧品1単位に要する労働量は40分の100（＝2.5）であることから，衣料品の生産に比較優位をもつ。よって誤り。④のX＝140のとき，外国では食糧品生産に，自国では衣料品生産に比較優位をもつ。よってこれが正しい。

特別講座　円高・円安　p.130-131

【類題】	1	①×	②×	③○	④×
【類題】	2	①×	②○	③×	④×

【解説】類題1　①誤り。円高になると，外国企業が日本企業を買収する際の買収金額が高くなるため，むしろ減少する。②も誤り。円高になると，日本企業が国内で生産する商品のドル建て金額が高くなるため，国際競争力は落ち輸出が減少する。③は正しい。このため円高時は日本企業による海外資産の買収が増加する。④誤り。円高になると，輸入品の価格は下落する。

類題2　①誤り。物価が上昇すると，その国の通貨の購買力は外国通貨と比べ相対的に下がる。よって為替相場は下落する（購買力平価説）。②正しい。金利が上昇すると，その国への投資が増加し，資金の流入を招く。よって為替相場は上昇するので，正しい。③誤り。A国が輸入超過の場合は輸入代金の支払いで資金がB国に流出しているので，A国通貨の為替相場の下落要因となる。④誤り。A国のB国に対する投資の増加は，A国からB国への資金の流出を招き，A国通貨の為替相場の下落要因となる。

36　国際通貨体制　p.132-133

A
①金本位制　②ブロック経済　③切り下げ　④関税　⑤ブレトン・ウッズ　⑥国際通貨基金　⑦国際復興開発銀行　⑧GATT　⑨IMF・GATT　⑩基軸通貨　⑪35　⑫金・ドル　⑬固定為替相場制　⑭360　⑮発展途上　⑯国際開発協会　⑰世界銀行　⑱世界銀行グループ　⑲ベトナム　⑳赤字　㉑ドル危機　㉒国際流動性のジレンマ　㉓ニクソン　㉔ニクソン・ショック　㉕変動為替相場制　㉖スミソニアン　㉗38　㉘308　㉙キングストン　㉚SDR　㉛双子の赤字　㉜G5　㉝ドル安　㉞プラザ合意　㉟G7

⑯ルーブル合意　㊲サミット　㊳20

B
❶IMF　❷金・ドル　❸固定為替相場　❹ニクソン・ショック　❺変動為替相場　❻スミソニアン　❼キングストン

【解説】ブレトン・ウッズ協定が結ばれて1945年にIMFが設立されてからは，金・ドル本位制を基礎に置く固定為替相場制が敷かれた。しかし1960年代にドル危機となり，71年8月のニクソン・ショックで金とドルの交換が停止された。同年12月のスミソニアン協定でドルの切り下げが行われて再び固定為替相場制が目指されたが，結局，73年に日本・ECが変動為替相場制へ移行し，ブレトン・ウッズ体制は事実上崩壊した。

37　世界の貿易体制　p.134-135

A
①ブロック　②IMF　③自由　④GATT　⑤自由　⑥関税　⑦数量制限　⑧非関税　⑨無差別　⑩最恵国　⑪内国民　⑫多角　⑬ラウンド　⑭セーフガード　⑮特恵関税　⑯セーフガード（緊急輸入制限）　⑰国連貿易開発会議　⑱12　⑲11　⑳ケネディ　㉑東京　㉒ウルグアイ　㉓サービス　㉔知的所有（知的財産）　㉕関税　㉖ミニマム・アクセス　㉗世界貿易機関　㉘サービス　㉙紛争処理　㉚ドーハ・ラウンド　㉛中国　㉜台湾　㉝ロシア

B
❶GATT　❷無差別　❸多角　❹ラウンド　❺東京　❻ウルグアイ　❼WTO　❽サービス

【解説】1948年に発足したGATTは，自由・無差別・多角を原則とし，世界の自由貿易の拡大を目指した。以後，ラウンドが繰り返し行われ，関税の引き下げや自由貿易のためのルールづくりが話し合われた。ケネディ・ラウンド（1964〜67），東京ラウンド（1973〜79），ウルグアイ・ラウンド（1986〜94）が代表的なラウンドである。1995年にはGATTを発展的に解消してWTOが発足し，貿易紛争の処理手続きが強化されている。

38　発展途上国の経済　p.136-137

A
①南北問題　②一次産品　③モノカルチャー　④UNCTAD　⑤一般特恵関税　⑥ODA　⑦OECD　⑧DAC　⑨プレビッシュ　⑩貿易　⑪貿易　⑫資源ナショナリズム　⑬OPEC　⑭メジャー　⑮石油危機　⑯新国際経済秩序　⑰国連資源特別総会　⑱NIES　⑲アジアNIES　⑳BRICS　㉑中国　㉒一帯一路　㉓アジアインフラ投資銀行　㉔後発発展途上国　㉕南南問題　㉖債務　㉗デフォルト

㉘リスケジューリング　㉙0.7　㉚東アジア
㉛借款　㉜贈与　㉝開発協力大綱　㉞JICA
㉟JICA海外協力隊　㊱BHN　㊲国連開発計画
㊳人間開発指数　㊴ミレニアム開発目標
㊵SDGs　㊶ソーシャル・ビジネス
㊷マイクロクレジット　㊸グラミン銀行　㊹BOP
㊺フェアトレード　㊻外国人労働者　㊼移民送金

B ❶南北　❷南南　❸DAC　❹NIES
❺債務　❻LDC　❼1　❽ODA

【解説】先進国と発展途上国間の経済格差に由来する諸問題を南北問題とよぶ。また、発展途上国の中にも、アジアNIESや産油国など高成長を実現した国々と、累積債務にあえぐ国や後発発展途上国（LDC）などが存在し、それらの経済格差を南南問題とよんでいる。先進国はOECD（経済協力開発機構）の下部機関であるDAC（開発援助委員会）を中心に、ODA（政府開発援助）など経済協力を行っている。しかし日本のODAは、金額こそ世界の上位であるが、贈与比率（2020/2021年）はDAC諸国平均を下回っている。

39 地域経済統合　p.138−139

A ①IMF-GATT　②関税　③自由貿易
④地域経済統合　⑤地域主義
⑥自由貿易協定　⑦撤廃　⑧市場　⑨通貨
⑩ECSC　⑪EEC　⑫EURATOM　⑬EC
⑭共通農業　⑮EMU　⑯マーストリヒト　⑰市場
⑱EU　⑲ECB　⑳中央　㉑ユーロ
㉒リスボン　㉓デフォルト　㉔EFTA　㉕スイス
㉖EEA　㉗USMCA　㉘NAFTA
㉙メルコスール　㉚ブラジル　㉛AEC
㉜東南アジア諸国連合　㉝AFTA　㉞APEC
㉟TPP　㊱経済連携協定　㊲RCEP

B ❶ECSC　❷EEC　❸EURATOM　❹EC
❺マーストリヒト　❻EU　❼ユーロ

【解説】ヨーロッパの経済統合は、それまでのECSC・EEC・EURATOMを統合したECの結成（1967年）によって大きく前進する。その後加盟国を増やし、92年に調印されたマーストリヒト条約によってEUの設立が合意され、翌93年に15か国で発足した。また、同年市場統合が完成して人や物などの移動が自由になり、さらに99年には共通通貨ユーロが導入されたが、イギリスが2020年に離脱するなどの動きもある。

40 地球環境問題／資源・エネルギー問題　p.140-141

A ①地球温暖化　②温室効果　③オゾン層
④フロン　⑤熱帯林　⑥酸性雨
⑦砂漠化　⑧野生生物種　⑨ラムサール
⑩国連人間環境会議　⑪ワシントン
⑫モントリオール議定書　⑬国連環境開発会議
⑭京都議定書　⑮パリ　⑯人間環境宣言
⑰国連環境計画　⑱持続可能　⑲リオ宣言
⑳気候変動枠組み　㉑生物多様性
㉒排出量（排出権）取引　㉓京都メカニズム
㉔水俣　㉕化石燃料　㉖エネルギー資源
㉗枯渇性　㉘偏在性　㉙エネルギー革命
㉚省資源・省エネルギー　㉛再生可能エネルギー
㉜IAEA　㉝核燃料サイクル　㉞プルサーマル
㉟東日本大震災　㊱環境
㊲コージェネレーション
㊳再生可能エネルギー特別措置　㊴太陽光
㊵バイオマス　㊶固定価格買取
㊷スマートグリッド　㊸電力

B ❶化石燃料　❷温暖化　❸国連人間環境
❹国連環境開発　❺京都議定書　❻原子力
❼再生可能エネルギー　❽コージェネレーション

【解説】20世紀後半になって、地球環境の悪化とエネルギー枯渇の懸念に対し、世界規模で本格的な対策がとられるようになった。1972年の国連人間環境会議、1992年の国連環境開発会議（地球サミット）など、国連主導の地球環境保護政策が進められ、1973年の石油危機以後、原子力発電など、化石燃料への依存から脱する道が模索された。

41 金融のグローバル化と世界金融危機　p.142−143

A ①IMF-GATT　②ボーダレス　③グローバル
④グローバル・スタンダード　⑤BIS
⑥時価　⑦国際標準化機構　⑧デリバティブ
⑨金融　⑩ヘッジファンド　⑪レバレッジ
⑫タックス・ヘイブン　⑬アジア　⑭タイ
⑮バーツ　⑯投機　⑰カジノ
⑱サブプライムローン　⑲証券　⑳世界金融危機
㉑リーマン・ショック　㉒FRB　㉓格付け
㉔信用収縮　㉕金融救済　㉖金融規制改革
㉗トービン　㉘グローバル・インバランス
㉙ギリシャ　㉚スペイン

B ❶デリバティブ　❷グローバル
❸ヘッジファンド　❹アジア　❺カジノ
❻サブプライムローン　❼証券　❽不均衡

❾リーマン・ショック

【解説】1980年代から金融のグローバル化の流れが加速し、金融派生商品の市場が拡大するなど「経済の金融化」が進んだ。90年代になるとヘッジファンドが台頭し、大規模な投機を繰り返し深刻な通貨危機が引き起こされた。2000年代にはサブプライムローン問題に端を発するリーマン・ショックから世界金融危機へと発展，各国で投機的な金融活動に対する規制が行われるようになった。

用語チェック ・・・・・・・・・ p.144−148

34 ❶比較生産費説 ❷リカード ❸アダム＝スミス ❹特化 ❺水平的分業 ❻垂直的分業 ❼自由貿易 ❽保護貿易 ❾リスト ❿関税 ⓫非関税障壁 ⓬輸入数量制限 ⓭OECD（経済協力開発機構） ⓮貿易摩擦 ⓯繊維製品 ⓰自動車 ⓱スーパー301条 ⓲日米構造協議 ⓳日米包括経済協議 ⓴東日本大震災 ㉑火力発電 ㉒中国 ㉓輸入超過 ㉔東南アジア諸国連合（ASEAN） ㉕アジアNIES

35 ❶為替 ❷外国為替 ❸為替レート ❹外国為替市場 ❺変動為替相場制 ❻固定為替相場制 ❼円安 ❽ドル安 ❾円高 ❿円安傾向 ⓫赤字傾向 ⓬公的介入（平衡操作） ⓭国際収支 ⓮経常収支 ⓯サービス収支 ⓰第二次所得収支 ⓱第一次所得収支 ⓲外貨準備 ⓳金融収支 ⓴＋ ㉑貿易収支 ㉒赤字 ㉓旅行 ㉔黒字

36 ❶金本位制 ❷ブロック経済 ❸ブレトン・ウッズ協定 ❹IMF（国際通貨基金） ❺IBRD（国際復興開発銀行） ❻世界銀行グループ ❼GATT（関税と貿易に関する一般協定） ❽基軸通貨 ❾金・ドル本位制 ❿35ドル ⓫360円 ⓬ドル危機 ⓭ベトナム戦争 ⓮国際流動性のジレンマ ⓯ニクソン・ショック（ドル・ショック） ⓰スミソニアン協定 ⓱キングストン合意 ⓲双子の赤字 ⓳フランス, イギリス ⓴プラザ合意 ㉑ルーブル合意 ㉒サミット（主要国首脳会議） ㉓G20 ㉔SDR

37 ❶ブロック経済 ❷無差別, 多角 ❸自由 ❹最恵国待遇 ❺内国民待遇 ❻多角的貿易交渉（ラウンド） ❼緊急輸入制限（セーフガード） ❽一般特恵関税 ❾UNCTAD（国連貿易開発会議） ❿第11条 ⓫ケネディ・ラウンド ⓬東京ラウンド ⓭ウルグアイ・ラウンド ⓮例外なき関税化 ⓯米（コメ） ⓰ミニマム・アクセス ⓱輸入数量制限 ⓲WTO（世界貿易機関） ⓳知的所有権（知的財産権） ⓴パネル（紛争処理小委員会） ㉑ドーハ・ラウンド ㉒ロシア

38 ❶南北問題 ❷一次産品 ❸モノカルチャー経済 ❹OECD（経済協力開発機構） ❺DAC（開発援助委員会） ❻UNCTAD（国連貿易開発会議） ❼プレビッシュ報告 ❽援助より貿易を ❾メジャー

❿OPEC（石油輸出国機構） ⓫資源ナショナリズム ⓬NIEO（新国際経済秩序）樹立宣言 ⓭南南問題 ⓮後発発展途上国（LDC） ⓯NIES（新興工業経済地域） ⓰BRICS ⓱累積債務問題 ⓲デフォルト ⓳0.7％ ⓴開発協力大綱 ㉑国際協力機構（JICA） ㉒人間開発指数（HDI） ㉓SDGs（グローバル・ゴールズ） ㉔グラミン銀行 ㉕フェアトレード

39 ❶地域経済統合 ❷関税同盟 ❸ECSC（欧州石炭鉄鋼共同体） ❹EEC（欧州経済共同体） ❺EC（欧州共同体） ❻マーストリヒト条約 ❼EU（欧州連合） ❽ECB（欧州中央銀行） ❾ユーロ（EURO） ❿リスボン条約 ⓫ギリシャ ⓬27か国 ⓭イギリス ⓮EFTA（欧州自由貿易連合） ⓯EEA（欧州経済地域） ⓰USMCA（米国・メキシコ・カナダ協定） ⓱北米自由貿易協定（NAFTA） ⓲メルコスール（南米南部共同市場, 南米共同市場） ⓳AEC（ASEAN経済共同体） ⓴APEC（アジア太平洋経済協力） ㉑自由貿易協定（FTA） ㉒経済連携協定（EPA） ㉓シンガポール ㉔環太平洋パートナーシップ協定 ㉕地域的な包括的経済連携（RCEP）協定

40 ❶温室効果ガス ❷酸性雨 ❸砂漠化 ❹国連人間環境会議 ❺国連環境計画（UNEP） ❻ラムサール条約 ❼ワシントン条約 ❽モントリオール議定書 ❾国連環境開発会議（地球サミット） ❿持続可能な開発 ⓫気候変動枠組み条約 ⓬京都議定書 ⓭排出量（排出権）取引 ⓮生物多様性条約 ⓯化石燃料 ⓰エネルギー革命 ⓱再生可能エネルギー（新エネルギー） ⓲プルサーマル計画 ⓳国際原子力機関（IAEA） ⓴環境税 ㉑コージェネレーション ㉒固定価格買取制度 ㉓スマートグリッド

41 ❶ボーダレス化 ❷国際標準化機構（ISO） ❸経済の金融化 ❹グローバル・スタンダード ❺BIS規制 ❻デリバティブ ❼ヘッジファンド ❽タックス・ヘイブン ❾レバレッジ ❿アジア通貨危機 ⓫カジノ資本主義 ⓬サブプライムローン ⓭証券化 ⓮格付け機関 ⓯FRB（連邦準備制度理事会） ⓰リーマン・ショック ⓱世界金融危機 ⓲信用収縮（デ・レバレッジ） ⓳金融規制改革法 ⓴トービン税 ㉑世界経済の不均衡（グローバル・インバランス） ㉒欧州債務危機 ㉓ギリシャ

実戦問題 ・・・・・・・・・・・・・ p.149−157

1 国際分業と貿易　　　　　p.149

問1 Aテ Bオ Cア Dウ Eシ Fク Gコ Hス Iケ
問2 1リカード 2マルサス 3リスト 4ド

イツ　　5 アメリカ
問3　1 エ　　3 オ　　問4　④

【解説】問2　2　穀物法は穀物の輸出入を規制したイギリスの法律。これに反対したリカードと賛成のマルサスの間で論争があった。

問4　④が正しい。まず、食料品・機械製品それぞれの生産に必要な労働力をA・B国で比較すると、ともにB国の方が小さい（絶対優位）。さらにB国内でみると、食料品よりも機械製品の方が労働力が少なくてすむので、機械製品に比較優位を持つ。A国内で比較すると、機械製品より食料品の方が効率よく生産しているので、食料品に比較優位を持つ。よって、A国は食料品に、B国は機械製品に生産を特化して、不足する商品を相手国から輸入した方が、お互いに利益を得ることになるのである。

② 外国為替と国際収支　　p.149

問1　Aク　Bイ　Cケ　Dウ　Eコ　Fエ
Gキ　Hア
問2　1 円高（ドル安）　2 輸入　3 輸出　4 円安
（ドル高）　問3　(1)21　(2)高　(3)安　問4　④

【解説】問3　購買力平価説は、外国為替レートを両国の「物価比」から求める考え方。図ではアメリカと日本で共通に販売されているハンバーガーの価格が示されており、両国の物価水準はこのハンバーガーの販売価格でそれぞれ代表されるという設定のため、「5ドル」と「600円」が同じ購買力をもつと考える。ここから「1ドル＝120円」という購買力平価が導かれる。しかし実際の外国為替レートは、外国為替市場における通貨の売買により日々変動しており、図からはこの日の実際の為替レートである「1ドル＝99円」が示されている。よって実際の為替レートは、「120－99＝21」より、21円の円高ドル安であることがわかる。

問4　④が適当。経常収支の黒字国が財政支出を拡大すれば、景気が拡大し、輸入が増える。経常収支の赤字国が財政支出の削減を行えば、景気引き締めとなり、輸入が減る。こうして経常収支の不均衡が是正される。よってこれが正しい。①誤り。円安・ドル高を是正するためには、円買い・ドル売り介入をしなければならない。②誤り。ドル安・円高誘導をするには、アメリカは金利を引き下げ、日本は金利を引き上げなければならない。③誤り。経常収支が黒字の国は、金融緩和によって内需拡大につとめ、輸入を増やす必要がある。経常収支が赤字の国は、金融引き締めによって内需抑制につとめ、輸入を減らす必要がある。

③ 国際通貨体制　　p.150

問1　Aコ　Bキ　Cサ　Dエ　Eウ　Fシ
Gセ
問2　X　IMF（国際通貨基金）　Y　IBRD（国際復

興開発銀行，世界銀行）
問3　I 固定為替相場制　　II 変動為替相場制
問4　②　問5　ニクソン・ショック（ドル・ショック）
問6　308円　　問7　キングストン合意　　問8　①

【解説】問4　②が正しい。1960年代にアメリカの国際収支が悪化した原因は、ベトナム戦争（1964～73）への軍事支出や、西側同盟諸国への巨額な資金援助が挙げられる。よってこれが正しい。

問8　①が適当。プラザ合意直前の1980年代前半は、アメリカは財政収支と貿易収支の「双子の赤字」を抱え、さらに高金利政策によってドル高が進んで、ますます貿易赤字に苦しむという悪循環にあった。**プラザ合意はG5各国が協調介入をしてドル安誘導をするというもの。**②誤り。ルーブル合意はプラザ合意の後の1987年、急激なドル安を抑えて為替の安定化を図るというG7の合意。③誤り。日本の生命保険会社がアメリカで運用していた資金はドルであるから、プラザ合意による円高によってドルの価値が下がり、巨額の為替差損が生じているはずである。④誤り。プラザ合意後もアメリカの貿易収支は赤字のままであった。

④ 世界の貿易体制　　p.151

問1　A多角　　BGATT（関税及び貿易に関する一般協定）　　C関税　　D非関税障壁（輸入数量制限）
問2　①　問3　①　問4　(1)世界貿易機関　(2)④

【解説】問2　正解は①。一般特恵関税は、先進国が途上国から輸入するとき、通常よりも関税を低く設定すること。途上国の輸出を振興するためである。これはGATTの「無差別」の原則の例外である。

問3　正解は①。②はケネディ・ラウンド、③は東京ラウンド、④は1968年の国連貿易開発会議（UNCTAD）第2回総会についてのもの。

問4　(2)④が誤り。中国のWTO加盟が承認されたのは2001年で、143番目の加盟である。①②③はいずれも正しい。

⑤ 発展途上国の経済　　p.152

問1　A第三　　B南北　　C　OECD　　D開発援助委員会　　E　UNCTAD　　F貿易　　Gナショナリズム
H　NIEO
問2　モノカルチャー経済
問3　(1)政府開発援助　(2)④　　問4　①　　問5　②

【解説】問3　(2)　④が正解。1991～2000年の間、日本はODA支出額が世界第1位で、「ODA大国」と呼ばれていた。その後徐々に順位を落とし、2022年のODA実績（贈与相当額ベース・暫定値）は第3位となっている。①誤り。国連等国際機関を通じた多国間援助も行っている。②誤り。無償援助のほかに有償援助（借款）を行っている。③

誤り。日本の対GNI比は0.39％（2022年暫定値）と，国連貿易会議で設定されている目標の0.7％を大きく下回っている。

問4 ①誤り。中国の「一人っ子政策」の説明で，1979～2015年まで行われていた。②正しい。発展途上国では，子どもに家計を支える働き手としての役割が期待されることが，「子だくさん」となる理由の一つになっている。③正しい。途上国の都市部では多くのスラムが見られ，環境の悪化や治安の悪化が問題となっている。④正しい。人口増加に伴って，耕地拡大や薪炭材の過剰伐採，また木材の商業輸出のための過剰伐採も行われている。

問5 南南問題とは，これまで発展途上国と呼ばれてきた国々の中でも経済格差が生じてきたことを起因とする諸問題を指す。よって②が正しい。①の南半球問題，③の先進諸国間問題，④の工業国・農業国の格差問題はいずれも誤りである。

6 地域経済統合　　　　　　　　p.153

問1 A欧州石炭鉄鋼共同体（ECSC）　Bローマ　C欧州原子力共同体（EURATOM）　D1967　E欧州共同体（EC）　F単一欧州　Gマーストリヒト　H市場　I2004　J27
問2 (1)6（か国）(2)③
問3 (1)欧州委員会　(2)欧州中央銀行（ECB）
問4 イギリス，デンマーク，スウェーデン（順不同）
問5 (1)①　(2)(ア)東南アジア諸国連合（ASEAN）(イ)欧州経済地域（EEA）

【解説】問2 (2) ③が正解。EECは，工業製品に対する域内関税の撤廃や域外共通関税の設定などにより，共同市場の創出をめざした。

問5 (1) ①が誤り。2020年に発効したUSMCA（米国・メキシコ・カナダ協定）は，アメリカ・メキシコ・カナダの3か国で構成される。②正しい。1999年にユーロが導入され，2002年から紙幣・硬貨の流通が始まった。③正しい。APEC（アジア太平洋経済協力）はアジア・太平洋地域の21の国と地域で構成され，経済協力強化を目的とした会議である。④正しい。MERCOSUR（メルコスール，南米南部共同市場）は南米6か国（アルゼンチン・パラグアイ・ブラジル・ウルグアイ・ベネズエラ・ボリビア。ボリビアは各国の批准待ち，ベネズエラは無期限資格停止）で構成される関税同盟である。

7 地球環境問題／資源・エネルギー問題　p.154

問1 水俣病，イタイイタイ病，四日市ぜんそく，新潟水俣病（順不同）
問2 ③　**問3** ③　**問4** （日本）環境省（国連）国連環境計画（UNEP）　**問5** (1)ウ→エ→ア(2)①②

【解説】問2 ③が適当。2002年に電気事業者に対し一定量以上の新エネルギー等を利用して得られる電気の利用を義務づけた新エネルギー等電気利用法が公布され（2003年施行），太陽光発電による余剰電力の買い取りが前進した。2009年には，電気・石油・ガスの大手事業者に，太陽光などの非化石エネルギー源の利用を促すエネルギー供給構造高度化法が制定され，2012年には太陽光発電による余剰電力の固定価格で長期間買い取りを義務づけるFIT制度が導入された。①不適当。経済産業省資料によると，新エネルギーの占める割合は2022年度で約11％。②不適当。風力，太陽光，地熱，水力，バイオマスなどが新エネルギー。原子力発電は新エネルギーに含まれない。④不適当。風力，太陽光発電などは，天候など自然条件に大きく影響される。

問3 ③が正しい。二酸化炭素の国別排出量（2020年）は，1位中国（32％），2位アメリカ（14％）で，日本はインド，ロシアに次いで5位（約3％）。①誤り。オバマ政権は，上院の強い反対のため京都議定書を批准していない。②誤り。2015年に採択された「パリ協定」は，先進国ばかりでなく中国・インドも含めた新興国・途上国も参加し，温室効果ガスの削減目標を自主作成し実行することが義務づけられている。しかし削減目標が達成できなかった場合の罰則規定はない。④誤り。先進国は，ODAなどを活用して，途上国への地球温暖化防止のための技術・資金協力を行っている。

問4 〔日本〕1971年に最初に設置されたときは「環境庁」だったが，2001年の省庁改編の際に「環境省」へと格上げされた。〔国連〕本部はケニア・ナイロビ。1992年の国連環境開発会議（地球サミット）の開催や地球温暖化対策など，世界の環境政策の主導的役割を担っている。

問5 (1) 循環型社会形成推進基本法において，廃棄物の処理について明確に優先順位を示しており，〔1〕発生抑制（リデュース：Reduce），〔2〕再使用（リユース：Reuse），〔3〕再生利用（リサイクル：Recycle），〔4〕熱回収，〔5〕適正処分，の順で明記されている。うち3Rは〔1〕～〔3〕である。選択肢は，アが再生利用（リサイクル），イが適正処分，ウが発生抑制（リデュース），エが再使用（リユース）の内容となっているので，正解はウ→エ→アの順となる。

(2) リサイクル率をすべて％表示にして考える。地域Aは，基準年160÷400=0.4（40％），基準年の5年後250÷500=0.5（50％）より，リサイクル率は増加している。地域Bは，基準年10÷100=0.1（10％），基準年の5年後60÷500=0.12（12％）より，リサイクル率は増加している。国全体では，基準年（160+10）÷（400+100）=0.34（34％），基準年の5年後（250+60）÷（500+500）=0.31（31％）となり，リサイクル率は減少している。よって①②が正解。

8 融合問題　　　　　　　　　p.155

問1 ①　**問2** ②　**問3** ④　**問4** ④
問5 ②　**問6** ③　**問7** (1)④ (2)①　**問8** ②

【解説】**問1** ①が正解。リストは工業製品に対する保護貿易を主張していた。②誤り。労働者の賃金向上，安定的雇用という観点はリストにはない。③は農産物に対する保護貿易の内容なので誤り。④も重商主義の考え方なので誤りである。

問2 ②が適当。世界の資本取引は，国際金融市場の発達などもあって非常に活発化しており，貿易取引の総額を大きく上回っている。よってこれが正しい。①誤り。非関税障壁は保護貿易のための手段である。③誤り。輸出加工区は，外国企業を積極的に誘致して外資導入を図るための政策である。④誤り。交易条件は，輸出品1単位で輸入品を何単位受け取れるかという数値。輸出品価格が上がれば，交易条件は良くなる。

問3 ④が正しい。①誤り。**GATTの基本原則は，自由貿易主義・無差別最恵国待遇主義・多角主義**（交渉を多国間で進める原則）である。②誤り。農業やサービス貿易，知的財産権にも交渉が拡大されたのはウルグアイ・ラウンドである。③誤り。工業製品の関税を一括して引き下げる方式はケネディ・ラウンドからである。

問4 ④が正しい。日米構造協議において，アメリカは日本に対し，外国企業の日本市場参入の障害となっていた大規模小売店舗法の改正を求めた。①誤り。日米貿易摩擦は，1960年代の繊維摩擦から始まる。②誤り。1980年代，アメリカは農作物の市場開放を求めた。③誤り。1981～94年にかけて，日本は自動車の輸出自主規制を行った。

問5 ②が正しい。セーフガード（緊急輸入制限）は，安い商品の輸入が急増して国内の生産者を圧迫するおそれがある場合に一時的に輸入量を制限することができるものであって，WTOでも認められている。①誤り。輸出自主規制は本来，自由貿易の原則にはそぐわないものである。WTOが推奨するということはない。③誤り。2001年から始まったドーハ・ラウンドでは補助金・相殺措置についても交渉の議題に上がっていたが，2008年に会議が決裂し，議論が停滞したままである（2023年7月現在）。④誤り。制裁については常設の紛争処理機関が担当する。

問6 ③が正しい。①誤り。間接・直接投資は金融収支に記載される。②誤り。食料・衣料品などの無償援助は第二次所得収支に含まれる。④これらは第一次所得収支に記載される。

問7 (1)④が正しい。相手国に工場等を設立したり，企業への経営参加を目的として行うのが直接投資，投機目的として行うのが間接投資である。①は間接投資。②は直接投資。③**中国のWTO加盟は2001年**。
(2)①が誤り。自国と比べ法人税率の高い国へ進出すると，税コストがかかり不利になってしまう。②③④はすべて企業の海外進出の理由として正しい。

問8 ②が正しい。ヘッジファンドによる投機的な短期資金の運用が引き起こした1997年のアジア通貨危機がその例。①誤り。むしろ人の動きはボーダレス化してゆく。しかし民族間・人種間の対立が解消するわけではない。③誤り。むしろ各国政府はグローバル経済の枠組みの中で他国

と歩調を合わせる場面が多くなる。④誤り。先進国の資本が新興国へ流出するほど先進国では産業の空洞化が進むことになる。

9 融合問題　p.157

問1	④	問2	②	問3	⑤

【解説】**問1** 2億ユーロを円に換算すると，1ユーロ＝131円のときは2億×131＝262億（円），1ユーロ＝111円のときは2億×111＝222億（円）となり，40億円の減少となる。よって④が正しい。

問2 ②が正しい。EEC（欧州経済共同体）は関税同盟によりヨーロッパ統合の礎を構築しようと1957年に発足した。①不適当。**FTA（自由貿易協定）は特定の国・地域間で関税やサービス貿易の障壁を削減・撤廃することを目的としている**。関税同盟や共同市場，通貨統合などより深化した経済統合の前段階の形態といえる。③1987年の単一欧州議定書は，ヨーロッパ内における共通市場の構築を目指して，モノ・サービス・カネの移動をより自由化し規制を撤廃する内容。④不適当。1992年のマーストリヒト条約では，1999年の通貨統合に向けた計画が示された。

問3 正しい選択肢は⑤。aは正しい。「経常収支＝貿易・サービス収支＋第一次所得収支＋第二次所得収支」であるから，経常収支は43,888＋188,183－21,456＝210,615（億円）となり，黒字である。bは誤り。経常収支＋資本移転等収支＋金融収支＋誤差脱漏＝210,615－7,433＋282,764＋79,583＝565,529（億円）となる。資金の流入を＋，流出を－とカウントする経常収支・資本移転等収支に対し，金融収支は外国における純資産の増加を＋，減少を－とカウントするため，これらすべて合計しても±0にはならない。cは正しい。第一次所得収支には直接投資収益（親会社と子会社との間の配当金・利子等の受取・支払），証券投資収益（株式配当金，債券利子の受取・支払），その他投資収益（貸付・借入，預金等に係る利子の受取・支払）が含まれる。

Ⅶ 現代社会の諸課題［総合問題］ p.158-169

1 ［少子高齢社会と社会保障］ p.158

問1 Aイ Bシ Cオ Dキ Eク
問2 ② 問3 ③ 問4 ① 問5 ③
問6 （例）すべての個人に無条件で政府から渡される最低生活費。すべての人に所得を保障することによる貧困問題の解決に加え，簡素な制度となり管理コストの削減につながる。（76字）

【解説】問2 ②が正解。①③は誤り。第一次ベビーブーム世代は1947〜49年の3年間に出生した世代で，団塊の世代ともよばれる。④も誤り。バブル世代とは，バブル景気の売り手市場の時代に就職した世代であり，とりわけその時期が大学卒業時と重なる1965〜69年生まれをさす。

問4 ①が正解。賦課方式とは，その年に納められた保険料でその年の高齢者への年金給付を行う。②の積み立て方式は，各人が積み立てた保険料に利息がついて老後に支給される。現在の日本は，ある程度の積立金を有し積み立て方式の要素はあるが，賦課方式を基本とした財源方式になっている。少子高齢化の進展で，若年層への負担増は深刻な問題となる。③のマーケットシェアは市場占有率，④のエンゲル係数は家計の消費支出に占める飲食費の割合のことで，一般にエンゲル係数の値が高いほど生活水準は低いとされる。

問5 ③が誤り。後期高齢者医療制度は75歳以上の高齢者（65歳以上75歳未満の一定の障がい者を含む）が全員加入する制度である。医療費負担は原則1割（現役並み所得者は3割）であったが，一定の収入がある75歳以上の医療費窓口負担を1割から2割に引き上げる改正が2021年国会で成立した。①は正解。子ども・子育て関連3法とは，子ども・子育て支援法，認定こども園法，関係法律の整備に関する法律の3つの法令をいう。これに基づいて2015年から子ども・子育て支援新制度が施行された。②は正解。2014年の改正で自己負担額を2割に，2017年の改正で自己負担額を3割に，所得に応じて引き上げられた。④は正解。また2021年の改正では，子どもが生まれて8週間以内に夫が計4週分の休みを取れる「出生時育児休業（男性版産休）」を新設。2022年4月からは企業に子どもが生まれる従業員一人一人に対して育休取得を働きかけるよう義務づける。⑤は正解。厚生年金支給開始年齢の65歳への段階的引き上げに伴って改正され，2013年から施行された。また，2020年の改正では，70歳までの就業機会の確保が努力義務となった（2021年4月施行）。

2 ［地域社会と地方自治，防災］ p.159

問1 A限界集落 B外来型開発 C内発的発展
問2 ①②④ 問3 ② 問4 ④

【解説】問2 ①は誤り。北海道夕張市が2007年3月民間企業の倒産にあたる財政再建団体（2008年度決算からは財政再生団体）に指定されている。②も誤り。ふるさと納税で軽減されるのは所得税と住民税である。消費税は軽減されない。ふるさと納税は，応援したい自治体を，税金を通じて支援する仕組みであるが，寄付に対するお礼として贈られる特産品（返礼品）で過度な競争が生じたため，国は「寄付額の3割以下の地場産品」と制限を設けた。④も誤り。許可制度は廃止され，国または都道府県と事前協議を行う制度に変わっている。③は正しい。地方税法に定められていない独自の税を法定外税といい，これを新設する自治体が増えている。⑤は正しい。「まち・ひと・しごと創生法」とは，少子高齢化に歯止めをかけるとともに，東京圏への過度の人口集中を是正し，地方都市を環境面，経済面などから改善する目的で2014年に制定された。⑥は正しい。コンパクトシティとは，中心部に住宅や商業施設，行政機能を集約させた都市である。ドーナツ化現象やスプロール化現象などで市街地が拡散する中で，少子高齢化や地域産業の停滞によって，広域にわたる行政サービス提供が困難になっている現状に対して，コンパクトシティを形成することによってこれらの課題を解決しようとする自治体がある。

問3 ②が正解。ア，イは地域住民やNPOなどがリードし，地域内の資源を生かした地域経済の構築の例である。ウは行政主導の補助金や工場誘致など従来型の産業振興策である。

問4 ④が誤り。災害対策基本法の改正では，従来の避難勧告がなくなり，避難指示に一本化された。従来の災害対策基本法では，避難勧告と避難指示，それぞれの意味合いを正しく理解しきれていないという状況があり，本来避難すべき人たちが避難を完了できず，最終的に逃げ遅れによる被災者を多く出したとみられる事態も発生したことから，避難勧告を廃止。避難指示で必ず避難するように一本化された。①は正解。ハザードマップはGIS技術で作成された防災地図（災害予想地図），災害危険度箇所分布図ともいい，地震，洪水，高潮，火山噴火，土砂崩れ，津波などの災害に対して，その災害規模によって危険なところを地図上に示している。各自治体では災害に備えてハザードマップを作成している。②は正解。1995年の阪神・淡路大震災では，全国からのべ130万人以上のボランティアが参加し，物心両面で復興を担ったことから，その年は「ボランティア元年」といわれている。③は正解。内閣府作成の「避難所運営ガイドライン」では，避難した人が「人間らしい生活を送れているか」を第一目標として，災害発生前の準備から，段階に応じて，地方自治体が実施すべき対応を示している。

❸ ［日本の労働環境と労働問題］　p.160

問1　A労働基本権　　B男女雇用機会均等法
Cリーマン・ショック　　D派遣　　E労働委員会
F労働審判
問2　②　　問3　②
問4　（例）高度成長を支えてきた終身雇用制と年功序列
型賃金制が崩れ，パートタイマーや派遣社員など非正規職
員の雇用が増え，転職・中途採用が増えるなど労働力の
流動性が高まった。（80字）
問5　①

【解説】問2　②が不適切。裁量労働制とは，仕事の性質
上，仕事の仕方や時間配分について使用者が細かく指示で
きない一定の業務に従事する労働者について，労働時間の
計算を実労働時間ではなく，事前に定めた「みなし時間」
によって行う制度のことであり，1987年の労働基準法改正
により初めて導入された。当初，この制度の対象は，研究
開発などとくに専門性の高い「専門業務型」に限定されて
いたが，98年の労働基準法改正によって，「事業の運営に
関する事項についての企画，立案，調査及び分析の業務」
すなわち「企画業務型」も対象とされるようになった。②
は「専門業務型」に限った説明となっているので不適切で
ある。①③④はいずれも適切な記述。
問3　②が不適切。②の「労働基準法に以前あった女性の
時間外労働・休日労働を制限する規定」は1997年の同法改
正によって例外なく撤廃された。①③④はいずれも適切な
記述。
問5　正解は①。割増賃金の支払いやそれに代わる休暇の
付与が行われないことは，労働基準法第37条に反する。法
改正（2010年施行）により，1か月に60時間を超える時間
外労働を行う場合の割増賃金率は，従来の25％から50％に
引き上げられ，その割増賃金の引き上げ分を，労使協定に
より有給付与としてもよいことになった（代替休暇制
度）。②誤り。パートタイマーも，労働時間と労働日数が
一定条件を満たせば厚生年金の被保険者になれる。③誤
り。最低賃金制度は，どのような雇用形態でも適用され
る。④誤り。生活保護法は，生活，教育，住宅，医療，介
護，出産，生業，葬祭の各扶助を保護の対象としている。

❹ ［高度情報社会と国民生活］　p.161

問1　Aケ　Bエ　Cキ　Dシ　Eト
問2　②　　問3　③　　問4　SOHO　　問5　④
問6　④　　問7　①　　問8　③

【解説】問4　SOHOは，Small Office Home Officeの略
語である。
問5　③のオフショアリングとは，企業がコストの削減など
を目的に，業務の一部または全体を海外に移すことである。

問6　近年，このような被害が増えているがマルチ商法で
はない。マルチ商法は，化粧品，健康食品，健康器具など
の商品を買わせると同時に，商品を販売しながら会員を勧
誘するとリベート（謝礼金）が得られるとして，消費者を
販売員にして，会員を増やしながら商品を販売していく商
法である。
問7　反論権は，新聞や雑誌などマスメディアの報道に
よって個人の名誉や信用が傷つけられたと判断した場合
に，自己の反論文の無料掲載などを当該マスメディアに要
求できる権利であり，知的財産権ではない。フランスやド
イツなどでは法的に権利として認められているが，日本に
は明文規定はなく，最高裁もサンケイ新聞意見広告事件に
おいて，成文法で制度化されていない反論権は認められな
いと判断した。②の商標権は，商品名やサービス名，ブラ
ンド名やロゴマークに独占権を認める権利であり，権利の
存続期間は一般的に登録から10年で，更新も可能。③の
意匠権は，商品や製品，部品などの工業デザインについて
独占権を認める権利で，権利の存続期間は25年間。④の
特許権は，新規性・進歩性のある発明を保護する権利で，
特許を受けた発明を得た権利者が，一定期間独占的に実施
できる。権利の存続期間は一般的に20年間。
問8　①②④は，アメリカのケネディ大統領が1962年に特
別教書の中で提唱した消費者の4つの権利の中の3つの権
利で，残りの1つは知らされる権利。

❺ ［日本の財政の健全化］　p.162

問1　（例）他の人びとの消費を減らすことなく多くの人
が同時に消費でき，かつ，代金を支払わない人をその消
費から排除することが難しい。（59字）
問2　④　　問3　(1)③　(2)①④　　問4　④

【解説】問2　④が誤り。国債残高の累積は，債券市場に
おける国債の需要と供給の関係から，国債の供給過剰によ
り国債価格の低下をもたらす。債券を購入した時の価格
（元本）に対する債券の売却や償還で得られる収益の割合
を利回りといい，債券市場で取引されている債券価格と金
利（利回り）は逆の関係にある。利子はあらかじめ決まっ
ているため，債券価格が上昇すると金利（利回り）は下落
し，債券価格が下落すれば金利は上昇する。①は正しい。
予算の多くが国債の返却に使われると柔軟な財政政策がで
きなくなる。②も正しい。そのため国債は「親のツケを子
に残すもの」として批判されている。③も正しい。日本の
債務残高の対GDP比は200％を超え，主要先進国の中では
最悪の水準となっている。経済成長率の低下や少子高齢化
の進展などもあいまって，日本の国債の返済能力につい
て，主要な格付け会社はアメリカやドイツ等よりも厳しく
評価している。
問3　(1)③が正解。プライマリー・バランス（基礎的財政
収支）とは，税収・税外収入と，国債費（国債の元本返済
や利子の支払いにあてられる費用）を除く歳出との収支の

ことを表し，その時点で必要とされる政策的経費を，その時点の税収等でどれだけまかなえているかを示す指標となっている。この場合，政策的経費は約86兆円，租税収入等は約71兆円なのでプライマリー・バランスは約15兆円の赤字となっている。

(2)①は正解。行政サービスのための政策的経費を税収等でまかなえておらず，債務残高は増える。④も正解。名目金利＝名目経済成長率で，プライマリー・バランス赤字＝0であれば，債務残高対GDP比は一定なので，債務残高対GDP比の安定的な引き下げのためには，プライマリー・バランスの黒字化が必要である。②③は誤り。プライマリー・バランスが均衡している状態であっても，利払費を税収等でまかなえていないので，債務残高は増える。

問4 ④が誤り。日本の2022年度の国民負担率は47.5％で，所得の約半分を税や社会保障費が占めている状況である。高齢化等に伴う社会保障の給付の増加と国民の負担の関係について，国民全体で議論していく必要がある。①②③は正しい。消費税率は2014年4月から8％，2019年10月から10％に引き上げられた。消費税は社会保障の財源と位置づけられ，8％から10％に引き上げられた増収分はすべて社会保障に充て，待機児童の解消や幼児教育・保育の無償化など子育て世代のためにも充当し，「全世代型」の社会保障に転換している。**「国民負担率」と「潜在的国民負担率（財政赤字を含む国民負担率）」**は，財務省が公表している。

⑥ ［日本の食料問題と農業の課題］ p.163

問1 A農業基本　B兼業　Cオレンジ
Dウルグアイ　Eミニマム・アクセス　F関税化
G食料・農業・農村基本　H放棄
問2 ②　**問3** ③　**問4** ④　**問5** ①
問6 （例）農家が生産だけでなく，食品加工や流通販売といった第2次・3次産業にも関わり，経営の多角化を行うこと。(50字)

【解説】問2　②が正しい。第1次農地改革は1945年12月成立の改正農地調整法によるが，開放される小作地が小さいなど内容が不十分として，46年10月公布の第2次農地改革法案の成立により徹底的に進められ，その成果は52年の農地法へと引き継がれた。
問3　③が正しい。減反政策はコメの在庫増加が顕著になった1970年から実施され，麦や豆などへ転作すると転作奨励金が支給された。①誤り。**減反政策はコメの作付面積を制限する政策。**②誤り。減反政策を行ったが消費量の低下を背景にコメの生産過剰は解消されなかった。④誤り。1970年代から行われた減反政策は2018年度に廃止された。また自主流通米制度は，コメの政府買い入れを制限することを目的に，減反政策の一部として70年より導入された。
問4　④が正しい。1995年の新食糧法によって食糧管理制度が廃止され，コメの販売が自由化された。①誤り。食

糧管理制度は戦時下の42年に創設された。②誤り。「逆ざや」は生産者米価を高くし消費者米価を安くすることで生じる差額のこと。③誤り。「逆ざや」は食糧管理特別会計を圧迫し，巨額の赤字を計上した。
問5　①が誤り。農地を住宅地や商業地へ転用することは，農地法によって制限されている。②③④はともに，国土・環境保全を重視する農業政策として妥当である。

⑦ ［グローバル化］ p.164

問1 Aハ　Bエ　Cセ　Dフ　Eナ　Fノ
Gト　Hコ
問2 I石油危機（オイル・ショック）　Jサミット
KG20
問3 ②　**問4** (1)○　(2)○
問5 デファクト

【解説】問3　ネクスト・イレブンは，BRICS（ブラジル，ロシア，インド，中国，南アフリカ）に続いて経済発展が期待される新興国の総称であり，バングラデシュ，エジプト，インドネシア，イラン，韓国，メキシコ，ナイジェリア，パキスタン，フィリピン，トルコ，ベトナムの11か国が該当する。
問5　**デファクト・スタンダードとは，事実上の標準という意味の言葉で，事実上を意味するラテン語の「de facto」と英語の「standard」を組み合わせた造語である。新規市場などで，複数の規格が乱立した状態から市場での競争を勝ち抜いて事実上の標準となった規格をさし，これまでパソコンのOSやネットワーク手順，動画の記録方式などのさまざまな分野で形成されてきた。自社の技術や規格がデファクト・スタンダードになれば，対象となる市場において優位性を発揮して高い収益を得ることが可能となるが，その反面，デファクト・スタンダード以外で優れた規格が存在しても，互換性などの問題からその規格を消費者が選択しにくくなるおそれもあり，その場合には消費者の利便性や選択肢を損なう可能性がある。

⑧ ［地球環境と資源・エネルギー問題］ p.165

問1 A持続　B温暖化　C温室効果　D化石
E炭素　F京都　G取引　H許可
問2 ⑥　**問3** ③　**問4** ④
問5 ISO

【解説】問2　2020年における国別のエネルギー起源のCO_2排出量は，第1位：中国，第2位：アメリカ，第3位：インド，第4位：ロシア，第5位：日本である。
問3　エ：原子力の割合が最も高いことからフランスだと特定できる。オ：石油や石炭の割合が高いことから日本だと特定できる。カ：水力の割合が高いことからカナダだとわかる。

問4　シェールガスは地下数百～数千メートルの硬い地層（頁岩層）に含まれている天然ガスで，メタンを主成分とする。したがって再生可能エネルギーではない。

問5　**国際標準化機構**は，工業製品や技術，食品安全，農業，医療などの分野において世界共通の基準を定め，標準化を進めることで国際貿易の発展等に寄与している非政府組織である。企業活動による環境リスクの低減や，省エネによるコスト削減，環境に関する法令遵守などにより，環境保護や環境に関する遵守義務の徹底などを実現するマネジメントシステムとして**ISO14001（環境マネジメントシステム）**がある。

⑨　[国際経済格差の是正と国際協力]　　p.166

問1　非政府組織　問2　A②　B④　C③
問3　（例）1970年代以降，発展途上国内部で，産油国や工業化に成功した国・地域と，資源に乏しく工業化が進まない後発発展途上国との間の経済的・社会的な格差が広がった問題。（79字）
問4　①　　問5　④

【解説】問2　Aは②。**国連開発計画（UNDP）は1966年に創設され，発展途上国の支援を行う国連機関**である。Bは④。**経済協力開発機構（OECD）は61年に発足した先進諸国の経済協力機関**であり，自由貿易の進展と発展途上国援助を目的としている。Cは③。オックスファム・インターナショナルはイギリスのNGOで，世界の被災者や貧困の救済にあたっている。

問4　①が誤り。例えば食料・医薬品などの無償資金援助は「第二次所得収支」に，資本形成のための無償資金援助は「資本移転等収支」に計上される。取引ではないので，**ODAが「貿易・サービス収支」に計上されることはない**。②は正しい。日本のODAは，額は多いがGNIに対する比率は国連目標の0.7%に遠く及ばない。③④も正しい記述。

問5　④が適当でない。**モノカルチャー経済は，一定の一次産品（農産物・鉱産物）の生産に依存する経済**のことで，欧米先進国の植民地支配の時代に植え付けられた経済構造である。途上国の貧困化を助長する要因となっており，むしろモノカルチャー経済からの脱却が課題となっている。①②③はともに正しい。

⑩　[イノベーションとその影響]　　p.167

問1　Aスティーブ・ジョブズ　Bアップル
Cマイクロソフト　Dブロードバンド
Eジェフ・ベゾス　Fアマゾン　Gグーグル
Hフェイスブック
問2　③　　問3　IT（インターネット）（ドットコム）
問4　③　　問5　広告宣伝費
問6　(1)イギリス　(2)第4次産業革命

【解説】問2　③が誤り。PCの価格が低下したのは，PCの供給が過剰になったためではない。①②は正しい。「ムーアの法則」とは，インテルの創設者の一人，ゴードン・ムーア氏が1965年に提唱した「半導体の性能（トランジスタの集積率）は18か月で2倍になる」という経験則のことである。このため半導体の価格が低下し，PCの価格低下にもつながってきた。

問3　インターネットの普及をきっかけに，アメリカを中心に1990年代後半から2000年にかけてIT関連企業の株価が急上昇して生じたバブルは，「ITバブル」あるいは「インターネットバブル」または「ドットコムバブル」と呼ばれる。ITバブルは，アメリカのFRBによる金利引き上げをきっかけに崩壊に向かった。

問4　③が誤り。労働基準法第38条では，本業と副業がある場合，労働時間は通算するとされており，**副業の時間も労働時間に含まれる**。したがって，副業を認めた企業では労務時間の管理が複雑化する。①②④は正しい。働き方改革では，各自が働く時間や場所などを自由に選択できる社会をめざしており，**政府は「副業・兼業の解禁」を推奨している**。2018年には厚生労働省が「副業・兼業の促進に関するガイドライン」を発表し，「モデル就業規則」から副業禁止規則が削除された。「副業・兼業の促進に関するガイドライン」では，社員が副業を希望する場合，認める方向で検討することが適切であるとされており，近年，副業を認める企業も増加傾向にある。副業が解禁されると，労働者は収入を増やしたり新しい仕事にチャレンジできるなどのメリットが期待できる。企業も従業員が副業をすることで，社内では得られない経験やスキルを身につけたり，副業で得た知見や人脈を本業に活かしてくれることなどが期待できる。

問5　ネット利用の拡大とともにインターネット広告費が増加し，マスメディア広告費は減少しており，**2021年にはインターネット広告費の合計金額が，テレビ，新聞，雑誌，ラジオというマスコミ四媒体の広告費の合計金額を上回った。**

問6　(1)　この変革はイギリスで起こった第1次産業革命である。(2)　18世紀末以降の水力や蒸気機関による工場の機械化である第1次産業革命，20世紀初頭の分業に基づく電力を用いた大量生産である第2次産業革命，1970年代初頭からの電子工学や情報技術を用いた一層のオートメーション化である第3次産業革命に続く，**近年のIoTやAI，ビッグデータの活用によりもたらされる技術革新およびそれによる産業・社会構造の変革は一般に第4次産業革命と呼ばれる。**

⑪　[戦後の核問題と地域紛争]　　p.168

問1　Aパグウォッシュ　B抑止　C均衡
D戦略兵器制限　E戦略兵器削減　Fオバマ
GNPT
問2　③　　問3　④　　問4　化学兵器

問5　ベトナム　　問6　②　　問7　チェチェン

【解説】問2　インド，パキスタン，北朝鮮は核保有国。イスラエルは核疑惑国（1960年代に技術を開発し，核兵器数百発を保有しているといわれるが，正式に核保有を宣言したことはない）。南アフリカは，1980年代に核兵器を開発し保有したが，アパルトヘイトに対する制裁として南アフリカに対する武器禁輸などが行われたことなどから核兵器を放棄し，1991年にはNPT（核拡散防止条約）に加盟，1993年には，IAEA（国際原子力機関）が核開発計画の廃棄を正式に認定した。

問3　イランは核拡散防止条約（NPT）に加盟しているが，一方で，核兵器の開発につながる国内でのウラン濃縮に強く固執していることから核兵器開発疑惑がもたれている。

問5　「フランスの植民地支配からの解放」，「南北に分断」，「民族同士による新たな紛争」などの内容から判断できる。

問6　**ルワンダ内戦**は，ベルギーの植民地支配に起因するツチ族とフツ族の対立が激化して起こった紛争で，「植民地支配下で形成された境界により，一つの国家に属することになった異なる民族や部族の間に生じる対立」に該当する。ニカラグア内戦，エルサルバドル内戦，エチオピア内戦は，いずれも政府軍と反政府勢力の対立による内戦である。アフガニスタン内戦は，ソ連がアフガニスタンの共産政権を維持するために介入して始まった内戦で，アメリカが対抗するイスラームゲリラ勢力を支援したことから米ソ代理戦争の様相を呈し長期化した。

問7　「**人道的介入**」とは，ある国で大規模な人権侵害や迫害が行われている場合に，それを阻止し，被害を救済するために，他国や国際社会が軍事力をともなって内政に介入することである。**旧ユーゴスラビア内戦**では，1999年に旧ユーゴのコソボ地区で，セルビア軍部隊がアルバニア系住民に虐殺等の非人道的行為を行ったことに対し，NATO諸国による軍事目標の空爆という形で人道的介入が行われたが，**チェチェン紛争**では人道的介入は行われなかった。人道的介入をめぐっては，**内政不干渉の原則**（国連憲章第2条7項）に反することや，軍事的な介入によって民間人を含む多数の犠牲者を出す可能性もあることなどから，その正当性についての評価は定まっていない。

12 ［持続可能な国際社会づくり］　　p.169

問　ア　①　　イ　④

【解説】　ア　…SDGsの17の目標がかなり幅広く，その上目標をどう達成するかは各国の自主性に任されている点について，目標達成について具体的に条約で定めそれを守らない国の責任を追及すべきである，というYの意見に対し，Xが「そうかな。」と反対意見で答えるという文脈である。①は先のYの意見（守れない国の責任を追及する）に反論する形で，「違反を責めるよりも〜」と展開していることに着目する。さらに「各国の自主的な取り組みを国際社会が促すとともに，それらをサポートする体制」を作るべきという具体的な意見を述べており，これが正解。②は「SDGsが経済発展によって貧困からの脱却を図ることに専念した目標である」という部分が誤りで，SDGsは貧困からの脱却に限らず，経済・社会・福祉の3領域にわたる17の目標と目標達成のための具体的な169のターゲットを設定している。

イ　…ここはYが「各国の経済発展を阻害するような目標を国際社会で達成するには困難が伴うと思う」と反論するのに対し，Xが「そうした事情を踏まえた点にSDGsの意義がある」と受ける文脈である。④は，SDGsの達成目標を各国に委ねたのは各国にそれぞれ優先すべき課題があるからであり，できるところから目標を追求する仕組みであることを指摘しており，これが文脈に当てはまる。③は「SDGsの目標の多くは先進国はすでに達成されており，〜途上国を対象に目標を設定したもの」という記述が誤り。SDGsの17の目標は発展途上国ばかりでなく先進国を含むすべての人々が対象となる。

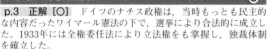

p.3 正解【○】 ドイツのナチス政権は、当時もっとも民主的な内容だったワイマール憲法の下で、選挙により合法的に成立した。1933年には全権委任法により立法権をも掌握し、独裁体制を確立した。

p.5 正解【×】 中国の国家元首である国家主席は、共産党の指導により全国人民代表大会（全人代）で選出される。2012年に中国共産党の総書記となった習近平は、2013年から国家主席も兼任している。

p.7 正解【×】 一般の法律と同じ手続きで改正できる憲法は**軟性憲法**である。日本国憲法のように、改正のために一般の法律よりも厳格な手続きを要する憲法は**硬性憲法**である。

p.9 正解【×】 憲法第12条で、**自由・権利の保持の責任と濫用の禁止**が規定されている。

p.11 正解【×】 マスコミの報道の自由は、日本国憲法第21条が保障する表現の自由のなかに含まれるとするのが定説。マスコミの報道によって個人の**プライバシーの権利**が著しく侵害されるような場合、報道の自由が一定の制約を受けることもある。

p.13 正解【×】 教科書検定制度の違憲性が問われた**家永教科書検定違憲訴訟**において、最高裁は検定制度を合憲としたが、一部で裁量を逸脱した違法な不合格処分もあったという判断も示した。

p.15 正解【×】 日本は死刑存置国であり、**死刑廃止条約**には加入せず批准もしていない。

p.17 正解【×】 **統治行為論**の根拠となる考え方であり、裁判所は違憲法令審査権を積極的に行使すべきであるという見解の根拠として不適切である。

p.19 正解【○】 1992年制定の**PKO協力法**により、自衛隊のPKO参加が可能になった。同年に**カンボジア**の停戦監視などのため、自衛隊初のPKO派遣が行われた。

p.35 正解【○】 予算を伴う場合は衆院50人以上、参院20人以上の賛成が必要。なお、法律案の提出は、内閣が提出する内閣提出法案が圧倒的に多い。

p.37 正解【○】 オンブズマン制度は、1809年**スウェーデン**で制定されたのが最初で、日本では川崎市の「市民オンブズマン条例」（1990年）が初。**国では未実施**である。

p.39 正解【○】 殺人や傷害などの一定の犯罪被害者やその家族が、裁判に参加して証人尋問・被告人質問・論告などを行うことができる。

p.41 正解【○】 地方交付税は、自治体間の財政力の格差を正すため、財政力の貧弱な自治体に国から交付。**所得税、酒税、法人税、消費税（地方消費税は別）の一部と、地方法人税の全額が充てられる。**

p.43 正解【×】 1993年の総選挙後、非自民の連立政権（細川護熙内閣）が成立し、55年体制が崩壊した。

p.45 正解【×】 小選挙区制は、**死票が多く少数党に不利**。大選挙区制（比例代表）は各党の得票に応じて議席を分配するので、死票が少なく民意をより正確に反映する。

p.57 正解【○】 これはドイツの社会主義者**ラッサール**（1825～64）が、ブルジョワ社会を皮肉的に呼んだことに由来する。アダム＝スミスは**国富論（諸国民の富）**を著し、市場の調整機能を「見えざる手」と呼んで重視した。

p.59 正解【×】 株主などが適切な会社経営を監視するコーポレート・ガバナンスや会社経営者の責任を株主が追求する**株主代表訴訟**も行われるようになり、**株主利益の保護**が優先され、株主の権限も強くなった。

p.61 正解【×】 **ローレンツ曲線**は45度線から乖離するほど、不平等の度合いが大きい。

p.63 正解【×】 国民総所得は、国民総生産（GNP）を分配面からとらえたものであり、両者は等価である。GNPから固定資本減耗分を差し引いたものがNNPである。

p.67 正解【○】 日銀の金融政策の中心は**公開市場操作**であり、金融引締めのために売りオペを行い、金融緩和のために買いオペを行う。量的緩和は日銀当座預金残高の「量」におき、買いオペによって大量の資金供給を行う政策。

p.69 正解【○】 プライマリー・バランスとは、歳出のうち国債費以外の支出を税収でまかなえるかを示す数値。税収は歳入から国債収入を引いたものなので、プライマリー・バランス＝（歳入－国債収入）－（歳出－国債費）の計算式にあてはめると、国債収入が国債費より少なければ黒字となる。

p.81 正解【○】 1985年の**プラザ合意**により、先進5か国（G5）によるドル安の協調介入が実施され、円高が進行し、輸出に大きく依存していた日本の製造業が大きな打撃を受け「円高不況」へ陥り、産業の空洞化が進んだ。

p.83 正解【×】 食糧管理法に代わって1995年に施行された**新食糧法**では、コメの集荷販売が許可制から登録制となり、また計画流通制度を廃止するなど、コメ流通の規制を大幅に撤廃し競争原理が導入されることになった。

p.85 正解【×】 1967年の**公害対策基本法**制定以前より、自治体レベルで条例による公害規制を行う例が見られた。1993年の**環境基本法**制定以降、自治体の環境保護施策の基本理念を規定する環境基本条例を新設する自治体が増加した。

p.87 正解【×】 1997年の労働基準法改正により、**女子労働者の深夜労働（午後10時～午前5時）が原則禁止**する規制が撤廃された。一方、男女共通の残業が強化される懸念が生じた。

p.89 正解【○】 少子高齢化により将来の労働力人口の減少が懸念され、かつ**非正規雇用**の比率が高まる中、いかに若者の雇用を安定させるかということが政策課題となっている。

p.91 正解【○】 **後期高齢者医療制度**は、増大する老人医療費が国家財政を圧迫する中で、従来の国民健康保険等から75歳以上対象の医療保険を独立させ医療給付を集中管理するという制度で、2008年にスタートした。

p.93 正解【×】 少子高齢化の進展で**年金財源の枯渇が懸念される**中、支給年齢の引き上げが段階的に実施。一方、政府試算では、年金支給水準は将来的に低下していくという。

p.105 正解【○】 グロティウスは『戦争と平和の法』の中で、戦争には正当なものと不当なものがあること、戦争の制御や終結方法、戦時におけるルールなどについて論じ、その後の国際法の発展に大きな影響を与えた。

p.107 正解【×】 B国の行為は、A国の侵略行為に加担することであり、**集団安全保障体制**の下での加盟国の行動として当然不適切である。

p.109 正解【○】 1979年のソ連による**アフガニスタン侵攻**をきっかけに、1980年代前半に米ソ間の緊張が高まり、「新冷戦」の時代と呼ばれた。

p.111 正解【○】 ヘルシンキ宣言は、1975年8月に調印された**全欧安全保障協力会議（CSCE）**の最終文書。その主な合意内容は、①信頼醸成措置、安全保障、軍縮、②経済、科学技術、環境分野の国際協力、③国家を超えた人権尊重の重要性の3つである。冷戦終結にも影響を与えたといわれ、この宣言の精神は、集団安全保障を掲げ常設組織に発展した**欧州安全保障協力機構（OSCE、1995～）**にも受け継がれている。

p.113 正解【○】 第三国定住とは、難民キャンプ等で一時的に保護を受けた難民を、最初に保護を求めた国から、彼らの受け入れを同意した安全な第三国へ移動させ、そこで長期的に滞在する権利を与えることである。UNHCRも難民問題の解決策の1つとして重視しており、日本も2010年度から受け入れを行っている。2019年に第三国定住を許可されたのは世界全体で約10万7,800人、受け入れ国は26か国であった。

p.125 正解【×】 **垂直分業**ではなく、「**水平分業**」。1990年代以降、海外から工業製品（部品・繊維品など）を輸入し、海外へ工業製品（加工組立品など）を輸出する「水平分業」の貿易構造となっている。

p.127 正解【○】 日本に置き換えると、円高（＝自国通貨の価値の上昇）が進むと円建ての輸出品価格が上昇し輸出不振となるため、円高の影響を受けない海外へ生産拠点を移し、現地生産・現地販売へ切り替える企業が増える。

p.133 正解【○】 主要国は1973年より変動相場制へ移行していたが、IMFは1976年の**キングストン合意**において変動相場制を正式に承認し、金の公定価格を廃止、IMFが創設したSDR（特別引出権）を中心的な準備資産にした。

p.135 正解【×】 GATT・ウルグアイ・ラウンド（1986-1994）において、知的財産権・農業・サービス分野のルール化について初めて合意された。非関税障壁の軽減・撤廃が初めて合意されたのは、**東京ラウンド**（1973-1979）である。

p.137 正解【×】 DAC（開発援助委員会）はOECD（経済協力開発機構）の委員会の1つであり、国連の組織ではない。OECDに加盟する先進国による、ODA（政府開発援助）による発展途上国援助を奨励している。

p.139 正解【×】 1995年にWTO（世界貿易機関）が発足したが、ドーハ・ラウンド（2001～）は交渉決裂が重なり停止状態。一方、EPA（経済連携協定）・FTA（自由貿易協定）を2国間ないし地域間で結び貿易自由化を目指す動きが活発化している。

p.141 正解【×】 1997年の気候変動枠組み条約第3回締約国会議（京都会議、COP3）で、2008～12年の実施期間に、先進国全体で1990年比5.2%の温室効果ガスの削減目標値が定められた。

p.143 正解【○】 ヘッジファンドは、投資家から大口の資金を集め、高い運用益を目指し株式などに投資を行う投資信託。

特集
大学入学共通テスト対策　解答　>>>>>>>>>>>> 政治・経済

1 よりよい経済社会

正解【 ⑩ 】

ア…生徒 c の発言にある「1980年代以降のアメリカ，イギリス，日本などで行われた」政策とは，米レーガン政権，英サッチャー政権，日本の中曽根政権の新自由主義的な政策をさすので E が入る。

イ…20世紀の前半，アメリカがケインズの主張にもとづいたニューディール政策によって世界恐慌後の不況から脱却したため，その後，多くの国で政府が経済に積極的に介入するようになった。よって A が入る。

ウ…生徒 b の「各国が協力してうまく富裕層へ課税することができれば，格差の是正につながりそう」という発言から B が入ると判断できる。

エ…生徒 a の「市場経済では効率的な資源配分が難しい」という発言から F が入ると判断できる。

2 GDP

正解　問1【 ② 】　問2【 ⑥ 】

問1　②が正解。(3)の小売店の売り上げのうち400万円はジュースの仕入れ代なので，これを引いて200万円。よって，500万円＋200万円＋200万円＝900万円が各段階での付加価値の合計である。

問2　⑥が正解。アは誤り。GNI＝GDP＋海外純所得（海外からの所得－海外への所得）なので，GDP＝GNI－海外純所得である。表の数字をあてはめると，GDPは550－（30－15）＝535兆円。イは正しい。NNP＝GNI－固定資本減耗なので，550－100＝450兆円。ウは誤り。NI＝NNP－（間接税－補助金）なので，450－（50－20）＝420兆円。

3 世界の貿易

正解【 ④ 】

世界の輸出貿易に占める中国の割合は，表1より，1990年の約2％から2021年の15.0％へと，約7.5倍に増加している。またアメリカは1990年の約11.5％から2021年の7.8％へと，約3分の2となっており，④が正解。

図より，GATTのラウンド交渉は鉱工業品の関税交渉として始まり，ケネディ・ラウンドで鉱工業品の一括関税引き下げ，東京ラウンドで非関税障壁のルール化，ウルグアイ・ラウンドで農業・サービス分野，知的財産権へと交渉範囲が拡大した。よって①は誤り。

表3より，貿易依存度の定義は「輸出入額÷GDP」であるから，ベルギー，オランダの貿易依存度が高いのはGDPの値が低いためであり，日本の貿易依存度が比較的低いのはGDPの値が高いためであり，「資源・製品とも自給率が高い」は誤りである。よって②は誤り。

表2より，EU加盟国のフランス，ドイツは対EU輸出割合が高く，USMCA加盟国であるカナダ，メキシコは対アメリカ輸出割合が高い。だが対中国輸出割合の高い日本，韓国，ブラジル，オーストラリアのうち，ブラジルはAPEC加盟国ではない。よって③は誤り。

4 労働問題

正解　問1　ア【 ② 】イ【 ③ 】ウ【 ① 】
**　　　問2　【 ② 】**
**　　　問3　X【 ② 】Y【 ③ 】Z【 ① 】**

問1　ア…「今週は毎晩徹夜で働いている」「来週は（中略）半日ずつ働こうと考えている」の部分から，何日・何時間働くかを自分の裁量で決定する裁量労働制の説明である。

イ…「出社時間も退社時間も各自で決めることができる」「午前10時から午後2時までは全社員が必ず出社することになっており」の部分から，フレックスタイム制の説明である。

ウ…仕事量の多い時期・少ない時期に応じて勤務時間を増減していることから，週平均40時間以内の労働時間にするなど一定の条件を満たしていれば1日8時間を超えて労働時間を設定することができる変形労働時間制の説明である。

問2　図1より，2002年から2021年の間に女性労働者は2,172万人から2,716万人へと増加し，非正規雇用比率も49.3％から53.6％へと上昇している。図3より，出産前有職だった女性のうち33.9％が第1子出産時に退職している。また図2より，男性の育児休業取得率は女性に比べかなり低いことが分かる。よって②が適当。

①は「出産や育児といった要因による女性の離職は，男性の育児休業の取得増加で解消されている」ことを図1～3から読み取ることができないため不適当。また，③の「女性は出産・育児を機に離職してより賃金の高い企業へ再就職する傾向にある」という内容や，④の「妻の出産を機に育児のため離職する夫が多」いという内容についても，資料から読み取ることができないため不適当である。

問3　労使間の自主的な交渉が決裂した場合に労使争議を調整する機関は労働委員会であるから，Xには②が適当。Yは，「労使双方の話し合いを促す」という部分から，斡旋員（あっせん）が労使双方の話し合いを促すための助言・仲介を行う「斡旋」の説明であることが分かり，③が適当。Zは，「公益代表からなる」，「裁定を行う」という部分から，公益委員のみで構成される仲裁委員会が労働協約と同一の拘束力を持つ仲裁裁定を行う「仲裁」の説明であることが分かり，①が適当。

5 国際人権条約

正解　問1【 ③ 】問2【 ①②③④ 】
**　　　問3【 ③ 】**

問1　A，Cは正しい。Aについて，ジェノサイド条約は締結国に対し，国内法による処罰を義務づけている。条約では集団殺害につながる共同謀議や扇動など実行者だけでなく協力者や扇動者も処罰対象で，日本の法体系では未整備な部分が多く，加盟しようとすれば大きな法改正が想定されるため批准には至っていない。

なお，ジェノサイド条約の第1条には「締約国は，集団殺害が平時に行われるか戦時に行われるかを問わず，国際法上の犯罪であることを確認し，これを，防止し処罰することを約束する。」とあり，他国の集団殺害行為を防止し処罰するためには実質的に軍を送り制圧しなければならず，これが憲法第9条に抵触するため批准できないという学説上の見解もある。Bは誤り。「高校大学教育の無償化」の留保については，高校の授業料無償化等の措置を受けて，2012年に撤回された。Dも誤り。最高裁は，2015年に夫婦別姓を認めない民法と戸籍法の規定を合憲とする判決を下した。その後，「選択的夫婦別姓」の導入に賛成する人の割合が増えるなど国民の意識の変化がみられる中で注目された2021年の裁判でも，最高裁は夫婦別姓を認めない民法と戸籍法の規定を合憲とした。ただし，2021年の判決時の最高裁判事の中には，日本が「姓を選択する権利」を明記した女性（女子）差別撤廃条約を批准していることや，女性（女子）差別撤廃委員会から法改正の勧告を受けていること，さらに世界的な動向等を踏まえて「違憲」だとする反対意見もあった。

問2 ①～④はいずれもこの条約で子どもの権利とされている。この条約では，生きる権利（すべての子どもの命が守られる権利），育つ権利（生まれつきもつ能力を十分にのばして成長できるよう，医療や教育，生活への支援などを受ける権利），守られる権利（暴力や搾取，有害な労働などから守られる権利），参加する権利（自由に意見を表明したり，団体を作ったりできる権利）の4つの権利を子どもにとって重要な権利としている。

問3 2016年に施行された障害者差別解消法では，合理的配慮は，国や自治体の法的義務，民間事業者の努力義務とされていたが，2021年に改正障害者差別解消法が成立し，民間事業者の合理的配慮の提供も法的義務とされるようになった。なお，障害者権利条約でも重視される合理的配慮は，障害者雇用促進法でも法的義務とされている。①，②，④はいずれも適当。

⑥ 日本銀行の金融政策

正解 問1 ア【①】 イ【③】 ウ【②】
　　 問2 ア【①】 イ【②】 ウ【④】
　　　　 エ【③】 オ【⑥】 カ【⑤】
　　 問3 【③】

問1 日本銀行の金融政策とは，金融市場での金利の調整を通じて景気や物価の安定をはかることである。金利自由化以前は，日銀が金融機関に貸し出す際の金利である公定歩合が政策金利であり，市中金利は公定歩合に連動するよう規制されていた。しかし，1990年代に金利の自由化が進み市中金利に公定歩合が連動しなくなったため，政策金利は無担保コールレート（翌日物）に変更された。日銀は政策金利として役割を終えた公定歩合を，2006年に「基準割引率および基準貸付利率」に名称変更した。預金準備率操作は短期金融市場が発達した主要国では金融政策の手段としては利用されていない。

グラフや統計の問題では，資料の読み取りができれば知識がなくても答えられる問題も出題されているが，一定の知識を必要とする問題もある。この設問では，日銀の金融政策の3つの手段とその変遷の知識からグラフを読み取る問題ともいえる。

問2 銀行は銀行どうしで資金の過不足を調整するため資金を貸し借りしている。担保なしで当日から翌日にかけての資金の貸し借りを翌日物の無担保コールレートといい，日銀の政策金利に位置づけられている。この金利が高くなると，銀行は資金を調達するコストが高くなるので，銀行の貸出金利も高くなる。日本銀行は景気が悪いときには，市中の金利を下げて経済活動が活発になるようこの無担保コールレートを下げようとする。無担保コールレートは，短期金融市場での資金の需要と供給によって決まる。無担保コールレートが高いということは，銀行に貸し出せる資金の余裕がないということであるので，日本銀行は銀行から国債などを買って銀行に資金を供給する。これが資金供給オペレーションであり，そうすると銀行は手持ちの資金が増えるから，他の銀行から資金を借りる必要が少なくなり結果的に無担保コールレートは下がる。金融政策のうち金利を下げるようなものを金融緩和といい，反対に金利を上げるようなものを金融引き締めという。【資料】の景気動向と金利のグラフからも読み取れる。

共通テストでは，図を使った問題がみられ，また，選択肢が多いのも特徴である。

問3 「異次元金融緩和」とよばれる政策を行っても2020年時点では物価上昇率2％は達成されず，2023年時点においても目標は変更されていない。

共通テストでは，近年の世の中の動きを中心とする問題も出題されているので，新聞などを読む習慣をつけ，最新の動向やそれに関わる統計表・グラフ等があれば目を通すようにしたい。

⑦ 日本の政治　正解【⑤】

ア…誤り。55年体制は1958年第28回総選挙結果からで（資料1），第2次世界大戦直後からではない。

イ…誤り。ロッキード事件のあった1976年の第34回総選挙で自民党は議席を100議席以上も減らしていない（資料1）。

ウ…誤り。自民党が政権を失った1993年第40回総選挙は投票率が下がっているが，2009年第45回総選挙では投票率が上がっている（資料2）。

エ…正しい。直近3回で一番高い投票率は55.93％であるが，55年体制下の1958年第28回から1993年第40回総選挙で最も低い投票率は67.26％なので，10ポイント以上高い。

MEMO

MEMO

MEMO

MEMO

MEMO

年　　組　　番	
年　　組　　番	

Ⅰ 民主政治と日本国憲法

1 民主政治の原理と法の支配【本誌P.2・3】

Ⓐポイント整理

① _____　② _____

③ _____

④ _____

⑤ _____

⑥ _____　⑦ _____

⑧ _____

⑨ _____

⑩ _____

⑪ _____

⑫ _____

⑬ _____

⑭ _____

⑮ _____

⑯ _____

⑰ _____

⑱ _____

⑲ _____

⑳ _____　㉑ _____

㉒ _____　㉓ _____

㉔ _____

㉕ _____

㉖ _____

㉗ _____

㉘ _____

㉙ _____

㉚ _____

㉛ _____

㉜ _____

㉝ _____

㉞ _____

㉟ _____

㊱ _____

㊲ _____

㊳ _____

Ⓑ重点確認

❶ _____

❷ _____

❸ _____

❹ _____

❺ _____

❻ _____

❼ _____

2 民主政治のしくみ【本誌P.4・5】

Ⓐポイント整理

① _____

② _____

③ _____　④ _____

⑤ _____

⑥ _____

⑦ _____・_____

⑧ _____　⑨ _____

⑩ _____

⑪ _____

⑫ _____

⑬ _____

⑭ _____

⑮ _____

⑯ _____

⑰ _____　⑱ _____

⑲ _____

⑳ _____

㉑ _____

㉒ _____

㉓ _____

㉔ _____

㉕ _____

㉖ _____

㉗ _____

㉘ _____

㉙ _____

㉚ _____

㉛ _____

㉜ _____

Ⓑ重点確認

❶ _____

❷ _____

❸ _____

❹ _____

❺ _____

❻ _____

❼ _____

2

3 日本国憲法とその基本原理

【本誌P.6・7】

Ⓐポイント整理

① _____
② _____
③ _____
④ _____
⑤ _____
⑥ _____
⑦ _____
⑧ _____
⑨ _____
⑩ _____
⑪ _____
⑫ _____
⑬ _____　⑭ _____
⑮ _____
⑯ _____
⑰ _____
⑱ _____
⑲ _____
⑳ _____
㉑ _____
㉒ _____
㉓ _____
㉔ _____
㉕ _____
㉖ _____
㉗ _____
㉘ _____ 月 _____ 日

㉙ _____ 月 _____ 日
㉚ _____　㉛ _____
㉜ _____
㉝ _____
㉞ _____
㉟ _____
㊱ _____
㊲ _____
㊳ _____ 分の _____
㊴ _____
㊵ _____

Ⓑ重点確認

❶ _____
❷ _____
❸ _____
❹ _____
❺ _____
❻ _____
❼ _____
❽ _____
❾ _____

4 基本的人権の本質と法の下の平等

【本誌P.8・9】

Ⓐポイント整理

① _____　② _____
③ _____
④ _____
⑤ _____
⑥ _____　⑦ _____

⑧ _____
⑨ _____
⑩ _____
⑪ _____　⑫ _____
⑬ _____
⑭ _____
⑮ _____　⑯ _____
⑰ _____　⑱ _____
⑲ _____
⑳ _____　㉑ _____
㉒ _____
㉓ _____
㉔ _____
㉕ _____ ・ _____
㉖ _____
㉗ _____
㉘ _____
㉙ _____
㉚ _____
㉛ _____
㉜ _____
㉝ _____
㉞ _____
㉟ _____
㊱ _____

Ⓑ重点確認

❶ _____
❷ _____
❸ _____
❹ _____
❺ _____

N政

❻ _____

❼ _____

❽ _____

❾ _____

❿ _____

| 5 | 自由権 【本誌P.10・11】 |

Ⓐポイント整理

① _____ ② _____

③ _____

④ _____

⑤ _____

⑥ _____ ⑦ _____

⑧ _____ ⑨ _____

⑩ _____

⑪ _____

⑫ _____ ⑬ _____

⑭ _____

⑮ _____

⑯ _____

⑰ _____ ⑱ _____

⑲ _____

⑳ _____

㉑ _____

㉒ _____

㉓ _____

㉔ _____ ㉕ _____

㉖ _____ ㉗ _____

㉘ _____

㉙ _____

㉚ _____

㉛ _____

㉜ _____

㉝ _____

㉞ _____

Ⓑ重点確認

❶ _____

❷ _____

❸ _____・_____

❹ _____

❺ _____

❻ _____

❼ _____

❽ _____

❾ _____・_____

| 6 | 社会権と人権を実現するための諸権利 【本誌P.12・13】 |

Ⓐポイント整理

① _____ ② _____

③ _____

④ _____

⑤ _____ ⑥ _____

⑦ _____

⑧ _____ ⑨ _____

⑩ _____

⑪ _____ ⑫ _____

⑬ _____

⑭ _____

⑮ _____

---

⑯ _____

⑰ _____ ⑱ _____

⑲ _____

⑳ _____

㉑ _____

㉒ _____

㉓ _____

㉔ _____

㉕ _____

㉖ _____・_____

㉗ _____

㉘ _____

㉙ _____

㉚ _____

㉛ _____

㉜ _____ ㉝ _____

㉞ _____

㉟ _____ ㊱ _____

㊲ _____ ㊳ _____

㊴ _____

Ⓑ重点確認

❶ _____

❷ _____

❸ _____

❹ _____

❺ _____

❻ _____

❼ _____

❽ _____

4

7 新しい人権と人権の国際化
【本誌P.14・15】

Ⓐポイント整理

① _____
② _____
③ _____
④ _____
⑤ _____
⑥ _____
⑦ _____
⑧ _____ ⑨ _____
⑩ _____
⑪ _____
⑫ _____
⑬ _____
⑭ _____
⑮ _____
⑯ _____
⑰ _____
⑱ _____ = _____
⑲ _____
⑳ _____
㉑ _____
㉒ _____
㉓ _____ ㉔ _____
㉕ _____
㉖ _____
㉗ _____
㉘ _____
㉙ _____

Ⓑ重点確認

❶ _____
❷ _____
❸ _____
❹ _____

8 日本の平和主義
【本誌P.16・17】

Ⓐポイント整理

① _____ ② _____
③ _____
④ _____
⑤ _____ ⑥ _____
⑦ _____
⑧ _____ ⑨ _____
⑩ _____
⑪ _____
⑫ _____
⑬ _____
⑭ _____
⑮ _____
⑯ _____
⑰ _____ ⑱ _____
⑲ _____
⑳ _____
㉑ _____
㉒ _____
㉓ _____ ㉔ _____
㉕ _____
㉖ _____
㉗ _____

㉘ _____
㉙ _____
㉚ _____
㉛ _____
㉜ _____
㉝ _____
㉞ _____

Ⓑ重点確認

❶ _____
❷ _____
❸ _____
❹ _____
❺ _____
❻ _____
❼ _____ 憲
❽ _____ 憲
❾ _____

9 日本の防衛政策と諸問題
【本誌P.18・19】

Ⓐポイント整理

① _____
② _____ ・ _____
③ _____
④ _____
⑤ _____
⑥ _____ ⑦ _____
⑧ _____
⑨ _____
⑩ _____

⑪＿＿＿＿＿＿＿＿＿＿＿＿＿＿

⑫＿＿＿＿＿＿＿＿＿＿＿＿＿＿

⑬＿＿＿＿＿＿＿＿＿＿＿＿＿＿

⑭＿＿＿＿＿＿＿＿＿＿＿＿＿＿

⑮＿＿＿＿＿＿＿＿＿＿＿＿＿＿

⑯＿＿＿＿＿＿＿＿＿＿＿＿＿＿

⑰＿＿＿＿＿＿＿＿＿＿＿＿＿＿

⑱＿＿＿＿＿＿＿＿＿＿＿＿＿＿

⑲＿＿＿＿＿＿＿＿＿＿＿＿＿＿

⑳＿＿＿＿＿＿＿＿＿＿＿＿＿＿

㉑＿＿＿＿＿＿＿＿＿＿＿＿＿＿

㉒＿＿＿＿＿＿＿＿＿＿＿＿＿＿

㉓＿＿＿＿＿＿＿＿＿＿＿＿＿＿

㉔＿＿＿＿＿＿＿＿＿＿＿＿＿＿

㉕＿＿＿＿＿＿＿＿＿＿＿＿＿＿

㉖＿＿＿＿＿＿＿＿＿＿＿＿＿＿

㉗＿＿＿＿＿＿＿＿＿＿＿＿＿＿

㉘＿＿＿＿＿＿＿＿＿＿＿＿＿＿

㉙＿＿＿＿＿＿＿＿＿＿＿＿＿＿

㉚＿＿＿＿＿＿＿＿＿＿＿＿＿＿

㉛＿＿＿＿＿＿＿＿＿＿＿＿＿＿

㉜＿＿＿＿＿＿＿＿＿＿＿＿＿＿

㉝＿＿＿＿＿＿＿＿＿＿＿＿＿＿

㉞＿＿＿＿＿＿＿＿＿＿＿＿＿＿

Ⓑ重点確認

❶＿＿＿＿＿＿＿・＿＿＿＿＿

❷＿＿＿＿＿＿＿＿＿＿＿＿＿

❸＿＿＿＿＿＿＿＿＿＿＿＿＿

❹＿＿＿＿＿＿＿＿＿＿＿＿＿

❺＿＿＿＿＿＿＿＿＿＿＿＿＿

❻＿＿＿＿＿＿＿＿＿＿＿＿＿

---

❼＿＿＿＿＿＿＿＿＿＿＿＿＿＿

❽＿＿＿＿＿＿＿＿＿＿＿＿＿＿

用語チェック

1 民主政治の原理と法の支配 【本誌P.20】

❶＿＿＿＿＿＿＿＿＿＿＿＿＿＿

❷＿＿＿＿＿＿＿＿＿＿＿＿＿＿

❸＿＿＿＿＿＿＿＿＿＿＿＿＿＿

❹＿＿＿＿＿＿＿＿＿＿＿＿＿＿

❺＿＿＿＿＿＿＿＿＿＿＿＿＿＿

❻＿＿＿＿＿＿＿＿＿＿＿＿＿＿

＿＿＿＿＿＿＿＿＿＿＿＿＿＿＿

❼＿＿＿＿＿＿＿＿＿＿＿＿＿＿

＿＿＿＿＿＿＿＿＿＿＿＿＿＿＿

❽＿＿＿＿＿＿＿＿＿＿＿＿＿＿

❾＿＿＿＿＿＿＿＿＿＿＿＿＿＿

＿＿＿＿＿＿＿＿＿＿＿＿＿＿＿

❿＿＿＿＿＿＿＿＿＿＿＿＿＿＿

＿＿＿＿＿＿＿＿＿＿＿＿＿＿＿

⓫＿＿＿＿＿＿＿＿＿＿＿＿＿＿

⓬＿＿＿＿＿＿＿＿＿＿＿＿＿＿

⓭＿＿＿＿＿＿＿＿＿＿＿＿＿＿

⓮＿＿＿＿＿＿＿＿＿＿＿＿＿＿

⓯＿＿＿＿＿＿＿＿＿＿＿＿＿＿

⓰＿＿＿＿＿＿＿＿＿＿＿＿＿＿

⓱＿＿＿＿＿＿＿＿＿＿＿＿＿＿

⓲＿＿＿＿＿＿＿＿＿＿＿＿＿＿

⓳＿＿＿＿＿＿＿＿＿＿＿＿＿＿

⓴＿＿＿＿＿＿＿＿＿＿＿＿＿＿

㉑＿＿＿＿＿＿＿＿＿＿＿＿＿＿

2 民主政治のしくみ 【本誌P.20・21】

❶＿＿＿＿＿＿＿＿＿＿＿＿＿＿

❷＿＿＿＿＿＿＿＿＿＿＿＿＿＿

❸＿＿＿＿＿＿＿＿＿＿＿＿＿＿

❹＿＿＿＿＿＿＿＿＿＿＿＿＿＿

❺＿＿＿＿＿＿＿＿＿＿＿＿＿＿

❻＿＿＿＿＿＿＿＿＿＿＿＿＿＿

❼＿＿＿＿＿＿＿＿＿＿＿＿＿＿

❽＿＿＿＿＿＿＿＿＿＿＿＿＿＿

❾＿＿＿＿＿＿＿＿＿＿＿＿＿＿

❿＿＿＿＿＿＿＿＿＿＿＿＿＿＿

⓫＿＿＿＿＿＿＿＿＿＿＿＿＿＿

⓬＿＿＿＿＿＿＿＿＿＿＿＿＿＿

⓭＿＿＿＿＿＿＿＿＿＿＿＿＿＿

⓮＿＿＿＿＿＿＿＿＿＿＿＿＿＿

⓯＿＿＿＿＿＿＿＿＿＿＿＿＿＿

⓰＿＿＿＿＿＿＿＿＿＿＿＿＿＿

⓱＿＿＿＿＿＿＿＿＿＿＿＿＿＿

⓲＿＿＿＿＿＿＿＿＿＿＿＿＿＿

3 日本国憲法とその基本原理 【本誌P.21】

❶＿＿＿＿＿＿＿＿＿＿＿＿＿＿

❷＿＿＿＿＿＿＿＿＿＿＿＿＿＿

❸＿＿＿＿＿＿＿＿＿＿＿＿＿＿

❹＿＿＿＿＿＿＿＿＿＿＿＿＿＿

❺＿＿＿＿＿＿＿＿＿＿＿＿＿＿

❻＿＿＿＿＿＿＿＿＿＿＿＿＿＿

❼＿＿＿＿＿＿＿＿＿＿＿

❽＿＿＿＿＿＿＿＿＿＿＿

❾＿＿＿＿＿＿＿＿＿＿＿

❿＿＿＿＿＿＿＿＿＿＿

⓫＿＿＿＿＿＿＿＿＿＿

⓬＿＿＿＿＿＿＿＿＿＿

⓭＿＿＿＿＿＿＿＿＿＿

⓮＿＿＿＿＿＿＿＿＿＿

⓯＿＿＿＿＿＿＿＿＿＿

＿＿＿＿＿＿＿＿＿＿

⓰＿＿＿＿＿＿＿＿＿＿

⓱＿＿＿＿＿＿＿＿＿＿

⓲＿＿＿＿＿＿＿＿＿＿

4 基本的人権の本質と法の下の平等
【本誌P.21・22】

❶＿＿＿＿＿＿＿＿＿＿

❷＿＿＿＿＿＿＿＿＿＿

❸＿＿＿＿＿＿＿＿＿＿

❹＿＿＿＿＿＿＿＿＿＿

❺＿＿＿＿＿＿＿＿＿＿

❻＿＿＿＿＿＿＿＿＿＿

❼＿＿＿＿＿＿＿＿＿＿

❽＿＿＿＿＿＿＿＿＿＿

❾＿＿＿＿＿＿＿＿＿＿

❿＿＿＿＿＿＿＿＿＿

⓫＿＿＿＿＿＿＿＿＿＿

⓬＿＿＿＿＿＿＿＿＿＿

⓭＿＿＿＿＿＿＿＿＿＿

⓮＿＿＿＿＿＿＿＿＿＿

⓯＿＿＿＿＿＿＿＿＿＿

⓰＿＿＿＿＿＿＿＿＿＿

5 自由権　【本誌P.22】

❶＿＿＿＿＿＿＿＿＿＿

＿＿＿＿＿＿＿＿＿＿

＿＿＿＿＿＿＿＿＿＿

❷＿＿＿＿＿＿＿＿＿＿

❸＿＿＿＿＿＿＿＿＿＿

❹＿＿＿＿＿＿＿＿＿＿

❺＿＿＿＿＿＿＿＿＿＿

❻＿＿＿＿＿＿＿＿＿＿

❼＿＿＿＿＿＿＿＿＿＿

❽＿＿＿＿＿＿＿＿＿＿

❾＿＿＿＿＿＿＿＿＿＿

❿＿＿＿＿＿＿＿＿＿

⓫＿＿＿＿＿＿＿＿＿＿

⓬＿＿＿＿＿＿＿＿＿＿

⓭＿＿＿＿＿＿＿＿＿＿

⓮＿＿＿＿＿＿＿＿＿＿

⓯＿＿＿＿＿＿＿＿＿＿

⓰＿＿＿＿＿＿＿＿＿＿

⓱＿＿＿＿＿＿＿＿＿＿

⓲＿＿＿＿＿＿＿＿＿＿

⓳＿＿＿＿＿＿＿＿＿＿

⓴＿＿＿＿＿＿＿＿＿＿

6 社会権と人権を実現するための諸権利
【本誌P.22・23】

❶＿＿＿＿＿＿＿＿＿＿

❷＿＿＿＿＿＿＿＿＿＿

❸＿＿＿＿＿＿＿＿＿＿

❹＿＿＿＿＿＿＿＿＿＿

❺＿＿＿＿＿＿＿＿＿＿

❻＿＿＿＿＿＿＿＿＿＿

❼＿＿＿＿＿＿＿＿＿＿

❽＿＿＿＿＿＿＿＿＿＿

7 新しい人権と人権の国際化　【本誌P.23】

❶＿＿＿＿＿＿＿＿＿＿

❷＿＿＿＿＿＿＿＿＿＿

＿＿＿＿＿＿＿＿＿＿

❸＿＿＿＿＿＿＿＿＿＿

❹＿＿＿＿＿＿＿＿＿＿

❺＿＿＿＿＿＿＿＿＿＿

❻＿＿＿＿＿＿＿＿＿＿

❼＿＿＿＿＿＿＿＿＿＿

❽＿＿＿＿＿＿＿＿＿＿

❾＿＿＿＿＿＿＿＿＿＿

8 日本の平和主義　【本誌P.23】

❶＿＿＿＿＿＿＿＿＿＿

❷＿＿＿＿＿＿＿＿＿＿

❸＿＿＿＿＿＿＿＿＿＿

❹＿＿＿＿＿＿＿＿＿＿

❺＿＿＿＿＿＿＿＿＿＿＿

❻＿＿＿＿＿＿＿＿＿＿＿

❼＿＿＿＿＿＿＿＿＿＿＿

❽＿＿＿＿＿＿＿＿＿＿＿

9 日本の防衛政策と諸問題 【本誌P.23】

❶＿＿＿＿＿＿＿＿＿＿＿

❷＿＿＿＿＿＿＿＿＿＿＿

❸＿＿＿＿＿＿＿＿＿＿＿

❹＿＿＿＿＿＿＿＿＿＿＿

❺＿＿＿＿＿＿＿＿＿＿＿

❻＿＿＿＿＿＿＿＿＿＿＿

❼＿＿＿＿＿＿＿＿＿＿＿

❽＿＿＿＿＿＿＿＿＿＿＿

❾＿＿＿＿＿＿＿＿＿＿＿

❿＿＿＿＿＿＿＿＿＿＿＿

実戦問題

1 民主政治の原理と法の支配 【本誌P.24・25】

問1

A＿＿＿＿＿＿＿＿＿＿＿

B＿＿＿＿＿＿＿＿＿＿＿

C＿＿＿＿＿＿＿＿＿＿＿

D＿＿＿＿＿＿＿＿＿＿＿

E＿＿＿＿＿＿＿＿＿＿＿

F＿＿＿＿＿＿＿＿＿＿＿

問2＿＿＿＿＿＿　　問3＿＿＿＿＿＿

問4＿＿＿＿＿＿　　問5＿＿＿＿＿＿

問6＿＿＿＿＿＿

2 民主政治のしくみ 【本誌P.25・26】

問1

A＿＿＿＿＿＿＿＿＿＿＿

B＿＿＿＿＿＿＿＿＿＿＿

C＿＿＿＿＿＿＿＿＿＿＿

D＿＿＿＿＿＿＿＿＿＿＿

E＿＿＿＿＿＿＿＿＿＿＿

F＿＿＿＿＿＿＿＿＿＿＿

問2＿＿＿＿＿＿　　問3＿＿＿＿＿＿

問4＿＿＿＿＿＿　　問5＿＿＿＿＿＿

問6＿＿＿＿＿＿

問7＿＿＿＿＿＿　＿＿＿＿＿＿

問8＿＿＿＿＿＿　＿＿＿＿＿＿

3 日本国憲法とその基本原理 【本誌P.27】

問1

A＿＿＿＿＿＿＿＿＿＿＿

B＿＿＿＿＿＿＿＿＿＿＿

C＿＿＿＿＿＿＿＿＿＿＿

D＿＿＿＿＿＿＿＿＿＿＿

E＿＿＿＿＿＿＿＿＿＿＿

F＿＿＿＿＿＿＿＿＿＿＿

G＿＿＿＿＿＿＿＿＿＿＿

H＿＿＿＿＿＿＿＿＿＿＿

I＿＿＿＿＿＿＿＿＿＿＿

J＿＿＿＿＿＿＿＿＿＿＿

K＿＿＿＿＿＿＿＿＿＿＿

L＿＿＿＿＿＿＿＿＿＿＿

M＿＿＿＿＿＿＿＿＿＿＿

N＿＿＿＿＿＿＿＿＿＿＿

問2＿＿＿＿＿＿　　問3＿＿＿＿＿＿

問4＿＿＿＿＿＿

4 基本的人権の本質と法の下の平等 【本誌P.28】

問1

A＿＿＿＿＿＿＿＿＿＿＿

B＿＿＿＿＿＿＿＿＿＿＿

C＿＿＿＿＿＿＿＿＿＿＿

D＿＿＿＿＿＿＿＿＿＿＿

E＿＿＿＿＿＿＿＿＿＿＿

F＿＿＿＿＿＿＿＿＿＿＿

G＿＿＿＿＿＿＿＿＿＿＿

H＿＿＿＿＿＿＿＿＿＿＿

I＿＿＿＿＿＿＿＿＿＿＿

J＿＿＿＿＿＿＿＿＿＿＿

K＿＿＿＿＿＿＿＿＿＿＿

L＿＿＿＿＿＿＿＿＿＿＿

M＿＿＿＿＿＿＿＿＿＿＿

問2＿＿＿＿＿＿＿＿＿＿＿

問3＿＿＿＿＿＿　　問4＿＿＿＿＿＿

5 平等権・自由権 【本誌P.28〜30】

問1

A＿＿＿＿＿＿＿＿＿＿＿

B＿＿＿＿＿＿＿＿＿＿＿

C＿＿＿＿＿＿＿＿＿＿＿

8

D＿＿＿＿＿＿＿＿＿＿＿＿＿＿

E＿＿＿＿＿＿＿＿＿＿＿＿＿＿

F＿＿＿＿＿＿＿＿＿＿＿＿＿＿

G＿＿＿＿＿＿＿＿＿＿＿＿＿＿

H＿＿＿＿＿＿＿＿＿＿＿＿＿＿

問2＿＿＿＿　　問3＿＿＿＿

問4＿＿＿＿　　問5＿＿＿＿

問6＿＿＿＿

6 社会権と新しい人権
【本誌P.30・31】

問1

A＿＿＿＿＿＿＿＿＿＿＿＿＿

B＿＿＿＿＿＿＿＿＿＿＿＿＿

C＿＿＿＿＿＿＿＿＿＿＿＿＿

D＿＿＿＿＿＿＿＿＿＿＿＿＿

E＿＿＿＿＿＿＿＿＿＿＿＿＿

F＿＿＿＿＿＿＿＿＿＿＿＿＿

G＿＿＿＿＿＿＿＿＿＿＿＿＿

H＿＿＿＿＿＿＿＿＿＿＿＿＿

I＿＿＿＿＿＿＿＿＿＿＿＿＿

問2＿＿＿＿　　問3＿＿＿＿

問4＿＿＿＿＿＿＿＿＿＿＿＿

問5＿＿＿＿＿＿＿＿＿＿＿＿

問6＿＿＿＿

7 平和主義と日本の防衛政策 【本誌P.31・32】

問1

A＿＿＿＿＿＿＿＿＿＿＿＿＿

B＿＿＿＿＿＿＿＿＿＿＿＿＿

C＿＿＿＿＿＿＿＿＿＿＿＿＿

D＿＿＿＿＿＿＿＿＿＿＿＿＿

E＿＿＿＿＿＿＿＿＿＿＿＿＿

F＿＿＿＿＿＿＿＿＿＿＿＿＿

G＿＿＿＿＿＿＿＿＿＿＿＿＿

H＿＿＿＿＿＿＿＿＿＿＿＿＿

I＿＿＿＿＿＿＿＿＿＿＿＿＿

J＿＿＿＿＿＿＿＿＿＿＿＿＿

K＿＿＿＿＿＿＿＿＿＿＿＿＿

L＿＿＿＿＿＿＿＿＿＿＿＿＿

M＿＿＿＿＿＿＿＿＿＿＿＿＿

N＿＿＿＿＿＿＿＿＿＿＿＿＿

O＿＿＿＿＿＿＿＿＿＿＿＿＿

問2＿＿＿＿　　問3＿＿＿＿

8 融合問題 【本誌P.33】

問1

A＿＿＿＿＿＿＿＿＿＿＿＿＿

B＿＿＿＿＿＿＿＿＿＿＿＿＿

問2＿＿＿＿　　問3＿＿＿＿

問4＿＿＿＿

Ⅱ 日本の政治機構と現代の政治

10 国会の地位と権限 【本誌P.34・35】

Ⓐポイント整理

①＿＿＿＿＿＿＿＿＿＿＿＿＿

②＿＿＿＿＿＿＿＿＿＿＿＿＿

③＿＿＿＿＿　　④＿＿＿＿＿

⑤＿＿＿＿＿＿＿＿＿＿＿＿＿

⑥＿＿＿＿＿＿＿＿＿＿＿＿＿

⑦＿＿＿＿＿＿＿＿＿＿＿＿＿

⑧＿＿＿＿＿＿＿＿＿＿＿＿＿

⑨＿＿＿＿＿＿＿＿＿＿＿＿＿

⑩＿＿＿＿＿＿＿＿＿＿＿＿＿

⑪＿＿＿＿＿　　⑫＿＿＿＿＿

⑬＿＿＿＿＿　　⑭＿＿＿＿＿

⑮＿＿＿＿＿＿＿＿＿＿＿＿＿

⑯＿＿＿＿＿＿＿＿＿＿＿＿＿

⑰＿＿＿＿＿＿＿＿＿＿＿＿＿

⑱＿＿＿＿＿＿＿＿＿＿＿＿＿

⑲＿＿＿＿＿＿＿＿＿＿＿＿＿

⑳＿＿＿＿＿＿＿＿＿＿＿＿＿

㉑＿＿＿＿＿＿＿＿＿＿＿＿＿

㉒＿＿＿＿＿＿＿＿＿＿＿＿＿

㉓＿＿＿＿＿＿＿＿＿＿＿＿＿

㉔＿＿＿＿＿＿＿＿＿＿＿＿＿

㉕＿＿＿＿＿　　㉖＿＿＿＿＿

㉗＿＿＿＿　分の＿＿＿＿

㉘＿＿＿＿＿＿＿＿＿＿＿＿＿

㉙＿＿＿＿　分の＿＿＿＿

㉚＿＿＿＿＿＿＿＿＿＿＿＿＿

㉛＿＿＿＿＿＿＿＿＿＿＿＿＿＿＿

㉜＿＿＿＿＿＿＿＿＿＿＿＿＿＿＿

㉝＿＿＿＿＿＿＿＿＿＿＿＿＿＿＿

㉞＿＿＿＿＿＿＿＿＿＿＿＿＿＿＿

㉟＿＿＿＿＿＿＿＿＿＿＿＿＿＿＿

㊱＿＿＿＿＿＿＿＿＿＿＿＿＿＿＿

㊲＿＿＿＿＿＿＿＿＿＿＿＿＿＿＿

㊳＿＿＿＿＿＿＿＿＿＿＿＿＿＿＿

㊴＿＿＿＿＿＿＿＿＿＿＿＿＿＿＿

㊵＿＿＿＿＿＿＿＿＿＿＿＿＿＿＿

㊶＿＿＿＿＿＿＿＿＿＿＿＿＿＿＿

㊷＿＿＿＿＿＿＿＿＿＿＿＿＿＿＿

㊸＿＿＿＿＿＿＿＿＿＿＿＿＿＿＿

Ⓑ重点確認

❶＿＿＿＿＿＿＿＿＿＿＿＿＿＿＿

❷＿＿＿＿＿＿＿＿＿＿＿＿＿＿＿

❸＿＿＿＿＿＿＿＿＿＿＿＿＿＿＿

❹＿＿＿＿＿＿＿＿＿＿＿＿＿＿＿

❺＿＿＿＿＿＿＿＿＿＿＿＿＿＿＿

❻＿＿＿＿＿＿＿＿＿＿＿＿＿＿＿

❼＿＿＿＿＿＿＿＿＿＿＿＿＿＿＿

11 内閣の地位と権限 【本誌P.36・37】

Ⓐポイント整理

①＿＿＿＿＿＿＿＿＿＿＿＿＿＿＿

②＿＿＿＿＿＿＿＿＿＿＿＿＿＿＿

③＿＿＿＿＿＿＿＿＿＿＿＿＿＿＿

④＿＿＿＿＿＿＿＿＿＿＿＿＿＿＿

⑤＿＿＿＿＿＿＿＿＿＿＿＿＿＿＿

⑥＿＿＿＿＿＿＿　⑦＿＿＿＿＿＿＿

⑧＿＿＿＿＿＿＿＿＿＿＿＿＿＿＿

⑨＿＿＿＿＿＿＿＿＿＿＿＿＿＿＿

⑩＿＿＿＿＿　⑪＿＿＿＿＿

⑫＿＿＿＿＿　⑬＿＿＿＿＿

⑭＿＿＿＿＿＿＿＿＿＿＿＿＿＿＿

⑮＿＿＿＿＿＿＿＿＿＿＿＿＿＿＿

⑯＿＿＿＿＿　⑰＿＿＿＿＿

⑱＿＿＿＿＿＿＿＿＿＿＿＿＿＿＿

⑲＿＿＿＿＿＿＿＿＿＿＿＿＿＿＿

⑳＿＿＿＿＿＿＿＿＿＿＿＿＿＿＿

㉑＿＿＿＿＿＿＿＿＿＿＿＿＿＿＿

㉒＿＿＿＿＿＿＿＿＿＿＿＿＿＿＿

㉓＿＿＿＿＿＿府＿＿＿＿＿省庁

㉔＿＿＿＿＿＿＿＿＿＿＿＿＿＿＿

㉕＿＿＿＿＿＿＿＿＿＿＿＿＿＿＿

㉖＿＿＿＿＿＿＿＿＿＿＿＿＿＿＿

㉗＿＿＿＿＿＿＿＿＿＿＿＿＿＿＿

㉘＿＿＿＿＿＿＿＿＿＿＿＿＿＿＿

㉙＿＿＿＿＿＿＿＿＿＿＿＿＿＿＿

㉚＿＿＿＿＿＿＿＿＿＿＿＿＿＿＿

㉛＿＿＿＿＿＿＿＿＿＿＿＿＿＿＿

㉜＿＿＿＿＿＿＿＿＿＿＿＿＿＿＿

㉝＿＿＿＿＿＿＿＿＿＿＿＿＿＿＿

㉞＿＿＿＿＿＿＿＿＿＿＿＿＿＿＿

㉟＿＿＿＿＿＿＿＿＿＿＿＿＿＿＿

㊱＿＿＿＿＿＿＿＿＿＿＿＿＿＿＿

㊲＿＿＿＿＿＿＿＿＿＿＿＿＿＿＿

㊳＿＿＿＿＿＿＿＿＿＿＿＿＿＿＿

㊴＿＿＿＿＿＿＿＿＿＿＿＿＿＿＿

㊵＿＿＿＿＿＿＿＿＿＿＿＿＿＿＿

㊶＿＿＿＿＿＿＿＿＿＿＿＿＿＿＿

㊸＿＿＿＿＿＿＿＿＿＿＿＿＿＿＿

㊹＿＿＿＿＿＿＿＿＿＿＿＿＿＿＿

Ⓑ重点確認

❶＿＿＿＿＿＿＿＿＿＿＿＿＿＿＿

❷＿＿＿＿＿＿＿＿＿＿＿＿＿＿＿

❸＿＿＿＿＿＿＿＿＿＿＿＿＿＿＿

❹＿＿＿＿＿＿＿＿＿＿＿＿＿＿＿

❺＿＿＿＿＿＿＿＿＿＿＿＿＿＿＿

❻＿＿＿＿＿＿＿＿＿＿＿＿＿＿＿

❼＿＿＿＿＿＿＿＿＿＿＿＿＿＿＿

❽＿＿＿＿＿＿＿＿＿＿＿＿＿＿＿

❾＿＿＿＿＿＿＿＿＿＿＿＿＿＿＿

12 裁判所の地位と権限 【本誌P.38・39】

Ⓐポイント整理

①＿＿＿＿＿＿＿＿＿＿＿＿＿＿＿

②＿＿＿＿＿＿＿＿＿＿＿＿＿＿＿

③＿＿＿＿＿　④＿＿＿＿＿

⑤＿＿＿＿＿＿＿＿＿＿＿＿＿＿＿

⑥＿＿＿＿＿＿＿＿＿＿＿＿＿＿＿

⑦＿＿＿＿＿＿＿＿＿＿＿＿＿＿＿

⑧＿＿＿＿＿＿＿＿＿＿＿＿＿＿＿

⑨＿＿＿＿＿＿＿＿＿＿＿＿＿＿＿

⑩＿＿＿＿＿＿＿＿＿＿＿＿＿＿＿

⑪＿＿＿＿＿＿＿＿＿＿＿＿＿＿＿

⑫＿＿＿＿＿　⑬＿＿＿＿＿

⑭＿＿＿＿＿＿＿＿＿＿＿＿＿＿＿

⑮＿＿＿＿＿＿＿＿＿＿＿＿＿＿＿

⑯＿＿＿＿＿　⑰＿＿＿＿＿

⑱＿＿＿＿＿　⑲＿＿＿＿＿

⑳
㉑
㉒ ㉓
㉔ ㉕
㉖
㉗
㉘
㉙
㉚
㉛
㉜
㉝
㉞
㉟
㊱
㊲
㊳
㊴
㊵
㊶
㊷
㊸
㊹
㊺
㊻

Ⓑ重点確認

❶
❷
❸
❹
❺
❻
❼

13 地方自治のしくみ 【本誌P.40・41】

Ⓐポイント整理

①
②
③
④
⑤
⑥ ⑦
⑧ ⑨
⑩
⑪
⑫
⑬
⑭
⑮
⑯
⑰
⑱
⑲ ⑳
㉑
㉒
㉓
㉔ ㉕
㉖ 分の
㉗ 分の
㉘
㉙
㉚
㉛
㉜
㉝ ㉞
㉟
㊱
㊲
㊳
㊴
㊵
㊶
㊷
㊸
㊹
㊺
㊻
㊼
㊽

Ⓑ重点確認

❶
❷
❸
❹
❺
❻
❼
❽
❾

14 政党政治と圧力団体 【本誌P.42・43】

Ⓐポイント整理

① ②
③ ④
⑤
⑥
⑦
⑧
⑨
⑩
⑪ ⑫
⑬
⑭
⑮ ⑯
⑰
⑱
⑲
⑳
㉑
㉒
㉓
㉔
㉕
㉖
㉗
㉘
㉙
㉚
㉛
㉜
㉝
㉞
㉟
㊱
㊲ ㊳
㊴

Ⓑ重点確認

❶ 党
❷ 党
❸
❹
❺
❻

15 選挙制度と世論 【本誌P.44・45】

Ⓐポイント整理

①
② ③
④ ⑤
⑥
⑦ ⑧
⑨
⑩
⑪
⑫ ⑬
⑭
⑮
⑯
⑰
⑱
⑲
⑳
㉑
㉒ ㉓
㉔
㉕
㉖
㉗
㉘
㉙
㉚
㉛
㉜
㉝
㉞ ㉟
㊱
㊲
㊳ ・
㊴
㊵
㊶
㊷
㊸
㊹
㊺
㊻
㊼
㊽

Ⓑ重点確認

❶
❷

❸ _____

❹ _____

❺ _____

❻ _____

❼ _____

❽ _____

❾ _____

用語チェック

10	国会の地位と権限
	【本誌P.46】

❶ _____

❷ _____

❸ _____

❹ _____

❺ _____

❻ _____

❼ _____

❽ _____

❾ _____

❿ _____

⓫ _____

⓬ _____

⓭ _____

⓮ _____

⓯ _____

⓰ _____

⓱ _____

⓲ _____

⓳ _____

⓴ _____

㉑ _____

㉒ _____

㉓ _____

11	内閣の地位と権限
	【本誌P.46・47】

❶ _____

❷ _____

❸ _____

❹ _____

❺ _____

❻ _____

❼ _____

❽ _____

❾ _____

❿ _____

⓫ _____

⓬ _____

⓭ _____

⓮ _____

⓯ _____

⓰ _____

⓱ _____

⓲ _____

⓳ _____

⓴ _____

㉑ _____

12	裁判所の地位と権限
	【本誌P.47】

❶ _____

❷ _____

❸ _____

❹ _____

❺ _____

❻ _____

❼ _____

❽ _____

❾ _____

❿ _____

⓫ _____

⓬ _____

⓭ _____

⓮ _____

⓯ _____

⓰ _____

⓱ _____

⓲ _____

⓳ _____

⓴ _____

㉑ _____

㉒ _____

㉓ _____

㉔ _____

㉕ _____

13	地方自治のしくみ
	【本誌P.47・48】

❶ _____

❷＿＿＿＿＿＿＿＿＿＿＿＿＿

❸＿＿＿＿＿＿＿＿＿＿＿＿＿

❹＿＿＿＿＿＿＿＿＿＿＿＿＿

❺＿＿＿＿＿＿＿＿＿＿＿＿＿

❻＿＿＿＿＿＿＿＿＿＿＿＿＿

❼＿＿＿＿＿＿＿＿＿＿＿＿＿

❽＿＿＿＿＿＿＿＿＿＿＿＿＿

❾＿＿＿＿＿＿＿＿＿＿＿＿＿

❿＿＿＿＿＿＿＿＿＿＿＿＿

⓫＿＿＿＿＿＿＿＿＿＿＿＿＿

⓬＿＿＿＿＿＿＿＿＿＿＿＿＿

⓭＿＿＿＿＿＿＿＿＿＿＿＿＿

⓮＿＿＿＿＿＿＿＿＿＿＿＿＿

⓯＿＿＿＿＿＿＿＿＿＿＿＿＿

⓰＿＿＿＿＿＿＿＿＿＿＿＿＿

⓱＿＿＿＿＿＿＿＿＿＿＿＿＿

⓲＿＿＿＿＿＿＿＿＿＿＿＿＿

⓳＿＿＿＿＿＿＿＿＿＿＿＿＿

⓴＿＿＿＿＿＿＿＿＿＿＿＿＿

㉑＿＿＿＿＿＿＿＿＿＿＿＿＿

㉒＿＿＿＿＿＿＿＿＿＿＿＿＿

14 政党政治と圧力団体
【本誌P.48】

❶＿＿＿＿＿＿＿＿＿＿＿＿＿

❷＿＿＿＿＿＿＿＿＿＿＿＿＿

❸＿＿＿＿＿＿＿＿＿＿＿＿＿

❹＿＿＿＿＿＿＿＿＿＿＿＿＿

❺＿＿＿＿＿＿＿＿＿＿＿＿＿

❻＿＿＿＿＿＿＿＿＿＿＿＿＿

❼＿＿＿＿＿＿＿＿＿＿＿＿＿

❽＿＿＿＿＿＿＿＿＿＿＿＿＿

❾＿＿＿＿＿＿＿＿＿＿＿＿＿

❿＿＿＿＿＿＿＿＿＿＿＿＿

⓫＿＿＿＿＿＿＿＿＿＿＿＿＿

⓬＿＿＿＿＿＿＿＿＿＿＿＿＿

⓭＿＿＿＿＿＿＿＿＿＿＿＿＿

⓮＿＿＿＿＿＿＿＿＿＿＿＿＿

⓯＿＿＿＿＿＿＿＿＿＿＿＿＿

⓰＿＿＿＿＿＿＿＿＿＿＿＿＿

⓱＿＿＿＿＿＿＿＿＿＿＿＿＿

⓲＿＿＿＿＿＿＿＿＿＿＿＿＿

⓳＿＿＿＿＿＿＿＿＿＿＿＿＿

15 選挙制度と世論
【本誌P.48】

❶＿＿＿＿＿＿＿＿＿＿＿＿＿

❷＿＿＿＿＿＿＿＿＿＿＿＿＿

❸＿＿＿＿＿＿＿＿＿＿＿＿＿

❹＿＿＿＿＿＿＿＿＿＿＿＿＿

❺＿＿＿＿＿＿＿＿＿＿＿＿＿

❻＿＿＿＿＿＿＿＿＿＿＿＿＿

❼＿＿＿＿＿＿＿＿＿＿＿＿＿

❽＿＿＿＿＿＿＿＿＿＿＿＿＿

❾＿＿＿＿＿＿＿＿＿＿＿＿＿

❿＿＿＿＿＿＿＿＿＿＿＿＿

⓫＿＿＿＿＿＿＿＿＿＿＿＿＿

⓬＿＿＿＿＿＿＿＿＿＿＿＿＿

⓭＿＿＿＿＿＿＿＿＿＿＿＿＿

⓮＿＿＿＿＿＿＿＿＿＿＿＿＿

⓯＿＿＿＿＿＿＿＿＿＿＿＿＿

⓰＿＿＿＿＿＿＿＿＿＿＿＿＿

実戦問題

① 国会の地位と権限
【本誌P.49・50】

問1

A＿＿＿＿＿＿＿＿＿＿＿＿＿

B＿＿＿＿＿＿＿＿＿＿＿＿＿

C＿＿＿＿＿＿＿＿＿＿＿＿＿

D＿＿＿＿＿＿＿＿＿＿＿＿＿

E＿＿＿＿＿＿＿＿＿＿＿＿＿

F＿＿＿＿＿＿＿＿＿＿＿＿＿

G＿＿＿＿＿＿＿＿＿＿＿＿＿

H＿＿＿＿＿＿＿＿＿＿＿＿＿

I＿＿＿＿＿＿＿＿＿＿＿＿＿

J＿＿＿＿＿＿＿＿＿＿＿＿＿

K＿＿＿＿＿＿＿＿＿＿＿＿＿

問2＿＿＿＿＿　　　問3＿＿＿＿＿

問4＿＿＿＿＿　　　問5＿＿＿＿＿

問6＿＿＿＿＿

② 内閣の地位と権限
【本誌P.50・51】

問1

A＿＿＿＿＿＿＿＿＿＿＿＿＿

B＿＿＿＿＿＿＿＿＿＿＿＿＿

14

C＿＿＿＿＿＿＿＿＿＿

D＿＿＿＿＿＿＿＿＿＿

E＿＿＿＿＿＿＿＿＿＿

F＿＿＿＿＿＿＿＿＿＿

G＿＿＿＿＿＿＿＿＿＿

H＿＿＿＿＿＿＿＿＿＿

I＿＿＿＿＿＿＿＿＿＿

J＿＿＿＿＿＿＿＿＿＿

K＿＿＿＿＿＿＿＿＿＿

L＿＿＿＿＿＿＿＿＿＿

問2＿＿＿＿＿

問3＿＿＿＿＿　　＿＿＿＿＿

問4＿＿＿＿＿

問5＿＿＿＿＿＿＿＿＿

問6＿＿＿＿＿＿＿＿＿

---

③ **裁判所の地位と権限**
【本誌P.51・52】

問1

A＿＿＿＿＿＿＿＿＿＿

B＿＿＿＿＿＿＿＿＿＿

C＿＿＿＿＿＿＿＿＿＿

D＿＿＿＿＿＿＿＿＿＿

E＿＿＿＿＿＿＿＿＿＿

F＿＿＿＿＿＿＿＿＿＿

G＿＿＿＿＿＿＿＿＿＿

H＿＿＿＿＿＿＿＿＿＿

I＿＿＿＿＿＿＿＿＿＿

J＿＿＿＿＿＿＿＿＿＿

K＿＿＿＿＿＿＿＿＿＿

L＿＿＿＿＿＿＿＿＿＿

問2＿＿＿＿＿　　＿＿＿＿＿

問3＿＿＿＿＿　　問4＿＿＿＿＿

問5＿＿＿＿＿

問6＿＿＿＿＿

問7＿＿＿＿＿

---

④ **地方自治のしくみ**
【本誌P.52・53】

問1

A＿＿＿＿＿＿＿＿＿＿

B＿＿＿＿＿＿＿＿＿＿

C＿＿＿＿＿＿＿＿＿＿

D＿＿＿＿＿＿＿＿＿＿

E＿＿＿＿＿＿＿＿＿＿

F＿＿＿＿＿＿＿＿＿＿

G＿＿＿＿＿＿＿＿＿＿

H＿＿＿＿＿＿＿＿＿＿

I＿＿＿＿＿＿＿＿＿＿

問2＿＿＿＿＿＿＿＿＿

問3＿＿＿＿＿　　問4＿＿＿＿＿

問5＿＿＿＿＿　　問6＿＿＿＿＿

問7＿＿＿＿＿

---

⑤ **政党政治と圧力団体**
【本誌P.53・54】

問1

A＿＿＿＿＿＿＿＿＿＿

B＿＿＿＿＿＿＿＿＿＿

C＿＿＿＿＿＿＿＿＿＿

D＿＿＿＿＿＿＿＿＿＿

E＿＿＿＿＿＿＿＿＿＿

F＿＿＿＿＿＿＿＿＿＿

G＿＿＿＿＿＿＿＿＿＿

H＿＿＿＿＿＿＿＿＿＿

I＿＿＿＿＿＿＿＿＿＿

問2＿＿＿＿＿

問3＿＿＿＿＿　　＿＿＿＿＿

問4＿＿＿＿＿

---

⑥ **選挙制度**
【本誌P.54・55】

問1

A＿＿＿＿＿＿＿＿＿＿

B＿＿＿＿＿＿＿＿＿＿

C＿＿＿＿＿＿＿＿＿＿

D＿＿＿＿＿＿＿＿＿＿

E＿＿＿＿＿＿＿＿＿＿

F＿＿＿＿＿＿＿＿＿＿

G＿＿＿＿＿＿＿＿＿＿

H＿＿＿＿＿＿＿＿＿＿

I＿＿＿＿＿＿＿＿＿＿

J＿＿＿＿＿＿＿＿＿＿

問2＿＿＿＿＿　　問3＿＿＿＿＿

---

⑦ **世論と政治参加**
【本誌P.55】

問1

A＿＿＿＿＿＿＿＿＿＿

B＿＿＿＿＿＿＿＿＿＿

C＿＿＿＿＿＿＿＿＿＿

D＿＿＿＿＿＿＿＿＿＿

E＿＿＿＿＿＿＿＿＿＿

N政

問2＿＿＿＿＿　　　＿＿＿＿＿

問3＿＿＿＿＿

Ⅲ　現代経済のしくみ

16 資本主義経済の成立と発展
【本誌P.56・57】

Ⓐポイント整理

① ＿＿＿＿＿＿＿＿＿＿＿＿＿＿

② ＿＿＿＿＿＿＿＿＿＿＿＿＿＿

③ ＿＿＿＿＿＿＿＿＿＿＿＿＿＿

④ ＿＿＿＿＿＿＿＿＿＿＿＿＿＿

⑤ ＿＿＿＿＿＿＿＿＿＿＿＿＿＿

⑥ ＿＿＿＿＿＿＿＿＿＿＿＿＿＿

⑦ ＿＿＿＿＿＿＿＿＿＿＿＿＿＿

⑧ ＿＿＿＿＿＿＿＿＿＿＿＿＿＿

⑨ ＿＿＿＿＿＿＿＿＿＿＿＿＿＿

⑩ ＿＿＿＿＿＿＿＿＿＿＿＿＿＿

⑪ ＿＿＿＿＿＿＿・＿＿＿＿＿＿

⑫ ＿＿＿＿＿＿＿＿＿＿＿＿＿＿

⑬ ＿＿＿＿＿＿＿＝＿＿＿＿＿＿

⑭ ＿＿＿＿＿＿＿＿＿＿＿＿＿＿

⑮ ＿＿＿＿＿＿＿＿＿＿＿＿＿＿

⑯ ＿＿＿＿＿＿＿＿＿＿＿＿＿＿

⑰ ＿＿＿＿＿＿＿＿＿＿＿＿＿＿

⑱ ＿＿＿＿＿＿＿＿＿＿＿＿＿＿

⑲ ＿＿＿＿＿＿＿＿＿＿＿＿＿＿

⑳ ＿＿＿＿＿＿＿＿＿＿＿＿＿＿

㉑ ＿＿＿＿＿＿＿＿＿＿＿＿＿＿

㉒ ＿＿＿＿＿＿＿＿＿＿＿＿＿＿

㉓ ＿＿＿＿＿＿＿＿＿＿＿＿＿＿

㉔ ＿＿＿＿＿＿＿＿＿＿＿＿＿＿

㉕ ＿＿＿＿＿＿＿＿＿＿＿＿＿＿

㉖ ＿＿＿＿＿＿＿＿＿＿＿＿＿＿

㉗ ＿＿＿＿＿＿＿＿＿＿＿＿＿＿

㉘ ＿＿＿＿＿＿＿＿＿＿＿＿＿＿

㉙ ＿＿＿＿＿＿＿＿＿＿＿＿＿＿

㉚ ＿＿＿＿＿＿＿＿＿＿＿＿＿＿

㉛ ＿＿＿＿＿＿＿＿＿＿＿＿＿＿

㉜ ＿＿＿＿＿＿＿＿＿＿＿＿＿＿

㉝ ＿＿＿＿＿＿＿＿＿＿＿＿＿＿

㉞ ＿＿＿＿＿＿＿＿＿＿＿＿＿＿

㉟ ＿＿＿＿＿＿＿＿＿＿＿＿＿＿

㊱ ＿＿＿＿＿＿＿＿＿＿＿＿＿＿

㊲ ＿＿＿＿＿＿＿＿＿＿＿＿＿＿

㊳ ＿＿＿＿＿＿＿＿＿＿＿＿＿＿

Ⓑ重点確認

❶ ＿＿＿＿＿＿＿＿＿＿＿＿＿＿

❷ ＿＿＿＿＿＿＿＿＿＿＿＿＿＿

❸ ＿＿＿＿＿＿＿＿＿＿＿＿＿＿

❹ ＿＿＿＿＿＿＿＿＿＿＿＿＿＿

❺ ＿＿＿＿＿＿＿＿＿＿＿＿＿＿

❻ ＿＿＿＿＿＿＿＿＿＿＿＿＿＿

❼ ＿＿＿＿＿＿＿＿＿＿＿＿＿＿

❽ ＿＿＿＿＿＿＿＿＿＿＿＿＿＿

17 現代の企業
【本誌P.58・59】

Ⓐポイント整理

① ＿＿＿＿＿＿＿＿＿＿＿＿＿＿

② ＿＿＿＿＿＿＿　③ ＿＿＿＿＿

④ ＿＿＿＿＿＿＿＿＿＿＿＿＿＿

⑤ ＿＿＿＿＿＿＿＿＿＿＿＿＿＿

⑥ ＿＿＿＿＿＿＿　⑦ ＿＿＿＿＿

⑧ _____
⑨ _____
⑩ _____
⑪ _____
⑫ _____
⑬ _____
⑭ _____
⑮ _____
⑯ _____
⑰ _____ ⑱ _____
⑲ _____ ⑳ _____
㉑ _____ ㉒ _____
㉓ _____
㉔ _____
㉕ _____
㉖ _____ ㉗ _____
㉘ _____
㉙ _____
㉚ _____
㉛ _____
㉜ _____
㉝ _____ と _____
㉞ _____
㉟ _____
㊱ _____
㊲ _____
㊳ _____
㊴ _____ ・ _____
㊵ _____
㊶ _____

㊸ _____
㊹ _____
㊺ _____

Ⓑ重点確認

❶ _____
❷ _____
❸ _____
❹ _____
❺ _____
❻ _____
❼ _____
❽ _____
❾ _____
❿ _____

18 現代の市場
【本誌P.60・61】

Ⓐポイント整理

① _____ ② _____
③ _____ ④ _____
⑤ _____ ⑥ _____
⑦ _____
⑧ _____
⑨ _____
⑩ _____
⑪ _____ ⑫ _____
⑬ _____
⑭ _____
⑮ _____
⑯ _____
⑰ _____

⑱ _____
⑲ _____
⑳ _____
㉑ _____
㉒ _____
㉓ _____
㉔ _____
㉕ _____
㉖ _____
㉗ _____
㉘ _____
㉙ _____
㉚ _____
㉛ _____
㉜ _____
㉝ _____
㉞ _____
㉟ _____
㊱ _____
㊲ _____
㊳ _____
㊴ _____
㊵ _____
㊶ _____
㊷ _____
㊸ _____
㊹ _____

Ⓑ重点確認

❶ _____
❷ _____
❸ _____

❹ ＿＿＿＿＿＿＿＿＿＿＿＿＿

❺ ＿＿＿＿＿＿＿＿＿＿＿＿＿

❻ ＿＿＿＿＿＿＿＿＿＿＿＿＿

❼ ＿＿＿＿＿＿＿＿＿＿＿＿＿

19 国民所得と経済成長 【本誌P.62・63】

Ⓐポイント整理

① ＿＿＿＿＿＿＿＿＿＿＿＿＿

② ＿＿＿＿＿＿＿＿＿＿＿＿＿

③ ＿＿＿＿＿＿＿＿＿＿＿＿＿

④ ＿＿＿＿＿＿＿＿＿＿＿＿＿

⑤ ＿＿＿＿＿＿　⑥ ＿＿＿＿＿＿

⑦ ＿＿＿＿＿＿＿＿＿＿＿＿＿

⑧ ＿＿＿＿＿＿＿＿＿＿＿＿＿

⑨ ＿＿＿＿＿＿＿＿＿＿＿＿＿

⑩ ＿＿＿＿＿＿＿＿＿＿＿＿＿

⑪ ＿＿＿＿＿＿＿＿＿＿＿＿＿

⑫ ＿＿＿＿＿＿＿＿＿＿＿＿＿

⑬ ＿＿＿＿＿＿＿＿＿＿＿＿＿

⑭ ＿＿＿＿＿＿　⑮ ＿＿＿＿＿＿

⑯ ＿＿＿＿＿＿　⑰ ＿＿＿＿＿＿

⑱ ＿＿＿＿＿＿＿＿＿＿＿＿＿

⑲ ＿＿＿＿＿＿＿＿＿＿＿＿＿

⑳ ＿＿＿＿＿＿＿＿＿＿＿＿＿

㉑ ＿＿＿＿＿＿＿＿＿＿＿＿＿

㉒ ＿＿＿＿＿＿　㉓ ＿＿＿＿＿＿

㉔ ＿＿＿＿＿＿＿＿＿＿＿＿＿

㉕ ＿＿＿＿＿＿＿＿＿＿＿＿＿

㉖ ＿＿＿＿＿＿＿＿＿＿＿＿＿

㉗ ＿＿＿＿＿＿＿＿＿＿＿＿＿

㉘ ＿＿＿＿＿＿＿＿＿＿＿＿＿

㉙ ＿＿＿＿＿＿＿＿＿＿＿＿＿

㉚ ＿＿＿＿＿＿＿＿＿＿＿＿＿

㉛ ＿＿＿＿＿＿＿＿＿＿＿＿＿

㉜ ＿＿＿＿＿　㉝ ＿＿＿＿＿

㉞ ＿＿＿＿＿＿＿＿＿＿＿＿＿

㉟ ＿＿＿＿＿＿＿＿＿＿＿＿＿

㊱ ＿＿＿＿＿＿＿＿＿＿＿＿＿

㊲ ＿＿＿＿＿＿＿＿＿＿＿＿＿

㊳ ＿＿＿＿＿＿＿＿＿＿＿＿＿

㊴ ＿＿＿＿＿＿＿＿＿＿＿＿＿

㊵ ＿＿＿＿＿＿＿＿＿＿＿＿＿

㊶ ＿＿＿＿＿＿＿＿＿＿＿＿＿

㊷ ＿＿＿＿＿＿＿＿＿＿＿＿＿

㊸ ＿＿＿＿＿＿＿＿＿＿＿＿＿

㊹ ＿＿＿＿＿＿＿＿＿＿＿＿＿

㊺ ＿＿＿＿＿＿＿＿＿＿＿＿＿

㊻ ＿＿＿＿＿＿＿＿＿＿＿＿＿

㊼ ＿＿＿＿＿＿＿＿＿＿＿＿＿

Ⓑ重点確認

❶ ＿＿＿＿＿＿＿＿＿＿＿＿＿

❷ ＿＿＿＿＿＿＿＿・＿＿＿＿＿

❸ ＿＿＿＿＿＿＿＿・＿＿＿＿＿

❹ ＿＿＿＿＿＿＿＿＿＿＿＿＿

❺ ＿＿＿＿＿＿＿＿＿＿＿＿＿

❻ ＿＿＿＿＿＿＿＿＿＿＿＿＿

（特別講座）

需要・供給曲線 【本誌P.64】

類題

問1 ＿＿＿＿＿　問2 ＿＿＿＿＿

（特別講座）

経済成長とGDP 【本誌P.65】

類題

問1 ＿＿＿＿＿　問2 ＿＿＿＿＿

問3 ＿＿＿＿＿　問4 ＿＿＿＿＿

20 金融のしくみとはたらき 【本誌P.66・67】

Ⓐポイント整理

① ＿＿＿＿＿　② ＿＿＿＿＿

③ ＿＿＿＿＿　④ ＿＿＿＿＿

⑤ ＿＿＿＿＿＿＿＿＿＿＿＿＿

⑥ ＿＿＿＿＿＿＿＿＿＿＿＿＿

⑦ ＿＿＿＿＿＿＿＿＿＿＿＿＿

⑧ ＿＿＿＿＿＿＿＿＿＿＿＿＿

⑨ ＿＿＿＿＿＿＿＿＿＿＿＿＿

⑩ ＿＿＿＿＿＿＿＿＿＿＿＿＿

⑪ ＿＿＿＿＿＿＿＿＿＿＿＿＿

⑫ ＿＿＿＿＿＿＿＿＿＿＿＿＿

⑬ ＿＿＿＿＿＿＿＿＿＿＿＿＿

⑭ ＿＿＿＿＿　⑮ ＿＿＿＿＿

⑯ ＿＿＿＿＿　⑰ ＿＿＿＿＿

⑱ ＿＿＿＿＿　⑲ ＿＿＿＿＿

18

㉑_____ ㉒_____

㉓_____ ㉔_____

㉕_____

㉖_____

㉗_____

㉘_____

㉙_____ ㉚_____

㉛_____ ㉜_____

㉝_____

㉞_____ ㉟_____

㊱_____

㊲_____

㊳_____ ㊴_____

⑳_____

㊵_____

㊶_____

㊷_____

㊸_____

㊹_____

㊺_____

㊻_____

㊼_____

㊽_____

⑧_____

21 財政のしくみと はたらき
【本誌P.68・69】

Ⓐポイント整理

① _____ ② _____
③ _____ ④ _____
⑤ _____ ⑥ _____
⑦ _____
⑧ _____ ⑨ _____
⑩ _____
⑪ _____
⑫ _____
⑬ _____
⑭ _____ ⑮ _____
⑯ _____ ⑰ _____
⑱ _____
⑲ _____
⑳ _____
㉑ _____
㉒ _____
㉓ _____
㉔ _____
㉕ _____
㉖ _____
㉗ _____
㉘ _____
㉙ _____ ・
㉚ _____ ・
㉛ _____ ・

Ⓑ重点確認

❶ _____
❷ _____
❸ _____
❹ _____
❺ _____
❻ _____
❼ _____

㉜_____ ㉝_____
㉞_____ ㉟_____
㊱_____
㊲_____
㊳_____
㊴_____
㊵_____
㊶_____
㊷_____
㊸_____
㊹_____
㊺_____ ・

Ⓑ重点確認

❶ _____
❷ _____
❸ _____
❹ _____
❺ _____
❻ _____
❼ _____
❽ _____
❾ _____
❿ _____
⓫ _____

N政

用語チェック

16 資本主義経済の成立と発展 【本誌P.70】

- ❶ _____
- ❷ _____
- ❸ _____
- ❹ _____
- ❺ _____
- ❻ _____
  _____
- ❼ _____
- ❽ _____
- ❾ _____
- ❿ _____
- ⓫ _____
- ⓬ _____
- ⓭ _____
- ⓮ _____
  _____
- ⓯ _____
- ⓰ _____
- ⓱ _____
- ⓲ _____
- ⓳ _____
- ⓴ _____

17 現代の企業 【本誌P.70・71】

- ❶ _____
- ❷ _____

- ❸ _____
- ❹ _____
- ❺ _____
- ❻ _____
- ❼ _____
- ❽ _____
- ❾ _____
- ❿ _____
- ⓫ _____
- ⓬ _____
- ⓭ _____
- ⓮ _____
- ⓯ _____
- ⓰ _____
- ⓱ _____
- ⓲ _____
- ⓳ _____
- ⓴ _____

18 現代の市場 【本誌P.71】

- ❶ _____
- ❷ _____
- ❸ _____
- ❹ _____
- ❺ _____
- ❻ _____
- ❼ _____
- ❽ _____
- ❾ _____
- ❿ _____

- ⓫ _____
- ⓬ _____
- ⓭ _____
- ⓮ _____
- ⓯ _____
- ⓰ _____
- ⓱ _____
- ⓲ _____
- ⓳ _____

19 国民所得と経済成長 【本誌P.71】

- ❶ _____
- ❷ _____
- ❸ _____
- ❹ _____
- ❺ _____
- ❻ _____
- ❼ _____
- ❽ _____
- ❾ _____
- ❿ _____
- ⓫ _____
- ⓬ _____
- ⓭ _____
- ⓮ _____
- ⓯ _____
- ⓰ _____
- ⓱ _____
- ⓲ _____
- ⓳ _____

⑳＿＿＿＿＿＿＿＿＿＿＿＿

㉑＿＿＿＿＿＿＿＿＿＿＿＿

20 金融のしくみとはたらき
【本誌P.71・72】

❶＿＿＿＿＿＿＿＿＿＿＿＿

❷＿＿＿＿＿＿＿＿＿＿＿＿

❸＿＿＿＿＿＿＿＿＿＿＿＿

❹＿＿＿＿＿＿＿＿＿＿＿＿

❺＿＿＿＿＿＿＿＿＿＿＿＿

❻＿＿＿＿＿＿＿＿＿＿＿＿

❼＿＿＿＿＿＿＿＿＿＿＿＿

❽＿＿＿＿＿＿＿＿＿＿＿＿

❾＿＿＿＿＿＿＿＿＿＿＿＿

❿＿＿＿＿＿＿＿＿＿＿＿

⓫＿＿＿＿＿＿＿＿＿＿＿＿

⓬＿＿＿＿＿＿＿＿＿＿＿＿

⓭＿＿＿＿＿＿＿＿＿＿＿＿

⓮＿＿＿＿＿＿＿＿＿＿＿＿

⓯＿＿＿＿＿＿＿＿＿＿＿＿

⓰＿＿＿＿＿＿＿＿＿＿＿＿

⓱＿＿＿＿＿＿＿＿＿＿＿＿

⓲＿＿＿＿＿＿＿＿＿＿＿＿

⓳＿＿＿＿＿＿＿＿＿＿＿＿

⓴＿＿＿＿＿＿＿＿＿＿＿＿

㉑＿＿＿＿＿＿＿＿＿＿＿＿

㉒＿＿＿＿＿＿＿＿＿＿＿＿

㉓＿＿＿＿＿＿＿＿＿＿＿＿

21 財政のしくみとはたらき
【本誌P.72】

❶＿＿＿＿＿＿＿＿＿＿＿＿

❷＿＿＿＿＿＿＿＿＿＿＿＿

❸＿＿＿＿＿＿＿＿＿＿＿＿

❹＿＿＿＿＿＿＿＿＿＿＿＿

❺＿＿＿＿＿＿＿＿＿＿＿＿

❻＿＿＿＿＿＿＿＿＿＿＿＿

❼＿＿＿＿＿＿＿＿＿＿＿＿

❽＿＿＿＿＿＿＿＿＿＿＿＿

❾＿＿＿＿＿＿＿＿＿＿＿＿

❿＿＿＿＿＿＿＿＿＿＿＿

⓫＿＿＿＿＿＿＿＿＿＿＿＿

⓬＿＿＿＿＿＿＿＿＿＿＿＿

⓭＿＿＿＿＿＿＿＿＿＿＿＿

⓮＿＿＿＿＿＿＿＿＿＿＿＿

⓯＿＿＿＿＿＿＿＿＿＿＿＿

⓰＿＿＿＿＿＿＿＿＿＿＿＿

⓱＿＿＿＿＿＿＿＿＿＿＿＿

⓲＿＿＿＿＿＿＿＿＿＿＿＿

⓳＿＿＿＿＿＿＿＿＿＿＿＿

⓴＿＿＿＿＿＿＿＿＿＿＿＿

㉑＿＿＿＿＿＿＿＿＿＿＿＿

㉒＿＿＿＿＿＿＿＿＿＿＿＿

㉓＿＿＿＿＿＿＿＿＿＿＿＿

㉔＿＿＿＿＿＿＿＿＿＿＿＿

実戦問題

1 資本主義経済の成立と発展
【本誌P.73・74】

問1

A＿＿＿＿＿＿＿＿＿＿＿＿

B＿＿＿＿＿＿＿＿＿＿＿＿

C＿＿＿＿＿＿＿＿＿＿＿＿

D＿＿＿＿＿＿＿＿＿＿＿＿

E＿＿＿＿＿＿＿＿＿＿＿＿

F＿＿＿＿＿＿＿＿＿＿＿＿

G＿＿＿＿＿＿＿＿＿＿＿＿

H＿＿＿＿＿＿＿＿＿＿＿＿

I＿＿＿＿＿＿＿＿＿＿＿＿

J＿＿＿＿＿＿＿＿＿＿＿＿

K＿＿＿＿＿＿＿＿＿＿＿＿

L＿＿＿＿＿＿＿＿＿＿＿＿

問2

(a)＿＿＿＿＿　　(b)＿＿＿＿＿

(c)＿＿＿＿＿　　(d)＿＿＿＿＿

問3＿＿＿＿＿

問4

(2)＿＿＿＿＿　　(4)＿＿＿＿＿

問5＿＿＿＿＿＿＿＿＿＿＿＿

問6＿＿＿＿＿

2 現代の企業
【本誌P.74・75】

問1

A＿＿＿＿＿＿＿＿＿＿＿＿

B＿＿＿＿＿＿＿＿＿＿＿＿

C_____

D_____

E_____

F_____

G_____

H_____

I_____

問2_____

問3_____

問4_____ 問5_____

問6_____

問7_____

問8_____

---

③ 現代の市場
【本誌P.75・76】

問1_____ 問2_____

問3

　　オ_____ 　　カ_____

　　キ_____ 　　ク_____

　　ケ_____

問4_____ 問5_____

問6_____

---

④ 国民所得と経済成長
【本誌P.76】

問1

　　A_____

　　B_____

　　C_____

　　D_____

　　E_____

　　F_____

　　G_____

　　H_____

　　I_____

　　J_____

　　K_____

　　L_____

問2_____ 　_____

問3_____ 　問4_____

---

⑤ 金融のしくみとはたらき
【本誌P.77】

問1

　　A_____

　　B_____

　　C_____

　　D_____

　　E_____

　　F_____

　　G_____

　　H_____

　　I_____

問2_____

問3_____

問4_____

問5_____ 　問6_____

問7_____

問8_____ 　　_____

---

⑥ 財政のしくみとはたらき
【本誌P.78】

問1

　　A_____

　　B_____

　　C_____

　　D_____

　　E_____

　　F_____

　　G_____

　　H_____

　　I_____

　　J_____

　　K_____

　　L_____

問2_____

問3

　　ア_____ 　　イ_____

問4

　　(c)_____ 　　(e)_____

　　(f)_____

問5_____

7 融合問題　【本誌P.79】

問1

A_____

B_____

C_____

D_____

E_____

F_____

問2 _____　　問3 _____

問4 _____　　問5 _____

Ⅳ　日本経済の発展と福祉の向上

22 戦後の日本経済
【本誌P.80・81】

Ⓐポイント整理

① _____

② _____

③ _____

④ _____

⑤ _____・_____

⑥ _____

⑦ _____

⑧ _____

⑨ _____

⑩ _____

⑪ _____

⑫ _____

⑬ _____

⑭ _____

⑮ _____

⑯ _____

⑰ _____ ⑱ _____

⑲ _____

⑳ _____

㉑ _____

㉒ _____

㉓ _____

㉔ _____

㉕ _____

㉖ _____

㉗ _____

㉘ _____

㉙ _____

㉚ _____

㉛ _____

㉜ _____

㉝ _____

㉞ _____

㉟ _____

㊱ _____

㊲ _____ ＝ _____

㊳ _____

㊴ _____

㊵ _____

㊶ _____

㊷ _____

㊸ _____

㊹ _____

㊺ _____

㊻ _____

㊼ _____

㊽ _____

㊾ _____

㊿ _____

Ⓑ重点確認

❶ _____

❷ _____

❸ _____

❹ _____

❺ _____

❻ _____

❼ _____

❽ _____

❾ _____

23 中小企業／農業問題 【本誌P.82・83】

Ⓐポイント整理

① _____

② _____ ③ _____

④ _____ ⑤ _____

⑥ _____

⑦ _____

⑧ _____

⑨ _____

⑩ _____

⑪ _____

⑫ _____ ・ _____

⑬ _____

⑭ _____

⑮ _____ ⑯ _____

⑰ _____

⑱ _____

⑲ _____

⑳ _____

㉑ _____

㉒ _____

㉓ _____

㉔ _____

㉕ _____

㉖ _____

㉗ _____

㉘ _____

㉙ _____

㉚ _____ ・ _____

㉛ _____ ・ _____

㉜ _____

㉝ _____

㉞ _____ ・ _____ ・ _____

㉟ _____

㊱ _____

㊲ _____

㊳ _____

㊴ _____

㊵ _____

㊶ _____

㊷ _____

㊸ _____

㊹ _____

㊺ _____

Ⓑ重点確認

❶ _____

❷ _____

❸ _____

❹ _____

❺ _____

❻ _____

24 公害と環境保全／消費者問題 【本誌P.84・85】

Ⓐポイント整理

① _____

② _____

③ _____ ④ _____

⑤ _____

⑥ _____

⑦ _____

⑧ _____

⑨ _____

⑩ _____

⑪ _____

⑫ _____

⑬ _____

⑭ _____

⑮ _____

⑯ _____

⑰ _____ ⑱ _____

⑲ _____

⑳ _____

㉑ _____

㉒ _____

㉓ _____

㉔ _____

㉕ _____ ・ _____

㉖ _____

㉗ _____

㉘ _____

㉙ _____

㉚ _____

㉛ _____

㉜ _____

㉝ _____

㉞ _____

㉟ _____

㊱＿＿＿＿＿＿＿＿＿＿＿

㊲＿＿＿＿＿＿＿＿＿＿＿

㊳＿＿＿＿＿＿＿＿＿＿＿

㊴＿＿＿＿＿・＿＿＿＿＿

㊵＿＿＿＿＿＿＿＿＿＿＿

㊶＿＿＿＿＿＿＿＿＿＿＿

㊷＿＿＿＿＿＿＿＿＿＿＿

㊸＿＿＿＿＿＿＿＿＿＿＿

㊹＿＿＿＿＿＿＿＿＿＿＿

㊺＿＿＿＿＿＿＿＿＿＿＿

㊻＿＿＿＿＿＿＿＿＿＿＿

㊼＿＿＿＿＿＿＿＿＿＿＿

㊽＿＿＿＿＿＿＿＿＿＿＿

㊾＿＿＿＿＿＿＿＿＿＿＿

㊿＿＿＿＿＿＿＿＿＿＿＿

Ⓑ重点確認

❶＿＿＿＿＿＿＿＿＿＿＿

❷＿＿＿＿＿＿＿＿＿＿＿

❸＿＿＿＿＿＿＿＿＿＿＿

❹＿＿＿＿＿＿＿＿＿＿＿

❺＿＿＿＿＿＿＿＿＿＿＿

❻＿＿＿＿＿＿＿＿＿＿＿

❼＿＿＿＿＿・＿＿＿＿＿

❽＿＿＿＿＿＿＿＿＿＿＿

25 労働運動の歩み と労働基本権
【本誌P.86・87】

Ⓐポイント整理

①＿＿＿＿＿＿＿＿＿＿＿

②＿＿＿＿＿＿＿＿＿＿＿

③＿＿＿＿＿＿＿＿＿＿＿

④＿＿＿＿＿＿＿＿＿＿＿

⑤＿＿＿＿＿＿＿＿＿＿＿

⑥＿＿＿＿＿＿＿＿＿＿＿

⑦＿＿＿＿＿＿＿＿＿＿＿

⑧＿＿＿＿＿＿＿＿＿＿＿

⑨＿＿＿＿＿＿＿＿＿＿＿

⑩＿＿＿＿＿＿＿＿＿＿＿

⑪＿＿＿＿＿＿＿＿＿＿＿

⑫＿＿＿＿＿＿＿＿＿＿＿

⑬＿＿＿＿＿＿＿＿＿＿＿

⑭＿＿＿＿＿＿＿＿＿＿＿

⑮＿＿＿＿＿＿＿＿＿＿＿

⑯＿＿＿＿＿＿＿＿＿＿＿

⑰＿＿＿＿＿＿＿＿＿＿＿

⑱＿＿＿＿＿＿　⑲＿＿＿＿＿＿

⑳＿＿＿＿＿＿＿＿＿＿＿

㉑＿＿＿＿＿＿＿＿＿＿＿

㉒＿＿＿＿＿＿＿＿＿＿＿

㉓＿＿＿＿＿＿＿＿＿＿＿

㉔＿＿＿＿＿＿＿＿＿＿＿

㉕＿＿＿＿＿＿＿＿＿＿＿

㉖＿＿＿＿＿＿＿＿＿＿＿

㉗＿＿＿＿＿＿＿＿＿＿＿

㉘＿＿＿＿＿＿＿＿＿＿＿

㉙＿＿＿＿＿＿＿＿＿＿＿

㉚＿＿＿＿＿＿　㉛＿＿＿＿＿＿

㉜＿＿＿＿＿＿　㉝＿＿＿＿＿＿

㉞＿＿＿＿＿＿＿＿＿＿＿

㉟＿＿＿＿＿＿＿＿＿＿＿

㊱＿＿＿＿＿＿　㊲＿＿＿＿＿＿

㊳＿＿＿＿＿＿＿＿＿＿＿

㊴＿＿＿＿＿＿　㊵＿＿＿＿＿＿

㊶＿＿＿＿＿＿＿＿＿＿＿

㊷＿＿＿＿＿＿＿＿＿＿＿

㊸＿＿＿＿＿＿＿＿＿＿＿

㊹＿＿＿＿＿＿＿＿＿＿＿

㊺＿＿＿＿＿＿＿＿＿＿＿

㊻＿＿＿＿＿＿＿＿＿＿＿

㊼＿＿＿＿＿＿　㊽＿＿＿＿＿＿

㊾＿＿＿＿＿＿＿＿＿＿＿

㊿＿＿＿＿＿＿＿＿＿＿＿

Ⓑ重点確認

❶＿＿＿＿＿＿＿＿＿＿＿

❷＿＿＿＿＿＿＿＿＿＿＿

❸＿＿＿＿＿＿＿＿＿＿＿

❹＿＿＿＿＿＿＿＿＿＿＿

❺＿＿＿＿＿＿＿＿＿＿＿

❻＿＿＿＿＿＿＿＿＿＿＿

❼＿＿＿＿＿＿＿＿＿＿＿

❽＿＿＿＿＿＿＿＿＿＿＿

❾＿＿＿＿＿＿＿＿＿＿＿

❿＿＿＿＿＿＿＿＿＿＿＿

⓫＿＿＿＿＿＿＿＿＿＿＿

⓬＿＿＿＿＿＿＿＿＿＿＿

26 現代の労働問題
【本誌P.88・89】

Ⓐポイント整理

①＿＿＿＿＿＿＿＿＿＿＿

②＿＿＿＿＿＿＿＿＿＿＿

③＿＿＿＿＿＿＿＿＿＿＿

④＿＿＿＿＿＿　　⑤＿＿＿＿＿＿

⑥＿＿＿＿＿＿＿＿＿＿＿

⑦＿＿＿＿＿＿＿＿＿＿＿

⑧＿＿＿＿＿＿＿＿＿＿＿

⑨＿＿＿＿＿＿＿＿＿＿＿

⑩＿＿＿＿＿＿＿＿＿＿＿

⑪＿＿＿＿＿＿＿＿＿＿＿

⑫＿＿＿＿＿＿＿＿＿＿＿

⑬＿＿＿＿＿＿＿＿＿＿＿

⑭＿＿＿＿＿＿＿＿＿＿＿

⑮＿＿＿＿＿＿＿＿＿＿＿

⑯＿＿＿＿＿＿＿＿＿＿＿

⑰＿＿＿＿＿＿＿＿＿＿＿

⑱＿＿＿＿＿＿＿＿＿＿＿

⑲＿＿＿＿＿＿＿＿＿＿＿

⑳＿＿＿＿＿＿＿＿＿＿＿

㉑＿＿＿＿＿＿＿＿＿＿＿

㉒＿＿＿＿＿＿＿＿＿＿＿

㉓＿＿＿＿＿＿＿＿＿＿＿

㉔＿＿＿＿＿＿＿＿＿＿＿

㉕＿＿＿＿＿＿＿＿＿＿＿

㉖＿＿＿＿＿＿＿＿＿＿＿

㉗＿＿＿＿＿＿＿＿＿＿＿

㉘＿＿＿＿＿＿＿＿＿＿＿

㉙＿＿＿＿＿＿＿＿＿＿＿

㉚＿＿＿＿＿＿＿＿＿＿＿

㉛＿＿＿＿＿＿＿＿＿＿＿

㉜＿＿＿＿＿＿＿＿＿＿＿

㉝＿＿＿＿＿＿＿＿＿＿＿

㉞＿＿＿＿＿＿＿＿＿＿＿

㉟＿＿＿＿＿＿＿＿＿＿＿

㊱＿＿＿＿＿＿＿＿＿＿＿

㊲＿＿＿＿＿＿＿＿＿＿＿

㊳＿＿＿＿＿＿　・＿＿＿＿＿＿

㊴＿＿＿＿＿＿　㊵＿＿＿＿＿＿

㊶＿＿＿＿＿＿＿＿＿＿＿

㊷＿＿＿＿＿＿＿＿＿＿＿

㊸＿＿＿＿＿＿＿＿＿＿＿

㊹＿＿＿＿＿＿＿＿＿＿＿

㊺＿＿＿＿＿＿＿＿＿＿＿

㊻＿＿＿＿・＿＿＿・＿＿＿

Ⓑ重点確認

❶＿＿＿＿＿＿＿＿＿＿＿

❷＿＿＿＿＿＿＿＿＿＿＿

❸＿＿＿＿＿＿＿＿＿＿＿

❹＿＿＿＿＿＿＿＿＿＿＿

❺＿＿＿＿＿＿＿＿＿＿＿

❻＿＿＿＿＿＿＿＿＿＿＿

27 社会保障の歩み
【本誌P.90・91】

Ⓐポイント整理

①＿＿＿＿＿＿＿＿＿＿＿

②＿＿＿＿＿＿　・＿＿＿＿＿＿

③＿＿＿＿＿　④＿＿＿＿＿

⑤＿＿＿＿＿＿＿＿＿＿＿

⑥＿＿＿＿＿＿＿＿＿＿＿

⑦＿＿＿＿＿＿＿＿＿＿＿

⑧＿＿＿＿＿＿＿＿＿＿＿

⑨＿＿＿＿＿＿＿＿＿＿＿

⑩＿＿＿＿＿＿＿＿＿＿＿

⑪＿＿＿＿＿＿＿＿＿＿＿

⑫＿＿＿＿＿＿＿＿＿＿＿

⑬＿＿＿＿＿＿＿＿＿＿＿

⑭＿＿＿＿＿＿＿＿＿＿＿

⑮＿＿＿＿＿＿＿＿＿＿＿

⑯＿＿＿＿＿＿　⑰＿＿＿＿＿＿

⑱＿＿＿＿＿＿　⑲＿＿＿＿＿＿

⑳＿＿＿＿＿＿＿＿＿＿＿

㉑＿＿＿＿＿＿＿＿＿＿＿

㉒＿＿＿＿＿＿＿＿＿＿＿

㉓＿＿＿＿＿＿＿＿＿＿＿

㉔＿＿＿＿＿＿＿＿＿＿＿

㉕＿＿＿＿＿＿＿＿＿＿＿

㉖＿＿＿＿＿＿＿＿＿＿＿

㉗＿＿＿＿＿＿・＿＿＿＿＿＿

㉘＿＿＿＿＿＿＿＿＿＿＿

㉙＿＿＿＿＿＿＿＿＿＿＿

㉚＿＿＿＿＿＿＿＿＿＿＿

㉛＿＿＿＿＿＿＿＿＿＿＿

㉜＿＿＿＿＿＿＿＿＿＿＿

㉝＿＿＿＿＿＿＿＿＿＿＿

㉞＿＿＿＿＿＿＿＿＿＿＿

㉟＿＿＿＿＿＿＿＿＿＿＿

㊱＿＿＿＿＿＿＿＿＿＿＿

㊲＿＿＿＿＿＿＿＿＿＿＿

㊳＿＿＿＿＿＿＿＿＿＿＿

㊴＿＿＿＿＿＿＿＿＿＿＿

Ⓑ重点確認

❶＿＿＿＿＿＿＿＿＿＿＿

❷＿＿＿＿＿＿＿＿＿＿＿

❸＿＿＿＿＿＿＿＿＿＿＿

❹＿＿＿＿＿＿＿＿＿＿＿

❺ _____

❻ _____

❼ _____

❽ _____

❾❿ _____

_____

28 社会保障・福祉
の現状と課題
【本誌P.92・93】

Ⓐポイント整理

① _____

② _____

③ _____

④ _____

⑤ _____

⑥ _____

⑦ _____ ⑧ _____

⑨ _____

⑩ _____

⑪ _____

⑫ _____

⑬ _____

⑭ _____

⑮ _____

⑯ _____

⑰ _____

⑱ _____

⑲ _____

⑳ _____ ㉑ _____

㉒ _____

㉓ _____

㉔ _____ ㉕ _____

㉖ _____

㉗ _____

㉘ _____

㉙ _____ ㉚ _____

㉛ _____

㉜ _____

㉝ _____

㉞ _____

㉟ _____

㊱ _____

㊲ _____

㊳ _____

㊴ _____

㊵ _____

㊶ _____

㊷ _____

㊸ _____ ・ _____

㊹ _____ ・ _____

㊺ _____

㊻ _____

Ⓑ重点確認

❶ _____

❷ _____

❸ _____

❹ _____

❺ _____

❻ _____

❼ _____

❽ _____

❾ _____ ・ _____

❿ _____

⓫ _____

用語チェック

22 戦後の日本経済
【本誌P.94】

❶ _____

_____

_____

❷ _____

❸ _____

❹ _____

❺ _____

❻ _____

❼ _____

❽ _____

❾ _____

❿ _____

⓫ _____

⓬ _____

⓭ _____

⓮ _____

⓯ _____

⓰ _____

⓱ _____

23 中小企業／農業問題 【本誌P.94】

❶ _____
❷ _____
❸ _____
❹ _____
❺ _____
❻ _____
❼ _____
❽ _____
❾ _____
❿ _____
⓫ _____
⓬ _____
⓭ _____
⓮ _____
⓯ _____
⓰ _____

24 公害と環境保全／消費者問題 【本誌P.94・95】

❶ _____
❷ _____
❸ _____
❹ _____
❺ _____
❻ _____
❼ _____
❽ _____
❾ _____
❿ _____

⓫ _____
⓬ _____
⓭ _____
⓮ _____
⓯ _____
⓰ _____

25 労働運動の歩みと労働基本権 【本誌P.95】

❶ _____
❷ _____
❸ _____
_____
_____
_____
❹ _____
❺ _____
❻ _____
❼ _____
❽ _____
❾ _____
❿ _____
⓫ _____
⓬ _____
⓭ _____
⓮ _____
⓯ _____
⓰ _____

26 現代の労働問題 【本誌P.95・96】

❶ _____

❷ _____
❸ _____
❹ _____
❺ _____
❻ _____
❼ _____
❽ _____
❾ _____
❿ _____
⓫ _____
⓬ _____
⓭ _____
⓮ _____
⓯ _____
⓰ _____

27 社会保障の歩み 【本誌P.96】

❶ _____
❷ _____
❸ _____
❹ _____
❺ _____
❻ _____
❼ _____
❽ _____
❾ _____
❿ _____
⓫ _____
⓬ _____
⓭ _____

⑭_____

⑮_____

⑯_____

| 28 | 社会保障・福祉の現状と課題　【本誌P.96】 |

❶_____

❷_____

❸_____

❹_____

❺_____

❻_____

❼_____

❽_____

❾_____

❿_____

⓫_____

⓬_____

⓭_____

⓮_____

⓯_____

⓰_____

実戦問題

１ 戦後の日本経済
【本誌P.97】

問1

A_____

B_____

C_____

D_____

E_____

F_____

問2

_____

_____

_____

問3

(1)_____

(2)_____

問4

_____の法則

第_____次産業

問5_____　問6_____

問7_____

２ 中小企業・農業・消費者問題　【本誌P.98】

問1

A_____

B_____

C_____

D_____

E_____

F_____

G_____

H_____

問2_____

問3_____

問4_____

問5_____　問6_____

３ 労働運動の歩みと労働基本権
【本誌P.98・99】

問1

A_____

B_____

C_____

問2

問3

問4_____

問5

(1)_____

(2)_____

問6

(1)①____　②____　③____

(2)①_____

②_____

③_____

４ 現代の労働問題
【本誌P.99・100】

問1

A_____

B_____

C_____

D_____

問2_____　問3_____

問4_____

問5_____　問6_____

⑤ 社会保障の歩み
【本誌P.100・101】

問1

A＿＿＿＿＿＿＿＿＿＿

B＿＿＿＿＿＿＿＿＿＿

C＿＿＿＿＿＿＿＿＿＿

D＿＿＿＿＿＿＿＿＿＿

E＿＿＿＿＿＿＿＿＿＿

F＿＿＿＿＿＿＿＿＿＿

G＿＿＿＿＿＿＿＿＿＿

H＿＿＿＿＿＿＿＿＿＿

I＿＿＿＿＿＿＿＿＿＿

J＿＿＿＿＿＿＿＿＿＿

K＿＿＿＿＿＿＿＿＿＿

L＿＿＿＿＿＿＿＿＿＿

問2＿＿＿＿＿＿＿＿＿

問3＿＿＿＿＿＿＿＿＿

問4＿＿＿＿＿＿＿＿＿

問5＿＿＿＿＿　　問6＿＿＿＿＿

問7＿＿＿＿＿＿

⑥ 社会保障・福祉の現状と課題
【本誌P.101・102】

問1

A＿＿＿＿＿＿＿＿＿＿

B＿＿＿＿＿＿＿＿＿＿

C＿＿＿＿＿＿＿＿＿＿

D＿＿＿＿＿＿＿＿＿＿

E＿＿＿＿＿＿＿＿＿＿

F＿＿＿＿＿＿＿＿＿＿

G＿＿＿＿＿＿＿＿＿＿

H＿＿＿＿＿＿＿＿＿＿

I＿＿＿＿＿＿＿＿＿＿

問2＿＿＿＿＿　　問3＿＿＿＿＿

問4＿＿＿＿＿

問5＿＿＿＿＿＿＿＿＿

⑦ 融合問題
【本誌P.102】

問1＿＿＿＿＿　　問2＿＿＿＿＿

問3＿＿＿＿＿

⑧ 融合問題
【本誌P.103】

問1＿＿＿＿＿　　問2＿＿＿＿＿

問3＿＿＿＿＿　　問4＿＿＿＿＿

Ⅴ　現代の国際政治

29 国際政治と国際法
【本誌P.104・105】

Ⓐポイント整理

① ＿＿＿＿＿　② ＿＿＿＿＿

③ ＿＿＿＿＿＿＿＿＿＿

④ ＿＿＿＿＿＿＿＿＿＿

⑤ ＿＿＿＿＿　⑥ ＿＿＿＿＿

⑦ ＿＿＿＿＿＿＿＿＿＿

⑧ ＿＿＿＿＿＿＿＿＿＿

⑨ ＿＿＿＿＿＿＿＿＿＿

⑩ ＿＿＿＿＿＿＿＿＿＿

⑪ ＿＿＿＿＿＿＿＿＿＿

⑫ ＿＿＿＿＿＿＿＿＿＿

⑬ ＿＿＿＿＿＿＿＿＿＿

⑭ ＿＿＿＿＿＿＿＿＿＿

⑮ ＿＿＿＿＿＿＿＿＿＿

⑯ ＿＿＿＿＿＿＿＿＿＿

⑰ ＿＿＿＿＿＿＿＿＿＿

⑱ ＿＿＿＿＿　⑲ ＿＿＿＿＿

⑳ ＿＿＿＿＿＿＿＿＿＿

㉑ ＿＿＿＿＿＿＿＿＿＿

㉒ ＿＿＿＿＿＿＿＿＿＿

㉓ ＿＿＿＿＿＿＿＿＿＿

㉔ ＿＿＿＿＿＿＿＿＿＿

㉕ ＿＿＿＿＿＿＿＿＿＿

㉖ ＿＿＿＿＿　㉗ ＿＿＿＿＿

㉘ ＿＿＿＿＿＿＿＿＿＿

㉙ ＿＿＿＿＿＿＿＿＿＿

㉚ ＿＿＿＿＿＿＿＿＿＿

30

㉛＿＿＿＿＿＿＿＿

㉜＿＿＿＿＿　　㉝＿＿＿＿＿

㉞＿＿＿＿＿＿＿＿

㉟＿＿＿＿＿＿＿＿

㊱＿＿＿＿＿＿＿＿

㊲＿＿＿＿＿＿＿＿

㊳＿＿＿＿＿＿＿＿

Ⓑ重点確認

❶＿＿＿＿＿＿＿＿

❷＿＿＿＿＿＿＿＿

❸＿＿＿＿＿＿＿＿

❹＿＿＿＿＿＿＿＿

❺＿＿＿＿＿＿＿＿

❻＿＿＿＿＿＿＿＿

30 国際連合の役割
【本誌P.106・107】

Ⓐポイント整理

①＿＿＿＿＿＿＿＿

②＿＿＿＿＿＿＿＿

③＿＿＿＿＿＿＿＿

④＿＿＿＿＿＿＿＿

⑤＿＿＿＿＿＿＿＿

⑥＿＿＿＿＿＿＿＿

⑦＿＿＿＿＿＿＿＿

⑧＿＿＿＿＿＿＿＿

⑨＿＿＿＿＿＿＿＿

⑩＿＿＿＿＿＿＿＿

⑪＿＿＿＿＿＿＿＿

⑫＿＿＿＿＿＿＿＿

⑬＿＿＿＿＿＿＿＿

⑭＿＿＿＿＿＿＿＿

⑮＿＿＿＿＿と＿＿

⑯＿＿＿＿＿＿＿＿

⑰＿＿＿＿＿＿＿＿

⑱＿＿＿＿＿＿＿＿

⑲＿＿＿＿＿＿＿＿

⑳＿＿＿＿＿＿＿＿

㉑＿＿＿＿＿＿＿＿

㉒＿＿＿＿＿＿＿＿

㉓＿＿＿＿＿＿＿＿

㉔＿＿＿＿＿＿＿＿

㉕＿＿＿＿＿＿＿＿

㉖＿＿＿＿＿＿＿＿

㉗＿＿＿＿＿＿＿＿

㉘＿＿＿＿＿＿＿＿

㉙＿＿＿＿＿＿＿＿

㉚＿＿＿＿＿＿＿＿

㉛＿＿＿＿＿＿＿＿

㉜＿＿＿＿＿＿＿＿

㉝＿＿＿＿＿＿＿＿

㉞＿＿＿＿＿＿＿＿

㉟＿＿＿＿＿＿＿＿

㊱＿＿＿＿＿＿＿＿

㊲＿＿＿＿＿＿＿＿

㊳＿＿＿＿＿＿＿＿

㊴＿＿＿＿＿＿＿＿

㊵＿＿＿＿＿＿＿＿

㊶＿＿＿＿＿＿＿＿

Ⓑ重点確認

❶＿＿＿＿＿＿＿＿

❷＿＿＿＿＿＿＿＿

❸＿＿＿＿＿＿＿＿

❹＿＿＿＿＿＿＿＿

❺＿＿＿＿＿＿＿＿

❻＿＿＿＿＿＿＿＿

❼＿＿＿＿＿＿＿＿

❽＿＿＿＿＿＿＿＿

31 戦後国際政治の動向
【本誌P.108・109】

Ⓐポイント整理

①＿＿＿＿＿　②＿＿＿＿＿

③＿＿＿＿＿＿＿＿

④＿＿＿＿＿＿＿＿

⑤＿＿＿＿＿・＿＿

⑥＿＿＿＿＿＿＿＿

⑦＿＿＿＿＿・＿＿

⑧＿＿＿＿＿＿＿＿

⑨＿＿＿＿＿＿＿＿

⑩＿＿＿＿＿＿＿＿

⑪＿＿＿＿＿＿＿＿

⑫＿＿＿＿＿＿＿＿

⑬＿＿＿＿＿＿＿＿

⑭＿＿＿＿＿＿＿＿

⑮＿＿＿＿＿＿＿＿

⑯＿＿＿＿＿＿＿＿

⑰＿＿＿＿＿＿＿＿

⑱＿＿＿＿＿＿＿＿

⑲＿＿＿＿＿　⑳＿＿＿＿＿

N政

㉑＿＿＿＿＿・＿＿＿＿
㉒＿＿＿＿＿＿＿＿＿
㉓＿＿＿＿＿＿＿＿＿
㉔＿＿＿＿＿＿＿＿＿
㉕＿＿＿＿＿＿＿＿＿
㉖＿＿＿＿＿＿＿＿＿
㉗＿＿＿＿＿＿＿＿＿
㉘＿＿＿＿＿＿＿＿＿
㉙＿＿＿＿＿＿＿＿＿
㉚＿＿＿＿＿＿＿＿＿
㉛＿＿＿＿＿＿＿＿＿
㉜＿＿＿＿＿＿＿＿＿
㉝＿＿＿＿＿＿＿＿＿
㉞＿＿＿＿＿＿＿＿＿
㉟＿＿＿＿＿＿＿＿＿
㊱＿＿＿＿＿＿＿＿＿
㊲＿＿＿＿＿＿＿＿＿
㊳＿＿＿＿＿＿＿＿＿
㊴＿＿＿＿＿＿＿＿＿
㊵＿＿＿＿＿＿＿＿＿

Ⓑ重点確認

❶＿＿＿＿＿＿＿＿＿
❷＿＿＿＿＿＿＿＿＿
❸＿＿＿＿＿＿＿＿＿
❹＿＿＿＿＿＿＿＿＿
❺＿＿＿＿＿＿＿＿＿

32 核・軍縮問題
【本誌P.110・111】

Ⓐポイント整理

①＿＿＿＿　②＿＿＿＿

③＿＿＿＿　④＿＿＿＿
⑤＿＿＿＿＿＿＿＿＿
⑥＿＿＿＿＿＿＿＿＿
⑦＿＿＿＿＿＿＿＿＿
⑧＿＿＿＿　⑨＿＿＿＿
⑩＿＿＿＿＿＿＿＿＿
⑪＿＿＿＿＿＿＿＿＿
⑫＿＿＿＿＿＿＿＿＿
⑬＿＿＿＿＿＿＿＿＿
⑭＿＿＿＿＿＿＿＿＿
⑮＿＿＿＿＿＿＿＿＿
⑯＿＿＿＿＿＿＿＿＿
⑰＿＿＿＿＿＿＿＿＿
⑱＿＿＿＿＿＿＿＿＿
⑲＿＿＿＿＿＿＿＿＿
⑳＿＿＿＿＿＿＿＿＿
㉑＿＿＿＿・＿＿＿＿
㉒＿＿＿＿＿＿＿＿＿
㉓＿＿＿＿＿＿＿＿＿
㉔＿＿＿＿＿＿＿＿＿
㉕＿＿＿＿＿＿＿＿＿
㉖＿＿＿＿＿＿＿＿＿
㉗＿＿＿＿＿＿＿＿＿
㉘＿＿＿＿＿＿＿＿＿
㉙＿＿＿＿＿＿＿＿＿
㉚＿＿＿＿＿＿＿＿＿
㉛＿＿＿＿＿＿＿＿＿
㉜＿＿＿＿＿＿＿＿＿
㉝＿＿＿＿＿＿＿＿＿
㉞＿＿＿＿＿＿＿＿＿
㉟＿＿＿＿＿＿＿＿＿

Ⓑ重点確認

❶＿＿＿＿＿＿＿＿＿
❷＿＿＿＿＿＿＿＿＿
❸＿＿＿＿＿＿＿＿＿
❹＿＿＿＿＿・＿＿＿＿
❺＿＿＿＿＿＿＿＿＿
❻＿＿＿＿＿＿＿＿＿

33 現代の世界と紛争
【本誌P.112・113】

Ⓐポイント整理

①＿＿＿＿＿＿＿＿＿
②＿＿＿＿　③＿＿＿＿
④＿＿＿＿＿＿＿＿＿
⑤＿＿＿＿＿＿＿＿＿
⑥＿＿＿＿＿＿＿＿＿
⑦＿＿＿＿＿＿＿＿＿
⑧＿＿＿＿＿＿＿＿＿
⑨＿＿＿＿＿＿＿＿＿
⑩＿＿＿＿＿＿＿＿＿
⑪＿＿＿＿＿＿＿＿＿
⑫＿＿＿＿＿＿＿＿＿
⑬＿＿＿＿＿＿＿＿＿
⑭＿＿＿＿＿＿＿＿＿
⑮＿＿＿＿＿＿＿＿＿
⑯＿＿＿＿＿＿＿＿＿
⑰＿＿＿＿＿＿＿＿＿
⑱＿＿＿＿＿＿＿＿＿
⑲＿＿＿＿＿＿＿＿＿
⑳＿＿＿＿＿＿＿＿＿
㉑＿＿＿＿＿＿＿＿＿

㉒ _____

㉓ _____

㉔ _____

㉕ _____

㉖ _____

㉗ _____

㉘ _____

㉙ _____

㉚ _____

㉛ _____

㉜ _____

㉝ _____

㉞ _____

㉟ _____

Ⓑ重点確認

❶ _____

❷ _____

❸ _____

❹ _____

❺ _____

❻ _____

❼ _____

用語チェック

29	国際政治と国際法 【本誌P.114】

❶ _____

❷ _____

❸ _____

❹ _____

❺ _____

❻ _____

❼ _____

❽ _____

❾ _____

❿ _____

⓫ _____

⓬ _____

30	国際連合の役割 【本誌P.114・115】

❶ _____

❷ _____

❸ _____

❹ _____

❺ _____

❻ _____

❼ _____

❽ _____

❾ _____

❿ _____

⓫ _____

⓬ _____

⓭ _____

⓮ _____

⓯ _____

⓰ _____

⓱ _____

⓲ _____

⓳ _____

⓴ _____

㉑ _____

㉒ _____

㉓ _____

㉔ _____

㉕ _____

㉖ _____

31	戦後国際政治の動向 【本誌P.115】

❶ _____

❷ _____

❸ _____

❹ _____

❺ _____

❻ _____

❼ _____

❽ _____

❾ _____

❿ _____

⓫ _____

⓬ _____

⓭ _____

⓮ _____

⓯ _____

⓰ _____

⓱ _____

⓲ _____

⓳ _____

⓴ _____

㉑ _____

㉒ _____

㉓＿＿＿＿＿＿＿＿＿＿

㉔＿＿＿＿＿＿＿＿＿＿

㉕＿＿＿＿＿＿＿＿＿＿

32 核・軍縮問題
【本誌P.115・116】

❶＿＿＿＿＿＿＿＿＿＿
❷＿＿＿＿＿＿＿＿＿＿
❸＿＿＿＿＿＿＿＿＿＿
❹＿＿＿＿＿＿＿＿＿＿
❺＿＿＿＿＿＿＿＿＿＿
❻＿＿＿＿＿＿＿＿＿＿
❼＿＿＿＿＿＿＿＿＿＿
❽＿＿＿＿＿＿＿＿＿＿
❾＿＿＿＿＿＿＿＿＿＿
❿＿＿＿＿＿＿＿＿＿＿
⓫＿＿＿＿＿＿＿＿＿＿
⓬＿＿＿＿＿＿＿＿＿＿
⓭＿＿＿＿＿＿＿＿＿＿
⓮＿＿＿＿＿＿＿＿＿＿
⓯＿＿＿＿＿＿＿＿＿＿
⓰＿＿＿＿＿＿＿＿＿＿
⓱＿＿＿＿＿＿＿＿＿＿
⓲＿＿＿＿＿＿＿＿＿＿

＿＿＿＿＿＿＿＿＿＿

33 現代の世界と紛争
【本誌P.116】

❶＿＿＿＿＿＿＿＿＿＿
❷＿＿＿＿＿＿＿＿＿＿
❸＿＿＿＿＿＿＿＿＿＿

❹＿＿＿＿＿＿＿＿＿＿
❺＿＿＿＿＿＿＿＿＿＿
❻＿＿＿＿＿＿＿＿＿＿
❼＿＿＿＿＿＿＿＿＿＿
❽＿＿＿＿＿＿＿＿＿＿
❾＿＿＿＿＿＿＿＿＿＿
❿＿＿＿＿＿＿＿＿＿＿
⓫＿＿＿＿＿＿＿＿＿＿
⓬＿＿＿＿＿＿＿＿＿＿
⓭＿＿＿＿＿＿＿＿＿＿
⓮＿＿＿＿＿＿＿＿＿＿

実戦問題

① 国際政治と国際法
【本誌P.117・118】

問1
A＿＿＿＿＿＿＿＿
B＿＿＿＿＿＿＿＿
C＿＿＿＿＿＿＿＿
D＿＿＿＿＿＿＿＿
E＿＿＿＿＿＿＿＿
F＿＿＿＿＿＿＿＿

問2＿＿＿＿＿＿＿
問3＿＿＿＿　問4＿＿＿＿
問5＿＿＿＿　問6＿＿＿＿
問7＿＿＿＿＿＿＿＿＿

② 国連と安全保障
【本誌P.118・119】

問1
A＿＿＿＿＿＿＿＿
B＿＿＿＿＿＿＿＿
C＿＿＿＿＿＿＿＿
D＿＿＿＿＿＿＿＿

問2＿＿＿＿　問3＿＿＿＿
問4＿＿＿＿　問5＿＿＿＿
問6＿＿＿＿

③ 戦後国際政治の動向
【本誌P.119・120】

問1
A＿＿＿＿＿＿＿＿
B＿＿＿＿＿＿＿＿
C＿＿＿＿＿＿＿＿
D＿＿＿＿＿＿＿＿
E＿＿＿＿＿＿＿＿
F＿＿＿＿＿＿＿＿
G＿＿＿＿＿＿＿＿
H＿＿＿＿＿＿＿＿
I＿＿＿＿＿＿＿＿
J＿＿＿＿＿＿＿＿

問2＿＿＿＿＿＿
問3＿＿＿＿＿＿
問4＿＿＿＿
問5
(d)＿＿＿＿＿＿＿
(e)＿＿＿＿＿＿＿
(f)＿＿＿＿＿＿＿

④ 核・軍縮問題
【本誌P.120・121】

問1

A＿＿＿＿＿＿＿＿＿＿＿＿＿

B＿＿＿＿＿＿＿＿＿＿＿＿＿

C＿＿＿＿＿＿＿＿＿＿＿＿＿

D＿＿＿＿＿＿＿＿＿＿＿＿＿

E＿＿＿＿＿＿＿＿＿＿＿＿＿

問2＿＿＿＿＿　　問3＿＿＿＿＿

問4＿＿＿＿＿　　問5＿＿＿＿＿

問6＿＿＿＿＿

⑤ 現代の世界と紛争
【本誌P.121・122】

問1

A＿＿＿＿＿＿＿＿＿＿＿＿＿

B＿＿＿＿＿＿＿＿＿＿＿＿＿

C＿＿＿＿＿＿＿＿＿＿＿＿＿

D＿＿＿＿＿＿＿＿＿＿＿＿＿

E＿＿＿＿＿＿＿＿＿＿＿＿＿

問2＿＿＿＿＿　　問3＿＿＿＿＿

問4

A　ア＿＿＿＿＿　エ＿＿＿＿＿

B　イ＿＿＿＿＿　オ＿＿＿＿＿

C　ウ＿＿＿＿＿　カ＿＿＿＿＿

問5＿＿＿＿＿

⑥ 融合問題
【本誌P.123】

問1＿＿＿＿＿　　問2＿＿＿＿＿

問3＿＿＿＿＿　　問4＿＿＿＿＿

Ⅵ　国際経済のしくみ

34 国際分業と貿易
【本誌P.124・125】

Ⓐポイント整理

① ＿＿＿＿＿＿＿＿＿＿＿＿＿

② ＿＿＿＿＿＿＿＿＿＿＿＿＿

③ ＿＿＿＿＿＿＿＿＿＿＿＿＿

④ ＿＿＿＿＿＿＿＿＿＿＿＿＿

⑤ ＿＿＿＿＿＿＿＿＿＿＿＿＿

⑥ ＿＿＿＿＿＿＿＿＿＿＿＿＿

⑦ ＿＿＿＿＿　⑧ ＿＿＿＿＿

⑨ ＿＿＿＿＿＿＿＿＿＿＿＿＿

⑩ ＿＿＿＿＿＿＿＿＿＿＿＿＿

⑪ ＿＿＿＿＿＿＿＿＿＿＿＿＿

⑫ ＿＿＿＿＿＿＿＿＿＿＿＿＿

⑬ ＿＿＿＿＿＿＿＿＿＿＿＿＿

⑭ ＿＿＿＿＿＝＿＿＿＿＿＿＿

⑮ ＿＿＿＿＿＿＿＿＿＿＿＿＿

⑯ ＿＿＿＿＿＿＿＿＿＿＿＿＿

⑰ ＿＿＿＿＿＿＿＿＿＿＿＿＿

⑱ ＿＿＿＿＿＿＿＿＿＿＿＿＿

⑲ ＿＿＿＿＿＿＿＿＿＿＿＿＿

⑳ ＿＿＿＿＿　㉑ ＿＿＿＿＿

㉒ ＿＿＿＿＿＿＿＿＿＿＿＿＿

㉓ ＿＿＿＿＿＿＿＿＿＿＿＿＿

㉔ ＿＿＿＿＿＿＿＿＿＿＿＿＿

㉕ ＿＿＿＿＿＿＿＿＿＿＿＿＿

㉖ ＿＿＿＿＿＿＿＿＿＿＿＿＿

㉗ ＿＿＿＿＿＿＿＿＿＿＿＿＿

㉘ ＿＿＿＿＿＿＿＿＿＿＿＿＿

㉙ ＿＿＿＿＿＿＿＿＿＿＿＿＿

㉚ ＿＿＿＿＿＿＿＿＿＿＿＿＿

㉛ ＿＿＿＿＿＿＿＿＿＿＿＿＿

㉜ ＿＿＿＿＿＿＿＿＿＿＿＿＿

㉝ ＿＿＿＿＿＿＿＿＿＿＿＿＿

㉞ ＿＿＿＿＿＿＿＿＿＿＿＿＿

㉟ ＿＿＿＿＿　㊱ ＿＿＿＿＿

㊲ ＿＿＿＿＿＿＿＿＿＿＿＿＿

㊳ ＿＿＿＿＿＿＿＿＿＿＿＿＿

㊴ ＿＿＿＿＿＿＿＿＿＿＿＿＿

㊵ ＿＿＿＿＿＿＿＿＿＿＿＿＿

㊶ ＿＿＿＿＿＿＿＿＿＿＿＿＿

㊷ ＿＿＿＿＿＿＿＿＿＿＿＿＿

㊸ ＿＿＿＿＿＿＿＿＿＿＿＿＿

Ⓑ重点確認

❶ ＿＿＿＿＿＿＿＿＿＿＿＿＿

❷ ＿＿＿＿＿＿＿＿＿＿＿＿＿

❸ ＿＿＿＿＿＿＿＿＿＿＿＿＿

❹ ＿＿＿＿＿＿＿＿＿＿＿＿＿

❺ ＿＿＿＿＿＿＿＿＿＿＿＿＿

❻ ＿＿＿＿＿＿＿＿＿＿＿＿＿

❼ ＿＿＿＿＿＿＿＿＿＿＿＿＿

35 外国為替と国際収支
【本誌P.126・127】

Ⓐポイント整理

① ＿＿＿＿＿＿＿＿＿＿＿＿＿

② ＿＿＿＿＿＿＿＿＿＿＿＿＿

③ ＿＿＿＿＿＿＿＿＿＿＿＿＿

④ ＿＿＿＿＿＿＿＿＿＿＿＿＿

⑤ ＿＿＿＿＿＿＿＿＿＿＿＿＿

⑥＿＿＿＿＿＿＿＿＿＿＿

⑦＿＿＿＿＿　　⑧＿＿＿＿＿

⑨＿＿＿＿＿＿＿＿＿＿＿

⑩円＿＿＿＿　・ドル＿＿＿

⑪＿＿＿＿＿＿＿＿＿＿＿

⑫円＿＿＿＿　・ドル＿＿＿

⑬＿＿＿＿＿＿＿＿＿＿＿

⑭円＿＿＿＿　・ドル＿＿＿

⑮円＿＿＿＿　・ドル＿＿＿

⑯＿＿＿＿＿＿＿＿＿＿＿

⑰ドル＿＿＿＿　・円＿＿＿

⑱円＿＿＿＿　・ドル＿＿＿

⑲＿＿＿＿＿　　⑳＿＿＿＿＿

㉑＿＿＿＿＿　　㉒＿＿＿＿＿

㉓＿＿＿＿＿　　㉔＿＿＿＿＿

㉕＿＿＿＿＿＿＿＿＿＿＿

㉖＿＿＿＿＿＿＿＿＿＿＿

㉗円＿＿＿＿　・ドル＿＿＿

㉘円＿＿＿＿　・ドル＿＿＿

㉙＿＿＿＿＿＿＿＿＿＿＿

㉚＿＿＿＿＿　　㉛＿＿＿＿＿

㉜＿＿＿＿＿　　㉝＿＿＿＿＿

㉞＿＿＿＿＿＿＿＿＿＿＿

㉟＿＿＿＿＿＿＿＿＿＿＿

㊱＿＿＿＿＿＿＿＿＿＿＿

㊲＿＿＿＿＿＿＿＿＿＿＿

㊳＿＿＿＿＿　　㊴＿＿＿＿＿

㊵＿＿＿＿＿＿＿＿＿＿＿

㊶＿＿＿＿＿　　㊷＿＿＿＿＿

㊸＿＿＿＿＿＿＿＿＿＿＿

Ⓑ重点確認

❶＿＿＿＿＿＿＿＿＿＿＿

❷＿＿＿＿＿＿＿＿＿＿＿

❸＿＿＿＿＿＿＿＿＿＿字

❹＿＿＿＿＿＿＿＿＿＿＿

❺＿＿＿＿＿＿＿＿＿＿＿

❻＿＿＿＿＿＿＿＿＿＿＿

❼＿＿＿＿＿＿＿＿＿＿字

❽＿＿＿＿＿＿＿＿＿＿＿

特 別 講 座

比較生産費説
【本誌P.128】

類 題

＿＿＿＿＿＿＿＿＿＿＿

特 別 講 座

円高・円安
【本誌P.130・131】

類 題1

①＿＿＿＿＿　②＿＿＿＿＿

③＿＿＿＿＿　④＿＿＿＿＿

類 題2

①＿＿＿＿＿　②＿＿＿＿＿

③＿＿＿＿＿　④＿＿＿＿＿

36 国際通貨体制
【本誌P.132・133】

Ⓐポイント整理

①＿＿＿＿＿＿＿＿＿＿＿

②＿＿＿＿＿＿＿＿＿＿＿

③＿＿＿＿＿＿＿＿＿＿＿

④＿＿＿＿＿＿＿＿＿＿＿

⑤＿＿＿＿＿＿　・＿＿＿＿

⑥＿＿＿＿＿＿＿＿＿＿＿

⑦＿＿＿＿＿＿＿＿＿＿＿

⑧＿＿＿＿＿＿＿＿＿＿＿

⑨＿＿＿＿＿＿　・＿＿＿＿

⑩＿＿＿＿＿＿＿＿＿＿＿

⑪＿＿＿＿＿＿＿＿＿＿＿

⑫＿＿＿＿＿＿　・＿＿＿＿

⑬＿＿＿＿＿＿＿＿＿＿＿

⑭＿＿＿＿＿＿＿＿＿＿＿

⑮＿＿＿＿＿＿＿＿＿＿＿

⑯＿＿＿＿＿＿＿＿＿＿＿

⑰＿＿＿＿＿＿＿＿＿＿＿

⑱＿＿＿＿＿＿＿＿＿＿＿

⑲＿＿＿＿＿＿＿＿＿＿＿

⑳＿＿＿＿＿＿＿＿＿＿＿

㉑＿＿＿＿＿＿＿＿＿＿＿

㉒＿＿＿＿＿＿＿＿＿＿＿

㉓＿＿＿＿＿＿＿＿＿＿＿

㉔＿＿＿＿＿＿　・＿＿＿＿

㉕＿＿＿＿＿＿＿＿＿＿＿

㉖＿＿＿＿＿＿＿＿＿＿＿

㉗＿＿＿＿＿　　㉘＿＿＿＿＿

㉙＿＿＿＿＿＿＿＿＿＿＿

㉚＿＿＿＿＿＿＿＿＿＿＿

㉛＿＿＿＿＿＿＿＿＿＿＿

㉜＿＿＿＿＿＿＿＿＿＿＿

㉝＿＿＿＿＿＿＿＿＿＿＿

㉞＿＿＿＿＿＿＿＿＿＿＿

㉟ _____

㊱ _____

㊲ _____

㊳ _____

Ⓑ重点確認

❶ _____

❷ _____ ・ _____

❸ _____

❹ _____ ・ _____

❺ _____

❻ _____

❼ _____

37 世界の貿易体制
【本誌P.134・135】

Ⓐポイント整理

① _____

② _____

③ _____

④ _____

⑤ _____ ⑥ _____

⑦ _____

⑧ _____

⑨ _____

⑩ _____

⑪ _____

⑫ _____

⑬ _____

⑭ _____

⑮ _____

⑯ _____

⑰ _____

⑱ _____ ⑲ _____

⑳ _____

㉑ _____

㉒ _____

㉓ _____

㉔ _____

㉕ _____

㉖ _____ ・ _____

㉗ _____

㉘ _____

㉙ _____

㉚ _____ ・ _____

㉛ _____ ㉜ _____

㉝ _____

Ⓑ重点確認

❶ _____

❷ _____

❸ _____

❹ _____

❺ _____

❻ _____

❼ _____

❽ _____

38 発展途上国の経済
【本誌P.136・137】

Ⓐポイント整理

① _____

② _____

③ _____

④ _____

⑤ _____

⑥ _____

⑦ _____

⑧ _____

⑨ _____

⑩ _____ ⑪ _____

⑫ _____

⑬ _____

⑭ _____ ⑮ _____

⑯ _____

⑰ _____

⑱ _____

⑲ _____

⑳ _____ ㉑ _____

㉒ _____

㉓ _____

㉔ _____

㉕ _____

㉖ _____

㉗ _____

㉘ _____

㉙ _____

㉚ _____

㉛ _____ ㉜ _____

㉝ _____

㉞ _____

㉟ _____

㊱ _____

㊲ _____

㊳ _____

㊴ _____

㊵ _____

㊶ _____·_____

㊷ _____

㊸ _____

㊹ _____

㊺ _____

㊻ _____

㊼ _____

Ⓑ重点確認

❶ _____

❷ _____

❸ _____

❹ _____

❺ _____

❻ _____

❼ _____ ％

❽ _____

---

39 地域経済統合
【本誌P.138・139】

Ⓐポイント整理

① _____ － _____

② _____

③ _____

④ _____

⑤ _____

⑥ _____

⑦ _____ ⑧ _____

⑨ _____

⑩ _____

---

⑪ _____

⑫ _____

⑬ _____

⑭ _____

⑮ _____

⑯ _____

⑰ _____ ⑱ _____

⑲ _____

⑳ _____

㉑ _____

㉒ _____

㉓ _____

㉔ _____

㉕ _____

㉖ _____

㉗ _____

㉘ _____

㉙ _____

㉚ _____

㉛ _____

㉜ _____

㉝ _____

㉞ _____

㉟ _____

㊱ _____

㊲ _____

Ⓑ重点確認

❶ _____

❷ _____

❸ _____

❹ _____

---

❺ _____

❻ _____

❼ _____

---

40 地球環境問題／資源・エネルギー問題
【本誌P.140・141】

Ⓐポイント整理

① _____

② _____

③ _____

④ _____

⑤ _____ ⑥ _____

⑦ _____

⑧ _____

⑨ _____

⑩ _____

⑪ _____

⑫ _____

⑬ _____

⑭ _____

⑮ _____

⑯ _____

⑰ _____

⑱ _____

⑲ _____

⑳ _____

㉑ _____

㉒ _____

㉓ _____

㉔ _____

㉕ _____

㉖ _____

㉗ _____ ㉘ _____

㉙ _____

㉚ _____・_____

㉛ _____

㉜ _____

㉝ _____

㉞ _____

㉟ _____

㊱ _____

㊲ _____

㊳ _____

㊴ _____

㊵ _____

㊶ _____

㊷ _____

㊸ _____

Ⓑ重点確認

❶ _____

❷ _____

❸ _____

❹ _____

❺ _____

❻ _____

❼ _____

❽ _____

41 金融のグローバル化と世界金融危機【本誌P.142・143】

Ⓐポイント整理

① _____ － _____

② _____

③ _____

④ _____・_____

⑤ _____

⑥ _____

⑦ _____

⑧ _____

⑨ _____

⑩ _____

⑪ _____

⑫ _____・_____

⑬ _____

⑭ _____

⑮ _____

⑯ _____

⑰ _____

⑱ _____

⑲ _____

⑳ _____

㉑ _____・_____

㉒ _____

㉓ _____

㉔ _____

㉕ _____

㉖ _____

㉗ _____

㉘ _____・_____

㉙ _____

㉚ _____

Ⓑ重点確認

❶ _____

❷ _____

❸ _____

❹ _____

❺ _____

❻ _____

❼ _____

❽ _____

❾ _____・_____

用語チェック

34 国際分業と貿易【本誌P.144】

❶ _____

❷ _____

❸ _____

❹ _____

❺ _____

❻ _____

❼ _____

❽ _____

❾ _____

❿ _____

⓫ _____

⓬ _____

⓭ _____

⑭ _____

⑮ _____

⑯ _____

⑰ _____

⑱ _____

⑲ _____

⑳ _____

㉑ _____

㉒ _____

㉓ _____

㉔ _____

㉕ _____

35	外国為替と国際収支
	【本誌P.144・145】

❶ _____

❷ _____

❸ _____

❹ _____

❺ _____

❻ _____

❼ _____

❽ _____

❾ _____

❿ _____

⓫ _____

⓬ _____

⓭ _____

⓮ _____

⓯ _____

⓰ _____

⑰ _____

⑱ _____

⑲ _____

⑳ _____

㉑ _____

㉒ _____

㉓ _____

㉔ _____

36	国際通貨体制
	【本誌P.145】

❶ _____

❷ _____

❸ _____

❹ _____

❺ _____

❻ _____

❼ _____

❽ _____

❾ _____

❿ _____

⓫ _____

⓬ _____

⓭ _____

⓮ _____

⓯ _____

⓰ _____

⓱ _____

⓲ _____

⓳ _____

_____

⑳ _____

㉑ _____

㉒ _____

㉓ _____

㉔ _____

37	世界の貿易体制
	【本誌P.145・146】

❶ _____

❷ _____

_____

❸ _____

❹ _____

❺ _____

❻ _____

❼ _____

❽ _____

❾ _____

❿ _____

⓫ _____

⓬ _____

⓭ _____

⓮ _____

⓯ _____

⓰ _____

⓱ _____

⓲ _____

⓳ _____

⓴ _____

㉑ _____

㉒ _____

40

38 発展途上国の経済
【本誌P.146・147】

❶＿＿＿＿＿＿＿＿

❷＿＿＿＿＿＿＿＿

❸＿＿＿＿＿＿＿＿

❹＿＿＿＿＿＿＿＿

❺＿＿＿＿＿＿＿＿

❻＿＿＿＿＿＿＿＿

❼＿＿＿＿＿＿＿＿

❽＿＿＿＿＿＿＿＿

❾＿＿＿＿＿＿＿＿

❿＿＿＿＿＿＿＿

⓫＿＿＿＿＿＿＿＿

⓬＿＿＿＿＿＿＿＿

⓭＿＿＿＿＿＿＿＿

⓮＿＿＿＿＿＿＿＿

⓯＿＿＿＿＿＿＿＿

⓰＿＿＿＿＿＿＿＿

⓱＿＿＿＿＿＿＿＿

⓲＿＿＿＿＿＿＿＿

⓳＿＿＿＿＿＿＿＿

⓴＿＿＿＿＿＿＿＿

㉑＿＿＿＿＿＿＿＿

㉒＿＿＿＿＿＿＿＿

㉓＿＿＿＿＿＿＿＿

㉔＿＿＿＿＿＿＿＿

㉕＿＿＿＿＿＿＿＿

39 地域経済統合
【本誌P.147】

❶＿＿＿＿＿＿＿＿

❷＿＿＿＿＿＿＿＿

❸＿＿＿＿＿＿＿＿

❹＿＿＿＿＿＿＿＿

❺＿＿＿＿＿＿＿＿

❻＿＿＿＿＿＿＿＿

❼＿＿＿＿＿＿＿＿

❽＿＿＿＿＿＿＿＿

❾＿＿＿＿＿＿＿＿

❿＿＿＿＿＿＿＿

⓫＿＿＿＿＿＿＿＿

⓬＿＿＿＿＿＿＿＿

⓭＿＿＿＿＿＿＿＿

⓮＿＿＿＿＿＿＿＿

⓯＿＿＿＿＿＿＿＿

⓰＿＿＿＿＿＿＿＿

⓱＿＿＿＿＿＿＿＿

⓲＿＿＿＿＿＿＿＿

⓳＿＿＿＿＿＿＿＿

⓴＿＿＿＿＿＿＿＿

㉑＿＿＿＿＿＿＿＿

㉒＿＿＿＿＿＿＿＿

㉓＿＿＿＿＿＿＿＿

㉔＿＿＿＿＿＿＿＿

㉕＿＿＿＿＿＿＿＿

40 地球環境問題／資源・エネルギー問題
【本誌P.147・148】

❶＿＿＿＿＿＿＿＿

❷＿＿＿＿＿＿＿＿

❸＿＿＿＿＿＿＿＿

❹＿＿＿＿＿＿＿＿

❺＿＿＿＿＿＿＿＿

❻＿＿＿＿＿＿＿＿

❼＿＿＿＿＿＿＿＿

❽＿＿＿＿＿＿＿＿

❾＿＿＿＿＿＿＿＿

❿＿＿＿＿＿＿＿

⓫＿＿＿＿＿＿＿＿

⓬＿＿＿＿＿＿＿＿

⓭＿＿＿＿＿＿＿＿

⓮＿＿＿＿＿＿＿＿

⓯＿＿＿＿＿＿＿＿

⓰＿＿＿＿＿＿＿＿

⓱＿＿＿＿＿＿＿＿

⓲＿＿＿＿＿＿＿＿

⓳＿＿＿＿＿＿＿＿

⓴＿＿＿＿＿＿＿＿

㉑＿＿＿＿＿＿＿＿

㉒＿＿＿＿＿＿＿＿

㉓＿＿＿＿＿＿＿＿

41 金融のグローバル化と世界金融危機
【本誌P.148】

❶＿＿＿＿＿＿＿＿

❷＿＿＿＿＿＿＿＿

❸＿＿＿＿＿＿＿＿

❹＿＿＿＿＿＿＿＿

❺＿＿＿＿＿＿＿＿

❻＿＿＿＿＿＿＿＿

❼＿＿＿＿＿＿＿＿

❽＿＿＿＿＿＿＿＿

❾＿＿＿＿＿＿＿＿

N政

⑩_____

⑪_____

⑫_____

⑬_____

⑭_____

⑮_____

⑯_____

⑰_____

⑱_____

⑲_____

⑳_____

㉑_____

㉒_____

㉓_____

実戦問題

1 国際分業と貿易
【本誌P.149】

問1

A_____

B_____

C_____

D_____

E_____

F_____

G_____

H_____

I_____

問2

1_____

2_____

3_____

4_____

5_____

問3

1_____ 3_____

問4_____

2 外国為替と国際収支
【P.149・150】

問1

A_____

B_____

C_____

D_____

E_____

F_____

G_____

H_____

問2

1_____

2_____

3_____

4_____

問3

(1)_____ (2)_____

(3)_____

問4_____

3 国際通貨体制
【P.150・151】

問1

A_____

B_____

C_____

D_____

E_____

F_____

G_____

問2

X_____

Y_____

問3

I_____

II_____

問4_____

問5_____

問6_____

問7_____

問8_____

4 世界の貿易体制
【P.151・152】

問1

A_____

B_____

C_____

D_____

問2_____ 問3_____

42

問4

　(1)＿＿＿＿＿＿＿＿＿＿

　(2)＿＿＿＿＿＿＿＿＿＿

┌─────────────────┐
│ ⑤ 発展途上国の経済 │
│　　　　　【P.152・153】│
└─────────────────┘

問1

　A＿＿＿＿＿＿＿＿＿＿

　B＿＿＿＿＿＿＿＿＿＿

　C＿＿＿＿＿＿＿＿＿＿

　D＿＿＿＿＿＿＿＿＿＿

　E＿＿＿＿＿＿＿＿＿＿

　F＿＿＿＿＿＿＿＿＿＿

　G＿＿＿＿＿＿＿＿＿＿

　H＿＿＿＿＿＿＿＿＿＿

問2＿＿＿＿＿＿＿＿＿＿

問3

　(1)＿＿＿＿＿＿＿＿＿＿

　(2)＿＿＿＿＿＿＿＿＿＿

問4＿＿＿＿＿＿　問5＿＿＿＿＿＿

┌─────────────────┐
│ ⑥ 地域経済統合 │
│　　　　　【P.153・154】│
└─────────────────┘

問1

　A＿＿＿＿＿＿＿＿＿＿

　B＿＿＿＿＿＿＿＿＿＿

　C＿＿＿＿＿＿＿＿＿＿

　D＿＿＿＿＿＿＿＿＿＿

　E＿＿＿＿＿＿＿＿＿＿

　F＿＿＿＿＿＿＿＿＿＿

　G＿＿＿＿＿＿＿＿＿＿

　H＿＿＿＿＿＿＿＿＿＿

　I＿＿＿＿＿＿＿＿＿＿

　J＿＿＿＿＿＿＿＿＿＿

問2

　(1)＿＿＿か国　　(2)＿＿＿＿＿＿

問3

　(1)＿＿＿＿＿＿＿＿＿＿

　(2)＿＿＿＿＿＿＿＿＿＿

問4

　　＿＿＿＿＿＿＿＿＿＿

　　＿＿＿＿＿＿＿＿＿＿

問5

　(1)＿＿＿＿＿＿

　(2)(ア)＿＿＿＿＿＿＿＿＿＿

　　(イ)＿＿＿＿＿＿＿＿＿＿

┌─────────────────┐
│ ⑦ 地球環境問題／資 │
│　源・エネルギー問題 │
│　　　　【本誌P.154・155】│
└─────────────────┘

問1

　　＿＿＿＿＿＿＿＿＿＿

　　＿＿＿＿＿＿＿＿＿＿

　　＿＿＿＿＿＿＿＿＿＿

　　＿＿＿＿＿＿＿＿＿＿

問2＿＿＿＿＿＿　問3＿＿＿＿＿＿

問4

　　日本＿＿＿＿＿＿＿＿＿＿

　　国連＿＿＿＿＿＿＿＿＿＿

問5

　(1)＿＿＿＿→＿＿＿＿→＿＿＿＿

　(2)＿＿＿＿＿＿

┌─────────────────┐
│ ⑧ 融合問題　【P.155・156】│
└─────────────────┘

問1＿＿＿＿＿　問2＿＿＿＿＿

問3＿＿＿＿＿　問4＿＿＿＿＿

問5＿＿＿＿＿　問6＿＿＿＿＿

問7

　(1)＿＿＿＿＿＿　　(2)＿＿＿＿＿＿

問8＿＿＿＿＿＿

┌─────────────────┐
│ ⑨ 融合問題　　　【P.157】│
└─────────────────┘

問1＿＿＿＿＿＿　問2＿＿＿＿＿＿

問3＿＿＿＿＿＿

Ⅶ　現代社会の諸課題

総合問題

---

① 少子高齢社会と社会保障

【本誌P.158】

問1

A＿＿＿＿＿＿＿＿＿＿＿＿＿＿＿＿＿＿＿

B＿＿＿＿＿＿＿＿＿＿＿＿＿＿＿＿＿＿＿

C＿＿＿＿＿＿＿＿＿＿＿＿＿＿＿＿＿＿＿

D＿＿＿＿＿＿＿＿＿＿＿＿＿＿＿＿＿＿＿

E＿＿＿＿＿＿＿＿＿＿＿＿＿＿＿＿＿＿＿

問2＿＿＿＿＿＿＿＿　　　問3＿＿＿＿＿＿＿＿

問4＿＿＿＿＿＿＿＿　　　問5＿＿＿＿＿＿＿＿

問6

					10

---

② 地域社会と地方自治，防災

【本誌P.159】

問1

A＿＿＿＿＿＿＿＿＿＿＿＿＿＿＿＿＿＿＿

B＿＿＿＿＿＿＿＿＿＿＿＿＿＿＿＿＿＿＿

C＿＿＿＿＿＿＿＿＿＿＿＿＿＿＿＿＿＿＿

問2＿＿＿＿＿＿＿＿

問3＿＿＿＿＿＿＿＿　　　問4＿＿＿＿＿＿＿＿

---

③ 日本の労働環境と労働問題

【本誌P.160】

問1

A＿＿＿＿＿＿＿＿＿＿＿＿＿＿＿＿＿＿＿

B＿＿＿＿＿＿＿＿＿＿＿＿＿＿＿＿＿＿＿

C＿＿＿＿＿＿＿＿＿＿＿＿＿＿＿＿＿＿＿

D＿＿＿＿＿＿＿＿＿＿＿＿＿＿＿＿＿＿＿

E＿＿＿＿＿＿＿＿＿＿＿＿＿＿＿＿＿＿＿

F＿＿＿＿＿＿＿＿＿＿＿＿＿＿＿＿＿＿＿

問2＿＿＿＿＿＿＿＿　　　問3＿＿＿＿＿＿＿＿

問4

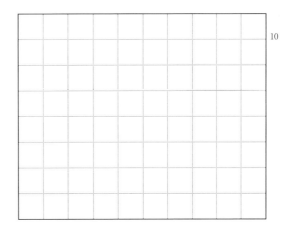

問5＿＿＿＿＿＿＿＿

44

4 高度情報社会と国民生活

【本誌P.161】

問1

A＿＿＿＿＿＿＿＿＿＿＿＿＿＿＿

B＿＿＿＿＿＿＿＿＿＿＿＿＿＿＿

C＿＿＿＿＿＿＿＿＿＿＿＿＿＿＿

D＿＿＿＿＿＿＿＿＿＿＿＿＿＿＿

E＿＿＿＿＿＿＿＿＿＿＿＿＿＿＿

問2＿＿＿＿＿＿＿　　問3＿＿＿＿＿＿＿

問4＿＿＿＿＿＿＿　　問5＿＿＿＿＿＿＿

問6＿＿＿＿＿＿＿　　問7＿＿＿＿＿＿＿

問8＿＿＿＿＿＿＿

5 日本の財政の健全化

【本誌P.162】

問1

10

問2＿＿＿＿＿＿＿

問3

(1)＿＿＿＿＿＿＿　　(2)＿＿＿＿＿＿＿

問4＿＿＿＿＿＿＿

6 日本の食料問題と農業の課題

【本誌P.163】

問1

A＿＿＿＿＿＿＿＿＿＿＿＿＿＿＿

B＿＿＿＿＿＿＿＿＿＿＿＿＿＿＿

C＿＿＿＿＿＿＿＿＿＿＿＿＿＿＿

D＿＿＿＿＿＿＿＿＿＿＿＿＿＿＿

E＿＿＿＿＿＿＿＿＿＿＿＿＿＿＿

F＿＿＿＿＿＿＿＿＿＿＿＿＿＿＿

G＿＿＿＿＿＿＿＿＿＿＿＿＿＿＿

H＿＿＿＿＿＿＿＿＿＿＿＿＿＿＿

問2＿＿＿＿＿＿＿　　問3＿＿＿＿＿＿＿

問4＿＿＿＿＿＿＿　　問5＿＿＿＿＿＿＿

問6

10

7 グローバル化

【本誌P.164】

問1

A＿＿＿＿＿＿＿＿＿＿＿＿＿＿＿

B＿＿＿＿＿＿＿＿＿＿＿＿＿＿＿

C＿＿＿＿＿＿＿＿＿＿＿＿＿＿＿

D＿＿＿＿＿＿＿＿＿＿＿＿＿＿＿

E＿＿＿＿＿＿＿＿＿＿＿＿＿＿＿

F＿＿＿＿＿＿＿＿＿＿＿＿＿＿＿

G＿＿＿＿＿＿＿＿＿＿＿＿＿＿＿

H＿＿＿＿＿＿＿＿＿＿＿＿＿＿＿

問2

I _____

J _____

K _____

問3 _____

問4

(1) _____ (2) _____

問5 _____

---

❽ 地球環境と資源・エネルギー問題

【本誌P.165】

問1

A _____

B _____

C _____

D _____

E _____

F _____

G _____

H _____

問2 _____

問3 _____

問4 _____ 問5 _____

---

❾ 国際経済格差の是正と国際協力

【本誌P.166】

問1 _____

問2

A _____

B _____

C _____

問3

10

問4 _____ 問5 _____

---

❿ イノベーションとその影響

【本誌P.167】

問1

A _____

B _____

C _____

D _____

E _____

F _____

G _____

H _____

問2 _____

問3 _____

問4 _____

問5 _____

問6

　(1)_____

　(2)_____

---

⑪ 戦後の核問題と地域紛争

【本誌P.168】

問1

　A_____

　B_____

　C_____

　D_____

　E_____

　F_____

　G_____

問2 _____　　問3 _____

問4 _____

問5 _____

問6 _____

問7 _____

---

⑫ 持続可能な国際社会づくり

【本誌P.169】

問

　ア_____　　イ_____

特集

大学入学共通テスト対策

【本誌　政経①】

1 _____

2 問1 _____　　問2 _____

3 _____

4 問1

　ア_____　　イ_____

　ウ_____

　問2 _____

　問3

　X_____　　Y_____

　Z_____

5 問1 _____

　問2 _____

　問3 _____

6 問1

　ア_____　　イ_____

　ウ_____

　問2

　ア_____　　イ_____

　ウ_____　　エ_____

　オ_____　　カ_____

　問3 _____

7 _____

MEMO

MEMO